오직 스터디 카페 멤버에게만
주어지는 특별 혜택!

이기적 스터디 카페

이기적 스터디 카페

 합격을 위한 기적 같은 선물
또기적 합격자료집

 혼자 공부하기 외롭다면?
온라인 스터디 참여

 모든 궁금증 바로 해결!
전문가와 1:1 질문답변

 1년 내내 진행되는
이기적 365 이벤트

 도서 증정 & 상품까지!
우수 서평단 도전

 간편하게 한눈에
시험 일정 확인

합격까지 모든 순간 이기적과 함께!
이기적 365 EVENT

QR코드를 찍어 이벤트에 참여하고 푸짐한 선물 받아가세요!

1 기출문제 복원하기

이기적 책으로 공부하고 시험을 봤다면 7일 내로 문제를 제보해 주세요!

2 합격 후기 작성하기

당신만의 특별한 합격 스토리와 노하우를 전해 주세요!

3 온라인 서점 리뷰 남기기

온라인 서점에서 책을 구매하고 평점과 리뷰를 남겨 주세요!

4 정오표 이벤트 참여하기

더 완벽한 이기적이 될 수 있게 수험서의 오류를 제보해 주세요!

※ 이벤트별 혜택은 변경될 수 있으므로 자세한 내용은 해당 QR을 참고해 주세요.

기적의 적중률, 여러분의 참여로 완성됩니다
기출 복원 EVENT

영진닷컴 쇼핑몰 **30,000원**

네이버페이 포인트 쿠폰 **N Pay** 최대 **20,000원**

전원 지급

기출 복원하기 ▶

1. 이기적 수험서로 공부하고 시험에 응시했다면 누구나 참여 가능

2. 응시일로부터 7일 이내 복원 문제만 인정(수험표 첨부 필수!)

3. 중복, 누락, 허위 문제는 당첨 대상에서 제외

※ 이벤트별 혜택은 변경될 수 있으므로 자세한 내용은 해당 QR을 참고해 주세요.

도서 인증하면 고퀄리티 강의가 따라온다!
100% 무료 강의

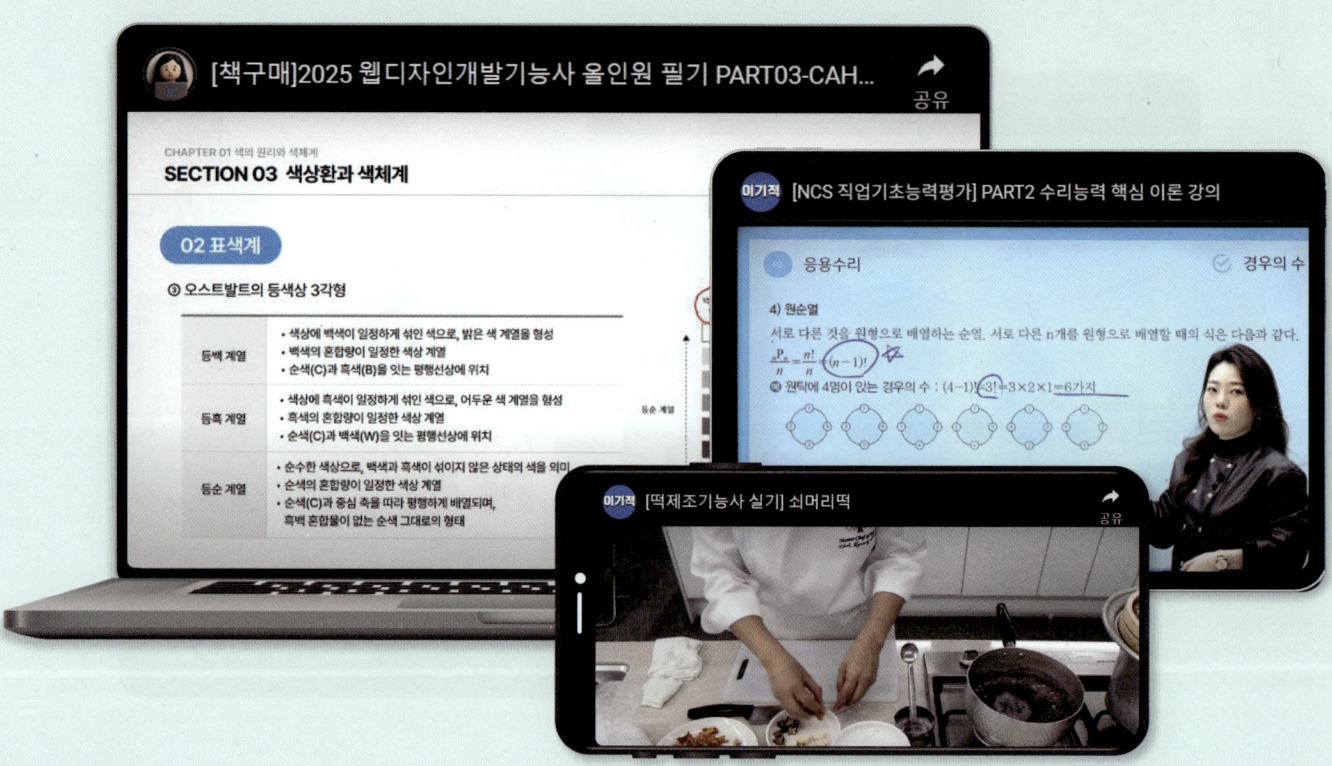

이용방법

| STEP 1 | STEP 2 | STEP 3 | STEP 4 |

  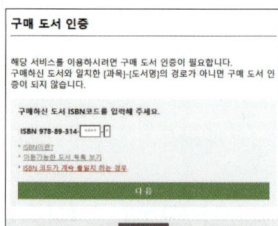 

이기적 홈페이지 (https://license.youngjin.com/) 접속 | 무료 동영상 게시판에서 도서와 동일한 메뉴 선택 | 책 바코드 아래의 ISBN 코드와 도서 인증 정답 입력 | 이기적 수험서와 동영상 강의로 학습 효율 UP!

※ 도서별 동영상 제공 범위는 상이하며, 도서 내 차례에서 확인할 수 있습니다.

◀ 이기적 홈페이지 바로가기

영진닷컴 이기적

합격을 위해 모두 드려요.
이기적 합격 솔루션!

이기적이 여러분을 위해 준비했어요

단기 합격을 위한, 무료 동영상 강의

100% 무료로 제공되는 저자 직강으로, 단기간에 집중적인 시험 대비가 가능합니다.
도서 내에 수록된 QR 코드로 빠르게 접속하여 강의를 시청하세요.

또기적 합격자료집 제공, 핵심요약 & 추가 기출문제

필기 핵심요약과 추가 기출문제 3회분을 또기적 합격자료집(PDF)으로 제공합니다.
이기적 스터디 카페에서 구매 인증을 통해 받으실 수 있습니다.

자주 출제되는 지문만 쏙쏙, 빈출 기출지문 OX 퀴즈

시험 전 실력 점검 및 마무리 학습을 위한 빈출 기출지문 OX 퀴즈(Excel 파일)를 제공합니다.
이기적 스터디 카페에서 구매 인증 시 또기적 합격자료집과 함께 보내드립니다.

실기 학습에 필요한, 실습 파일 제공

도서에 수록된 문제를 풀기 위한 실습 파일을 제공합니다.
이기적 수험서 사이트 자료실에서 다운로드 받아 편하게 사용하세요.

※ 〈2026 이기적 워드프로세서 필기+실기 올인원〉을 구매하고 인증한 독자에게만 드리는 혜택입니다.

◀ 이기적 수험서 사이트 바로가기

정오표 바로가기 ▶

또, 드릴게요! 이기적이 준비한 선물
또기적 합격자료집

1 **시험에 관한 A to Z 합격 비법서**
책에 다 담지 못한 혜택은 또기적 합격자료집에서 확인

2 **편리하고 똑똑한 디지털 자료**
PC · 태블릿 · 스마트폰으로 언제든 열람하고 필요한 부분만 출력 가능

3 **초보자, 독학러 필수 신청**
혼자서도 충분한 학습 플랜과 수험생 맞춤 구성으로 한 번에 합격

※ 도서 구매 시 추가로 증정되는 PDF용 자료이며 실제 도서가 아닙니다.

◀ 또기적 합격자료집 받으러 가기

이렇게
기막힌
적중률

워드프로세서
올인원 필기

"이" 한 권으로 합격의 "기적"을 경험하세요!

필기 차례

▶ 표시된 부분은 동영상 강의가 제공됩니다. 이기적 수험서 사이트(license.youngjin.com)에 접속하여 시청하세요.
▶ 본 도서에서 제공하는 동영상은 1판 1쇄 기준 2년간 유효합니다. 단, 출제기준안에 따라 동영상 내용은 변경될 수 있습니다.

빈출 지문 암기노트 ▶

1과목 워드프로세싱 용어 및 기능	1-20
2과목 PC 운영체제	1-34
3과목 PC 기본상식	1-43

해설과 함께 보는 상시 기출문제 ▶

2024년 상시 기출문제 01회	1-56
2024년 상시 기출문제 02회	1-69
2024년 상시 기출문제 03회	1-81
2024년 상시 기출문제 04회	1-92
2024년 상시 기출문제 05회	1-105

해설과 따로 보는 상시 기출문제 ▶

2025년 상시 기출문제 01회	1-120
2025년 상시 기출문제 02회	1-129
2025년 상시 기출문제 03회	1-139
2025년 상시 기출문제 04회	1-150
2025년 상시 기출문제 05회	1-160

정답 & 해설

2025년 상시 기출문제 01회 정답 & 해설	1-173
2025년 상시 기출문제 02회 정답 & 해설	1-177
2025년 상시 기출문제 03회 정답 & 해설	1-181
2025년 상시 기출문제 04회 정답 & 해설	1-184
2025년 상시 기출문제 05회 정답 & 해설	1-188

또기적 합격자료집

시험장 스케치	PDF
스터디 플래너	PDF
필기 핵심요약	PDF
2023년 상시 기출문제 01~03회	PDF
빈출 기출지문 OX 퀴즈	Excel

> 참여 방법
> '이기적 스터디 카페' 검색 → 이기적 스터디 카페(cafe.naver.com/yjbooks) 접속
> → '구매 인증 PDF 증정' 게시판 → 구매 인증 → 메일로 자료 받기

실기 차례

대표 기출 따라하기 ▶

문제 확인	2-20
기본 작업	2-23
내용 입력	2-27
세부지시사항	2-33

가장 많이 틀리는 Best 10 ▶

글상자의 위치가 시험지와 달라요.	2-80
누름틀의 안내문은 어떻게 수정하나요.	2-83
삽입된 그림이 다르게 보여요.	2-86
지시사항의 색상을 찾지 못하겠어요.	2-89
블록 계산식의 자릿수가 달라요.	2-92
표 내부 정렬이 헷갈려요.	2-95
차트 제목의 글꼴 지시사항이 없어요.	2-98
차트의 위치가 이상해요.	2-101
스타일을 글자에만 지정하래요.	2-106
완성된 문서가 2쪽이 되었어요.	2-109

상시 공략문제

상시 공략문제 01회	2-117
상시 공략문제 02회	2-121
상시 공략문제 03회	2-125
상시 공략문제 04회	2-129
상시 공략문제 05회	2-133
상시 공략문제 06회	2-137
상시 공략문제 07회	2-141
상시 공략문제 08회	2-145
상시 공략문제 09회	2-149
상시 공략문제 10회	2-153
상시 공략문제 11회	2-157
상시 공략문제 12회	2-161
상시 공략문제 13회	2-165
상시 공략문제 14회	2-169
상시 공략문제 15회	2-173

필기 이 책의 구성

STEP 01 빈출 지문으로 핵심 이론 정리

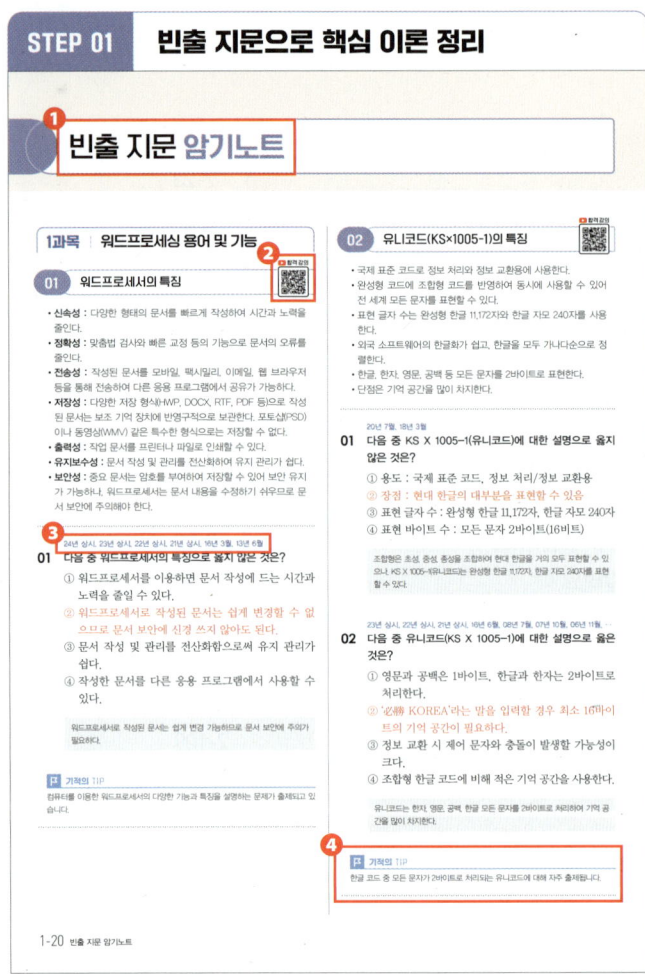

❶ 시험에 자주 출제되는 지문만 빠르게 정리
❷ QR 코드로 동영상 강의 바로 시청 가능
❸ 출제연도 표기로 학습의 중요도 파악
❹ 보충 학습을 위한 기적의 TIP 제공

STEP 02 상시 기출문제 10회로 실전 완벽 대비

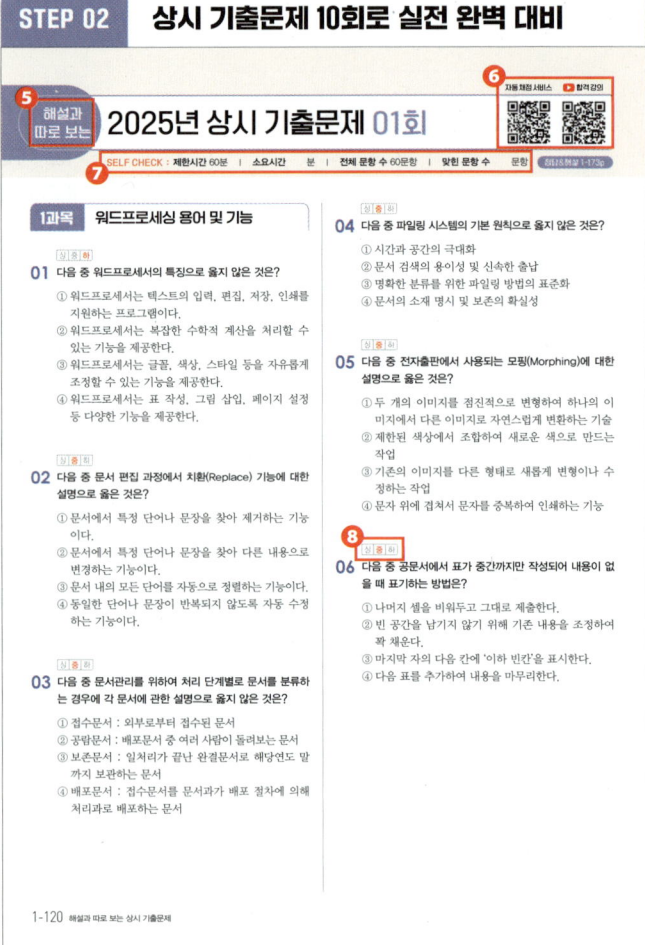

❺ 해설과 함께/따로 보는 상시 기출문제 총 10회분 수록
❻ 자동 채점 서비스와 해설 강의 QR 제공
❼ SELF CHECK로 실력 점검&약점 보완
❽ 난이도에 따라 상/중/하 등급 표기

또기적 합격자료집

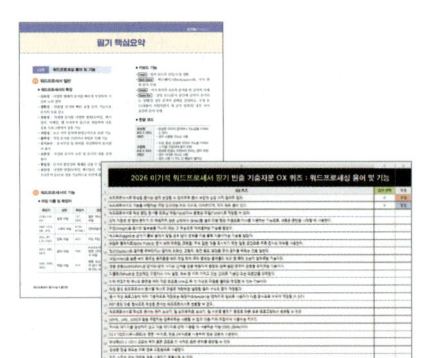

PDF 파일 필기 핵심요약 & 2023년 상시 기출문제 01~03회

구매한 도서를 인증한 분에게 필기 핵심요약과 추가 기출문제 3회분 PDF를 무료로 보내드립니다.

Excel 파일 빈출 기출지문 OX 퀴즈

시험에 자주 출제되는 기출지문 OX 문제를 풀며 핵심 지문을 완벽하게 정리하세요.

[참여 방법] '이기적 스터디 카페' 검색 → 이기적 스터디 카페(cafe.naver.com/yjbooks) 접속 → '구매 인증 PDF 증정' 게시판 → 구매 인증 → 메일로 자료 받기

실기 | 이 책의 구성

STEP 03 대표 기출 따라하기로 필수 기능 정리

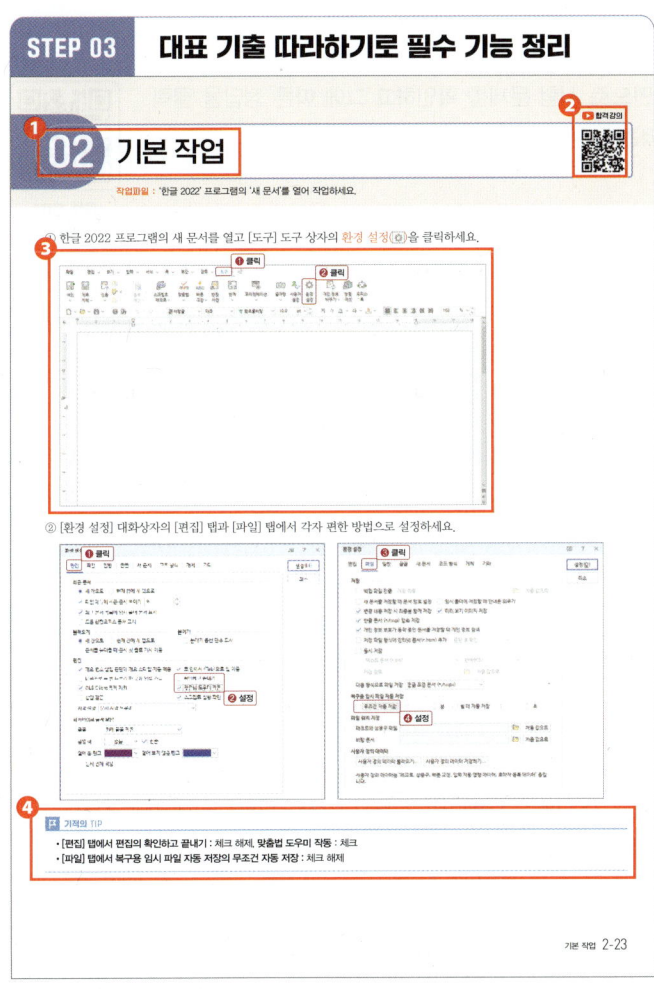

1. 세부지시사항별 상세한 작업 과정 수록
2. QR 코드로 동영상 강의 바로 시청 가능
3. 컬러 이미지로 더 쉽고 효율적인 학습 가능
4. 기적의 TIP은 물론 신유형 TIP과 친절한 쇼츠 강의 제공

STEP 04 상시 공략문제 15회로 최종 마무리

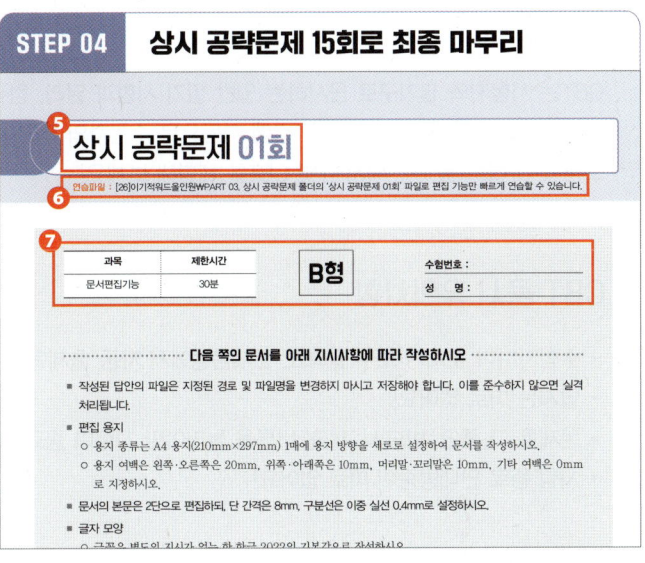

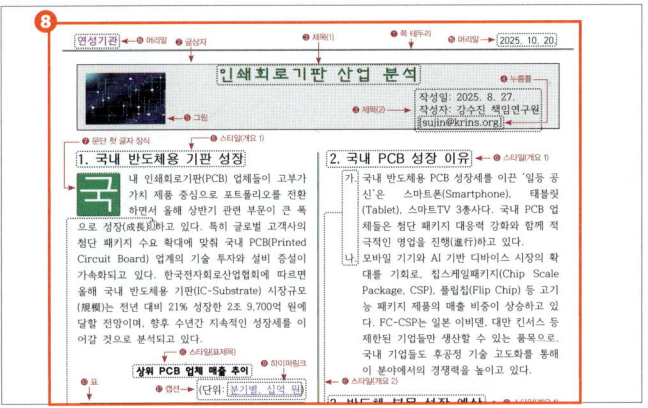

5. 총 15회분 문제 풀이로 실전 감각 극대화
6. 실습 파일을 사용하여 편집 기능 반복 학습
7. 최신 기출 경향을 반영한 문제 수록
8. 빠른 채점을 위한 웹 자동 채점 서비스 제공

또기적 합격자료집

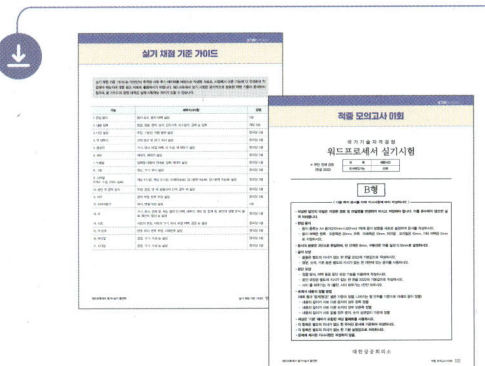

PDF 파일 실기 채점 기준 가이드 & 필수 단축키 모음

구매한 도서를 인증한 분에게 실기 채점 기준 가이드와 필수 단축키 모음 PDF를 무료로 보내드립니다.

PDF 파일 적중 모의고사 01~03회

문제를 더 풀고 연습하고 싶으시다고요? 걱정마세요. 적중률 높은 모의고사 3회분까지 추가 제공합니다.

[참여 방법] '이기적 스터디 카페' 검색 → 이기적 스터디 카페(cafe.naver.com/yjbooks) 접속 → '구매 인증 PDF 증정' 게시판 → 구매 인증 → 메일로 자료 받기

필기 CBT 가이드

▶ CBT란?

CBT는 시험지와 필기구로 응시하는 일반 필기 시험과 달리, 컴퓨터 화면으로 시험 문제를 확인하고 그에 따른 정답을 클릭하면 네트워크를 통하여 감독자 PC에 자동으로 수험자의 답안이 저장되는 방식의 시험입니다.
오른쪽 QR코드를 스캔해서 큐넷 CBT를 체험해 보세요!

큐넷 CBT 체험하기

▶ CBT 응시 유의사항

- 수험자마다 문제가 모두 달라요. 문제은행에서 자동 출제됩니다!
- 답지는 따로 없어요!
- 문제를 다 풀면, 반드시 '제출' 버튼을 눌러야만 시험이 종료되어요!
- 시험 종료 안내방송이 따로 없어요!

▶ FAQ

Q. CBT 시험이 처음이에요! 시험 당일에는 어떤 것들을 준비해야 좋을까요?

A. 시험 시간 시작 20분 전 도착을 목표로 출발하고 시험장에는 주차할 자리가 마땅하지 않은 경우가 많으므로, 대중교통을 이용하는 것을 추천합니다. 무사히 시험 장소에 도착했다면 수험자 입장 시간에 늦지 않게 시험실에 입실하고, 자신의 자리를 확인한 뒤 착석하세요.

Q. 기존보다 더 어려워졌을까요?

A. 시험 자체의 난이도 차이는 없지만, 랜덤으로 출제되는 CBT 시험 특성상 경우에 따라 유독 어려운 문제가 많이 출제될 수는 있습니다. 이러한 돌발 상황에 대비하기 위해 이기적 CBT 온라인 문제집으로 실제 시험과 동일한 환경에서 미리 연습해 두세요.

Q. 풀었던 문제의 답안 수정은 어떻게 하나요?

A. 마킹한 답안을 수정할 경우에는 문제지 화면에서 수정하고자 하는 문제의 답을 다시 클릭하면 먼저 체크한 번호는 없어지고 새로 선택한 번호가 검은색으로 마킹됩니다.

Q. 문제를 다 풀고 나면 어떻게 하나요?

A. 문제를 다 풀고 시험을 종료하려면, '시험 종료' 버튼을 클릭하면 됩니다. 마킹하지 않은 문제가 있을 경우 남은 문제의 문제번호 목록을 보여 주고, 남은 문제번호를 선택한 다음 [문항으로 이동] 버튼을 클릭하면 문제 화면에 클릭한 문제가 나타납니다. 남은 문제가 없을 경우 최종적으로 종료 여부를 확인하는 대화상자가 나타나며 [예]를 클릭하면 시험이 종료되고 수험자가 작성한 답안은 자동으로 저장되어 서버로 전송됩니다.

▶ CBT 진행 순서

좌석 번호 확인 — 수험자 접속 대기 화면에서 본인의 좌석 번호를 확인합니다.

수험자 정보 확인 — 시험 감독관이 수험자의 신분을 확인합니다. 신분 확인이 끝나면 시험이 시작됩니다.

안내사항 확인 — 시험 안내사항을 확인하고, 다음을 클릭합니다.

유의사항 확인 — 시험과 관련된 유의사항을 확인합니다.

문제풀이 메뉴 설명 — 시험을 볼 때 필요한 메뉴에 대한 설명을 확인합니다.
메뉴를 이용해 글자 크기와 화면 배치를 조정할 수 있습니다.
남은 시간을 확인하며 답을 표기하고, 필요한 경우 아래의 계산기를 이용할 수 있습니다.

문제풀이 연습 — 시험 보기 전, 연습해 보는 단계입니다.
직접 시험 메뉴화면을 클릭하며, CBT가 어떻게 진행되는지 확인합니다.

시험 준비 완료 — 문제풀이 연습을 모두 마친 후 [시험 준비 완료] 버튼을 클릭하면 시험 감독관의 지시에 따라 시험이 시작됩니다.

시험 시작 — 시험이 시작되었습니다. 수험자는 제한 시간에 맞추어 문제 풀이를 시작합니다.

답안 제출 — 시험을 완료하면 [답안 제출] 버튼을 클릭합니다. 답안 수정을 위해 시험화면으로 돌아가고 싶으면 [아니오] 버튼을 클릭합니다.

답안 제출 최종 확인 — 답안 제출 메뉴에서 [예] 버튼을 클릭하면, 수험자의 실수를 방지하기 위해 한 번 더 주의 문구가 나타납니다. 시험 문제 풀이가 완벽히 끝났다면 [예] 버튼을 클릭하여 최종 제출합니다.

합격 발표 — CBT 시험이 모두 종료되면, 바로 퇴실할 수 있습니다.

이기적 CBT 바로가기

이제 완벽하게 CBT 필기 시험에 대해 이해하셨나요?
그렇다면 이기적이 준비한 CBT 온라인 문제집으로 학습해 보세요!
이기적 온라인 문제집 : https://cbt.youngjin.com

시험의 모든 것

▶ 워드프로세서 자격검정

- 워드프로세서 검정은 컴퓨터의 기초 사용법과 효율적인 문서 작성을 위한 워드프로세서 프로그램 운영 및 편집 능력을 평가하는 국가 기술자격 시험으로, 대한상공회의소에서 시행
- 상시 검정으로 2012년부터 단일 등급(구 1급)으로만 시행

▶ 응시 절차 안내

STEP 01 응시 자격 조건

- 필기 시험 : 제한 없음
- 실기 시험 : 필기 합격자(단, 필기 시험 합격 후 2년 이내 있는 실기 시험 응시 가능)

STEP 02 필기 원서 접수하기

- 원서 접수 : 대한상공회의소 자격평가사업단(license.korcham.net)에서 접수
- 상시 검정 : 매주 시행, 시험장 조회 후 원하는 날짜와 시간에 응시(21년부터 상시 검정만 시행)
- 검정 수수료 : 19,000원(인터넷 접수 시 수수료 1,200원이 가산되며, 계좌 이체 및 신용카드 결제 가능)

STEP 03 필기 시험 응시하기

- 준비물 : 신분증과 수험표
- 시험 과목
  - 워드프로세싱 용어 및 기능
  - PC 운영체제
  - PC 기본상식
- 출제 형태 : 객관식 60문항
- 시험 시간 : 60분
- 시험 방식 : 컴퓨터로만 진행되는 CBT(Computer Based Test) 형식
- 합격 기준 : 매 과목 100점 만점에 과목당 40점 이상이고 평균 60점 이상

STEP 04 필기 합격 확인하기

- 대한상공회의소 자격평가사업단(license.korcham.net)에서 발표
- 시험일 다음날 오전 10시 발표

STEP 05 실기 원서 접수하기

- 원서 접수 : 대한상공회의소 자격평가사업단(license.korcham.net)에서 접수
- 상시 검정 : 매주 시행, 시험장 조회 후 원하는 날짜와 시간에 응시(21년부터 상시 검정만 시행)
- 검정 수수료 : 22,000원(인터넷 접수 시 수수료 1,200원이 가산되며, 계좌 이체 및 신용카드 결제 가능)

STEP 06 실기 시험 응시하기

- 준비물 : 신분증과 수험표
- 시험 과목 : 문서편집 기능
- 출제 형태 : 컴퓨터 작업형
- 시험 시간 : 30분
- 시험 방식 : 지시사항과 문서를 보고 답안 작성 후 파일 제출
- 합격 기준 : 100점 만점에 80점 이상

STEP 07 실기 합격 확인하기

- 대한상공회의소 자격평가사업단(license.korcham.net)에서 발표
- 매주 수요일~그 다음 주 화요일까지 응시한 경우, 그로부터 2주 후 화요일 오전 10시 발표

STEP 08 자격증 신청하기

- 휴대할 수 있는 카드 형태의 자격증 발급
- 합격 확인서를 필요로 하는 경우 자격취득 확인서 발급(동일 종목에 한하여 하루 3회로 발급 제한)

형태	• 휴대하기 편한 카드 형태의 자격증 • 신청자에 한해 자격증 발급
신청 절차	인터넷(license.korcham.net)을 통해서만 자격증 발급 신청 가능
수수료	• 인터넷 접수 수수료 : 3,100원 • 우편 발송 요금 : 3,300원
수령 방법	방문 수령은 진행하지 않으며, 우편 등기배송으로만 수령할 수 있음
신청 접수 기간	자격증 신청 기간은 따로 없으며 신청 후 10~15일 후 수령 가능

※ 시험에 관한 내용은 시행처 사정에 따라 변경될 수 있으니 자세한 사항은 대한상공회의소 홈페이지(license.korcham.net)에서 확인하시기 바랍니다.

필기 시험 출제 경향

1과목 워드프로세싱 용어 및 기능 기본을 튼튼하게, 최대한 많이 맞자! 20문항

1과목은 세 과목 중 비교적 학습이 수월한 편이므로, 높은 점수를 목표로 집중해서 학습하도록 합니다. 특히 '워드프로세서의 기능' 관련 문제가 높은 비중으로 출제되므로, 이 부분을 철저히 정리하는 것이 핵심입니다. 1과목은 기초 개념, 주요 용어, 기능 전반에 관한 문제가 출제되므로, 암기보다는 이해를 중심으로 학습하는 것이 효과적입니다.

빈출 태그

항목	비율	빈출 태그
1. 워드프로세서 일반	14%	워드프로세서의 특징, 마진, 소트, 워드 랩, 영문 균등, 캡션, 클립아트
2. 워드프로세서의 기능	35%	확장자, 한글 코드, 한자 입력, 스타일, 검색/치환, 매크로, 인쇄 용지
3. 전자출판의 개념	7%	전자출판 특징, OLE 기능, 전자출판의 장점과 단점, 디더링, 워터마크, 커닝
4. 문서 작성하기	8%	문서 작성 원칙, 올바른 문장 작성법, 맞춤법, 두문/본문/결문
5. 교정부호	8%	상반되는 교정부호, 문서 분량과 교정부호, 교정부호의 사용법
6. 문서 관리하기	28%	문서관리의 기본 원칙, 문서관리 절차, 문서 파일링, 문서 분류법

2과목 PC 운영체제 실제 컴퓨터를 사용하는 것처럼! 20문항

2과목은 수험자에게 가장 친숙한 과목으로, 컴퓨터를 사용할 때 반드시 알아야 할 기능들이 다양한 형태로 출제됩니다. 주로 한글 윈도우의 기능을 비롯해 파일과 폴더의 관리, 시스템 관리, 네트워크 관리 등 컴퓨터 조작 전반에 관한 문제가 출제됩니다. 실제 컴퓨터 사용 경험과 연관지어 학습하면 훨씬 쉽게 이해하고 접근할 수 있습니다.

빈출 태그

항목	비율	빈출 태그
1. 한글 윈도우의 기본 기능	16%	선점형 멀티태스킹, 고급 옵션, 바로 가기 키, 상태 표시줄, 작업 관리자
2. 한글 윈도우의 활용	28%	바탕 화면, 바로 가기 아이콘, 작업 표시줄, 파일과 폴더, 휴지통
3. 보조프로그램과 앱 활용	13%	메모장, 그림판, 캡처 도구, 계산기, 그림판 3D, 프린터 추가, 스풀
4. 한글 윈도우의 고급 사용법	16%	개인 설정, 접근성 설정, 시스템, 장치 관리자, 앱(프로그램) 및 기능
5. 컴퓨터 시스템 관리	13%	디스크 포맷, 디스크 정리, 디스크 조각 모음 및 최적화, 문제 해결
6. 네트워크 관리	14%	네트워크 연결 설정, 서브넷 마스크, 방화벽, 웹 브라우저

3과목 PC 기본상식 어렵지만 힘내서 해보자! 20문항

3과목은 세 과목 중 학습 분량이 가장 많고 암기해야 할 내용도 많아, 상대적으로 고득점이 어려운 과목입니다. 특히 '컴퓨터의 하드웨어와 소프트웨어'는 출제 비중이 높기 때문에 기본 개념을 정확히 이해하는 것이 중요합니다. 3과목은 컴퓨터 전반의 기초 지식부터 최신 IT 동향까지 폭넓게 다루는 과목이므로, 개념 중심의 이해와 기출문제 반복 학습이 합격을 위한 핵심 전략입니다.

빈출 태그

항목	비율	빈출 태그
1. 컴퓨터 시스템의 개요	14%	펌웨어, 부동 소수점 표현, 컴퓨터의 세대별 분류, 디지털 컴퓨터
2. 컴퓨터의 하드웨어와 소프트웨어	31%	레지스터, 제어 장치, 연산 장치, CISC, RISC, 운영체제, USB, 바이러스
3. 멀티미디어 활용하기	7%	멀티미디어의 특징, VCS, 키오스크, VR, 비트맵, 벡터, JPG, MPEG
4. 정보 통신과 인터넷	16%	인터네트워킹, 정보 통신망의 종류 및 특징, TCP/IP, 인터넷 프로그래밍 언어
5. 정보사회와 보안	14%	정보사회의 순기능/역기능, DRM, 스니핑, 스푸핑, 피싱, 암호화 기법
6. ICT 신기술 활용하기	10%	WiFi, SSO, RFID, USN, I-PIN, IoT, GPS, 텔레메틱스, 안드로이드, iOS
7. 전자우편과 개인정보 관리	8%	전자우편, SMTP, POP3, MIME, IMAP, 메일 수신, 개인정보 보호

필기 Q&A

Q 워드프로세서 시험의 시행처는 어디인가요?

A 워드프로세서 시험은 대한상공회의소에서 시행하고 있습니다. 시험 전에 반드시 대한상공회의소 자격평가사업단 홈페이지(https://license.korcham.net)를 방문하여 궁금한 사항이나 시험 내용을 확인하세요.

Q 상시 검정은 무엇인가요?

A 상시 검정이란 정해진 날짜가 아닌 수험자가 원하는 시간을 선택하여 상시 시험장에서 시험을 볼 수 있도록 한 제도입니다.

Q 시험 일정은 어디서 확인하나요?

A 대한상공회의소 자격평가사업단 홈페이지나 코참패스 모바일 앱으로 확인할 수 있습니다. 시험 일정은 각 지역마다 개설되는 시기와 시험 일자가 다릅니다. 시험 일정 개설과 관련하여서는 해당 지역 상공회의소로 전화 상담 부탁드립니다(대한상공회의소 고객센터 : 02-2102-3600).

Q 수험자가 직접 시험장을 선택할 수 있나요?

A 수험자가 직접 시험 볼 지역과 시험장을 선택할 수 있습니다.

Q 시험은 어떻게 접수할 수 있나요?

A 대한상공회의소 자격평가사업단 홈페이지나 코참패스 모바일 앱으로 원서를 접수할 수 있습니다. 상공회의소 근무 시간 내 방문 접수도 가능합니다(방문 접수 시 인터넷 접수 수수료 면제).

Q 시험장에 갈 때 수험표를 꼭 준비해야 하나요?

A 수험표는 대한상공회의소 자격평가사업단 홈페이지에서 시험일까지 출력이 가능하며, 코참패스 모바일 앱을 통한 모바일 수험표도 확인이 가능합니다. 시험 전 수험표를 확인하는 별도의 절차는 없으나, 수험생의 시험실 및 입실 시간에 혼란이 없도록 가급적 수험표를 지참하시기 바랍니다.

Q 필기 시험 합격 유효 기간은 언제까지인가요?

A 필기 시험 합격 유효 기간은 필기 합격 발표일을 기준으로 만 2년입니다. 실기 시험 응시 조건이기 때문에 기간에 유의하여 실기 시험을 준비하세요.

※ 더욱 자세한 사항은 대한상공회의소 자격평가사업단 홈페이지(license.korcham.net)를 참고하시기 바랍니다.

실기 Q&A

Q 워드프로세서 시험 일정이 궁금해요.

A 워드프로세서 시험은 상시 시험입니다. 원서 접수는 개설일부터 시험 4일 전까지 가능하며, 시험 일자는 수험생이 선택할 수 있습니다. 단, 각 시험장 상황에 따라 시험을 보지 못하는 일이 발생할 수 있으니 미리 알아보고 접수하는 것이 좋습니다.

Q 시험은 어떻게 접수할 수 있나요?

A 원서 접수를 위해서는 대한상공회의소 자격평가사업단 홈페이지에 회원가입 후 본인인증이 되어 있어야 합니다. 원서 접수는 인터넷 접수가 원칙이며, 인터넷 접수 시 수수료가 부과됩니다. 원서 접수는 '로그인 → 약관 동의 → 응시종목 선택 → 인적사항 등록 및 입력 → 시험장 선택 → 일자/시간 선택 → 선택내역 확인 → 전자결제 → 접수 확인 → 수험표 출력'의 단계로 진행됩니다. 인터넷 접수가 어려운 경우 대한상공회의소 근무시간 중 방문 접수도 가능합니다.

Q 필기 시험 합격 후 2년이 지난 것 같아요.

A 워드프로세서 실기 시험의 자격 조건은 필기 합격자입니다. 만약 필기 시험 후 2년이 지났다면 필기 시험부터 다시 응시하여 합격 후 실기 시험을 볼 수 있습니다.

Q 시험 접수 후 일정을 바꾸고 싶어요.

A 접수 기간 내 접수를 취소하는 경우에는 수험료의 100% 환불(접수 수수료 포함)이 가능합니다. 단, 시험 일시는 접수일로부터 시험 4일 전까지 가능합니다. 자세한 사항은 시행처에 문의해 주세요.

Q 시험장에 무엇을 가져가야 하나요?

A 본인의 신분증을 잊지 말고 가져가야 합니다. 신분증 확인 및 소지품 정리 시간 이후 관련 법상 부정행위 기준에 명시된 통신·전자기기를 소지한 경우 해당 시험은 무효 처리되므로 주의하세요.

Q 시험장에서 있었던 일은 어떻게 해결하나요?

A 시험 시간에 있었던 일은 그 시간에 해결하는 것이 원칙입니다. 예를 들어 컴퓨터 모니터가 이상하다든지, 키보드가 제대로 눌리지 않는다든지, 저장이 정상적으로 되지 않는 등의 문제가 발생하면 즉시 시험 감독관에게 알려 조치를 받아야 합니다.

Q 시험 합격자 발표 전에 다시 시험을 보고 싶어요.

A 상시 시험의 경우 합격자 발표가 나기 전에 시험에 응시할 수 있습니다. 이럴 경우에 이전에 응시한 시험에 합격했다면 이후 시험 결과는 무효 처리가 됩니다. 자세한 사항은 시행처를 참고해 주세요.

※ 더욱 자세한 사항은 대한상공회의소 자격평가사업단 홈페이지(license.korcham.net)를 참고하시기 바랍니다.

자주 출제되는 지문으로 구성한
빈출 지문
암기노트

CONTENTS

- **1과목** 워드프로세싱 용어 및 기능
- **2과목** PC 운영체제
- **3과목** PC 기본상식

빈출 지문 암기노트

1과목 | 워드프로세싱 용어 및 기능

01 워드프로세서의 특징

- **신속성** : 다양한 형태의 문서를 빠르게 작성하여 시간과 노력을 줄인다.
- **정확성** : 맞춤법 검사와 빠른 교정 등의 기능으로 문서의 오류를 줄인다.
- **전송성** : 작성된 문서를 모바일, 팩시밀리, 이메일, 웹 브라우저 등을 통해 전송하여 다른 응용 프로그램에서 공유가 가능하다.
- **저장성** : 다양한 저장 형식(HWP, DOCX, RTF, PDF 등)으로 작성된 문서는 보조 기억 장치에 반영구적으로 보관한다. 포토샵(PSD)이나 동영상(WMV) 같은 특수한 형식으로는 저장할 수 없다.
- **출력성** : 작업 문서를 프린터나 파일로 인쇄할 수 있다.
- **유지보수성** : 문서 작성 및 관리를 전산화하여 유지 관리가 쉽다.
- **보안성** : 중요 문서는 암호를 부여하여 저장할 수 있어 보안 유지가 가능하나, 워드프로세서는 문서 내용을 수정하기 쉬우므로 문서 보안에 주의해야 한다.

24년 상시, 23년 상시, 22년 상시, 21년 상시, 16년 3월, 13년 6월

01 다음 중 워드프로세서의 특징으로 옳지 않은 것은?

① 워드프로세서를 이용하면 문서 작성에 드는 시간과 노력을 줄일 수 있다.
② 워드프로세서로 작성된 문서는 쉽게 변경할 수 없으므로 문서 보안에 신경 쓰지 않아도 된다.
③ 문서 작성 및 관리를 전산화함으로써 유지 관리가 쉽다.
④ 작성한 문서를 다른 응용 프로그램에서 사용할 수 있다.

> 워드프로세서로 작성된 문서는 쉽게 변경 가능하므로 문서 보안에 주의가 필요하다.

기적의 TIP
컴퓨터를 이용한 워드프로세서의 다양한 기능과 특징을 설명하는 문제가 출제되고 있습니다.

---

02 유니코드(KS×1005-1)의 특징

- 국제 표준 코드로 정보 처리와 정보 교환용에 사용한다.
- 완성형 코드에 조합형 코드를 반영하여 동시에 사용할 수 있어 전 세계 모든 문자를 표현할 수 있다.
- 표현 글자 수는 완성형 한글 11,172자와 한글 자모 240자를 사용한다.
- 외국 소프트웨어의 한글화가 쉽고, 한글을 모두 가나다순으로 정렬한다.
- 한글, 한자, 영문, 공백 등 모든 문자를 2바이트로 표현한다.
- 단점은 기억 공간을 많이 차지한다.

20년 7월, 18년 3월

01 다음 중 KS X 1005-1(유니코드)에 대한 설명으로 옳지 않은 것은?

① 용도 : 국제 표준 코드, 정보 처리/정보 교환용
② 장점 : 현대 한글의 대부분을 표현할 수 있음
③ 표현 글자 수 : 완성형 한글 11,172자, 한글 자모 240자
④ 표현 바이트 수 : 모든 문자 2바이트(16비트)

> 조합형은 초성, 중성, 종성을 조합하여 현대 한글을 거의 모두 표현할 수 있으나, KS X 1005-1(유니코드)는 완성형 한글 11,172자, 한글 자모 240자를 표현할 수 있다.

23년 상시, 22년 상시, 21년 상시, 16년 6월, 08년 7월, 07년 10월, 06년 11월, …

02 다음 중 유니코드(KS X 1005-1)에 대한 설명으로 옳은 것은?

① 영문과 공백은 1바이트, 한글과 한자는 2바이트로 처리한다.
② '必勝 KOREA'라는 말을 입력할 경우 최소 16바이트의 기억 공간이 필요하다.
③ 정보 교환 시 제어 문자와 충돌이 발생할 가능성이 크다.
④ 조합형 한글 코드에 비해 적은 기억 공간을 사용한다.

> 유니코드는 한자, 영문, 공백, 한글 모든 문자를 2바이트로 처리하여 기억 공간을 많이 차지한다.

기적의 TIP
한글 코드 중 모든 문자가 2바이트로 처리되는 유니코드에 대해 자주 출제됩니다.

03 한자 입력 방법

- 문서 전체 또는 일부분을 범위(블록) 지정하여 사전에 등록된 한자로 변환한다.
- 한자가 많이 들어있는 문서의 일부분 또는 전체를 블록 지정하여 모두 한글로 변환할 수 있다.
- 한자 사전에 없는 단어를 사전에 등록할 수 있다.
- **한자의 음을 아는 경우** : 한글/한자 음절 단위 변환, 단어 변환, 문장 자동 변환을 이용한다.
- **한자의 음을 모르는 경우** : 부수/총 획수 입력, 외자 입력, 2Stroke 변환을 이용한다.

16년 10월, 15년 10월

01 다음 중 한자를 입력하려 할 때 음을 알고 있을 경우 사용할 수 있는 변환 방법으로 옳지 않은 것은?

① 음절 단위 변환
② 외자 입력 변환
③ 단어 단위 변환
④ 문장 자동 변환

외자 입력 변환은 코드 테이블을 이용하여 미리 약속된 코드 값의 한자를 입력하는 방법이다.

[오답 피하기]
한자의 음을 모를 때는 외자 입력 변환, 부수/총 획수 입력, 2Stroke 변환으로 입력할 수 있다.

22년 상시, 21년 상시, 13년 10월

02 다음 중 한자를 입력하는 방법으로 옳은 것은?

① 한자는 키보드에 표기할 수 없기 때문에 한자 목록이나 한자 사전에서 해당 한자를 선택하여 입력한다.
② 한자의 음을 아는 경우에는 부수/총 획수 입력, 외자 입력, 2Stroke 입력이 있다.
③ 한자의 음을 모를 때에는 한글/한자 음절 변환, 단어 변환, 문장 자동 변환이 있다.
④ 한자가 많이 들어있는 문서의 일부분은 블록 지정하여 모두 한글로 바꿀 수 있지만, 문서 전체는 블록 지정하여 모두 한글로 바꿀 수 없다.

부수/총 획수 입력, 외자 입력, 2Stroke 입력 등은 한자의 음을 모를 때의 입력 방법이다. 한자의 음을 아는 경우에는 한글/한자 음절 단위 변환, 단어 변환, 문장 자동 변환을 이용하여 한자를 입력할 수 있다.

기적의 TIP
한자의 음을 아는 경우와 모르는 경우에 따라 한자를 변환하는 방법에 대한 문제가 출제되고 있습니다.

---

04 문서 저장 기능

- 작성한 문서의 전부 또는 일부분을 하드 디스크와 같은 보조 기억 장치에 파일로 저장하는 기능이다.
- 저장할 때 대화상자에서 새 폴더를 만들어 관리할 수 있고 파일을 삭제할 수 있다.
- 파일 이름과 파일 형식을 변경할 수 있고 암호(Password)를 지정하여 문서의 보안을 유지할 수 있다.
- 다른 이름으로 저장하면 현재 파일은 그대로 있고 다른 이름의 파일이 만들어진다.

23년 상시, 22년 상시, 21년 상시, 20년 7월/2월

01 다음 중 한글 워드프로세서의 문서 파일 저장 기능에 관한 설명으로 옳지 않은 것은?

① 저장할 때 암호를 지정하여 다른 사람의 열람을 제한할 수 있다.
② 저장하기 대화상자에서 폴더를 새로 만들거나 삭제할 수 있다.
③ 기존 문서를 다른 이름으로 저장하면 기존 파일은 삭제된다.
④ 문서 파일의 저장 위치나 파일 이름 및 형식을 변경하여 저장할 수 있다.

다른 이름으로 저장하면 기존 파일은 그대로 있는 상태에서 다른 이름으로 저장된다.

24년 상시, 18년 9월, 16년 3월

02 다음 중 워드프로세서의 문서 저장 기능에 대한 설명으로 옳은 것은?

① 현재 작업 중인 보조 기억 장치의 내용을 주기억 장치로 이동시키는 기능이다.
② [다른 이름으로 저장하기] 대화상자에서 폴더를 새로 만들 수 있지만 파일을 삭제할 수는 없다.
③ 저장 시 암호를 지정하거나 백업 파일이 만들어지도록 설정할 수 있다.
④ 문서 일부분만을 블록으로 지정한 후에 따로 저장할 수 없다.

[오답 피하기]
- ① : 하드 디스크와 같은 보조 기억 장치에 저장하는 기능
- ② : [다른 이름으로 저장] 대화상자에서 폴더를 새로 만들거나 파일을 삭제할 수 있음
- ④ : 문서의 특정 부분을 블록으로 지정하여 저장하면 해당 부분만 별도의 파일로 저장할 수 있음

기적의 TIP
보조 기억 장치에 저장할 때 폴더 위치, 파일 이름, 파일 형식, 암호 등을 변경할 수 있음을 기억하세요.

05 찾기(검색)

- 문서에서 원하는 글자나 문자열을 찾아 커서를 옮겨주는 기능이다.
- 블록을 지정하여 부분으로 검색하거나 문서 전체를 검색한다.
- 글자 모양(서체, 속성), 문단 모양(정렬), 스타일(서식) 등을 지정하여 검색이 가능하다.
- 와일드 카드(*, ?)의 아무개 문자, 띄어쓰기 무시, 대소문자 구별, 찾을 방향(아래로, 위로, 문서 전체)을 지정하여 검색한다.
- 찾기 작업 후에는 문서 크기에 아무런 변화가 없다.

22년 상시, 21년 상시, 20년 7월, 18년 9월

01 다음 중 워드프로세서에서 특정 내용을 검색하기 위한 찾기 기능의 설명으로 옳지 않은 것은?

① 교정부호나 메모의 내용을 지정하여 검색할 수 있다.
② 와일드 카드 문자(*, ?)를 사용하여 검색할 수 있다.
③ 블록을 지정하여 특정 영역에 대해서만 검색할 수 있다.
④ 글자 모양이나 문단 모양, 스타일 등을 지정하여 검색할 수 있다.

검색은 화면의 내용이나 표 안의 내용은 검색할 수 있으나, 교정부호나 메모의 내용은 검색할 수 없다.

25년 상시, 24년 상시, 22년 상시, 18년 9월

02 다음 중 워드프로세서에서 찾기 기능에 대한 설명으로 옳은 것은?

① 찾기 기능은 대문자와 소문자를 구분하여 내용을 찾을 수 없다.
② 찾기 기능을 이용하여 찾을 때 언제나 현재 커서의 아래쪽으로만 내용을 찾을 수 있다.
③ 찾기 기능에서 띄어쓰기를 무시하고 내용을 찾을 수는 없다.
④ 찾을 내용과 글꼴을 이용하여 찾기 기능을 수행할 수 있다.

오답 피하기
- ① : [대소문자 구별]을 선택하여 내용을 찾을 수 있음
- ② : 찾을 방향은 아래로, 위로, 문서 전체 중에서 선택하여 내용을 찾을 수 있음
- ③ : 선택 사항에서 [띄어쓰기 무시]를 선택하여 내용을 찾을 수 있음

기적의 TIP
찾기(검색) 기능에서 다양한 검색 옵션의 세부 항목에 대해 묻는 문제가 출제되고 있습니다.

06 바꾸기(치환)

- 문서에서 원하는 글자나 문자열을 찾아 다른 문자열로 바꿔주는 기능이다.
- 블록을 지정하여 특정 영역에 대해 바꾸기를 할 수 있다.
- 문서 내에서 특정 문자를 찾아 크기, 서체, 속성 등을 바꿀 수 있으며, 그림이나 도형은 다른 그림이나 도형으로 치환할 수 없다.
- 바꾸기 작업을 한 후 문서의 분량에 변화가 생길 수 있다.
- 블록을 지정한 영역에서도 찾기가 가능하며 커서의 위치를 기준으로 찾을 방향을 지정할 수 있다.
- 사용자가 정의해 놓은 스타일을 적용하여 찾기나 바꾸기를 할 수 있다.

23년 상시, 21년 상시, 20년 2월

01 다음 중 워드프로세서에서 치환에 대한 내용으로 옳지 않은 것은?

① 치환 후에는 문서의 분량이 변할 수 없다.
② 글자 모양, 문단 모양, 스타일도 지정하여 바꿀 수 있다.
③ 블록을 지정한 특정 영역에 대해서만 치환 기능을 적용할 수 있다.
④ 특정 문자열을 찾아 다른 문자열로 바꾸는 기능이다.

치환 후에는 문서의 분량이 변할 수 있다.

23년 상시, 21년 상시, 17년 3월

02 다음 중 워드프로세서에서 찾기와 바꾸기 기능에 관한 설명으로 옳지 않은 것은?

① 블록을 지정한 영역에서도 찾기가 가능하며 커서의 위치를 기준으로 찾을 방향을 지정할 수 있다.
② 사용자가 정의해 놓은 스타일을 적용하여 찾기나 바꾸기를 할 수 있다.
③ 찾기 기능을 수행하면 문서 크기에 영향을 준다.
④ 문서 내에서 특정 문자를 찾기하여 크기, 서체, 속성 등을 바꿀 수 있다.

찾기는 문서의 분량에 영향을 주지 않고, 바꾸기를 했을 때 크기에 영향을 줄 수 있다.

기적의 TIP
바꾸기(치환)는 찾기와 다르게 문서의 분량이 변할 수 있음을 기억하세요.

07 맞춤법 검사

- 작성된 문서와 워드프로세서에 내장된 사전을 서로 비교하여 틀린 단어를 찾아 자동이나 수동으로 고쳐주는 기능이다.
- 맞춤법, 표준말, 띄어쓰기, 대소문자 검사, 기호나 숫자에 알맞은 토씨 등을 검사한다.
- 사전에 없는 단어는 사용자가 직접 추가할 수 있다.
- 수식이나 화학식의 오류는 검사할 수 없다.
- 자주 틀리는 단어는 자동으로 수정되도록 지정할 수 있다.
- 문서 전체나 특정 부분에 대해 검사하고 문법적인 오류도 고칠 수 있다.

23년 상시, 22년 상시, 21년 상시, 20년 2월, 19년 3월

01 다음 중 워드프로세서에서 맞춤법 검사 기능에 관한 설명으로 옳지 않은 것은?

① 내장된 사전과 비교하여 틀린 단어를 고치는 기능이다.
② 문장 부호 검사, 영문 약자 검사를 지정할 수 있다.
③ 자주 틀리는 단어는 자동으로 수정되도록 지정할 수 있다.
④ 한글과 영문뿐만 아니라 수식도 고칠 수 있다.

수식은 맞춤법 검사를 할 수 없다.

23년 상시, 22년 상시, 21년 상시, 19년 8월

02 다음 중 맞춤법 검사(Spelling Check)에 대한 설명으로 올바른 것은?

① 수식과 화학식도 맞춤법 검사를 할 수 있다.
② 자주 틀리는 단어는 자동으로 수정되도록 지정할 수 있다.
③ 문서의 특정 부분만 검사할 수는 없다.
④ 맞춤법 외에 문법적인 오류는 고칠 수 없다.

[도구]-[맞춤법 F8]-[시작]을 누르면 맞춤법 검사를 할 수 있는데, 바꿀 말을 추천 글로 변경하는 기능이다.

오답 피하기
- ① : 수학식이나 화학식의 맞춤법 검사는 안 됨
- ③ : 문서 전체나 특정 부분에 대해 검사 가능
- ④ : 문법적인 오류도 고칠 수 있음

기적의 TIP
맞춤법 검사 기능에서 수식이나 화학식의 오류는 검사할 수 없음을 알아두세요.

08 인쇄 기능

- 작성된 문서의 전부 또는 블록을 지정한 일부분을 프린터 등으로 인쇄한다.
- 미리보기는 편집한 내용의 전체 윤곽을 확인하는 기능으로 미리보기에서 편집할 수는 없다.
- 인쇄 범위, 인쇄 매수, 인쇄 방식(기본 인쇄, 나눠 찍기, 모아 찍기, 끊어 찍기, 역순 인쇄, 절약 인쇄)을 지정하여 인쇄한다.
- 한 부씩 찍기를 하면 1-2-3순으로 인쇄되며, 여러 장 인쇄할 때에는 인쇄 매수만큼 1페이지를 다 인쇄한 다음, 2, 3 순서대로 여러 장 인쇄된다.
- 프린터의 해상도를 높게 설정하면 출력 시간은 길어지지만 대신 선명하게 인쇄할 수 있다.
- 전자메일과 팩스 인쇄를 통해 팩시밀리가 없어도 작업한 문서를 상대방의 팩스로 보낼 수 있다.
- 파일로 인쇄를 하면 문서의 내용을 종이에 출력하지 않고 확장자가 PRN 형식의 파일로 저장이 된다.

23년 상시, 22년 상시, 21년 상시, 20년 7월, 15년 6월

01 다음 중 워드프로세서의 인쇄 기능에 대한 설명으로 옳지 않은 것은?

① 문서의 내용을 종이에 출력하지 않고 파일로 디스크에 저장할 수 있다.
② 프린터의 해상도를 높게 설정하면 출력 시간은 길어지지만 대신 선명하게 인쇄할 수 있다.
③ 문서의 1-3페이지를 여러 장 인쇄할 때 한 부씩 찍기를 선택하지 않으면 1-2-3페이지 순서로 여러 장이 인쇄된다.
④ 미리보기 기능을 사용하여 문서의 내용을 편집할 수는 없다.

페이지별로 인쇄 매수만큼 1페이지를 다 인쇄한 다음, 2, 3페이지 순서대로 인쇄된다.

22년 상시, 19년 3월, 17년 3월

02 다음 중 워드프로세서에서 인쇄 기능에 관한 설명으로 옳지 않은 것은?

① 인쇄 전 미리보기 기능을 이용하여 여백 보기 등을 통해 문서의 윤곽을 미리 확인할 수 있다.
② 모아 찍기 기능을 이용하여 문서 한 장에 여러 페이지를 인쇄할 수 있다.
③ 그림 워터마크와 글씨 워터마크를 설정하여 인쇄할 수 있다.
④ 파일로 인쇄하면 확장자가 .hwp 또는 .doc인 파일로 저장된다.

파일로 인쇄하면 확장자가 PRN인 파일로 저장된다.

25년 상시, 23년 상시, 21년 상시, 16년 10월, 10년 9월

03 다음 중 워드프로세서의 인쇄 기능에 대한 설명으로 옳지 않은 것은?

① 프린터 등을 통해 작성한 문서를 인쇄하는 기능을 말한다.
② 미리 보기 기능을 이용하여 문서의 전체 윤곽을 확인할 수 있다.
③ 프린터의 해상도를 높게 설정하면 출력 시간도 빠르고 선명하게 인쇄할 수 있다.
④ 문서의 일부분만 인쇄할 수도 있고 인쇄 매수를 지정하여 동일한 문서를 여러 번 인쇄할 수 있다.

프린터의 해상도를 높게 설정하면 출력 시간이 오래 걸린다.

25년 상시

04 다음 중 워드프로세서의 인쇄 기능에 대한 설명으로 옳지 않은 것은?

① 인쇄 미리 보기 기능을 사용하면 문서가 출력될 모습을 화면에서 확인할 수 있다.
② 특정 페이지 범위를 지정하여 필요한 부분만 인쇄할 수 있다.
③ 워드프로세서에서는 한 번에 하나의 문서만 인쇄할 수 있으며, 여러 페이지를 모아 찍을 수는 없다.
④ 한 페이지에 여러 쪽을 축소하여 인쇄하는 기능을 제공한다.

모아 찍기 기능을 이용하여 문서 한 장에 여러 페이지를 인쇄할 수 있다.

🏁 **기적의 TIP**
인쇄 옵션에서 인쇄 범위, 인쇄 방식, 인쇄 매수, 인쇄 순서 등 다양하게 문제가 출제되고 있습니다.

---

09 워드프로세서 용어

- **워드 랩(Word Wrap)** : 줄 끝에 있는 영어 단어가 다음 줄까지 이어질 때 단어를 자르지 않고 다음 줄로 넘기는 기능이다.
- **영문 균등(Justification)** : 워드 랩 등으로 인한 공백을 처리하기 위해 단어와 단어 사이를 균등하게 배분함으로써 균형을 맞추는 기능이다.
- **디폴트(Default)** : 전반적인 규정이나 서식 설정 등에 대해 미리 가지고 있는 값이다.
- **옵션(Option)** : 메뉴나 기능을 수행할 때 제시되는 선택 항목을 의미한다.
- **색인(Index)** : 문서의 내용을 쉽게 찾을 수 있도록 중요한 용어를 쪽 번호와 함께 수록한 목록이다.
- **마진(Margin)** : 문서 작성 시 페이지의 상·하·좌·우에 두는 공백을 의미한다.
- **캡션(Caption)** : 문서에 포함된 표나 그림에 붙이는 제목 또는 설명이다.

24년 상시, 23년 상시, 22년 상시, 21년 상시, 20년 7월, 16년 6월

01 다음 중 워드프로세서에서 사용하는 기본 용어에 관한 설명으로 옳지 않은 것은?

① 영문 균등(Justification) : 단어와 단어 사이의 간격을 균등 배분하여 문장의 왼쪽 끝만 맞추어 균형을 유지하는 기능
② 색인(Index) : 문서의 중요한 내용을 빠르게 찾기 위하여 문서의 맨 뒤에 용어와 기록된 쪽 번호를 오름차순으로 기록하여 정리한 목록
③ 옵션(Option) : 명령이나 기능을 수행할 때 선택할 수 있는 항목들을 모두 보여주는 것
④ 마진(Margin) : 문서 작성 시 문서의 균형을 위해 남겨 두는 상·하·좌·우의 여백

영문 균등은 워드 랩 등으로 생긴 공백을 처리하기 위해 단어와 단어 사이의 간격을 균등 배분하여 양쪽 길이를 맞추는 기능이다.

24년 상시, 22년 상시, 21년 상시, 19년 8월

02 다음 중 워드프로세서의 용어에 대한 설명으로 옳지 않은 것은?

① 옵션(Option) : 어떤 기능에 대한 지시를 부여하거나 지시할 때 선택할 수 있는 항목을 말한다.
② 마진(Margin) : 문서의 균형을 위해 비워두는 페이지의 상·하·좌·우 공백을 말한다.
③ 센터링(Centering) : 문서의 중심을 비우고 문서의 내용을 정렬하는 기능이다.
④ 캡션(Caption) : 문서에 포함된 표나 그림에 붙이는 제목 또는 설명이다.

센터링은 문서 가운데를 중심으로 문서의 내용을 정렬하는 기능이다.

23년 상시, 22년 상시, 21년 상시, 14년 3월

03 다음 중 아래 설명에 해당하는 워드프로세서 용어는?

> 문서 편집과 관련된 여러 가지 설정 항목들의 표준값으로 사용자가 따로 지정하지 않는 한 이 값이 그대로 적용된다.

① 클립아트(Clip Art)
② 도구상자(Tool Box)
③ 스풀링(Spooling)
④ 디폴트(Default)

오답 피하기
- 클립아트(Clip Art) : 문서 작성 시 편리하게 사용하도록 만들어 놓은 그래픽 데이터의 모음
- 도구상자(Tool Box) : 파일을 조작하거나 편집하는 각종 기능을 모아놓은 상자
- 스풀링(Spooling) : 인쇄를 하면서 다른 작업이 가능하도록 인쇄할 데이터를 보조 기억 장치에 저장했다가 출력하는 기술

23년 상시, 22년 상시, 21년 상시, 10년 5월

04 다음 중 워드프로세서의 용어에 대한 설명이 옳은 것은?

① 옵션(Option) : 어떤 기능에 대한 지시를 부여하거나 지시할 때 선택할 수 있는 항목을 말한다.
② 캡션(Caption) : 글자를 구부리거나 글자에 외곽선, 그림자, 회전 등의 효과를 주어 글자를 꾸미는 것을 말한다.
③ 스크롤(Scroll) : 문장 입력 중 한글이나 영어 단어가 길어 문장의 끝에 걸쳐질 때 그 단어 자체를 다음 줄로 넘기는 기능이다.
④ 래그드(Ragged) : 문서의 왼쪽 끝이 정렬되지 않은 상태를 말한다.

옵션(Option)은 명령이나 기능을 수행하는 데 있어 추가 요소나 선택 항목을 의미한다.

오답 피하기
- 캡션(Caption) : 표나 그림의 제목
- 스크롤(Scroll) : 화면을 상·하·좌·우로 이동하는 기능
- 래그드(Ragged) : 문서의 오른쪽 끝이 정렬되지 않은 상태

🚩 기적의 TIP
워드프로세서의 용어와 그 기능을 연결하는 문제가 출제되고 있습니다.

---

10 매크로(Macro)

- 매크로는 반복되는 글자, 서식 등을 여러 곳에 빠르고 효율적으로 처리하기 위해 사용한다.
- 스크립트 매크로는 일련의 키보드 또는 마우스 동작을 특정 키에 기록해 두었다가 키를 눌러 그대로 재생하는 기능이다.
- 매크로는 사용자가 기억하기 쉽도록 각각 이름을 붙일 수 있으며 별도로 저장했다가 편집하여 재사용할 수 있다.

23년 상시, 22년 상시, 20년 7월, 19년 8월

01 다음 중 워드프로세서에서 매크로(Macro)에 대한 설명으로 옳지 않은 것은?

① 일련의 작업 순서를 키보드의 특정 키에 기록해 두었다가 필요할 때 한 번에 재실행해 내는 기능이다.
② 동일한 내용의 반복 입력이나 도형, 문단 형식, 서식 등을 여러 곳에 반복 적용할 때 효과적이다.
③ 작성한 매크로는 별도의 파일로 저장할 수 있으며 편집이 가능하다.
④ 마우스 동작을 포함한 사용자의 모든 동작을 기억하는 것을 '키 매크로'라고 한다.

사용자가 입력하는 일련의 키보드와 마우스의 조작 순서를 기억하였다가 재생하는 것을 '스크립트 매크로'라고 한다.

22년 상시, 21년 상시, 18년 3월

02 다음 중 워드프로세서가 가지고 있는 매크로 기능에 관한 설명으로 옳지 않은 것은?

① 자주 사용하는 어휘나 도형 등을 약어로 등록하여 필요할 때 약어만 호출하여 같은 내용을 반복 사용하는 기능이다.
② 작성한 매크로는 별도의 파일로 저장할 수 있으며 편집이 가능하다.
③ 키보드 입력을 기억하는 '키 매크로'와 마우스 동작을 포함한 사용자의 모든 동작을 기억하는 '스크립트 매크로'가 있다.
④ 동일한 내용의 반복 입력이나 도형, 문단 형식, 서식 등을 여러 곳에 반복 적용할 때 유용하다.

자주 사용하는 어휘나 도형 등을 약어로 등록하여 필요할 때 약어만 호출하여 같은 내용을 반복 사용하는 기능은 상용구에 대한 설명이다.

🚩 기적의 TIP
매크로의 뜻과 매크로는 저장과 편집하여 사용할 수 있음을 기억하세요.

11 금칙 처리

- 문서에서 행의 처음이나 마지막에 올 수 없는 문자나 기호이다.
- 행두 금칙 문자 : . , ' " : ; ? !) }] 」 』 > ℃ ℉
- 행말 금칙 문자 : ` ' " ({ [「 『 < # $ № ☎

23년 상시, 22년 상시, 21년 상시, 19년 8월

01 다음 중 워드프로세서에서 문서를 작성할 때 금칙 처리에 관한 설명으로 옳은 것은?

① 특정한 기호가 행의 마지막 또는 행의 처음에 나타나지 않도록 하는 것이다.
② 입력되는 단어가 길어서 동일한 줄에 입력되지 않을 경우 다음 줄로 이동하여 나타나도록 하는 것이다.
③ 문서 인쇄 시 특정한 글자나 기호가 인쇄되지 않도록 하는 것이다.
④ 특정한 서체를 작성 중인 문서에서 사용할 수 없도록 하는 것이다.

> 금칙 처리란 특정 기호가 행의 처음이나 마지막에 올 수 없는 문자나 기호를 의미한다.

오답 피하기
입력되는 단어가 길어서 동일한 줄에 입력되지 않을 경우 다음 줄로 이동하여 나타나도록 하는 것은 워드 랩에 대한 설명이다.

24년 상시, 21년 상시, 16년 10월

02 다음 중 워드프로세서에서 행말 금칙 문자로만 짝지어진 것으로 옳은 것은?

① ℉ ℃ ?
② ! ☎ >
③ # $ ☎
④ : ℃ #

- 행두 금칙 문자 : 행의 처음에 올 수 없는 문자(. , ' " : ; ? !) }] 」 』 > ℃ ℉)
- 행말 금칙 문자 : 행의 마지막에 올 수 없는 문자(` " ({ [「 『 < # $ № ☎)

기적의 TIP
금칙 처리란 무엇인지와 행두, 행말 금칙 문자의 종류를 묻는 문제가 출제되고 있습니다.

12 메일 머지(Mail Merge)

- 몇 가지만 다르고 나머지는 내용이 같은 형식의 문서를 만들어 내는 기능으로 서식 파일(Form Letter File)과 데이터 파일(Data File)을 결합(Merging)하여 만든다.
- 초청장, 안내장, 청첩장 등을 만들 경우 효과적이다.
- 본문(내용문, 서식) 파일에 커서를 위치시킨 후 메일 머지 기능을 실행한다.
- 데이터 파일에는 윈도우의 주소록, Outlook 주소록, 한글 파일, 엑셀 파일, DBF 파일 형식이 있다.

19년 8월/3월

01 다음 중 워드프로세서의 메일 머지(Mail Merge) 기능에 관한 설명으로 옳지 않은 것은?

① 메일 머지를 수행하기 위해서는 데이터 파일과 서식 파일이 필요하다.
② 데이터 파일은 서식 파일에 대입될 개인별 이름이나 주소 등을 담고 있는 파일이다.
③ 서식 파일은 메일 머지되어 나올 내용에서 공통적으로 들어갈 본문 내용을 기재한 파일이다.
④ 메일 머지에 쓸 수 있는 서식 파일에는 윈도우의 주소록과 Outlook 주소록, 한글 파일, 엑셀 파일 등이 있다.

> 메일 머지에 쓸 수 있는 데이터 파일 형식에는 윈도우 주소록, Outlook 주소록, 한글 파일, 엑셀 파일, DBF 파일 형식이 있다.

22년 상시, 13년 6월

02 다음 중 메일 머지(Mail Merge) 기능에 대한 설명으로 옳지 않은 것은?

① 이름이나 직책, 주소 등만 다르고 나머지 내용은 같은 여러 통의 편지를 쉽게 만들 수 있는 기능이다.
② 초청장이나 안내장, 청첩장 등을 만들 경우에 효과적으로 이용할 수 있다.
③ 데이터 파일은 꼭 엑셀이나 액세스 파일이어야 한다.
④ 반드시 본문 파일에서 메일 머지 기능을 실행시켜야 한다.

> 메일 머지를 수행할 서식 파일에 본문을 입력하고, 데이터 파일에는 이름, 주소 등이 들어갈 데이터를 표시하는데, 데이터 파일에는 윈도우의 주소록과 Outlook 주소록, 한글 파일, 엑셀 파일, DBF 파일을 사용할 수 있다.

기적의 TIP
데이터 파일 형식의 종류 5가지를 묻는 문제가 출제되고 있습니다.

13 전자출판의 특징

- 전자출판이란 컴퓨터 및 인쇄 품질이 높은 프린터 등의 장비를 이용해 출판 기획에서부터 도서 제작에 이르는 모든 과정을 처리하는 작업 형태를 말한다.
- 출판의 전 과정이 컴퓨터를 사용하여 이루어지고 다수의 사용자가 공유하여 사용할 수 있다.
- 위지윅(WYSIWYG) 방식을 이용하므로 사진, 도표, 그리기 등의 작업이 자유롭다.
- 다양한 글꼴(Font)과 레이아웃 기능을 지원한다.
- 문자뿐만 아니라 소리, 그림, 영상, 애니메이션 등의 다양한 멀티미디어 표현이 가능하다.
- 전자출판 제공자와 사용자 간 상호 대화가 가능한 양방향 매체이다.
- 하드 디스크, CD-ROM 등의 저장 매체로 대용량의 데이터를 반영구적으로 보관할 수 있으나, 저장 매체의 일부만 손상되어도 전체 자료를 볼 수 없다.
- 전자출판의 종류에는 온라인 데이터베이스형, 패키지형, 컴퓨터 통신형이 있다.

23년 상시, 22년 상시, 20년 2월, 16년 10월

01 다음 중 전자출판의 특징으로 옳지 않은 것은?

① 저장 매체의 일부가 손상되어도 전체 자료를 볼 수 있다.
② 문자나 소리, 그림, 동영상 등의 멀티미디어 요소의 복합적인 표현이 가능하다.
③ CD-ROM 등을 저장 매체로 이용하여 보관 공간을 줄이고 영구적인 보관이 가능하다.
④ 컴퓨터 통신망을 이용하여 다수의 사용자가 동시에 자료의 사용이 가능하다.

저장 매체의 일부가 손상되면 전체 자료를 볼 수 없다.

22년 상시, 21년 상시, 17년 9월

02 다음 중 전자출판의 특징으로 옳지 않은 것은?

① 개인용 컴퓨터를 이용하여 출판의 전 과정이 가능하다.
② 위지윅(WYSIWYG) 방식으로 편집 과정을 편집자가 의도한 대로 구현할 수 있다.
③ 다양한 글꼴(Font)을 지원하며, 아날로그 방식으로 문자를 저장한다.
④ 문자뿐만 아니라 소리, 그림, 영상, 애니메이션 등의 복합적인 표현이 가능하다.

전자출판이므로 디지털 방식으로 문자를 저장한다.

> **기적의 TIP**
> 전자출판은 컴퓨터 장치로 작성하므로 그 특징도 컴퓨터와 연관하여 기억하세요.

---

14 전자출판 용어

- **커닝(Kerning)**: 자간(글자와 글자)의 미세 조정으로 특정 문자들의 간격을 조정하는 기능이다.
- **디더링(Dithering)**: 제한된 색상을 조합 또는 비율을 변화하여 새로운 색을 만드는 작업이다.
- **초크(Choke)**: 이미지 변형 작업, 입출력 파일 포맷, 채도, 조명도, 명암 등을 조절한다.
- **오버프린트(Overprint)**: 문자 위에 겹쳐서 문자를 중복 인쇄하는 작업으로 배경색이 인쇄된 후에 다시 대상체 컬러를 중복 인쇄하는 작업이다.
- **렌더링(Rendering)**: 2차원의 이미지에 광원, 위치, 색상들을 첨가하여 사실감 있는 3차원 컴퓨터 그래픽으로 화상의 입체감과 사실감을 나타내는 기법이다.
- **필터링(Filtering)**: 작성된 이미지를 필터 기능을 이용하여 여러 가지 형태의 새로운 이미지로 탈바꿈시켜 주는 기능이다.
- **리터칭(Retouching)**: 기존의 이미지를 다른 형태로 새롭게 변형하거나 수정하는 작업이다.

25년 상시, 23년 상시, 21년 상시, 20년 7월, 17년 9월

01 다음 중 전자출판과 관련된 용어에서 커닝(Kerning)에 관한 설명으로 옳은 것은?

① 글자와 글자 사이의 간격을 미세하게 조정하는 작업이다.
② 제한된 색상을 조합하여 복잡한 색이나 새로운 색을 만드는 작업이다.
③ 문자 위에 겹쳐서 문자를 중복 인쇄하거나 배경색을 인쇄한 후에 그 위에 대상체를 인쇄하는 기능이다.
④ 이미지 변형 작업, 입출력 파일 포맷, 채도, 조명도, 명암 등을 조절하는 작업이다.

> **오답 피하기**
> - ②: 디더링(Dithering)에 대한 설명
> - ③: 오버프린트(Overprint)에 대한 설명
> - ④: 초크(Choke)에 대한 설명

22년 상시, 19년 3월

02 다음에서 설명하는 전자출판 기능은?

> 2차원의 이미지에 광원, 위치, 색상 등을 첨가하여 사실감을 불어넣어 3차원적인 입체감을 갖는 화상을 만드는 작업이다.

① 디더링(Dithering) ② 렌더링(Rendering)
③ 리터칭(Retouching) ④ 필터링(Filtering)

> **오답 피하기**
> - 디더링: 제한된 색상을 조합 또는 비율을 변형해 새로운 색을 만드는 기능
> - 리터칭: 기존 그림을 다른 형태로 새롭게 변형하거나 수정하는 작업
> - 필터링: 필터 기능을 이용해 새로운 이미지로 바꿔주는 기능

24년 상시, 22년 상시, 15년 2회/1회, 14년 3회, 10년 2회, 09년 2회/1회

03 다음 중 전자출판(Electronic Publishing) 용어에 대한 설명으로 옳지 않은 것은?

① 디더링(Dithering) : 제한된 색상을 조합 또는 비율을 변화하여 새로운 색을 만드는 작업
② 리딩(Leading) : 자간의 미세 조정으로 특정 문자들의 간격을 조정
③ 스프레드(Spread) : 대상체의 컬러가 배경색의 컬러보다 옅어서 대상체가 보이지 않는 현상
④ 리터칭(Retouching) : 기존의 이미지를 다른 형태로 새롭게 변형시키는 작업

- 리딩(Leading) : 인쇄에서 한 행의 하단에서 다음 행의 상단 사이의 간격으로 줄 간격과 같은 의미
- 커닝(Kerning) : 자간의 미세 조정으로 특정 문자들의 간격을 조정하는 작업

25년 상시, 24년 상시, 22년 상시, 21년 상시, 12년 3월, 11년 6월, 10년 9월

04 다음 중 전자출판(Electronic Publishing) 용어에 대한 설명으로 옳은 것은?

① 디더링(Dithering) : 기존의 이미지를 다른 형태로 새롭게 변형시키는 작업
② 오버프린트(Overprint) : 제한된 색상을 조합 또는 비율을 변화하여 새로운 색을 만드는 작업
③ 스프레드(Spread) : 사진이나 그래픽 이미지를 문서의 바탕에 투명하게 인쇄하는 작업
④ 커닝(Kerning) : 글자와 글자 사이의 간격을 미세하게 조정하는 작업

[오답 피하기]
- 디더링(Dithering) : 제한된 색상에서 조합 또는 비율을 변화하여 새로운 색을 만드는 작업
- 오버프린트(Overprint) : 문자 위에 겹쳐서 문자를 중복 인쇄하는 작업이나 배경색이 인쇄된 후 다시 인쇄하는 방법
- 스프레드(Spread) : 대상체의 컬러가 배경색의 컬러보다 옅을 때 배경색에 가려 대상체가 보이지 않는 현상

기적의 TIP
전자출판 용어는 전문 용어라서 외우기 어려우므로 '커닝은 글자 간격'처럼 자신만의 방법으로 용어와 기능을 연결하여 외우세요.

15 교정부호

문서 분량이 증가 가능한 교정부호	＞(줄 삽입), ✓(사이 띄우기), ⌐(줄 바꾸기), ⌐(들여쓰기), ⌒(삽입), ⊘(수정)
문서 분량이 감소 가능한 교정부호	⌒(삭제), ⌒(줄 잇기), ⌒(붙이기), ⌐(내어쓰기), ⊘(수정)
문서 분량과 관계 없는 교정부호	⌒(자리 바꾸기), ✶(원래대로 두기, 되살리기)
상반되는 의미의 교정부호	• ✓(사이 띄우기) ↔ ⌒(붙이기) • ⌒(삽입) ↔ ⌒(삭제) • ⌐(들여쓰기) ↔ ⌐(내어쓰기) • ⌐(끌어 올리기) ↔ ⌐(끌어 내리기) • ⌐(줄 바꾸기) ↔ ⌒(줄 잇기)

25년 상시, 24년 상시, 21년 상시, 20년 2월, 16년 2월

01 다음 중 문서를 작성할 때 서로 상반되는 의미를 갖는 교정부호의 쌍으로 옳지 않은 것은?

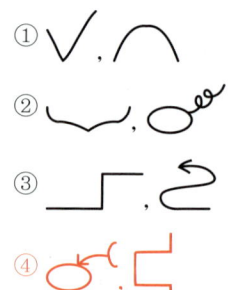

- ① : 사이 띄우기 ↔ 붙이기
- ② : 삽입 ↔ 삭제
- ③ : 줄 바꾸기 ↔ 줄 잇기

[오답 피하기]
④는 수정, 들여쓰기 기호이다.

25년 상시, 24년 상시, 23년 상시, 22년 상시, 13년 3회

02 다음 중 문서의 분량이 증가할 가능성이 있는 교정부호들로만 올바르게 짝지어진 것은?

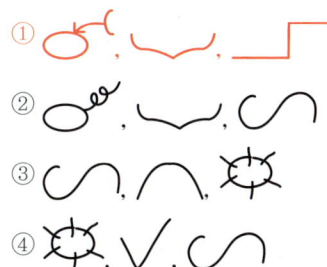

> ⚡(수정), ‿(삽입), ⌐(줄 바꾸기)는 모두 문서의 분량이 증가할 수 있는 교정부호이다.

23년 상시, 22년 상시, 14년 2회

03 다음 중 서로 상반되는 의미를 지닌 교정부호로 짝지어진 것은?

> ④의 줄 바꾸기, 줄 잇기는 서로 상반되는 교정부호이다.

🏁 기적의 TIP

교정부호의 뜻, 문서 분량과 관계되는 기호 등 반드시 1~2문제 출제되고 있습니다.

---

16 교정부호의 사용법

- 정해진 부호를 정확하게 사용해야 한다.
- 수정하려는 글자를 정확하게 지적해야 한다.
- 의미가 명확히 전달되도록 가지런히 표기한다.
- 표기하는 색깔은 원고의 색과 다르면서 눈에 잘 띄는 색으로 한다.
- 교정할 부호가 서로 겹치지 않도록 주의하며, 부득이 서로 겹칠 경우에는 겹치는 각도를 크게 하여 교정 내용을 알아볼 수 있게 한다.
- 한 번 교정된 부분도 다시 교정할 수 있다.

25년 상시, 23년 상시, 22년 상시, 20년 7월, 19년 8월

01 다음 중 문서의 수정을 위한 교정부호의 표기법으로 옳지 않은 것은?

① 문서의 내용과 혼동되지 않도록 글자색과 동일한 색으로 표기하도록 한다.
② 한 번 교정된 부분도 다시 교정할 수 있다.
③ 교정하고자 하는 글자를 명확하게 지적해야 한다.
④ 여러 교정부호를 동일한 행에 사용할 때 교정부호가 겹치지 않도록 한다.

> 글자를 교정할 때에는 원고의 색과 다르게 눈에 잘 띄는 색을 사용해야 한다.

22년 상시, 21년 상시, 17년 3월

02 다음 중 교정부호의 올바른 사용법으로 옳지 않은 것은?

① 교정부호가 부득이 겹칠 경우에는 겹치는 각도를 최대한 작게 한다.
② 교정부호나 글자는 명확하고 간략하게 표기한다.
③ 표기하는 색은 원고의 색과 다르게 눈에 잘 띄도록 한다.
④ 의미가 명확히 전달되도록 가지런히 표기한다.

> 여러 교정부호를 쓸 때는 서로 겹치지 않도록 하며, 부득이 겹치면 겹치는 각도를 크게 하여 교정부호를 알아볼 수 있도록 해야 한다.

🏁 기적의 TIP

교정부호의 올바른 표기법과 교정할 때 원고와 다른 색을 사용해야 함을 기억하세요.

17 문서 작성 방법

- **정확성**
  - 표기법이 정확하고 합리적이며, 내용이 시행 불가능한 사항 없이 작성자의 의사를 정확하게 표현하여 작성되어야 한다.
  - 문서를 옮겨 적거나 다시 기재하는 것을 줄이고, 복사해서 사용한다.
- **용이성** : 문서의 절차와 방법을 간단하게 하고, 쉽게 작성하여 작업을 사무화한다.
- **간결성** : 의사전달이 용이한 형태의 간결체로 문장을 짧고 긍정적으로 작성하며, 결론 및 문제점을 먼저 쓴다.
- **신속성** : 표준적인 예문을 사용하고 경유되는 곳을 줄여 빠르게 전송해야 한다.
- **경제성**
  - 경비 절감을 원칙으로 문서 작성 방법을 고안한다.
  - 문서의 집중 관리 및 처리를 통하여 경비를 절약한다.
- **보존성** : 문서는 증빙 자료, 역사 자료 또는 정보원으로 활용할 수 있으므로 보존이 가능한 형태로 작성한다.
- 긴 문장은 적당히 끊어 작성하고 주어와 술어의 관계를 분명히 한다.
- 수식어를 정확히 사용하고 이해하기 쉬운 용어를 쓴다.

23년 상시, 19년 8월/3월

01 다음 중 문서관리의 원칙에 대한 설명으로 가장 옳지 않은 것은?

① 정확성 : 문서를 옮겨 적거나 다시 기재하는 것을 줄이고, 복사해서 사용한다.
② 용이성 : 문서를 쉽게 작성하고, 판단 사무를 작업 사무화한다.
③ **신속성 : 반복되고 계속되는 업무는 유사 관련 자료를 참고하여 사무의 절차와 방법을 간소화한다.**
④ 경제성 : 문서의 집중 관리 및 처리를 통하여 경비를 절약한다.

> 신속성은 문서가 이동되고 경유되는 곳을 줄이고 지체 시간을 줄이는 것을 말한다.

기적의 TIP
문서 작성할 때 '신속'은 빠르게 작성하고 전송하는 것입니다. 문서 작성의 특징이 출제됩니다.

---

18 문서 파일링의 도입 효과

- 필요한 문서는 찾고 필요 없는 문서는 폐기하는 것으로, 문서를 유형별로 정리, 보관, 폐기하는 일련의 제도를 파일링 시스템이라고 한다.
- 문서 파일링은 신속한 검색, 개방화, 문서관리의 명확화, 원활한 정보 전달, 정확한 의사 결정, 시간과 공간의 절약, 사무 환경의 정리와 기록물의 효과적인 활용 등의 효과가 있다.
- 파일링은 개인별 점유나 보관의 금지, 문서의 소재 명시, 문서 검색의 용이화 및 신속성, 문서의 적시 폐기, 파일링 방법의 표준화를 기본 원칙으로 한다.

21년 상시, 20년 7월

01 다음 중 문서 파일링 시스템의 도입 효과와 관련이 없는 것은?

① 문서관리의 명확화
② 정보 전달의 원활화
③ 사무 공간의 효율적 활용
④ **기록 활용에 대한 제비용 증가**

> 파일링 시스템이란 문서관리에 있어서 문서 유형별로 정리, 보관, 폐기하는 일련의 제도로, 필요 없는 문서는 적시에 폐기하여 기록 활용에 대한 비용이 감소하도록 하는 효과가 있다.

25년 상시, 23년 상시, 22년 상시, 21년 상시, 18년 9월

02 다음 중 파일링 시스템의 기본원칙으로 옳지 않은 것은?

① **시간과 공간의 극대화**
② 문서 검색의 용이성 및 신속한 출납
③ 명확한 분류를 위한 파일링 방법의 표준화
④ 문서의 소재 명시 및 보존의 확실성

> 파일링 시스템으로 시간과 공간이 최소화되어 절약되는 효과가 있다.

기적의 TIP
파일링의 뜻과 도입 효과를 묻는 문제가 출제되고 있습니다.

19 문서 정리법(배열)

- **명칭별(거래처별) 분류법**
  - 거래자나 거래 회사명에 따라 이름의 첫머리 글자를 기준으로 가나다순 혹은 알파벳순으로 분류한다.
  - 동일한 개인 혹은 회사에 관한 문서가 한 곳에 집중된다.
  - 직접적인 정리와 참조가 가능하며 색인이 불필요하다.
- **주제별 분류법**
  - 같은 내용의 문서를 한 곳에 모아 관리할 수 있다.
  - 무한하게 확장이 가능하다.
  - 색인 카드가 필요하다.
- **지역별 분류법**
  - 거래처의 지역이나 범위에 따라 가나다순으로 분류한다.
  - 여러 나라 지역에 사업장을 갖춘 기업에 유용하다.

20년 2월, 17년 9월

01 다음 중 문서 파일링 방법에 관한 설명으로 옳지 않은 것은?

① 번호별 분류법은 업무 내용으로 참조되는 경우에 가장 효과적이다.
② 주제별 분류법은 분류하는 것이 어려우나 무한하게 확장할 수 있다.
③ 명칭별 분류법은 직접적인 정리가 가능하며 배열방식이 단순하다.
④ 지역별 분류법은 여러 나라 지역에 사업장을 갖춘 기업에 유용하다.

> 번호별 문서 분류법은 숫자로 정리되므로 번호로 참조되는 경우에 효과적이다.

24년 상시, 23년 상시, 22년 상시, 21년 상시, 19년 3월, 15년 3월

02 다음에 설명하는 문서 정리 방법을 나타내는 용어로 가장 적절한 것은?

> - 같은 카테고리의 문서를 한 곳에 모을 수 있다.
> - 문서 내용의 분류가 여러 개인 경우 상호 참조 표시가 필요하다.
> - 문서가 소분류로 구분되어 취급되는 경우에 많이 활용된다.

① 번호식 분류법
② 지역별 분류법
③ 주제별 분류법
④ 수평적 분류법

> 주제별 분류법은 같은 종류의 주제나 활동에 대한 정보를 종류별로 모아 정리하는 방법이다.

기적의 TIP

문서 정리법의 종류와 방법을 묻는 문제가 출제되고 있습니다.

20 전자문서 관리

- 전자문서란 정보처리능력을 가진 장치에 의해 전자적인 형태로 작성한 후 저장하고 송수신하는 문서이다.
- 기안은 전자문서를 원칙으로 하고 전자문서시스템상에서 언제든지 자동으로 표시하며 담당자는 메일로 공람 여부를 언제든지 확인할 수 있어야 한다.
- 전자문서는 결재권자가 전자문서의 서명란에 서명을 하여 결재를 받음으로 성립한다.
- 전자문서의 효력은 수신자의 컴퓨터 파일에 기록되었을 때부터 발생한다.
- 업무의 성질상 전자문서로 기안하기 곤란하거나 그 밖의 특별한 사정이 있지 않은 한 기안은 전자문서로 하는 것을 원칙으로 한다.

21년 상시, 20년 7월/2월

01 다음 중 전자문서에 대한 설명으로 적당하지 않은 것은?

① 컴퓨터 등 정보처리능력을 가진 장치에 의하여 전자적인 형태로 작성되거나 송신·수신 또는 저장된 문서를 말한다.
② 전자문서의 효력 발생 시기는 전자문서를 수신자가 관리하거나 지정한 전자적 시스템 등에 입력되었을 때 발생한다.
③ 전자문서는 공람하였다는 기록을 업무관리시스템 또는 전자문서시스템상에서 수동으로 표시하며 담당자는 메일로 공람 여부를 언제든지 확인할 수 있어야 한다.
④ 업무의 성질상 전자문서로 기안하기 곤란하거나 그 밖의 특별한 사정이 있지 않은 한 기안은 전자문서로 하는 것을 원칙으로 한다.

> 전자문서의 공람은 자동으로 표시되어 담당자는 공람 여부를 언제든지 확인할 수 있다.

기적의 TIP

전자문서는 컴퓨터를 사용하고 권한이 있는 사람은 '언제든지' 열람이 가능합니다. 꼭 기억하세요.

21 EDI(전자적 데이터 교환)

- EDI는 조직 내에서 상호 교환되는 문서를 표준화된 양식과 코드 체계를 이용하여 전자적 신호로 바꿔 컴퓨터에 도입한 하드웨어와 소프트웨어 기술의 집합이다.
- 문서 저장 공간의 낭비를 줄여 효율적인 관리를 할 수 있으나, 접근 권한과 보안 유지에 대한 문제가 있을 수 있다.
- EDI의 3대 구성 요소는 EDI 표준, 사용자 시스템(H/W, S/W), 통신 네트워크(VAN)이다.

24년 상시, 23년 상시, 21년 상시, 19년 8월/3월

01 다음 중 EDI(Electronic Data Interchange)에 대한 설명으로 옳지 않은 것은?

① 각종 서류를 표준화된 양식을 통해 전자적 신호로 바꿔 컴퓨터통신망을 이용, 전송하는 시스템이다.
② 기업 간의 거래 데이터를 교환하기 위한 표준 포맷으로 미국의 데이터교환표준협회에 의해 개발되었다.
③ EDI 메시지들은 암호화되거나 해독될 수 있으며 E-mail, 팩스와 함께 전자상거래의 한 형태다.
④ EDI의 3대 구성 요소는 EDI 표준(Standards), 문서(Document), 통신 네트워크(VAN)이다.

EDI의 3대 구성 요소로는 EDI 표준, 사용자 시스템(H/W, S/W), 통신 네트워크(VAN)가 있다.

21년 상시, 15년 6월

02 다음 설명이 의미하는 워드프로세서 용어는?

> 조직 간 통용되는 문서 정보를 종이로 된 서식 대신 컴퓨터 간에 표준화된 포맷과 코드 체계를 이용하여 문서를 교환하는 방식으로 문서의 표준화를 전제로 운영된다.

① OLE(Object Linking &Embedding)
② ERP(Enterprise Resource Planning)
③ VAN(Value Added Network)
④ EDI(Electronic Data Interchange)

오답 피하기
- ① : 개체의 연결이나 포함으로 응용 프로그램 간의 자료 교환 방식
- ② : 회사의 자금, 회계, 구매, 생산, 판매 등 모든 업무의 흐름을 효율적으로 자동 조절해 주는 전산 시스템
- ③ : 회선을 소유하는 사업자로부터 통신 회선을 빌려 독자적인 통신망을 구성하고, 통신 서비스를 부가하여 새롭게 구성한 통신망

기적의 TIP
EDI의 뜻과 EDI 구성 요소에는 컴퓨터와 같은 시스템이 반드시 있어야 함을 기억하세요.

22 공문서의 작성

- 공문서는 행정기관 내부 또는 상호 간이나 대외적으로 공무상 작성 또는 시행되는 문서, 사진, 디스크, 테이프 필름, 슬라이드, 전자문서 등의 특수 매체 기록 및 행정기관이 접수한 모든 문서이다.
- 공문서는 두문, 본문, 결문으로 구성된다.

두문	행정기관명, 수신란(경유)
본문	제목, 내용, 붙임
결문	발신명의, 기안자, 검토자, 결재권자의 직위와 직급 및 서명, 생산등록번호와 시행일자, 접수등록번호와 접수일자, 우편번호, 도로명 주소, 홈페이지 주소, 전자우편 주소, 전화번호, 팩스번호, 공개 구분 등

24년 상시, 19년 8월, 17년 9월

01 다음 중 공문서 구성에서 두문에 해당하는 내용으로 옳은 것은?

① 행정기관명
② 제목
③ 시행일자
④ 발신명의

오답 피하기
- 두문 : 행정기관명, 수신란(경유)
- 본문 : 제목, 내용, 붙임
- 결문 : 발신명의, 시행일자 등

25년 상시, 23년 상시, 22년 상시, 17년 3월

02 다음 중 공문서의 구성에서 결문의 내용으로 옳지 않은 것은?

① 시행일자
② 협조자
③ 붙임(첨부)
④ 발신 기관 주소

붙임(첨부)은 본문에 해당하는 내용이다.

기적의 TIP
두문 2가지, 본문 3가지의 구성 요소를 알고 나머지는 결문의 구성 요소로 기억하세요.

23 공문서의 발송과 효력

- 문서의 기안은 전자문서로 함을 원칙으로 하고 처리과에서 접수하고 처리하여 발송한다.
- 둘 이상의 행정기관 장의 결재를 요하는 문서는 그 문서를 처리를 주관하는 기관에서 기안한다.
- 당해 문서에 대해 서명에 의한 결재가 있음으로 성립하고 당일 또는 즉시 처리가 원칙이다.
- 문서는 정보 통신망을 이용하여 팩스, 전자우편 주소 등으로 발신함을 원칙으로 하고 중요한 문서는 등기우편으로 발신한다.
- 업무의 성격, 기타 특별한 사정이 있는 경우에는 인편이나 우편, 팩스로도 발송 가능하다.
- 행정기관의 장은 문서를 수신, 발신하는 경우에 문서의 보안 유지와 위조, 변조, 분실, 훼손 및 도난 방지를 위한 적절한 조치를 마련하여야 한다.
- 공문서의 효력은 일반 문서는 수신자에게 도달된 때 효력이 발생하고 전자문서는 수신자의 컴퓨터에 파일로 기록된 때 효력이 발생한다.

19년 3월, 13년 6월

01 다음 중 공문서의 발송에 대한 설명으로 옳지 않은 것은?

① 문서는 정보 통신망을 이용하여 발신하는 것을 원칙으로 한다.
② 행정기관이 아닌 자에게는 행정기관의 홈페이지나 행정기관이 공무원에게 부여한 전자우편 주소를 이용하여 문서를 발신할 수 있다.
③ 업무의 성격, 기타 특별한 사정이 있는 경우에는 인편이나 우편으로는 발송할 수 있으나, 팩스로는 발송할 수 없다.
④ 행정기관의 장은 문서를 수신, 발신하는 경우에 문서의 보안 유지와 위조, 변조, 분실, 훼손 및 도난 방지를 위한 적절한 조치를 마련하여야 한다.

> 정보 통신망으로 발송하고 특별한 경우에는 인편, 우편, 팩스로도 발송할 수 있다.

기적의 TIP
발송은 인편, 우편, 팩스, 이메일 등 다양한 방법으로 발송할 수 있음을 알아두세요.

---

24 공문서의 결재와 서명

- **전결** : 행정기관의 장으로부터 결재권을 위임받은 자가 행하는 결재를 말한다.
- **대결** : 결재권자가 휴가, 출장 기타의 사유로 결재할 수 없을 때 직무를 대리하는 자가 결재하는 것을 말한다.
- **사후 보고** : 대결한 문서 중 내용이 중요한 문서에 대해서는 결재권자에게 사후에 보고한다.
- **관인** : 행정기관에서 발행한 도장으로 가로로 작성하여 그 기관 또는 직위 명칭의 끝 자가 인영의 중앙에 오도록 찍고, 종류에는 청인과 직인, 전자이미지관인이 있다.
- **간인** : 두 장 이상으로 이루어지는 중요한 문서 앞장의 뒷면과 뒷장의 앞면에 걸쳐 찍는 도장 또는 그 행위를 말한다.
- **서명** : 기안자·검토자·협조자·결재권자 또는 발신명의인이 공문서에 자필로 자기의 성명을 한글로 표시하는 것으로 '전자서명'은 전자적인 형태로 서명을 한다.

24년 상시, 19년 3월, 15년 10월

01 다음 중 행정업무의 운영 및 혁신에 관한 규정에서 용어 설명이 옳지 않은 것은?

① '전자이미지서명'이란 기안자·검토자·협조자·결재권자 또는 발신명의인이 전자문서상에 전자적인 이미지 형태로 된 자기의 성명을 표시하는 것을 말한다.
② '전자문자서명'이란 기안자·검토자·협조자·결재권자 또는 발신명의인이 전자문서상에 자동 생성된 자기의 성명을 전자적인 문자 형태로 표시하는 것을 말한다.
③ '행정전자서명'이란 기안자·검토자·협조자·결재권자 또는 발신명의인이 공문서에 자필로 자기의 성명을 다른 사람이 알아볼 수 있도록 한글로 표시하는 것을 말한다.
④ '전자이미지관인'이란 관인의 인영(印影)을 컴퓨터 등 정보처리능력을 가진 장치에 전자적인 이미지 형태로 입력하여 사용하는 관인을 말한다.

> - 서명 : 기안자·검토자·협조자·결재권자 또는 발신명의인이 공문서에 자필로 자기의 성명을 다른 사람이 알아볼 수 있도록 한글로 표시하는 것
> - 행정전자서명 : 기안자·검토자·협조자·결재권자 또는 발신명의인의 신원과 전자문서의 변경 여부를 확인할 수 있도록 그 전자문서에 첨부되거나 결합된 전자적 형태의 정보로서 인증기관으로부터 인증을 받은 것

기적의 TIP
공문서에서 결재와 권한을 구별하는 문제가 출제됩니다. 전자서명은 전자적인 형태로 본인의 정보를 인증하는 것임을 알아두세요.

2과목 | PC 운영체제

25 선점형 멀티태스킹

- 한 대의 컴퓨터 시스템에서 둘 이상의 작업을 병행하여 처리하는 멀티태스킹 환경이다.
- 운영체제가 제어권을 행사하여 특정 응용 프로그램이 제어권을 독점하는 것을 방지하는 안정적인 체제이다.
- 비선점 멀티태스킹은 시스템 제어 권한이 프로그램에 있어서 하나의 프로그램이 종료되지 않으면 다른 응용 프로그램이 실행될 수 없다.

24년 상시, 23년 상시, 22년 상시, 21년 상시, 20년 2월/16년 6월

01 다음 보기에서 설명하는 한글 Windows 10 운영체제의 특징으로 옳은 것은?

> 한 대의 컴퓨터 시스템에서 운영체제가 각 작업의 제어권을 행사하며 작업의 중요도와 자원 소모량 등에 따라 우선 순위가 높은 작업에 기회가 가도록 우선순위가 낮은 작업에 작동 제한을 걸어 특정 자원 응용프로그램이 제어권을 독점하는 것을 방지하는 안정적인 체제

① 선점형 멀티태스킹
② 그래픽 사용자 인터페이스
③ 보안이 강화된 방화벽
④ 컴퓨터 시스템과 장치 드라이버의 보호

운영체제가 제어권이 있으면 선점형 멀티태스킹(Preemptive Multi-Tasking), 프로그램에 제어권이 있는 것은 비선점형 멀티태스킹(Non-Preemptive Multi-Tasking)이다.

오답 피하기
- 그래픽 사용자 인터페이스(GUI) : 사용자에게 편리한 사용 환경으로 그림으로 된 그래픽 아이콘을 마우스와 키보드를 통해 실행하여 정보를 교환하는 방식
- 보안이 강화된 방화벽 : 해커나 악성 소프트웨어가 네트워크나 인터넷을 통해 컴퓨터를 액세스하는 것을 상황에 따라 지능적 또는 사용자 임의로 보안을 설정하고 관리
- 컴퓨터 시스템과 장치 드라이버의 보호 : 문제가 있는 시스템을 이전의 문제없던 컴퓨터 시스템으로 되돌리는 롤백 기능이 있어 컴퓨터를 마음 놓고 사용할 수 있는 기능을 제공

기적의 TIP
선점형과 비선점형 멀티태스킹을 비교하는 문제와 선점형 멀티태스킹의 정의를 묻는 문제가 자주 출제되고 있습니다.

26 에어로 기능

- 에어로 스냅(Aero Snap) : 창을 화면의 가장자리로 드래그하여 위치에 따라 자동으로 크기가 변경되는 기능이다.
- 에어로 피크(Aero Peek) : 작업 표시줄 오른쪽 끝에 마우스 포인터를 위치하여 바탕 화면 미리 보기를 제공한다.
- 에어로 셰이크(Aero Shake) : 창의 제목 표시줄에서 마우스를 흔들면 현재 창을 제외한 모든 창을 최소화하고 다시 흔들면 원래대로 복원하는 기능이다.

20년 7월 변형, 18년 3월

01 다음 중 한글 Windows 10에서 제공하는 기능에 대한 설명으로 옳지 않은 것은?

① 가상 데스크톱 : 점프 목록과 프로그램 단추 고정을 통해 빠르게 프로그램을 실행할 수 있다.
② 에어로 스냅(Aero Snap) : 열려있는 창을 드래그하는 위치에 따라 창의 크기를 조절할 수 있다.
③ 에어로 피크(Aero Peek): 작업 표시줄 아이콘을 통해 축소판 미리 보기가 가능하며, 열려있는 모든 창을 최소화하지 않고 바탕 화면을 볼 수 있다.
④ 에어로 셰이크(Aero Shake): 창을 흔들면 다른 열려있는 모든 창을 최소화하거나 다시 원상태로 나타나게 할 수 있다.

가상 데스크톱(■+Tab)은 개인용 작업과 업무용 작업을 분리하여 하나의 시스템에서 서로 다른 바탕 화면으로 관리하는 기능이다.

25년 상시, 22년 상시, 17년 3월

02 다음 중 한글 Windows 10에서 여러 개의 창이 열려 있을 때 한 개의 창을 선택하여 제목 표시줄을 마우스로 클릭한 채 좌우로 흔들면 그 창을 제외한 나머지 창들이 최소화되는 기능으로 옳은 것은?

① 에어로 스냅(Aero Snap)
② 에어로 셰이크(Aero Shake)
③ 에어로 피크(Aero Peek)
④ 에어로 전환 3D

오답 피하기
- 에어로 스냅(Snap) : 열린 창을 왼쪽, 오른쪽, 위쪽(최대화)으로 이동하여 창의 크기 조절
- 에어로 피크(Peek) : 열린 창들의 축소판 미리 보기와 바탕 화면 미리보기
- 에어로 전환 3D : 열린 창들을 3D 형태로 보여주는 기능

기적의 TIP
에어로 기능의 3가지 의미를 묻는 문제가 출제되고 있습니다.

27 한글 Windows 10의 바로 가기 키

키	기능
Alt + Tab	열려있는 앱 간 전환
Alt + Enter	선택한 항목의 속성 창 표시
⊞ + E	파일 탐색기 열기
⊞ + L	시스템을 잠그거나 사용자를 전환
⊞ + M	모든 창의 최소화
⊞ + U	접근성 열기
⊞ + Pause Break	시스템 설정 표시
⊞ + Tab	가상 데스크톱 작업 보기 열기

24년 상시, 23년 상시, 21년 상시, 19년 3월, 16년 10월

01 다음 중 한글 Windows 10에서 사용하는 바로 가기 키에 대한 설명으로 옳은 것은?

① ⊞ + L : 컴퓨터 시스템을 잠그거나 사용자를 전환한다.
② ⊞ + U : 선택된 항목의 속성 대화상자를 화면에 표시한다.
③ Alt + Enter : 활성 창의 바로 가기 메뉴를 표시한다.
④ Alt + Tab : 작업 표시줄의 프로그램들을 차례대로 선택한다.

오답 피하기
- ⊞ + U : 접근성 센터 열기
- Alt + Enter : 선택 항목의 속성 창 표시
- Alt + Tab : 실행 중인 두 프로그램 간의 작업 전환

기적의 TIP
한글 Windows 10에서 바로 가기 키의 기능을 묻는 문제가 출제되고 있습니다. ⊞+L은 'Lock'으로 '시스템 잠그기'라고 외우세요.

28 작업 관리자

- 사용 중 응답하지 않는 앱을 강제로 종료하거나 프로세스를 끝낼 때 Ctrl + Alt + Delete를 누르거나 Ctrl + Shift + Esc를 눌러 나오는 [작업 관리자] 창에서 해당 앱을 선택하여 [작업 끝내기]한다.
- **[프로세스] 탭** : 실행 중인 앱과 백그라운드 프로세스 목록이 표시되며, 특정 작업에 대해 [작업 끝내기]할 수 있다.
- **[성능] 탭** : CPU 이용률과 속도, 작동 시간, 메모리, 디스크, Wi-Fi 속도, GPU 사용률 등을 표시한다.
- **[앱 기록] 탭** : 사용 중인 앱의 CPU시간, 네트워크 이용률, 데이터 통신 연결을 통한 네트워크 활동, 타일 업데이트를 표시한다.
- **[시작프로그램] 탭** : 시작프로그램 이름, 게시자, 상태, 시작 시 영향을 표시한다.
- **[사용자] 탭** : 현재 로그인 사용자 이름, 연결 끊기 등을 표시한다.

24년 상시, 21년 상시, 19년 8월

01 다음 중 한글 Windows 10의 Windows [작업 관리자] 창에서 확인할 수 있는 사항으로 옳지 않은 것은?

① 실행 중인 응용 프로그램 목록
② CPU와 메모리의 사용 현황
③ 네트워크 이용률과 연결 속도
④ 프린터 등의 주변 기기 사용 목록

프린터 등의 주변 기기 목록은 [설정]-[장치] 또는 [제어판]의 [장치 관리자]에서 사용자 컴퓨터에 설치된 하드웨어 장치의 목록을 표시하여 확인할 수 있다.

21년 상시, 20년 2월, 18년 9월

02 다음 중 한글 Windows 10에서 프로그램이 응답하지 않는 경우에 문제 해결 방법으로 가장 옳은 것은?

① 사용자의 컴퓨터를 보호하기 위해 Windows 방화벽을 설정한다.
② [장치 관리자] 창에서 중복 설치된 경우 해당 장치를 제거한다.
③ Windows [작업 관리자] 대화상자의 [프로세스] 탭에서 응답하지 않는 프로그램의 작업을 종료한다.
④ [시스템 파일 검사기]를 이용하여 손상된 파일을 찾아 복구한다.

[시작]-[Windows 시스템]-[작업 관리자] 또는 Ctrl + Alt + Delete를 눌러 나오는 [작업 관리자]-[프로세스] 탭에서 응답 없는 앱을 선택한 후 [작업 끝내기]를 선택한다.

기적의 TIP
'내 PC'와 '앱' 사용에 관한 항목이 표시되는 작업 관리자 창의 각 탭과 표시되는 항목을 연결하는 문제가 출제되고 있습니다.

29 [시작] 메뉴

- 작업 표시줄 가장 왼쪽에 있는 [시작] 단추를 눌러 한글 Windows 10의 여러 가지 기능을 실행하는 곳이다.
- [시작] 메뉴를 누르면 사용자 계정 이름과 설치된 앱 목록이 표시된다.
- [시작] 메뉴의 앱 목록은 사용자가 원하는 대로 추가하거나 제거하여 사용할 수 있다.
- [시작] 메뉴의 링크, 아이콘 및 메뉴의 모양과 동작을 사용자가 변경할 수 있다.
- 라이브 타일은 날씨, 뉴스, 일정, 메일 앱 등을 실시간으로 정보를 표시해 주는 기능이다.
- 최근에 사용한 항목의 점프 목록을 클릭하여 빠르게 실행할 수 있다.
- [시작]-[전원]에서 [절전]은 컴퓨터를 최소한의 전력으로 켜놓은 상태로 절전 메뉴가 보이지 않게 할 수 있다.
- [시스템 종료]는 모든 앱을 종료하고 안전하게 끄는 상태이다.
- [다시 시작]은 메모리의 모든 정보를 하드 디스크에 저장하고 재시작이다.

21년 상시, 20년 2월

01 다음 중 한글 Windows 10에서 시작 메뉴에 대한 설명으로 옳지 않은 것은?

① [시작] 단추를 누르면 현재 로그온한 사용자의 로고가 표시된다.
② [시작] 단추를 누르면 내 컴퓨터에 설치된 응용 프로그램 목록이 나타난다.
③ [시작] 메뉴의 프로그램 목록은 사용자가 원하는 대로 추가하거나 삭제할 수 있다.
④ [시작] 메뉴의 링크, 아이콘 및 메뉴의 모양과 동작을 사용자가 변경할 수 없다.

[시작] 메뉴의 링크, 아이콘 및 메뉴의 모양과 동작은 사용자가 변경할 수 있다.

기적의 TIP

[시작] 메뉴에 표시되는 항목은 추가, 삭제 등으로 변경이 가능하다는 것을 알아두세요.

---

30 바로 가기 아이콘

- 바로 가기 아이콘(Shortcut Icon)은 앱을 빠르게 실행하기 위해 만들어 사용하는 일종의 복사본으로 모든 파일, 폴더, 프린터, 디스크 드라이브 등에 대해 바로 가기 아이콘을 만들 수 있다.
- 바로 가기 아이콘은 원본 프로그램의 경로를 지정한 1KB 크기 정도의 작은 파일로 .LNK 확장자를 가진다.
- 바로 가기 아이콘은 이름을 바꾸어 하나의 프로그램 아이콘에 대해 여러 개를 만들 수 있다.
- 바로 가기 아이콘은 다른 폴더에 같은 이름의 바로 가기 아이콘을 여러 개 만들 수 있으나 하나의 폴더에 같은 이름의 바로 가기를 만들 수 없다.
- 바로 가기 아이콘에는 왼쪽 아래에 꺾인 화살표가 표시된다.
- 바로 가기 아이콘을 삭제하더라도 연결된 원본 프로그램은 삭제되지 않는다.
- 원본 프로그램을 삭제하면 해당 파일의 바로 가기 아이콘은 실행되지 않는다.

23년 상시, 22년 상시, 21년 상시, 20년 2월

01 다음 중 한글 Windows 10에서 바로 가기 아이콘에 대한 설명으로 옳지 않은 것은?

① 하나의 원본 파일에 대해 바로 가기 아이콘은 여러 개 만들 수 있으며 여러 폴더에 저장할 수 있다.
② 특정 폴더의 바로 가기 아이콘을 바탕 화면에 만들면 해당 폴더의 위치가 바탕 화면으로 옮겨진다.
③ 파일의 바로 가기 아이콘을 삭제해도 원본 파일은 삭제되지 않는다.
④ 네트워크상의 다른 컴퓨터에 있는 디스크 드라이브, 프린터에 대해서도 바로 가기 아이콘을 만들 수 있다.

바로 가기 아이콘은 해당 폴더나 파일을 빠르게 실행하기 위한 복사본 아이콘으로, 바탕 화면에 바로 가기를 만들면 아이콘이 새로 만들어지고 해당 원본 폴더의 위치는 원래 위치에 그대로 있다.

기적의 TIP

바로 가기 아이콘의 모양, 크기, 작성법 등 다양하게 출제되고 있습니다.

31 파일 탐색기

- 파일 탐색기는 주 메뉴, 도구 모음, 주소 표시줄, 상태 표시줄, 디스크와 폴더의 구조를 표시하는 탐색 창이 있어 파일과 폴더의 구조를 확인하고 앱을 실행한다.
- 숫자 키패드의 [*], [+], [-], [Back Space] 등을 이용하여 목록을 빠르게 표시하고 알파벳을 눌러 이동할 수 있다.
- 특정 폴더를 선택하고 키패드의 [*]를 누르면 선택된 폴더의 모든 하위 폴더를 표시해 준다.
- 파일 영역(폴더 창)에서 키보드의 영문자 키를 누르면 해당 영문자로 시작하는 폴더나 파일 중 첫 번째 개체가 선택된다.
- 아이콘 보기 형식에는 아주 큰 아이콘, 큰 아이콘, 보통 아이콘, 작은 아이콘, 목록, 자세히, 타일, 내용이 있다.
- 도구 모음은 현재 선택한 개체에서 가장 많이 사용하는 기능을 표시하는 곳이다.
- 세부 정보 창에는 폴더의 하위 목록의 개수와 파일의 수정한 날짜, 크기, 만든 날짜를 표시한다.
- **[즐겨찾기에 고정]** : 자주 사용하는 개체를 등록하여 해당 개체로 빠르게 이동하기 위하여 사용하는 기능이다.
- **[라이브러리]** : 컴퓨터의 여러 장소에 저장된 자료를 한 곳에서 보고 정리할 수 있는 가상폴더로 문서, 비디오, 사진, 음악으로 분류한다.
- **[OneDrive]** : 파일과 사진을 저장하고 어떤 디바이스에서든지 액세스할 수 있는 개인 클라우드 저장소이다.
- **[내 PC]** : 내 컴퓨터에 설치된 모든 구성 요소를 표시하며, 각 구성 요소를 관리할 수 있는 여러 가지 기능을 제공한다.
- **[네트워크]** : 개인 네트워크에서 폴더 및 프린터에 공유된 네트워크 인프라와 폴더를 표시한다.

22년 상시, 19년 3월 변형, 18년 3월

01 다음 중 한글 Windows 10에서 Windows 탐색기 창의 구성 요소에 관한 설명으로 옳지 않은 것은?

① '즐겨찾기'는 자주 사용하는 개체를 등록하여 해당 개체로 빠르게 이동하기 위하여 사용하는 기능이다.
② '라이브러리'는 컴퓨터의 여러 장소에 저장된 자료를 한 곳에서 보고 정리할 수 있는 가상폴더이다.
③ '네트워크'는 Windows 사용자들을 그룹화하여 권한 등의 사용자 관리를 용이하도록 하는 기능이다.
④ '내 PC'는 컴퓨터에 설치된 모든 구성 요소를 표시하며, 각 구성 요소를 관리할 수 있는 여러 가지 기능을 제공한다.

'네트워크'는 개인 네트워크에서 폴더 및 프린터에 공유된 네트워크 인프라와 폴더를 표시하는 기능이다.

기적의 TIP

파일 탐색기의 구성 요소와 역할에 대해 묻는 문제가 출제되고 있습니다. 숫자 키패드 [+], [-], [*], [→], [↓]로 폴더를 제어하는데 각 키의 사용법을 알아두세요.

32 파일이나 폴더의 복사, 이동, 삭제

같은 드라이브	복사	• [Ctrl]을 누른 상태로 드래그 앤 드롭 • [Ctrl]+[C] 후 [Ctrl]+[V]
	이동	• 마우스로 드래그 앤 드롭 • [Ctrl]+[X] 후 [Ctrl]+[V]
다른 드라이브	복사	• 마우스로 드래그 앤 드롭 • [Ctrl]+[C] 후 [Ctrl]+[V]
	이동	• [Shift]를 누른 상태로 드래그 앤 드롭 • [Ctrl]+[X] 후 [Ctrl]+[V]
삭제&삭제 취소		• 바로 가기 메뉴의 [삭제]를 선택 • [Delete] 또는 [Ctrl]+[D] : 휴지통으로 삭제 • [Shift]+[Delete] : 휴지통에 들어가지 않고 완전히 삭제 • 삭제 취소 : [Ctrl]+[Z] 또는 바로 가기 메뉴의 [삭제 취소]

25년 상시, 20년 2월

01 다음 중 한글 Windows 10에서 파일이나 폴더의 복사, 이동, 삭제에 대한 설명으로 옳은 것은?

① 임의의 폴더를 다른 드라이브로 이동시키려면 해당 폴더를 드래그 앤 드롭하면 된다.
② 폴더 창에서 방금 전 삭제한 파일은 [삭제 취소]를 누르면 복원할 수 있다.
③ 삭제할 폴더에 하위 폴더가 여러 개 존재하는 경우 [Delete]를 눌러 삭제할 수 없다.
④ USB 메모리에 있는 파일을 [Shift]를 누른 상태로 하드 디스크 드라이브로 드래그 앤 드롭하면 그대로 복사된다.

[삭제 취소] 또는 [Ctrl]+[Z]로 삭제한 파일을 복원할 수 있다.

오답 피하기
- ① : 다른 드라이브에서 폴더를 이동하려면 [Shift]를 누른 채 드래그 앤 드롭
- ③ : [Delete]를 눌러 하위 폴더를 함께 삭제 가능
- ④ : USB 메모리의 파일을 [Shift]를 누른 상태로 하드 디스크 드라이브로 드래그 앤 드롭하면 이동

기적의 TIP

파일이나 폴더의 복사, 이동, 삭제의 방법은 다양하며 여러 가지 유형으로 자주 출제됩니다.

33 휴지통의 속성

- 한글 Windows에서 필요 없는 파일을 삭제하면 Windows의 휴지통에 우선 보관된다.
- 휴지통에서는 파일을 실행할 수 없고, 그림이나 사진 파일의 미리 보기도 할 수 없다.
- 휴지통의 크기는 드라이브마다 동일하게 또는 다르게 설정할 수 있다.
- 휴지통의 크기는 휴지통의 속성에서 MB 단위로 사용자가 크기를 지정할 수 있다.
- [파일을 휴지통에 버리지 않고 삭제할 때 바로 제거]를 선택하면 삭제한 파일이 휴지통으로 들어가지 않고 즉시 제거된다.
- 파일이나 폴더가 삭제될 때마다 삭제 확인 대화상자 표시되도록 설정할 수 있다.

24년 상시, 23년 상시, 20년 2월, 15년 6월

01 다음 중 한글 Windows 10의 [휴지통 속성] 창에서 수행할 수 있는 작업으로 옳지 않은 것은?

① 삭제 확인 대화상자의 표시 설정
② 휴지통의 바탕 화면 표시 설정
③ 각 드라이브의 휴지통 최대 크기 설정
④ 파일을 휴지통에 버리지 않고 바로 제거하는 기능 설정

휴지통의 속성에서 휴지통의 바탕 화면 표시 설정을 할 수 없고, [설정]-[개인 설정]-[테마]-[바탕 화면 아이콘 설정]에서 선택할 수 있다.

오답 피하기
휴지통의 속성에서는 휴지통의 최대 크기, 파일을 휴지통에 버리지 않고 삭제할 때 바로 제거, 삭제 확인 대화상자 표시를 할 수 있다.

23년 상시, 22년 상시, 14년 3월

02 다음 중 한글 Windows 10의 [휴지통 속성] 창에 대한 설명으로 옳지 않은 것은?

① 삭제 확인 대화상자의 표시 여부를 선택할 수 있다.
② 삭제 명령 시 휴지통에 버리지 않고 즉시 제거할 수 있게 설정할 수 있다.
③ 드라이브마다 휴지통의 최대 크기를 다르게 설정할 수 있다.
④ 휴지통의 최대 크기는 20%까지 크기를 조절하여 변경할 수 있다.

휴지통 크기는 사용자가 MB 단위로 자유롭게 설정이 가능하다.

기적의 TIP
휴지통의 속성 창에서 할 수 있는 일을 묻는 문제가 자주 출제되고 있습니다.

34 그림판/그림판 3D

- 그림판은 간단한 그림에서 정교한 그림까지 그릴 수 있고, 저장된 그림을 불러와서 편집하는 데 사용한다.
- 선이나 원, 사각형 등을 그릴 때 Shift를 누른 채 드래그하면 수직선, 수평선, 45° 대각선, 정원, 정사각형을 그릴 수 있다.
- 다른 이름으로 저장(bmp, jpg, gif, png, tiff 형식 등), 인쇄, 전자 메일로 보내기, 바탕 화면 배경으로 설정(채우기, 바둑판식, 가운데), 화면 확대/축소 등의 기능을 할 수 있다.
- 색 1(전경색)은 마우스 왼쪽 단추로 드래그 앤 드롭하면 표시되는 색으로 선, 도형의 테두리 및 텍스트에 윤곽선 색으로 사용한다.
- 색 2(배경색)는 마우스 오른쪽 단추로 드래그 앤 드롭하면 표시되는 색으로 도형의 내부를 채우는 색이나 지우개의 채우기 색으로 사용한다.
- 그림판 3D는 한글 Windows 10에서 기본 설치된 3D 모델링, 시각화를 할 수 있는 앱이다.

25년 상시, 24년 상시, 23년 상시, 22년 상시, 19년 8월, 16년 6월

01 다음 중 한글 Windows 10의 [보조프로그램]에 있는 [그림판]에 대한 설명으로 옳지 않은 것은?

① 스마트폰으로 촬영한 jpg 파일을 불러와 편집한 후 png 파일 형식으로 저장할 수 있다.
② 편집 중인 이미지의 일부분을 선택한 후 삭제하면 삭제된 빈 공간은 '색 1'(전경색)로 채워진다.
③ 그림판에서 편집한 그림은 Windows 바탕 화면의 배경으로 사용할 수 있다.
④ 오른쪽 버튼으로 그림을 그릴 경우에는 모두 '색 2'(배경색)로 그려진다.

이미지의 일부분을 삭제하면 빈 공간은 '색 2(배경색)'로 채워진다.

기적의 TIP
간단한 그림을 작성하고 저장하는 그림판과 그림판 3D의 기능을 묻는 문제가 출제되고 있습니다. 전경색은 그리기, 배경색은 지우기로 알아두세요.

35 계산기

- 소형 계산기로 [MC](지우기), [MR](불러오기), [MS](저장), [M+](현재값에 더하기), [M−](현재값에 빼기) 단추를 이용하여 계산할 수 있다.
- **표준** : 더하기, 빼기, 곱하기, 나누기의 사칙 연산에 사용한다.
- **공학용** : 삼각법, 함수, 지수, 로그 등의 복합적인 수식에 유효자리 32자리까지 정확히 계산한다.
- **프로그래머** : 2, 8, 10, 16진수 계산법과, 연산자 우선순위에 따라 정수를 계산하며 유효자리 64자리까지 계산한다.
- **날짜 계산** : 두 날짜 간 차이, 추가 또는 뺀 날을 계산한다.
- **변환기** : 통화 환율, 부피, 길이, 무게 및 질량, 온도, 에너지, 면적, 속도, 시간, 일률, 데이터, 압력, 각도가 있다.

21년 상시, 20년 2월

01 다음 중 한글 Windows 10의 보조프로그램에 있는 [계산기]에 대한 설명으로 옳지 않은 것은?

① 자릿수 구분 단위를 넣을 수 있다.
② 계산 결과를 복사할 수 있다.
③ 단위 변환 기능을 사용할 수 있다.
④ 계산기의 종류로는 표준, 공학용, 프로그래머, 산업용이 있다.

계산기 모드에는 표준, 공학용, 그래프, 프로그래머, 날짜 계산, 변환기가 있다.

24년 상시, 21년 상시, 19년 3월, 17년 3월

02 다음 중 한글 Windows 10의 [계산기] 앱에 대한 설명으로 옳은 것은?

① 표시된 숫자를 저장할 때는 [MS] 단추를, 저장된 숫자를 불러와 입력할 때는 [MR] 단추를 누른다.
② 공학용은 삼각 함수나 로그 등을 최대 64자리까지 계산할 수 있다.
③ 프로그래머용은 값의 평균/합계, 제곱의 평균/합계, 표준 편차 등을 계산할 수 있다.
④ 날짜 계산용은 두 시간 간의 차이를 계산할 수 있다.

오답 피하기
- 공학용 : 삼각함수, 로그 통계 등의 수식에 유효자리 32자리까지 계산
- 프로그래머용 : 2, 8, 10, 16진수 계산과 유효자리 64자리까지 계산
- 날짜 계산 : 두 날짜 간의 차이를 계산하거나 날짜에 일수를 추가하거나 빼기

기적의 TIP
계산기 모드의 종류와 기능을 묻는 문제가 출제되고 있습니다.

36 프린터 설치

- 한글 Windows 10에서는 대부분의 프린터에 대한 드라이버를 제공하나 인식하지 못하는 프린터를 설치할 때는 프린터 제조 업체에서 제공하는 드라이버를 추가하여 설치한다.
- 프린터로 추가된 목록은 [장치 관리자]에서 확인한다.
- 기본 프린터는 한글 Windows 10의 응용 프로그램에서 기본적으로 인쇄되는 프린터로 새로운 프린터를 추가할 때 지정할 수 있다.
- 기본 프린터는 반드시 한 대만 지정할 수 있고, 아이콘 모양에 체크 표시가 있다.
- 스풀이란 프린터와 같은 저속의 입·출력 장치를 상대적으로 빠른 중앙 처리 장치(CPU)와 병행하여 작동시켜 컴퓨터 전체의 처리 효율을 높이는 기능이다.
- 한 대의 프린터를 네트워크로 공유하여 여러 대의 컴퓨터에서 사용할 수 있다.

21년 상시, 20년 2월, 19년 8월

01 다음 중 한글 Windows 10에서 프린터 설치와 사용에 관한 설명으로 옳지 않은 것은?

① 이미 설치된 프린터도 다른 이름으로 다시 설치할 수 있다.
② 한 대의 프린터를 네트워크로 공유하여 여러 대의 컴퓨터에서 사용할 수 있다.
③ 스풀 기능은 저속의 CPU와 고속의 프린터를 병행 사용할 때 효율적이다.
④ 기본 프린터는 한 대만 설정이 가능하며 변경도 가능하다.

스풀 기능은 저속의 프린터와 고속의 CPU 장치를 병행 사용할 때 속도 차이를 극복하기에 효율적인 기능이다.

기적의 TIP
프린터를 추가하는 방법, 기본 프린터는 반드시 1대만 가능함, 스풀의 뜻을 묻는 문제가 자주 출제됩니다. 다양한 문제가 출제되는 부분이니 미리 학습해 두세요.

37 프린트의 속성

- 프린터 아이콘을 선택한 후 마우스 오른쪽 버튼을 눌러 나오는 바로 가기 메뉴의 [프린터 속성]을 선택하여 각종 정보를 확인하고 설정할 수 있다.
- **[일반] 탭** : 프린터의 모델명과 위치, 해상도, 인쇄 급지, 형식, 크기, 방향, 테스트 페이지 인쇄를 설정한다.
- **[공유] 탭** : 프린터를 네트워크의 다른 사용자와 공유하도록 설정하고 추가 드라이버를 설치한다.
- **[포트] 탭** : 프린터 포트를 선택, 추가, 제거한다.
- **[고급] 탭** : 프린터 시간 제한 설정, 우선순위, 드라이버 확인과 스풀 설정을 한다.

25년 상시, 22년 상시, 20년 7월

01 다음 중 한글 Windows 10에서 설치된 프린터의 바로 가기 메뉴에 있는 [프린터 속성]을 선택하여 표시되는 프린터 속성 상자에 대한 설명으로 옳지 않은 것은?

① [일반] 탭 : 프린터 모델명 확인과 인쇄 기본 설정
② [공유] 탭 : 프린터를 네트워크상의 다른 컴퓨터와 공유할 것인지를 결정하고 추가 드라이버를 설치
③ [포트] 탭 : 프린터 포트를 선택하고 새로운 포트를 추가하거나 삭제
④ [고급] 탭 : 프린터 시간을 제어하고 인쇄 해상도를 설정하며, 테스트 페이지 인쇄 등을 지정

인쇄 해상도 설정과 테스트 페이지 인쇄는 [일반] 탭에서 실행해야 한다.

24년 상시, 19년 3월

02 다음 중 한글 Windows 10에서 사용 중인 프린터의 공유 설정을 하려고 할 때 해당 프린터의 팝업 메뉴에서 선택해야 하는 메뉴 항목으로 옳은 것은?

① 인쇄 기본 설정
② 프린터 속성
③ 속성
④ 기본 프린터로 설정

[프린터 속성] 창의 [공유] 탭에서 프린터 공유를 설정할 수 있다.

기적의 TIP
프린터 속성 창에 표시되는 정보의 위치와 설정 항목을 묻는 문제가 출제되고 있습니다.

---

38 개인 설정

- **배경** : Windows 바탕 화면으로 사용할 배경 사진을 선택한다.
- **색** : 기본 Windows 모드 선택, 기본 앱 모드 선택, 투명 효과, 제목 표시줄 및 창 테두리를 설정한다.
- **잠금 화면**
  - Windows 추천, 사진, 슬라이드 쇼, 사용자 사진 선택으로 잠금 화면을 설정한다.
  - [화면 보호기 설정]을 하면 일정 시간 모니터에 전달되는 정보에 변화가 없을 때 화면 보호기가 실행된다.
  - 화면 보호기는 마우스나 키보드를 살짝 누르면 해제되어 되돌아온다.
  - 사용자 계정에 암호를 설정한 후 [다시 시작할 때 로그온 화면 표시]를 체크하여 화면 보호기 암호를 사용할 수 있다.
  - [화면 시간 제한 설정]을 하여 화면이나 전원 사용 시 지정 시간이 경과하면 끄기와 절전 모드 시간을 설정한다.
- **테마** : 배경, 색, 소리, 마우스 커서를 저장하여 한꺼번에 변경시키는 기능이다.
- **글꼴** : 시스템에 설치되어 있는 글꼴을 제거하거나 새로운 글꼴을 추가한다. 위치는 'C:\Windows\Fonts'로 OTF, TTC, TTF, FON 형식이 설치되어 있다.
- **시작** : 시작 메뉴에 표시되는 앱 목록, 최근에 추가된 앱, 가장 많이 사용하는 앱 등을 지정하거나 시작 메뉴에 표시할 폴더를 선택한다.
- **작업 표시줄** : 작업 표시줄 잠금, 작업 표시줄 자동 숨기기, 작은 작업 표시줄 사용, 작업 표시줄의 위치 등을 지정한다.

25년 상시, 23년 상시, 20년 2월

01 다음 중 한글 Windows 10의 [개인 설정] 창에서 할 수 있는 작업으로 옳지 않은 것은?

① 바탕 화면에 새로운 테마를 지정하여 적용할 수 있다.
② 화면 보호기 설정을 사용하여 화면의 해상도를 변경할 수 있다.
③ 사용 가능한 글꼴을 추가하거나 확인할 수 있다.
④ 창 테두리, 시작 메뉴, 작업 표시줄의 색을 변경할 수 있다.

화면의 해상도 설정은 [설정]-[시스템]-[디스플레이]에서 변경할 수 있다.

기적의 TIP
개인 설정에서 실행되는 기능을 묻는 문제가 출제되고 있습니다. 특히, 잠금 화면에서 화면 보호기를 설정할 수 있음을 기억하세요.

39 접근성 설정

- 접근성 설정은 컴퓨터 시스템 사용자의 시각이나 청각 설정을 위해 다양한 옵션을 제공하여 컴퓨터를 사용하기 쉽게 만든다.
- **돋보기**
  - 돋보기를 사용하여 화면 일부를 확대하여 표시한다.
  - Windows 로그온 시 자동으로 돋보기 기능을 시작할 수 있게 설정할 수 있다.
- **내레이터 시작** : 화면의 내용을 소리내어 읽는다.
- **화상 키보드 시작** : 화상 키보드를 표시하여 마우스나 다른 포인팅 장치로 키보드 이미지의 키를 입력하는 기능이다.
- **고대비 설정** : 고유 색을 사용하여 텍스트와 앱을 보기 쉽게 설정한다.
- **키보드** : 마우스키 켜기, 고정키 켜기, 토글키 켜기, 필터키 켜기를 설정한다.
- **마우스** : 숫자 키패드로 화면에서 마우스를 이동하도록 제어한다.

24년 상시, 21년 상시, 20년 7월, 15년 6월/3월, 13년 6월, 11년 7월

01 다음 중 한글 Windows 10의 [접근성] 창에서 할 수 있는 기능에 대한 설명으로 옳지 않은 것은?

① Windows 로그온 시 자동으로 돋보기 기능을 시작할 수 있게 설정할 수 있다.
② 내레이터 시작 기능을 사용하면 키보드를 사용하여 마우스를 제어할 수 있게 설정할 수 있다.
③ 화상 키보드 시작 기능을 사용하면 키보드 없이도 글자를 입력할 수 있다.
④ 마우스키의 숫자 키패드를 사용하여 마우스 포인터를 이동할 수 있다.

> 내레이터는 화면의 내용을 설명하는 화면 읽기 프로그램으로 키보드, 터치, 마우스로 내레이터를 제어할 수 있다. 즉, 키보드나 마우스가 가리키는 내용을 읽어주는 기능이다.

기적의 TIP
접근성 설정에서 할 수 있는 일과 그 기능을 묻는 문제가 출제되고 있습니다.

40 네트워크 설정

- 네트워크(Network)란 두 대 이상의 컴퓨터 시스템을 통신 회선으로 연결해 놓은 통신망이다.
- 네트워크 설정에는 인터넷에 연결, 새 네트워크 연결, 무선 네트워크에 수동으로 연결, 회사에 연결이 있다.
- 네트워크 및 공유 센터에는 연결하는 네트워크에 대해 이더넷 설정, 어댑터 설정 변경, 네트워크 설정 변경, 문제 해결, 고급 공유 설정 변경을 할 수 있다.

20년 7월/2월

01 다음 중 한글 Windows 10의 [네트워크 및 공유 센터] 창에서 '네트워크 설정 변경'과 관련이 없는 것은?

① 인터넷에 연결
② 새 네트워크에 연결
③ 회사에 연결
④ 인터넷 연결 공유

> [네트워크 및 공유 센터]-[네트워크 설정 변경]의 연결 옵션은 '인터넷에 연결', '새 네트워크 연결', '회사에 연결'로 구성되어 있다.

21년 상시, 17년 3월

02 다음 중 한글 Windows 10의 [네트워크 및 공유 센터] 창에서 할 수 있는 작업으로 옳지 않은 것은?

① [이더넷 상태] 창을 열어 현재 네트워크의 속도 및 보내고 받는 작업 상태를 확인할 수 있다.
② [문제 해결]을 실행하여 네트워크 문제를 진단 및 해결하거나 문제 해결 정보를 얻을 수 있다.
③ [새 연결 또는 네트워크 설정]을 실행하여 무선, 광대역 또는 VPN 연결을 설정할 수 있다.
④ [고급 공유 설정 변경]을 실행하여 사용자 계정을 변경하거나, 무선 또는 유선 네트워크에 연결할 수 있다.

> [고급 공유 설정 변경]에서는 네트워크를 검색하고 파일 및 프린터 공유의 켜기와 끄기를 설정할 수 있다.

오답 피하기
사용자 계정의 변경은 [설정]의 [계정]을 선택하여 변경해야 한다.

기적의 TIP
내 PC에서 네트워크를 설정하는 방법에 대해 출제되고 있습니다.

41 네트워크 구성 요소

- 네트워크 설정의 소프트웨어적 구성 요소에는 클라이언트, 서비스, 프로토콜이 있다.
- **클라이언트(Client)**: 사용자가 연결하려는 네트워크에 있는 컴퓨터 및 파일을 액세스하기 위해 설치하여 사용한다.
- **서비스(Service)**: 내 컴퓨터에 설치된 파일, 프린터 등의 자원을 다른 컴퓨터에서 공유할 수 있도록 하는 소프트웨어이다.
- **프로토콜(Protocol)**: 사용자 컴퓨터와 다른 컴퓨터 간에 통신을 할 때 사용하는 통신 규약으로, 구문, 의미, 타이밍(순서)으로 구성된다.
- 네트워크 어댑터는 사용자의 컴퓨터를 물리적으로 네트워크에 연결하기 위한 하드웨어 장치이다.

25년 상시, 24년 상시, 22년 상시, 17년 9월/3월

01 다음 중 한글 Windows 10에서 네트워크 구성 요소에 대한 설명으로 옳지 않은 것은?

① 네트워크에 있는 서로 다른 컴퓨터 간에 정보를 공유하려면 동일한 프로토콜을 사용하여야 한다.
② 어댑터는 컴퓨터가 네트워크에 있는 자원을 액세스할 수 있게 해주는 통신 규약이다.
③ 서비스는 내 컴퓨터에 설치된 파일, 프린터 등의 자원을 다른 컴퓨터에서 공유할 수 있도록 하는 소프트웨어이다.
④ 클라이언트는 네트워크의 다른 컴퓨터나 서버에 연결하여 파일이나 프린터 등의 공유 자원을 사용할 수 있도록 한 소프트웨어이다.

어댑터는 컴퓨터를 네트워크에 물리적으로 연결하는 하드웨어 장치이다.

오답 피하기
컴퓨터가 네트워크에 있는 자원을 액세스할 수 있게 해주는 통신 규약은 프로토콜에 대한 설명이다.

> **기적의 TIP**
> 네트워크의 구성 요소에 대한 항목과 그 기능을 묻는 문제가 출제되고 있습니다. 어댑터는 하드웨어 장치 설정이고 나머지는 소프트웨어 설정임을 기억하세요.

---

42 웹 브라우저

- 웹 브라우저란 HTTP 프로토콜을 기반으로 월드와이드웹(WWW)에서 하이퍼텍스트로 정보를 찾고 웹 문서를 교환하는 응용 소프트웨어이다.
- 웹 문서 열기, 웹 문서 즐겨찾기, 자주 방문하는 URL 등을 설정할 수 있다.
- 전자우편을 송·수신하거나 웹 페이지인 HTML 문서를 보거나 편집할 수 있다.
- **마이크로소프트 엣지(Microsoft Edge)**: 마이크로소프트사에서 최신 웹 환경을 반영한 브라우저로 보안에도 우수한 성능을 가졌고, Windows, macOS, iOS, Android 등의 휴대폰 장치와 태블릿 PC 등과도 연동이 된다.
- **크롬(Chrome)**: 구글에서 만든 그래픽 사용자 인터페이스 웹 브라우저로 안정성과 보안, 속도 면에서 효율적으로 널리 사용되고 있다.

24년 상시, 21년 상시

01 다음 중 마이크로소프트 엣지에 대한 설명으로 옳지 않은 것은?

① 새 크로미움(Chromium) 방식을 사용하여 Windows가 지원되는 모든 버전에 호환된다.
② 통합된 컬렉션 기능을 활용하면 웹 콘텐츠를 쉽게 수집, 구성, 공유할 수 있다.
③ 온라인의 보안 문제를 자동으로 차단하여 사용자를 보호한다.
④ Windows 디바이스에 최적화되어 있어서 macOS, iOS, Android 디바이스 등은 다운로드하여 사용할 수 없다.

Windows 디바이스 뿐만 아니라 macOS, iOS, Android 디바이스에서도 다운로드하여 사용할 수 있다.

> **기적의 TIP**
> 각 웹 브라우저의 특징을 묻는 문제가 출제되고 있습니다. 특히, 마이크로소프트 엣지와 크롬에 대한 문제가 많이 출제되고 있습니다.

3과목 | PC 기본상식

43. 컴퓨터의 발전 순서 / 세대별 주요 소자 / 속도 단위 / 데이터 단위

- **컴퓨터의 발전 순서** : MARK-I → ENIAC → EDSAC → UNIVAC-I → EDVAC
- **세대별 주요 소자** : 1세대(진공관) → 2세대(트랜지스터) → 3세대(IC; 집적회로) → 4세대(LSI; 고밀도 집적회로) → 5세대(VLSI; 초고밀도 집적회로)
- **속도 단위(느림 → 빠름순)** : ms(10^{-3}) → μs(10^{-6}) → ns(10^{-9}) → ps(10^{-12}) → fs(10^{-15}) → as(10^{-18})
- **데이터 단위(작음 → 큼순)** : 비트(Bit; 자료의 최소 단위) → 니블(Nibble) → 바이트(Byte; 문자의 최소 단위) → 워드(Word) → 필드(Field) → 레코드(Record) → 파일(File) → 데이터베이스(DataBase)

23년 상시, 22년 상시, 21년 상시, 14년 6월

01 다음 중 발전 순서 또는 크기 순(큰 순에서 작은 순, 느린 순에서 빠른 순)으로 나열하였을 때 옳지 않은 것은?

① 진공관 → 트랜지스터 → 집적(IC)회로 → LSI
② MARK-I → ENIAC → EDSAC → EDVAC
③ ms(10^{-3}) → μs(10^{-6}) → ns(10^{-9}) → ps(10^{-12})
④ Record → Field → Byte → Word → Bit

> 데이터 단위는 Bit → Byte → Word → Field → Record → File 순서로 크다.

23년 상시, 20년 7월, 14년 6월

02 다음 중 데이터의 크기에 대한 설명으로 옳지 않은 것은?

① 니블(Nibble) : 4개의 비트가 모여 1Nibble을 구성한다.
② 바이트(Byte) : 파일 구성의 최소 단위로, 의미 있는 정보를 표현하는 최소 단위이다.
③ 레코드(Record) : 하나 이상의 관련된 필드가 모여서 구성되는 자료 처리 단위이다.
④ 파일(File) : 프로그램 구성의 기본 단위로, 여러 레코드가 모여서 구성된다.

> - 바이트(Byte) : 문자 표현의 최소 단위로 영문자나 숫자는 1byte, 한글이나 한자는 2byte로 표현. 유니코드는 모두 2바이트로 표현
> - 비트(Bit) : 자료 표현의 최소 단위
> - 워드(Word) : CPU가 한 번에 처리하는 단위
> - 필드(Field) : 파일 구성의 최소 단위로, 의미 있는 정보를 표현하는 최소 단위

🏁 **기적의 TIP**
컴퓨터의 발전 과정과 데이터 단위의 순서와 의미를 묻는 문제가 출제되고 있습니다.

44. 디지털 컴퓨터와 아날로그 컴퓨터의 특징

디지털 컴퓨터	아날로그 컴퓨터
• 논리 회로	• 증폭 회로
• 숫자나 문자로 표시	• 그래프나 곡선으로 표시
• 이산적인 데이터	• 연속적인 데이터
• 사칙 연산	• 미·적분 연산
• 연산 속도 느림	• 연산 속도 빠름
• 프로그래밍 필요	• 프로그래밍 불필요
• 범용성	• 특수 목적용

21년 상시, 20년 7월

01 다음 중 아날로그 컴퓨터에 대한 설명으로 옳지 않은 것은?

① 출력 형태 : 숫자, 문자
② 연산 형식 : 미·적분 연산
③ 구성 회로 : 증폭 회로
④ 적용성 : 특수 목적용

> 아날로그 컴퓨터의 출력 형식은 연속적인 데이터로 숫자, 문자가 아닌 그래프, 곡선 등으로 표시된다.

24년 상시, 23년 상시, 21년 상시, 19년 8월, 16년 3월

02 다음 중 아날로그 컴퓨터와 비교하여 디지털 컴퓨터의 특징으로 옳은 것은?

① 입력 형태로 전류, 전압, 온도, 속도 등이 가능하다.
② 논리 회로를 사용하며, 프로그래밍이 필요하다.
③ 미분이나 적분에 관한 연산 속도가 빠르다.
④ 특수 목적용으로 기억 기능이 적다.

> 디지털 컴퓨터는 코드화된 문자나 숫자로 입력하고 이산적인 데이터를 출력하는 형식의 컴퓨터이다.

🏁 **기적의 TIP**
디지털 컴퓨터와 아날로그 컴퓨터를 특징을 비교하는 문제가 자주 출제되고 있습니다.

45 제어 장치의 종류

- **프로그램 카운터(PC)** : 다음번에 실행할 명령의 주소를 기억하는 레지스터이다.
- **명령 레지스터(IR)** : 현재 실행 중인 명령을 기억하는 레지스터이다.
- **명령 해독기(Decoder)** : 현재 수행해야 할 명령을 해독한 후 제어 신호를 발생한다.
- **부호기(Encoder)** : 명령 해독기로 해독한 내용을 신호로 변환하여 각 장치에 전달한다.
- **메모리 주소 레지스터(MAR)** : 주기억 장치에 기억된 프로그램이나 데이터의 주소를 기억하는 레지스터이다.
- **메모리 버퍼 레지스터(MBR)** : 주기억 장치에 기억된 주소의 내용을 기억하는 레지스터이다.

24년 상시, 23년 상시, 21년 상시, 20년 2월, 16년 10월

01 다음 중 컴퓨터 중앙 처리 장치의 제어 장치에 있는 레지스터의 설명으로 옳은 것은?

① 프로그램 카운터(PC)는 다음번에 실행할 명령어의 번지를 기억하는 레지스터이다.
② 명령 레지스터(IR)는 현재 실행 중인 명령어를 해독하는 레지스터이다.
③ 부호기(Encoder)는 연산된 결과의 음수와 양수를 결정하는 회로이다.
④ 메모리 버퍼 레지스터(MBR)는 기억 장치에 입출력 되는 데이터의 주소 번지를 기억한다.

오답 피하기
- 명령 레지스터(IR) : 현재 수행 중인 명령의 내용을 기억하는 레지스터
- 부호기(Encoder) : 명령 해독기로 해독한 내용을 신호로 변환하여 각 장치에 전달
- 메모리 버퍼 레지스터(MBR) : 메모리 주소 레지스터(MAR)의 내용을 기억

기적의 TIP
제어 장치의 종류와 기능을 연결하는 문제가 출제됩니다. 현재 명령어는 IR이고, 다음 명령어 번지는 PC에서 기억합니다.

46 연산 장치의 종류

- **누산기(AC)** : 산술 연산 및 논리 연산의 결과를 일시적으로 기억하는 레지스터이다.
- **가산기(Adder)** : 2개 이상의 수를 입력하여 이들의 합을 출력하는 논리 회로 또는 장치이다.
- **보수기(Complementary)** : 뺄셈을 할 때 사용되는 보수를 만들어 주는 논리 회로이다.
- **인덱스 레지스터** : 기억되어 있는 내용에 대한 주소를 변경하기 위해 유효 주소를 구하는 레지스터이다.
- **데이터 레지스터** : 연산에 사용할 데이터를 일시적으로 기억하는 레지스터이다.
- **상태 레지스터** : 연산 실행 결과의 양수와 음수, 자리 올림(Carry)과 오버플로(Overflow), 인터럽트 금지와 해제 상황 등의 상태를 기억한다.

22년 상시, 21년 상시, 20년 7월

01 다음 중 연산 장치의 구성 요소에 대한 설명으로 옳은 것은?

① 보수기 : 2진수의 덧셈을 수행하는 회로
② 누산기 : 연산된 결과를 일시적으로 저장하는 레지스터
③ 데이터 레지스터 : 연산 중에 발생하는 여러 가지 상태 값을 기억하는 레지스터
④ 인덱스 레지스터 : 연산에 사용될 데이터를 기억하는 레지스터

오답 피하기
- 보수기 : 뺄셈을 할 때 사용되는 보수를 만들어 주는 논리 회로
- 데이터 레지스터 : 연산에 사용할 데이터를 일시적으로 기억하는 레지스터
- 인덱스 레지스터 : 기억되어 있는 내용에 대한 주소를 변경하기 위해 유효 주소를 구하는 레지스터

기적의 TIP
연산 장치의 종류와 기능을 연결하는 문제가 출제됩니다. 연산의 핵심은 계산 기능으로 결과는 누산기(AC)에서 일시적으로 기억합니다.

47 기억 장치

- 캐시 기억 장치는 CPU와 주기억 장치 사이의 속도차를 극복하기 위하여 사용하는 메모리로, SRAM을 사용하여 빈번하게 사용되는 프로그램이나 데이터를 보관하는 메모리로 사용한다.
- 가상 기억 장치는 보조 기억 장치의 일부를 주기억 장치처럼 사용하여 주기억 장치의 용량을 확대해서 사용하는 메모리이다.
- 연관 기억 장치는 기억 장치에 기억된 내용을 찾을 때 주소를 사용하지 않고 기억된 데이터의 내용을 이용하여 원하는 정보에 접근하는 방식의 메모리이다.
- 플래시 메모리는 EEPROM의 일종으로 하드웨어와 소프트웨어의 중간적 성격의 장치로 속도가 빠르고 운영체제에서 입출력 장치를 제어하는 부분과 같이 고속처리가 필요한 프로그램과 디지털 시스템에서 주로 사용에 저장되며, 내용 변경이 가능하다.

24년 상시, 20년 7월, 17년 9월

01 다음 중 컴퓨터에서 사용하는 캐시 메모리에 관한 설명으로 옳은 것은?

① CPU와 주기억 장치의 처리 속도를 향상시키기 위하여 사용한다.
② 보조 기억 장치를 주기억 장치처럼 사용할 수 있는 기능을 제공한다.
③ 주기억 장치에 접근할 때 주소 대신 기억된 내용으로 접근하는 기능을 제공한다.
④ EEPROM의 일종으로 중요한 정보를 반영구적으로 저장할 수 있다.

오답 피하기
- ② : 가상 기억 장치
- ③ : 연상(연관) 기억 장치
- ④ : 플래시 메모리

24년 상시, 22년 상시, 21년 상시, 19년 3월, 13년 6월

02 다음에서 설명하는 기억 장치로 옳은 것은?

- 하드 디스크의 일부를 주기억 장치처럼 사용한다.
- 페이징 기법과 세그멘테이션 기법이 있다.

① 연관 메모리
② 캐시 메모리
③ 가상 메모리
④ 플래시 메모리

오답 피하기
- 연관 메모리(Associative Memory) : 주소가 아니라 기억된 데이터의 내용을 이용하여 원하는 정보에 접근하는 방식
- 캐시 메모리(Cache Memory) : 중앙 처리 장치와 주기억 장치 사이에 존재하는 메모리
- 플래시 메모리(Flash Memory) : 전기적인 방법으로 여러 번 읽기/쓰기가 가능한 EEPROM의 일종으로 BIOS, MP3 플레이어, 휴대전화, 디지털 카메라 등에 사용

22년 상시, 11년 6월

03 다음 중 중앙 처리 장치와 주기억 장치의 속도 차이를 줄이기 위해 사용되는 메모리는 어느 것인가?

① 플래시 메모리
② 가상 기억 장치
③ 연관 기억 장치
④ 캐시 메모리

오답 피하기
- 플래시 메모리 : 전원 공급이 중단되어도 내용은 사라지지 않고 내용 변경이 가능한 EEPROM으로 최근에는 BIOS를 저장하는 용도로 많이 사용
- 가상 기억 장치 : 보조 기억 장치의 일부를 주기억 장치처럼 사용하여 주기억 장치의 용량을 확대하여 사용하는 메모리
- 연관 기억 장치 : 기억된 데이터의 내용을 이용하여 정보에 접근하는 메모리

24년 상시, 23년 상시

04 다음에서 설명하는 기억 장치는?

- EEPROM의 일종으로 ROM과 RAM의 기능을 모두 가지고 있다.
- 읽기, 쓰기가 모두 가능하고 디지털 카메라, MP3 플레이어에 많이 사용한다.

① 플래시 메모리(Flash Memory)
② 캐시 메모리(Cache Memory)
③ 가상 메모리(Virtual Memory)
④ 연관 메모리(Associative Memory)

오답 피하기
- 캐시 메모리(Cache Memory) : 고속의 CPU와 주기억 장치 사이에 존재하며 처리 속도를 향상시키는 기능을 가진 고속 버퍼 메모리
- 가상 메모리(Virtual Memory) : 보조 기억 장치의 일부를 주기억 장치처럼 사용하는 메모리
- 연관 메모리(Associative Memory) : 주소를 사용하지 않고 기억된 데이터의 내용으로 접근하는 방식의 메모리

기적의 TIP

캐시, 가상 기억, 연상 기억, 플래시 기억 장치 모두 뜻과 특징을 묻는 문제가 자주 출제되고 있습니다.

48 운영체제의 분류

- **일괄 처리 시스템(Batch Processing System)**: 처리할 데이터를 일정한 시간이나 분량이 될 때까지 모아서 한꺼번에 처리하는 방식이다.
- **시분할 처리 시스템(Time Sharing System)**: 속도가 빠른 CPU의 처리 시간을 분할하여 여러 개의 작업을 연속으로 처리하는 방식으로 사용자가 컴퓨터 시스템과 직접 대화형으로 작업을 처리한다.
- **듀플렉스 시스템(Duplex System)**: 한 쪽의 CPU가 가동 중일 때 다른 CPU가 대기하며, 가동 중인 CPU가 고장나면 대기 중인 다른 CPU가 가동되는 시스템이다.
- **분산 처리 시스템(Distribute Processing System)**: 네트워크로 연결된 컴퓨터에 의해 작업과 자원을 분산하여 처리하는 방식으로 자원 공유, 신속한 처리, 높은 신뢰성을 제공한다.
- **다중 처리 시스템(Multi-processing System)**: 하나의 컴퓨터에 두 개 이상의 CPU를 설치하여 대량의 데이터를 신속하게 처리하는 방식이다.

24년 상시, 21년 상시, 16년 10월

01 다음 중 컴퓨터를 이용한 처리 시스템의 설명으로 옳지 않은 것은?

① 시분할 시스템(Time Sharing System): 컴퓨터의 처리 시간을 짧은 시간 단위로 분할하여 한 대의 컴퓨터를 여러 명이 동시에 사용할 수 있게 하는 방식
② 실시간 처리 시스템(Real Time System): 자료가 발생하는 즉시 처리하는 방식
③ **멀티프로그래밍(Multi-Programming): 한 대의 컴퓨터에 2대 이상의 CPU를 설치하여 대량의 데이터를 신속하게 처리하는 방식**
④ 분산 처리 시스템(Distribute Processing System): 지역적으로 분산된 여러 대의 컴퓨터 시스템을 연결하여 업무를 지역적 또는 기능적으로 분산시켜 처리하는 방식

- 다중 프로그램(Multi-Programming): 동시에 두 개 이상의 프로그램을 주기억 장치에 기억시켜 놓고 하나의 프로세서가 고속으로 처리하는 방식
- 다중 처리 시스템(Multi-Processing System): 하나의 컴퓨터에 여러 개의 CPU를 설치하여 프로그램을 처리하는 방식

기적의 TIP
운영체제 시스템 분류와 그 기능을 묻는 문제가 출제되고 있습니다. 일괄 처리는 한꺼번에, 시분할은 시간을 나누어 처리하는 방법입니다.

49 소프트웨어 관련 용어

- **상용 소프트웨어(Commercial Software)**: 정해진 금액을 지불하고 정식으로 사용하는 프로그램이다.
- **공개 소프트웨어(Freeware Software)**: 누구나 무료로 사용하는 것이 허가되어 있는 공개 프로그램으로 인터넷의 공개 자료실이나 FTP 서버에서 다운받아 자유로이 사용할 수 있는 프로그램이다.
- **셰어웨어(Shareware)**: 일정 기간 무료로 사용하다가 마음에 들면 금액을 지불해야 정식으로 사용할 수 있는 제품으로 일부의 기능을 제한한 프로그램이다.
- **벤치마크 테스트(Benchmark Test)**: 하드웨어나 소프트웨어의 성능을 검사하기 위해 실제로 사용하는 조건에서 처리 능력을 테스트하는 것이다.
- **알파 버전(Alhpa Version)**: 새로운 제품을 개발했을 때 다른 부서의 직원이 사용하여 성능을 시험하는 검사 프로그램이다.
- **번들(Bundle)**: 하드웨어나 소프트웨어를 구입할 때 서비스로 제공하는 프로그램이다.
- **데모 버전(Demo Version)**: 소프트웨어의 홍보를 위해 어떤 기능을 가졌는지 소개하는 프로그램이다.

23년 상시, 21년 상시, 20년 2월

01 다음의 소프트웨어 관련 용어에 대한 설명으로 옳은 것을 모두 고른 것은?

(가) 프리웨어: 일정 기간 동안 무료로 사용하다가 금액을 지불하고 정식으로 사용할 수 있는 소프트웨어이다.
(나) 알파 버전: 베타 테스트를 하기 전 제작 회사 내에서 테스트할 목적으로 제작하는 소프트웨어이다.
(다) 상용 소프트웨어: 정해진 금액을 지불하고 사용하는 것으로, 해당 소프트웨어의 모든 기능을 사용할 수 있다.
(라) 벤치마크 테스트: 소프트웨어나 하드웨어의 성능을 점검하기 위해 실제로 사용되는 조건에서 처리 능력을 테스트하는 것이다.

① (가), (다)
② (나), (다)
③ (가), (나), (다)
④ **(나), (다), (라)**

프리웨어는 누구나 무료로 사용하는 것이 허가된 프로그램으로, 인터넷 공개 자료실이나 FTP 서버에서 다운로드해 자유로이 사용할 수 있는 프로그램이다.

오답 피하기
(가)는 셰어웨어에 대한 설명이다.

기적의 TIP
소프트웨어 사용권에 따른 종류와 특징을 묻는 문제가 출제되고 있습니다. 셰어웨어는 일정 기간만 무료이고 계속 사용하려면 돈을 지불해야 합니다.

50 바이러스의 감염 증상과 예방

- 바이러스의 감염 증상
  - 컴퓨터가 부팅되지 않거나 부팅 시간이 지연되고 프로그램이 실행되지 않거나 실행 속도가 저하된다.
  - 파일 목록이 화면에 나타나는 시간이 오래 걸리며 화면에 이상한 글자가 나타난다.
  - 파일 크기에 변화가 생기고 파일의 작성일과 시간이 변경된다.
- 바이러스의 예방 방법
  - 데이터를 정기적으로 백업하고 복구 디스켓을 작성한다.
  - 백신 프로그램은 항상 최신의 버전으로 업데이트한다.
  - 출처가 불분명한 전자우편은 열어 보지 않고 삭제한다.

24년 상시, 20년 7월/2월

01 다음 중 컴퓨터 바이러스의 감염 증상으로 옳지 않은 것은?

① 프로그램의 실행 속도가 이유 없이 늦어진다.
② 사용 가능한 메모리 공간이 줄어드는 등 시스템 성능이 저하된다.
③ 일정 시간 후에 화면 보호기가 작동된다.
④ 예측이 불가능하게 컴퓨터가 재부팅된다.

[화면 보호기]를 설정하면 일정 시간 후에 보호기 프로그램이 작동되는 것으로 바이러스는 아니다.

22년 상시, 18년 3월

02 다음 중 컴퓨터 바이러스 감염 증상으로 옳지 않은 것은?

① 시스템 파일이 손상되어 부팅이 정상적으로 수행되지 않을 수 있다.
② 감염된 실행 파일은 실행되지 않거나 처리 속도가 빨라질 수 있다.
③ 특정한 날짜가 되면 컴퓨터 화면에 이상한 메시지가 표시될 수 있다.
④ 디스크를 인식 못 하거나 감염 파일의 크기가 커질 수 있다.

바이러스에 감염된 실행 파일을 실행하게 되면 실행되지 않거나 속도가 크게 느려질 수 있다.

기적의 TIP
컴퓨터 바이러스의 다양한 감염 증상과 예방법을 함께 알아두세요.

51 악성 소프트웨어

- **랜섬웨어** : 인터넷 사용자의 컴퓨터에 침입하여 문서나 파일에 암호를 지정하여 열지 못하도록 한 다음 사용할 때 돈을 요구하는 악성 프로그램이다.
- **내그웨어** : 사용자에게 정기적으로 소프트웨어를 등록하고 비용을 지불하도록 요구하는 소프트웨어이다.
- **스파이웨어** : 다른 사람의 컴퓨터에 잠입해 개인신상정보 등과 같은 정보를 사용자 모르게 수집하는 악성 소프트웨어이다.
- **애드웨어** : 특정 소프트웨어를 실행할 때 또는 설치한 후 자동으로 광고가 표시되는 소프트웨어이다.

22년 상시, 20년 2월, 18년 9월

01 다음은 무엇에 대한 설명인가?

> 인터넷 사용자의 컴퓨터에 잠입해 내부 문서나 스프레드시트, 그림 파일 등을 암호화해 열지 못하도록 만들고 해독용 키 프로그램을 전송해 준다며 돈을 요구하는 악성 프로그램

① 내그웨어(Nagware)
② 스파이웨어(Spyware)
③ 애드웨어(Adware)
④ 랜섬웨어(Ransomware)

오답 피하기
- 내그웨어 : 사용자에게 정기적으로 소프트웨어를 등록하고 비용을 지불하도록 요구하는 소프트웨어
- 스파이웨어 : 다른 사람의 컴퓨터에 잠입해 개인신상정보 등과 같은 정보를 사용자 모르게 수집하는 악성 소프트웨어
- 애드웨어 : 특정 소프트웨어를 실행할 때 또는 설치한 후 자동적으로 광고가 표시되는 소프트웨어

기적의 TIP
악성 소프트웨어를 구별하는 방법에 대한 문제가 출제되고 있습니다. 랜섬웨어는 돈을 요구하는 악성 소프트웨어입니다.

52 비트맵과 벡터 방식

- **비트맵** : 픽셀(Pixel, 화소)로 이미지를 표현하는 방식으로 래스터 이미지라고도 한다. 확대하거나 축소하면 이미지에 계단 현상이 나타나 거칠어지며, 기억 공간을 많이 차지하게 되지만 화면에 표시되는 속도는 빨라진다. BMP, GIF, JPG, PCX, TIFF, PNG 등의 형식으로 고해상도를 표현한다.
- **벡터** : 선을 연결하여 직선이나 곡선으로 이미지를 표현하는 방식이다. 확대해도 테두리가 거칠어지지 않고 매끄럽게 표현되고, 기억 공간을 적게 차지하지만 화면에 표시되는 속도는 느리다. WMF, AI, CRD, DXF 등의 형식이 있다.

24년 상시, 23년 상시, 19년 3월, 16년 10월

01 다음 중 멀티미디어 그래픽 데이터의 벡터 방식에 대한 설명으로 옳지 않은 것은?

① 점과 점을 연결하는 직선이나 곡선을 이용하여 이미지를 표현한다.
② 이미지를 확대하여도 테두리가 매끄럽게 표현된다.
③ 좌표 개념을 사용하여 이동 회전 등의 변형이 쉽다.
④ 비트맵 방식과 비교하여 기억 공간을 많이 차지한다.

> 벡터 방식은 기억 공간을 적게 차지하지만 화면에 표시되는 속도는 느리다.

22년 상시, 14년 6월

02 다음 중 그래픽 데이터를 표시하는 방식 중에서 벡터 방식에 대한 설명으로 옳지 않은 것은?

① 고해상도를 표현하는 데 적합하다.
② 기본적으로 직선과 곡선을 이용한다.
③ 수학적 공식을 이용해 표현한다.
④ 도형과 같은 단순한 개체 표현에 적합하다.

> 고해상도 표현은 비트맵 방식을 사용한다.

기적의 TIP

비트맵과 벡터 방식의 이미지를 비교하는 문제가 출제되고 있습니다. 비트맵은 확대하면 계단 현상이 나타나고, 벡터 방식은 매끄러운 것이 특징입니다.

53 멀티미디어 데이터의 파일 형식

- 동영상 파일 형식에는 MPEG, AVI, DVI, DivX, ASF, MOV 등이 있다.
- 사운드 파일 형식에는 WAVE, MIDI, MP3, MP4 등이 있다.
- MP3는 고음질 오디오 압축의 표준 형식으로, MPEG에서 규정한 MPEG-1의 압축 기술을 이용한 방식이다.

23년 상시, 20년 7월, 18년 3월

01 다음 중 멀티미디어 파일 포맷에 대한 설명으로 옳지 않은 것은?

① MP3는 PCM 기법에 의해 생성된 디지털 데이터를 사용하며 MPEG-3 규격의 압축 기술을 사용한다.
② ASF는 인터넷을 통해 오디오, 비디오 및 생방송 수신 등을 지원하는 통합 멀티미디어 형식이다.
③ WMF는 Windows에서 기본적으로 사용하는 벡터 그래픽 파일 형식이다.
④ DVI는 인텔사에서 개발한 동영상 압축 기술이다.

> MP3는 MPEG-1 Audio Layer-3의 약자로 MPEG-1의 압축 기술을 사용한다.

21년 상시, 15년 6월

02 다음 중 멀티미디어 데이터에 관한 설명으로 옳지 않은 것은?

① MOV 파일은 애플사에서 개발한 JPEG 압축 방식을 사용하는 동영상 파일이다.
② MIDI 파일은 연주 정보만 저장하므로 WAV 파일보다 크기가 작다.
③ MP3 파일은 MPEG-3 규격의 압축 기술을 사용한다.
④ WMV 파일은 스트리밍 서비스 지원이 가능하다.

> MP3 파일은 MPEG-1의 압축 기술을 사용한다.

기적의 TIP

멀티미디어 파일 형식의 종류와 특징을 묻는 문제가 출제되고 있습니다. 특히, MP3는 MPEG-1의 압축 기술을 이용하였음을 알아두세요.

54 광케이블(Optical Fiber Cable)

- 광케이블은 코어, 클래딩, 코팅으로 구성된다.
- 신호로 만든 광선을 내부 반사로 전송하는데, 다른 유선 전송 매체에 비하여 대역폭이 넓어 데이터 전송률이 뛰어나므로 전송 손실이 적다.
- 다른 전송 매체보다 크기가 작고 가벼우며, 빛의 형태로 전송하므로 충격성 잡음 등의 외부 간섭을 받지 않는다.
- 케이블 크기가 작고 가벼워 정보 전달의 안정성이 매우 높으나 설치 비용이 많이 든다.
- 신호 증폭을 위한 리피터의 설치 간격이 넓어 가입자 회선 및 근거리 통신망으로 이용한다.

25년 상시, 23년 상시, 20년 7월, 15년 6월

01 다음 중 정보통신을 위하여 사용되는 광섬유 케이블에 관한 설명으로 옳지 않은 것은?

① 대역폭이 넓어 데이터의 전송률이 우수하다.
② 리피터의 설치 간격을 좁게 설계하여야 한다.
③ 도청하기 어려워서 보안성이 우수하다.
④ 다른 유선 전송 매체와 비교하여 정보 전달의 안전성이 우수하다.

광섬유 케이블은 광대역을 사용하며 리피터의 간격이 넓다.

21년 상시, 15년 6월

02 다음 중 전송 매체인 광섬유 케이블(Optical Fiber Cable)에 대한 설명으로 옳지 않은 것은?

① 코어와 클래딩, 코팅 부분으로 구성된다.
② 넓은 대역폭을 제공하므로 데이터의 전송률이 높다.
③ 가늘고 가벼우며 외부 잡음 등의 영향을 거의 받지 않는다.
④ 다른 전송 매체에 비해 설치 비용이 저가이며, 시공이 쉽기 때문에 가정용 전화기나 개인용 컴퓨터 연결에 주로 사용된다.

광섬유 케이블의 단점으로 시공이 어려우며 설치 비용도 고가이다.

> 기적의 TIP
>
> 통신 회선 중 유선 매체인 광케이블의 특징을 묻는 문제가 출제되고 있습니다.

55 정보 통신망의 종류

- **LAN(근거리 통신망)** : 회사, 학교, 연구소 등의 특정 지역 내에서 시스템을 연결하는 통신망이다. 성형, 버스형, 링형, 망형, 계층형 등으로 구축하며 OSI 참조 모델의 하위 계층에 해당한다.
- **MAN(도시 통신망)** : 도시와 도시 간에 구축되는 통신망이다.
- **WAN(광역 통신망)** : 국가나 전 세계에 걸쳐 연결되는 통신망이다.
- **B-ISDN(광대역 종합 정보 통신망)** : 광케이블을 사용하여 고화질의 동영상까지 전송할 수 있는 고속 통신망이다. 핵심 기술은 비동기 전송 방식(ATM : 53바이트 셀)을 기반으로 구축되며, 넓은 대역폭을 사용한다.

25년 상시, 23년 상시, 22년 상시, 18년 3월, 11년 4월

01 다음 중 광대역 종합 정보 통신망(B-ISDN)에 대한 설명으로 옳은 것은?

① 빠른 전송 속도에 비해 사용료가 경제적이다.
② 비동기 전송 방식(ATM)을 기반으로 구축되며, 넓은 대역폭을 사용한다.
③ 자원 공유를 목적으로 학교, 연구소, 회사 등이 구내에서 사용하는 통신망이다.
④ 동축 케이블을 사용하여 문자, 음성, 고화질의 동영상까지 전송할 수 있는 통신망이다.

광대역 종합 정보 통신망(B-ISDN)은 넓은 대역폭을 사용하며 비동기 전송 방식(ATM)을 기반으로 구축한 통신망으로 속도에 비해 사용료는 비싸다.

오답 피하기

③은 LAN(근거리 통신망)에 대한 설명이다.

21년 상시, 11년 3월

02 다음 중 LAN의 특성에 대한 설명으로 옳지 않은 것은?

① 회사, 학교, 연구소 등의 특정 구역 내에서 자원 공유를 목적으로 사용하는 통신망이다.
② LAN 프로토콜은 OSI 참조 모델의 상위 계층에 해당된다.
③ 오류 발생률이 낮으며, 네트워크에 포함된 자원을 공유할 수 있다.
④ 망의 구성 형태에 따라서 성형, 버스형, 링형, 계층형 등으로 분류할 수 있다.

LAN은 OSI 참조 모델의 하위 계층에 해당한다.

> 기적의 TIP
>
> 통신망 구분, 광대역 종합 정보 통신망(B-ISDN)의 핵심 기술, ATM과 통신망의 특징을 묻는 문제가 출제되고 있습니다.

56 IPv4와 IPv6의 특징

- IPv4
  - 32비트의 크기로 10진수 4자리를 점(Dot)로 구분한다.
  - 네트워크 규모에 따라 A, B, C, D, E 클래스로 구분한다.
- IPv6
  - 128비트의 크기로 16진수 8자리를 콜론(:)으로 구분한다.
  - IPv4와 호환성, 인증성, 기밀성, 무결성의 지원으로 보안 문제를 해결하여 빠른 속도와 실시간 흐름 제어를 지원한다.

24년 상시, 20년 2월, 19년 3월

01 다음 중 인터넷의 IPv6 주소 체제에 관한 설명으로 옳지 않은 것은?

① IPv4와 호환성이 뛰어나다.
② Class A의 네트워크 부분은 IPv4의 2배인 16비트로 구성되어 있다.
③ 128비트의 주소를 사용하여, 주소 부족 문제를 해결할 수 있다.
④ 인증성, 기밀성, 데이터 무결성의 지원으로 보안 문제를 해결할 수 있다.

IPv6는 128비트로 16진수 8자리로 표시되며 클래스 구분이 없고, IPv4는 A~E 클래스까지 있다.

25년 상시, 22년 상시, 14년 6월

02 다음 중 한글 Windows 10에서 인터넷 IP 주소 체계를 위해 사용하는 IPv6에 관한 설명으로 옳지 않은 것은?

① IPv4와의 호환성이 뛰어나며, IPv4와 비교하여 자료 전송 속도가 빠르다.
② 숫자로 8비트씩 4부분으로 구분하며, 총 32비트로 구성된다.
③ 인증성, 기밀성, 데이터 무결성의 지원으로 보안 문제를 해결할 수 있다.
④ 실시간 흐름 제어로 향상된 멀티미디어 기능을 제공한다.

IPv6은 총 128비트로, 16비트씩 8부분으로 구성된다.

기적의 TIP
IPv4와 IPv6를 비교하고 특징을 묻는 문제가 출제되고 있습니다. IPv4는 32비트, IPv6는 128비트를 사용합니다.

57 전자우편 프로토콜

- **SMTP** : 메일을 보내는 데 사용되는 프로토콜이다.
- **POP3** : 메일을 받아오는 데 사용되는 프로토콜이다.
- **IMAP** : POP와 달리 전자우편의 제목이나 보낸 사람만 보고 메일을 다운로드 할 것인지 선택할 수 있는 프로토콜이다.
- **MIME** : 메일로 화상이나 음성을 포함한 멀티미디어 정보를 보낼 때 사용되는 표준 규격 프로토콜이다.

23년 상시, 18년 3월, 14년 6월

01 다음 보기 중 전자우편을 위한 프로토콜끼리 올바르게 짝 지어진 것은?

| ㉠ SMTP | ㉡ FTP | ㉢ POP3 |
| ㉣ IMAP | ㉤ MIME | ㉥ DNS |

① ㉡, ㉢, ㉣, ㉤
② ㉠, ㉢, ㉣, ㉤
③ ㉠, ㉡, ㉢, ㉣
④ ㉠, ㉢, ㉣, ㉥

오답 피하기
- FTP : 파일 송수신 프로토콜
- DNS : 문자로 된 도메인을 숫자로 된 IP 주소로 변환하는 서버

24년 상시, 16년 6월

02 다음 중 전자우편에서 사용하는 프로토콜과 주소에 대한 설명으로 옳지 않은 것은?

① POP3는 2진 파일을 첨부한 전자우편을 보내기 위하여 사용한다.
② SMTP는 TCP/IP 호스트의 우편함에 ASCII 문자 메시지를 전송해 준다.
③ ks2002@korcham.net에서 @의 앞부분은 E-mail 주소의 ID이고, @의 뒷부분은 메일 서버의 호스트 이름이다.
④ MIME은 웹 브라우저에서 지원하지 않는 멀티미디어 파일을 이용하는 데 사용된다.

POP3은 전자우편의 수신을 담당하는 프로토콜이다.

기적의 TIP
전자우편 프로토콜의 종류와 의미를 묻는 문제가 출제되고 있습니다. MIME는 멀티미디어 정보까지 보낼 수 있음을 알아두세요.

58 인터넷 프로그래밍 언어

- **HTML(Hypertext Markup Language)** : 하이퍼텍스트 문서를 만드는 데 사용되는 언어 규약으로, 웹 문서의 표준으로 사용한다.
- **SGML(Standard Generalized Markup Language)** : 복잡하고 대용량인 멀티미디어 문서를 원활하게 교환할 수 있도록 ISO에서 제정한 데이터 객체 양식 표준이다.
- **XML(eXtensible Markup Language)** : HTML을 획기적으로 개선한 차세대 인터넷 언어이다. SGML의 복잡한 단점을 개선한 언어로 사용자가 새로운 태그와 속성을 정의할 수 있는 확장성을 가졌다.
- **JAVA(자바)** : C++언어를 기반으로 개발된 객체 지향 프로그래밍 언어로 WWW 환경에서 분산 작업이 가능하도록 설계하였다.
- **LISP** : 문자열을 쉽게 다루며 인공지능 분야에서 사용하는 언어이다.
- **객체 지향 프로그래밍 언어** : 객체 간의 관계에 중점을 두며 클래스로 캡슐화, 상속성, 추상화의 특징이 있고 웹 환경에서 분산 작업 가능한 언어로 C++, C#, JAVA, Python, R 등이 있다.
- **절차 지향 프로그래밍 언어** : 프로그램 실행이 순차적으로 실행되는 언어로 C, BASIC, COBOL, FORTRAN 등이 있다.

21년 상시, 20년 2월

01 다음 중 프로그래밍 언어에 대한 설명으로 옳지 않은 것은?

① C++와 Java는 객체 지향 프로그래밍 언어로 Java는 특히 기업이나 인터넷의 분산 응용 프로그램에 사용되도록 설계되었다.
② XML은 월드 와이드 웹, 인트라넷 등에서 데이터와 포맷 두 가지 모두를 공유하려고 할 때 유용한 프로그래밍 언어로 웹상에서 구조화된 문서를 전송 가능하도록 설계된 표준화된 텍스트 형식이다.
③ LISP는 문자열을 쉽게 다루기 위해 설계된 프로그래밍 언어로 인공지능 분야의 프로그래밍에 사용되는 언어이다.
④ HTML은 웹 페이지와 구성 요소들의 객체 지향 기능을 지원하며 콘텐츠에 CSS와 레이어를 사용할 수 있으며 전부 또는 대부분의 페이지 요소를 제어할 수 있는 프로그래밍 언어이다.

HTML은 하이퍼텍스트 문서를 만들기 위해 사용되는 언어로 웹 문서의 표준으로 사용한다. 이식성이 높고 사용이 편리하나 고정된 태그만 사용하므로 복잡한 구조를 갖는 문서 작성은 어렵다.

24년 상시, 23년 상시, 22년 상시, 19년 8월

02 다음 중 객체 지향 프로그래밍 언어로만 짝지어진 것은?

① C++, C#, JAVA
② C, COBOL, BASIC
③ FORTRAN, C++, XML
④ JAVA, C, XML

C, COBOL, FORTRAN은 절차 지향 언어이다.

24년 상시, 19년 3월

03 다음에서 설명하는 언어는?

> 객체 지향적 프로그래밍 언어로, 처음에는 가전제품 내에 탑재해 동작하는 앱을 위해 개발했지만, 현재는 웹 애플리케이션 개발에 가장 많이 사용하는 언어 가운데 하나이고, 모바일 기기용 소프트웨어 개발에도 널리 사용하고 있는 언어이다.

① JAVA
② Visual C++
③ Delphi
④ Power Builder

JAVA는 객체 지향 프로그래밍 언어로 네트워크를 이용한 분산 작업이 가능하도록 설계되었다.

기적의 TIP

객체 지향 프로그래밍 언어의 종류와 특징을 묻는 문제가 출제되고 있습니다. HTML과 SGML에 대해 비교하여 잘 알아두세요.

59 정보 보안 위협의 종류와 특징

- **스미싱(Smishing)** : 스마트폰 문자메시지를 통해 소액 결제를 유도하는 피싱 사기 수법이다.
- **스니핑(Sniffing)** : 네트워크 주변을 지나다니는 패킷을 엿보면서 계정과 패스워드를 알아내기 위한 행위이다.
- **피싱(Phishing)** : 금융기관 등으로 사칭하여 불특정 다수에게 메일을 발송해 위장된 홈페이지로 접속하도록 한 뒤 인터넷 이용자들의 금융정보 등을 빼내는 신종사기 수법이다.
- **파밍(Pharming)** : 피싱 기법의 일종으로 사용자가 자신의 웹 브라우저에서 정확한 주소를 입력해도 가짜 웹 페이지로 이동하게 하여 개인정보를 훔치는 행위이다.
- **스푸핑(Spoofing)** : 악의적인 목적으로 임의로 웹 사이트를 구축해 일반 사용자의 방문을 유도한 다음, 사용자의 시스템 권한을 획득한 뒤 정보를 빼가거나 사용자가 암호와 기타 정보를 입력하도록 속인다.
- **서비스 거부 공격(Dos)** : 해당 시스템의 네트워크 트래픽 양을 증가시켜 시스템의 정상적인 동작을 방해하는 행위이다.

24년 상시, 22년 상시, 20년 2월, 16년 6월

01 다음 중 정보 보안 위협에 대한 설명으로 옳지 않은 것은?

① 스미싱(Smishing) : 수신한 메시지에 있는 인터넷 주소를 클릭하면 악성코드를 설치하여 개인 금융정보를 빼내는 행위이다.
② 스니핑(Sniffing) : 네트워크상에서 다른 상대방들의 패킷 교환을 엿보면서 계정과 패스워드를 알아내는 행위이다.
③ 파밍(Pharming) : 검증된 사용자가 네트워크를 통해 데이터를 보낸 것처럼 가장하여 해당 컴퓨터 시스템을 완전히 장악해 마음대로 정보를 변조하거나 파괴하는 행위이다.
④ 랜섬웨어(Ransom Ware) : 인터넷 사용자의 컴퓨터에 잠입해 내부 문서나 스프레드시트, 그림 파일 등을 암호화해 열지 못하도록 만든 후 금품을 요구하는 악성 프로그램이다.

> 파밍은 피싱 기법의 일종으로 사용자가 자신의 웹 브라우저에서 정확한 주소를 입력해도 가짜 웹 사이트로 이동하게 되어 개인정보를 훔치는 행위이다.

기적의 TIP
정보 보안 위협의 다양한 공격에 대해 출제되고 있습니다. 파밍은 피싱 기법으로 개인정보를 훔치는 행위입니다.

60 최신 ICT 신기술의 종류와 특징

- **WiFi** : 고성능 무선 통신을 가능하게 하는 무선랜 기술로 유선을 사용하지 않고 전파나 빛 등을 이용하여 네트워크를 구축하는 방식이다.
- **RFID(Radio-Frequency IDentification)** : 전자태그 기술로 IC칩과 무선을 통해 식품·동물·사물 등 다양한 개체의 정보를 관리할 수 있는 인식 기술이다.
- **I-PIN** : 인터넷 개인 식별 번호(Internet Personal Identification Number)로 인터넷상에서 주민등록번호 도용 범죄를 방지하기 위해 만든 인터넷 신원확인번호이다.
- **Mirroring** : 해킹이나 장비 고장 등의 사고가 발생했을 때 데이터가 손실되는 것을 막기 위해서 데이터를 하나 이상의 장치에 중복 저장하는 것이다.
- **메시업(Meshup)** : 웹상에서 제공되는 다양한 콘텐츠와 서비스를 혼합하여 새로운 서비스를 개발하는 기술이다.
- **텔레메틱스(Telematics)** : 텔레커뮤니케이션+인포메틱스의 합성어로 원격통신과 정보과학을 결합한 서비스이다.
- **증강현실(Augmented Reality)** : 현실 세계의 배경에 3D의 가상 이미지를 중첩하여 영상으로 보여 주는 기술이다.

24년 상시, 21년 상시, 20년 2월

01 다음에서 설명하는 용어로 옳은 것은?

> 고성능 무선 통신을 가능하게 하는 무선랜 기술로 유선을 사용하지 않고 전파나 빛 등을 이용하여 네트워크를 구축하는 방식

① WiFi
② Mirroring
③ RFID
④ I-PIN

오답 피하기
- Mirroring : 해킹이나 장비 고장 등의 사고가 발생했을 때 데이터가 손실되는 것을 막기 위해서 데이터를 하나 이상의 장치에 중복 저장하는 것
- RFID(Radio-Frequency IDentification) : 전자태그 기술로 무선 주파수를 이용해 빛을 전파하여 먼 거리의 태그도 읽고 정보를 수신할 수 있음
- I-PIN(아이핀) : 인터넷상에서 주민등록번호를 도용하여 발생하는 범죄를 방지하기 위해 만든 인터넷 신원확인번호

24년 상시, 19년 8월

02 다음 중 정보통신기술(ICT)에 대한 설명으로 옳지 않은 것은?

① 증강현실(Augmented Reality) : 현실 세계의 배경에 3D의 가상 이미지를 중첩하여 영상으로 보여주는 기술이다.
② RFID(Radio Frequency IDentification) : 전자태그가 부착된 IC칩과 무선 통신 기술을 이용하여 다양한 개체들의 정보를 관리할 수 있는 센서기술이다.
③ 매시업(Mashup) : 웹상에서 제공되는 다양한 콘텐츠와 서비스를 혼합하여 새로운 서비스를 개발하는 기술이다.
④ 텔레메틱스(Telematics) : 유선 전화망, 무선망, 패킷데이터 망 등과 같은 기존의 통신망을 하나의 IP 기반 망으로 통합하여 각종 데이터를 전송하는 기술이다.

텔레메틱스(Telematics)는 텔레커뮤니케이션+인포메틱스의 합성어로 무선 통신과 GPS 기술이 결합되어 자동차 등 운송 장비 안에서 다양한 이동 통신 서비스를 제공하는 기술을 의미한다. 차 안에서 외부의 정보를 수집하여 제공하는 것으로 네비게이션, 위치 정보, 교통 정보, 자율 주행차 등에 활용된다.

24년 상시, 23년 상시, 18년 3월

03 다음에서 설명하는 신기술은 무엇인가?

- 현실 세계의 배경에 3D의 가상 이미지를 중첩하여 영상으로 보여 주는 기술이다.
- 스마트폰 카메라로 주변을 비추면 인근에 있는 상점의 위치, 전화번호 등의 정보가 입체 영상으로 표시된다.

① SSO(Single Sign On)
② 증강현실(Augmented Reality)
③ RSS(Rich Site Summary)
④ 가상현실(Virtual Reality)

오답 피하기
- SSO : 하나의 아이디로 여러 사이트를 이용할 수 있는 시스템
- RSS : 포털 사이트나 블로그와 같이 콘텐츠 업데이트가 자주 일어나는 웹 사이트의 업데이트된 정보를 자동으로 쉽게 사용자들에게 제공하는 서비스
- 가상현실 : 가상의 환경을 만들어서 마치 실제 주변 상황의 환경과 상호작용을 하는 것처럼 만들어주는 시스템

🚩 기적의 TIP
최신 ICT 기술의 다양한 기능을 묻는 문제가 출제되고 있습니다. 기술의 종류와 의미를 연결시켜 알아두세요.

61 모바일 기능

- 플로팅 앱(Floating App) : 여러 개의 앱을 한꺼번에 사용할 수 있도록 하는 것으로 스마트 기기의 멀티미디어 관련 어플리케이션 실행 시에 영상 화면을 오버레이의 팝업 창 형태로 분리하여 실행하는 기능이다.
- 스마트 앱(Smart App) : 스마트폰 등의 모바일 기기에 설치하는 응용 프로그램으로 사용자의 목적과 용도에 따라 설치하여 활용하는 프로그램이다.
- 앱 스토어(App Store) : 스마트폰에 탑재할 수 있는 다양한 애플리케이션을 판매하는 온라인상의 모바일 콘텐츠 장터이다.
- 앱북(App Book) : 스마트폰, 태블릿 PC 등에서 실행되는 전자책이다.

24년 상시, 23년 상시, 18년 9월, 16년 3월

01 다음 중 보기에서 설명하는 모바일 기기 관련 용어로 옳은 것은?

여러 개의 앱을 한꺼번에 사용할 수 있도록 앱 실행 시 영상 화면을 오버레이의 팝업 창 형태로 분리하여 실행하는 기능이다.

① 스마트 앱(Smart App)
② 플로팅 앱(Floating App)
③ 앱 스토어(App Store)
④ 앱북(App Book)

오답 피하기
- 스마트 앱(Smart App) : 모바일 기기에서 사용하는 응용 앱
- 앱 스토어(App Store) : 온라인상의 모바일 앱 장터
- 앱북(App Book) : 모바일 등에서 보여지는 전자책

🚩 기적의 TIP
모바일에서 사용하는 앱 기술과 기능을 묻는 문제가 출제되고 있습니다. 플로팅은 '떠 있는 상태'로 화면 위에 다른 화면이 떠다니는 것을 의미합니다.

해설과 함께 보는
상시 기출문제

CONTENTS

- 2024년 상시 기출문제 01회
- 2024년 상시 기출문제 02회
- 2024년 상시 기출문제 03회
- 2024년 상시 기출문제 04회
- 2024년 상시 기출문제 05회

CBT 온라인 문제집

① 모바일로 QR 코드를 스캔합니다.
② 해당하는 시험을 클릭합니다.
③ 실제 시험처럼 CBT 문제를 풀어보세요.
④ 로그인해서 이용하면 성적 분석도 확인할 수 있습니다.

2024년 상시 기출문제 01회

SELF CHECK : 제한시간 60분 | 소요시간   분 | 전체 문항 수 60문항 | 맞힌 문항 수   문항

1과목 워드프로세싱 용어 및 기능

01 다음 중 워드프로세서에 대한 설명으로 옳지 않은 것은?

① 문서 편집 기능을 가진 소프트웨어로서 '문서 작성기'라고도 한다.
② 워드프로세서는 문서를 작성하고 수정, 인쇄할 수 있는 소프트웨어이다.
③ 입력 장치, 표시 장치, 저장 장치, 출력 장치, 전송 장치로 작업을 한다.
④ PDF 등의 다른 형식으로 작성된 문서는 워드프로세서로 변환할 수 없다.

> PDF 형식 등의 문서는 워드프로세서로 변환할 수 있다.

02 다음 중 워드프로세서의 입력 기능에 대한 설명으로 옳지 않은 것은?

① 삽입 상태에서 Space Bar 를 누르면 글자가 뒤로 밀려난다.
② 수정 상태에서 Back Space 를 누르면 앞 글자가 지워지고 공백으로 채워진다.
③ 삽입 상태에서 Insert 를 누르면 수정 상태가 되어 글자를 쓰면 덮어쓰기가 된다.
④ 수정 상태에서 Delete 를 누르면 커서 뒷글자가 지워지고 앞으로 당겨진다.

> 수정 상태에서 Back Space 를 누르면 앞 글자가 지워지고 뒷글자로 채워진다.

03 다음 중 워드프로세서의 화면 구성 요소에 대한 설명으로 옳지 않은 것은?

① 제목 표시줄에는 파일 이름과 제어상자, 창 조절 단추가 표시된다.
② 커서는 화면상의 작업 위치로 행과 열의 위치는 상태 표시줄에 표시된다.
③ 화면 확대는 실제 크기를 바꾸지 않고 화면의 크기만 확대하거나 축소하는 기능이다.
④ 주 메뉴는 문서 편집 시 필요한 기능을 표시하는 곳으로 Shift 를 누른 후 메뉴 옆에 영문을 선택한다.

> 주 메뉴는 Alt 를 누른 후 메뉴 옆에 영문을 선택하여 호출한다.

04 다음 중 워드프로세서 용어에 대한 설명으로 옳지 않은 것은?

① 하드 카피(Hard Copy) : 화면에 보이는 내용을 그대로 프린터에 인쇄하는 것을 말한다.
② 소프트 카피(Soft Copy) : 화면에 문서의 결과물을 표시하는 것이다.
③ 용지 넘김(Form Feed) : 프린터에서 다음 페이지의 맨 처음 위치까지 종이를 밀어 올리는 것을 말한다.
④ 프린터 드라이버(Printer Driver) : 워드프로세서의 산출된 출력값을 특정 프린터 모델이 요구하는 형태로 번역해 주는 하드웨어를 말한다.

> 프린터 드라이버(Printer Driver)는 워드프로세서에서 산출된 출력값을 특정 프린터 모델이 요구하는 형태로 번역해 주는 소프트웨어를 말한다.

정답 01 ④ 02 ② 03 ④ 04 ④

05 다음 중 파일링에 대한 설명으로 옳지 않은 것은?

① 문서를 언제든지 쉽게 찾아볼 수 있도록 하기 위한 시스템이다.
② 불필요한 문서는 복사하여 보관한 후 폐기한다.
③ 파일링은 신속한 검색, 개방화, 시간과 공간의 절약을 목적으로 한다.
④ 문서 담당자가 개인의 서랍 속이나 다른 문서에 끼워 보관하면 안 된다.

> 불필요한 문서는 지체 없이 폐기한다.

06 다음 중 문서 파일링 방법에 관한 설명으로 옳지 않은 것은?

① 명칭별 분류법은 거래자나 거래 회사명에 따라 첫 머리 글자를 기준으로 분류한다.
② 주제별 분류법은 문서의 내용에서 주제를 결정하여 주제를 기준으로 분류한다.
③ 혼합형 분류법은 문자와 번호를 함께 써서 작성한 날짜별로 분류한다.
④ 지역별 분류법은 거래처의 지역 위치나 지역 범위에 따른 기준으로 분류한다.

> 혼합형 분류법은 문서를 주제별, 명칭별, 형식별 등 다양한 방법으로 혼합하여 분류한다.

07 다음 중 워드프로세서의 인쇄 기능에 관한 설명으로 옳지 않은 것은?

① 미리 보기 기능을 이용하여 문서의 전체 윤곽을 확인하고 파일로 인쇄할 수 있다.
② 문서 일부분만 인쇄할 수 있고, 문서의 내용을 파일로 인쇄할 수 있다.
③ 인쇄 매수를 지정하여 동일한 문서를 여러 번 인쇄할 수 있다.
④ 인쇄할 때 프린터의 해상도를 높게 설정하면 선명하게 인쇄할 수 있다.

> 인쇄 미리 보기에서 전체 윤곽을 확인할 수 있으나, 파일로 인쇄는 인쇄 창에서 실행할 수 있다.

08 다음 중 워드프로세서의 편집 관련 용어에 관한 설명으로 옳은 것은?

① 미주(Endnote) : 문서의 내용을 설명하거나 인용한 원문의 제목을 알려주는 보충 구절로 문서의 맨 마지막 페이지에 한꺼번에 표시하는 기능을 말한다.
② 병합(Merge) : 인쇄하면서 동시에 다른 문서를 작성하거나 편집하는 기능이다.
③ 정렬(Align) : 작성된 문서의 내용을 일정한 기준으로 재분류하는 기능이다.
④ 기본값(Default) : 네트워크를 통한 업무의 교환시스템으로 문서의 표준화를 전제로 한다.

> 오답 피하기
> • 병합(Merge) : 두 개 이상의 문서를 하나로 합치는 기능
> • 정렬(Align) : 문서 전체 또는 일부를 왼쪽, 가운데, 오른쪽 등의 기준으로 위치시키는 기능
> • 기본값(Default) : 명령이나 기능 등이 기본적으로 설정된 값

09 다음 용어에 해당하는 것은?

> 그림을 밝고 명암 대비가 작은 그림으로 바꾸는 것으로 회사 로고 등을 작성하여 배경으로 옅게 나타낼 때 사용한다.

① 워터마크(Watermark)
② 필터링(Filtering)
③ 오버프린트(Overprint)
④ 스프레드(Spread)

> 오답 피하기
> • 필터링(Filtering) : 작성된 이미지를 필터 기능을 이용하여 새로운 이미지로 바꾸는 기능
> • 오버프린트(Overprint) : 문자 위에 겹쳐서 문자를 중복으로 인쇄하는 작업
> • 스프레드(Spread) : 대상체의 컬러가 배경색의 컬러보다 옅을 때 배경색에 가려 대상체가 보이지 않는 현상

10. 〈보기 1〉의 문장이 〈보기 2〉의 문장으로 수정되는 데 필요한 교정부호들로만 올바르게 짝지어진 것은?

〈보기 1〉

함께라면 누군가와
갈 길이 아무리 멀어도 갈수 있었습니다.

〈보기 2〉

누군가와 함께라면
갈 길이 아무리 멀어도 갈 수 있습니다.

① ⌖, ⤴, ⌒
② ⌒, ∨, ⤴
③ ∨, ⤴, ⌒
④ ⤴, ⌒, ⌖

> 함께라면 누군가와
> 갈 길이 아무리 멀어도 갈수 있었습니다.
> • 자리 바꾸기 : ⌒
> • 사이 띄우기 : ∨
> • 글자 삭제 : ⤴

11. 다음 중 문서의 분량이 증가할 가능성이 있는 교정부호들로만 올바르게 짝지어진 것은?

① ⤴, ⤴, ⌐
② ⌒, ⌒, ⌖
③ ⌐, >, ∨
④ ⌐, ∨, ⌒

> • ⌐ : 줄 바꾸기
> • > : 줄 삽입
> • ∨ : 사이 띄우기
>
> 오답 피하기
> • ① : ⤴(수정), ⤴(삭제), ⌐(줄 바꾸기)
> • ② : ⌒(자리 바꾸기), ⌒(줄 잇기), ⌖(원래대로 두기)
> • ④ : ⌐(내어쓰기), ∨(사이 띄우기), ⌒(붙이기)

12. 다음 중 공문서의 작성 방법에 대한 설명으로 옳지 않은 것은?

① 금액을 표기할 경우에는 아라비아 숫자를 사용하되, 숫자 다음의 괄호 안에 한글로 기재한다.
② 문건별 면 표시는 중앙 하단에 표시하고, 문서철별 면 표시는 우측 하단에 표시한다.
③ 시행문을 정정한 때에는 문서의 여백에 정정한 글자 수를 표기하고 정정한 자가 그곳에 서명하고 날인한다.
④ 날짜는 2024. 7. 25. 형식으로 표기하고 시각은 13:45 형식으로 표기한다.

> 시행문을 정정한 때에는 문서의 여백에 정정한 글자 수를 표기하고 관인을 찍어야 한다.

13. 다음 중 전자출판의 특징으로 옳지 않은 것은?

① 위지윅(WYSIWYG) 기능은 전자 통신 기능을 이용한 것이다.
② 개체 처리 기능이 있어 서로 연결하거나 분해해서 사용할 수 있다.
③ 전자출판으로 저장된 자료는 다른 매체와 결합이 용이하다.
④ 지원하는 글꼴이 많고 사진, 도표, 그리기 등의 편집이 용이하다.

> 위지윅(WYSIWYG: What You See Is What You Get)은 '보는 대로 얻는다'라는 뜻으로, 전자출판에서 편집 과정을 편집자가 의도한 대로 구현할 수 있는 방식을 의미한다.

14 다음 중 워드프로세서의 문서 저장 기능에 대한 설명으로 옳은 것은?

① 현재 작업 중인 보조 기억 장치의 내용을 주기억 장치로 이동시키는 기능이다.
② [다른 이름으로 저장하기] 대화상자에서 폴더를 새로 만들 수는 있지만 파일을 삭제할 수 없다.
③ 저장 시 암호를 지정하거나 백업 파일이 만들어지도록 설정할 수 있다.
④ 문서 일부분만을 블록으로 지정한 후에 따로 저장할 수 없다.

> 저장할 때 [도구]-[문서 암호]에서 암호를 설정하거나 [저장 설정]에서 백업 파일이 만들어지도록 설정할 수 있다.

오답 피하기
- [저장]이란 현재 작업 중인 주기억 장치의 내용을 보조 기억 장치로 이동시키는 기능으로, 문서 전체를 저장하거나 블록을 지정하여 문서 일부분에 대해 저장할 수 있음
- [다른 이름으로 저장하기] 대화상자에서 새 폴더 만들기, 파일의 삭제 등을 할 수 있음

15 다음 중 워드프로세서의 출력 기능에 대한 설명으로 옳지 않은 것은?

① 작성한 문서를 팩스로 보낼 수 있다.
② 현재 페이지만 인쇄할 수 있다.
③ 프린터의 해상도를 높게 설정하면 출력 시간이 길어진다.
④ 문서 편집 시 설정한 용지 크기는 인쇄 시 크기를 변경하여 출력할 수 없다.

> 인쇄할 때 인쇄 용지 크기를 확대하거나 축소하여 출력할 수 있다.

16 다음 중 문서관리에 대한 설명으로 옳지 않은 것은?

① 문서는 명칭별이나 주제별 등 문서 분류법에 따라 분류한다.
② 문서는 분류 후 활용한 문서를 묶어 편철한다.
③ 문서의 보관이란 편철이 끝난 모든 문서를 폐기하기 전까지 관리하는 것이다.
④ 이관이란 보존 기간에 맞춰 보존하기 위하여 해당 부서로 옮기는 것이다.

- 문서의 보관 : 문서의 편철이 끝난 날이 속하는 연도의 말일까지 처리과에서 보관
- 문서의 보존 : 보관이 끝난 문서를 폐기하기 전까지 처리과에서 1년, 3년, 5년, 10년, 30년, 준영구, 영구의 7종으로 구분하여 보존

17 다음과 가장 관련 있는 기능은 무엇인가?

> - 문단의 형태(글꼴, 크기, 문단 모양, 문단 번호)를 쉽게 변경할 수 있다.
> - 문서에 대하여 일관성 있는 서식을 유지하면서 편집하는 데 가장 유용한 기능이다.

① 스타일(Style)
② 매크로(Macro)
③ 워드 랩(Word Wrap)
④ 아이콘(Icon)

> 스타일(Style)은 일관성 있는 문단 모양과 글자 모양을 설정하여 통일성 있는 문서를 작성할 수 있다.

오답 피하기
- 매크로(Macro) : 일련의 작업 순서를 키보드의 특정 키에 기록해 두었다가 필요할 때 한 번에 재실행해 내는 기능
- 워드 랩(Word Wrap) : 줄의 끝에 있는 영어 단어가 다음 줄까지 이어질 때 단어를 다음 줄로 넘겨 단어 파악을 쉽게 할 수 있는 기능
- 아이콘(Icon) : 그래픽 사용자 인터페이스를 제공하는 컴퓨터에서 각종 명령이나 기능을 선택하기 위한 작은 그림

18 다음 중 워드프로세서의 편집 기능에 대한 설명으로 옳지 않은 것은?

① 사전 기능은 단어를 입력하면 의미를 확인할 수 있게 해준다.
② 맞춤법 검사 기능은 작성된 문서와 워드프로세서에 포함된 사전과 비교해 틀린 단어를 찾아주는 기능이다.
③ 다단 편집이란 하나의 화면을 여러 개의 창으로 나누고 두 개 이상의 파일을 불러와 편집할 수 있는 기능이다.
④ 수식 편집기는 문서에 복잡한 수식이나 화학식을 입력할 때 사용하는 기능이다.

- 다단 편집 : 하나의 화면을 2단 이상으로 나누어 편집하는 기능
- 편집 화면 나누기 : 하나의 화면을 가로 또는 세로로 나누어 편집하는 기능

19 다음 중 공문서 구성에서 두문에 해당하는 것은?

① 행정기관명
② 제목
③ 시행일자
④ 발신명의

> 두문에는 행정기관명, 수신(경유)을 기재한다.
>
> 오답 피하기
> • 본문 : 제목, 내용, 붙임
> • 결문 : 발신명의, 기안자, 검토자, 시행일자, 접수일자, 주소 등

20 다음 중 공문서의 발송에 대하여 설명한 것으로 옳지 않은 것은?

① 문서는 정보 통신망을 이용하여 발신함을 원칙으로 한다.
② 문서를 행정기관이 아닌 자에게 전자우편 주소를 이용하여서 발송하는 것은 안 되며 항상 등기우편으로 발신하여야 한다.
③ 내용이 중요한 문서는 등기우편이나 그 밖에 발신 사실을 증명할 수 있는 특수한 방법으로 발신하여야 한다.
④ 행정기관의 장은 문서를 수신·발신하는 경우에 문서의 보안 유지와 위조, 변조, 분실, 훼손 및 도난 방지를 위한 적절한 조치를 마련하여야 한다.

> 전자문서를 행정기관의 홈페이지 또는 공무원의 공식 전자우편 주소를 이용하여 발송할 수 있다.

2과목 PC 운영체제

21 다음 중 한글 Windows 10의 부팅 메뉴에 대한 설명으로 옳지 않은 것은?

① 한글 Windows를 시작할 때 F2를 누르면 고급 부팅 옵션 창이 표시된다.
② [시스템 복원] 항목은 부팅에 문제가 있거나 시스템이 정상적으로 동작하지 않을 때 PC에 기록된 복원 지점을 사용해 Windows를 복원시키고자 할 때 사용한다.
③ [안전 모드] 항목을 선택하면 컴퓨터 작동에 필요한 최소한의 장치만을 설정하여 부팅한다.
④ [Windows 시작] 항목은 한글 Windows 10의 기본 부팅 방식이다.

> Shift +[다시 시작]을 선택하거나, [시작]-[설정]-[업데이트 및 보안]-[복구]-[지금 다시 시작]을 눌러 나오는 [고급 옵션] 창에서 다양한 옵션을 선택하여 부팅할 수 있다.

22 다음 중 한글 Windows 10의 창의 구성 요소에 대한 설명으로 옳지 않은 것은?

① 검색 상자 : 파일명이나 폴더명으로 원하는 항목을 검색할 수 있는 공간이다.
② 메뉴 표시줄 : 창의 기본 기능을 실행할 수 있도록 각종 명령을 모아놓은 공간이다.
③ 내용 표시 창 : 선택한 폴더의 내용이 표시되며 기본적인 작업이 이루어지는 공간이다.
④ 상태 표시줄 : 현재 사용하는 드라이브와 폴더의 위치가 표시되며, 폴더 이름을 선택하면 해당 폴더로 이동하는 공간이다.

> 상태 표시줄은 현재 사용하는 드라이브와 폴더의 위치가 표시되는 곳이다. 폴더 이름을 선택하면 해당 폴더로 이동하는 공간은 주소 표시줄이다.

23 다음 중 한글 Windows 10이 설치된 C: 디스크 드라이브의 [로컬 디스크(C:) 속성] 창에서 작업할 수 있는 내용으로 옳지 않은 것은?

① 디스크 정리 및 디스크 포맷을 할 수 있다.
② 디스크 드라이브의 오류 검사 및 디스크 조각 모음을 할 수 있다.
③ 네트워크 파일이나 폴더를 공유할 수 있도록 설정할 수 있다.
④ 드라이브를 압축하여 디스크 공간을 절약할 수 있다.

> 디스크 포맷은 디스크 드라이브의 바로 가기 메뉴에서 [포맷]으로 할 수 있다.

24 다음 중 한글 Windows 10의 화면 보호기에 대한 설명으로 옳지 않은 것은?

① 대기 시간, 다시 시작할 때 로그온 화면 표시를 지정할 수 있다.
② 일정 시간 모니터에 전달되는 정보에 변화가 없을 때 화면 보호기가 작동되게 설정한다.
③ 사용자 계정에 암호가 설정되어 있지 않아도 화면 보호기의 암호를 사용할 수 있다.
④ 화면 보호기는 마우스를 움직이거나 키보드에서 임의의 키를 누르면 해제된다.

> 사용자 계정에서 암호를 설정한 후 [다시 시작할 때 로그온 화면 표시]를 체크하여 화면 보호기의 암호를 사용할 수 있다.

25 다음 중 한글 Windows 10에서 사용 중인 프린터의 공유 설정을 하려고 할 때 해당 프린터의 팝업 메뉴에서 선택해야 하는 메뉴 항목으로 옳은 것은?

① 속성
② 프린터 속성
③ 인쇄 기본 설정
④ 기본 프린터로 설정

> 프린터 속성은 일반, 공유, 포트, 고급 탭 등으로 구성되어 있고, 그 중 [공유] 탭에서 [이 프린터 공유]를 설정할 수 있다.

26 다음 중 한글 Windows 10에서 하드웨어 추가 또는 제거에 관한 설명으로 옳지 않은 것은?

① 설치된 하드웨어는 [제어판]의 [장치 관리자]에서 확인할 수 있다.
② 플러그 앤 플레이를 지원하는 장치를 설치하고 Windows 10을 재시작하면 자동으로 인식하여 설치된다.
③ 플러그 앤 플레이를 지원하지 않는 장치를 설치할 때는 [장치 관리자] 창의 [동작]-[레거시 하드웨어 추가] 메뉴를 선택하여 나타나는 [하드웨어 추가] 마법사를 사용한다.
④ 설치된 하드웨어의 제거는 [프로그램 및 기능] 창에서 해당 하드웨어의 드라이버를 제거하면 된다.

> [제어판]의 [프로그램 및 기능]은 컴퓨터에 설치된 앱 목록을 확인하고 제거하는 곳이며, 하드웨어의 제거는 [장치 관리자]에서 실행한다.

27 다음 중 한글 Windows 10의 제어판에 있는 [기본 프로그램]을 이용하여 설정할 수 있는 내용으로 옳지 않은 것은?

① 같은 유형의 파일 형식 또는 프로토콜별로 연결된 프로그램을 설정할 수 있다.
② 파일 형식 또는 프로토콜이 항상 특정 프로그램에서 열리도록 설정할 수 있다.
③ 컴퓨터에 삽입된 CD 또는 미디어 유형에 따라 각각에 맞게 자동으로 수행할 작업을 지정할 수 있다.
④ 컴퓨터에 설치된 특정 프로그램에 대한 추가나 제거를 할 수 있다.

> [기본 프로그램]은 Windows에서 기본적으로 사용할 프로그램을 선택하는 기능이며, 컴퓨터에 설치된 특정 프로그램에 대한 제거나 변경은 [제어판]의 [프로그램 및 기능]을 사용한다.

28 다음 중 한글 Windows 10에서 [시스템] 속성 창에 관한 설명으로 옳지 않은 것은?

① [제어판]의 [개인 설정]을 실행한다.
② 윈도우의 버전을 확인할 수 있다.
③ 컴퓨터의 이름과 작업 그룹을 변경할 수 있다.
④ 프로세서의 종류, 메모리, 시스템의 종류를 확인할 수 있다.

> 시스템 속성 창은 [제어판]의 [시스템]을 실행하여 열 수 있다.

29 다음 중 한글 Windows 10에서 디스크 포맷 기능에 관한 설명으로 옳지 않은 것은?

① 빠른 포맷은 디스크의 불량 섹터를 검색하지 않고 디스크에서 파일을 제거한다.
② 현재 사용 중인 C 디스크 드라이브의 바로 가기 메뉴에서 [포맷]을 선택한다.
③ 디스크 포맷 창에서 용량, 파일 시스템, 할당 단위 크기, 볼륨 레이블 등을 지정할 수 있다.
④ 파일 시스템을 NTFS로 설정하면 폴더와 파일을 압축할 수 있도록 포맷할 수 있다.

현재 사용 중인 드라이브는 포맷할 수 없다.

30 다음 중 아래의 보기에서 설명하는 한글 Windows 10 운영체제의 특징으로 옳은 것은?

> 한 대의 컴퓨터 시스템에서 운영체제가 각 작업의 제어권을 행사하여 작업의 중요도와 자원 소모량 등에 따라 우선순위가 높은 작업에 기회가 가도록 우선순위가 낮은 작업에 작동 제한을 걸어 특정 자원 응용 프로그램이 제어권을 독점하는 것을 방지하는 안정적인 체제

① 선점형 멀티태스킹
② 플러그 앤 플레이
③ 보안이 강화된 방화벽
④ 그래픽 사용자 인터페이스

오답 피하기
• 플러그 앤 플레이(PnP) : 컴퓨터에 새로운 하드웨어를 설치하면 자동으로 인식하는 기능
• 보안이 강화된 방화벽 : 해커나 악성 소프트웨어가 네트워크나 인터넷을 통해 컴퓨터를 액세스하는 것을 상황에 따라 지능적 또는 사용자 임의로 보안을 설정하고 관리
• 그래픽 사용자 인터페이스(GUI) : 사용자에게 편리한 사용 환경으로 그림으로 된 그래픽 아이콘을 마우스와 키보드를 통해 실행하여 정보를 교환하는 방식

31 다음 중 한글 Windows 10에서 파일과 폴더에 대한 설명으로 옳지 않은 것은?

① 파일은 텍스트 문서, 사진, 음악, 앱 등이 될 수 있다.
② 폴더란 서로 관련 있는 파일들을 체계적으로 관리할 수 있는 저장 장소이다.
③ 파일이란 서로 관련성 있는 정보의 집합으로 디스크에 저장되는 기본 단위이다.
④ 폴더 안에 또 다른 하위 폴더와 파일을 만들 수 있으며 바탕 화면, 네트워크, 휴지통, Windows 탐색기 등에서 만들 수 있다.

휴지통에서는 폴더나 파일을 만들 수 없다.

32 다음 중 한글 Windows 10의 바로 가기 키에 대한 설명으로 옳지 않은 것은?

① ⊞+R : 윈도우 재부팅
② Ctrl+Esc : 시작 화면 열기
③ Ctrl+Shift+Esc : 작업 관리자 창 바로 열기
④ ⊞+D : 열려있는 모든 창을 최소화하여 바탕 화면이 표시되거나 이전 크기로 복원

⊞+R : 실행 대화상자 열기

33 다음 중 한글 Windows 10에서 제공하는 기능에 대한 설명으로 옳지 않은 것은?

① 원드라이브(OneDrive) : 종이에 메모하듯이 일정이나 전화번호 등을 입력할 때 사용하는 앱이다.
② 에어로 스냅(Aero Snap) : 열려있는 창을 드래그하는 위치에 따라 창의 크기를 조절할 수 있다.
③ 에어로 피크(Aero Peek) : 작업 표시줄 아이콘을 통해 축소판 미리 보기가 가능하며, 열려있는 모든 창을 최소화하지 않고 바탕 화면을 볼 수 있다.
④ 에어로 쉐이크(Aero Shake) : 창을 흔들면 다른 열려있는 모든 창을 최소화하거나 다시 원상태로 나타나게 할 수 있다.

원드라이브(OneDrive)는 클라우드 저장소로 파일 탐색기와 동기화하여 연동할 수 있다.

오답 피하기
스티커 메모는 종이에 메모하듯 일정이나 전화번호 등을 바탕 화면에 메모지로 표시하여 입력하는 앱이다.

정답 29 ② 30 ① 31 ④ 32 ① 33 ①

34 한글 Windows 10의 [그림판]에서 할 수 없는 작업은?

① 다중 레이어 작업과 도면 제도의 기능을 할 수 있다.
② 전자 메일을 사용하여 편집한 이미지를 보낼 수 있다.
③ 작성한 이미지를 바탕 화면의 배경으로 설정할 수 있다.
④ 다른 그래픽 앱에서 편집한 이미지의 일부를 복사해서 붙여넣기할 수 있다.

> 그림판은 레이어와 제도 작업을 할 수 없다.

35 다음 중 한글 Windows 10에서 사용하는 웹 브라우저의 기능에 대한 설명으로 옳지 않은 것은?

① 플러그인 프로그램을 설치하여 다양한 멀티미디어 데이터를 처리할 수 있다.
② 접속된 웹 페이지를 사용자 컴퓨터에 저장하거나 인쇄할 수 있다.
③ 전자우편을 보내거나 HTML 문서를 편집할 수 있다.
④ 네트워크 환경 설정을 할 수 있다.

> 네트워크 환경 설정은 [제어판]의 [네트워크 및 공유 센터]에서 할 수 있다.

36 다음 중 한글 Windows 10에서 문서 인쇄에 대한 설명으로 옳지 않은 것은?

① [프린터] 메뉴 중 [모든 문서 취소]는 스풀러에 저장되어 있는 문서 중 오류가 발생한 문서에 대해서만 인쇄 작업을 취소한다.
② 일단 프린터에서 인쇄 작업이 시작된 경우라도 잠시 중지시켰다가 다시 인쇄할 수 있다.
③ 인쇄 대기 중인 문서를 삭제하거나 출력 대기 순서를 임의로 조정할 수 있다.
④ 인쇄 중 문제가 발생한 인쇄 목록을 확인할 수 있다.

> [프린터] 메뉴 중 [모든 문서 취소]는 스풀러에 저장된 모든 문서의 인쇄를 취소한다.

37 다음 중 한글 Windows 10의 [휴지통 속성] 창에서 수행할 수 있는 작업으로 옳지 않은 것은?

① 삭제 확인 대화상자의 표시 설정
② 휴지통의 바탕 화면 표시 설정
③ 각 드라이브의 휴지통 최대 크기 설정
④ 파일을 휴지통에 버리지 않고 바로 제거하는 기능 설정

> 휴지통의 바탕 화면 표시 설정은 [개인 설정]-[테마]에서 [바탕 화면 아이콘 설정]을 클릭하여 변경할 수 있다.

38 다음 중 한글 Windows 10에서 사용하는 유틸리티 프로그램에 관한 설명으로 옳지 않은 것은?

① 압축 프로그램을 사용하면 디스크 공간을 효율적으로 사용할 수 있다.
② 이미지 뷰어는 그래픽 이미지를 볼 수 있게 해주는 프로그램이다.
③ 윈도우 비디오 편집기를 사용하면 동영상 편집을 할 수 있다.
④ FTP 프로그램을 사용하면 다른 장소에 있는 컴퓨터를 원격으로 사용할 수 있다.

> FTP는 파일의 송수신 기능이고, TELNET은 원격 접속 기능이다.

39 다음 중 한글 Windows 10의 [디스크 조각 모음 및 최적화]와 관련된 내용으로 옳지 않은 것은?

① 디스크 조각 모음이 진행 중인 동안에는 컴퓨터를 사용할 수 없다.
② NTFS, FAT, FAT32 이외의 다른 파일 시스템으로 포맷된 경우와 네트워크 드라이브에 대해서는 디스크 조각 모음을 실행할 수 없다.
③ 디스크 조각 모음을 수행하면 디스크 공간의 최적화를 이루어 접근 속도와 안전성이 향상된다.
④ SSD 드라이브를 매주, 매월 정해진 날에 디스크 조각 모음을 자동으로 수행하도록 예약을 설정할 수 있다.

> [디스크 조각 모음 및 최적화]가 진행 중에 컴퓨터를 사용할 수 있으나, 처리 속도를 향상하기 위해 되도록 컴퓨터의 사용을 멈추는 것이 좋다.

40 다음 중 한글 Windows 10의 인터넷 프로토콜 버전 4 (TCP/IPv4) 속성 창에서 수동으로 설정하는 IP 주소에 관한 설명으로 옳지 않은 것은?

① 해당 IP 주소는 인터넷상에서 자신만의 고유한 숫자로 된 주소이다.
② 서브넷 마스크는 해당 컴퓨터가 속한 네트워크 세그먼트를 식별하는 데 사용한다.
③ 기본 게이트웨이는 서로 다른 LAN을 연결하는 라우터의 주소이다.
④ 기본 설정 DNS 서버는 동적인 IP 주소를 할당해 주는 서버의 주소이다.

> DNS 서버는 인터넷을 사용할 때 문자로 되어 있는 도메인을 숫자로 된 IP 주소로 바꾸어주는 서버이며, 기본 설정 DHCP 서버는 동적인 IP 주소를 할당해 주는 서버이다.

3과목 PC 기본상식

41 다음 중 컴퓨터의 기능에 대한 설명으로 옳지 않은 것은?

① 입력 장치는 키보드, 마우스, 터치 스크린, 이미지 스캐너 등과 같은 외부 입력 장치로부터 데이터를 읽어 들이는 기능을 한다.
② 기억 장치는 입력된 데이터나 앱, 처리된 결과로 얻어진 데이터를 저장하는 기능을 한다.
③ 연산 장치는 중앙 처리 장치로부터 읽어 들인 앱의 명령 코드를 해석하여 사칙 연산, 논리 연산, 비교 연산 등을 처리하는 기능을 한다.
④ 출력 장치는 처리된 결과나 기억 장치에 기억된 내용을 사람이 알아볼 수 있는 형태로 내보내는 기능을 한다.

> 연산 장치는 산술과 논리 연산을 담당하며, 제어 장치는 명령을 해석하고 감시하며 감독하는 기능을 한다.

42 다음에서 설명하는 모바일 운영체제는 무엇인가?

> - 구글에서 개발한 리눅스 기반의 개방형 모바일 운영체제
> - 개방형 소프트웨어이므로 단말기 제조사나 이동 통신사 등이 무료로 사용할 수 있으나 개방된 만큼 보안에 취약함

① iOS
② 윈도우폰
③ 안드로이드
④ 클라우드 OS

> 구글은 오픈 소스인 안드로이드 운영체제를 사용한다.
>
> 오답 피하기
> • 애플 : iOS 운영체제
> • 윈도우폰 : 마이크로소프트(MS) 운영체제
> • 클라우드 OS : 웹에서 바로 구동할 수 있는 OS

43 다음 중 컴퓨터 분류에서 워크스테이션(Workstation)에 관한 설명으로 옳지 않은 것은?

① 대부분 RISC 프로세서를 사용한다.
② 주로 다중 사용자 시스템에서 사용되기도 한다.
③ 네트워크에서 클라이언트(Client) 역할을 주로 담당한다.
④ 고성능 그래픽 처리나 공학용 시뮬레이션에 주로 사용한다.

> 워크스테이션은 네트워크에서 주로 서버(Server) 역할을 담당한다.

44 다음 중 전자우편에서 사용하는 프로토콜과 주소에 대한 설명으로 옳지 않은 것은?

① POP3는 2진 파일을 첨부한 전자우편을 보내기 위하여 사용한다.
② SMTP는 TCP/IP 호스트의 우편함에 ASCII 문자 메시지를 전송해 준다.
③ ks2002@korcham.net에서 @의 앞부분은 E-mail 주소의 ID이고, @의 뒷부분은 메일 서버의 호스트 이름이다.
④ MIME은 웹 브라우저에서 지원하지 않는 멀티미디어 파일을 이용하는 데 사용된다.

> POP3는 메일 서버에 도착한 이메일을 사용자의 컴퓨터로 가지고 오는 메일 서버이다.

45 다음에서 설명하는 기억 장치는?

- EEPROM의 일종으로 ROM과 RAM의 기능을 모두 가지고 있다.
- 읽기, 쓰기가 모두 가능하고 디지털 카메라, MP3 플레이어에 많이 사용한다.

① 플래시 메모리(Flash Memory)
② 캐시 메모리(Cache Memory)
③ 가상 메모리(Virtual Memory)
④ 연관 메모리(Associative Memory)

오답 피하기
- 캐시 메모리(Cache Memory) : 고속의 CPU와 주기억 장치 사이에 존재하며 처리 속도를 향상시키는 기능을 가진 고속 버퍼 메모리
- 가상 메모리(Virtual Memory) : 보조 기억 장치의 일부를 주기억 장치처럼 사용하는 메모리
- 연관 메모리(연상 기억 장치, Associative Memory) : 주소를 사용하지 않고 기억된 데이터의 내용으로 접근하는 방식의 메모리

46 다음 중 모니터 관련 용어에 대한 설명으로 옳은 것은?

① 해상도 : 모니터 화면을 구성하는 가장 작은 단위
② 픽셀 : 모니터가 처리할 수 있는 주파수의 폭
③ 화면 주사율 : 모니터가 가진 수직 주파수로, 1초에 화면이 깜빡이는 정도
④ 주파수 대역폭 : 모니터 등의 출력 장치가 내용을 얼마나 선명하게 표현할 수 있느냐를 나타내는 단위

화면 주사율은 화면이 갱신되는 빈도수로 높을수록 자주 갱신되므로 더 부드럽게 표시된다.

오답 피하기
- 해상도 : 모니터의 이미지 정밀도를 나타내는 지표로 픽셀로 구성
- 픽셀 : 모니터 화면을 구성하는 가장 작은 단위
- 주파수 대역폭 : 모니터가 처리할 수 있는 주파수의 폭

47 다음 중 컴퓨터에서 사용하는 하드 디스크에 관한 설명으로 옳지 않은 것은?

① 트랙은 하드 디스크 표면의 동심원을 말한다.
② 섹터는 트랙의 일부분으로 데이터가 저장되는 기본 단위이다.
③ 클러스터는 하드 디스크의 중심축으로부터 같은 거리에 있는 트랙들의 집합을 말한다.
④ 헤드는 데이터를 읽어내거나 쓰는 장치를 말한다.

실린더는 하드 디스크의 중심축으로부터 같은 거리에 위치하는 트랙들의 모임을 말한다.

오답 피하기
클러스터는 하드 디스크의 중심축으로부터 같은 거리에 있는 섹터들의 집합을 말한다.

48 다음 중 모바일 기기의 기본 기능에서 증강현실(AR)에 관한 설명으로 옳은 것은?

① 유선 랜 기술인 WiFi로 인터넷을 연결하는 기능이다.
② 10cm 이내의 가까운 거리에서 무선으로 데이터를 전송하는 태그 기능이다.
③ 기기에 내장된 카메라를 이용하여 실제 사물이나 환경에 부가 정보를 표시하는 기능이다.
④ 인터넷에 연결된 기기와 그렇지 않은 기기를 USB나 블루투스로 인터넷을 연결하는 기능이다.

증강현실(AR)은 현실 세계에 3차원 가상 물체를 겹쳐 보여주는 기술이다.

오답 피하기
- ① : WiFi는 무선랜 기술
- ② : NFC(Near Field Communication) 기능
- ④ : 테더링(Tethering) 기능

49 다음 중 컴퓨터에서 사용하는 멀티미디어의 특징에 대한 설명으로 옳지 않은 것은?

① 디지털 데이터로 통합하여 처리한다.
② 정보 제공자와 사용자 간의 쌍방향성으로 데이터가 전달된다.
③ 데이터가 일정한 방향으로 순차적으로 처리된다.
④ 텍스트나 동영상 등의 여러 미디어를 통합하여 처리한다.

멀티미디어는 사용자의 선택에 따라 한 방향뿐만이 아니라 여러 방향으로 데이터를 처리하는 비선형성의 구조를 가지는 특징이 있다.

정답 45 ① 46 ③ 47 ③ 48 ③ 49 ③

50 다음의 기능을 나타내는 용어는?

> 자주 사용하는 사이트의 자료를 저장한 후, 사용자가 다시 그 자료에 접근하면 네트워크를 통해서 다시 읽어 오지 않고 미리 저장되어 있던 자료를 활용하여 빠르게 보여주는 기능

① 쿠키(Cookie)
② 캐싱(Caching)
③ 로밍(Roaming)
④ 스트리밍(Streaming)

캐싱(Caching)은 자주 사용하는 사이트의 자료를 하드 디스크에 저장하였다가 사용자가 다시 그 자료에 접근하면 빠르게 보여주는 기능이다.

오답 피하기
- 쿠키(Cookie) : 사용자의 방문 날짜와 그 사이트에서의 행동을 기록한 정보가 있는 파일
- 로밍(Roaming) : 서로 다른 통신 사업자의 서비스 지역에서도 통신이 가능하게 연결해 주는 서비스
- 스트리밍(Streaming) : 인터넷에서 음성이나 영상, 애니메이션 등을 실시간으로 재생하는 기법

51 다음에서 설명하는 언어는?

> 객체 지향적 프로그래밍 언어로, 처음에는 가전제품 내에 탑재해 동작하는 앱을 위해 개발했지만, 현재는 웹 애플리케이션 개발에 가장 많이 사용하는 언어 가운데 하나이고, 모바일 기기용 소프트웨어 개발에도 널리 사용하고 있는 언어이다.

① JAVA
② Visual C++
③ Delphi
④ Power Builder

JAVA는 객체 지향 프로그래밍 언어로 네트워크를 이용한 분산 작업이 가능하도록 설계되었다.

52 다음은 무엇에 대한 설명인가?

> - 전송 중 발생하는 오류를 탐지하기 위해 오류 체크 비트를 하나 추가
> - 오류를 찾아 에러를 교정하는 코드

① BCD 코드
② ASCII 코드
③ EBCDIC 코드
④ Hamming 코드

오답 피하기
- BCD 코드 : 6비트의 크기로 8421 코드라고도 함
- ASCII 코드 : 7비트의 크기로 자료 처리나 통신 시스템에 사용
- EBCDIC 코드 : 8비트의 크기로 입출력 장치와 범용 컴퓨터에서 사용

53 다음 중 컴퓨터에서 사용하는 앱에 관한 설명으로 옳지 않은 것은?

① 상용 소프트웨어는 정식으로 대가를 지불하고 사용해야 한다.
② 셰어웨어는 기능이나 사용기간 등에 제한을 두어 배포한 것으로 무료이다.
③ 프리웨어는 개발자가 소스를 공개한 소프트웨어로 누구나 수정 및 배포할 수 있다.
④ 알파 버전은 개발사 내에서 테스트를 목적으로 제작한 앱이다.

프리웨어는 누구나 무료로 사용하는 것이 허가된 공개 소프트웨어이나, 누구나 소스를 수정 및 배포할 수는 없다. 오픈소스 소프트웨어는 개발자가 소스를 공개한 소프트웨어로 누구나 수정 및 배포가 가능하다.

54 다음 중 웹에서 사용이 가능한 웹 그래픽 표준 방식으로 사용되는 그래픽 파일이 아닌 것은?

① JPG
② PNG
③ BMP
④ GIF

BMP는 Windows 표준 비트맵 파일 형식이나 웹 그래픽 표준 방식은 아니며, 데이터의 압축이 지원되지 않아 그림의 입출력 속도가 빠르나 파일의 크기가 크다.

정답 50 ② 51 ① 52 ④ 53 ③ 54 ③

55 다음 중 파일 표준 형식에 대한 설명으로 옳지 않은 것은?

① MOV : 정지 영상을 표현하는 국제 표준 파일 형식으로 JPEG를 기본으로 한다.
② MPEG : 프레임 간의 연관성을 고려하여 중복 데이터를 제거하여 압축률을 높이는 손실 압축 기법을 사용한다.
③ ASF : 인터넷을 통해 오디오, 비디오 및 생방송 수신 등을 지원하는 스트리밍을 위한 표준 기술 규격이다.
④ AVI : Windows의 표준 동영상 파일 형식으로 별도의 하드웨어 장치 없이 재생할 수 있다.

> MOV는 애플사에서 만든 동영상 파일 형식이다.

56 다음 중 아래의 보기에서 설명하는 네트워크 관련 용어로 옳은 것은?

> - 호스트 이름으로부터의 IP 주소지에 대한 네트워크의 이름을 규정하는 것이다.
> - 네트워크와 호스트를 나누는 데 사용된다.
> - 32비트의 크기를 갖는다.
> - 일반적으로 클래스 C인 경우 '255.255.255.0'을 사용한다.

① DNS(Domain Name System)
② 서브넷 마스크(Subnet Mask)
③ 게이트웨이(Gateway)
④ NAT(Network Address Translation)

> 오답 피하기
> • DNS(Domain Name System) : 영문자로 된 도메인 주소를 숫자로 된 IP 주소로 변환시키는 시스템
> • 게이트웨이(Gateway) : LAN과 공중 통신망 등을 접속하는 장치
> • NAT(Network Address Translation) : 사설 IP 주소를 공인 IP 주소로 바꿔주는 주소 변환기

57 다음 중 컴퓨터의 수치 데이터 표현에서 고정 소수점 방식과 비교하여 부동 소수점 방식의 특징으로 옳지 않은 것은?

① 양수와 음수 모두 표현이 가능하다.
② 부호, 지수부, 가수부로 구성되어 있다.
③ 소수점이 포함된 실수를 표현하는 데 사용한다.
④ 연산 속도가 매우 빠르며 수의 표현 범위가 넓다.

> 부동 소수점은 고정 소수점에 비해 큰 수나 작은 수를 표현하기 때문에 처리 시간이 많이 걸린다.

58 다음 중 ICT 관련 최신 기술 용어에 대한 설명으로 옳지 않은 것은?

① 트랙백(Trackback) : 내 블로그에 해당 의견에 대한 댓글을 작성하면 그 글의 일부분이 다른 사람의 글에 댓글로 보이게 하는 기술이다.
② 와이브로(Wibro) : 이동하면서 초고속 무선 인터넷 서비스가 가능한 기술이다.
③ RFID(Radio Frequency IDentification) : 전자 태그가 부착된 IC칩과 무선 통신 기술을 이용하여 다양한 개체들의 정보를 관리할 수 있는 센서 기술이다.
④ NFC(Near Field Communication) : 한 번의 로그인으로 기업 내의 각종 업무 시스템이나 인터넷에 접속할 수 있도록 하는 기술이다.

> • NFC(Near Field Communication) : 무선 태그 기술로 10cm 이내의 가까운 거리에서 기기 간의 설정 없이 다양한 무선 데이터를 주고받는 통신 기술
> • SSO(Single Sign On) : 한 번의 로그인으로 기업 내의 각종 업무 시스템이나 인터넷에 접속할 수 있도록 하는 기술

59 다음 중 모바일 기기의 보안 기술과 가장 관련이 먼 것은?

① 킬 스위치(Kill Switch)
② 화면 잠금 기능
③ 모바일 OTP를 통한 인증 기능
④ 근접 센서 기능

근접 센서는 물체가 접근했을 때 위치를 검출하는 센서이다.

오답 피하기
- 킬 스위치(Kill Switch) : 휴대폰의 도난이나 분실에 대비하여 정보기기를 원격으로 조작해 개인 데이터를 삭제하고 사용을 막는 기능
- 화면 잠금 기능 : 화면을 일정 시간이 지나면 잠그는 기능
- 모바일 OTP를 통한 인증 기능 : 고정된 비밀번호가 아닌 일회용 비밀번호를 생성하여 인증하는 기능

60 다음 중 정보 보안 위협에 대한 설명으로 옳지 않은 것은?

① 스미싱(Smishing) : 수신한 메시지에 있는 인터넷 주소를 클릭하면 악성코드를 설치하여 개인 금융정보를 빼내는 행위이다.
② 스니핑(Sniffing) : 네트워크상에서 다른 상대방들의 패킷 교환을 엿보면서 계정과 패스워드를 알아내는 행위이다.
③ 파밍(Pharming) : 검증된 사용자가 네트워크를 통해 데이터를 보낸 것처럼 가장하여 해당 컴퓨터 시스템을 완전히 장악해 마음대로 정보를 변조하거나 파괴하는 행위이다.
④ 랜섬웨어(Ransom Ware) : 인터넷 사용자의 컴퓨터에 잠입하여 내부 문서나 스프레드시트, 그림 파일 등을 암호화하여 열지 못하도록 만든 후 금품을 요구하는 악성 앱이다.

파밍(Pharming)은 피싱 기법의 일종으로 사용자가 자신의 웹 브라우저에서 정확한 주소를 입력해도 가짜 웹 사이트로 이동하게 되어 개인정보를 훔치는 행위이다.

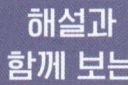

2024년 상시 기출문제 02회

SELF CHECK : 제한시간 60분 | 소요시간   분 | 전체 문항 수 60문항 | 맞힌 문항 수   문항

1과목 워드프로세싱 용어 및 기능

01 다음 중 워드프로세서의 특징으로 옳지 않은 것은?

① 문서 작성 및 관리를 전산화하여 유지 관리가 쉽다.
② 맞춤법 검사를 통해 문서의 오류를 줄여준다.
③ 다양한 형태의 문서를 빠르게 작성하여 시간과 노력을 줄여준다.
④ 작성된 문서의 보존은 종이와 주기억 장치에 저장되어 보관할 수 있다.

> 문서는 종이나 하드 디스크와 같은 보조 기억 장치에 반영구적으로 보관할 수 있다.

02 다음 중 워드프로세서 용어에 대한 설명으로 옳지 않은 것은?

① 포매터(Formatter) : 워드프로세서에서 기존의 문서가 요구하는 특정 모양으로 화면에 나타나게 하는 기능
② 디폴트(Default) : 전반적인 규정이나 서식 설정, 메뉴 등 이미 갖고 있는 값
③ 옵션(Option) : 명령이나 기능을 수행하는 있어 추가 요소나 선택 항목
④ 마진(Margin) : 문서의 일부분을 가나다 또는 그 역순으로 재배열하는 기능

> • 마진(Margin) : 문서 작성 시 페이지의 상 · 하 · 좌 · 우에 두는 공백
> • 소트(Sort) : 문서의 일부분을 가나다 또는 그 역순으로 재배열하는 기능

03 다음 중 전자 통신 출판의 특징으로 볼 수 없는 것은?

① 출판물 제공자와 수용자 간의 상호 대화가 가능한 단방향 매체이다.
② 출판 내용에 대한 추가 및 수정이 신속하다.
③ 임의로 접근하여 다양한 정보를 획득할 수 있다.
④ 다양한 폰트 사용으로 인해 활자 인쇄보다 고품질의 인쇄를 할 수 있다.

> 전자출판은 상호 대화가 가능한 쌍방향 매체를 사용한다.

04 다음 중 찾기에 대한 설명으로 옳지 않은 것은?

① 블록을 지정한 후 찾기를 하여 내용을 검색할 수 있다.
② 본문 밖에 숨어 있는 화면의 내용이나 표 안의 내용도 검색이 가능하다.
③ 한글, 영문, 특수문자의 검색이 가능하다.
④ 찾기 후에는 문서의 전체 분량이 늘어나거나 줄어들 수 있다.

> 찾기 후에 문서의 내용이 변경된 것이 아니므로 전체 분량이 변경되지 않는다.

정답 01 ④ 02 ④ 03 ① 04 ④

05 다음 중 글꼴의 표현 방식에 대하여 설명한 것으로 옳지 않은 것은?

① 비트맵(Bitmap) 글꼴은 점으로 글꼴을 표현하는 방식으로 확대하면 테두리가 거칠어지는 현상이 일어난다.
② 아웃라인(Outline) 글꼴은 문자의 외곽선 정보를 이용하여 문자를 표시한다.
③ 트루타입(True Type) 방식의 글꼴은 Windows에서 기본적으로 사용되는 글꼴로 위지윅(WYSIWYG) 기능을 제공한다.
④ 오픈타입(Open Type) 방식의 글꼴은 고도의 압축 기법을 통해 파일의 용량을 줄인 외곽선 형태의 글꼴로 주로 인쇄용 글꼴로 사용한다.

- 오픈타입(Open Type) : 외곽선 정보를 사용하여 높은 압축 기법을 통해 파일의 용량을 줄인 것으로, 주로 통신을 이용한 폰트의 송수신이 용이함
- 포스트스크립트(Postscript) : 그래픽, 텍스트를 종이, 필름, 모니터 등에 인쇄하기 위한 페이지 설명 언어로, 주로 인쇄용 글꼴로 사용함

06 다음 중 워드프로세서 관련 용어에 대한 설명으로 옳지 않은 것은?

① 색인(Index) : 문서에 사용된 단어나 어휘를 빠르게 찾기 위해서 페이지 번호를 표시해 두는 기능
② 프린터 버퍼(Printer Buffer) : 인쇄할 내용을 임시로 보관하는 기억 장소
③ 소수점 탭(Decimal Tab) : 수치 자료의 경우 소수점을 중심으로 정수와 소수 부분을 정렬하는 기능
④ 래그드(Ragged) : 단어가 줄의 끝에서 잘릴 경우 단어 전체를 다음 줄로 이동시키는 기능

래그드(Ragged)는 문서의 오른쪽 끝이 정렬되지 않은 상태를 말한다.

오답 피하기
워드 랩(Word Wrap)은 행의 끝부분에 입력된 단어가 줄의 끝에서 잘릴 경우 단어 전체를 다음 줄로 이동시키는 기능이다.

07 다음 중 인쇄 용지에 대한 설명으로 옳지 않은 것은?

① 낱장 용지는 동일한 숫자일 경우 A판보다 B판이 크다.
② 공문서의 표준 규격은 A4(210mm×297mm)이다.
③ A판과 B판으로 나눈 용지의 가로:세로의 비는 1:3이다.
④ 낱장 용지는 규격 번호가 클수록 면적이 작다.

A판과 B판으로 나눈 용지의 가로:세로의 비는 $1:\sqrt{2}$이다.

08 다음 중 워드프로세서의 기능을 수행하는 장치에 대한 설명으로 옳지 않은 것은?

① 입력 장치에는 스캐너, 마우스, 바코드 판독기 등이 있다.
② 표시 장치에는 LCD, LED, PDP 등이 있다.
③ 출력 장치에는 플로터, 프린터, COM 등이 있다.
④ 저장 장치에는 하드 디스크, 디지타이저, 터치 패드 등이 있다.

- 저장 장치 : 하드 디스크, CD-ROM, RAM, ROM 등
- 입력 장치 : 디지타이저, 터치 패드, 태블릿, 키보드, 마우스 등

09 다음 중 아래 보기의 내용이 설명하는 워드프로세서의 용어로 옳은 것은?

문서 내에 머리말, 꼬리말, 주석 같은 것을 표시하기 위한 일정 공간으로 주로 문서의 여백을 사용한다.

① 색인(Index)
② 스풀링(Spooling)
③ 하드 카피(Hard Copy)
④ 보일러 플레이트(Boiler Plate)

오답 피하기
- 색인(Index) : 본문 속의 중요한 낱말들을 문서의 제일 뒤에 모아 그 낱말들이 책의 몇 페이지에 있는지 알려주는 기능
- 스풀링(Spooling) : 인쇄하면서 동시에 다른 작업이 가능하도록 인쇄할 데이터를 보조 기억 장치에 저장했다가 프린터로 출력하는 기술
- 하드 카피(Hard Copy) : 화면에 표시된 문서나 내용을 그대로 프린터에 인쇄하는 기능

정답 05 ④ 06 ④ 07 ③ 08 ④ 09 ④

10 다음 중 글자를 입력하는 방법에 대한 설명으로 옳지 않은 것은?

① 한글과 영문에 대한 입력 모드를 영문으로 맞추고 영어를 입력한다.
② 대·소문자는 Caps Lock 나 Shift 를 이용하여 입력한다.
③ 한글, 영문 변환키는 워드프로세서에 따라 한/영, 왼쪽 Shift + Space Bar, 오른쪽 Alt 를 사용하기도 한다.
④ Insert 를 눌러 수정 상태로 변경한 후 Space Bar 를 누르면 글자가 삽입된다.

> 수정 상태에서 Space Bar 를 누르면 글자가 지워진다.

11 다음 중 공문서의 성립 및 효력 발생에 관한 설명으로 옳지 않은 것은?

① 공문서의 효력 발생 시기는 다른 법령에 특별한 규정이 없는 한 수신자에게 도달되는 시점이다.
② 공고 문서는 고시, 공고가 있은 후 7일이 경과한 날부터 효력이 발생한다.
③ 문서는 결재권자가 해당 문서에 서명의 방식으로 결재함으로써 성립한다.
④ 전자문서의 효력 발생 시점은 수신자의 컴퓨터에 도달하는 시점을 원칙으로 한다.

> 공고 문서는 고시 또는 공고가 있은 후 5일이 경과한 날부터 효력이 발생한다.

12 다음의 보기에서 설명하는 워드프로세서의 기능은?

> 문서를 작성하면서 글자 입력 도중에 Enter 를 누른 곳을 줄 바꿈 문자(↵)로 화면에 표시해 주는 기능

① 화면 구성
② 교정부호
③ 문단 부호
④ 문단 모양

> Enter 를 누르면 문단이 바뀜을 의미하므로 문단 부호(↵)로 표시한다.

13 다음 중 전자출판(Electronic Publishing)에 관한 용어의 설명으로 옳지 않은 것은?

① 리터칭(Retouching) : 기존의 이미지를 다른 형태로 새롭게 변형하는 작업
② 리딩(Leading) : 자간의 미세 조정으로 특정 문자들의 간격을 조정하는 작업
③ 스프레드(Spread) : 대상체의 컬러가 배경색의 컬러보다 옅어서 대상체가 보이지 않는 현상
④ 디더링(Dithering) : 제한된 색상을 조합 또는 비율을 변화하여 새로운 색을 만드는 작업

> • 리딩(Leading) : 인쇄에서 한 행의 하단에서 다음 행의 상단 사이의 간격으로 줄 간격과 같은 의미
> • 커닝(Kerning) : 자간의 미세 조정으로 특정 문자들의 간격을 조정하는 작업

14 다음 중 한글 워드프로세서에서 사용하는 KS X 1005-1(유니코드)에 대한 설명으로 옳지 않은 것은?

① 완성형 코드에 조합형 코드를 반영하여 개발되었다.
② 전 세계에서 사용할 수 있는 모든 문자를 표현할 수 있는 국제 표준 코드이다.
③ 영문은 1바이트, 한글은 2바이트를 사용하여 정보 교환에 사용한다.
④ 외국 소프트웨어의 한글화가 쉽고 한글은 가나다순으로 정렬된 코드이다.

> 정보 교환과 정보 처리에 모두 사용하는 유니코드 문자는 영문과 한글 모두 2바이트로 표현한다.

15 다음 중 공문서의 기안에 대한 설명으로 옳지 않은 것은?

① 기안문서는 전자문서로 하는 것을 원칙으로 한다.
② 각종 증명 발급이나 회의록 등은 발의자와 보고자의 표시를 생략할 수 있다.
③ 행정기관명을 표시할 때 다른 행정기관명과 동일한 경우 바로 아래 하급기관명을 함께 표시할 수 있다.
④ 수신자가 없는 내부결재문서인 경우 수신란에 '내부결재'로 표시한다.

> 행정기관명을 표시할 때 문서를 기안한 부서가 속하는 행정기관명을 표시하되, 다른 행정기관명과 동일한 경우에는 바로 위 상급기관명을 함께 표시할 수 있다.

16 다음 중 줄 단위의 이동이 발생하는 교정부호로 옳은 것은?

① ✓, ⌒
② ⌐, ⇆
③ ⌣, ✐
④ ⌐⌐, ⌒

- ⌐ : 줄 바꾸기
- ⌒ : 줄 잇기

오답 피하기
- ① : ✓ (사이 띄우기), ⌒ (자리 바꾸기)
- ③ : ⌣ (삽입), ✐ (삭제)
- ④ : ⌐⌐ (들여쓰기), ⌒ (붙이기)

17 다음 중 워드프로세서를 이용하여 문서를 작성할 때 교정부호의 사용법에 대한 설명으로 옳지 않은 것은?

① 교정할 부호가 서로 겹치면 각도를 크게 하여 수정한다.
② 정해진 교정부호를 사용해야 한다.
③ 글자를 수정할 때에는 두 줄을 긋고 대각선 방향에 상세하게 설명한다.
④ 교정부호나 글자는 명확하고 간략하게 표기한다.

수정할 글자에 수정 교정부호인 ✐를 사용하여 간략하게 기입한다.

18 다음 중 문서의 파일링 절차에 대한 순서로 옳은 것은?

㉮ 문서 편철
㉯ 문서 이관
㉰ 문서 보존
㉱ 문서 보관
㉲ 문서 분류
㉳ 문서 폐기

① ㉮ → ㉯ → ㉰ → ㉱ → ㉲ → ㉳
② ㉲ → ㉮ → ㉱ → ㉯ → ㉰ → ㉳
③ ㉮ → ㉲ → ㉯ → ㉰ → ㉱ → ㉳
④ ㉲ → ㉮ → ㉱ → ㉰ → ㉯ → ㉳

문서관리 절차는 '구분 → 분류 → 편철 → 보관 → 이관 → 보존 → 폐기'의 순서이다.

19 다음 중 EDI(Electronic Data Interchange)에 대한 설명으로 옳지 않은 것은?

① EDI의 3대 구성 요소는 EDI 표준(Standards), 문서(Document), 통신 네트워크(VAN)이다.
② 각종 서류를 표준화된 양식을 통해 전자적 신호로 바꿔 컴퓨터 통신망을 이용, 전송하는 시스템이다.
③ 기업 간의 거래 데이터를 교환하기 위한 표준 포맷으로 미국의 데이터교환표준협회에 의해 개발되었다.
④ EDI 메시지들은 암호화되거나 해독될 수 있으며 E-mail, 팩스와 함께 전자상거래의 한 형태다.

EDI의 3대 구성 요소는 EDI 표준(Standards), 사용자 시스템(User System), 통신 네트워크(VAN)이다.

20 다음 중 행정업무의 운영 및 혁신에 관한 규정에서 용어 설명이 옳지 않은 것은?

① '전자이미지서명'이란 기안자·검토자·협조자·결재권자 또는 발신명의인이 전자문서상에 전자적인 이미지 형태로 된 자기의 성명을 표시하는 것을 말한다.
② '전자문자서명'이란 기안자·검토자·협조자·결재권자 또는 발신명의인이 전자문서상에 자동 생성된 자기의 성명을 전자적인 문자 형태로 표시하는 것을 말한다.
③ '행정전자서명'이란 기안자·검토자·협조자·결재권자 또는 발신명의인이 공문서에 자필로 자기의 성명을 다른 사람이 알아볼 수 있도록 한글로 표시하는 것을 말한다.
④ '전자이미지관인'이란 관인의 인영(印影)을 컴퓨터 등 정보처리능력을 가진 장치에 전자적인 이미지 형태로 입력하여 사용하는 관인을 말한다.

'행정전자서명'이란 기안자·검토자·협조자·결재권자 또는 발신명의인의 신원과 전자문서의 변경 여부를 확인할 수 있도록 그 전자문서에 첨부되거나 결합된 전자적 형태의 정보로서 인증기관으로부터 인증을 받은 것을 말한다.

오답 피하기
'서명'이란 기안자·검토자·협조자·결재권자 또는 발신명의인이 공문서에 자필로 자기의 성명을 다른 사람이 알아볼 수 있도록 한글로 표시하는 것을 말한다.

정답 16 ② 17 ③ 18 ② 19 ① 20 ③

2과목 PC 운영체제

21 다음 중 한글 Windows 10에서 사용하는 바로 가기 키에 대한 설명으로 옳은 것은?

① ⊞+L : 컴퓨터 시스템을 잠그거나 사용자를 전환한다.
② ⊞+U : 선택된 항목의 속성 대화상자를 화면에 표시한다.
③ Alt+Enter : 활성 창의 바로 가기 메뉴를 표시한다.
④ Alt+Tab : 작업 표시줄의 앱들을 차례대로 선택한다.

> 오답 피하기
> • ⊞+U : 접근성 열기
> • Alt+Enter : 선택 항목의 속성 창의 표시
> • Alt+Tab : 실행 중인 두 앱 간의 작업 전환

22 다음 중 한글 Windows 10의 [계산기] 앱에 대한 설명으로 옳은 것은?

① 날짜 계산용은 두 시간 간의 차이를 계산할 수 있다.
② 공학용은 삼각 함수나 로그 등을 최대 64자리까지 계산할 수 있다.
③ 프로그래머용은 값의 평균/합계, 제곱의 평균/합계, 표준 편차 등을 계산할 수 있다.
④ 표시된 숫자를 저장할 때는 〈MS〉 단추를, 저장된 숫자를 불러와 입력할 때는 〈MR〉 단추를 누른다.

> 오답 피하기
> • 날짜 계산 : 두 날짜 간의 차이를 계산하거나 날짜에 일수를 추가하거나 뺀 날 계산
> • 공학용 : 삼각 함수, 로그 통계 등의 수식에 유효자리 32자리까지 계산
> • 프로그래머 : 2, 8, 10, 16진수 계산과 유효자리 64자리까지 계산

23 다음 중 한글 Windows 10에서 [오류 검사]에 대한 설명으로 옳지 않은 것은?

① 디스크 검사는 폴더와 파일의 오류를 검사하여 발견된 오류를 복구한다.
② 디스크 검사는 손상된 부분을 복구할 때 교차 연결된 파일이 발견되면 제거하거나 백업한다.
③ 오류 검사는 해당 폴더 단위로 검사할 수 있다.
④ 파일과 폴더의 오류뿐만 아니라 디스크 표면을 검사하여 디스크에 생긴 물리적인 오류도 찾아준다.

> 오류 검사는 폴더 단위가 아니고 디스크 드라이브 단위로, 바로 가기 메뉴의 [속성]-[도구] 탭에서 [검사]를 클릭한다.

24 다음 중 Windows 10 장치의 로그인 옵션으로 옳지 않은 것은?

① Windows Hello PIN
② 보안 키
③ Windows Hello 얼굴
④ Windows Hello 홍채

> 로그인 옵션
> • [시작]-[설정]-[계정]-[로그인 옵션]을 선택
> • Windows Hello 얼굴, Windows Hello 지문, Windows Hello PIN, 보안 키, 비밀번호, 사진 암호가 있음

25 다음 중 한글 Windows 10의 [작업 관리자] 창에서 확인할 수 있는 사항으로 옳지 않은 것은?

① 실행 중인 응용 앱 목록
② 시작프로그램 이름과 상태 표시
③ 프린터 등의 주변 기기 사용 목록
④ CPU 이용률과 메모리 속도 및 디스크의 사용 현황

> [제어판]의 [장치 관리자]에서 사용자 컴퓨터에 설치된 하드웨어 장치의 목록을 확인할 수 있다.

정답 21 ① 22 ④ 23 ③ 24 ④ 25 ③

26 다음 중 한글 Windows 10에서 사용하는 [휴지통]에 대한 설명으로 옳은 것은?

① 휴지통의 크기는 사용자가 원하는 크기를 KB 단위로 지정할 수 있다.
② 지정된 휴지통의 용량을 초과하면 가장 최근에 삭제된 파일부터 자동으로 지워진다.
③ 삭제할 파일을 선택하고 [Shift]+[Delete]를 누르면 해당 파일이 휴지통으로 이동한다.
④ USB 메모리에 있는 파일을 선택한 후 [Delete]를 눌러 삭제하면 휴지통으로 가지 않고 완전히 지워진다.

> **오답 피하기**
> • ① : 휴지통의 크기는 MB 단위로 지정
> • ② : 휴지통의 용량을 초과하면 가장 오래전에 삭제된 파일 삭제
> • ③ : [Shift]+[Delete]를 눌러 삭제하면 휴지통에 들어가지 않고 완전 삭제

27 다음 중 한글 Windows 10의 [작업 표시줄]에 대한 설명으로 옳지 않은 것은?

① 작업 표시줄은 기본적으로 바탕 화면의 맨 아래쪽에 있다.
② '작업 표시줄 잠금'이 지정된 상태에서는 작업 표시줄의 크기나 위치 등을 변경할 수 없다.
③ 작업 표시줄은 위치를 변경하거나 크기를 조절할 수 있으며, 크기는 화면의 1/4까지만 늘릴 수 있다.
④ 작업 표시줄은 현재 실행되고 있는 앱 단추와 앱을 빠르게 실행하기 위해 등록한 고정 앱 단추 등이 표시되는 곳이다.

> 작업 표시줄은 화면의 1/2 크기까지 늘릴 수 있다.

28 다음 중 한글 Windows 10에 설치된 기본 프린터에 대한 설명으로 옳은 것은?

① 기본 프린터는 컴퓨터에 설치된 여러 프린터 중 가장 먼저 설치한 프린터를 의미한다.
② 기본 프린터로 지정된 프린터는 삭제시킬 수 없다.
③ 기본 프린터는 설치된 여러 프린터 중 2대까지 지정할 수 있다.
④ 네트워크 프린터나 추가 설치된 프린터도 기본 프린터로 지정할 수 있다.

> 네트워크로 설치된 프린터의 바로 가기 메뉴에서 [기본 프린터로 설정]을 선택하여 지정할 수 있다.

> **오답 피하기**
> • ① : 일반적으로 가장 먼저 설치한 프린터를 기본 프린터로 지정하여 사용하지만, 반드시 기본 프린터는 아님
> • ② : 기본 프린터는 삭제하고 다시 설치할 수 있음
> • ③ : 기본 프린터는 1대만 지정 가능

29 다음 중 한글 Windows 10에서 발생할 수 있는 문제의 해결 방법으로 옳은 것은?

① 디스크 공간이 부족할 때는 디스크 조각 모음을 실행하여 단편화를 제거한다.
② 디스크의 접근 속도가 느려질 경우에는 디스크 정리를 수행한다.
③ 앱이 응답하지 않을 경우에는 [작업 관리자] 창에서 해당 작업을 종료한다.
④ 메인 메모리 용량이 적을 경우에는 이동식 디스크의 불필요한 파일을 삭제한다.

> **오답 피하기**
> • ① : 디스크 조각 모음은 디스크의 처리 속도를 향상시킴
> • ② : 디스크 정리는 디스크의 공간을 확보함
> • ④ : 메모리 부족일 때에는 실행 중인 앱을 종료

30 다음 중 한글 Windows 10에서 사용하는 웹 브라우저에 관한 설명으로 옳지 않은 것은?

① 웹 페이지의 내용을 복사하여 붙여넣기할 수 있다.
② 웹 서버에 있는 홈페이지를 수정할 수 있다.
③ 자주 방문하는 웹 사이트 주소를 관리하는 기능이 있다.
④ 플러그인 프로그램을 사용하여 동영상, 소리 등의 멀티미디어 데이터를 처리할 수 있다.

> 웹 브라우저에서 웹 서버에 있는 홈페이지를 볼 수 있지만 수정할 수는 없다.

31 다음 중 한글 Windows 10의 시작 메뉴에 있는 [찾기] 대화상자에서 [시스템 구성] 대화상자를 열 수 있는 명령어로 옳은 것은?

① ipconfig
② tracert
③ nbtstat
④ msconfig

> [찾기]에서 cmd를 눌러 나오는 명령 프롬프트 창에서 msconfig를 입력하면 [시스템 구성] 대화상자를 열 수 있다.
>
> **오답 피하기**
> • ipconfig : 내 컴퓨터의 IP 주소, 서브넷 마스크 주소 등을 확인하는 명령어
> • tracert : 연결하려는 IP 라우터들이 제대로 패킷을 전송하는지 확인하는 명령어
> • nbtstat : NBT(NetBIOS)를 사용하여 프로토콜 통계와 현재 TCP/IP 연결을 표시하는 명령어

32 한글 Windows 10의 [Windows Defender 방화벽] 창에서 할 수 있는 작업에 대한 설명으로 옳지 않은 것은?

① 네트워크 위치를 선택하여 컴퓨터가 항상 적절한 보안 수준으로 설정되도록 할 수 있다.
② 앱이 Windows Defender 방화벽을 통해 통신하도록 설정할 수 있다.
③ 전자 메일을 보내거나 받을 때 알림 표시를 하도록 설정할 수 있다.
④ 인바운드 규칙, 아웃바운드 규칙 등과 같은 고급 보안을 설정할 수 있다.

> 방화벽은 권한이 없는 사용자가 인터넷 또는 네트워크를 통해 컴퓨터에 접근하는 것을 막아주는 역할을 하며, 전자 메일의 알림 표시 설정과는 관계가 없다.

33 다음 중 한글 Windows 10에서 [작업 표시줄] 창에 대한 설명으로 옳지 않은 것은?

① 작업 표시줄의 빈 영역을 선택한 후 Alt + Enter 를 누르면 [작업 표시줄] 창을 열 수 있다.
② 점프 목록에 표시된 최근 항목을 바로 가기 메뉴에서 [이 목록에서 제거]할 수 있다.
③ 작업 표시줄 자동 숨기기를 설정하면 작업 표시줄을 다른 위치로 이동시킬 수 없다.
④ 화면에서 작업 표시줄 위치를 상·하·좌·우로 설정할 수 있다.

> [작업 표시줄 자동 숨기기]는 작업 표시줄을 보여주지 않다가 마우스를 작업 표시줄에 위치하면 표시되는 기능으로, 자동 숨기기를 설정하여도 작업 표시줄을 다른 위치로 이동시킬 수 있다.

34 다음 중 한글 Windows 10의 설치된 기본 프린터의 [인쇄 작업 목록 보기] 창에서 가능한 작업으로 옳지 않은 것은?

① 인쇄 일시 중지
② 설치된 프린터 제거
③ 프린터 속성 지정
④ 인쇄 기본 설정 지정

> [인쇄 작업 목록 보기] 창의 기능으로는 기본 프린터 설정, 인쇄 일시 중지, 인쇄 취소, 다시 시작, 공유, 프린터 속성 지정 등이 있다.
>
> **오답 피하기**
> 프린터의 장치 제거는 [제어판]의 [장치 및 프린터]에서 가능하다.

35 다음 중 한글 Windows 10에서 컴퓨터에 연결된 하드웨어 중에서 [장치 및 프린터] 창에 표시되지 않는 장치는?

① 휴대폰, 디지털 카메라 등과 같은 휴대용 장치
② 사운드 카드, 그래픽 카드, 메모리 등과 같이 컴퓨터 케이스 내부에 설치된 장치
③ 외장 USB 하드 디스크 드라이브, 플래시 드라이브, 웹캠 등과 같이 USB 포트에 연결하는 모든 장치
④ 컴퓨터에 연결된 모든 프린터

> 사운드 카드, 그래픽 카드, 메모리 등과 같은 장치들은 시스템 내부에 설치되어 있어 창에 표시되지 않는다.

정답 30 ② 31 ④ 32 ③ 33 ③ 34 ② 35 ②

36 다음 중 마이크로소프트 엣지에 대한 설명으로 옳지 않은 것은?

① 새 크로미움(Chromium) 방식을 사용하여 Windows가 지원되는 모든 버전에 호환된다.
② 통합된 컬렉션 기능을 활용하면 웹 콘텐츠를 쉽게 수집, 구성, 공유할 수 있다.
③ 온라인의 보안 문제를 자동으로 차단하여 사용자를 보호한다.
④ Windows 디바이스에 최적화되어 있어서 macOS, iOS, Android 디바이스 등은 다운로드하여 사용할 수 없다.

> Windows 디바이스뿐만 아니라 macOS, iOS, Android 디바이스에서도 다운로드하여 사용할 수 있다.

37 다음 중 한글 Windows 10에서 파일이나 폴더를 삭제할 수 없는 경우에 대한 설명으로 옳은 것은?

① 다운로드한 앱 파일을 디스크 정리로 삭제할 경우
② 휴지통에 있는 특정 파일을 선택한 후에 Delete 를 눌러 삭제할 경우
③ 현재 편집 중인 문서 파일이 포함된 폴더를 선택한 후에 Delete 를 눌러 삭제할 경우
④ 모든 권한이 설정된 특정 폴더의 바로 가기 메뉴에서 [삭제]를 선택하여 삭제하는 경우

> 현재 편집 중인 문서가 포함된 파일이나 폴더는 삭제할 수 없다. 파일을 종료한 후에 삭제가 가능하다.

38 다음 중 한글 Windows 10의 [접근성 센터] 창에서 할 수 있는 기능에 대한 설명으로 옳지 않은 것은?

① Windows 로그온 시 자동으로 돋보기 기능을 시작할 수 있게 설정할 수 있다.
② 내레이터 시작 기능을 사용하면 키보드를 사용하여 마우스를 제어할 수 있게 설정할 수 있다.
③ 화상 키보드 시작 기능을 사용하면 키보드 없이도 글자를 입력할 수 있다.
④ 고대비 설정을 하면 색 대비를 높여 눈의 피로를 줄이고 내용을 쉽게 읽을 수 있다.

> [내레이터 시작]을 사용하면 사용자가 키보드를 이용하여 탐색할 때 화면의 모든 텍스트를 소리 내어 읽어주도록 설정할 수 있다.

39 다음 한글 Windows 10의 보안 기능에 대한 설명 중 옳지 않은 것은?

① 사용자 계정 컨트롤 설정 변경 기능을 사용하면 유해한 앱이 사용자 모르게 소프트웨어를 설치하거나 변경하는 것을 방지할 수 있다.
② BitLocker 드라이브 암호화 기능을 사용하면 해당 드라이브에 저장된 모든 파일에 대한 무단 액세스를 방지할 수 있다.
③ Windows Defender 기능을 사용하면 스파이웨어뿐만 아니라 사용자 동의 없이 설치된 소프트웨어로부터 보호할 수 있다.
④ 컴퓨터 관리의 [디스크 관리] 기능을 사용하면 모니터의 색상이 종이와 같이 선명하고 깨끗하게 보여 읽기 쉽게 만들어 준다.

> • 디스크 관리 : 새 드라이브를 초기화하고 볼륨을 확장하거나 축소하는 등의 작업을 수행
> • ClearType : 모니터의 색상이 종이와 같이 선명하고 깨끗하게 보여 읽기 쉽게 만들어 주는 기능

40 다음 중 한글 Windows 10의 [이더넷 속성]에서 네트워크 구성 요소에 대한 설명으로 옳지 않은 것은?

① QoS 패킷 스케줄러 : 네트워크 대역폭을 확인하고자 할 때 사용한다.
② Microsoft Networks용 클라이언트 : 사용자 컴퓨터에서 네트워크에 있는 리소스를 액세스할 수 있게 한다.
③ Microsoft 네트워크용 파일 및 프린터 공유 : 다른 컴퓨터에서 네트워크를 사용하여 사용자 컴퓨터의 리소스를 액세스할 수 있게 한다.
④ 인터넷 프로토콜 버전 6(TCP/IPv6) : 다양하게 연결된 네트워크에서 통신을 제공하는 인터넷 프로토콜의 최신 버전이다.

> QoS 패킷 스케줄러는 흐름 속도 및 우선순위 서비스를 포함하여 네트워크 트래픽 제어를 제공하는 데 사용한다.

정답 36 ④ 37 ③ 38 ② 39 ④ 40 ①

3과목 PC 기본상식

41 다음 중 컴퓨터의 발전에 대한 세대별 특징을 연결한 것으로 옳지 않은 것은?

① 1세대 – 일괄 처리 시스템, 분산 처리
② 2세대 – 운영체제 도입, 고급 언어 개발
③ 3세대 – 시분할 처리, MIS 도입
④ 4세대 – 개인용 컴퓨터 개발, 마이크로프로세서 개발

> 여러 대의 컴퓨터를 네트워크로 연결하여 사용하는 분산 처리는 네트워크가 크게 발달되는 4세대의 특징이다.

42 다음과 가장 관련 있는 것은 무엇인가?

- 영상과 음성을 하나의 케이블로 전송하는 디지털 포트이다.
- 셋톱박스, DVD 플레이어 등의 기기와 리시버, 모니터, HDTV 등의 출력 장치를 연결하는 데 사용된다.

① HDMI
② IEEE 1394
③ PS/2 포트
④ 디스플레이 포트

> 오답 피하기
> - IEEE 1394 : 개인용 컴퓨터와 디지털 오디오 등에 사용되는 표준 규격
> - PS/2 포트 : 개인용 컴퓨터의 키보드와 마우스에 쓰이는 접속 규격
> - 디스플레이 포트 : 컴퓨터용 디스플레이에 사용되는 구형 VGA와 DVI에 사용되는 포트

43 다음 중 멀티미디어 데이터에 관한 설명으로 옳지 않은 것은?

① 아날로그 데이터를 디지털로 변환하기 위해서는 샘플링(표본화)과 양자화 과정을 거치게 된다.
② 연속적인 아날로그 신호를 불연속적인 디지털 신호로 바꾸는 과정을 샘플링이라고 한다.
③ 샘플링은 음성이나 영상 등의 아날로그 신호를 일정 시간 간격으로 검출하는 단계이다.
④ 샘플링할 때 디지털 오디오 데이터 파일의 크기에 영향을 미치는 요소에는 샘플링 비율(헤르츠), 양자화 크기(비트), 저장 매체의 크기(바이트) 등이 있다.

> 샘플링할 때 디지털 오디오 데이터 파일의 크기에 영향을 미치는 요소에는 샘플링 비율(헤르츠), 양자화 크기(비트), 지속시간(초) 등이 있다.

44 다음 중 데이터의 표현 방식에 대한 설명으로 옳지 않은 것은?

① 숫자를 표현하는 부동 소수점 표현은 고정 소수점 표현에 비해 큰 수나 작은 수를 표현하기 때문에 컴퓨터 내부에서 처리하는 시간이 많이 걸린다.
② 문자 표현 방법 중 확장된 2진화 10진 코드(EBCDIC)는 8비트로 표현하며, ASCII 코드는 7비트로 표현한다.
③ 그레이(Gray) 코드는 각 자릿수에 고유한 값을 부여한 코드로, 가중치 코드에 속하며 보수를 간단히 얻을 수 있다.
④ 고정 소수점 표현은 정수 표현 형식으로 구조가 단순하고 표현 범위가 좁다.

> - 그레이(Gray) 코드 : 각 자리에 가중치가 부여되지 않은 코드로, 인접한 값 두 개를 합하여 내려 값을 구하는 코드
> - 가중치 코드 : 각 자릿 수에 고유한 값을 부여한 코드로, 8421 코드(BCD), 2421 코드 등이 있음

45 다음 중 응용 소프트웨어에 대한 설명으로 옳지 않은 것은?

① 스프레드시트 소프트웨어로는 엑셀, 로터스, 훈민시트 등이 있다.
② 셰어웨어(Shareware)는 무료로 사용할 수 있으며 누구나 자유롭게 사용하고 수정 및 배포할 수 있다.
③ 전자출판(DTP) 소프트웨어로는 페이지 메이커, Quark XPress 등이 있다.
④ 데이터베이스 관리 시스템을 사용하면 데이터의 중복성을 최소화할 수 있다.

> 셰어웨어(Shareware)는 상용 앱의 홍보를 위해 일정 기간 동안 무료로 사용하다가 돈을 지불하고 사용하는 소프트웨어이다.
>
> 오답 피하기
> 프리웨어(Freeware)는 무료로 사용할 수 있으나 저작권이 있어 누구나 수정이 가능한 것은 아니다.

정답 41 ① 42 ① 43 ④ 44 ③ 45 ②

46 다음 중 정보 사회의 컴퓨터 범죄의 유형으로 옳지 않은 것은?

① 소프트웨어나 웹 콘텐츠의 무단 복사나 사용
② 음란물 유통 및 사이트 운영
③ 컴퓨터 바이러스 백신의 제작
④ 개인 신용 정보 유출

> 컴퓨터 바이러스 백신은 바이러스의 치료를 목적으로 만드는 것으로 컴퓨터 범죄와 관련이 없다.

47 다음 중 정보화 사회의 최신 기술 중에서 사물 인터넷(IoT)에 대한 설명으로 가장 옳지 않은 것은?

① 세상에 존재하는 모든 사물을 네트워크로 연결한다.
② 인간과 사물 간에 언제 어디서나 서로 소통할 수 있다.
③ 인터넷에 연결된 기기가 사람의 개입 없이 서로 정보를 주고받으며 처리할 수 있다.
④ 컴퓨팅 자원을 가상화 기술로 통합하여 새로운 서비스를 제공한다.

> 사물 인터넷(IoT)은 사물에 센서를 부착하여 인터넷으로 연결되어 서로 정보를 주고받는 기술로, 방문객의 위치, 관람객의 정보 등 그때그때 상황에 맞춰 정보를 제공한다.

48 다음 중 멀티미디어 그래픽 데이터의 벡터 방식에 대한 설명으로 옳지 않은 것은?

① 점과 점을 연결하는 직선이나 곡선을 이용하여 이미지를 표현한다.
② 이미지를 확대하여도 테두리가 매끄럽게 표현된다.
③ 좌표 개념을 사용하여 이동 회전 등의 변형이 쉽다.
④ 비트맵 방식과 비교하여 기억 공간을 많이 차지한다.

> 벡터 방식은 비트맵 방식에 비해 기억 공간을 적게 차지한다.

49 다음에서 설명하는 기억 장치로 옳은 것은?

> – 하드 디스크의 일부를 주기억 장치처럼 사용한다.
> – 페이징 기법과 세그먼테이션 기법이 있다.

① 연관 메모리(Associative Memory)
② 캐시 메모리(Cache Memory)
③ 가상 메모리(Virtual Memory)
④ 플래시 메모리(Flash Memory)

> 오답 피하기
> • 연관 메모리(Associative Memory) : 주소가 아니라 기억된 데이터의 내용을 이용하여 원하는 정보에 접근하는 방식
> • 캐시 메모리(Cache Memory) : 고속의 중앙 처리 장치와 주기억 장치의 사이에 존재하는 메모리
> • 플래시 메모리(Flash Memory) : 전기적인 방법으로 여러 번 읽기 및 쓰기가 가능한 EEPROM의 일종으로, BIOS, MP3 플레이어, 휴대전화, 디지털 카메라 등에 사용

50 다음 중 상점에서 바코드를 읽어 들일 때 많이 사용하는 입력 장치로 빛을 주사하여 반사되는 빛의 차이를 인식하여 디지털 그래픽 정보로 만들어 주는 장치는?

① 스캐너(Scanner)
② 트랙볼(Track Ball)
③ 디지타이저(Digitizer)
④ 광전 펜(Light Pen)

> 스캐너는 그림이나 사진과 같은 영상 정보를 입력하는 장치이다.
>
> 오답 피하기
> • 트랙볼(Track Ball) : 볼이 위쪽에 달려 있는 마우스로 입력 장치
> • 디지타이저(Digitizer) : 아날로그 데이터의 좌표를 판독하여 컴퓨터에 디지털 형식의 설계 도면이나 도형을 입력하는 데 사용하는 입력 장치
> • 광전 펜(Light Pen) : 펜의 모양을 한 입력 장치

51 다음 중 객체 지향 프로그래밍 언어로만 짝지어진 것은?

① JAVA, C, XML
② C++, C#, JAVA
③ C, COBOL, BASIC
④ FORTRAN, C++, XML

> • 객체 지향 프로그래밍 언어 : C++, C#, JAVA
> • 절차 지향 프로그래밍 언어 : C, COBOL, FORTRAN

정답 46 ③ 47 ④ 48 ④ 49 ③ 50 ① 51 ②

52 다음 중 CISC 마이크로프로세서에 대한 설명으로 옳지 않은 것은?

① 명령어의 종류가 많아 전력 소비가 많다.
② 서버, 워크스테이션에 주로 사용된다.
③ 고급 언어에 각기 하나씩의 기계어를 대응시킴으로써 명령어의 집합이 커진다.
④ 명령어 설계가 어려워 고가이나, 레지스터를 적게 사용하므로 프로그램은 간단하다.

> 서버, 워크스테이션에 사용되는 방식은 RISC 마이크로프로세서이다.

53 디지털 콘텐츠의 불법 복제와 유포를 막고 저작권 보유자의 이익과 권리를 보호해 주는 기술과 서비스를 무엇이라고 하는가?

① DRM(Digital Rights Management)
② CRM(Customer Relationship Management)
③ DCRP(Digital Contents Rights Protection)
④ PICS(Platform for Internet Contents Selection)

> DRM(Digital Rights Management)은 출판, 음반, 영화, 게임 등의 디지털 콘텐츠의 무단 사용을 막아 제공자의 권리와 이익을 보호해주는 기술과 서비스를 말한다.
>
> **오답 피하기**
> - CRM(Customer Relationship Management) : 고객 관계 관리 시스템으로 기업과 고객과의 관련 활동을 계획, 지원, 평가하는 시스템
> - DCRP(Digital Contents Rights Protection) : 콘텐츠 분배를 위한 디지털 권한 관리
> - PICS(Platform for Internet Contents Selection) : 웹 사이트 내용에 대해 선택적으로 접근하도록 해주는 기반 구조로 웹 사이트에 포함된 정보 내용의 등급을 판단하는 표준 규격

54 다음 중 아날로그 컴퓨터와 비교하여 디지털 컴퓨터의 특징으로 옳은 것은?

① 입력 형태로 전류, 전압, 온도, 속도 등이 가능하다.
② 논리 회로를 사용하며, 프로그래밍이 필요하다.
③ 미분이나 적분에 관한 연산 속도가 빠르다.
④ 특수 목적용으로 기억 기능이 적다.

> 디지털 컴퓨터 특징으로는 논리 회로, 코드화된 문자나 숫자 입력 형식, 연산 속도 느림, 프로그래밍 필요, 범용성 등이 있다.
>
> **오답 피하기**
> 아날로그 컴퓨터 특징으로는 증폭 회로, 전류·전압·온도 등의 연속적인 물리량 입력 형식, 연산 속도 빠름, 프로그래밍 불필요, 특수 목적용 등이 있다.

55 다음 중 PC의 업그레이드에 관한 설명으로 옳지 않은 것은?

① 소프트웨어를 업그레이드할 때는 CMOS SETUP 프로그램을 사용한다.
② 하드웨어를 업그레이드할 때는 컴퓨터 전원을 끄고 작업한다.
③ RAM을 업그레이드할 때는 메인보드와 운영체제의 지원 사항을 먼저 확인한다.
④ 하드 디스크를 업그레이드할 때는 용량과 RPM, 전송 속도를 고려한다.

> CMOS SETUP은 컴퓨터의 BIOS 등의 각종 사항을 설정하는 것으로 소프트웨어 업그레이드와는 관계가 없다.

56 다음 중 컴퓨터에서 정보 보안을 위하여 사용하는 방화벽에 관한 설명으로 옳지 않은 것은?

① 내부 네트워크로 들어오거나 외부 네트워크로 나가는 패킷을 체크한다.
② 역추적 기능이 있어서 외부 침입자의 흔적을 찾을 수 있다.
③ 방화벽을 사용하더라도 내부의 불법적인 해킹은 막지 못한다.
④ 해킹에 의한 외부로의 정보 유출을 막기 위한 보안 시스템이다.

> 방화벽은 외부에서 불법적으로 침입하는 것을 막는 시스템으로, 내부에서 외부로 나가는 패킷을 체크하지는 못한다.

57 다음 중 컴퓨터를 이용한 처리 시스템의 설명으로 옳지 않은 것은?

① 시분할 시스템(Time Sharing System) : 컴퓨터의 처리 시간을 짧은 시간 단위로 분할하여 한 대의 컴퓨터를 여러 명이 동시에 사용할 수 있게 하는 방식
② 실시간 처리 시스템(Real Time Processing System) : 자료가 발생하는 즉시 처리하는 방식
③ 멀티프로그래밍(Multi-programming) : 한 대의 컴퓨터에 2대 이상의 CPU를 설치하여 대량의 데이터를 신속하게 처리하는 방식
④ 분산 처리 시스템(Distributed Processing System) : 지역적으로 분산된 여러 대의 컴퓨터 시스템을 연결하여 업무를 지역적 또는 기능적으로 분산시켜 처리하는 방식

- 멀티프로그래밍(Multi-programming) : 동시에 두 개 이상의 프로그램을 주기억 장치에 기억시켜 놓고 하나의 프로세서가 고속으로 처리하는 방식
- 멀티 처리 시스템(Multi-processing System) : 한 대의 컴퓨터에 2대 이상의 CPU를 설치하여 대량의 데이터를 신속하게 처리하는 방식

58 다음 중 전자우편의 기능에 대한 설명으로 옳지 않은 것은?

① 전달 : 다른 사람에게 알려주고 싶은 경우 받은 메일을 그대로 다른 사람에게 보내는 기능이다.
② 회신 : 받은 메일에 대하여 답장을 하되, 발송자는 물론 참조인 모두에게 전송하는 기능이다.
③ 첨부 : 문서, 이미지, 동영상 등의 파일을 전자우편에 첨부하여 보내는 기능이다.
④ 서명 : 메시지를 보낸 사람의 신원을 증명하기 위해 메시지 끝에 붙이는 표식으로 이름, 직위, 회사 이름, 주소 등을 표시한다.

회신은 상대방이 보낸 메일에 답장을 하는 기능이다.

오답 피하기
전체 회신은 받은 메일에 대하여 답장을 하되, 발송자는 물론 참조인 모두에게 전송하는 기능이다.

59 다음 중 보기에서 설명하는 모바일 기기 관련 용어로 옳은 것은?

> 여러 개의 앱을 한꺼번에 사용할 수 있도록 앱 실행 시 영상 화면을 오버레이의 팝업창 형태로 분리하여 실행하는 기능이다.

① 스마트 앱(Smart App)
② 플로팅 앱(Floating App)
③ 앱 스토어(App Store)
④ 앱북(App Book)

오답 피하기
- 스마트 앱(Smart App) : 스마트폰 등의 모바일 기기에 설치하는 응용 앱으로 사용자의 목적과 용도에 따라 설치하여 일상생활에서 편리하게 활용할 수 있는 앱
- 앱 스토어(App Store) : 스마트폰에 탑재할 수 있는 다양한 애플리케이션을 판매하는 온라인상의 모바일 콘텐츠 장터
- 앱북(App Book) : 스마트폰, 태블릿 PC, 개인용 컴퓨터 등 단말기에서 별도의 애플리케이션으로 실행되는 전자책으로, 소프트웨어적 성향이 강하여 애니메이션의 음성, 동영상, 3D 그래픽스 등을 통해 보고, 듣고 만질 수 있는 서비스를 제공하는 앱

60 다음 중 스마트폰의 보안 위협에 대처하는 방법에 대한 설명으로 옳지 않은 것은?

① 와이파이(Wi-Fi) 망에서 양자 간 통신 내용을 가로채는 중간자 공격을 방지하기 위해 VPN 서비스를 강화한다.
② 악성코드나 바이러스 감염으로부터 예방하고자 운영체제와 백신 앱을 항상 최신 버전으로 업데이트한다.
③ 악성코드 유포를 막기 위해 가급적 멀티미디어 메시지(MMS)를 사용하고 블루투스 기능은 항상 켜 놓는다.
④ 분실한 기기에 저장된 개인정보를 원격으로 삭제하여 불법 사용을 방지하기 위해 킬 스위치(Kill Switch) 기능을 사용한다.

멀티미디어 메시지(MMS)는 자제하고 블루투스는 사용할 때만 켜 놓고 사용 후 꺼 놓는 것이 좋다.

해설과 함께 보는 2024년 상시 기출문제 03회

SELF CHECK : 제한시간 60분 | 소요시간 분 | 전체 문항 수 60문항 | 맞힌 문항 수 문항

1과목 워드프로세싱 용어 및 기능

01 다음 중 한글을 입력하는 방법에 대한 설명으로 옳지 않은 것은?

① 완성형 한글은 코드에 없는 문자를 사용할 수 없다.
② 조합형은 초성, 중성, 종성의 코드값을 조합하여 표현한다.
③ 유니코드는 완성형 코드에 조합형을 반영한 코드로 기억 공간을 많이 차지한다.
④ 유니코드는 한글, 영문 모두 1바이트로 표현하며 전 세계의 모든 문자를 표현할 수 있다.

> 유니코드는 한글, 한자, 영문, 공백 등 모든 문자를 2바이트로 표현한다.

02 다음 중 컴퓨터의 입력 장치가 아닌 것은?

① 스캐너(Scanner)
② 플로터(Plotter)
③ 디지타이저(Digitizer)
④ 광학 문자 판독기(OCR)

> 플로터(Plotter)는 건축, 전기 등의 설계 도면을 인쇄하는 출력 장치이다.

03 다음 중 인쇄 관련 단위에 대한 설명으로 옳은 것은?

① CPS : 1초에 인쇄할 수 있는 단어의 수
② LPM : 1분에 인쇄되는 점의 수
③ PPM : 1분에 인쇄할 수 있는 페이지 수
④ DPI : 1인치에 인쇄할 수 있는 줄 수

> **오답 피하기**
> • CPS(Characters Per Second) : 1초에 인쇄할 수 있는 문자 수
> • LPM(Lines Per Minute) : 1분에 인쇄할 수 있는 줄 수
> • DPI(Dots Per Inch) : 1인치에 인쇄되는 점의 수

04 다음 중 완성형(KS X 1001) 코드에 대한 설명으로 옳지 않은 것은?

① 완성된 글자마다 코드값을 부여한다.
② 기억 공간을 많이 차지한다.
③ 국제 표준 코드로 전 세계의 모든 문자를 표현할 수 있다.
④ 영문이나 숫자는 1바이트, 한글이나 한자는 2바이트로 표현한다.

> 국제 표준 코드는 유니코드이고, 완성형 코드의 경우 코드가 없는 문자는 사용이 불가능하다.

05 다음 중 문서관리의 기본 원칙으로 옳지 않은 것은?

① 문서 사무 처리의 절차나 방법 등을 간결하게 하여 시간 절약과 문서 업무 능률을 증진시킨다.
② 문서 처리의 절차나 방법 중에서 중복되는 것이나 불필요한 것을 없애고, 동일 종류의 문서 사무 처리를 하나로 묶어서 통합하여 처리한다.
③ 문서 사무 처리에 적용할 수 있는 여러 가지의 수단이나 방법 중에서 가장 합리적인 것을 선정하여 적용한다.
④ 문서가 이동되고 경유되는 곳은 늘리고 지체 시간은 줄여야 한다.

> 문서의 경유되는 곳을 줄이고 지체 시간도 줄여야 한다.

06 다음 중 파일링 시스템의 기본 원칙으로 옳지 않은 것은?

① 빠른 속도를 위해 시간과 공간을 극대화시켜 처리
② 명확한 분류를 위한 파일링 방법의 표준화
③ 문서 검색의 용이성 및 신속한 출납
④ 문서의 정확한 소재 명시 및 보존의 확실성

> 파일링 시스템(Filing System)은 문서를 언제든지 쉽게 찾아볼 수 있도록 정리, 보관, 폐기하는 일련의 제도로 시간과 공간을 최소화하여 처리한다.

정답 01 ④ 02 ② 03 ③ 04 ③ 05 ④ 06 ①

07 다음에 설명하는 문서정리 방법을 나타내는 용어로 가장 적절한 것은?

> - 같은 카테고리의 문서를 한 곳에 모을 수 있다.
> - 문서 내용의 분류가 여러 개인 경우 상호 참조 표시가 필요하다.
> - 문서가 소분류로 구분되어 취급되는 경우에 많이 활용된다.

① 번호식 분류법
② 지역별 분류법
③ 주제별 분류법
④ 수평적 분류법

• 주제별 분류법 : 주제를 정하고 대, 중, 소로 분류하는 경우 듀이의 10진 분류법을 이용하면 편리
• 지역별 분류법 : 같은 지역이나 범위에 따라 분류

08 다음 중 문서의 발송에 대한 설명으로 옳지 않은 것은?

① 문서는 정보 통신망을 이용하여 발송함을 원칙으로 한다.
② 전자문서인 경우 전자문서 시스템 또는 업무관리 시스템상에서 발송해야 한다.
③ 종이 문서인 경우에는 원본을 발송해야 한다.
④ 문서는 처리과에서 발송한다.

종이 문서는 원본은 두고 복사본을 발송한다.

09 다음 중 워드프로세서의 편집 기능에 대한 설명으로 옳지 않은 것은?

① 사전 기능은 단어를 입력하여 주면 의미를 확인할 수 있게 해준다.
② 스타일(Style)은 문서에 복잡한 수식을 입력할 때 사용하는 기능이다.
③ 다단 편집이란 하나의 편집 화면을 여러 개의 단으로 나누어서 문서를 작성하는 기능이다.
④ 매크로(Macro)는 사용자가 키보드나 마우스로 작업한 순서를 보관해 두었다가 한꺼번에 재실행하는 기능이다.

스타일(Style)은 자주 사용하는 글자 모양이나 문단 모양을 스타일로 만들어 한꺼번에 적용시켜 통일성 있는 문서를 작성하기 위해 사용한다. 복잡한 수식은 수식 편집기를 사용하여 입력한다.

10 다음 중 워드프로세서의 특징으로 옳지 않은 것은?

① 워드프로세서를 이용하면 문서 작성에 드는 시간과 노력을 줄일 수 있다.
② 정보 통신망을 이용하여 문서를 전송할 수 있으므로 보안에 주의할 필요는 없다.
③ 파일로 인쇄하거나 인쇄 용지로 확대/축소 인쇄를 할 수 있다.
④ 문서 작성 및 관리를 전산화함으로써 유지 관리가 쉽다.

정보 통신망을 이용한 전송에는 항상 보안에 주의해야 한다.

11 다음 중 전자문서 관리 시스템에 대한 설명으로 옳지 않은 것은?

① 표준화된 문서 양식으로 신속하게 문서를 조회 및 검색할 수 있다.
② 사무의 생산성이 향상되고 데이터를 공유할 수 있다.
③ 전자문서로 작성한 모든 문서는 출력하여 따로 편철하여 보관한다.
④ 문서 수발에 따르는 시간과 비용이 절감된다.

전자문서는 종이 없는 사무실을 실현하기 위한 것으로 출력하여 보관할 필요가 없다.

12 다음 중 워드프로세서의 용어에 대한 설명이 옳지 않은 것은?

① 옵션(Option) : 명령이나 기능을 수행할 때 추가적인 요소나 선택 항목을 표시한다.
② 캡션(Caption) : 글자를 구부리거나 글자에 외곽선, 그림자, 회전 등의 효과를 주어 글자를 꾸미는 것을 말한다.
③ 스크롤(Scroll) : 화면의 상·하·좌·우의 내용을 보기 위해 화면을 이동시키는 기능이다.
④ 래그드(Ragged) : 문서의 오른쪽 끝이 정렬되지 않은 상태를 말한다.

캡션(Caption)은 표, 그림 등에 설명을 붙이는 기능으로 위치는 작성자가 지정할 수 있다.

13 다음 중 워드프로세서를 이용한 문서 작성법의 설명으로 옳지 않은 것은?

① 문장은 되도록 간결하게 쓰고 긴 문장은 적당히 끊어 작성한다.
② 작성자의 의사가 명확히 표시되어야 하며 이해하기 쉬운 용어를 사용한다.
③ 문서의 구성은 두문, 본문, 결문 등으로 구분한다.
④ 단어마다 한자, 영어를 넣어 작성하여 문서의 내용을 가급적 어렵게 인식되도록 한다.

> 워드프로세서의 문서의 내용은 되도록 쉽게 인식할 수 있어야 한다.

14 다음 중 워드프로세서에서 사용하는 기본 용어에 관한 설명으로 옳지 않은 것은?

① 영문 균등(Justification) : 단어와 단어 사이의 간격을 균등 배분하여 문장의 왼쪽 끝만 맞추어 균형을 유지하는 기능
② 색인(Index) : 문서의 중요한 내용들을 빠르게 찾기 위하여 문서의 맨 뒤에 용어와 기록된 쪽 번호를 오름차순으로 기록하여 정리한 목록
③ 디폴트(Default) : 서식이나 메뉴 등에서 기본적으로 설정되어 있는 값
④ 마진(Margin) : 문서 작성 시 문서의 균형을 위해 남겨두는 상·하·좌·우의 여백

> 영문 균등(Justification)은 워드 랩 등으로 생긴 공백을 처리하기 위해 단어와 단어 사이의 간격을 균등 배분하여 전체 길이를 맞추고 균형을 유지하기 위한 기능이다.

15 다음 중 문서의 분량이 감소할 수 있는 교정부호로만 묶인 것은?

① ⌒, ✿, ‿
② ⌐, √, ✍
③ ⊓, ✍, ⌒
④ ✍, ⌒, ⌐

> ✍(삭제), ⌒(붙이기), ⌐(내어쓰기)로 모두 문서 분량이 감소할 수 있는 교정부호이다.
>
> **오답 피하기**
> • ① : ⌒(붙이기), ✿(원래대로 두기), ‿(삽입)
> • ② : ⌐(줄 바꾸기), √(띄어쓰기), ✍(수정)
> • ③ : ⊓(끌어 내리기), ✍(수정), ⌒(자리 바꾸기)

16 다음 중 〈보기 1〉의 문장이 〈보기 2〉의 문장으로 수정되기 위해 필요한 교정부호들로만 짝지어진 것으로 옳은 것은?

〈보기 1〉

천재는 노력하는 사람을 이길 수 없고,
노력하는 자는 즐기는 자 를 이길 수 없다.

〈보기 2〉

천재는 노력하는 자를 이길 수 없고,
노력하는 자는 즐기는 자를 이길 수 없다.

① ⊏, ⌒, ⌐
② ⊐, ✍, ⌒
③ ⌐, ᄅ, ‿
④ ⊓, ⌐, ⌒

> ⌐천재는 노력하는 사람을 이길 수 없고,
> 노력하는 자는 즐기는 자 를 이길 수 없다.

17 다음 중 메일 머지(Mail Merge)에 대한 설명으로 옳지 않은 것은?

① 전체적인 내용은 동일하지만 특정 부분만 다른 여러 개의 문서를 만드는 경우에 사용한다.
② 초청장, 안내장, 청첩장 등에 사용한다.
③ 출력 방향에는 모니터 화면, 프린터, 파일, 메일이 있다.
④ 서식 자료 파일의 종류에는 윈도우 주소록, Outlook 주소록, 한글 파일, 엑셀 파일, PDF 파일, 그래픽 파일 등이 있다.

> 서식 자료 파일에는 주소록, Outlook 주소록, 한글 파일, 한셀/엑셀 파일, DBF 파일이 있다.

18 다음 보기에서 설명하는 편람으로 옳은 것은?

> 단위 업무에 대한 업무 계획, 업무 현황 및 그 밖의 참고자료 등을 체계적으로 정리한 업무 자료철

① 행정 편람 ② 직무 편람
③ 공고 편람 ④ 민원 편람

직무 편람은 부서별 또는 개인별로 그 단위 업무에 대한 업무 계획, 업무 현황, 기타 참고자료 등을 체계적으로 정리하여 활용하는 업무 자료철 등을 말한다.

오답 피하기
- 행정 편람 : 업무 처리 절차와 기준, 장비 운용 방법, 그 밖의 일상적 근무 규칙 등에 관하여 각 업무 담당자에게 필요한 지침, 기준 또는 지식을 제공하는 업무지도서 또는 업무 참고서
- 공고 : 일정한 사항을 일반인에게 알리는 문서로 효력이 단기적이거나 일시적인 것
- 민원 편람 : 민원 업무에 편의성을 위하여 보기에 편리하도록 간추려 놓은 자료

19 다음 중 워드프로세서의 인쇄 기능에 대한 설명으로 옳지 않은 것은?

① 문서의 여러 쪽을 한 페이지에 모아 찍기, 특정 페이지마다 끊어 찍기를 할 수 있다.
② 미리 보기 기능을 사용하여 문서의 내용을 편집할 수는 없다.
③ 인쇄 매수를 지정하여 동일한 문서를 여러 번 인쇄할 수 있다.
④ 인쇄할 때 프린터의 해상도를 높게 설정하면 선명하게 인쇄되고 출력 속도도 빨라진다.

인쇄 해상도를 높게 설정하면 선명하게 인쇄는 되나, 출력 속도는 느려진다.

20 다음 중 전자출판에 대한 설명으로 옳지 않은 것은?

① 컴퓨터를 이용하여 원고의 입력부터 출력까지의 전 과정을 관리할 수 있다.
② 전자출판을 이용하면 문자뿐만 아니라 그림, 소리, 동영상 등의 표현도 가능하다.
③ 미리 보기 기능을 이용하여 최종 결과물의 결과를 미리 화면으로 확인할 수 있다.
④ 출판과 보관 비용이 많이 증가하지만 다른 매체와 결합이 쉽다.

전자출판은 출판과 보관 비용이 감소한다.

2과목 PC 운영체제

21 다음 중 한글 Windows 10의 전원에 관한 설명으로 옳지 않은 것은?

① 시스템 종료 : 앱을 모두 닫고 시스템을 종료한다.
② 절전 : PC가 켜져 있지만 저 전원 상태로 앱이 열려 있어 절전 모드가 해제되면 이전 상태로 돌아간다.
③ 잠금 : 사용 중인 사용자 계정에 암호가 설정되어 있는 경우 컴퓨터를 켜놓은 상태로 잠그면 사용자 암호를 입력해야만 잠금을 해제할 수 있다.
④ 다시 시작 : 변경된 Windows 설정을 저장하고 메모리에 있는 모든 정보를 이동식 디스크에 저장한 후에 시스템을 다시 시작한다.

다시 시작
- [시작]-[전원]-[다시 시작]을 클릭하여 실행
- 앱을 모두 닫고 시스템을 다시 시작하는 기능으로, Windows의 설정을 저장하고 메모리의 모든 정보를 하드 디스크에 저장한 후 다시 시작

22 다음 중 한글 Windows 10에서 사용하는 바로 가기 아이콘에 대한 설명으로 옳지 않은 것은?

① 바로 가기 아이콘을 삭제하여도 원본 파일은 삭제되지 않는다.
② 폴더나 파일, 컴퓨터, 프린터, 디스크 드라이버 등의 개체에 대해 설정할 수 있다.
③ 바로 가기 아이콘은 왼쪽 아래에 화살표 표시가 있으며, 확장자는 .LNK이다.
④ 자주 사용하는 문서나 앱을 빠르게 실행시키기 위하여 사용하는 원본 파일의 복사본이다.

바로 가기 아이콘은 원본 앱의 경로를 지정한 1KB 크기 정도의 작은 크기의 파일로 확장자는 .LNK이다.

23 다음 중 이미지 뷰어를 위한 유틸리티 앱으로만 짝지은 것은?

① 네이버 백신, V3 Lite, 알약
② 반디집, 알집, WinZip
③ 알FTP, 파일질라, Winscp
④ 알씨(ALSee), Imagine, Windows Media Player

> **오답 피하기**
> • ① : 파일 백신 및 치료 프로그램
> • ② : 압축 및 해제 관련 프로그램
> • ③ : FTP 프로그램으로 파일 송수신 관련 유틸리티

24 다음 중 한글 Windows 10에서 프로그램 설치 및 제거에 대한 설명으로 옳지 않은 것은?

① 파일 탐색기에서 설치 파일(Setup.exe)을 찾아 더블클릭하면 설치할 수 있다.
② 설치된 앱을 완전히 제거하려면 설치된 앱 파일들이 들어있는 폴더를 모두 삭제하면 된다.
③ 인터넷을 통해 설치하려면 해당 앱에 대한 링크를 클릭한 후 '열기' 또는 '실행'을 클릭한다.
④ [제어판]의 [프로그램 및 기능]에서 해당 프로그램을 선택한 후 '제거/변경'을 클릭하면 설치된 앱을 삭제할 수 있다.

> 설치된 앱을 완전히 제거하려면 [프로그램 제거 또는 변경]에서 앱 제거를 선택하거나 uninstall을 이용한다.

25 다음 중 한글 Windows 10의 [Windows 보조프로그램]에 있는 [그림판]에 대한 설명으로 옳지 않은 것은?

① 스마트폰으로 촬영한 jpg 파일을 불러와 편집한 후 png 파일 형식으로 저장할 수 있다.
② 편집 중인 이미지의 일부분을 선택한 후 삭제하면 삭제된 빈 공간은 '색 1'(전경색)로 채워진다.
③ 오른쪽 버튼으로 그림을 그릴 경우에는 모두 '색 2'(배경색)로 그려진다.
④ 그림판에서 편집한 그림은 Windows 바탕 화면의 배경으로 사용할 수 있다.

> 지우개로 이미지의 일부분을 삭제하면 빈 공간은 '색 2'(배경색)로 채워진다.

26 다음 중 한글 Windows 10에서 네트워크와 관련하여 [이더넷 속성] 창에서 할 수 있는 작업으로 옳지 않은 것은?

① 네트워크 연결에 사용하는 장치의 어댑터나 동작 상태, 드라이버 등의 구성을 확인할 수 있다.
② 다른 네트워크 사용자가 현재 사용 중인 컴퓨터의 인터넷을 통해 인터넷 연결 공유를 설정할 수 있다.
③ 클라이언트나 서비스, 프로토콜 등의 네트워크 기능 유형을 선택하고 추가 설치를 할 수 있다.
④ 네트워크에 인터넷 연결 공유된 각 컴퓨터를 직접 연결할 수 있으며, 파일이나 프린터를 사용할 수 있다.

> 네트워크 연결에 필요한 파일 및 프린터 공유를 위한 프로토콜을 설치할 수 있고 연결 상태를 확인할 수 있다.

27 다음 중 한글 Windows 10에서 폴더와 프린터의 공유에 대한 설명으로 옳지 않은 것은?

① 다른 사람이 공유 여부를 모르게 하려면 폴더의 공유 이름 뒤에 '#' 기호를 표시한다.
② 공유된 자원의 아이콘을 클릭하면 파일 탐색기 하단의 세부 정보 창에 공유 여부가 표시된다.
③ 프린터를 공유할 경우 공유할 프린터의 이름을 변경할 수 있다.
④ 문서, 비디오, 소리, 그림 등의 데이터 파일을 공유하려면 해당 파일을 공용 폴더로 이동시키면 된다.

> 다른 사람이 공유 여부를 모르게 하려면 폴더나 드라이브의 공유 이름 뒤에 '$' 기호를 표시해야 한다.

28 다음 중 한글 Windows 10의 보조프로그램 중에서 [메모장]에 관한 설명으로 옳은 것은?

① 그림이나 차트 등의 OLE 개체를 삽입할 수 있다.
② 자동 맞춤법과 같은 고급 기능을 제공한다.
③ 서식이 없는 텍스트 형식의 문서만 열거나 저장할 수 있다.
④ 편집하는 문서의 특정 영역(블록)에 대한 글꼴의 종류나 속성, 크기를 변경할 수 있다.

> 메모장은 서식이 없는 텍스트 형식(*.txt, html 등)의 문서를 열거나 작성하는 텍스트 편집기로, 서식이 있는 문서나 OLE, 그래픽 기능 등은 지원되지 않는다.

정답 23 ④ 24 ② 25 ② 26 ④ 27 ① 28 ③

29 다음 중 한글 Windows 10의 바탕 화면에 새 폴더를 만드는 방법으로 옳지 않은 것은?

① 파일 탐색기 창에서 바탕 화면을 선택한 후 메뉴에서 [새 폴더]를 선택한다.
② 바탕 화면에서 새 폴더를 만들기 위한 바로 가기 키인 Ctrl+N을 누른다.
③ 바탕 화면의 바로 가기 메뉴에서 [새로 만들기]-[폴더]를 선택한다.
④ ■+E를 눌러 나오는 창에서 바탕 화면을 선택한 후 메뉴에서 [새 폴더]를 선택한다.

- 바탕 화면에서 Ctrl+N : 파일 탐색기 창이 실행
- 바탕 화면에서 Ctrl+Shift+N : 새 폴더 만들기

30 다음 중 한글 Windows 10의 [작업 표시줄]에서 설정할 수 있는 기능과 관련이 없는 것은?

① 작업 표시줄 잠금
② 작업 표시줄 자동 숨기기 설정
③ 전원 단추 동작 설정
④ 바탕 화면 보기

전원 단추 동작은 [제어판]의 [전원 옵션]에서 설정할 수 있다.

31 다음 중 한글 Windows 10의 [제어판]에 있는 [기본 프로그램]을 선택하여 설정할 수 있는 항목으로 옳지 않은 것은?

① 기본 프로그램 설정
② 파일 형식 또는 프로토콜을 프로그램과 연결
③ 자동 재생 설정 변경
④ 파일 형식 및 프로토콜 제거 또는 복구

[제어판]의 [기본 프로그램] 항목으로는 기본 프로그램 설정, 파일 형식 또는 프로토콜을 프로그램과 연결, 자동 재생 설정 변경, 컴퓨터의 기본 프로그램 설정이 있다.

32 다음 중 한글 Windows 10의 바탕 화면에 있는 아이콘을 정렬하는 기준으로 옳지 않은 것은?

① 항목 유형순으로 정렬
② 크기순으로 정렬
③ 수정한 날짜순으로 정렬
④ 이름의 길이순으로 정렬

아이콘 정렬 기준은 이름(가나다 또는 ABC순), 수정한 날짜, 유형(파일 종류, 파일 형식), 크기 등이 있다.

33 다음 중 한글 Windows 10에서 사용하는 기본 프린터의 설정에 관한 설명으로 옳지 않은 것은?

① 기본 프린터로 사용할 프린터를 마우스 오른쪽 단추로 클릭한 다음 [기본 프린터로 설정]을 클릭한다.
② 현재 기본 프린터를 해제하려면 다른 프린터를 기본 프린터로 설정하면 된다.
③ 인쇄 시 특정 프린터를 지정하지 않으면 자동으로 인쇄 작업이 기본 프린터로 전달된다.
④ 기본 프린터는 2개 이상 지정이 가능하다.

기본 프린터는 반드시 1개만 지정이 가능하다.

34 다음 중 한글 Windows 10에서 인터넷이 정상적으로 작동하지 않을 때 취해야 할 조치로 옳지 않은 것은?

① 네트워크 카드나 케이블이 바르게 연결되었는지 점검한다.
② [실행] 창에 'renew'를 입력하여 Mac 주소를 확인한다.
③ Windows 또는 웹 브라우저가 정상적으로 설치되어 있는지 확인한다.
④ Ping 명령을 사용해 접속하려는 사이트의 서버 상태를 확인한다.

[실행] 창에서 'ipconfig'를 입력하면 내 컴퓨터의 IP 주소, 서브넷 마스크, 게이트웨이 주소를 확인할 수 있다.

35 한글 Windows 10에서 바탕 화면에 열려 있는 현재 실행 중인 앱을 종료하는 방법으로 옳지 않은 것은?

① [Ctrl]+[Shift]+[Esc]를 누른 후 나타나는 작업 관리자 창의 [프로세스] 탭에서 해당 앱을 선택한 후 [작업 끝내기] 단추를 클릭한다.
② 작업 표시줄의 바로 가기 메뉴에서 [작업 관리자]를 선택한 후 [프로세스] 탭에서 해당 앱의 [이미지 이름]을 선택한 후 [작업 끝내기] 단추를 클릭한다.
③ [Ctrl]+[F4]를 누른다.
④ [시작] 메뉴에서 [잠금]을 누르면 나타나는 대화상자에서 [닫기] 단추를 클릭한다.

[시작] 메뉴에서 [잠금]은 사용자 계정에 암호를 두어 컴퓨터를 잠금 상태로 켜놓는 것으로 암호를 입력하여 사용 상태로 해제하여 사용한다.

36 다음 중 한글 Windows 10의 [마우스 속성] 창에서 설정할 수 있는 기능으로 옳지 않은 것은?

① 두 번 클릭 속도의 변경
② 마우스 포인터 모양의 변경
③ 마우스 기종의 변경
④ 오른쪽 단추와 왼쪽 단추 기능 바꾸기

[마우스 속성] 창에서 마우스 기종을 변경할 수는 없다.

37 다음 중 한글 Windows 10에서 휴지통에 관한 설명으로 옳지 않은 것은?

① 휴지통의 크기는 드라이브마다 다르게 설정할 수 있다.
② 파일 탐색기의 [홈] 리본에 [삭제]를 눌러 휴지통으로 이동한다.
③ 휴지통 비우기를 하면 휴지통 아이콘의 모양이 변경되고 이후 복원할 수 없다.
④ 휴지통의 파일은 필요할 때 복원하여 사용할 수 있으며 휴지통에서 파일을 실행할 수도 있다.

파일은 휴지통에서 [복원]한 후 실행할 수 있다.

38 다음 중 한글 Windows 10의 [작업 관리자] 창에서 할 수 있는 작업으로 옳지 않은 것은?

① 현재 실행 중인 앱의 작업에 대하여 강제로 끝내기를 할 수 있다.
② 모든 사용자의 프로세스를 표시하거나 해당 프로세스의 끝내기를 할 수 있다.
③ 시스템의 서비스 항목을 확인하고 해당 서비스를 중지하거나 실행할 수 있다.
④ 현재 시스템 사용자를 로그오프하거나 새로운 사용자를 추가할 수 있다.

• 현재 사용자를 로그오프하거나 연결 끊기를 할 수 있으나 새로운 사용자를 추가할 수는 없음
• 새로운 사용자는 [제어판]의 [사용자 계정]에서 추가

39 한글 Windows 10의 가상 데스크톱에 대한 설명으로 옳지 않은 것은?

① 개인용 작업과 업무용 작업을 분리하여 하나의 시스템에서 서로 다른 바탕 화면으로 관리할 수 있다.
② 작업 표시줄에는 모든 가상 데스크톱에서 실행 중인 모든 목록이 표시된다.
③ 바로 가기 키 [⊞]+[Tab]을 눌러 새로운 가상 데스크톱을 만들 수 있다.
④ 가상 데스크톱을 삭제해도 현재 작업 중인 창은 다른 데스크톱 화면으로 이동된다.

작업 표시줄에는 현재 사용 중인 데스크톱에서 실행 중인 목록만이 표시된다.

40 다음 중 한글 Windows 10에서 레지스트리에 대한 설명으로 옳지 않은 것은?

① 레지스트리를 편집하려면 시작 메뉴의 검색 상자에서 'regedit'를 입력하여 실행한다.
② 레지스트리란 Windows 사용자의 정보, 응용 앱의 정보, 설정 사항 등 Windows 실행 설정에 대한 정보를 담은 데이터베이스이다.
③ 레지스트리가 손상되면 Windows에 치명적인 손상을 줄 수 있으므로 주의하여 사용해야 한다.
④ 레지스트리는 백업을 받을 수 없으므로 함부로 삭제하거나 실수하는 일이 없도록 신중하게 편집하여야 한다.

레지스트리는 [시스템 복원]이나 [레지스트리 편집기]에서 백업을 받을 수 있다.

3과목 PC 기본상식

41 다음 중 컴퓨터 바이러스 감염 예방법으로 옳지 않은 것은?

① 공용 폴더의 속성은 읽기 전용으로 한다.
② 불분명한 전자우편은 반드시 열어서 확인하고 삭제한다.
③ 최신 백신을 사용하여 주기적으로 검사한다.
④ 감염에 대비하여 중요 자료는 주기적으로 백업한다.

> 불분명한 전자우편을 열면 컴퓨터가 감염될 수 있으므로 열지 않는 것이 좋다.

42 다음 중 컴퓨터 중앙 처리 장치의 제어 장치에 있는 레지스터의 설명으로 옳은 것은?

① 프로그램 카운터(PC)는 다음에 실행할 명령어의 번지를 기억하는 레지스터이다.
② 명령 레지스터(IR)는 현재 실행 중인 명령어를 해독하는 레지스터이다.
③ 부호기(Encoder)는 연산된 결과의 음수와 양수를 결정하는 회로이다.
④ 메모리 버퍼 레지스터(MBR)는 기억 장치에 입출력되는 데이터의 주소 번지를 기억한다.

> 오답 피하기
> • ② : 명령 레지스터(IR)는 현재 수행 중인 명령의 내용을 기억하는 레지스터
> • ③ : 부호기(Encoder)는 명령 해독기로 해독한 내용을 신호로 변환하여 각 장치에 전달
> • ④ : 메모리 버퍼 레지스터(MBR)는 메모리 주소 레지스터(MAR)의 내용을 기억

43 다음 중 전자우편에 대한 설명으로 옳지 않은 것은?

① 메일 서버에 도착한 전자우편을 사용자 컴퓨터로 가져오는 프로토콜은 POP3이다.
② 전자우편 주소 sang123@nara.co.kr에서 도메인 네임은 nara.co.kr이다.
③ 회신은 받은 메일에 대해 답장을 작성하여 발송자에게 보내는 기능이다.
④ 전자우편의 송신을 담당하고 다른 사람의 계정이 있는 곳으로 전송하는 프로토콜은 IMAP이다.

> • IMAP : 제목과 송신자를 보고 메일을 다운로드할 것인지를 결정하는 프로토콜로, 전자우편의 수신을 담당
> • SMTP : 메일 전송 프로토콜
> • POP3 : 메일 수신 프로토콜

44 다음 중 정보 전송 방식에 대한 설명으로 옳지 않은 것은?

① 통신 회선 이용 방식에 따라 단방향 통신, 양방향 통신, 전이중 통신으로 구분한다.
② 데이터 전송 방식에 따라 직렬 전송, 병렬 전송으로 구분한다.
③ 데이터 동기화 여부에 따라 비동기식 전송, 동기식 전송으로 구분한다.
④ 연결 방식에 따라 점대점 방식, 다지점 방식으로 구분한다.

> 통신 회선의 데이터 전송 방식에 따라 단방향, 반이중, 전이중 통신 방식으로 구분한다.

45 다음은 무엇에 대한 설명인가?

> 키보드 없이 손가락 또는 전자펜을 이용해 직접 액정 화면에 글씨를 써서 문자를 인식하게 하는 터치 스크린 방식을 주 입력 방식으로 하여 앱을 실행할 수 있는 모바일 인터넷 기기

① HMD(Head Mounted Display)
② 태블릿 PC
③ 노트북 컴퓨터
④ 랩탑 컴퓨터

> 오답 피하기
> • HMD(Head Mounted Display) : 안경처럼 머리에 착용하고 대형 영상을 즐기면서 사용하는 영상 표시 장치(모니터)
> • 노트북 컴퓨터 : 노트 크기만 한 컴퓨터
> • 랩탑 컴퓨터 : 손바닥 위에 올려놓고 사용할 만한 크기의 컴퓨터

정답 41 ② 42 ① 43 ④ 44 ① 45 ②

46 다음에서 설명하는 오디오 데이터 파일 형식은?

- 전자 악기 디지털 인터페이스를 의미하며, 컴퓨터 사이에서 음정과 같은 연주 정보를 교환하기 위한 데이터 전송 규격이다.
- 음성이나 효과음 저장이 불가능하고, 연주 정보만 저장되어 있으므로 크기가 작다.

① MP3
② MIDI
③ WAVE
④ RA/RM

MIDI는 파일 크기가 작고 여러 가지 악기로 동시에 연주가 가능한 파일 형식이 장점이나, 음성이나 효과음의 저장이 어렵다는 단점이 있다.

오답 피하기
- MP3 : 고음질의 오디오 압축의 표준 형식
- WAVE : PC 오디오 표준 형식으로, 소리의 원음이 저장되고 재생이 쉽지만 용량이 큼
- RA/RM : 리얼 오디오 파일 형식

47 다음에서 설명하는 컴퓨터는 무엇인가?

- 컴퓨터의 분류에서 사용 목적에 따른 분류이다.
- 특수한 목적에만 사용하기 위해 제작된 컴퓨터로 자동 제어 시스템, 항공 기술 등 산업용 제어 분야 등에 사용되며, 아날로그 컴퓨터가 여기에 해당된다.

① 디지털 컴퓨터
② 범용 컴퓨터
③ 전용 컴퓨터
④ 하이브리드 컴퓨터

컴퓨터의 사용 목적에 따라 특정한 분야에 사용하는 전용 컴퓨터, 여러 분야에 광범위하게 사용하는 범용 컴퓨터가 있다.

오답 피하기
- 디지털 컴퓨터 : 코드화된 숫자나 문자를 자료의 형태로 받아 이산적인 자료로 결과를 얻는 컴퓨터로, 일반 사무용이나 계산용의 범용 컴퓨터
- 범용 컴퓨터 : 여러 분야에서 광범위하게 사용할 수 있도록 제작된 컴퓨터
- 하이브리드 컴퓨터 : 디지털 컴퓨터나 아날로그 컴퓨터의 장점만을 혼합한 특수 목적용 컴퓨터

48 다음 중 컴퓨터의 기본 장치인 주기억 장치에 대한 설명으로 옳지 않은 것은?

① 자료가 있는 주소에 새로운 자료가 들어오면 기존의 자료는 그 다음 주소로 저장된다.
② 주기억 장치에 사용되는 기억 매체는 주로 RAM을 사용한다.
③ 주기억 장치의 각 위치는 주소(Address)에 의해 표시된다.
④ 주기억 장치는 처리 중인 프로그램과 데이터 그리고 중간 처리 결과를 보관한다.

제어 장치의 프로그램 카운터(Program Counter)는 다음에 수행할 명령어의 주소를 기억하는 레지스터이다.

49 다음 중 자기 디스크 관련 용어에 대한 설명으로 옳은 것은?

① 섹터(Sector) : 회전축을 중심으로 데이터가 기록되는 동심원
② 실린더(Cylinder) : 여러 개의 섹터를 모은 것
③ 접근시간(Access Time) : 데이터를 읽고 쓰는 데 걸리는 시간의 합
④ 탐색시간(Seek Time) : 읽기/쓰기 헤드가 지정된 트랙을 찾은 후 원판이 회전하여 원하는 섹터의 읽기/쓰기가 시작될 때까지의 시간

접근시간(Access Time)은 탐색시간(Seek Time)+회전 대기 시간(원하는 섹터가 헤드 아래로 오는 시간(Latency Time))+데이터 전송 시간(Data Transfer Time)이다.

오답 피하기
- 섹터(Sector) : 한 개의 동심원을 같은 길이로 분할한 구역으로 데이터를 기록하는 단위
- 실린더(Cylinder) : 디스크 중심축으로부터 동일한 거리에 위치하는 트랙들의 모임
- 탐색시간(Seek Time) : 자기 디스크의 헤드가 원하는 자료가 있는 트랙으로 이동하는 시간

50 다음 중 서로 다른 프로토콜을 사용하는 망을 연결하는 데 사용되는 장치는?

① 리피터(Repeater)
② 게이트웨이(Gateway)
③ 서버(Server)
④ 클라이언트(Client)

> 게이트웨이(Gateway)는 두 개의 서로 다른 네트워크를 상호 접속하는 장치이다.
>
> **오답 피하기**
> • 리피터(Repeater) : 신호를 증폭시켜 먼 거리까지 전달하는 장치
> • 서버(Server) : 클라이언트의 요구에 서비스를 제공하는 시스템
> • 클라이언트(Client) : 서버에게 서비스를 요청하는 시스템

51 다음 중 응용 소프트웨어에 대한 설명으로 잘못된 것은?

① MS Outlook은 그룹웨어의 일종이다.
② DTP(Desk Top Publishing) 소프트웨어는 문서 이미지에 포함된 문자를 이미지 형태의 문자로 변경해 준다.
③ 컴퓨터나 소프트웨어 구입 시 무료로 배포되는 소프트웨어를 번들 소프트웨어라고 한다.
④ 데이터베이스 관리 시스템은 데이터의 중복성을 최소화하고 무결성을 보장해 줄 수 있다.

> DTP(Desk Top Publishing) 소프트웨어는 컴퓨터를 이용하여 출판물을 만들어 주는 프로그램이다.

52 다음은 프로그램 개발 절차이다. 괄호 안에 들어갈 내용을 올바르게 나열한 것은?

문제 분석 → ( ) → 순서도 작성 → ( ) → ( ) → 테스트 → 프로그램 실행 → 문서화

① 코딩, 입출력 설계, 번역과 오류 수정
② 입출력 설계, 번역과 오류 수정, 코딩
③ 입출력 설계, 코딩, 번역과 오류 수정
④ 번역과 오류 수정, 입출력 설계, 코딩

> 프로그램 개발 절차는 '문제 분석 → 입출력 설계 → 순서도 작성 → 코딩 → 번역과 오류 수정 → 테스트 → 프로그램 실행 → 문서화' 순서이다.

53 다음 중 연산 장치를 구성하는 레지스터가 아닌 것은?

① 데이터 레지스터
② 메모리 버퍼 레지스터
③ 상태 레지스터
④ 인덱스 레지스터

> 메모리 버퍼 레지스터(MBR)는 제어 장치로, 메모리의 주소 레지스터의 내용을 기억한다.

54 다음 중 DMA(Direct Memory Access)에 관한 설명으로 옳지 않은 것은?

① CPU로부터 입·출력 장치의 제어를 넘겨받아 대신 처리하는 입·출력 전용 프로세서이다.
② 작업이 끝나면 CPU에게 인터럽트 신호를 보내 작업이 종료되었음을 알린다.
③ DMA 방식을 채택하면 CPU의 효율성이 증가되고 속도가 향상된다.
④ DMA를 사용하려면 메인보드와 하드 디스크 같은 주변 장치가 DMA를 지원해야 한다.

> • DMA(Direct Memory Access) : 주변 장치가 직접 메모리 버스를 관리하여 CPU의 부담을 줄이고 전송 속도를 향상시키는 것
> • 채널(Channel) : CPU 대신 입·출력 조작의 역할을 담당하는 입·출력 전용 프로세서

55 다음 중 그래픽 데이터 형식에 관한 설명으로 옳지 않은 것은?

① BMP : Windows 운영체제의 표준 비트맵 파일 형식으로 압축하여 저장하므로 파일의 크기가 작은 편이다.
② GIF : 인터넷 표준 그래픽 형식으로 8비트 컬러를 사용하여 최대 256색상까지만 표현할 수 있으며, 애니메이션 표현이 가능하다.
③ JPEG : 사진과 같은 선명한 정지 영상 압축 기술에 대한 국제 표준으로 주로 인터넷에서 그림 전송에 사용된다.
④ PNG : 트루 컬러의 지원과 투명색 지정이 가능하다.

> BMP는 Windows 표준 비트맵 파일 형식으로 입·출력 속도가 빠르나 파일의 크기가 크다.

정답 50 ② 51 ② 52 ③ 53 ② 54 ① 55 ①

56. 다음 중 OSI 7계층 구조에서 각 계층에 해당하는 프로토콜로 옳지 않은 것은?

① 데이터 링크 계층 : HDLC, SDLC
② 네트워크 계층 : IP, ICMP
③ 세션 계층 : TCP, UDP
④ 응용 계층 : FTP, HTTP

전송 계층에는 TCP, UDP 프로토콜이 해당한다.

57. 다음 중 운영체제의 목적에 대한 설명으로 옳지 않은 것은?

① 처리 능력(Throughput) : 일정한 시간 내에 컴퓨터 시스템이 처리할 수 있는 일의 양으로 많을수록 좋다.
② 응답 시간(Turnaround Time) : 사용자가 작업 요청 후 그 결과를 얻을 때까지의 소요되는 시간으로 짧을수록 좋다.
③ 사용 가능도(Availability) : 컴퓨터 시스템을 사용할 때 실제 시스템 자원을 사용할 수 있는 시간을 말하며 시간이 많을수록 좋다.
④ 신뢰도(Reliability) : 주어진 문제를 정확하게 해결하고 작동하는 정도로 무고장 시간이 길수록 좋다.

사용 가능도(Availability)는 시스템을 신속하게 사용할 수 있는 정도로, 빠를수록 좋다.

58. 다음 중 ICT 신기술에서 유비쿼터스(Ubiquitous)에 관한 설명으로 옳지 않은 것은?

① 언제 어디서나 어떤 기기를 통해서도 컴퓨팅이 가능한 환경이다.
② 기존의 관리나 분석체계로 처리가 어려운 대용량 데이터를 처리하는 기술이다.
③ 모든 사물에 초소형 칩을 내장시켜 네트워크로 연결하여 사물끼리 통신이 가능하다.
④ 대표적인 관련 기술로는 RFID와 USN 등이 있다.

빅데이터는 대용량의 데이터를 빠르게 처리하는 기술이다.

59. 다음 중 오디오, 비디오, 이미지 등의 디지털 콘텐츠에 사람의 육안으로는 구별할 수 없도록 저작원의 정보를 삽입하여 불법 복제를 막는 기술로 옳은 것은?

① 카피라잇(Copyright)
② 카피레프트(Copyleft)
③ 워터마킹(Watermarking)
④ 스패밍(Spamming)

오답 피하기
- 카피라잇(Copyright) : 판권, 저작권이라는 뜻으로 창작자가 가지게 되는 법적 권리
- 카피레프트(Copyleft) : 카피라이트에 반대되는 말로서 지적 재산권을 인정하지 않고 창작물에 대해 모든 사람이 공유하고 활용할 수 있도록 하는 것
- 스패밍(Spamming) : 수신인이 원하지 않는 정보임에도 불구, 무차별적인 광고성, 종교성, 정치성 정보를 불특정 다수에게 전송하는 행위

60. 다음 중 아래의 보기에서 설명하는 운영체제의 운영 방식으로 옳은 것은?

- 속도가 빠른 CPU의 처리 시간을 분할하여 여러 개의 작업을 연속으로 처리하는 방식
- 일정 시간 단위로 CPU 사용권을 신속하게 전환하여 각 사용자들이 자신만이 컴퓨터를 사용하고 있는 것처럼 느끼게 하는 방식

① 일괄 처리 시스템
② 듀플렉스 시스템
③ 분산 처리 시스템
④ 시분할 시스템

오답 피하기
- 일괄 처리 시스템 : 처리할 데이터를 일정한 분량이 될 때까지 모아서 한꺼번에 처리하는 방식
- 듀플렉스 시스템 : 한 쪽의 CPU가 가동 중일 때 다른 CPU가 대기하며, 가동 중인 CPU가 고장나면 대기 중인 다른 CPU가 가동되는 시스템
- 분산 처리 시스템 : 네트워크로 연결된 컴퓨터에 의해 작업과 자원을 분산하여 처리하는 방식

2024년 상시 기출문제 04회

SELF CHECK : 제한시간 60분 | 소요시간   분 | 전체 문항 수 60문항 | 맞힌 문항 수   문항

1과목 워드프로세싱 용어 및 기능

01 다음 중 워드프로세서의 특징에 대한 설명으로 옳지 않은 것은?

① 작성한 문서를 다른 응용 프로그램에서 불러와 편집할 수 있다.
② 작성 중인 문서를 포토샵 파일(*.PDS)이나 동영상 파일(*.WMV)로 저장할 수 있다.
③ 작성한 문서에 암호를 부여하여 저장할 수 있어 보안 유지가 가능하다.
④ 작성한 문서를 메일, 팩시밀리, 모바일 등을 이용하여 쉽게 전송할 수 있다.

> 워드프로세서의 저장 형식에는 텍스트 문서, 서식 문서, 플래시 문서, PDF, JPG 등의 이미지 문서가 있으나, 포토샵이나 동영상 파일 형식으로는 저장할 수 없다.

02 다음 중 한자를 입력하는 방법으로 옳은 것은?

① 특정 영역을 범위 지정한 후 한자키를 눌러 변환할 수 없다.
② 한자의 음을 아는 경우에는 부수/총 획수 입력, 외자 입력, 2Stroke 입력이 있다.
③ 한자의 음을 모를 때에는 한글/한자 음절 변환, 단어 변환, 문장 자동 변환이 있다.
④ 한자키로 한자로 변환한 후 한글로 변환할 수 있고 새로운 한자를 등록할 수 있다.

> **오답 피하기**
> • ① : 특정 영역만 범위를 지정한 후 한자로 변경 가능
> • ② : 한글/한자 음절 변환, 단어 변환, 문장 자동 변환(한자 음을 아는 경우)
> • ③ : 부수/총 획수 입력, 외자 입력, 2Stroke 입력(한자 음을 모르는 경우)

03 다음 중 아래의 보기에서 설명하는 워드프로세서의 편집 관련 용어로 옳은 것은?

> 문서의 내용을 설명하거나 인용한 원문의 제목을 알려주는 보충 구절을 해당 페이지 하단에 표기하는 기능

① 미주(Endnote)
② 각주(Footnote)
③ 문단(Paragraph)
④ 클립아트(Clip Art)

> **오답 피하기**
> • 미주(Endnote) : 문서의 보충 구절을 표시하되 문서의 맨 마지막 페이지에 모아서 표시
> • 문단(Paragraph) : 문서 입력 중 Enter 로 구분되며, 한 페이지는 한 개 이상의 문단으로 구성
> • 클립아트(Clip Art) : 문서를 만들 때 편리하게 사용할 수 있도록 미리 만들어 저장해 놓은 여러 가지 그림

04 다음 중 문서의 인쇄에 대한 설명으로 옳지 않은 것은?

① 프린터의 해상도를 높게 설정하면 인쇄가 선명해진다.
② 문서의 내용을 축소하거나 500%까지 확대하여 인쇄할 수 있다.
③ 인쇄 옵션 항목에는 인쇄 범위, 인쇄 매수, 인쇄 방식 등을 지정할 수 있다.
④ 파일로 인쇄를 하면 종이에 출력한 후 PDF, XPS 등의 파일로 저장된다.

> 파일로 인쇄는 종이로 인쇄하지 않고 *.prn 형식의 파일로 저장된다.

정답 01 ② 02 ④ 03 ② 04 ④

05 다음 중 글꼴 방식에 대한 설명으로 옳지 않은 것은?

① 비트맵은 점으로 이루어진 글꼴로 점이 많으면 글씨가 세밀해진다.
② 비트맵 글꼴은 확대나 축소를 해도 글씨가 매끄럽게 나타난다.
③ 벡터 글꼴은 좌표를 받아 입력하고 글씨가 커지면 용량이 커진다.
④ 벡터 글꼴은 글자를 선분의 모임으로 그린 글꼴로 플로터 등에서 사용된다.

> 비트맵 글꼴은 확대하면 계단 모양으로 표시된다.

06 다음 중 전자문서 관리 시스템에 대한 설명으로 옳지 않은 것은?

① 전자문서는 빠르고 정확한 검색이 가능하다.
② 전자문서의 효력은 수신자의 컴퓨터 파일에 기록되었을 때부터 발생한다.
③ 전자이미지관인은 문서과의 기안자가 자기의 서명을 이미지 형태로 입력하는 작업이다.
④ 전자문서에서 보존 기간이 20년 이상인 문서는 컴퓨터 파일과 장기보존이 가능한 용지에 출력한 출력물을 함께 보존한다.

> 전자이미지관인의 인영은 컴퓨터 등 정보처리능력을 가진 장치로 처리과의 기안자가 찍는 작업이다.

07 다음에서 설명하는 것은?

> 문단의 왼쪽/오른쪽 여백, 탭의 위치, 들여쓰기/내어쓰기, 눈금 단위 등을 표시한다.

① 제목 표시줄
② 스크롤(Scroll)
③ 상태 표시줄
④ 눈금자(Ruler)

> **오답 피하기**
> • 제목 표시줄 : 창의 위쪽에 위치하며, 파일명, 제어상자, 빠른 실행 도구 모음, 창 조절 단추를 표시하는 곳
> • 스크롤(Scroll) : 문서를 작성할 때 화면을 상·하·좌·우로 이동하는 기능
> • 상태 표시줄 : 커서가 있는 쪽 번호, 커서 위치, 삽입 또는 수정 상태, 자판의 종류 등의 정보를 표시

08 다음 중 공문서 항목 구분 시 넷째 항목의 항목 구분으로 사용할 수 있는 기호는?

① 가, 나, 다, …
② 가), 나), 다), …
③ ㉮, ㉯, ㉰, …
④ (가), (나), (다), …

> **공문서 항목 구분**
> • 첫째 항목 : 1. 2. 3. …
> • 둘째 항목 : 가. 나. 다. …
> • 셋째 항목 : 1) 2) 3) …
> • 넷째 항목 : 가) 나) 다) …
> • 다섯째 항목 : (1) (2) (3) …
> • 여섯째 항목 : (가) (나) (다) …
> • 일곱째 항목 : ① ② ③ …
> • 여덟째 항목 : ㉮ ㉯ ㉰ …

09 다음 중 공문서의 접수, 처리에 대한 설명으로 옳지 않은 것은?

① 접수한 문서에는 접수 일시와 접수 등록 번호를 전자적으로 표시한다.
② 종이 문서인 경우에는 접수인을 찍고 접수 일시와 접수 등록 번호를 적는다.
③ 문서과에서 직접 받은 문서는 문서과에서 접수하여 처리한다.
④ 문서는 처리과에서 접수해야 한다.

> 문서과에서 직접 받은 문서는 지체 없이 처리과에 배부하여 접수한다.

10 다음 문장에 사용되는 교정기호로 묶인 것은?

〈수정 전〉

경계치 않는 것이 아니라 넘어질 때마다
거기에 삶의 가장 큰 존재영광이 존재한다.

〈수정 후〉

넘어지지 않는 것이 아니라 넘어질 때마다 일어서는 것.
거기에 삶의 가장 큰 영광이 존재한다.

① ⌐, ◡͡, ⌐
② ơ, ⌒, ơ
③ ※, ⌒, ơ
④ ⌒, ⌒, ⊇

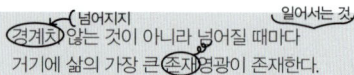

11 다음 중 우리나라에서 적용되는 공문서 효력이 발생하는 시기로 옳은 것은?

① 공문서가 작성 완료된 시점
② 공문서가 발송된 직후
③ 공문서가 수신자에게 도달한 시점
④ 공문서가 도달하여 수신자가 내용을 알게 된 시점

우리나라는 공문서가 수신자에게 도달된 때 효력이 발생하는 도달주의를 채택하고 있다.

12 다음 중 메일 머지(Mail Merge) 기능에 대한 설명으로 옳지 않은 것은?

① 이름이나 직책, 주소 등만 다르고 나머지 내용은 같은 편지를 쉽게 만들 수 있는 기능이다.
② 출력 방향은 파일, 프린터, 화면, 메일로 지정할 수 있다.
③ 데이터 파일은 엑셀(xlsx)이나 액세스(accdb) 파일이어야 한다.
④ 반드시 본문 파일에서 메일 머지 기능을 실행시켜야 한다.

메일 머지에 사용하는 자료(데이터) 종류로는 주소록, Outlook 주소록, 한글 파일, 한셀/엑셀 파일, DBF 파일이 있다.

13 다음 중 워드프로세서에서 행말 금칙 문자로만 짝지어진 것으로 옳은 것은?

① ℉ ℃ ?
② ! ☎ 〉
③ # $ ☎
④ : ℃ #

• 행두 금칙(행의 처음에 올 수 없는 문자) : . , ' " ? !)] } 〉 ! : ; ゝゝ 〉 ℉ ℃
• 행말 금칙(행의 마지막에 올 수 없는 문자) : ' " ([{ 〈 # $ ☎ : 「「 〈 〈

14 다음 중 머리말과 꼬리말에 대한 설명으로 옳지 않은 것은?

① 한 페이지의 맨 위와 아래에 내용이 쪽마다 고정적으로 반복되는 것을 말한다.
② 머리말과 꼬리말에는 책의 제목, 그 장의 제목, 쪽 번호 등을 넣는다.
③ 머리말과 꼬리말의 내용을 짝수쪽, 홀수쪽에 다르게 입력할 수 있다.
④ 머리말에 숫자, 문자, 그림은 입력할 수 있으나 표는 입력할 수 없다.

머리말에 숫자, 문자, 그림, 표 모두 입력이 가능하다.

15 다음 중 소트(Sort)에 대한 설명으로 옳지 않은 것은?

① 오름차순은 숫자, 영문자, 한글순으로 정렬된다.
② 작은 것부터 큰 순서대로 정렬하는 것을 오름차순 정렬이라고 한다.
③ 큰 것부터 작은 순서대로 정렬하는 것을 내림차순 정렬이라고 한다.
④ 한 번 정렬된 내용은 오름차순 혹은 내림차순으로 재배열할 수 없다.

한 번 정렬된 내용도 오름차순이나 내림차순으로 재배열할 수 있다.

16 다음에서 설명하는 전자출판 기술은?

- 서로 관련성 있는 문서와 문서를 연결하는 것으로 이용자의 의도된 선택에 따라 이동이 가능
- 양방향 네트워크에 통신 표준에 따라 이용자에게 다양한 정보를 제공

① 위지윅(WYSIWYG)
② OLE(Object Linking&Embedding)
③ EDI(Electronic Data Interchange)
④ 하이퍼링크(Hyperlink)

하이퍼링크(Hyperlink)는 문서의 특정한 위치에 현재 문서나 다른 문서의 웹 페이지, 전자우편 주소 등을 연결하여 참조하거나 이동하는 기능이다.

오답 피하기
• 위지윅(WYSIWYG; What You See Is What You Get, 보는 대로 얻는다) : 문서 편집 과정에서 화면에 표시된 대로 출력물이 나오는 방식
• OLE(Object Linking&Embedding) : 응용 앱 간의 개체 연결 및 포함으로 자료를 공유하는 방식
• EDI(Electronic Data Interchange) : 네트워크를 통한 업무 문서의 전자표준교환시스템

17 다음 중 공문서 관리와 관련된 설명으로 옳지 않은 것은?

① 편철은 분류가 끝난 문서를 문서철에 묶는 과정을 말한다.
② 공공기록물의 보존 기간은 영구, 준영구, 30년, 10년, 5년, 3년, 1년으로 구분한다.
③ 이관은 지정된 보존 기간에 맞춰 보존 중인 문서를 연장하여 보존하기 위해 해당 부서로 옮기는 것이다.
④ 분류는 보존 기간이 끝난 문서를 평가하여 보존, 폐기, 보류의 작업을 하는 것이다.

문서의 분류는 문서 분류법에 따라 문서를 나누는 작업을 말한다.

18 다음 중 서로 상반되는 의미의 교정부호로 짝지어지지 않은 것은?

① ∨, ⌒
② ◡, ♂
③ ⌐, ⌒
④ ♂, ㄴ

• ♂ : 수정
• ㄴ : 내어쓰기

오답 피하기
• ① : ∨(사이 띄우기), ⌒(붙이기)
• ② : ◡(삽입), ♂(삭제)
• ③ : ⌐(줄 바꾸기), ⌒(줄 잇기)

19 다음 중 찾기와 바꾸기에 대한 설명으로 옳지 않은 것은?

① 한글, 영문, 특수문자로 찾기와 바꾸기가 가능하다.
② 찾기는 문서의 내용에 변화를 주지 않지만 바꾸기는 문서의 내용에 변화를 줄 수 있다.
③ 찾기는 '검색'이라고도 하고 바꾸기는 '치환'이라고도 한다.
④ 바꾸기는 찾을 방향을 지정할 수 없다.

바꾸기는 검색할 방향을 아래쪽, 위쪽, 문서 전체로 지정할 수 있다.

20 다음에서 설명하는 전자출판 기능은?

> 제한된 색상에서 조합 또는 비율을 변화하여 새로운 색을 만드는 작업. 그래픽 이미지에 효과를 넣는 방법

① 디더링(Dithering)
② 렌더링(Rendering)
③ 리터칭(Retouching)
④ 필터링(Filtering)

오답 피하기

- 렌더링(Rendering) : 2차원의 이미지에 광원, 위치, 색상 등을 첨가하고, 사실감을 불어넣어 3차원적인 입체감을 갖는 화상을 만드는 작업
- 리터칭(Retouching) : 기존의 이미지를 다른 형태로 새롭게 변형·수정하는 작업
- 필터링(Filtering) : 작성된 이미지를 필터 기능을 이용하여 여러 가지 형태의 새로운 이미지로 탈바꿈해 주는 기능

2과목 PC 운영체제

21 다음 중 한글 Windows 10의 파일과 폴더에 대한 설명으로 옳지 않은 것은?

① 파일의 효율적인 관리를 위해 서로 관련 있는 파일들을 한 폴더에 저장한다.
② CON, PRN, AUX, NUL은 시스템에 예약된 단어이므로, 파일 이름과 확장자명으로 사용할 수 없다.
③ 하나의 폴더 내에는 같은 이름의 파일 이름과 확장자가 존재할 수 없다.
④ 파일과 폴더의 이름은 확장자를 포함하여 기본적으로 260자 이내로 작성하며, 공백을 포함할 수 있다.

CON, PRN, AUX, NUL은 시스템에 예약된 단어로, 파일명으로 사용할 수 없고 확장자로는 사용할 수 있다.

22 다음 중 한글 Windows 10의 바탕 화면에 있는 폴더 아이콘의 바로 가기 메뉴를 사용하여 할 수 있는 작업으로 옳지 않은 것은?

① 바탕 화면에 해당 폴더의 새로운 바로 가기 아이콘을 만들 수 있다.
② 바로 이전에 삭제한 폴더를 복원할 수 있다.
③ 공유 대상 폴더를 설정할 수 있으며, 동기화할 수 있다.
④ 해당 폴더의 속성을 수정할 수 있다.

삭제한 폴더의 복원은 휴지통에서 가능하다.

23 다음 중 한글 Windows 10의 Windows Media Player에 대한 설명으로 옳지 않은 것은?

① 음악, 비디오, 그림, 녹화된 VR의 라이브러리별 관리를 한다.
② xlsx, hwp, doc 등과 같은 파일 형식의 문서 파일을 열 수 있다.
③ mp3 파일을 재생할 수 있다.
④ 재생 목록에 있는 파일을 비어 있는 CD 또는 DVD로 복사할 수 있다.

Windows Media Player는 미디어 파일을 재생하고 설정하는 기능으로 mp3, midi, avi 등의 파일을 지원하며, xlsx, hwp, doc 등의 파일 형식은 열 수 없다.

24 다음 중 한글 Windows 10의 비디오 편집 기능에 대한 설명으로 옳지 않은 것은?

① 영상 파일을 자르기 및 분할할 수 있다.
② 비디오에 배경 음악이나 해설 텍스트의 색상을 변경하여 추가할 수 있다.
③ 다양한 효과와 필터의 기능을 제공한다.
④ 저장된 이미지를 이용할 수 없고 오디오 파일을 불러오기하여 MP4 형식으로 저장한다.

저장된 이미지를 이용하여 동영상으로 편집이 가능하다.

정답 20 ① 21 ② 22 ② 23 ② 24 ④

25 다음 중 한글 Windows 10에서 네트워크 연결을 위한 [이더넷 속성] 창에 관한 설명으로 옳지 않은 것은?

① 네트워크 연결에 사용할 네트워크 어댑터의 유형과 장치가 장착된 위치 등을 알 수 있다.
② 네트워크 기능의 유형에는 라우터, 게이트웨이, 리피터 등이 있다.
③ 기본 게이트웨이와 DNS 서버 주소는 2개 이상 여러 개를 설정할 수 있다.
④ 네트워크가 IP 자동 설정 기능을 지원하지 않는 경우에는 해당 IP 주소, 서브넷 마스크, 기본 게이트웨이, DNS 서버 주소를 수동으로 설정하여야 한다.

> 네트워크 기능 유형에는 클라이언트, 서비스, 프로토콜이 있다.

26 한글 Windows 10에서 [시스템 이미지 만들기]에 대한 설명으로 옳지 않은 것은?

① 시스템 이미지는 파일 시스템이 NTFS인 경우에만 가능하다.
② 시스템 이미지는 현재 사용 중인 드라이브 전체를 그대로 복사하는 것이다.
③ 시스템 이미지는 개별적인 폴더나 파일을 선택하여 만들 수 없다.
④ [제어판]-[복구]의 왼쪽 창에서 '시스템 이미지 만들기'를 클릭한다.

> '시스템 이미지 만들기'는 현재 설치된 윈도우를 실행하는 데 필요한 드라이브의 복사본을 만드는 기능으로, [제어판]-[백업 및 복원]-[시스템 이미지 만들기]에서 백업을 저장할 위치를 선택하여 만들기하면 된다.

27 다음 중 한글 Windows 10에서 선택된 파일의 이름 바꾸기를 하는 방법으로 옳은 것은?

① 내 PC나 파일 탐색기 창에서 Ctrl+H, R을 차례로 누르고, 새 이름을 입력한 후 Enter를 누른다.
② 내 PC나 파일 탐색기 창에서 [홈] 리본 메뉴의 [이름 바꾸기]를 선택하고, 새 이름을 입력한 후 Enter를 누른다.
③ F3을 누르고, 새 이름을 입력한 후 Enter를 누른다.
④ 내 PC나 파일 탐색기 창에서 [보기] 리본 메뉴의 [이름 바꾸기]를 선택하고, 새 이름을 입력한 후 Enter를 누른다.

> 오답 피하기
> • 내 PC나 파일 탐색기 창에서 Alt+H, R을 차례로 누르고, 새 이름을 입력한 후 Enter를 누르기
> • F2를 누르고, 새 이름을 입력한 후 Enter를 누르기
> • 내 PC나 파일 탐색기 창에서 [홈] 리본 메뉴의 [이름 바꾸기]를 선택하고, 새 이름을 입력한 후 Enter를 누르기

28 다음 중 한글 Windows 10에서 [시작] 메뉴에 대한 설명으로 옳지 않은 것은?

① [시작] 메뉴의 앱 목록은 사용자가 원하는 대로 추가하거나 제거할 수 있다.
② [시작] 메뉴의 앱 목록은 작업 표시줄에 고정하거나 시작 화면에 고정할 수 있다.
③ [시작] 메뉴의 앱 목록의 크기는 마우스로 드래그 앤 드롭하여 가로, 세로의 크기를 조절할 수 있다.
④ [시작] 메뉴의 앱의 [파일 위치 열기]를 눌러 실행 파일을 열 수 있다.

> 마우스로 [시작] 메뉴의 앱 목록의 크기를 조절할 수 없다.

29 한글 Windows 10의 [디스크 조각 모음 및 최적화]에 대한 설명으로 옳지 않은 것은?

① 네트워크 드라이브는 디스크 조각 모음을 할 수 없다.
② 디스크 조각 모음 후에는 액세스 속도가 향상된다.
③ 디스크 조각 모음을 수행하는 동안 다른 작업을 수행할 수 있다.
④ 디스크의 접근 속도 향상뿐만 아니라 디스크 용량 증가를 위하여 사용한다.

[디스크 조각 모음 및 최적화]는 디스크의 액세스 속도를 향상시킨다. 디스크 용량을 증가하려면 [디스크 정리]를 실행한다.

30 다음 중 한글 Windows 10에서 바로 가기 아이콘을 만드는 방법으로 옳지 않은 것은?

① 파일을 선택한 후 바로 가기 메뉴에서 [바로 가기 만들기]를 선택하여 작성
② 바로 가기 아이콘을 작성할 항목을 Ctrl+Alt를 누른 채 드래그 앤 드롭하여 작성
③ 파일을 선택하여 복사한 후 [홈] 리본 메뉴에서 [바로 가기 붙여넣기]를 선택하여 작성
④ 파일을 마우스 오른쪽 단추로 드래그 앤 드롭하여 나타나는 메뉴에서 [여기에 바로 가기 만들기]를 선택하여 작성

바로 가기 아이콘을 작성할 항목을 Ctrl+Shift를 누른 채 드래그 앤 드롭하여 바로 가기 아이콘을 만든다.

31 한글 Windows 10의 화면 보호기에 대한 설명으로 옳지 않은 것은?

① 화면 보호 프로그램을 설정하면 마우스나 키보드를 누르면 원래의 화면으로 되돌아온다.
② 화면 보호기에서 사진, 슬라이드 쇼 등으로 선택하여 잠금 설정을 한다.
③ 화면 보호기의 대기 시간은 초 단위로 설정한다.
④ 화면 보호기에 별도로 암호를 설정할 수 없고 [다시 시작할 때 로그온 화면 표시]를 선택하면 보호기 실행 중 컴퓨터를 시작할 때 로그온하여 실행한다.

화면 보호기는 1~9999의 분 단위로 설정할 수 있다.

32 다음 중 한글 Windows 10에서 사용하는 폴더의 속성 창에서 할 수 있는 작업으로 옳지 않은 것은?

① [일반] 탭에서는 해당 폴더의 위치나 크기, 디스크 할당 크기, 만든 날짜 등을 확인할 수 있다.
② [공유] 탭에서는 네트워크상에서 공유 또는 고급 공유 옵션을 설정할 수 있다.
③ [자세히] 탭에서는 해당 폴더에 대한 사용자별 사용 권한을 설정할 수 있다.
④ [사용자 지정] 탭에서는 해당 폴더에 대한 유형, 폴더 사진, 폴더 아이콘을 설정할 수 있다.

폴더에는 [자세히] 탭이 없고, 파일 속성 창의 [자세히] 탭에서는 프로그램 이름, 만든 날짜, 유형, 크기 등을 확인할 수 있다.

33 다음 중 한글 Windows 10에서 문제 해결 방법에 관한 설명으로 옳지 않은 것은?

① 디스크 공간이 부족할 경우에는 불필요한 응용 앱들의 실행을 종료한다.
② 메모리가 부족할 경우에는 가상 메모리를 충분히 확보할 수 있도록 휴지통, 임시 파일, 사용하지 않는 앱 등을 삭제한다.
③ 정상적인 부팅이 안 되는 경우에는 안전모드로 부팅하여 문제를 해결한 후에 Windows 기본모드로 재부팅한다.
④ 시스템 속도가 저하되는 경우에는 디스크 조각 모음 및 최적화를 실행하여 하드 디스크의 단편화를 제거한다.

디스크 공간이 부족할 경우에는 [디스크 정리] 등으로 불필요한 파일을 제거해야 하며, 메모리 공간이 부족할 경우에는 불필요한 응용 앱을 종료해야 한다.

34 다음 중 한글 Windows 10에서 [그림판] 앱의 사용에 관한 설명으로 옳지 않은 것은?

① 그림의 특정 영역을 선택하여 저장할 수 있다.
② 마우스 오른쪽 단추를 누르고 드래그하면 색 2(배경색)로 그림을 그릴 수 있다.
③ 멀티 레이어 기능을 이용하여 그림 요소를 구성할 수 있다.
④ 그림의 특정 영역을 사각형의 형태로 선택하여 복사할 수 있다.

그림판에서는 레이어 기능을 사용할 수 없다.

35 한글 Windows 10의 [계산기] 사용법으로 옳지 않은 것은?

① 날짜 계산에는 음력을 표시할 수 있다.
② 표준은 더하기, 빼기, 곱하기, 나누기, 루트를 계산한다.
③ 공학용은 표준 계산기의 기능에 로그, 지수, 나머지 연산을 한다.
④ 프로그래머용은 2진수, 8진수, 16진수 계산법과 계산의 결과를 저장할 수 있다.

날짜 계산은 시작 날짜와 종료일 간의 차이, 일 합산 또는 빼기의 기능이 있다.

36 다음 중 한글 Windows 10에서 파일이나 폴더의 복사 또는 이동에 사용되는 클립보드에 관한 설명으로 옳지 않은 것은?

① 클립보드를 사용하면 서로 다른 응용 앱 간에 데이터를 쉽게 전달할 수 있다.
② 클립보드에 저장된 내용은 시스템을 다시 시작하더라도 일부분 재사용이 가능하다.
③ ⊞+V를 눌러 나오는 클립보드의 내용은 여러 번 사용이 가능하다.
④ 클립보드의 데이터를 지우려면 [설정]의 [개인 설정]에서 [지우기]한다.

클립보드의 데이터를 지우려면 [설정]의 [시스템]-[클립보드]에서 [지우기]를 클릭한다.

37 한글 Windows 10에서 네트워크 구성 요소에 대한 설명으로 옳지 않은 것은?

① 네트워크에 있는 서로 다른 컴퓨터 간에 정보를 공유하려면 동일한 프로토콜을 사용하여야 한다.
② 어댑터는 컴퓨터가 네트워크에 있는 자원을 액세스할 수 있게 해주는 통신 규약이다.
③ 서비스는 내 컴퓨터에 설치된 파일, 프린터 등의 자원을 다른 컴퓨터에서 공유할 수 있도록 하는 소프트웨어이다.
④ 클라이언트는 네트워크의 다른 컴퓨터나 서버에 연결하여 파일이나 프린터 등의 공유 자원을 사용할 수 있도록 한 소프트웨어이다.

어댑터는 컴퓨터를 네트워크에 물리적으로 연결하는 하드웨어 장치이다.

오답 피하기
프로토콜은 컴퓨터가 네트워크에 있는 자원을 액세스할 수 있게 해주는 통신 규약이다.

38 다음 중 한글 Windows 10의 [프로그램 및 기능] 창에서 할 수 있는 작업으로 옳지 않은 것은?

① 새로운 Windows 업데이트를 수행하거나 설치된 업데이트 내용을 제거·변경할 수 있다.
② 시스템에 설치된 프로그램의 목록을 확인하거나 제거 또는 변경할 수 있다.
③ 설치된 Windows의 기능을 켜거나 끄기를 설정할 수 있다.
④ 새로운 응용 프로그램의 설치를 할 수 있다.

[제어판]의 [프로그램 및 기능]에서는 응용 프로그램의 표시, 제거, 변경, 복구를 할 수 있다.

정답 34 ③ 35 ① 36 ④ 37 ② 38 ④

39 한글 Windows 10의 [장치 관리자]에 대한 설명으로 옳지 않은 것은?

① 플러그인 앱이 실행되어 설치된 목록을 표시한다.
② 플러그인이 지원되지 않는 장치를 설치할 때에는 장치 관리자 창의 [동작]-[레거시 하드웨어 추가]를 눌러 나오는 [하드웨어 추가 마법사]를 사용한다.
③ 각 장치의 속성에서 드라이버 업데이트 작업을 할 수 있다.
④ 장치 관리자 창의 [파일] 메뉴에서 해당 디바이스 장치를 제거할 수 있다.

디바이스 장치의 제거는 디바이스의 바로 가기 메뉴나 속성에서 할 수 있다.

40 다음 중 한글 Windows 10에서 [제어판]의 [사용자 계정] 창에서 실행할 수 있는 것으로 옳지 않은 것은?

① 시작 화면에 표시할 계정 이름 변경
② 표준 계정으로 계정 유형 변경
③ 사용자 계정 컨트롤 설정 변경
④ PC의 잠금화면 설정 변경

PC의 잠금화면 설정은 [설정]-[개인 설정]-[잠금 화면]에서 변경 가능하다.

3과목 PC 기본상식

41 다음 중 컴퓨터 시스템의 정보 보안 요건으로 옳지 않은 것은?

① 기밀성
② 무결성
③ 가용성
④ 공유성

오답 피하기
정보 보안 요건
• 기밀성 : 데이터를 제3자가 읽지 못하도록 비밀성을 유지
• 무결성 : 데이터에 결점이 없도록 보호
• 가용성 : 인가된 사용자에게는 언제든지 사용 가능하게 함
• 인증 : 시스템에 접근하는 사용자의 신원을 확인하는 절차
• 부인 방지 : 송수신 여부를 확인하여 송수신 사실을 부인하는 것을 방지

42 다음 중 컴퓨터 바이러스의 감염 증상으로 옳지 않은 것은?

① 앱의 실행 속도가 이유 없이 늦어진다.
② 사용 가능한 메모리 공간이 줄어드는 등 시스템 성능이 저하된다.
③ 일정 시간 후에 화면 보호기가 작동된다.
④ 예측이 불가능하게 컴퓨터가 재부팅된다.

화면 보호기는 모니터를 보호하기 위한 프로그램이다.

43 다음 중 4세대 컴퓨터의 특징으로 볼 수 없는 것은?

① 개인용 컴퓨터(PC)가 등장하였다.
② 다중 프로그램이 처음으로 도입되었다.
③ 가상 기억 장치가 도입되었다.
④ 기억 소자로 고밀도 집적 회로(LSI)가 사용되었다.

다중 프로그램의 도입은 2세대 컴퓨터의 특징이다.

44 다음은 컴퓨터의 명령어 처리 상태 중 무엇에 대한 설명인가?

> 번지 부분의 주소가 간접 주소일 경우 기억 장치의 주소가 지정하는 곳으로, 유효 번지를 읽기 위해 기억 장치에 한 번 더 접근한다.

① 인출 상태(Fetch Cycle)
② 간접 상태(Indirect Cycle)
③ 실행 상태(Execute Cycle)
④ 인터럽트 상태(Interrupt Cycle)

명령어 처리 상태에는 인출 상태, 간접 상태, 실행 상태, 인터럽트 상태가 있으며, 지문은 간접 상태에 대한 설명이다.

오답 피하기
- 인출 상태 : 하나의 데이터를 기억 장치로부터 읽어 들여 명령어 레지스터(IR)에 저장
- 실행 상태 : 구한 유효 번지에서 자료를 읽어 들여 해당 명령을 수행
- 인터럽트 상태 : 예기치 못한 일이 발생했을 경우 현재 실행 중인 프로그램을 일시 정지하고 인터럽트 처리 루틴에 의해 일을 처리한 후 복귀하여 원래의 프로그램을 계속 수행

45 다음 중 주기억 장치에 대한 설명으로 옳은 것은?

① 현재 가장 많이 사용하는 주기억 장치는 SSD(Solid State Drive)이다.
② EEPROM은 BIOS, 글꼴, POST 등이 저장된 대표적인 펌웨어(Firmware) 장치이다.
③ SDRAM은 전원이 공급되지 않아도 지워지지 않는 비휘발성 메모리이다.
④ RDRAM은 가장 속도가 빠른 기억 장치이다.

EEPROM은 전기적인 방법을 이용하여 여러 번 변경이 가능한 ROM으로, BIOS, MP3 플레이어 등의 플래시 메모리로 사용한다.

오답 피하기
- SSD : 보조 기억 장치
- RAM : 휘발성 메모리로, 처리 속도에 따라 SDRAM, RDRAM, DDR SDRAM으로 구분

46 다음 중 공개키 암호화 기법에 대한 설명으로 옳지 않은 것은?

① 이중키 암호화 기법이라고도 한다.
② 암호화키와 복호화키가 서로 다르다.
③ 대표적인 알고리즘으로 RSA가 있다.
④ 비밀키 암호화 기법에 비해 암호화와 복호화의 속도가 빠르다.

공개키 암호화 기법은 비밀키 암호화 기법에 비해 속도가 느리다.

47 다음 설명에 해당하는 컴퓨팅은?

> 인터넷상의 중앙 서버에 데이터를 저장해 두고, 인터넷 기능이 있는 모든 IT 기기를 사용하여 언제 어디서든지 정보를 이용할 수 있다는 개념으로, 컴퓨팅 자원을 필요한 만큼 빌려 쓰고 사용요금을 지불하는 방식으로 사용되는 컴퓨팅이다.

① 모바일 컴퓨팅(Mobile Computing)
② 분산 컴퓨팅(Distributed Computing)
③ 클라우드 컴퓨팅(Cloud Computing)
④ 그리드 컴퓨팅(Grid Computing)

클라우드 컴퓨팅(Cloud Computing)은 인터넷과 연결된 중앙 컴퓨터에 소프트웨어와 데이터를 저장하여 두었다가 인터넷에 접속하면 언제 어디서든지 데이터를 이용할 수 있는 서비스이다.

오답 피하기
- 모바일 컴퓨팅(Mobile Computing) : 휴대용 PC 등을 이용하여 외부에서 다니면서 손쉽게 컴퓨터를 사용하는 환경
- 분산 컴퓨팅(Distributed Computing) : 이기종 컴퓨터 간에 응용 프로그램을 분산하여 처리하는 환경
- 그리드 컴퓨팅(Grid Computing) : 모든 컴퓨터 기기를 하나의 초고속 네트워크로 연결하여 컴퓨터의 계산 능력을 극대화한 차세대 디지털 신경망 서비스 환경

48 다음 중 TCP/IP상에서 운용되는 응용 계층 프로토콜이 아닌 것은?

① FTP
② HTTP
③ TELNET
④ RS-232C

응용 계층 프로토콜에는 FTP, HTTP, TELNET, DNS 등이 있다. RS-232C는 단말 장치(DTE)와 회선종단장치(DCE)를 상호 접속하기 위한 물리 계층의 프로토콜이다.

49 다음 중 컴퓨터에서 사용 가능한 가상 기억 장치에 관한 설명으로 옳지 않은 것은?

① 저장된 내용을 찾을 때 주소를 사용하지 않고 기억된 데이터의 내용을 이용하여 원하는 정보에 접근한다.
② 보조 기억 장치의 일부를 주기억 장치처럼 이용하여 주기억 장치의 용량이 확대된 것처럼 사용한다.
③ 페이징(Paging) 기법이나 세그멘테이션(Segmentation) 기법을 이용한다.
④ 주 프로그램은 보조 기억 장치에 저장시키고 CPU에 의해 실제로 사용할 부분만 주기억 장치에 적재시키는 방법을 이용한다.

> 가상 기억 장치는 소프트웨어적인 방법으로 실제로 존재하지 않는 기억 공간을 존재하는 것처럼 보이게 하여 사용하는 장치이다.
>
> **오답 피하기**
> 연관(연상) 기억 장치는 기억 장치에 기억된 내용을 찾을 때 주소를 사용하지 않고 기억된 데이터의 내용을 이용하여 원하는 정보에 접근하는 방식이다.

50 MS 아웃룩(Outlook)에서 다음과 관련이 있는 전자우편의 헤더 부분은 무엇인가?

> 수신된 메일에 참조자가 표시되지 않으나, 함께 메일을 받을 참조자의 전자우편 주소

① 제목(Subject)
② 첨부(Attach)
③ 받는 사람(To)
④ 숨은 참조(Bcc)

> 숨은 참조(Bcc)는 함께 받을 참조자의 전자우편 주소로 받는 사람에게 표시되지 않는다.

51 다음 중 네트워크 기본 장비에서 라우터(Router)에 관한 설명으로 가장 옳은 것은?

① 가까이 있는 여러 대의 컴퓨터를 네트워크와 연결하여 각 회선을 통합적으로 관리한다.
② 네트워크의 가장 최적의 경로를 설정하여 데이터를 전송한다.
③ 구조가 다른 네트워크에 데이터를 보내거나 다른 네트워크로부터 데이터를 받아들이는 출입구 역할을 한다.
④ 거리가 증가될수록 감쇠하는 신호를 재생하거나 출력 전압을 높여 전송한다.

> 라우터는 네트워크 계층에서 작동되며 가장 최적의 경로를 설정하여 전송하는 장비이다.
>
> **오답 피하기**
> • ① : 허브(Hub)
> • ③ : 게이트웨이(Gateway)
> • ④ : 리피터(Repeater)

52 다음 중 멀티미디어 데이터의 장점에 대한 설명으로 거리가 먼 것은?

① 디지털 방식을 사용하여 한 번 정해진 값은 영구히 보존할 수 있다.
② 컴퓨터의 프로그램 기능을 이용하여 복잡한 처리가 가능하다.
③ 문자, 그림, 소리 등의 데이터는 각기 다른 독특한 방식으로 기록된다.
④ 대화 기능(Interactive)을 프로그램으로 부여할 수 있다.

> 문자, 그림, 소리 등의 데이터는 디지털 데이터 방식으로 변환하여 통합 처리한다.

53 다음 중 모바일 기기 관련 기술에 대한 설명으로 옳지 않은 것은?

① 플로팅 앱(Floating App) : 저속 전송 속도를 갖는 홈 오토메이션 및 데이터 전송을 위한 표준 기술이다.
② 증강현실 : 현실 세계에 3차원 가상 물체를 겹쳐 보여주는 기술이다.
③ 중력센서 : 스마트폰이 가로 방향인지 세로 방향인지를 인식하여 화면 방향을 보정해 주는 데 사용되는 기술이다.
④ GPS : 어느 곳에서나 스마트폰의 위치를 알려주는 인공위성을 이용한 항법 시스템이다.

- 플로팅 앱(Floating App) : 스마트 기기의 멀티미디어 관련 애플리케이션 실행 시에 영상 화면을 오버레이의 팝업창 형태로 분리하여 실행하는 기능
- 지그비(Zigbee) : 저속 전송 속도를 갖는 홈 오토메이션 및 데이터 전송을 위한 표준 기술

54 다음에서 설명하는 용어로 옳은 것은?

㉮ 컴퓨터를 인간에게 좀 더 쉽고 쓸모 있게 함으로써 인간과 컴퓨터 간 상호작용을 개선하는 것을 목적으로 하여, 인간이 컴퓨터에 쉽고 편하게 다가갈 수 있도록 작동 시스템을 디자인하고 평가하는 과정을 다루는 학문이다.
㉯ 사용자가 눈으로 보는 현실 세계의 모습이나 실제 영상에 문자나 그래픽과 같은 가상의 3차원 정보를 실시간으로 겹쳐 보여주는 새로운 멀티미디어 기술이다.

① ㉮ CISC, ㉯ CAI
② ㉮ HCI, ㉯ AR
③ ㉮ CAL, ㉯ VCS
④ ㉮ HFC, ㉯ VR

- HCI(Human-Computer Interaction) : 과학과 인문학 사이의 인터페이스로 인간과 컴퓨터 사이의 상호작용에 관한 연구를 하는 분야
- AR(Augmented Reality; 증강현실) : 사용자가 눈으로 보는 현실세계에 가상 물체를 겹쳐 보여주는 기술

오답 피하기
- CISC(Complex Instruction Set Computer) : 명령어가 많고 회로 구조가 복잡하며 가격이 비싼 마이크로프로세서 설계 방식
- CAI(Computer Assisted Instruction) : 컴퓨터로 지원받는 컴퓨터 학습
- VCS(Video Conferencing System) : 화상 회의 시스템
- VR(Virtual Reality) : 컴퓨터로 만든 가상의 세계

55 다음 중 저작권 표시(CCL : Creative Commons License)와 설명이 잘못 연결된 것은?

① ⓘ : 저작자와 출처 등을 표시하면 영리 목적의 이용으로 이용할 수 있지만 저작물의 변경 및 2차적 저작물의 작성을 허락하지 않는다.
② ⊜ : 저작자와 출처 등을 표시하면 영리 목적은 이용할 수 있지만 저작물의 변경 및 2차적 저작물의 작성을 허용하지 않는다.
③ ⓞ : 저작자와 출처 등을 표시하면 자유 이용을 허락하나 2차적 저작물에는 원저작물에 적용된 라이선스와 동일한 라이선스 기준을 적용한다.
④ Ⓢ : 저작자와 출처 등을 표시하면 저작물의 변경, 2차적 저작물의 작성을 포함하여 자유 이용을 허락하고 영리적 이용은 불가하다.

ⓘ은 저작자 표시(BY)로 저작자와 출처 등을 표시하면 영리 목적으로 이용할 수 있고, 저작물의 변경 및 2차적 저작물의 작성을 포함한 자유 이용을 허락한다는 의미이다(BY; Attribution).

56 다음 중 아래의 보기에서 설명하는 그래픽 기법으로 옳은 것은?

점토, 찰흙 등의 점성이 있는 소재를 이용하여 인형을 만들고, 소재의 점성을 이용하여 조금씩 변형된 형태를 만들어서 촬영하는 형식의 애니메이션 기법이다.

① 로토스코핑(Rotoscoping)
② 클레이메이션(Claymation)
③ 메조틴트(Mezzotint)
④ 인터레이싱(Interlacing)

오답 피하기
- 로토스코핑(Rotoscoping) : 촬영한 영상을 애니메이션 키 프레임으로 바꿔 그 위에 덧붙여 그리는 기법
- 메조틴트(Mezzotint) : 이미지에 무수히 많은 점을 찍은 듯한 효과로 부드러운 명암을 다양하게 표현하는 기법
- 인터레이싱(Interlacing) : 이미지가 처음에는 거친 모자이크 형식으로 나타나다가 서서히 선명해지는 기법

정답 53 ① 54 ② 55 ① 56 ②

57 다음 중 인터넷의 IPv6 주소 체제에 관한 설명으로 옳지 않은 것은?

① IPv4와 호환성이 뛰어나다.
② Class A의 네트워크 부분은 IPv4의 2배인 16비트로 구성되어 있다.
③ 128비트의 주소를 사용하여 주소 부족 문제를 해결할 수 있다.
④ 인증성, 기밀성, 데이터 무결성의 지원으로 보안 문제를 해결할 수 있다.

> IPv6는 128비트로 16진수 8자리로 표시하고, IPv4는 32비트로 10진수 4자리로 표시한다. IPv6에는 클래스 구분이 없고, IPv4는 A~E 클래스까지 있다.

58 다음 중 데이터 통신의 프로토콜을 정의하는 OSI 7계층에 대한 설명으로 옳지 않은 것은?

① 물리 계층 : 네트워크의 물리적 특징 정의
② 네트워크 계층 : 데이터 교환 기능 정의 및 제공
③ 세션 계층 : 데이터 표현 형식 표준화
④ 응용 계층 : 응용 프로그램과의 통신 제어 및 실행

> • 세션 계층 : 송수신 프로세스 간에 대화를 설정하고 그 사이의 동기를 제공
> • 표현 계층 : 데이터 표현 형식을 표준화하고 암호화와 데이터 압축을 수행

59 다음 중 개인정보에 대한 설명으로 옳은 것은?

① 개인정보는 성명, 주소 등과 같이 살아 있는 개인을 식별할 수 있는 정보이다.
② 개인에 대한 다른 사람의 평가, 견해 등과 같은 간접적인 정보는 개인정보에 포함되지 않는다.
③ 개인정보 자기결정권은 자신의 개인정보 보호를 위하여 정보주체가 지켜야 할 권리이다.
④ 프라이버시권은 자신에 관한 정보가 언제 누구에게 어느 범위까지 알려지고 이용되도록 할지를 스스로 결정하는 권리이다.

> **오답 피하기**
> • ② : 개인에 대한 간접적인 정보도 개인정보에 해당함
> • ③ : 개인정보 자기결정권은 자신에 관한 정보를 보호받기 위하여 자신에 관한 정보를 자율적으로 결정하고 관리할 수 있는 권리를 말함
> • ④ : 프라이버시권은 개인이 타인의 간섭과 공적인 영역으로부터 고유의 정보를 노출시키지 않는 자유를 확보하는 권리를 말함

60 다음 중 정보 통신 기술(ICT)에 대한 설명으로 옳지 않은 것은?

① 증강현실(Augmented Reality) : 현실 세계의 배경에 3D의 가상 이미지를 중첩하여 영상으로 보여주는 기술이다.
② RFID(Radio Frequency IDentification) : 전자 태그가 부착된 IC칩과 무선 통신 기술을 이용하여 다양한 개체들의 정보를 관리할 수 있는 센서 기술이다.
③ 매시업(Mashup) : 웹상에서 제공되는 다양한 콘텐츠와 서비스를 혼합하여 새로운 서비스를 개발하는 기술이다.
④ 텔레메틱스(Telematics) : 유선 전화망, 무선망, 패킷데이터 망 등과 같은 기존의 통신망을 하나의 IP 기반 망으로 통합하여 각종 데이터를 전송하는 기술이다.

> 텔레메틱스(Telematics)는 텔레커뮤니케이션+인포매틱스의 합성어로 무선통신과 GPS 기술이 결합되어 자동차 등 운송장비 안에서 다양한 이동통신 서비스를 제공하는 기술을 의미한다. 자동차 안에서 외부의 정보를 수집하여 제공하는 것으로 네비게이션, 위치정보, 교통정보, 자율 주행차 등에 활용된다.

정답 57 ② 58 ③ 59 ① 60 ④

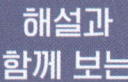

2024년 상시 기출문제 05회

SELF CHECK : 제한시간 60분 | 소요시간   분 | 전체 문항 수 60문항 | 맞힌 문항 수   문항

1과목 워드프로세싱 용어 및 기능

01 다음 중 워드프로세서의 특징으로 옳지 않은 것은?

① 워드프로세서로 작성된 문서는 편지 보내기, 웹 브라우저로 보내기, 웹 서버로 올리기 등으로 다른 응용 프로그램에서 공유할 수 있다.
② 워드프로세서는 암호를 설정하여 보안을 설정할 수 있고 암호를 모를 경우 찾기하여 변경한 후 불러올 수 있다.
③ 다양한 형태의 문서를 빠르게 작성하여 시간과 노력을 줄일 수 있다.
④ 문서 작성 및 편집, 인쇄가 가능하여 전자출판에 이용된다.

> 암호를 지정할 수 있으나 암호를 모를 경우 불러오기를 할 수 없다.

02 다음 중 워드프로세서의 화면 표시 기능에 대한 설명으로 옳지 않은 것은?

① 문서를 작성할 때 스크롤 바를 이용하여 화면을 상, 하, 좌, 우로 이동할 수 있다.
② 편집 과정에서 생긴 공백이나 문단 등은 조판 부호를 표시하여 확인할 수 있다.
③ 편집한 문서는 인쇄하기 전에 미리 보기를 통해 화면에서 미리 출력해 볼 수 있다.
④ 화면을 확대하면 인쇄물 결과에도 영향을 준다.

> 화면의 확대가 인쇄물의 결과에는 영향을 주지 않는다.

03 다음 중 공문서의 표기 방법으로 옳지 않은 것은?

① 표 서식의 중간에 끝났을 경우 '끝' 표시를 하지 않고 다음 행의 첫 칸에 '이하 빈칸'을 입력한다.
② 본문의 내용이 오른쪽 한계선에 닿았을 때 본문 다음 줄의 왼쪽 기본선에서 한 글자 띄우고 '끝'을 표시한다.
③ 공문서의 항목은 1., 가., 1), 가), (1), (가), ①, ㉮ 항목순으로 구분하여 표기한다.
④ 금액을 표기할 때에는 변조를 막기 위해 금356,000원(금삼십오만육천원)으로 표기한다.

> 서식의 중간에서 끝났을 때 마지막 자의 다음 칸에 '이하 빈칸'을 표시한다.

04 다음 중 맞춤법 검사에 대한 설명으로 옳지 않은 것은?

① 내장된 사전을 서로 비교하여 틀린 단어를 찾아주는 기능이다.
② 맞춤법, 표준말, 대/소문자 검사 등을 검사한다.
③ 표나 화학식이나 수식의 오류도 검사할 수 있다.
④ 사전에 없는 단어를 추가할 수 있다.

> 표의 내용은 맞춤법 검사할 수 있으나, 화학식이나 수식의 오류는 검사할 수 없다.

05 다음 중 문서 작성에 대한 설명으로 옳지 않은 것은?

① 제목은 제목만 보고도 쉽게 문서의 성격과 내용을 알 수 있도록 작성한다.
② 특별한 경우를 제외하고 공문서는 한글 맞춤법에 따라 세로로 작성한다.
③ 목적이 있는 사외문서라 하더라도 인사말부터 시작하는 것이 기본적인 예의이다.
④ 숫자 표기는 특별한 사유가 있는 경우는 제외하고 아라비아 숫자로 한다.

> 공문서는 한글 맞춤법에 따라 가로로 작성한다.

정답 01 ② 02 ④ 03 ① 04 ③ 05 ②

상 중 하

06 다음 중 금칙 처리에 대해 가장 잘 설명한 것은?

① 문서의 처음이나 마지막에 올 수 없는 문자나 기호를 의미한다.
② 미리 입력된 문자열을 표로 전환하는 기능이다.
③ 임의의 문자와 연결되어 있어 새로운 문서를 참조하는 방식이다.
④ 현재 문단의 왼쪽과 오른쪽 여백을 지정하는 기능이다.

- 행두 금칙 문자 : 행의 처음에 올 수 없는 문자(. , ' " ? !)] } 〉 ℃)
- 행말 금칙 문자 : 행의 마지막에 올 수 없는 문자(' " ([{ 〈 # $ ☎)

상 중 하

07 다음 중 교정부호의 사용법에 대한 설명으로 옳지 않은 것은?

① 정해진 부호를 사용해야 한다.
② 교정할 부호가 겹치지 않도록 하되, 부득이 겹칠 경우 각도를 비슷하게 표시한다.
③ 교정기호나 글자는 명확하고 간략하게 표시한다.
④ 표기하는 색깔은 원고와 색이 다르면서 눈에 잘 띄는 색으로 한다.

교정할 부호가 겹칠 경우 겹치는 각도를 크게 하여 교정 내용을 알아볼 수 있게 한다.

상 중 하

08 다음에서 전자출판 용어가 올바르게 연결된 것은?

① 초크(Choke) : 문자 위에 겹쳐서 문자를 중복 인쇄하는 작업
② 커닝(Kerning) : 글자와 글자 사이의 간격을 미세하게 조정하는 작업
③ 모핑(Morphing) : 기존의 이미지를 다른 형태로 새롭게 변형
④ 리터칭(Retouching) : 제한된 색상에서 비율을 변화하여 새로운 색을 만드는 작업

오답 피하기
- 초크(Choke) : 이미지의 변형 작업, 입출력 파일 포맷, 채도, 명암도 등을 조절
- 모핑(Morphing) : 두 개의 이미지를 부드럽게 연결하여 변환하는 기법
- 리터칭(Retouching) : 기존의 이미지를 다른 형태로 새롭게 변형·수정하는 작업

상 중 하

09 다음에서 설명하는 문서정리법은?

- 같은 내용의 문서를 한 곳에 모아 정리
- 무한하게 확장 가능
- 분류하는 것이 어려움
- 듀이(John Dewey)의 10진 분류법을 이용하면 편리

① 지역별 분류법
② 주제별 분류법
③ 명칭별 분류법
④ 번호식 분류법

오답 피하기
- 지역별 분류법 : 거래처의 지역이나 범위에 따라 가나다순으로 정리
- 명칭별 분류법 : 거래자나 거래 회사명에 따라 이름의 첫머리 글자를 기준으로 가나다순 혹은 알파벳순으로 분류
- 번호식 분류법 : 문서가 일정량 모이면 개별 폴더에 넣어 숫자를 지정하여 정리

상 중 하

10 다음 중 워드프로세서의 용어에 대한 설명으로 옳지 않은 것은?

① 래그드(Ragged) : 문서의 오른쪽 끝이 정렬되지 않은 상태이다.
② 마진(Margin) : 문서의 균형을 위해 비워두는 페이지의 상, 하, 좌, 우 공백을 말한다.
③ 센터링(Centering) : 문서의 중심을 비우고 문서의 내용을 정렬하는 기능이다.
④ 캡션(Caption) : 문서에 포함된 표나 그림에 붙이는 제목 또는 설명이다.

센터링(Centering)은 문서의 가운데를 기준으로 좌우로 정렬되어 있는 상태이다.

정답 06 ① 07 ② 08 ② 09 ② 10 ③

11 다음 중 워드프로세서에서 찾기 기능에 대한 설명으로 옳은 것은?

① 찾기 기능은 대문자와 소문자를 구분하여 내용을 찾을 수 없다.
② 찾기 기능을 이용하여 찾을 때 언제나 현재 커서의 아래쪽으로만 내용을 찾을 수 있다.
③ 찾기 기능에서 띄어쓰기를 무시하고 내용을 찾을 수 없다.
④ 찾을 내용과 글꼴을 이용하여 찾기 기능을 수행할 수 있다.

- ① : 찾기 기능은 대·소문자를 구별하여 찾기 가능
- ② : 찾기의 방향은 현재 커서 아래로, 위로, 문서 전체로 설정 가능
- ③ : 찾기 기능에서 띄어쓰기를 무시하고 내용을 찾을 수 있음

12 다음 중 공문서에 대한 용어의 설명이 옳지 않은 것은?

① 관인이란 행정기관이 발신하는 인증이 필요한 문서에 찍는 도장을 의미한다.
② 결재란 기관의 의사를 결정할 권한을 가진 자가 직접 그 의사를 결정하는 행위를 말한다.
③ 간인은 발송된 문서를 수신 기관의 처리과에서 받아 관련 부서로 보내기 위한 작업을 의미한다.
④ 발신이란 시행문을 시행 대상 기관에 보내는 작업을 의미한다.

간인은 하나의 서류가 2장 이상으로 서로 이어졌다는 것을 확인하기 위해 앞장의 뒷면과 뒷장의 앞면에 걸쳐 도장을 찍는 것을 의미한다.

13 다음 중 워드프로세서의 용어에 대한 설명으로 옳은 것은?

① 개행(Turnover)은 새 문단이 시작될 때만 하나, 새로운 행(New Line)은 한 문단이나 문장의 중간에서도 할 수 있다.
② OLE 기능은 다른 응용 앱에서 작성한 그림이나 표 등을 연결하거나 삽입하여 사용할 수 있게 하는 기능이다.
③ 매크로(Macro)는 자주 쓰이는 문자열을 따로 등록해 놓았다가 준말을 입력하면 본말 전체가 입력되도록 하는 기능이다.
④ 문자 피치(Pitch)는 1인치당 인쇄되는 문자 수를 말하며, 피치 수가 증가할수록 문자들은 커진다.

오답 피하기
- ① : 개행(Turnover)은 본문의 아무 곳이나 Enter 를 눌러 강제로 행을 나누는 기능
- ③ : 매크로(Macro)는 사용자가 입력하는 일련의 키보드 조작 순서를 기억했다가 그대로 재생하는 기능
- ④ : 문자 피치(Pitch)는 문자와 문자 사이의 간격으로, 피치가 클수록 문자 사이의 간격이 좁아짐

14 다음 중 전자문서에 대한 설명으로 옳지 않은 것은?

① 전자문서인 경우에 전자적 방법으로 쪽번호 또는 발급번호를 표시할 수 있다.
② 각급 행정기관에서는 전자문서에 사용하기 위하여 전자이미지관인을 가진다.
③ 대체적으로 전자문서인 경우에는 처리과의 기안자나 문서의 수신·발신업무를 담당하는 사람이 전자이미지관인을 찍는다.
④ 모든 전자문서는 개인 문서함에 보관하면 안 되고 공통 문서함에 보관하여 누구나 열람할 수 있게 한다.

공통으로 사용되는 문서는 공통 문서함에 보관하지만, 개인별로 작성된 전자문서는 자신의 문서를 관리할 수 있는 개인 문서함에 보관한다.

15 공문서의 결재에서 결재권자가 휴가, 출장 기타의 사유로 결재할 수 없는 때에는 그 직무를 대리하는 자가 대결할 수 있으나 그 내용이 중요한 문서에 대하여는 결재권자에게 후에 어떻게 조처하여야 하는가?

① 사후에 보고한다.
② 사후에 반드시 결재를 받는다.
③ 정규 결재 과정을 다시 거친다.
④ 내부 결재 과정을 거친 후 시행한다.

> **결재의 종류**
> • 선결 : 일반적인 형태로 먼저 결재하는 것
> • 전결 : 결재권을 위임받은 자가 결재
> • 대결 : 직무를 대리하는 자가 대신 결재
> • 사후 보고 : 중요한 문서는 결재권자에게 사후에 보고

16 다음 중 워드프로세서의 기능에 대한 설명으로 옳지 않은 것은?

① 개체(Object)란 문서에 삽입하는 그림, 동영상, 차트, 소리 등을 말한다.
② 하이퍼미디어는 문서의 특정 단어 혹은 그림을 다른 곳의 내용과 연결시켜 주는 기능이다.
③ 매크로 기능을 이용하면 본문 파일의 내용은 같게 하고 수신인, 주소 등을 달리한 데이터 파일을 연결하여 여러 사람에게 보낼 초대장 등을 출력할 수 있다.
④ 스타일 기능은 몇 가지의 표준적인 서식을 설정해 놓고 공통으로 사용되는 문단에 적용시킬 수 있는 기능이다.

> ③은 메일 머지 기능에 대한 설명이다.
>
> **오답 피하기**
> 매크로는 자주 사용되는 반복적인 키보드 동작을 단축키로 저장하였다가 필요할 때 단축키를 눌러 쉽고 빠르게 작업할 수 있는 기능이다.

17 다음 중 한글 워드프로세서의 매크로 기능에 대한 설명으로 옳지 않은 것은?

① 일련의 작업 순서 내용을 특정키로 설정하고 필요할 때 한 번에 재생해 주는 기능이다.
② 키보드 매크로는 마우스 동작을 포함하는 사용자 동작을 기억할 수 있다.
③ 작성된 매크로는 편집이 가능하다.
④ 작성된 매크로는 별도의 파일에 저장이 가능하다.

> 매크로는 사용자가 입력하는 일련의 키보드 조작 순서를 기억했다가 그대로 재생하는 기능이다.

18 다음 문장에서 커서가 '내' 글자에 있을 때 더블클릭한 후의 결과로 옳은 것은?

> 내가 그의 이름을 불러주기 전에는
> 그는 다만 하나의 몸짓에 지나지 않았다.

① 커서 위치의 단어를 범위 지정
② 한 줄 전체 범위 지정
③ 모든 문장 범위 지정
④ 변화 없음

> 더블클릭하면 단어가 선택되고, 세 번 빠르게 클릭하면 한 줄 전체 범위가 지정된다.

19 다음 중 교정부호의 설명으로 옳지 않은 것은?

① ⌒ : 줄 바꾸기
② ⌒ : 끌어 올리기
③ ⌐ : 들여쓰기
④ ⌒ : 줄 잇기

> ⌒는 자리 바꾸기이다.

정답 15 ① 16 ③ 17 ② 18 ① 19 ①

20 다음 중 이동과 복사에 대한 설명으로 옳지 않은 것은?

① 복사를 위해 영역 지정을 하지만 잘라내기(오려두기)는 영역 지정이 필요 없다.
② 복사와 이동은 모두 붙여넣기 기능을 이용한다.
③ 이동과 복사를 위해 클립보드라는 임시 저장 장소를 사용한다.
④ 복사는 문서의 분량을 변화시킬 수 있고 이동은 문서의 분량이 그대로이다.

> 복사, 잘라내기(이동) 모두 필요한 부분의 영역을 지정해야 한다.

2과목 PC 운영체제

21 다음 중 한글 Windows 10에서 바로 가기 아이콘에 대한 설명으로 옳지 않은 것은?

① 바로 가기 아이콘은 하나의 응용 앱 아이콘에 대해 한 개만 만들 수 있다.
② 바로 가기 아이콘에는 왼쪽 아래에 꺾인 화살표가 표시된다.
③ 바로 가기 아이콘은 앱을 빠르게 실행하기 위해 만들어 사용하는 것이다.
④ 폴더, 프린터, 디스크 드라이브 등에 대해 바로 가기 아이콘을 만들 수 있다.

> 바로 가기 아이콘은 하나의 응용 앱에 대해 여러 개 만들 수 있다.

22 다음 중 한글 Windows 10에서 파일 탐색기 창의 구성 요소에 관한 설명으로 옳지 않은 것은?

① '즐겨찾기'는 자주 사용하는 개체를 등록하여 해당 개체로 빠르게 이동하기 위하여 사용하는 기능이다.
② '라이브러리'는 컴퓨터의 여러 장소에 저장된 자료를 한 곳에 보고 정리할 수 있는 가상폴더이다.
③ [*]을 누르면 현재 폴더가 모두 축소되어 표시된다.
④ [Back Space]를 누르면 현재 폴더의 상위 폴더로 이동한다.

> [*]을 누르면 현재 폴더의 모든 하위 폴더가 확장되어 표시된다.

23 다음 중 한글 Windows 10에서 [기본 프로그램]에 대한 설명으로 옳지 않은 것은?

① Windows에서 기본적으로 사용할 프로그램을 선택한다.
② 네트워크 연결 및 방화벽을 열 때 사용할 기본 프로그램을 설정한다.
③ 오디오 CD를 넣으면 Windows Media Player가 자동으로 재생되도록 설정할 수 있다.
④ 웹 브라우저나 전자 메일 작업 등에 사용할 기본 프로그램을 선택한다.

> 윈도우에서 기본적으로 사용할 프로그램을 선택하는 기본 프로그램은 기본 프로그램 설정, 파일 형식 또는 프로토콜을 프로그램과 연결, 자동 재생 설정 변경, 컴퓨터의 기본 프로그램 설정으로 구성된다.

24 다음 중 한글 Windows 10의 [작업 표시줄] 창에서 설정할 수 있는 항목이 아닌 것은?

① 데스크톱 모드에서 작업 표시줄 자동 숨기기
② 작은 작업 표시줄 단추 사용
③ 작업 표시줄의 위치 설정
④ 작업 표시줄의 크기 지정

> 작업 표시줄의 크기는 마우스로 드래그 앤 드롭하여 화면의 1/2까지 조절할 수 있다.

25 다음 중 한글 Windows 10에서 시작 메뉴 옆에 있는 [찾기] 상자의 사용 방법에 대한 설명으로 옳지 않은 것은?

① 컴퓨터 전체를 검색 대상으로 한다.
② 앱, 문서, 웹을 대상으로 검색할 수 있다.
③ 검색 결과는 범주별로 그룹화되어 표시된다.
④ 수정한 날짜나 크기 등의 속성을 이용한 검색 필터를 사용할 수 있다.

> 작업 표시줄의 [찾기] 창에서는 수정한 날짜나 크기의 속성 검색은 할 수 없고, 파일 탐색기의 [검색] 메뉴에서 수정한 날짜, 크기, 종류 등으로 검색할 수 있다.

26 다음 중 한글 Windows 10에서 프린터 설치에 대한 설명으로 옳지 않은 것은?

① 10대 이상의 프린터도 설치할 수 있으며 기본 프린터는 하나의 프린터에 대해서만 설정할 수 있다.
② 공유된 프린터를 네트워크 프린터로 설정하여 설치할 수 있다.
③ 공유된 프린터는 기본 프린터로 설정할 수 없다.
④ LAN 카드가 설치되어 IP 주소가 부여된 프린터를 로컬 프린터로 설치할 수 있다.

공유 프린터도 기본 프린터로 설정할 수 있다.

27 다음 중 한글 [Windows 관리 도구] 프로그램에 대한 설명으로 옳지 않은 것은?

① [시스템 정보]를 수행하면 DMA, IRQ, I/O 주소 및 메모리 주소를 확인할 수 있다.
② [디스크 조각 모음 및 최적화]를 수행하면 디스크 공간의 최적화를 이루어 접근 속도가 향상된다.
③ [디스크 검사]를 수행하면 불필요한 파일을 검색하여 삭제한다.
④ [성능 모니터]는 성능 데이터를 실시간으로 수집하여 결과를 분석하고 보고서를 작성한다.

임시 인터넷 파일, 휴지통 파일 등 불필요한 파일을 검색하여 삭제하는 것은 [디스크 정리]이다.

28 다음 중 한글 Windows 10에서 네트워크에 이상이 있어 발생하는 문제라고 볼 수 없는 것은?

① 네트워크를 통해 다른 컴퓨터와 연결되지 않는 경우
② 네트워크에 로그온할 수 없는 경우
③ 다른 컴퓨터에 연결된 프린터를 공유할 수 없는 경우
④ 현재 실행 중인 이미지 뷰어 앱이 응답하지 않는 경우

이미지 뷰어 앱은 이미지를 표시하는 응용 앱으로 네트워크 연결과는 무관하다.

29 다음 중 한글 Windows 10에서 [휴지통]의 속성 창에서 할 수 있는 작업으로 옳지 않은 것은?

① 휴지통의 크기를 하드 디스크 드라이브마다 MB 단위로 지정할 수 있다.
② 휴지통의 실제 파일이 저장된 폴더 위치를 지정하여 복원할 수 있다.
③ 파일이나 폴더가 삭제될 때 휴지통에 버리지 않고 바로 제거되도록 설정할 수 있다.
④ 파일이나 폴더가 삭제될 때마다 삭제 확인 대화상자 표시를 하도록 설정할 수 있다.

[휴지통]의 속성 창에서 휴지통의 크기, 사용 가능한 공간을 확인할 수 있으며, 복원은 삭제한 원래 위치로만 복원되고 다른 위치로 이동하여 사용할 수 있다.

30 다음 중 한글 Windows 10에서 앱이 응답하지 않을 경우에 문제 해결 방법으로 가장 옳은 것은?

① 사용자의 컴퓨터를 보호하기 위해 Windows 방화벽을 설정한다.
② [장치 관리자] 창에서 중복 설치된 경우 해당 장치를 제거한다.
③ [작업 관리자] 대화상자의 [프로세스] 탭에서 응답하지 않는 앱의 작업을 끝내기한다.
④ [시스템 파일 검사기]를 이용하여 손상된 파일을 찾아 복구한다.

[작업 관리자]-[프로세스] 탭에 실행 중인 응용 프로그램의 목록이 표시되며, 특정 작업을 선택하여 [작업 끝내기]를 실행한다.

31 다음 중 한글 Windows 10의 보조프로그램에서 [캡처 도구]에 관한 설명으로 옳지 않은 것은?

① 캡처한 화면을 HTML, PNG, GIF, JPG 파일로 저장하거나 캡처한 글자를 편집할 수 있다.
② 화면 캡처 유형은 자유형, 사각형, 창, 전체 화면 캡처 등이 있다.
③ 캡처된 화면은 클립보드에 복사하여 다른 문서에서 붙여넣기로 사용할 수 있다.
④ 캡처된 화면에서 형광펜이나 지우개 도구로 수정할 수 있다.

캡처한 화면은 HTML, PNG, GIF, JPG 형식의 파일로 저장할 수 있으나 편집할 수 없다.

정답 26 ③ 27 ③ 28 ④ 29 ② 30 ③ 31 ①

32 다음 중 한글 Windows 10의 특징에서 플러그 앤 플레이(Plug&Play) 기능에 관한 설명으로 옳지 않은 것은?

① 컴퓨터에 새로운 하드웨어를 설치할 때 해당 하드웨어를 사용하는 데 필요한 시스템 환경을 자동으로 구성해 주는 기능이다.
② 기존 컴퓨터 시스템과 충돌을 방지하는 기능을 수행한다.
③ 하드웨어와 소프트웨어가 PnP 기능을 지원해야 수행한다.
④ 컴퓨터 시스템이 오류가 발생했을 때 자동으로 복구하는 기능을 수행할 수 있다.

플러그 앤 플레이(Plug&Play)는 새로운 하드웨어의 자동 감지 기능으로 소프트웨어적인 오류를 복구할 수 없다.

33 다음 중 한글 Windows 10에서 압축 프로그램에 대한 설명으로 옳지 않은 것은?

① 압축은 텍스트뿐만 아니라 음악, 사진, 동영상 파일 등도 압축할 수 있다.
② 압축할 때 암호를 지정하거나 분할 압축을 할 수 있다.
③ 종류에는 WinZip, WinRAR, PKZIP 등이 있다.
④ 암호화된 압축 파일을 전송할 경우에 시간 및 비용의 증가 효과를 얻을 수 있다.

암호화된 압축 파일을 전송할 경우 시간이나 비용이 감소된다.

34 다음 중 한글 Windows 10에서 파일을 압축하고 복원하기 위해 사용하는 유틸리티 앱으로만 짝지은 것은?

① 알FTP, CuteFTP, 파일질라
② 포토뷰어, 알씨, ACADSee
③ 알집, 윈라(WinRAR), PKZIP
④ V3, 알약, 바이로봇

파일 압축과 복원 앱의 종류에는 알집, 윈라(WinRAR), PKZIP, 빵집, 다집, 반디집 등이 있다.

오답 피하기
- 파일 송수신 FTP 프로그램의 종류 : 알FTP, CuteFTP, 파일질라 등
- 이미지 뷰어 프로그램의 종류 : 포토뷰어, 알씨, ACDSee 등
- 바이러스 체크 및 백신 프로그램의 종류 : V3, 알약, 바이로봇 등

35 다음 중 한글 Windows 10의 파일 탐색기 창에서 파일이나 폴더를 선택하는 방법으로 옳지 않은 것은?

① 비연속적인 파일이나 폴더를 선택하고자 할 때에는 Ctrl과 함께 클릭한다.
② 연속적인 파일이나 폴더를 선택하고자 할 때에는 Shift와 함께 클릭한다.
③ 여러 개의 파일을 한꺼번에 선택할 경우에는 마우스를 사용하여 사각형 모양으로 드래그한다.
④ 모든 파일과 하위 폴더를 한꺼번에 선택하려면 Alt + A 를 사용한다.

모든 파일과 하위 폴더를 한꺼번에 선택하려면 Ctrl + A 를 사용한다.

36 다음 중 한글 Windows 10에서 인터넷 사용을 위한 TCP/IPv4의 설정에 대한 설명으로 옳지 않은 것은?

① IP 주소는 인터넷에 연결된 호스트 컴퓨터의 유일한 주소로, 네트워크 주소와 호스트 주소로 구성되어 있다.
② 서브넷 마스크는 사용자가 속한 네트워크로 IP 주소의 네트워크 주소와 호스트 주소를 구별하기 위하여 IP 수신인에게 허용하는 16비트 주소이다.
③ 게이트웨이는 다른 네트워크와의 데이터 교환을 위한 출입구 역할을 하는 장치이다.
④ DNS 서버 주소는 문자 형태로 된 도메인 네임을 숫자 형태로 된 IP 주소로 변환해 주는 서버의 IP 주소를 지정한다.

서브넷 마스크는 네트워크 아이디와 호스트 아이디를 구별하기 위한 주소로 컴퓨터의 규모를 알려주며 32비트로 구성된다.

37 다음 중 한글 Windows 10에서 네트워크상에 있는 다른 컴퓨터에 연결되어 있는 프린터를 공유하고자 할 때 작업 순서로 옳은 것은?

> ㉠ 프린터 이름 입력
> ㉡ [네트워크, 무선 또는 Bluetooth 프린터 추가] 선택
> ㉢ [장치 및 프린터] 창에서 [프린터 추가] 클릭
> ㉣ 프린터 선택

① ㉠ → ㉡ → ㉢ → ㉣
② ㉡ → ㉠ → ㉣ → ㉢
③ ㉢ → ㉡ → ㉣ → ㉠
④ ㉣ → ㉠ → ㉡ → ㉢

> **프린터의 추가 설치 순서**
> ① [제어판]의 [장치 및 프린터] 창에서 [프린터 추가]를 클릭
> ② 로컬 프린터인지, 네트워크 프린터인지를 선택
> ③ 프린터에 사용할 포트를 결정
> ④ 프린터 제조업체와 모델을 선택
> ⑤ 프린터 이름 입력
> ⑥ 공유 여부를 선택
> ⑦ 기본 프린터 설정 여부와 테스트 페이지를 선택하고 완료

38 다음 중 한글 Windows 10에서 특정 앱을 제거하려고 할 때 옳은 것은?

① 시작 메뉴의 해당 앱 그룹에서 [Install] 메뉴를 선택한다.
② 해당 앱의 단축 아이콘을 삭제한다.
③ [제어판]의 [프로그램 및 기능]을 이용하여 삭제한다.
④ 해당 앱이 있는 폴더를 모두 삭제한다.

> **오답 피하기**
> • ① : Install은 앱을 설치할 때 사용
> • ② : 단축 아이콘(바로 가기 아이콘)은 실행 앱의 복사본으로 삭제해도 앱이 남아 있음
> • ④ : 폴더를 삭제해도 앱이 모두 삭제되는 것은 아님

39 한글 Windows 10의 [네트워크 및 공유 센터]에 대한 설명으로 옳지 않은 것은?

① 네트워크 드라이브 연결할 드라이브를 A에서 Z 드라이브 중에서 선택할 수 있다.
② 파일 및 프린터 공유 켜기로 공유 폴더를 사용한다.
③ 어댑터의 설정을 사용 안 함, 상태, 바로 가기 만들기 등으로 변경한다.
④ 미디어 스트리밍 켜기로 사용할 장치를 켤 수 있다.

> 네트워크 드라이브 연결은 파일 탐색기에서 [내 PC]를 선택한 후 [컴퓨터] 메뉴의 [네트워크 드라이브 연결]에서 연결할 드라이브를 선택한다.

40 다음 중 한글 Windows 10의 [컴퓨터 관리]에 대한 설명으로 옳지 않은 것은?

① [작업 스케줄러]를 사용하여 지정한 시간에 컴퓨터에 자동으로 수행되는 작업을 만들고 관리한다.
② [이벤트 뷰어]는 컴퓨터에서 발생한 이벤트를 표시한다.
③ [공유 폴더]에서 공유된 폴더의 이름을 확인하고 공유를 설정한다.
④ [성능 모니터]를 사용하여 성능 데이터를 실시간으로 확인한다.

> [공유 폴더]에서 공유 폴더의 이름과 경로, 종류 등을 확인할 수 있고, 공유 설정은 폴더의 바로 가기 메뉴의 [공유] 탭에서 설정한다.

3과목 PC 기본상식

41 다음 중 PC의 바이오스(BIOS)에 대한 설명으로 옳지 않은 것은?

① 바이오스는 컴퓨터의 입출력 장치나 메모리 등 하드웨어를 관리하는 프로그램이다.
② 컴퓨터에 연결된 주변 장치를 관리하는 인터럽트(Interrupt) 처리 부분이 있다.
③ 바이오스 프로그램은 메인보드의 RAM에 저장되어 있다.
④ PC의 전원을 켜면 먼저 바이오스 프로그램이 작동하여 시스템을 초기화시킨다.

> 바이오스(BIOS) 프로그램은 ROM에 저장되어 있다.

42 다음 중 인터넷에서 사용하는 프로토콜(Protocol)에 관한 설명으로 옳지 않은 것은?

① 통신망에 흐르는 패킷 수를 조절하는 흐름 제어 기능이 있다.
② 송수신기가 같은 상태를 유지하도록 동기화 기능을 수행한다.
③ 데이터 전송 도중에 발생할 수 있는 오류를 검출하고 수정할 수 있다.
④ 구문, 의미, 순서의 세 가지 기본 요소로 구성된다.

> 프로토콜이 데이터의 전송 도중 오류의 수정은 할 수 없다.

43 다음 중 컴퓨터의 내부 인터럽트에 해당하는 것은?

① 명령 처리 중 오버플로(Overflow)가 발생한 경우
② 컴퓨터의 전원 공급이 끊어졌을 경우
③ 특정 장치에 할당된 작업 시간이 끝났을 경우
④ 입·출력 장치가 데이터 전송을 요구하거나 전송이 끝났음을 알릴 경우

> **오답 피하기**
> • 외부 인터럽트 : 전원 오류, 입출력 요구, 기계 착오
> • 내부 인터럽트 : 명령어에 불법 연산자 사용, 0으로 나누기 실행, 오버플로(Overflow) 발생 등
> • 소프트웨어 인터럽트 : 프로그램 내에 특정한 요구에 대한 명령, SVC 명령 수행 시 발생

44 다음 중 컴퓨터의 CPU에 있는 레지스터(Register)에 관한 설명으로 옳지 않은 것은?

① CPU 내부에서 처리할 명령어나 연산의 중간 값을 일시적으로 기억한다.
② 메모리 중에서 가장 속도가 빠르다.
③ 플립플롭(Flip-Flop)이나 래치(Latch)들을 연결하여 구성된다.
④ 운영체제의 실행 정보를 기억하고 관리한다.

> ④는 주기억 장치의 역할이다.

45 다음과 가장 관련 있는 메모리는 무엇인가?

> – 주기억 장치에 저장된 정보에 접근할 때 주소 대신 기억된 정보를 이용하여 접근하는 장치이다.
> – 주소를 이용할 때 보다 속도가 빠르다.
> – 주로 속도 증가를 목적으로 사용된다.

① 가상 메모리
② 버퍼 메모리
③ 연상 메모리
④ 플래시 메모리

> **오답 피하기**
> • 가상 메모리 : 소프트웨어적 방법으로 보조 기억 장치의 일부를 주기억 장치처럼 사용할 수 있게 하여 주기억 장치의 용량을 확대하여 사용하는 메모리
> • 버퍼 메모리 : 컴퓨터의 처리 과정에서 프로그램이나 데이터의 일부를 저장하는 데 사용되는 임시 기억 장치
> • 플래시 메모리 : 전원 공급이 중단되어도 내용은 사라지지 않고 내용 변경이 가능한 EEPROM으로 최근에는 BIOS를 저장하는 용도로 많이 사용

정답 41 ③ 42 ③ 43 ① 44 ④ 45 ③

46 다음에서 설명하는 신기술은 무엇인가?

- 현실 세계의 배경에 3D의 가상 이미지를 중첩하여 영상으로 보여주는 기술이다.
- 스마트폰 카메라로 주변을 비추면 인근에 있는 상점의 위치, 전화번호 등의 정보가 입체영상으로 표시된다.

① SSO(Single Sign On)
② 증강현실(Augmented Reality)
③ RSS(Rich Site Summary)
④ 가상현실(Virtual Reality)

오답 피하기
- SSO(Single Sign On) : 하나의 아이디로 여러 사이트를 이용할 수 있는 시스템
- RSS(Rich Site Summary) : 업데이트가 빈번한 웹 사이트의 정보를 사용자에게 보다 쉽게 제공하는 서비스
- 가상현실(Virtual Reality) : 어떤 특정한 환경이나 상황을 컴퓨터로 만들어서, 그것을 사용하는 사람이 마치 실제 주변 상황의 환경과 상호작용을 하고 있는 것처럼 만들어 주는 시스템

47 다음 중 인터넷 표준 그래픽 형식으로 8비트 컬러를 사용하여 256가지로 색의 표현이 제한되지만, 애니메이션도 표현할 수 있는 그래픽 파일 형식은?

① TIF
② PNG
③ GIF
④ JPG

GIF는 인터넷 표준 형식으로 256가지의 색을 표현할 수 있고 애니메이션도 표현할 수 있다.

오답 피하기
- TIF : DTP에서 사용하는 파일 교환을 목적으로 개발
- PNG : 투명한 배경의 이미지를 만들 수 있고 다양한 컬러 모드와 고해상도의 이미지를 표현
- JPG : 정지 영상을 표현하는 국제 표준 파일 형식

48 다음 중 하드 디스크의 구조에서 모든 디스크 면에 걸친 같은 트랙을 의미하는 용어는?

① 섹터(Sector)
② 클러스터(Cluster)
③ 실린더(Cylinder)
④ 폴더(Folder)

실린더(Cylinder)는 디스크의 중심축으로부터 동일한 거리에 위치하는 트랙들의 모임이다.

오답 피하기
- 섹터(Sector) : 한 개의 동심원을 같은 길이로 분할한 구역으로 데이터를 기록하는 단위
- 클러스터(Cluster) : 하드 디스크에서 파일을 저장하는 논리적인 단위
- 폴더(Folder) : 관련 있는 파일을 보관하는 곳

49 다음 중 전자우편 프로토콜에 대한 설명으로 옳지 않은 것은?

① SMTP : 전자우편의 송신을 담당, TCP/IP 호스트의 우편함에 ASCII 문자메시지 전송
② POP3 : 전자우편의 수신을 담당, 제목과 내용을 한 번에 다운받음
③ IMAP : 전자우편의 수신을 담당, 제목과 송신자를 보고 메일을 다운로드할 것인지를 결정
④ MIME : 텍스트 메일만의 수신을 담당, 일반 문자열을 기호화하는 데 사용

MIME는 전자우편으로 화상이나 음성을 포함한 멀티미디어 정보를 보낼 때 사용하는 프로토콜이다.

50 다음 중 컴퓨터 CPU에 있는 연산 장치의 레지스터에 대한 설명으로 옳은 것은?

① 누산기 : 2개 이상의 수를 입력하여 이들의 합을 출력하는 논리 회로 또는 장치
② 가산기 : 산술 연산 및 논리 연산의 결과를 일시적으로 기억하는 레지스터
③ 데이터 레지스터 : 연산에 사용할 데이터를 일시적으로 기억하는 레지스터
④ 상태 레지스터 : 색인 주소 지정에 사용되는 레지스터

오답 피하기
- 누산기 : 산술 및 논리 연산의 결과를 일시적으로 기억하는 레지스터
- 가산기 : 2개 이상의 수를 입력하여 이들의 합을 출력하는 논리 회로 또는 장치
- 상태 레지스터 : 연산 실행 결과와 양수, 음수, 자리 올림, 오버플로, 인터럽트 등의 상태를 기억하는 레지스터
- 인덱스 레지스터 : 색인 주소 지정에 사용되는 레지스터

51 다음 중 컴퓨터에서 부동 소수점과 비교하여 고정 소수점 데이터 표현 방법에 관한 설명으로 옳지 않은 것은?

① 연산 속도가 빠르다.
② 부호와 절대치 방식, 부호와 1의 보수 방식, 부호와 2의 보수 방식이 있다.
③ 아주 큰 수나 작은 수를 표현할 수 있다.
④ 정수 표현 형식으로 구조가 단순하다.

아주 큰 수나 작은 수를 표현하는 것은 부동 소수점 표현이다.

52 다음에서 설명하는 인터넷 프로그래밍 언어로 옳은 것은?

- HTML의 단점을 보완하고, SGML의 복잡한 단점을 개선한 언어
- 사용자가 새로운 태그와 속성을 정의할 수 있는 확장성을 가짐
- 유니코드를 사용하므로 전 세계의 모든 문자를 처리

① XML
② ASP
③ JSP
④ VRML

오답 피하기
- ASP : 마이크로소프트사에서 제작한 언어로 웹 서버에서 분석되어 실행된 후에 클라이언트 쪽으로 실행 결과만을 전달하는 언어
- JSP : 자바로 만들어진 서버 스크립트 언어
- VRML : 인터넷 문서에서 3차원 공간을 표현할 수 있는 텍스트 파일 언어

53 다음의 기능을 수행하는 OSI 7계층은?

- 송수신 측 간에 관련성을 유지하고 대화를 설정하고 제어한다.
- 대화의 구성 및 동기를 제공한다.
- 데이터 교환 관리 기능을 수행한다.

① 응용 계층
② 표현 계층
③ 세션 계층
④ 전송 계층

오답 피하기
- 응용 계층 : OSI 7계층으로 사용자의 위치에서 응용 프로그램의 실행을 담당
- 표현 계층 : OSI 6계층으로 데이터의 표현 형식을 표준화하고 암호화와 압축 등을 수행
- 전송 계층 : OSI 4계층으로 네트워크 종단 시스템 사이의 신뢰성 있는 데이터 전송을 담당

54 다음 중 개인정보의 유형과 종류가 올바르게 연결된 것은?

① 일반적 정보 : 얼굴, 지문, 홍채
② 신체적 정보 : 건강상태, 진료기록, 장애등급
③ 정신적 정보 : 학력, 성적, 상벌기록
④ 사회적 정보 : 종교, 소득내역, 소비성향

오답 피하기
- 일반적 정보 : 이름, 주민등록번호, 주소, 전화번호 등
- 정신적 정보 : 종교, 노조가입 여부, 소비성향 등
- 사회적 정보 : 학력, 성적, 상벌기록, 직무평가기록 등

55 다음 중 근거리 통신망(LAN)에 대한 설명으로 옳지 않은 것은?

① 분산 처리와 실시간 처리가 가능한 고속 통신이다.
② 연결 방식으로는 스타형, 버스형, 링형, 망형, 트리형이 있다.
③ 유선 케이블, 적외선 링크, 소형 무선 송수신기 등을 이용하여 통신한다.
④ 회사와 상대적으로 먼 거리의 도시나 국가의 컴퓨터를 연결하여 자원을 공유한다.

> 도시를 연결하는 망은 MAN이고, 국가를 연결하는 망은 WAN 광역통신망이다.

56 다음 중 컴퓨터에서 사용하는 캐시 메모리에 관한 설명으로 옳은 것은?

① CPU와 주기억 장치의 처리 속도를 향상시키기 위하여 사용한다.
② 보조 기억 장치를 주기억 장치처럼 사용할 수 있는 기능을 제공한다.
③ 주기억 장치를 접근할 때 주소 대신 기억된 내용으로 접근하는 기능을 제공한다.
④ EEROM의 일종으로 중요한 정보를 반영구적으로 저장할 수 있다.

> 오답 피하기
> • ② : 가상 메모리
> • ③ : 연상(연관) 메모리
> • ④ : ROM(Read Only Memory)

57 다음 중 메모리가 정상적으로 인식되지 않은 경우, 그 해결책으로 옳지 않은 것은?

① CMOS 셋업에서 캐시 항목이 Enable로 설정되어 있는지 확인한다.
② CMOS 셋업에서 RAM의 속도를 임의로 변경하지 않았는지 확인한다.
③ 메인보드에서 지원하는 RAM을 사용했는지 확인한다.
④ RAM 소켓에 RAM이 올바르게 꽂혀있는지 확인한다.

> 캐시 항목은 CPU의 처리 속도를 향상시키는 것으로 메모리 인식과 관계없다.

58 다음 보기에서 설명하는 해킹 방법으로 옳은 것은?

> 트러스트 관계가 맺어져 있는 서버와 클라이언트를 확인한 후 클라이언트에 DoS 공격을 하여 연결을 끊은 다음, 공격자가 클라이언트의 IP 주소를 확보하여 서버에 실제 클라이언트처럼 패스워드 없이 접근하는 방법이다.

① 스푸핑(Spoofing)
② 스니핑(Sniffing)
③ 세션 하이재킹(Session Hijacking)
④ 크래킹(Cracking)

> 스푸핑(Spoofing)은 악의적인 목적으로 웹 사이트를 구축해 방문을 유도한 다음 정보를 빼가는 행위이다.

> 오답 피하기
> • 스니핑(Sniffing) : 네트워크 주변을 지나다니는 패킷을 엿보면서 계정과 패스워드를 알아내기 위한 행위
> • 세션 하이재킹(Session Hijacking) : 로그인된 상태를 가로채는 행위
> • 크래킹(Cracking) : 권한이 없는 사용자가 불법적인 접근을 하여 데이터를 파괴하는 행위

정답 55 ④ 56 ① 57 ① 58 ①

59 다음 중 모바일 기기의 기능에서 테더링(Tethering)에 관한 설명으로 옳은 것은?

① 기기에 내장된 카메라를 이용해 실제 사물이나 환경에 부가 정보를 표시하는 기술이다.
② 인터넷에 연결된 기기를 활용해 다른 기기에서 인터넷 접속을 가능하도록 하는 기술이다.
③ 인공위성 위치정보 신호를 수신하는 기술이다.
④ 근거리에서 데이터의 무선 통신을 가능하도록 해주는 기술이다.

테더링(Tethering)은 휴대폰을 모뎀으로 활용할 수 있는 기능으로, 노트북과 같은 IT 기기를 휴대폰에 연결하여 무선 인터넷을 사용할 수 있다.

오답 피하기
- 증강현실(AR) : 기기에 내장된 카메라를 이용해 실제 사물이나 환경에 부가 정보를 표시하는 기술
- GPS : 인공위성 위치정보 신호를 수신하는 기술
- 블루투스(Bluetooth) : 근거리에서 데이터의 무선 통신을 가능하도록 해주는 기술

60 다음에서 설명하는 용어로 옳은 것은?

> 고성능 무선 통신을 가능하게 하는 무선랜 기술로 유선을 사용하지 않고 전파나 빛 등을 이용하여 네트워크를 구축하는 방식

① WiFi
② RFID
③ I-PIN
④ Mirroring

오답 피하기
- RFID(Radio-Frequency IDentification) : 전자태그 기술로, 무선 주파수를 이용해 빛을 전파하여 먼 거리의 태그도 읽고 정보를 수신할 수 있음
- I-PIN(아이핀) : 인터넷상에서 주민등록번호를 도용하여 발생하는 범죄를 방지하기 위해 만든 인터넷 신원확인번호
- Mirroring(미러링) : 해킹이나 장비 고장 등의 사고가 발생했을 때 데이터가 손실되는 것을 막기 위해서 데이터를 하나 이상의 장치에 중복하여 저장하는 것

해설과 따로 보는
상시 기출문제

CONTENTS

- 2025년 상시 기출문제 01회
- 2025년 상시 기출문제 02회
- 2025년 상시 기출문제 03회
- 2025년 상시 기출문제 04회
- 2025년 상시 기출문제 05회

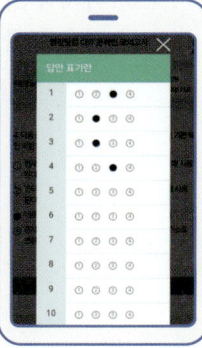

자동 채점 서비스
① 모바일로 기출문제 상단에 QR 코드를 스캔합니다.
② 답안 표기란에 나의 답안을 입력합니다.
③ 우측 상단에 ×를 누른 후, 답안 제출을 클릭합니다.
④ 합격 여부&채점 결과를 바로 확인해 보세요.

2025년 상시 기출문제 01회

1과목 워드프로세싱 용어 및 기능

01 다음 중 워드프로세서의 특징으로 옳지 않은 것은?

① 워드프로세서는 텍스트의 입력, 편집, 저장, 인쇄를 지원하는 프로그램이다.
② 워드프로세서는 복잡한 수학적 계산을 처리할 수 있는 기능을 제공한다.
③ 워드프로세서는 글꼴, 색상, 스타일 등을 자유롭게 조정할 수 있는 기능을 제공한다.
④ 워드프로세서는 표 작성, 그림 삽입, 페이지 설정 등 다양한 기능을 제공한다.

02 다음 중 문서 편집 과정에서 치환(Replace) 기능에 대한 설명으로 옳은 것은?

① 문서에서 특정 단어나 문장을 찾아 제거하는 기능이다.
② 문서에서 특정 단어나 문장을 찾아 다른 내용으로 변경하는 기능이다.
③ 문서 내의 모든 단어를 자동으로 정렬하는 기능이다.
④ 동일한 단어나 문장이 반복되지 않도록 자동 수정하는 기능이다.

03 다음 중 문서관리를 위하여 처리 단계별로 문서를 분류하는 경우에 각 문서에 관한 설명으로 옳지 않은 것은?

① 접수문서 : 외부로부터 접수된 문서
② 공람문서 : 배포문서 중 여러 사람이 돌려보는 문서
③ 보존문서 : 일처리가 끝난 완결문서로 해당연도 말까지 보관하는 문서
④ 배포문서 : 접수문서를 문서과가 배포 절차에 의해 처리과로 배포하는 문서

04 다음 중 파일링 시스템의 기본 원칙으로 옳지 않은 것은?

① 시간과 공간의 극대화
② 문서 검색의 용이성 및 신속한 출납
③ 명확한 분류를 위한 파일링 방법의 표준화
④ 문서의 소재 명시 및 보존의 확실성

05 다음 중 전자출판에서 사용되는 모핑(Morphing)에 대한 설명으로 옳은 것은?

① 두 개의 이미지를 점진적으로 변형하여 하나의 이미지에서 다른 이미지로 자연스럽게 변환하는 기술
② 제한된 색상에서 조합하여 새로운 색으로 만드는 작업
③ 기존의 이미지를 다른 형태로 새롭게 변형이나 수정하는 작업
④ 문자 위에 겹쳐서 문자를 중복하여 인쇄하는 기능

06 다음 중 공문서에서 표가 중간까지만 작성되어 내용이 없을 때 표기하는 방법은?

① 나머지 셀을 비워두고 그대로 제출한다.
② 빈 공간을 남기지 않기 위해 기존 내용을 조정하여 꽉 채운다.
③ 마지막 자의 다음 칸에 '이하 빈칸'을 표시한다.
④ 다음 표를 추가하여 내용을 마무리한다.

07 다음 중 전자문서의 관리에 대한 설명으로 옳지 않은 것은?

① 전자문서의 결재권자는 전자문서를 열람한 후 전자문서의 서명란에 서명한다.
② 행정기관의 전자이미지관인은 문서과의 기안자가 찍어야 한다.
③ 전자결재시스템을 사용하면 표준 서식으로 정해진 문서만 사용할 수 있다.
④ 전자문서의 효력은 수신자의 컴퓨터에 파일로 등록된 때부터 발생한다.

08 다음 중 유니코드(Unicode)에 대한 설명으로 옳지 않은 것은?

① 유니코드는 전 세계의 문자를 통일된 방식으로 표현하기 위한 문자 인코딩 방식이다.
② 유니코드를 사용하면 다국어 문서를 하나의 문자 집합으로 표현할 수 있다.
③ 유니코드에서 영문은 1바이트, 한글은 2바이트로 표현한다.
④ UTF-8, UTF-16, UTF-32는 유니코드의 대표적인 인코딩 방식이다.

09 다음 한자 입력 방법 중 한자의 음을 모를 때 입력하는 방법으로 옳은 것은?

① 단어 단위 변환 방법
② 문장 자동 변환 방법
③ 부수 입력 방법
④ 음절 단위 변환 방법

10 다음 중 워드프로세서의 용어에 대한 설명으로 옳지 않은 것은?

① 상용구(Glossary) : 자주 사용하는 문자열을 미리 약어로 등록하였다가 필요시 불러다 입력하는 기능
② 매크로(Macro) : 일련의 작업 순서를 등록시켜 놓았다가 필요한 때에 한 번에 실행시키는 기능
③ 영문 균등(Justification) : 문서 작성 시 영어 단어가 너무 길어 단어의 일부가 다음 줄로 넘어갈 경우 단어 전체를 다음 줄로 자동으로 넘겨주는 기능
④ 미주(Endnote) : 문서에 나오는 문구에 대한 보충 설명들을 본문과 상관없이 문서의 맨 마지막에 모아서 표기하는 기능

11 다음 중 공문서의 구성에서 결문의 내용으로 옳지 않은 것은?

① 발신명의
② 기안자
③ 붙임(첨부)
④ 행정기관의 전화번호

12 다음 중 워드프로세서의 인쇄 미리 보기 기능에서 할 수 없는 작업은?

① 문서의 전체적인 배치를 확인할 수 있다.
② 여백 보기를 사용하면 문서의 윤곽을 미리 확인할 수 있다.
③ 문서의 내용을 직접 수정하고 편집할 수 있다.
④ 용지 방향(세로/가로)을 변경할 수 있다.

13 다음 중 〈보기 1〉의 문장이 〈보기 2〉의 문장으로 수정되기 위해 필요한 교정부호들이 순서에 맞게 바르게 짝지어진 것은?

〈보기 1〉
> 워드프로세서는 문서를 작성하고 편집, 저장, 인쇄등의 처리를 할 수 있는 컴퓨터와 하드웨어를 말한다.

〈보기 2〉
> 워드프로세서는 문서를 작성하고
> 편집, 저장, 인쇄 등의 처리를 할 수 있는 컴퓨터와 소프트웨어를 말한다.

① ⌒, ∨, ⌒
② ⌒, ⌒, ⌐
③ ⌒, ⌒, ⌒
④ ⌐, ∨, ⌒

14 다음 중 문서를 작성할 때 서로 상반되는 의미를 갖는 교정부호의 쌍으로 옳지 않은 것은?

① ⊓, ⊔
② ⌐, ⌒
③ ⌒, ⌒
④ ⌒, ⌐

15 다음 중 업무 실명제에 대한 설명으로 옳은 것은?

① 문서를 익명으로 작성하여 보안성을 높이는 제도이다.
② 업무를 처리한 담당자의 실명과 책임을 명확히 하기 위해 문서에 기록하는 제도이다.
③ 공문서의 제목을 반드시 표기해야 한다는 원칙이다.
④ 문서를 작성할 때 일정한 양식을 따르도록 하는 기준이다.

16 다음 중 기록물 문서관리의 원칙에 대한 설명으로 옳지 않은 것은?

① 경제성 – 문서의 관리는 비용을 절감하면서도 효율적으로 운영되어야 한다.
② 정확성 – 문서는 원본과 일치해야 하며, 오류 없이 관리되어야 한다.
③ 신속성 – 문서는 즉시 검색하고 활용할 수 있도록 체계적으로 보관해야 한다.
④ 보관성 – 모든 문서는 인쇄하여 이중으로 보관한다.

17 다음 중 트루타입 글꼴의 특징에 대한 설명으로 옳지 않은 것은?

① 트루타입 글꼴은 모든 크기에서 깨끗하고 선명한 출력 결과를 보장한다.
② 트루타입 글꼴은 벡터 형식으로 글자가 저장되어 크기 변경 시에도 품질 손실이 없다.
③ 트루타입 글꼴은 화면 해상도에 맞춰 각 글자의 픽셀 정보를 조정하는 방식으로 최적화된다.
④ 트루타입 글꼴은 비트맵 형식으로 저장되어 해상도 변경 시 품질 저하가 발생할 수 있다.

18 다음 중 파일링 시스템(File System)에 대한 설명으로 옳은 것은?

① 파일을 저장하지 않고 실행만 할 수 있도록 관리하는 시스템이다.
② 저장 장치에서 파일을 생성, 저장, 정리, 검색, 폐기하는 기능을 담당한다.
③ 운영체제와는 독립적으로 동작하며, 별도의 소프트웨어 없이 파일을 관리한다.
④ 모든 파일을 단일 폴더에 저장하는 방식만을 지원한다.

19 다음 중 워드프로세서의 인쇄 기능에 대한 설명으로 옳지 않은 것은?

① 인쇄 미리 보기 기능을 사용하면 문서가 출력될 모습을 화면에서 확인할 수 있다.
② 특정 페이지 범위를 지정하여 필요한 부분만 인쇄할 수 있다.
③ 워드프로세서에서는 한 번에 하나의 문서만 인쇄할 수 있으며, 여러 페이지를 모아 찍을 수는 없다.
④ 한 페이지에 여러 쪽을 축소하여 인쇄하는 기능을 제공한다.

20 다음 중 명칭별 분류법에 대한 설명으로 옳은 것은?

① 문서의 내용을 기준으로 주제별로 분류하는 방법이다.
② 문서의 고유한 명칭이나 제목을 기준으로 분류하는 방법으로 내용을 이해하지 않아도 쉽게 분류할 수 있다.
③ 문서를 작성한 연도와 날짜 순으로 정리하는 방법이다.
④ 거래처의 지역 위치나 지역 범위에 따른 기준으로 분류하는 방법이다.

2과목 PC 운영체제

21 다음 중 한글 Windows 10 운영체제의 특징으로 옳은 것은?

① 단일 작업만 수행할 수 있는 단일태스킹 방식을 사용한다.
② 사용자가 직접 CPU 스케줄링을 조정해야 한다.
③ 하나의 프로세스가 CPU를 독점적으로 사용하도록 설계되어 있다.
④ 선점형 멀티태스킹 방식을 사용하여 여러 작업을 효율적으로 처리할 수 있다.

22 다음 중 한글 Windows 10의 레지스트리에 대한 설명으로 옳지 않은 것은?

① 레지스트리는 운영체제와 소프트웨어의 설정 정보를 저장하는 데이터베이스이다.
② 레지스트리는 백업을 받을 수 없으므로 시스템 변경 시 주의해야 한다.
③ 레지스트리 편집기를 사용하여 레지스트리 값을 수정할 수 있다.
④ 레지스트리의 잘못된 수정은 시스템 오류를 발생시킬 수 있다.

23 다음 중 한글 Windows 10에서 발생하는 문제의 해결 방법으로 옳지 않은 것은?

① 사용 중인 프로그램이 응답하지 않을 경우 [작업 관리자] 창을 열어 해당 프로그램에 대해 작업 끝내기를 한다.
② 메모리가 부족하여 프로그램을 실행할 수 없을 경우 가상 메모리의 크기를 적절히 설정한다.
③ 정상적으로 부팅이 안 되는 경우 안전 모드로 부팅하여 문제를 해결한 후 표준 모드로 재부팅한다.
④ 하드 디스크의 공간이 부족할 경우 [드라이브 조각 모음 및 최적화]를 실행하여 디스크 공간을 확보한다.

24 다음 중 한글 Windows 10 파일 탐색기의 [보기]-[레이아웃]에서 선택할 수 있는 보기 옵션이 아닌 것은?

① 큰 아이콘
② 자세히
③ 넓은 아이콘
④ 작은 아이콘

25 다음 중 한글 Windows 10 [제어판]의 [접근성 센터]에서 설정할 수 있는 기능으로 옳지 않은 것은?

① 고대비 설정을 통해 화면의 가독성을 높일 수 있다.
② 내레이터 기능을 사용하여 화면의 내용을 음성으로 읽을 수 있다.
③ 마우스키 설정을 통해 키보드만으로 마우스를 조작할 수 있다.
④ 인터넷 연결 속도를 최적화하여 웹 페이지 로딩 시간을 단축할 수 있다.

26 다음 중 한글 Windows 10에서 제공하는 장치의 로그인 옵션으로 옳은 것은?

① 패턴 인식 로그인
② Windows Hello 얼굴
③ 지문 인식만 지원하며 얼굴 인식은 불가능
④ 로그인 옵션을 변경할 수 없으며, 비밀번호 입력만 지원

27 다음 중 한글 Windows 10의 [마우스 속성] 창에서 가능한 작업으로 옳지 않은 것은?

① 마우스 포인터의 사용자 지정
② 포인터의 생성 및 수정, 삭제
③ 휠을 한 번 돌릴 때 스크롤할 양
④ 클릭 잠금 사용

28 다음 중 한글 Windows 10의 [이더넷 속성]에서 TCP/IPv4와 TCP/IPv6 프로토콜에 대한 설명으로 옳은 것은?

① TCP/IPv4는 새로운 디바이스에서 지원하는 최첨단 프로토콜이다.
② TCP/IPv6는 이전 버전과의 호환성을 고려하지 않고 설계되었다.
③ TCP/IPv4와 TCP/IPv6는 하나의 시스템에서 동시에 사용할 수 있고, IPv6는 128비트 주소 체계를 사용한다.
④ TCP/IPv4는 16비트 주소 체계를 사용하여 최대 2³²개의 IP 주소를 제공한다.

29 다음 중 한글 Windows 10에서 새로운 가상 데스크톱을 생성하는 바로 가기 키는?

① ⊞ + Tab
② ⊞ + Ctrl + D
③ Ctrl + Alt + Delete
④ ⊞ + Ctrl + F4

30 다음 중 한글 Windows에서 스티커 메모(Sticky Notes) 기능에 대한 설명으로 옳지 않은 것은?

① 스티커 메모는 Windows에서 제공하는 메모 애플리케이션이다.
② 스티커 메모는 부분 영역에 굵게, 기울임꼴, 밑줄 등의 글꼴 서식을 적용할 수 있다.
③ 스티커 메모에 [이미지 추가]로 이미지를 삽입할 수 없다.
④ 스티커 메모는 배경색 변경이 가능하다.

31 다음 중 CMOS 설정에서 변경할 수 있는 항목으로 옳은 것은?

① 응용 소프트웨어 이상 여부 확인
② 운영체제 로딩
③ 부팅 순서 변경
④ 네트워크 IP 주소 할당

32 다음 중 한글 Windows 10 보조프로그램의 [캡처 도구]에서 제공하는 캡처 모드가 아닌 것은?

① 자유형 캡처
② 사각형 캡처
③ 전체 화면 캡처
④ 3D 캡처

33 다음 중 한글 Windows 10의 휴지통의 기능으로 옳지 않은 것은?

① 삭제한 파일을 임시 보관한다.
② 휴지통에서 파일을 복원하여 사용한다.
③ C, D드라이브가 있을 경우 휴지통의 크기는 KB 단위 크기의 하나로 고정된다.
④ 휴지통에서 파일이나 폴더를 비우기하면 복원할 수 없다.

34 다음 중 한글 Windows 10에서 파일이나 폴더의 복사와 이동에 대한 설명으로 옳지 않은 것은?

① 복사(Ctrl+C)나 잘라내기(Ctrl+X)를 사용하면 정보가 클립보드에 기억된다.
② 복사(Ctrl+C)나 잘라내기(Ctrl+X)를 선택한 후에는 붙여넣기를 실행해야 한다.
③ 같은 드라이브에서 파일이나 폴더를 드래그 앤 드롭하면 복사가 된다.
④ 복사는 원본이 그대로 있고, 이동은 원본이 새로운 장소로 옮겨진다.

35 다음 중 한글 Windows 10의 [계산기]에 대한 설명으로 옳지 않은 것은?

① 한글 Windows 계산기는 표준, 공학용, 프로그래머, 그래프 등의 다양한 모드를 제공한다.
② 계산기의 변환 기능을 이용하면 길이, 무게, 온도 등의 단위를 변환할 수 있다.
③ 날짜 계산 기능을 사용하면 일정 관리 등의 기능을 수행할 수 있다.
④ 공학용 모드를 사용하면 삼각 함수, 로그 함수 등의 고급 계산이 가능하다.

36 다음 중 한글 Windows 10의 기능으로 옳지 않은 것은?

① 같은 컴퓨터를 여러 사용자가 사용할 수 있도록 사용자 계정을 설정할 수 있다.
② 방화벽을 이용하여 컴퓨터 바이러스를 사전에 차단하고 치료할 수 있다.
③ NTFS 파일 시스템을 FAT32 파일 시스템으로 변환하려면 해당 파티션을 포맷해야 한다.
④ 여러 개의 프로그램을 동시에 실행하여 작업할 수 있다.

37 다음 중 프린터의 스풀링(Spooling)과 관련된 설명으로 옳지 않은 것은?

① 스풀링 기법을 사용하면 인쇄 속도가 향상된다.
② 스풀링은 프린터가 작업을 완료할 때까지 컴퓨터가 대기하지 않도록 해준다.
③ 스풀링은 임시 저장 공간(디스크 또는 메모리)에 인쇄 데이터를 저장한 후 차례로 출력하는 방식이다.
④ 스풀링은 CPU와 입출력 장치 간의 속도 차이를 보완하는 역할을 한다.

38 다음 중 클립보드(Clipboard)에 대한 설명으로 옳지 않은 것은?

① 클립보드는 복사 또는 잘라내기한 데이터를 임시로 저장하는 공간이다.
② 클립보드는 여러 개의 항목을 저장할 수 있으며, 최근 복사한 항목이 위에 표시되어 사용할 수 있다.
③ 클립보드에는 마지막으로 저장한 1개의 파일만 기억된다.
④ 한글 Windows에서는 ■+V 단축키를 사용하여 클립보드 기록을 확인할 수 있다.

39 다음 중 [그림판 3D]에 대한 설명으로 옳지 않은 것은?

① 그림판 3D는 2D 및 3D 그래픽을 그릴 수 있는 Windows 기본 프로그램이다.
② 3D 개체를 추가하고 자유롭게 회전하거나 크기를 조정할 수 있다.
③ Shift를 누른 채 드래그하면 수직선, 45도 대각선 등을 그릴 수 있다.
④ 그림판 3D에서는 3D 텍스트를 추가하여 입체적인 효과를 줄 수 있다.

40 다음 중 서브넷 마스크(Subnet Mask)에 대한 설명으로 옳은 것은?

① IP 주소를 암호화하여 보안성을 강화하는 역할을 한다.
② 네트워크 주소와 호스트 주소를 구분하는 역할을 한다.
③ IP 주소를 MAC 주소로 변환하는 역할을 한다.
④ 도메인 이름을 IP 주소로 변환하는 역할을 한다.

3과목 PC 기본상식

41 다음 중 컴퓨터의 세대별 분류에 따른 특징으로 옳지 않은 것은?

① 1세대는 진공관 기억 소자를 사용하였다.
② 2세대는 고급 언어와 운영체제를 개발하였다.
③ 3세대는 시분할 처리, 다중 처리 시스템을 개발하였다.
④ 4세대는 인공 지능, 전문가 시스템, 패턴 인식을 도입하였다.

42 다음 중 기억 장치에 대한 설명으로 옳은 것은?

① RAM은 전원이 꺼져도 데이터가 유지되는 비휘발성 메모리이다.
② ROM은 데이터를 자유롭게 읽고 쓸 수 있는 휘발성 메모리이다.
③ 보조 기억 장치는 주기억 장치보다 접근 속도가 빠르다.
④ 하드 디스크는 보조 기억 장치로 CD-ROM보다 저장 용량이 크다.

43 다음 중 ASCII 코드에 대한 설명으로 옳은 것은?

① 16비트로 구성되며, 전 세계 모든 문자를 표현할 수 있다.
② 7비트로 구성되며, 총 128개의 문자를 표현할 수 있다.
③ 8비트로 구성되며, 256개의 문자를 지원하는 대표적인 유니코드 형식이다.
④ 주로 한글 문자 표현을 위해 개발된 코드 체계이다.

44 특정 기능을 수행하는 장치에 내장되어 작동하며, 일반적인 컴퓨터 운영체제와 달리 제한된 자원에서 동작하도록 설계된 운영 방식의 시스템은?

① 다중 처리 시스템
② 분산 처리 시스템
③ 임베디드 시스템
④ 실시간 처리 시스템

45 다음 중 자신에 관한 정보를 보호받기 위해 자신에 관한 정보를 자율적으로 결정하고 관리하는 권리는?

① 개인정보 자기결정권
② 프라이버시권
③ 지적재산권
④ 초상권

46 다음 중 스니핑(Sniffing)에 대한 설명으로 가장 옳은 것은?

① 네트워크에서 데이터를 가로채어 불법적으로 도청하는 행위이다.
② 시스템의 취약점을 이용하여 관리자 권한을 획득하는 해킹 기법이다.
③ 사용자의 계정 정보를 무작위로 대입하여 로그인하는 공격 방법이다.
④ 정상적인 사용자로 가장하여 시스템에 접근하는 피싱 기법이다.

47 다음 중 서로 다른 네트워크 간의 데이터를 전달하고, IP 주소를 기반으로 최적의 경로를 결정하는 네트워크 장치는?

① 스위치(Switch)
② 허브(Hub)
③ 라우터(Router)
④ 모뎀(Modem)

48 다음 중 언제 어디서나 네트워크에 연결되어 정보 접근이 가능한 환경을 의미하는 정보 통신 기술 용어는?

① 클라우드 컴퓨팅(Cloud Computing)
② 사물인터넷(IoT)
③ 유비쿼터스(Ubiquitous)
④ 증강현실(AR)

49 다음 중 찰흙이나 점토로 만든 인형을 조금씩 움직이며 촬영하여 애니메이션을 만드는 기법은 무엇인가?

① 모핑(Morphing)
② 클레이메이션(Claymation)
③ 벡터 그래픽(Vector Graphics)
④ 레이 트레이싱(Ray Tracing)

50 다음 중 프로그램 카운터(PC)에 대한 설명으로 옳은 것은?

① 명령어의 실행 결과를 일시적으로 저장하는 레지스터이다.
② 현재 실행 중인 명령어의 연산 결과를 저장하는 레지스터이다.
③ 다음에 실행할 명령어의 주소를 저장하는 레지스터이다.
④ 연산에 사용될 데이터를 저장하는 범용 레지스터이다.

51 다음 중 디지털 컴퓨터의 특징으로 옳은 것은?

① 연속적인 아날로그 신호를 직접 처리한다.
② 논리 회로를 이용하여 데이터를 처리한다.
③ 미적분 및 복잡한 방정식을 직접 연산한다.
④ 연산 속도가 느리지만 정밀한 값 처리가 가능하다.

52 다음 중 전자우편 시스템에서 사용되는 프로토콜이 아닌 것은?

① FTP
② IMAP
③ POP3
④ SMTP

53 다음 중 마이크로프로세서의 설계에서 RISC 방식의 특징으로 옳지 않은 것은?

① 간단한 명령어의 구조
② 고정된 길이 사용
③ 명령어의 수가 많고 하나의 명령어로 처리
④ 에너지 효율성이 높아 모바일 및 임베디드 시스템에도 적합

54 다음 중 DRAM과 SRAM의 특성에 대한 설명으로 옳은 것은?

① DRAM은 SRAM보다 속도가 빠르고, 주기적인 재충전이 필요하지 않다.
② SRAM은 DRAM보다 비용이 저렴하고, 주기적인 재충전이 필요하다.
③ DRAM은 주기적인 재충전이 필요하며, SRAM보다 비용이 저렴하다.
④ SRAM은 DRAM보다 속도가 느리고, 주기적인 재충전이 필요하다.

55 다음 중 CPU의 상태에 대한 설명으로 옳지 않은 것은?

① 실행 상태(Run State)는 프로세스가 실제로 CPU에서 실행 중인 상태를 의미한다.
② 준비 상태(Ready State)는 프로세스가 I/O 작업을 기다리고 있는 상태로, CPU를 사용할 준비가 되어 있지 않은 상태를 말한다.
③ 대기 상태(Wait State)는 프로세스가 필요한 리소스를 기다리며 실행되지 않는 상태로, 주로 I/O 작업이나 다른 프로세스가 완료될 때까지 대기한다.
④ 교착 상태(Deadlock State)는 프로세스들이 서로 필요한 자원을 기다리며 무한히 대기하는 상태로, 해결되지 않으면 시스템이 멈추게 된다.

56 다음 중 기억 소자 기술의 발전 순서를 올바르게 나열한 것은?

① LSI → 집적회로 → 트랜지스터 → 진공관
② 트랜지스터 → 진공관 → 집적 회로 → LSI
③ 진공관 → 트랜지스터 → 집적 회로 → LSI
④ 집적회로 → 진공관 → LSI → 트랜지스터

57 다음 중 프로그램 개발 순서로 옳은 것은?

① 설계 → 요구 분석 → 코딩 → 테스트 → 유지 보수
② 요구 분석 → 설계 → 코딩 → 테스트 → 유지 보수
③ 요구 분석 → 코딩 → 설계 → 테스트 → 유지 보수
④ 설계 → 코딩 → 요구 분석 → 테스트 → 유지 보수

58 다음 중 컴퓨터의 규모에 따른 분류에 대한 설명으로 옳은 것은?

① 마이크로 컴퓨터는 일반적으로 대형 컴퓨터보다 크기가 작고 성능이 낮으며, 주로 개인용으로 사용된다.
② 메인 프레임 컴퓨터는 주로 소형 장치로, 다수의 사용자가 동시에 사용할 수 없다.
③ 슈퍼 컴퓨터는 중간 규모의 컴퓨터로, 고성능을 요구하지 않는 일반적인 작업에 사용된다.
④ 미니 컴퓨터는 대형 데이터 처리 작업을 처리하는 데 사용되며, 소형화된 슈퍼 컴퓨터로 분류된다.

59 네트워크상에서 물리적인 네트워크 주소(MAC : Media Access Control)를 IP 주소로 대응시키기 위해 사용되는 프로토콜은?

① RARP
② ARP
③ SLIP
④ SNMP

60 다음 중 킬 스위치(Kill Switch)에 대한 설명으로 옳은 것은?

① 하드 디스크 내 데이터를 자동으로 정리하여 성능을 최적화하는 기술이다.
② 사용자가 명령을 내리면 시스템을 복구하는 기능이다.
③ 모바일 기기나 소프트웨어에서 원격으로 작동을 중지할 수 있는 기능이다.
④ 네트워크를 통해 전송되는 데이터를 암호화하여 보호하는 기술이다.

빠른 정답표 확인하기

① 모바일로 QR 코드를 스캔합니다.
② 해당 회차의 정답표를 확인합니다.
③ 빠르고 간편하게 채점해 보세요.

2025년 상시 기출문제 02회

SELF CHECK : 제한시간 60분 | 소요시간   분 | 전체 문항 수 60문항 | 맞힌 문항 수   문항

1과목 워드프로세싱 용어 및 기능

01 다음 중 문서 작성에 대한 설명으로 옳은 것은?

① 본문에는 문서의 내용을 잘 알릴 수 있는 제목을 작성한다.
② 문서는 가독성을 높이기 위해 문단을 최대한 길게 작성하는 것이 좋다.
③ 다양한 글꼴을 사용하면 문서의 일관성이 높아진다.
④ 띄어쓰기는 문서의 가독성에 영향을 주지 않는다.

02 다음 중 문서관리 절차의 순서로 옳은 것은?

① 문서 분류 → 문서 편철 → 문서 이관 → 문서 보관 → 문서 보존 → 문서 폐기
② 문서 처리 → 문서 보관 → 문서 분류 → 문서 보존 → 문서 이관 → 문서 폐기
③ 문서 분류 → 문서 편철 → 문서 보관 → 문서 이관 → 문서 보존 → 문서 폐기
④ 문서 처리 → 문서 이관 → 문서 보존 → 문서 분류 → 문서 보관 → 문서 폐기

03 다음 중 한자의 음을 알고 있을 때와 모를 때의 변환 방법에 대한 설명으로 옳은 것은?

① 음을 알고 있을 때는 해당 음을 입력한 후 한자로 변환할 수 있으며, 음을 모를 때는 직접 한자의 초성을 입력해야 한다.
② 음을 알고 있을 때는 한글 입력 후 한자 변환 기능(한자 키)을 사용하여 변환할 수 있으며, 음을 모를 때는 한자의 총 획수를 입력해야 한다.
③ 음을 알고 있을 때는 한자의 획수를 입력하여 변환해야 하며, 음을 모를 때는 한자의 의미를 입력하면 자동으로 변환된다.
④ 한자의 음을 모를 경우 한글로 입력할 수 없으며, 반드시 사전을 찾아야만 변환이 가능하다.

04 다음 중 디폴트(Default)와 소프트 카피(Soft Copy)에 대한 설명으로 옳은 것은?

① 디폴트는 문서의 내용을 화면에 표시하는 방식이며, 소프트 카피는 프린터로 출력된 문서를 의미한다.
② 디폴트는 프로그램에서 사용자가 변경할 수 없는 고정 설정을 의미하며, 소프트 카피는 하드 디스크에 저장된 파일만을 의미한다.
③ 디폴트는 프로그램에서 사용자가 별도로 설정하지 않아도 자동으로 적용되는 기본값을 의미하며, 소프트 카피는 화면에 표시되는 문서나 데이터를 의미한다.
④ 디폴트는 파일을 저장할 때 반드시 입력해야 하는 필수 정보이며, 소프트 카피는 복사된 소프트웨어를 의미한다.

05 워드프로세서를 사용할 때 문서의 특정 페이지나 일부분만 인쇄할 수 있는 방법으로 가장 옳은 것은?

① 문서는 항상 전체 페이지를 인쇄해야 하며, 특정 부분만 선택하여 인쇄할 수 없다.
② 인쇄 창에서 현재 페이지 번호를 지정하거나, 일부분으로 특정 페이지 번호를 넣어 인쇄할 수 있다.
③ 문서를 일부만 인쇄하려면 반드시 해당 부분을 새로운 파일로 저장한 후 전체 인쇄해야 한다.
④ 인쇄 미리 보기에서 페이지를 삭제하면 해당 페이지만 자동으로 인쇄되지 않는다.

06 다음 중 문서의 분량이 증가할 가능성이 있는 교정부호들로 올바르게 나열된 것은?

① ⊢, ⌒, ⌐
② ⌒, ⌣, ⋈
③ ⌒, ⊇, ⌒
④ ⊣, ⌣, ⌒

07 다음 중 문서의 수정을 위한 교정부호의 표기법으로 옳지 않은 것은?

① 문서의 내용과 혼돈되지 않도록 글자 색과 같은 색으로 표기하도록 한다.
② 한 번 교정된 부분도 다시 명확하게 교정할 수 있다.
③ 교정부호는 수정 사항을 확실히 구별할 수 있도록 일관되게 사용해야 한다.
④ 여러 교정부호를 동일한 행에 사용할 때 교정부호가 겹치지 않도록 한다.

08 다음 중 파일링 시스템으로 인한 효과로 옳은 것은?

① 문서 보존이 용이하다.
② 기록 활용에 대한 비용이 증가한다.
③ 문서 검색 시간이 길어진다.
④ 문서의 체계적인 관리가 어려워진다.

09 다음 중 문서의 주제별 파일링 방법에 관한 특징으로 옳은 것은?

① 단순하고 빠르며 서구의 전통적인 파일링 시스템의 문서 분류 방법으로 사용된다.
② 품목, 물건, 사업 활동이나 기능 등의 명칭을 표제로 사용한다.
③ 여러 나라 지역에 사업장이 있는 기업에 유용하다.
④ 확장이 수월하고 업무 내용보다 번호로 참조되는 업무에 유용하다.

10 다음 중 전자결재에 대한 설명으로 옳은 것은?

① 결재권자가 휴가 등으로 결재할 수 없는 경우에는 그 직무를 대리하는 자가 대결할 수 있다.
② 전자결재는 반드시 결재권자 본인만 승인할 수 있으며, 대결이 불가능하다.
③ 전결인 경우에는 전결을 표시하고 위에 서명할 필요가 없다.
④ 전자결재시스템에서는 문서 수정이 불가능하며, 초안 작성 후 변경할 수 없다.

11 다음 중 검색(찾기) 기능에 대한 설명으로 옳지 않은 것은?

① 검색하면 해당 단어가 문서의 아래 방향으로만 검색된다.
② 검색 기능을 사용하면 문서 내 특정 단어나 문장을 빠르게 찾을 수 있다.
③ 검색 기능은 대 · 소문자를 구분하지 않고 단어를 찾을 수 있다.
④ 검색 기능은 문서 내에 포함된 이미지나 표를 찾을 수 없다.

12 다음은 글꼴 구현 방식 중 무엇에 대하여 설명한 것인가?

> – 아웃라인(Outline) 방식을 사용한다.
> – 높은 압축률을 통해 파일의 용량을 줄인 글꼴이다.
> – 통신을 이용한 폰트의 송수신이 용이하다.

① 포스트스크립트(Post Script) 방식
② 비트맵(Bitmap) 방식
③ 트루타입(True Type) 방식
④ 오픈타입(Open Type) 방식

13 다음 중 공문서에서 금액을 표시할 때 옳은 것은?

① 숫자만 기재하여 빠르게 이해할 수 있도록 한다.
② 금액 뒤에 '원'을 생략하고 숫자로만 표기한다.
③ 숫자 뒤에 한글 금액(예 : 일백만 원)을 병기하여 정확성을 높인다.
④ 통화 기호(₩)만 사용하여 간략하게 표기한다.

14 다음 중 한글 코드에 대한 설명으로 옳지 않은 것은?

① 한글 코드는 완성형, 조합형, 유니코드 등이 있다.
② 유니코드는 모든 문자를 2바이트로 표현한다.
③ 완성형 한글 코드는 주로 정보 처리용으로 사용한다.
④ 조합형 한글 코드는 초성, 중성, 종성에 각각 코드 값을 부여한다.

15 다음 중 '직무 편람'에 대한 설명으로 옳은 것은?

① 조직 내 모든 문서를 보관하는 문서 관리 시스템을 의미한다.
② 담당 부서에서 단위 업무의 계획, 현황 및 참고자료를 정리한 문서이다.
③ 직원들의 근태와 출퇴근 시간을 기록하는 문서이다.
④ 조직 내 규칙과 절차를 상세히 기록한 법률 문서이다.

16 다음 중 색상을 표현하는 RGB 모드에 대한 설명으로 옳지 않은 것은?

① TV, 컴퓨터 모니터와 같이 빛을 이용하는 표시 장치에서 이용한다.
② R, G, B를 각각 1바이트로 표현할 경우 나타낼 수 있는 색상의 가짓수는 256×256×256의 계산 결과인 16,777,216가지가 된다.
③ 빛의 삼원색인 RED, GREEN, BLUE를 이용하여 색을 혼합하면 섞을수록 명도가 '0'이 되며 밝아지기 때문에 감산혼합이라 한다.
④ 빛의 삼원색인 RED, GREEN, BLUE를 최대의 비율로 혼합하면 흰색을 얻을 수 있다.

17 다음 중 EDI(전자 데이터 교환)의 3대 구성 요소로 옳지 않은 것은?

① EDI 표준
② 사용자 시스템
③ 통신 네트워크(VAN)
④ 사용자 정보

18 다음 중 인쇄 속도를 나타내는 단위로 옳은 것은?

① CPS(Characters Per Second)
② PPI(Pixels Per Inch)
③ DPI(Dots Per Inch)
④ RPM(Revolutions Per Minute)

19 다음 중 공문서에 대한 설명으로 옳은 것은?

① 공문서는 개인 간의 사적인 내용을 담은 문서를 의미한다.
② 공문서는 반드시 수기로 작성해야 하며, 전자문서로 작성할 수 없다.
③ 정부 기관, 공공기관, 기업 등에서 공식적인 목적으로 작성하는 문서를 의미한다.
④ 공문서는 일정한 형식 없이 자유롭게 작성할 수 있다.

20 다음 중 전자출판(Electronic Publishing) 용어에 대한 설명으로 옳은 것은?

① 디더링(Dithering) : 2차원의 이미지에 광원·위치·색상 등을 첨가하여 사실감을 불어넣어 3차원 화상을 만드는 과정이다.
② 모핑(Morphing) : 그래픽 파일의 효과 넣기로, 신문에 난 사진과 같이 미세한 점으로 나타내며 각 점의 명암을 달리하여 영상을 표시한다.
③ 스프레드(Spread) : 대상체의 컬러가 배경색의 컬러보다 짙을 때에 겹쳐서 인쇄하는 방법이다.
④ 커닝(Kerning) : 글자와 글자 사이의 간격을 미세하게 조정하는 작업이다.

2과목 PC 운영체제

21 다음 중 선점형 멀티태스킹(Preemptive Multi-Tasking)에 대한 설명으로 옳은 것은?

① 하나의 앱 실행을 끝낼 때까지 다른 앱이 CPU를 사용할 수 없다.
② 운영체제가 앱 실행을 제어하며, 필요시 강제로 앱을 중단시키고 다른 앱을 실행할 수 있다.
③ 한 번 실행된 앱은 운영체제가 개입하지 않으며, 자발적으로 CPU 사용을 양보할 때만 다른 앱이 실행된다.
④ 단일 작업 환경에서만 동작하며, 여러 프로그램을 동시에 실행할 수 없다.

22 다음 중 한글 Windows 10의 [그림판]에서 할 수 없는 작업은?

① 작성한 이미지를 바탕 화면의 배경으로 설정할 수 있다.
② 전자 메일을 사용하여 편집한 이미지를 보낼 수 있다.
③ 투명도와 마스크(Mask) 기능을 사용한 다중 레이어 작업을 할 수 있다.
④ 다른 그래픽 앱에서 편집한 이미지의 일부를 복사해서 붙여넣기할 수 있다.

23 다음 중 [메모장] 앱의 기능에 대한 설명으로 옳지 않은 것은?

① 메모장 앱은 .txt 형식으로 파일을 저장할 수 있다.
② 메모장 앱은 글꼴, 글꼴 스타일(굵게, 기울임꼴 등), 글자 색을 변경할 수 있다.
③ 메모장 앱은 간단한 텍스트 편집 기능을 제공한다.
④ 메모장 앱에서 작성한 파일은 다른 워드프로세서에서도 열 수 있다.

24 다음 중 한글 Windows 10에서 인쇄가 전혀 되지 않는 경우에 취해야 할 조치로 옳지 않은 것은?

① 인쇄할 프린터의 속성에서 [스풀 설정]을 확인한다.
② 프린터 전원이나 프린터 케이블이 제대로 연결되어 있는지 확인한다.
③ 프린터의 이름이 변경되었거나 삭제되지 않았는지 확인한다.
④ 설정된 프린터의 드라이버가 제대로 설치되었는지 확인한다.

25 한글 Windows 10에서 다음의 기능을 하는 명령어는?

- 실행 창에 명령어를 입력하면 '시스템 구성' 대화상자가 표시된다.
- 불필요한 시작프로그램이 있는 경우 '시스템 구성' 대화상자의 [시작프로그램] 탭에서 원하는 시작프로그램들을 삭제할 수 있다.

① ipconfig
② tracert
③ nbtstat
④ msconfig

26 한글 Windows 10에서 [디스크 검사]와 [드라이브 조각 모음 및 최적화]의 차이점으로 옳은 것은?

① 디스크 검사는 파일 시스템의 오류를 점검하고 수정하는 기능이고, 드라이브 조각 모음은 파일을 재배치하여 디스크의 성능을 개선하는 기능이다.
② 드라이브 조각 모음은 디스크의 파일 시스템 오류를 점검하고 수정하는 기능을 수행하며, 디스크 검사는 파일의 크기를 재조정하는 기능을 한다.
③ 디스크 검사는 데이터 손실을 방지하기 위해 수행되며, 드라이브 조각 모음은 파일을 복사하여 저장 공간을 늘린다.
④ 디스크 검사와 드라이브 조각 모음은 모두 디스크의 데이터를 삭제하고 새로 저장하는 방식이다.

27 다음 중 컴퓨터 부팅 과정에서 BIOS와 POST의 역할에 대해 설명한 것으로 옳은 것은?

① BIOS는 하드웨어가 정상적으로 동작하는지 점검하고, 운영체제를 로드하는 역할을 한다.
② POST는 부팅 시 하드웨어 점검을 수행한 후 운영체제를 로드하는 작업을 담당한다.
③ BIOS는 하드웨어 점검을 수행하고, POST는 운영체제를 로드하는 역할을 한다.
④ BIOS는 운영체제의 부팅을 제어하고, POST는 하드웨어 오류를 수정하는 역할을 한다.

28 다음 중 한글 Windows 10의 [제어판]-[네트워크 및 공유 센터] 창에서 할 수 있는 작업으로 옳지 않은 것은?

① 활성 네트워크 보기에서는 연결된 네트워크 이름, 액세스 형식, 연결 상태 등의 정보를 확인할 수 있다.
② 무선, 광대역, 전화 접속 연결 등을 설정하거나 라우터 또는 액세스 지점을 설정할 수 있다.
③ 다른 네트워크 컴퓨터에 있는 파일이나 프린터에 액세스하거나 공유 설정을 변경할 수 있다.
④ 연결에 사용할 네트워크 드라이브와 폴더를 지정하고, 네트워크 드라이브 연결 및 끊기를 할 수 있다.

29 한글 Windows 10 운영체제에서 파일을 공유할 때 [파일 및 프린터 공유] 옵션을 활성화해야 하는 이유로 옳은 것은?

① 다른 컴퓨터 사용자가 공유된 파일에 접근할 수 있다.
② 모든 네트워크 장치에 자동으로 프린터가 설치된다.
③ 네트워크에서 모든 장치의 파일을 자동으로 복사한다.
④ 네트워크 속도가 빨라진다.

30 다음 중 한글 Windows 10의 [제어판]에 있는 [프로그램 및 기능]을 이용하여 수행할 수 있는 작업으로 옳은 것은?

① Windows 기능 켜기와 끄기, 설치된 업데이트 보기를 할 수 있다.
② [Windows 탐색기] 프로그램을 제거할 수 있다.
③ 제거된 응용 앱은 [휴지통]에 임시 저장할 수 있다.
④ 한글 Windows 운영체제를 다시 설치할 수 있다.

31 다음 중 한글 Windows 10이 설치된 C: 디스크 드라이브의 [로컬 디스크(C:) 속성] 창에서 작업할 수 있는 내용으로 옳지 않은 것은?

① 드라이브를 압축하여 디스크 공간을 절약할 수 있다.
② 디스크 오류 검사 및 드라이브 조각 모음을 할 수 있다.
③ 네트워크 파일이나 폴더를 공유할 수 있도록 설정할 수 있다.
④ 디스크 정리 및 디스크 포맷을 할 수 있다.

32 다음 중 네트워크 연결을 설정하는 방법으로 옳은 것은?

① 네트워크에 연결하려면 반드시 IP 주소를 수동으로 설정해야 한다.
② 네트워크에 연결할 때, DHCP를 통해 자동으로 IP 주소를 할당받을 수 있다.
③ 네트워크에 연결하기 위해서는 반드시 DNS 서버의 주소를 수동으로 설정해야 한다.
④ 네트워크 연결 시, 모든 장치에 고정 IP 주소만 할당할 수 있다.

33 다음 중 한글 Windows 10의 바로 가기 아이콘에 대한 설명으로 옳지 않은 것은?

① 바로 가기 아이콘은 실제 파일이 아니라 해당 파일이나 프로그램에 대한 경로를 저장한다.
② 바로 가기 아이콘은 해당 파일이나 프로그램을 열기 위한 빠른 접근을 제공한다.
③ 바로 가기 아이콘은 원본 파일이 삭제되면 더 이상 작동하지 않는다.
④ 바로 가기 아이콘은 하나의 원본 파일에 하나만 작성하여 사용한다.

34 한글 Windows 10에서 폴더를 만들 때 사용하는 바로 가기 키로 옳은 것은?

① Ctrl+N을 눌러도 새 폴더가 만들어진다.
② Ctrl+Shift+N은 파일 탐색기에서 새 폴더를 생성하는 바로 가기 키이다.
③ Alt+N을 눌러도 폴더를 생성할 수 있다.
④ 새 폴더를 만들 때는 반드시 마우스를 사용해야 한다.

35 한글 Windows 10에서 [가상 데스크톱]에 대한 설명으로 옳은 것은?

① 가상 데스크톱은 하나의 물리적 화면에서 여러 개의 가상 화면을 사용할 수 있게 해준다.
② 가상 데스크톱은 한 번에 하나의 앱만 실행할 수 있다.
③ 가상 데스크톱에서는 여러 앱을 동시에 실행할 수 없으며, 작업을 전환할 수 없다.
④ 가상 데스크톱은 사용자가 여러 운영체제를 동시에 사용할 수 있도록 지원한다.

36 한글 Windows 10의 작업 표시줄에서 [시작] 메뉴를 사용할 때 옳은 것은?

① [시작] 메뉴를 사용하면 시스템 아이콘에서 시계를 변경할 수 있다.
② [시작] 메뉴를 열면 가장 최근에 실행된 앱만 나타난다.
③ [시작] 메뉴를 통해 앱을 검색하고 실행할 수 있으며, 빠르게 문서와 파일에 접근할 수 있다.
④ [시작] 메뉴를 통해 앱을 실행하면 작업 표시줄에 바로 표시되지 않는다.

37 다음 중 한글 Windows 10의 [화면 보호기]에 대한 설명으로 옳지 않은 것은?

① 사용자 계정에 암호가 설정되어 있지 않아도 화면 보호기의 암호를 사용할 수 있다.
② 일정 시간 모니터에 전달되는 정보에 변화가 없을 때 화면 보호기가 작동되게 설정한다.
③ 화면 보호기는 마우스를 움직이거나 키보드에서 임의의 키를 누르면 해제된다.
④ 대기 시간, 다시 시작할 때 로그온 화면 표시를 지정할 수 있다.

38 다음 중 Microsoft Edge 브라우저의 호환성에 대한 설명으로 옳은 것은?

① Windows 운영체제에서만 실행되며, Android와 iOS에서는 사용할 수 없다.
② 크로미움(Chromium) 기반으로 만들어져, 크롬 확장 프로그램을 지원한다.
③ Internet Explorer와 동일한 렌더링 엔진을 사용하여 최신 웹 표준을 지원하지 않는다.
④ 오직 데스크톱 환경에서만 실행되며, 모바일 환경에서는 사용이 불가능하다.

39 다음 중 Windows 방화벽에 대한 설명으로 옳은 것은?

① Windows 방화벽은 외부에서 들어오는 네트워크 트래픽만 차단하며, 내부 네트워크는 차단하지 않는다.
② Windows Defender 방화벽은 소프트웨어와 하드웨어 모두 포함되는 보안 기능이다.
③ Windows Defender 방화벽은 허용되는 앱 목록에 있는 모든 들어오는 목록을 차단할 수 없다.
④ Windows 방화벽은 네트워크에서 발생하는 모든 트래픽을 차단하므로, 인터넷을 사용할 수 없다.

40 다음 중 앱 삭제에 대한 설명으로 옳지 않은 것은?

① 앱 삭제는 설정 메뉴에서 해당 앱을 선택하고 삭제할 수 있다.
② 앱 삭제 후에도 일부 앱의 데이터는 기기의 저장 공간에 남아 있을 수 있다.
③ 앱 삭제 시, 앱에 저장된 데이터는 항상 완전히 삭제된다.
④ 앱 삭제를 통해 불필요한 앱을 제거하여 기기 성능을 향상시킬 수 있다.

3과목 PC 기본상식

41 다음 중 단위 접두사를 큰 값(느림)에서 작은 값(빠름) 순으로 올바르게 나열한 것은?

① 마이크로 → 밀리 → 피코 → 나노
② 밀리 → 마이크로 → 나노 → 피코
③ 피코 → 나노 → 마이크로 → 밀리
④ 나노 → 마이크로 → 밀리 → 피코

42 다음 중 컴퓨터 바이러스에 대한 설명으로 옳지 않은 것은?

① 스크립트 바이러스는 대상 스크립트가 포함된 파일을 감염시키는데, 스크립트로 작성된 바이러스 코드를 스크립트가 포함된 다른 파일에 복제한다.
② 매크로 바이러스는 엑셀과 워드 문서에는 감염시키지 않는다.
③ 하드 디스크의 부트 섹터에 자리 잡는 바이러스를 부트 바이러스라고 한다.
④ 파일의 확장자가 DLL 또는 COM, EXE인 실행 가능한 프로그램 파일에 감염되는 바이러스를 파일 바이러스라고 한다.

43 다음 중 해킹 방법에 대한 설명으로 옳지 않은 것은?

① 랜섬웨어(Ransom Ware)는 시스템을 잠그고, 이를 해제하기 위한 금전을 요구하는 악성 소프트웨어이다.
② 크래킹(Cracking)은 합법적인 사용자 권한을 획득하여 시스템에 침투하는 공격 방법이다.
③ 피싱(Phishing)은 사용자에게 가짜 웹 사이트나 이메일을 보내 개인정보를 탈취하는 방법이다.
④ 디도스(DDoS) 공격은 서버나 네트워크를 과부하 상태로 만들어 정상적인 서비스가 불가능하게 만드는 공격이다.

44 다음 중 개인정보 유형 및 종류를 올바르게 묶은 것은?

① 일반적 정보 - 이름, 주소, 성별 / 신체적 정보 - 신장, 체중, 지문
② 일반적 정보 - 나이, 성별, 주소 / 신체적 정보 - 질병, 치료기록, 성적
③ 일반적 정보 - 직업, 취미, 나이 / 신체적 정보 - 신용카드 번호, 체온, 발달 단계
④ 일반적 정보 - 결혼 여부, 직업, 학력 / 신체적 정보 - 결핵, 유전자, 치아 상태

45 다음 중 광섬유(Optical Fiber Cable)에 대한 설명으로 옳은 것은?

① 광섬유는 전기 신호를 전송하는 데 사용되며, 전자기 간섭에 강한 특성을 가지고 있다.
② 광섬유는 빛을 매개로 신호를 전송하며, 금속선보다 더 빠르고 더 많은 데이터를 전송할 수 있다.
③ 광섬유는 구리선을 이용한 전송 방식보다 신호 손실이 크고, 설치 비용이 매우 낮다.
④ 광섬유는 주로 짧은 거리의 데이터 전송에 사용되며, 장거리 전송에는 적합하지 않다.

46 다음 중 네트워크에서 데이터 전달의 흐름을 방해하여 가용성에 영향을 미치는 컴퓨터 시스템의 정보 보안 위협 유형으로 옳은 것은?

① 가로막기(Interruption)
② 가로채기(Interception)
③ 수정(Modification)
④ 위조(Fabrication)

47 다음 중 텔레메틱스(Telematics)를 가장 잘 설명한 것은?

① 차량 내 통신 시스템과 GPS 기술을 결합한 기술로, 실시간 위치 추적 및 차량 상태 정보를 제공한다.
② 차량 내 운전 보조 시스템과 연동되어 자동차의 운전 방식을 자동으로 제어하는 기술이다.
③ 주로 의료 데이터와 관련된 정보를 원격으로 전송하는 기술이다.
④ 차량의 엔진 성능을 개선하기 위한 차량 유지 관리 시스템이다.

48 다음에서 설명하는 메모리는?

- EEPROM의 일종으로 전기적인 방법으로 여러 번 변경이 가능
- 디지털 카메라, MP3, BIOS 등에 저장되는 펌웨어

① 연관 메모리
② 가상 메모리
③ 캐시 메모리
④ 플래시 메모리

49 다음 중 메모리의 특징에 대한 설명으로 옳은 것은?

① 가상 메모리는 실제 물리적 메모리보다 큰 용량의 메모리처럼 동작하게 하기 위해 하드 디스크의 일부를 사용하여 페이지 교체(Paging)를 통해 메모리 공간을 확장하는 개념이다.
② 캐시 메모리는 주기억 장치보다 느리며, 대용량 데이터를 저장하기 위해 사용된다.
③ 가상 메모리는 오직 프로그램 실행 중에만 사용되며, 캐시 메모리는 주기억 장치의 데이터를 임시로 저장할 필요가 없기 때문에 사용되지 않는다.
④ 캐시 메모리는 물리적 메모리보다 용량이 크고, 데이터를 저장하는 데 드는 비용이 저렴하다.

50 다음 중 운영체제의 목적에 대한 설명으로 옳지 않은 것은?

① 일정한 시간 동안 시스템이 처리할 수 있는 일의 양을 CPU 사용률이라 한다.
② 사용자가 컴퓨터에 일을 지시하고 나서 그 결과를 얻을 때까지 소요되는 시간을 응답 시간이라 한다.
③ 컴퓨터를 사용하고자 할 때 신속하게 사용할 수 있는 정도를 사용 가능도라 한다.
④ 주어진 문제를 정확하게 해결하고 작동하는 정도를 신뢰도라 한다.

51 다음 중 여러 가지 코드에 대한 설명으로 옳지 않은 것은?

① 패리티 비트는 정보 전송 시 에러를 검출하기 위하여 사용한다.
② Gray 코드는 연속하는 수를 이진 표현으로 하였을 경우 인접하는 두 가지 수의 코드가 1비트만 다르게 만들어진 이진 코드이다.
③ BCD 코드는 자리에 대한 가중치가 있으며 8421코드라고도 한다.
④ Access-3(3초과) 코드는 자리에 대한 가중치가 있으며 정보 전송에 사용한다.

52 다음에서 설명하는 용어는?

> 자주 사용하는 사이트의 자료를 저장한 후, 사용자가 다시 그 자료에 접근하면 네트워크를 통해서 다시 읽어 오지 않고 미리 저장되어 있던 자료를 활용하여 빠르게 보여주는 기능

① 쿠키(Cookie)
② 캐싱(Caching)
③ 스트리밍(Streaming)
④ 로밍(Roaming)

53 다음 중 모바일 기기에서 화면 위에 떠 있는 형태로 실행되며, 다른 앱과 동시에 사용할 수 있는 애플리케이션을 의미하는 용어는 무엇인가?

① 위젯 앱
② 백그라운드 앱
③ 플로팅 앱
④ 네이티브 앱

54 다음 중 WAN, B-ISDN, LAN에 대한 설명으로 옳지 않은 것은?

① WAN(Wide Area Network)은 지역적 범위를 넘어서 여러 도시나 국가에 걸쳐 네트워크를 구성한다.
② B-ISDN(Broadband Integrated Services Digital Network)은 고속 데이터 통신을 지원하는 서비스망으로, 광대역 네트워크를 기반으로 한다.
③ LAN(Local Area Network)은 하나의 빌딩이나 작은 지역 내에서 네트워크를 구성한다.
④ WAN은 LAN보다 빠른 데이터 전송 속도를 제공한다.

55 다음 중 테더링(Tethering)에 대한 설명으로 옳은 것은?

① 전자태그 기술로 IC칩과 무선을 통해 개체의 정보를 관리하는 인식 기술
② 단거리에서 저전력 무선 연결이 필요할 때 사용하는 근거리 무선 기술 표준
③ 여러 개의 사이트에 하나의 아이디로 이용할 수 있는 시스템
④ 휴대폰을 모뎀으로 활용할 수 있는 기능으로 노트북을 휴대폰에 연결하여 무선 인터넷을 사용하는 기능

56 다음 중 MPEG에 대한 설명으로 옳지 않은 것은?

① 손실 기법과 무손실 기법을 수학적으로 구현하여 흑백이나 컬러 이미지를 압축 저장하거나 재생이 가능하다.
② 영상의 중복성을 제거함으로써 압축률을 높일 수 있는 중복 제거 기법을 사용한다.
③ 동영상 압축 기법에 대한 표준을 제정하는 단체와 표준 규격의 이름을 의미한다.
④ MPEG-4는 MPEG-2를 개선한 것으로 동영상 데이터 전송이나 전화선을 이용한 화상 회의 시스템을 사용하기 위해 개발되었다.

57 다음 중 인터넷 주소 체계에 대한 설명으로 옳지 않은 것은?

① IPv4는 네트워크 부분의 길이에 따라 A클래스에서 E클래스까지 5단계로 구성되어 있다.
② IPv4는 숫자로 8비트씩 4부분으로 총 32비트로 구성된다.
③ IPv4는 8비트마다 0에서 255 사이의 10진수로 표시하며 각각을 점(.)으로 구분한다.
④ IPv6은 IPv4의 주소 부족을 해결하기 위한 대책으로 마련된 64비트 체계이다.

58 다음 중 소프트웨어 관련 용어에 대한 설명으로 옳지 않은 것은?

① 셰어웨어는 기능이나 사용기간 등에 제한을 두어 무료로 배포한 소프트웨어이다.
② 알파 버전은 개발사 내에서 테스트를 목적으로 제작한 프로그램이다.
③ 프리웨어는 개발자가 소스를 공개한 소프트웨어로 누구나 수정 및 배포가 가능하다.
④ 내그웨어는 사용자에게 주기적으로 소프트웨어를 등록하도록 요구하는 소프트웨어이다.

59 다음 중 레지스터(Register)와 그 역할의 연결로 옳지 않은 것은?

① 프로그램 카운터(PC) – 다음 실행할 명령어의 주소 저장
② 명령어 레지스터(IR) – 현재 실행 중인 명령어 저장
③ 누산기(AC) – 데이터의 연산 결과를 저장
④ 보수기(Complementary) – 2개 이상의 수를 입력하여 이들의 합을 출력

60 다음에서 설명하는 모바일 운영체제는?

- 구글에서 개발한 개방형 운영체제
- 개방형 소프트웨어이므로 단말기 제조사나 이동 통신사 등이 무료로 인터넷과 메신저 등을 이용할 수 있으나 보안에 취약

① iOS
② 안드로이드
③ 하모니 OS
④ 심비안 OS

빠른 정답표 확인하기

① 모바일로 QR 코드를 스캔합니다.
② 해당 회차의 정답표를 확인합니다.
③ 빠르고 간편하게 채점해 보세요.

2025년 상시 기출문제 03회

SELF CHECK : 제한시간 60분 | 소요시간 분 | 전체 문항 수 60문항 | 맞힌 문항 수 문항 | 정답&해설 1-181p

1과목 워드프로세싱 용어 및 기능

01 다음 중 워드프로세서의 특징으로 옳지 않은 것은?

① 문서의 통일성과 체계를 갖출 수 있다.
② 문서 작성 후 출력 및 저장이 가능하다.
③ 문서는 반드시 순차적인 내용만을 작성하고 글자색 변경은 안된다.
④ 문서의 내용은 수정하거나 삭제할 수 있다.

02 다음 중 유니코드(Unicode)에 대한 설명으로 옳은 것은?

① 유니코드는 8비트(1바이트)로 구성되며, 최대 256개의 문자만 표현할 수 있다.
② 한글의 경우 한 글자를 16비트(2바이트)로 표현하며, 전 세계의 다양한 문자를 통합하여 사용할 수 있도록 설계되었다.
③ 유니코드는 기존의 완성형 한글 코드와 동일하여 추가적인 한글 표현이 불가능하다.
④ 유니코드는 오직 영어 문자만 지원하며, 다국어 처리는 불가능하다.

03 다음과 같이 문장이 수정되었을 때 사용된 교정부호로 올바르게 짝지어진 것은?

〈수정 전〉

아무 것도 배우지 않고 있기보다는
쓸모없는것이라도
배우는 편이 낫다. – 세네카 –

〈수정 후〉

아무것도 배우지 않고 있기보다는
쓸모없는 것이라도 배우는 편이 낫다. – 세네카 –

① ♂, ⌐, ⌒
② ⌒, ∨, ⊃
③ ⊔, ♂, ♂
④ ∨, ♂, ⊃

04 다음 중 사외문서의 구성에서 두문에 해당하지 않은 것은?

① 제목은 문서 내용을 파악할 수 있도록 본문 내용을 간추려 표시한다.
② 수신자명은 직위와 성명을 표시한다.
③ 발신 연월일은 숫자 뒤에 년, 월, 일을 붙여 표시할 수 있다.
④ 발신자명은 문서 발신자의 성명을 표시한다.

05 다음 중 전자출판에서 하프톤(Halftone)에 대한 설명으로 옳은 것은?

① 이미지를 벡터 방식으로 변환하여 확대 시에도 깨지지 않도록 하는 기법이다.
② 신문 사진처럼 미세한 점(Dot)으로 이미지를 표현하며, 점의 크기와 명암을 조절하여 영상을 나타내는 방식이다.
③ 특정 색상의 일부만 제거하여 투명한 효과를 주는 기술이다.
④ 여러 개의 이미지를 부드럽게 연결하여 점진적인 변화(애니메이션)를 만드는 기법이다.

06 다음 중 글꼴 구현 방식에서 벡터와 비트맵 차이점에 대한 설명으로 옳은 것은?

① 벡터 그래픽은 픽셀로 구성되어 확대 시 품질 손실이 발생하지 않는다.
② 비트맵 그래픽은 점과 직선을 이용해 이미지를 구성하므로 확대 시 품질이 일정하게 유지된다.
③ 벡터 그래픽은 수학적 계산을 통해 점과 선을 정의하여 이미지 크기를 자유롭게 조정할 수 있다.
④ 비트맵 그래픽은 벡터 형식으로 저장되어 확대 시 품질 손실이 발생하지 않는다.

07 다음 중 한자 입력 방식에 관한 설명으로 옳지 않은 것은?

① 한자는 대부분의 한글 입력기에서 한자 변환 키를 눌러 입력할 수 있다.
② 한자 입력을 위해서는 반드시 한자 전용 입력기가 필요하다.
③ 한글 단어를 입력한 후, 한자 변환 키를 사용하여 단어별로 한자를 변환할 수 있다.
④ 한자 입력은 음운에 맞는 한자를 선택하여 입력하는 방식이다.

08 다음 중 워드프로세서 문서를 저장하는 방법으로 옳지 않은 것은?

① 문서를 저장할 때 Ctrl+S 단축키를 사용하여 빠르게 저장할 수 있다.
② 저장할 때는 반드시 새로운 파일 이름을 지정해야 한다.
③ 문서 저장 시 다른 형식으로 저장하려면 [다른 이름으로 저장]을 선택해야 한다.
④ 문서를 저장할 때, 같은 이름으로 저장하면 기존 파일에 덮어쓰기가 된다.

09 다음 중 소프트 카피에 대한 설명으로 옳은 것은?

① 컴퓨터 화면에 표시되는 문서나 파일을 말한다.
② 인쇄된 종이 문서를 말한다.
③ 소프트웨어의 설치 파일을 말한다.
④ 문서나 파일을 백업용으로 저장한 하드 카피 복사본을 말한다.

10 다음 중 교정부호에 대한 설명으로 옳지 않은 것은?

① 〉 : 문서에서 줄 간격을 띄우라는 부호이다.
② ⁀ : 단어나 문자의 위치를 변경하라는 부호이다.
③ ⌴ : 지정된 부분을 아래로 내리라는 부호이다.
④ ⌒ : 불필요한 내용을 삭제하는 부호이다.

11 다음 중 '명칭별(거래처별) 분류법'에 대한 설명으로 옳지 않은 것은?

① 거래처별로 문서를 분류하는 방법이다.
② 각 거래처의 이름이나 고유 번호를 기준으로 문서를 분류한다.
③ 문서를 주제별로 분류하는 방법이다.
④ 이 분류법은 주로 기업이나 상업적인 목적에서 사용된다.

12 다음 중 공문서 결제 시스템에서 전결에 관한 설명으로 옳지 않은 것은?

① 전결은 결재권자의 사정에 의해 직무를 대리하는 자가 결재할 수 있도록 하는 제도이다.
② 전결은 특정 범위 내에서 하위 직원이 결재할 수 있도록 위임하는 시스템이다.
③ 전결은 결재권자가 미리 정한 범위 내에서만 사용된다.
④ 전결은 보통 긴급하거나 간단한 문서에 대해 사용된다.

13 다음 중 공문서 작성에 있어 옳지 않은 것은?

① 제목은 문서의 내용을 간략하고 정확하게 전달할 수 있도록 작성한다.
② 제목은 본문 내용의 일부가 아니라 별도로 작성되어야 한다.
③ 제목은 본문을 요약한 내용으로, 문서의 핵심을 나타내야 한다.
④ 제목은 간결하고 명확하게 작성하며, 가능하면 문서의 목적을 반영해야 한다.

14 다음 중 워드프로세서의 편집 관련 용어에 관한 설명으로 옳은 것은?

① 홈 베이스(Home Base) : 문서를 편집할 때 특정 위치를 홈(Home)으로 지정하고, 임의의 위치에서 곧바로 홈으로 커서를 이동시킬 수 있는 기능이다.
② 병합(Merge) : 인쇄를 하면서 동시에 다른 문서를 작성하거나 편집하는 기능이다.
③ 정렬(Align) : 작성되어 있는 문서의 내용을 일정한 기준으로 재분류하는 기능이다.
④ 디폴트(Default) : 네트워크를 통한 업무의 교환 시스템으로 문서의 표준화를 전제로 운영된다.

15 다음 중 각주(Footnote)와 미주(Endnote)에 대한 설명으로 옳지 않은 것은?

① 각주는 문서의 본문에서 나오는 특정 단어나 문장에 대한 추가적인 설명을 페이지 하단에 제공하는 방식이다.
② 미주는 문서의 본문에서 나오는 문구에 대한 추가적인 설명을 문서의 마지막 부분에 모아서 제공하는 방식이다.
③ 각주는 일반적으로 문서의 길이가 짧을 때 사용되고, 미주는 긴 문서나 책에서 더 많이 사용된다.
④ 미주는 각주와 동일한 기능을 하지만 페이지 하단에 표시되며, 본문과 더 가까운 위치에 있다.

16 다음 중 공문서의 성립 및 효력 발생에 관한 설명으로 옳지 않은 것은?

① 공문서의 효력 발생 시기는 다른 법령에 특별한 규정이 없는 한 수신자에게 도달되는 시점이다.
② 공고 문서는 고시, 공고가 있은 후 7일이 경과한 날부터 효력이 발생한다.
③ 문서는 결재권자가 해당 문서에 서명의 방식으로 결재함으로써 성립한다.
④ 전자문서의 효력 발생 시점은 수신자의 컴퓨터에 파일로 기록된 때를 원칙으로 한다.

17 다음 중 디더링(Dithering)에 대한 설명으로 옳은 것은?

① 제한된 색상을 부드럽게 변환하기 위해 작은 점 패턴을 섞어 배치하는 기법이다.
② 두 개의 이미지를 부드럽게 연결하여 자연스럽게 변화하는 효과를 만드는 기술이다.
③ 회사 로고 등을 작성하여 배경으로 엷게 나타내는 기능이다.
④ 3D 모델링에서 물체의 입체감을 표현하는 기법 중 하나이다.

18 다음 중 워드프로세서의 출력 기능에 대한 설명으로 옳지 않은 것은?

① 문서 편집 시 설정한 용지 크기는 인쇄 시 크기를 변경하여 출력할 수 없다.
② 인쇄 용지는 연속 용지와 낱장 용지로 구분할 수 있다.
③ 작성한 문서를 팩스로 보낼 수 있다.
④ 작성한 문서를 전자 메일로 보낼 수 있다.

19 다음 중 공문서에서 숫자, 금액, 날짜, 시간을 올바르게 표기한 것은?

① 금액 : 1,000,000원 → (백만 원)과 같이 한글 병기 없이 숫자만 작성한다.
② 날짜 : 25년 3월 29일 → 네 자리 연도를 사용하지 않고 두 자리 연도를 사용한다.
③ 시간 : 14시 30분 → 2:30 PM과 같은 12시간제를 사용한다.
④ 숫자 : 123,456 → 쉼표(,)를 사용하여 자릿수를 구분할 수 있다.

20 다음 중 전자출판의 장점으로 옳지 않은 것은?

① 전자출판은 출력물의 품질을 높이고, 빠르게 문서를 수정할 수 있는 장점이 있다.
② 전자출판은 인쇄소에서의 작업 과정을 줄여 비용 절감에 도움이 된다.
③ 전자출판은 원본을 디지털 형식으로 저장하기 때문에 물리적 공간을 절약할 수 있다.
④ 전자출판은 대량 인쇄 시 시간이 더 많이 걸리고 품질에 제한이 있을 수 있다.

2과목 PC 운영체제

21 다음 중 한글 Windows 10의 [폴더 옵션] 창에서 설정할 수 있는 작업으로 옳지 않은 것은?

① 폴더를 찾아볼 때 새 창에서 폴더를 열기
② 마우스를 한 번 클릭해서 폴더를 열기
③ 모든 폴더에 자세히 등 현재 보기를 적용하기
④ 키보드의 단축키로 폴더를 열기

22 다음 중 이미지 뷰어 기능을 제공하는 소프트웨어로만 짝지어진 것은?

① 일씨(ILSee), Imagine, 사진
② 곰플레이어, VLC 미디어 플레이어, Windows Media Player
③ 한컴오피스 한글, Microsoft Word, Notepad++
④ Adobe Photoshop, Visual Studio Code, Notepad++

23 다음 중 한글 Windows 10에서 창의 구성 요소에 대한 설명으로 옳지 않은 것은?

① 검색 상자 : 파일명이나 폴더명으로 원하는 항목을 검색할 수 있는 공간이다.
② 메뉴 표시줄 : 창의 기본 기능을 실행할 수 있도록 각종 명령을 모아놓은 공간이다.
③ 내용 표시 창 : 선택한 폴더의 내용이 표시되며 기본적인 작업이 이루어지는 공간이다.
④ 상태 표시줄 : 현재 사용하는 드라이브와 폴더의 위치가 표시되며, 폴더 이름을 선택하면 해당 폴더로 이동하는 공간이다.

24 한글 Windows 10의 [장치 관리자]에서 장치 드라이버 연결이 안 될 때 해결 방법으로 가장 옳은 것은?

① [장치 관리자]에서 해당 장치의 드라이버를 삭제한 후, 컴퓨터를 재부팅하여 자동으로 드라이버가 설치되도록 한다.
② [장치 관리자]에서 '디바이스 사용 안 함'을 선택한 후 인터넷을 통해 최신 드라이버를 다운로드하고 설치한다.
③ [장치 관리자]에서 문제를 해결할 수 없으므로 장치를 포기하고 사용을 중지한다.
④ [장치 관리자]에서 장치를 물리적으로 분리하고 다시 연결한다.

25 한글 Windows 10의 작업 표시줄에서 [작업 관리자] 창을 열기 위한 방법으로 옳은 것은?

① 작업 표시줄을 마우스 오른쪽 버튼으로 클릭하고, '작업 관리자'를 선택한다.
② 작업 표시줄을 마우스 왼쪽 버튼으로 클릭하고, '작업 관리자'를 선택한다.
③ 작업 표시줄 오른쪽에 있는 시스템 아이콘에서 '작업 관리자'를 검색하여 실행한다.
④ 작업 표시줄에서 드래그 앤 드롭하여 작업 관리자를 실행한다.

26 한글 Windows 10에서 기본 프린터를 설정하는 방법으로 옳은 것은?

① [설정]에서 '장치'를 선택한 후, '프린터 및 스캐너'에서 기본 프린터를 선택한다.
② [제어판]에서 '장치 관리자'를 선택한 후, 기본 프린터를 선택한다.
③ [파일 탐색기]에서 기본 프린터를 마우스 오른쪽 버튼으로 클릭하고 '기본으로 설정'을 선택한다.
④ [시작] 메뉴에서 프린터를 검색하여 기본 프린터를 선택한다.

27 다음 중 바로 가기 아이콘에 대한 설명으로 옳지 않은 것은?

① 바로 가기 아이콘은 실제 파일의 위치를 가리키는 링크일 뿐이다.
② 바로 가기 아이콘은 원본 파일이 있는 위치와 관계없이 만들 수 있다.
③ 바로 가기 아이콘을 삭제하면 원본 파일도 함께 삭제된다.
④ 바로 가기 아이콘에는 왼쪽 아래에 화살표 모양이 있다.

28 다음 중 한글 Windows 10의 [계산기] 기능으로 옳은 것은?

① 표준에는 별도의 변환 없이 통화 환율, 길이, 부피, 무게 및 질량을 사용한다.
② 공학용은 사칙 연산 뿐만 아니라 산술 시프트, 논리 시프트 계산이 가능하다.
③ 날짜 계산은 일정 관리와 알람 관리를 할 수 있다.
④ 프로그래머용은 2, 8, 10, 16진수 계산과 비트, 비트 시프트를 계산한다.

29 다음 중 한글 Windows 10에서 폴더와 프린터의 공유에 대한 설명으로 옳지 않은 것은?

① 다른 사람이 공유 여부를 모르게 하려면 폴더의 공유 이름 뒤에 '#' 기호를 표시한다.
② 공유 자원의 아이콘을 클릭하면 Windows 파일 탐색기의 세부 정보 창에 공유 여부가 표시된다.
③ 프린터를 공유할 경우 공유할 프린터의 이름을 변경할 수 있다.
④ 문서, 비디오, 소리, 그림 등의 데이터 파일을 공유하려면 해당 파일을 공용 폴더로 이동시키면 된다.

30 다음 중 한글 Windows 10에서 사용하는 폴더의 속성 창에서 할 수 있는 작업으로 옳지 않은 것은?

① [일반] 탭에서는 해당 폴더의 위치나 크기, 디스크 할당 크기, 만든 날짜 등을 확인할 수 있다.
② [공유] 탭에서는 네트워크상에서 공유 또는 고급 공유 옵션을 설정할 수 있다.
③ [자세히] 탭에서는 해당 폴더에 대한 사용자별 사용 권한을 설정할 수 있다.
④ [사용자 지정] 탭에서는 해당 폴더에 대한 유형, 폴더 사진, 폴더 아이콘을 설정할 수 있다.

31 다음은 한글 Windows 10에서 네트워크 장비 중 무엇에 대한 설명인가?

- 인터넷에 접속할 때 반드시 필요한 장비이다.
- 가장 최적의 경로를 설정하여 전송한다.
- 수신된 정보에 의하여 자신의 네트워크나 다른 네트워크의 연결점을 결정한다.
- 각 데이터들이 효율적인 속도로 전송될 수 있도록 데이터의 흐름을 제어한다.

① 허브(Hub)
② 리피터(Repeater)
③ 게이트웨이(Gateway)
④ 라우터(Router)

32 다음 중 한글 Windows 10의 플러그 앤 플레이(Plug&Play) 기능에 관한 설명으로 옳지 않은 것은?

① 플러그 앤 플레이 기능을 활용하기 위해서는 하드웨어의 지원 없이 소프트웨어만 지원하면 가능하다.
② 해당 장치에 대하여 사용자가 직접 환경을 설정하지 않아도 자동으로 구성된다.
③ 설치할 하드웨어를 자동으로 감지하고 장치 간의 충돌을 방지하는 기능이다.
④ 플러그 앤 플레이 기능이 없는 하드웨어는 [장치 추가]로 자동으로 설치할 수 있다.

33 한글 Windows 10에서 다른 컴퓨터에 연결되어 있는 프린터를 네트워크로 연결하여 사용하려는 경우, 설명으로 옳지 않은 것은?

① 프린터의 공유 이름을 알아야 한다.
② 프린터가 연결되어 있는 컴퓨터명을 알아야 한다.
③ 프린터 연결 포트는 반드시 COM1 포트를 사용하여야 한다.
④ [장치 및 프린터]-[프린터 추가] 창에서 설정할 수 있다.

34 다음 중 한글 Windows 10에서 여러 개의 창이 열려 있을 때 한 개의 창을 선택하여 제목 표시줄을 마우스로 클릭한 채 좌우로 흔들면 그 창을 제외한 나머지 창들이 최소화되는 기능으로 옳은 것은?

① 에어로 스냅(Aero Snap)
② 에어로 쉐이크(Aero Shake)
③ 에어로 피크(Aero Peek)
④ 에어로 전환 3D

35 한글 Windows 10에서 선택된 파일의 이름 바꾸기를 하는 방법으로 옳은 것은?

① [내 PC]나 [파일 탐색기] 창에서 Ctrl+F, M을 차례로 누르고, 새 이름을 입력한 후 Enter를 누른다.
② [내 PC]나 [파일 탐색기] 창에서 [홈] 메뉴의 [이름 바꾸기]를 선택하고, 새 이름을 입력한 후 Enter를 누른다.
③ F3을 누르고, 새 이름을 입력한 후 Enter를 누른다.
④ [내 PC]나 [파일 탐색기] 창에서 [편집] 메뉴의 [속성]을 선택하고, 새 이름을 입력한 후 Enter를 누른다.

36 다음 중 한글 Windows 10의 [키보드 속성] 창에서의 작업으로 옳지 않은 것은?

① 화상 키보드를 바탕 화면에 표시할 수 있다.
② 문자 반복과 커서 깜박임 속도를 조정할 수 있다.
③ 키보드가 올바르게 작동하고 있는지 장치 상태를 확인할 수 있다.
④ 키 반복 속도를 테스트할 수 있다.

37 다음 중 한글 Windows 10에서 설치된 프린터의 바로 가기 메뉴에 있는 [프린터 속성]을 선택하여 표시되는 프린터 속성 상자에 대한 설명으로 옳지 않은 것은?

① [일반] 탭 : 프린터 모델명 확인과 인쇄 기본 설정
② [공유] 탭 : 프린터를 네트워크상의 다른 컴퓨터와 공유할 것인지를 결정하고 추가 드라이버를 설치
③ [포트] 탭 : 프린터 포트를 선택하고 새로운 포트를 추가하거나 삭제
④ [고급] 탭 : 프린터 시간을 제어하고 인쇄 해상도를 설정하며, 테스트 페이지 인쇄 등을 지정

38 한글 Windows 10의 [파일 탐색기]에서 숨김 파일을 볼 수 있도록 하는 방법은?

① [보기] 메뉴의 [세부 정보 창]을 선택한 후 세부 내용 선택 상자에서 숨김 파일 및 폴더 표시를 설정한다.
② [파일] 메뉴의 [속성]을 선택한 후 [일반] 탭에서 숨김 파일, 폴더 및 드라이브 표시를 선택한다.
③ [보기] 메뉴의 [옵션]-[폴더 및 검색 옵션 변경]을 선택한 후 [보기] 탭에서 숨김 파일, 폴더 및 드라이브 표시를 선택한다.
④ [편집] 메뉴의 [모두 선택]을 선택한 후 바로 가기 메뉴에서 숨김 파일, 폴더 및 드라이브 표시를 선택한다.

39 다음 중 한글 Windows 10에서 인터넷을 사용하기 위한 네트워크 설정 및 점검에 대한 설명으로 옳지 않은 것은?

① 'ipconfig.exe' 프로그램은 현재 설정된 IP 주소와 TCP/IP 네트워크 구성을 확인하거나 변경하기 위하여 사용한다.
② Ping 서비스는 원격 컴퓨터가 현재 인터넷에 연결되었는지 또는 주변 컴퓨터나 라우터 등과 통신 상태를 점검할 때 사용한다.
③ DNS 서버는 인터넷에서 연결된 컴퓨터의 도메인 이름을 숫자로 된 IP 주소로 변환하는 역할을 한다.
④ 서브넷 마스크는 IP 주소와 결합하여 사용자 컴퓨터가 속한 네트워크를 식별할 때 사용한다.

40 한글 Windows 10에서 네트워크 구성 요소에 대한 설명으로 옳지 않은 것은?

① 네트워크에 있는 서로 다른 컴퓨터 간에 정보를 공유하려면 동일한 프로토콜을 사용하여야 한다.
② 서비스는 내 컴퓨터에 설치된 파일, 프린터 등의 자원을 다른 컴퓨터에서 공유할 수 있도록 하는 소프트웨어이다.
③ 어댑터는 컴퓨터가 네트워크에 있는 자원을 액세스 할 수 있게 해주는 통신 규약이다.
④ 클라이언트는 네트워크의 다른 컴퓨터나 서버에 연결하여 파일이나 프린터 등의 공유 자원을 사용할 수 있도록 한 소프트웨어이다.

3과목 PC 기본상식

41 다음 중 캐시 메모리에 대한 설명으로 옳은 것은?

① 캐시 메모리는 주기억 장치(RAM)보다 속도가 느리지만 저장 용량이 크다.
② 캐시 메모리는 CPU와 주기억 장치 사이에서 데이터 전송 속도를 높이기 위해 사용된다.
③ 캐시 메모리는 영구적으로 데이터를 저장하는 비휘발성 메모리이다.
④ 캐시 메모리는 HDD(하드 디스크)와 직접 연결되어 작동하는 저장 장치이다.

42 다음 중 EEPROM에 대한 설명으로 옳지 않은 것은?

① BIOS, 글꼴, POST 등이 저장된 대표적인 펌웨어(Firmware) 장치이다.
② 데이터를 전기적으로 지우고 다시 쓸 수 있는 기능을 제공한다.
③ RAM처럼 휘발성 메모리로, 전원이 꺼지면 데이터가 사라진다.
④ 주로 설정 정보나 작은 데이터를 저장하는 데 사용된다.

43 다음에서 설명하는 내용 중 옳지 않은 것은?

① 텔레매틱스(Telematics)는 자동차와 통신 기술을 결합하여 실시간 위치 추적, 차량 상태 모니터링 등을 가능하게 하는 기술이다.
② IoT(Internet of Things)는 다양한 기기들이 인터넷에 연결되어 데이터를 주고받으며 상호작용을 하는 기술로 네트워크를 통해 정보를 교환한다.
③ ISDN(Integrated Services Digital Network)은 디지털 통신망으로, 음성, 데이터, 영상 등을 하나의 회선에서 동시에 전송할 수 있는 기술이다.
④ RFID(Radio Frequency IDentification)는 주로 데이터베이스의 서버와 연결되어 대량의 데이터를 실시간으로 저장하고 처리하는 데 사용된다.

44 다음에서 설명하는 장치는?

- 기록된 문자를 광학적인 방법으로 읽어 들이는 장치
- 공공요금 청구서에 사용

① 스캐너
② OMR
③ OCR
④ MICR

45 다음에서 설명하는 프로토콜은?

- 전자우편을 위한 인터넷 표준 포맷
- 텍스트 이외의 다양한 형식의 데이터를 전송
- 웹 브라우저가 지원하지 않는 화상이나 음성을 포함한 각종 멀티미디어 정보를 보낼 때의 표준 규격

① POP
② IMAP
③ SMPT
④ MIME

46 다음 중 컴퓨터에서 사용하는 응용 소프트웨어인 데이터베이스 관리 시스템(DBMS)의 특징으로 옳지 않은 것은?

① 데이터의 중복성을 최소화하여 저장 공간을 절약할 수 있다.
② 데이터의 일관성과 무결성을 유지할 수 있다.
③ 데이터의 논리적·물리적 독립성을 방지할 수 있다.
④ 다수 사용자의 동시 실행 제어가 가능하다.

47 다음 중 그래픽 데이터 형식에 대한 설명으로 옳지 않은 것은?

① BMP : Windows 운영체제의 표준 비트맵 파일 형식으로, 압축하여 저장하므로 파일의 크기가 작은 편이다.
② GIF : 인터넷 표준 그래픽 형식으로 8비트 컬러를 사용하여 최대 256색상까지만 표현할 수 있으나, 애니메이션 표현이 가능하다.
③ JPEG : 사진과 같은 선명한 정지 영상 압축 기술에 대한 국제 표준으로 주로 인터넷에서 그림 전송에 사용된다.
④ PNG : 선명한 그래픽(트루 컬러)으로 투명색 지정이 가능하다.

48 다음 중 프로그래밍 언어에 대한 설명으로 옳지 않은 것은?

① 고급 언어는 인간이 이해하기 쉬운 문자로 구성된 인간 중심의 언어이다.
② 어셈블리어는 기계어와 대응되는 기호나 문자로 작성하는 언어이다.
③ 기계어는 2진수로 표현된 컴퓨터가 이해할 수 있는 저급 언어이다.
④ C++는 C언어를 기반으로 하는 구조적인 개념을 도입한 절차 지향 언어이다.

49 다음 중 정보 기술에 대한 설명으로 옳지 않은 것은?

① GPS는 어느 곳에서나 자신의 위치를 알려주는 인공위성을 이용한 항법 시스템이다.
② CAD/CAM은 언제 어디서나 교육용 콘텐츠를 실감나게 표현하고 이용할 수 있는 시스템이다.
③ 와이브로(Wibro)는 모바일 기기를 이용하여 언제 어디서나 이동하면서 고속으로 무선 인터넷 접속이 가능한 서비스이다.
④ 스마트 컨버전스는 정보 산업과 다른 전 산업 분야와 융합하여 다른 새로운 분야의 기술 개발과 산업 발전을 이루게 하여 고부가 가치 산업을 창출해 내는 기술이다.

50 다음 중 정보 사회의 부작용과 가장 관련이 없는 것은?

① 정보의 과다로 인한 혼란과 정보의 편중에 의한 계층 간의 정보 차이가 생긴다.
② 인간관계에서의 유대감이 강화되고, 인간의 고유 판단 능력이 향상된다.
③ 기술의 인간 지배와 이로 인한 인간의 소외 현상이 생긴다.
④ 정보 이용 기회의 불균등으로 인하여 정보 소외 현상이 생긴다.

51 다음 중 인터넷 서비스에 관한 설명으로 옳지 않은 것은?

① FTP는 인터넷을 이용하여 파일을 주고받을 수 있는 원격 파일 전송 프로토콜이다.
② TELNET은 원격지에 위치한 컴퓨터를 접속하여 자신의 컴퓨터처럼 사용할 수 있는 서비스이다.
③ PING은 전자 우편을 위하여 메일 내용의 보안성을 보장하는 프로토콜이다.
④ WWW는 HTTP 프로토콜을 사용하는 하이퍼텍스트를 기반으로 한다.

52 다음에서 설명하는 오디오 데이터 파일 형식으로 가장 적합한 것은?

- 전자 악기 디지털 인터페이스를 의미하며, 컴퓨터 사이에서 음정과 같은 연주 정보를 교환하기 위한 데이터 전송 규격이다.
- 음성이나 효과음 저장이 불가능하고, 연주 정보만 저장되어 있으므로 파일 크기가 작다.

① MIDI
② WAVE
③ RA/RM
④ MP3

53 다음 중 아래의 설명에 해당하는 용어는?

> - 휴대폰을 모뎀으로 활용할 수 있는 기능이다.
> - 노트북과 같은 IT 기기를 휴대폰에 연결하여 무선 인터넷을 사용할 수 있다.

① 와이브로(WiBro)
② 블루투스(Bluetooth)
③ 테더링(Tethering)
④ 아이핀(I-PIN)

54 다음 중 인터럽트에 대한 설명으로 옳지 않은 것은?

① 외부 인터럽트는 입·출력 장치, 전원 등의 외부적인 요인에 의해 발생한다.
② 여러 장치에서 동시에 인터럽트가 발생할 경우 우선순위가 높은 인터럽트부터 수행한다.
③ 외부 인터럽트는 트랩이라고도 불린다.
④ 소프트웨어 인터럽트는 프로그램 처리 중 명령의 수행에 의해 발생한다.

55 다음 중 인터넷상에서 보안을 위협하는 유형에 대한 설명으로 옳지 않은 것은?

① 스파이웨어(Spyware) : 사용자 동의 없이 사용자 정보를 수집하는 프로그램
② 분산 서비스 거부 공격(DDos) : 데이터 패킷을 범람시켜 시스템의 성능을 저하시키는 것
③ 스니핑(Sniffing) : 실제로는 악성코드로 행동하지 않으면서 겉으로는 악성코드인 것처럼 가장하여 행동하는 프로그램
④ 스미싱(Smishing) : 문자메시지에 악성 링크를 포함시켜 개인정보를 유출하거나 악성 앱을 설치하도록 유도하는 피싱 사기 수법

56 다음 중 모바일 기능에 대한 연결이 옳지 않은 것은?

① 증강현실 : 위성에서 보내는 신호를 수신해 사용자의 현재 위치를 알아내는 시스템
② 근접센서 : 물체가 접근했을 때 위치를 검출하는 센서
③ DMB : 영상이나 음성을 디지털로 변환하는 기술을 이용하여 휴대용 IT 기기에서 방송하는 서비스
④ NFC : 무선태그 기술로 10cm 이내의 가까운 거리에서 기기 간의 설정 없이 다양한 무선 데이터를 주고받는 통신 기술

57 다음 중 인트라넷(Intranet)에 대한 설명으로 옳은 것은?

① 기업 내부에서만 정보 공유 및 협업을 위해 사용하는 네트워크 시스템이다.
② 모든 인터넷 사용자가 접근할 수 있도록 공개된 네트워크이다.
③ 인터넷을 통해 연결된 모든 컴퓨터의 집합을 의미한다.
④ 외부 고객과 협력 업체를 위한 개방형 네트워크이다.

58 다음에서 설명하는 정보 보안 서비스는?

> - 권한이 없는 방식으로 변경하거나 파괴되지 않는 데이터의 특성
> - 정보의 내용이 전송 중에 수정되지 않고 전달되는 것을 의미하는 보안 기능

① 기밀성
② 무결성
③ 부인 방지
④ 가용성

59 다음 중 고정 소수점 방식과 비교하여 부동 소수점 방식의 특징으로 옳지 않은 것은?

① 부동 소수점 방식은 고정 소수점 방식보다 연산 속도가 빠르다.
② 부동 소수점 방식은 더 넓은 범위의 수를 표현할 수 있다.
③ 부동 소수점 방식은 정밀도에 제한이 있다.
④ 부동 소수점 방식은 소수점 위치가 고정되지 않고, 이동이 가능하다.

60 다음에서 설명하는 것은?

- 언제 어디서나 자유롭게 네트워크를 통해 컴퓨터에 접속할 수 있는 환경
- 개별 물건에 초소형 전자태그가 삽입되어 있어 시간과 장소에 구애받지 않고 네트워크에 접속하여 사용

① 그리드 컴퓨팅(Grid Computing)
② 클라우드 컴퓨팅(Cloud Computing)
③ 웨어러블 컴퓨팅(Wearable Computing)
④ 유비쿼터스 컴퓨팅(Ubiquitous Computing)

2025년 상시 기출문제 04회

SELF CHECK : 제한시간 60분 | 소요시간 분 | 전체 문항 수 60문항 | 맞힌 문항 수 문항

1과목 워드프로세싱 용어 및 기능

01 다음 중 워드프로세서의 특징으로 옳지 않은 것은?

① 문서 작성과 편집 기능을 제공한다.
② 다양한 서식 옵션을 통해 문서를 꾸밀 수 있다.
③ 문서 작성 후 인쇄할 수 있는 기능을 제공한다.
④ 문서의 내용만 수정할 수 있고, 서식은 수정할 수 없다.

02 다음 중 문서의 보존 및 폐기 시 고려해야 할 사항으로 옳지 않은 것은?

① 관련 법규를 준수해야 한다.
② 보존 기간이 끝난 문서는 검토 없이 즉시 폐기해야 한다.
③ 중요 문서는 일정 기간이 지나면 영구 보존될 수 있다.
④ 보존할 문서는 적절한 환경에서 관리해야 한다.

03 다음과 같이 문장이 수정되었을 때 사용된 교정부호로 올바르게 짝지어진 것은?

〈수정 전〉

단념하지말라.
　당신의 첫 실패는
당신이 더 나아지게 만들 것이다. 〈토마스에디슨〉

〈수정 후〉

단념하지 말라.
당신의 첫 실패는
당신이 더 나아지게 만들 것이다.
〈토마스에디슨〉

① ♂, ⌐, ⌐
② ∨, ⊃, ⌐
③ ♂, ∨, ⌣
④ ⊃, ♂, ⌐

04 다음 중 워드프로세서에서 스타일에 대한 설명으로 옳은 것은?

① 스타일은 문서의 글꼴, 크기, 색상 등을 하나하나 수동으로 설정하는 방법이다.
② 스타일은 문서의 제목, 본문, 인용 등의 서식을 미리 정의하여 일관된 형식을 유지할 수 있게 해준다.
③ 스타일은 문서의 내용을 자동으로 요약하고, 핵심 단어를 강조하는 기능이다.
④ 스타일은 문서의 이미지나 표의 크기를 조정하는 기능을 제공한다.

05 다음 중 한글 워드프로세서의 매크로 기능에 대한 설명으로 옳지 않은 것은?

① 일련의 작업 순서 내용을 특정키로 설정하고 필요할 때 한 번에 재생해 주는 기능이다.
② 매크로는 사용자의 마우스 동작만을 기억할 수 있다.
③ 작성된 매크로는 편집이 가능하다.
④ 작성된 매크로는 별도의 파일에 저장이 가능하다.

06 다음 중 공문서의 기안에 대한 설명으로 옳지 않은 것은?

① 기안문서는 전자문서로 하는 것을 원칙으로 한다.
② 각종 증명 발급이나 회의록 등은 발의자와 보고자의 표시를 생략할 수 있다.
③ 행정기관명을 표시할 때 다른 행정기관명과 동일한 경우 바로 아래 하급기관명을 함께 표시할 수 있다.
④ 수신자가 없는 내부결재문서인 경우 수신란에 '내부결재'로 표시한다.

07 다음 중 워드프로세서 용어에 대한 설명으로 옳지 않은 것은?

① 하드 카피(Hard Copy) : 화면에 보이는 내용을 그대로 프린터에 인쇄하는 것을 말한다.
② 프린터 버퍼(Print Buffer) : 인쇄할 내용을 임시 보관하는 장소이다.
③ 용지 넘김(Form Feed) : 프린터에서 다음 페이지의 맨 처음 위치까지 종이를 밀어 올리는 것을 말한다.
④ 프린터 드라이버(Printer Driver) : 워드프로세서의 산출된 출력값을 특정 프린터 모델이 요구하는 형태로 번역해 주는 하드웨어를 말한다.

08 다음 중 머리말/꼬리말(바닥글)에 사용하지 않는 것은?

① 날짜와 시간
② 페이지 번호
③ 그림
④ 주석

09 다음 중 메일 머지(Mail Merge) 기능에 대한 설명으로 옳은 것은?

① 메일 머지는 한 번에 여러 사람에게 동일한 문서를 보내는 기능이다.
② 메일 머지는 문서 내의 모든 데이터를 자동으로 삭제하는 기능이다.
③ 메일 머지는 이메일 서버를 통해 대량의 이메일을 자동으로 전송하는 기능이다.
④ 메일 머지는 다수의 문서를 수동으로 작성하는 기능이다.

10 다음 중 파일링 분류법에서 명함을 분류하는 방법으로 옳은 것은?

① 명함은 사람의 이름이나 회사명을 기준으로 분류한다.
② 명함은 회사의 지역을 기준으로 분류한다.
③ 명함은 직급을 기준으로 분류한다.
④ 명함은 색깔별로 분류한다.

11 다음 중 아래의 보기에서 설명하는 워드프로세서의 편집 관련 용어로 옳은 것은?

> 명령이나 기능을 수행하는 데 필요한 추가적인 요소나 선택 항목

① 디폴트(Default)
② 옵션(Option)
③ 문단(Paragraph)
④ 클립아트(Clip Art)

12 다음 중 워드프로세서의 인쇄 기능에 대한 설명으로 옳지 않은 것은?

① 프린터 등을 통해 작성한 문서를 인쇄하는 기능을 말한다.
② 문서의 일부분만 인쇄할 수 있다.
③ 프린터의 해상도를 높게 설정하면 출력도 빠르고 선명하게 인쇄할 수 있다.
④ 문서의 끝 페이지에서부터 첫 페이지순으로 인쇄할 수 있다.

13 다음 중 맞춤법 검사(Spelling Check)에 대한 설명으로 옳지 않은 것은?

① 작성된 문서에서 내장된 사전과 비교하여 맞춤법에 어긋난 단어를 찾아주는 기능이다.
② 맞춤법, 표준말, 띄어쓰기, 기호나 수식의 오류를 검사한다.
③ 사전에 없는 단어는 사용자가 추가할 수 있다.
④ 자주 틀리는 단어를 자동적으로 바꾸도록 지정할 수 있다.

14 다음 중 치환(Replace) 기능에 대한 설명으로 옳지 않은 것은?

① 한글, 특수문자, 영어, 한자 등을 바꿀 수 있다.
② 문서에서 특정 단어를 검색하여 다른 단어로 바꾸는 것을 의미한다.
③ 단어는 바꿀 수 있어도 글꼴의 크기, 모양, 속성은 바꿀 수 없다.
④ 문서에서 원하는 부분을 블록으로 설정하면 설정된 부분에 대해서만 바꾸기를 할 수 있다.

15 다음 중 문서의 분량에 변동이 없는 교정부호로만 짝지은 것은?

① ⌒, ⌒, ☼
② ⌒, ⌐, ⌒
③ ⌒, ⌒, ☼
④ ⌐, ∨, ⌒

16 다음 중 와일드카드를 사용한 검색 예로 옳지 않은 것은?

① A**를 사용하면 'A'로 시작하는 모든 단어를 찾을 수 있다.
② **T?st**를 사용하면 'Test', 'Tost'와 같은 단어를 찾을 수 있다.
③ ??e**를 사용하면 'Tear', 'Seem'과 같은 단어를 찾을 수 있다.
④ *a**를 사용하면 'banana', 'car'와 같은 단어를 찾을 수 있다.

17 다음 중 공문서의 효력 발생 시점에 대한 설명으로 옳은 것은?

① 공문서는 작성 후 즉시 효력이 발생한다.
② 공문서는 수신자에게 도달된 때 효력이 발생한다.
③ 공문서는 발송 후 24시간 뒤에 효력이 발생한다.
④ 공문서는 수신자가 이를 읽고 난 후 효력이 발생한다.

18 다음 중 전자문서 관리 시스템의 주요 기능이 아닌 것은?

① 문서의 생성, 저장, 수정, 삭제 기능
② 문서의 검색 및 접근 기능
③ 문서의 실시간 수정 및 공동 작업 기능
④ 문서의 자동 삭제 기능

19 다음 중 문서 파일 정리법으로 옳지 않은 것은?

① 중요한 문서 파일은 별도의 폴더로 구분하여 저장한다.
② 관련된 문서 파일은 같은 폴더 내에 넣어두는 것이 효율적이다.
③ 중요한 문서 파일을 수시로 삭제하여 디스크 공간을 절약하고 보안을 확보한다.
④ 문서 파일은 날짜나 주제를 기준으로 구분하여 저장한다.

20 다음 중 전자출판의 장점으로 옳은 것은?

① 물리적 공간을 절약할 수 있다.
② 출력 비용이 매우 높다.
③ 인쇄 시간이 길어질 수 있다.
④ 접근성이 떨어진다.

2과목 PC 운영체제

21 다음 중 한글 Windows 10의 바로 가기 아이콘에 대한 설명으로 옳은 것은?

① 바탕 화면에 있는 폴더의 바로 가기 아이콘을 삭제하면 원본 폴더도 삭제된다.
② 실행 파일에 대한 바로 가기 아이콘을 바탕 화면에 만들 수 있다.
③ 바로 가기 아이콘은 확장자가 LNK인 파일로 바탕 화면에만 만들 수 있다.
④ 일반 아이콘과 구분하기 위하여 바로 가기 아이콘 그림의 오른쪽 아래에 화살표가 표시된다.

22 다음 중 Microsoft Edge와 관련된 설명으로 옳지 않은 것은?

① 크로미움(Chromium) 기반으로 제작되어 Google Chrome과 유사한 웹 렌더링 엔진을 사용한다.
② Internet Explorer보다 나중에 나온 웹 브라우저로, 최신 웹 표준을 지원한다.
③ Microsoft Access(액세스)와 통합되어 데이터베이스 기능을 제공한다.
④ Windows뿐만 아니라 Mac, iOS, Android에서도 사용할 수 있다.

23 다음 중 한글 Windows 10에서 권한이 없는 사용자가 네트워크나 인터넷을 통해 사용자의 컴퓨터에 접근하지 못하도록 설정할 수 있는 것은 무엇인가?

① 네트워크 연결
② 자동 업데이트
③ 방화벽
④ 바이러스 백신

24 다음 중 한글 Windows 10의 [휴지통 속성] 창에서 설정할 수 있는 항목이 아닌 것은?

① 휴지통 크기 설정
② 휴지통 아이콘 표시 여부
③ 삭제 시 확인 대화상자 표시 여부
④ 휴지통 파일 삭제 후 복원 가능 여부 설정

25 다음 중 한글 Windows 10에서 사용하는 바로 가기 키의 설명으로 옳지 않은 것은?

① ⊞ : [시작] 메뉴를 표시한다.
② ⊞+D : 열려 있는 모든 창을 최소화하거나 이전 크기로 복원한다.
③ ⊞+E : Windows 탐색기를 실행하여 화면에 표시한다.
④ ⊞+R : [검색 결과] 창을 표시한다.

26 다음 중 한글 Windows 10의 작업 표시줄에 대한 설명으로 옳은 것은?

① 작업 표시줄은 화면 하단에 있으며, 시작 메뉴, 실행 중인 앱 등을 표시한다.
② 작업 표시줄은 응용 프로그램 창만 표시하며, 시스템 아이콘에는 아무런 정보도 표시되지 않는다.
③ 작업 표시줄에 표시되는 시작 버튼은 사용자가 열어놓은 프로그램을 모두 최소화하여 실행할 수 있도록 도와준다.
④ 작업 표시줄에 있는 실행 목록은 고정되어 삭제할 수 없다.

27 다음 중 한글 Windows 10의 [장치 관리자] 창에서 설치된 실제 하드웨어를 선택한 후에 바로 가기 메뉴를 이용하여 할 수 있는 작업으로 옳지 않은 것은?

① 해당 하드웨어의 [드라이버 업데이트]를 할 수 있다.
② 해당 하드웨어에 대해 [디바이스 사용 안 함]을 지정할 수 있다.
③ 해당 하드웨어의 [디바이스 이름 바꾸기]를 할 수 있다.
④ 해당 하드웨어의 설치된 [디바이스 제거]를 할 수 있다.

28 다음 중 한글 Windows 10에서 새로운 프린터를 추가하기 위한 [프린터 추가]에 관한 설명으로 옳지 않은 것은?

① [장치 및 프린터] 창에서 [프린터 추가]를 선택하여 작업을 수행한다.
② [프린터 추가]를 수행하는 과정에서 네트워크, 무선 또는 Bluetooth 프린터와 로컬 프린터로 구분하여 설치할 수 있다.
③ USB 포트에 연결되는 플러그 앤 플레이 프린터가 있으면 [프린터 추가]를 사용할 필요가 없다.
④ [프린터 추가]를 이용하여 설치된 새로운 로컬 프린터는 항상 기본 프린터로 지정된다.

29 다음 중 한글 Windows 10의 [파일 탐색기] 창에 관한 설명으로 옳지 않은 것은?

① 탐색 창 영역과 파일 영역을 구분하는 세로 선을 마우스로 끌어놓기하면 각 영역의 크기를 조절할 수 있다.
② 탐색 창 영역에서 폴더를 선택한 후에 숫자 키패드의 [*]를 누르면 선택된 폴더의 모든 하위 폴더가 표시된다.
③ 폴더를 선택한 후 숫자 키패드의 [+]를 누르면 선택된 폴더가 축소되고, [-]를 누르면 폴더가 확장되어 표시된다.
④ 탐색 창 영역에서 키보드의 방향키 [←]를 누르면 선택한 폴더의 하위 폴더가 보이면 닫고, 하위 폴더가 닫힌 상태이면 상위 폴더를 선택한다.

30 다음 중 한글 Windows 10에서 압축 폴더에 대한 설명으로 옳지 않은 것은?

① 폴더를 압축하면 다른 컴퓨터로 빠르게 전송할 수 있다.
② 압축된 폴더의 파일은 일반 파일과 같이 편집하여 사용할 수 있다.
③ 압축하려는 파일이나 폴더를 선택한 후 바로 가기 메뉴의 [보내기]-[압축(Zip)]을 선택하여 압축할 수 있다.
④ 압축된 파일을 읽기 전용으로 열어 수정한 후 다른 이름으로 저장할 수 있다.

31 다음 중 한글 Windows 10에서 발생할 수 있는 문제의 해결 방법으로 옳은 것은?

① 디스크 공간이 부족할 때는 디스크 조각 모음을 실행하여 단편화를 제거한다.
② 디스크의 접근 속도가 느려질 경우에는 디스크 정리를 수행한다.
③ 앱이 응답하지 않을 경우에는 [작업 관리자] 창에서 해당 작업을 종료한다.
④ 메인 메모리 용량이 적을 경우에는 이동식 디스크의 불필요한 프로그램을 삭제한다.

32 다음 중 아래 보기에서 설명하는 한글 Windows 10의 네트워크 기능 유형으로 옳은 것은?

> 네트워크의 다른 컴퓨터나 서버에 연결하여 파일/프린터 등의 공유 자원을 사용할 수 있게 하는 소프트웨어이다.

① 서비스
② 프로토콜
③ 클라이언트
④ 어댑터

33 다음 중 한글 Windows 보조프로그램에 있는 [그림판]에 대한 설명으로 옳지 않은 것은?

① 스마트폰으로 촬영한 jpg 파일을 불러와 편집한 후 png 파일 형식으로 저장할 수 있다.
② 편집 중인 이미지의 일부분을 선택한 후 삭제하면 삭제된 빈 공간은 '색 1'(전경색)로 채워진다.
③ 그림판에서 편집한 그림은 Windows 바탕 화면의 배경으로 그림 전체를 사용할 수 있다.
④ 오른쪽 버튼으로 그림을 그릴 경우에는 모두 '색 2'(배경색)로 그려진다.

34 다음 한글 Windows 10의 보안 기능에 대한 설명 중 옳지 않은 것은?

① [사용자 계정 컨트롤 설정 변경] 기능을 사용하면 유해한 앱이 사용자 모르게 소프트웨어를 설치하거나 변경하는 것을 방지할 수 있다.
② [BitLocker 드라이브 암호화] 기능을 사용하면 해당 드라이브에 저장되어 있는 모든 파일에 대한 무단 액세스를 방지할 수 있다.
③ [Windows Defender 방화벽] 기능을 사용하면 스파이웨어뿐만 아니라 사용자 동의 없이 설치된 소프트웨어로부터 보호할 수 있다.
④ 컴퓨터 관리의 [디스크 관리] 기능을 사용하면 해당 드라이브에 설치된 악성 소프트웨어를 삭제할 수 있다.

35 다음 중 한글 Windows 10에서 문서 인쇄에 대한 설명으로 옳지 않은 것은?

① [프린터] 메뉴 중 [모든 문서 취소]는 스풀러에 저장되어 있는 문서 중 오류가 발생한 문서에 대해서만 인쇄 작업을 취소한다.
② 일단 프린터에서 인쇄 작업이 시작된 경우라도 잠시 중지시켰다가 다시 인쇄할 수 있다.
③ 인쇄 대기 중인 문서를 삭제하거나 출력 대기 순서를 임의로 조정할 수 있다.
④ 인쇄 중 문제가 발생한 인쇄 목록을 확인할 수 있다.

36 다음 중 한글 Windows 10에서 파일이나 폴더의 복사, 이동, 삭제에 대한 설명으로 옳은 것은?

① 임의의 폴더를 다른 드라이브로 이동시키려면 해당 폴더를 드래그 앤 드롭하면 된다.
② 폴더 창에서 방금 전 삭제한 파일은 Ctrl+Z를 누르면 복원할 수 있다.
③ 삭제할 폴더에 하위 폴더가 여러 개 존재하는 경우 Delete를 눌러 삭제할 수 없다.
④ USB 메모리에 있는 파일을 Shift를 누른 상태로 하드 디스크 드라이브로 드래그 앤 드롭하면 그대로 복사된다.

37 다음 중 한글 Windows 10에서 파일이나 폴더를 삭제하는 방법으로 옳지 않은 것은?

① 파일이나 폴더를 선택한 후에 휴지통으로 끌어넣기를 한다.
② 파일이나 폴더를 선택한 후에 [편집] 메뉴의 [삭제]를 선택한다.
③ 파일이나 폴더를 선택한 후에 바로 가기 메뉴의 [삭제]를 선택한다.
④ 파일이나 폴더를 선택한 후에 키보드의 Delete로 삭제한다.

38 다음 중 한글 Windows 10의 [개인 설정] 창에서 할 수 있는 작업으로 옳지 않은 것은?

① 바탕 화면에 새로운 테마를 지정하여 적용할 수 있다.
② 화면 보호기 설정을 사용하여 화면의 해상도를 변경할 수 있다.
③ Windows 및 프로그램의 이벤트에 적용되는 소리 구성표를 변경할 수 있다.
④ 창 테두리, 시작 메뉴, 작업 표시줄의 색을 변경할 수 있다.

39 다음 중 한글 Windows 10에서 인터넷 IP 주소 체계를 위해 사용하는 IPv6에 관한 설명으로 옳지 않은 것은?

① IPv4와의 호환성이 뛰어나며, IPv4와 비교하여 자료 전송 속도가 빠르다.
② 숫자로 8비트씩 4부분으로 구분하며, 총 32비트로 구성된다.
③ 인증성, 기밀성, 데이터 무결성의 지원으로 보안 문제를 해결할 수 있다.
④ 실시간 흐름 제어로 향상된 멀티미디어 기능을 제공한다.

40 다음 중 한글 Windows 10에서 레지스트리에 대한 설명으로 옳지 않은 것은?

① 레지스트리를 편집하려면 시작 메뉴의 검색 상자에서 'regedit'를 입력하여 실행한다.
② 레지스트리란 Windows 사용자의 정보, 응용 프로그램의 정보, 설정 사항 등 Windows 실행 설정에 대한 정보를 담은 데이터베이스이다.
③ 레지스트리가 손상되면 Windows에 치명적인 손상을 줄 수 있으므로 주의하여 사용해야 한다.
④ 레지스트리는 백업을 받을 수 없으므로 함부로 삭제하거나 실수하는 일이 없도록 신중하게 편집해야 한다.

3과목 PC 기본상식

41 다음 중 운영체제의 구성 중 제어 프로그램에 속하지 않는 것은?

① 감시 프로그램(Supervisor Program)
② 서비스 프로그램(Service Program)
③ 데이터 관리 프로그램(Data Management Program)
④ 작업 관리 프로그램(Job Management Program)

42 다음 중 멀티미디어의 정의로 옳은 것은?

① 멀티미디어는 텍스트와 이미지만을 사용하는 미디어 형태이다.
② 멀티미디어는 텍스트, 이미지, 오디오, 비디오 등의 여러 매체를 결합한 형태이다.
③ 멀티미디어는 단지 비디오만 포함하는 미디어 형태이다.
④ 멀티미디어는 컴퓨터와 관련된 미디어 기술만 포함된다.

43 다음 중 증강현실(AR) 기술에 대한 설명으로 옳은 것은?

① 현실 세계에 가상의 이미지를 덧붙여 사용자가 현실과 가상 세계를 동시에 경험할 수 있도록 하는 기술이다.
② 사용자가 가상현실 환경에 완전히 몰입할 수 있도록 하는 기술이다.
③ 현실은 보이지 않고, 오직 디지털 공간 속에서 활동한다.
④ 현실 세계와 가상 세계를 완전히 분리하여 사용자에게 가상 세계만을 제공하는 기술이다.

44 다음 중 DVD-ROM에 대한 설명으로 옳지 않은 것은?

① 단층 구조인 경우 단면에 4.7GB, 양면에 9.4GB 정도 기록할 수 있다.
② 8개 국어의 음성을 지원할 수 있다.
③ 주로 MPEG-1 방식의 영상 압축 기술을 이용하여 비디오 영상이 기록된다.
④ 디스크 한 면에 약 135분의 동영상을 담을 수 있다.

45 다음 중 암호화 기법인 RSA의 특징에 해당하지 않는 것은?

① 암호키와 복호키 값이 서로 다르다.
② 키의 크기가 작고 알고리즘이 간단하여 경제적이다.
③ 암호화와 복호화의 속도가 느리다.
④ 데이터 통신 시 암호키를 전송할 필요가 없고, 메시지 부인 방지 기능이 있다.

46 다음 중 LAN 연결 방식에 대한 설명으로 옳지 않은 것은?

① 스타형(Star) : 모든 단말기를 일렬로 연결한 형태로 유지 보수 및 확장이 어렵다.
② 링형(Ring) : 이웃한 컴퓨터를 링처럼 서로 연결한 형태로 기밀 보호가 어렵다.
③ 계층형(Tree) : 중앙의 컴퓨터와 단말기를 하나의 통신 회선으로 연결하고, 이웃하는 단말 장치를 중간 단말 장치로 다시 연결하는 형태이다.
④ 망형(Mesh) : 모든 단말기를 그물처럼 서로 연결한 형태로 응답 시간이 빠르다.

47 다음 보기의 내용은 무엇에 대한 설명인가?

- 중요한 데이터를 가지고 있는 서버에 주로 사용된다.
- 동일한 데이터를 여러 대의 디스크에 중복해서 저장한다.
- 스트립핑(Striping) 기술을 적용하여 저장 공간을 파티션한다.
- 모든 디스크의 스트립은 인터러브 되어 있다.

① DVD
② RAID
③ HDD
④ Jaz Drive

48 다음 중 각 시스템마다 매번 인증 절차를 밟지 않고 한 번의 로그인 과정으로 기업 내의 각종 업무 시스템이나 인터넷 서비스에 접속할 수 있게 해주는 보안 응용 솔루션을 무엇이라고 하는가?

① SSO(Single Sign On)
② OSS(Open Source Software)
③ CGI(Common Gateway Interface)
④ Wibro(Wireless Broadband Internet)

49 다음에서 설명하는 자료 표현 방식은?

- 오류를 스스로 검출하여 교정이 가능한 코드이다.
- 2bit의 오류를 검출할 수 있고 1bit의 오류를 교정할 수 있다.
- 데이터 비트 외에 오류 검출 및 교정을 위한 잉여비트가 많이 필요하다.

① Gray 코드
② Excess-3 코드
③ Hamming 코드
④ 패리티 검사 코드

50 다음 중 광대역 종합 정보 통신망(B-ISDN)에 대한 설명으로 옳은 것은?

① 빠른 전송 속도에 비해 사용료가 저렴하다.
② 비동기 전송 방식(ATM)을 기반으로 구축되며, 넓은 대역폭을 사용한다.
③ 자원 공유를 목적으로 학교, 연구소, 회사 등이 구내에서 사용하는 통신망이다.
④ 동축 케이블을 사용하여 문자, 음성, 고화질의 동영상까지 전송할 수 있는 통신망이다.

51 다음 중 이산적인 데이터만을 취급하며 기억 및 논리 연산 기능을 갖추고 있는 컴퓨터는?

① 디지털 컴퓨터
② 아날로그 컴퓨터
③ 하이브리드 컴퓨터
④ 파스칼의 기계식 계산기

52 다음 중 인터넷상에서 보안을 위협하는 유형에 대한 설명으로 옳지 않은 것은?

① 파밍(Pharming) : 스미싱의 발전된 형태로 사용자 동의 없이 사용자 정보를 수집하는 프로그램이다.
② 분산 서비스 거부 공격(DDoS) : 데이터 패킷을 범람시켜 시스템의 성능을 저하시킨다.
③ 스푸핑(Spoofing) : 신뢰성 있는 사람이 데이터를 보낸 것처럼 데이터를 위변조하여 접속을 시도한다.
④ 스니핑(Sniffing) : 네트워크상에서 전달되는 패킷을 엿보면서 사용자의 계정과 패스워드를 알아내는 행위이다.

53 다음 보기의 내용은 전송 방향에 따른 전송 방식을 설명한 것이다. 이에 적합한 통신 방식은?

- 전화 회선처럼 송신자와 수신자가 동시에 양방향 통신을 할 수 있는 것으로 서로 다른 회선이나 주파수를 이용하여 데이터 신호가 충돌되는 것을 방지한다.
- 반환시간이 필요 없으므로 두 컴퓨터 사이에 매우 빠른 속도로 통신이 가능하다.

① 단방향(Simplex) 통신 방식
② 반이중(Half Duplex) 통신 방식
③ 전이중(Full Duplex) 통신 방식
④ 이이중(Double Duplex) 통신 방식

54 다음 중 소프트웨어에 대한 설명으로 옳지 않은 것은?

① 시스템 소프트웨어는 하드웨어 자원을 효율적으로 관리하여 응용 소프트웨어가 원활하게 실행될 수 있는 환경을 제공하는 프로그램이다.
② 유틸리티 소프트웨어란 컴퓨터의 동작에 필수적이지는 않지만, 컴퓨터를 이용하는 주목적에 대한 부차적인 일부 특정 작업을 수행하는 소프트웨어로 디스크 조각 모음, 화면 보호기, 압축 프로그램 등이 있다.
③ 응용 소프트웨어는 운영체제에서 실행되는 대부분의 소프트웨어로 워드프로세서, 스프레드시트, 웹 브라우저 등이 있다.
④ 시스템 소프트웨어에는 운영체제, 언어 번역 프로그램, 시스템 유틸리티 등이 있으며, 운영체제는 집적 회로의 비휘발성 기억 장소(EEPROM)에 저장되었다가 실행된다.

55 다음에서 설명하는 시스템은?

- 하나의 시스템을 여러 사용자가 공유하여 동시에 대화식으로 작업을 수행
- 시스템은 일정 시간 단위로 CPU 사용을 한 사용자에서 다음 사용자로 신속하게 전환함으로써, 각 사용자들은 실제로 자신만이 컴퓨터를 사용하고 있는 것처럼 보이는 처리 방식의 시스템

① 분산 시스템(Distributed System)
② 오프라인 시스템(Off-Line System)
③ 시분할 시스템(Time Sharing System)
④ 일괄 처리 시스템(Batch Processing System)

56 다음 보기에서 설명하는 내용에 해당하는 것은?

- UNIX의 가장 핵심적인 부분이다.
- 컴퓨터가 부팅될 때 주기억 장치에 적재된 후 상주하면서 실행된다.
- 하드웨어를 보호하고, 프로그램과 하드웨어 간의 인터페이스 역할을 담당한다.
- 프로세스 관리, 기억 장치 관리, 파일 관리, 입출력 관리, 프로세스 간 통신, 데이터 전송 및 변환 등 여러 가지 기능을 수행한다.

① IPC
② Process
③ Shell
④ Kernel

57 다음 중 OSI 7계층 구조에서 각 계층에 해당하는 프로토콜로 옳지 않은 것은?

① 데이터 링크 계층 : HDLC, SDLC
② 네트워크 계층 : IP, ICMP
③ 세션 계층 : TCP, UDP
④ 응용 계층 : FTP, HTTP

58 다음에서 설명하는 파일 형식은?

- 정지 영상을 표현하는 국제 표준 파일 형식
- 사용자의 요구에 따라 압축 정도를 지정
- 24비트 컬러를 사용하여 1,670만 컬러를 표현
- 압축률이 높고 일반적으로 손실 압축 방법을 많이 사용

① jpg
② png
③ bmp
④ pcx

59 사용 권한에 따라 소프트웨어를 분류하고자 할 때, 다음은 무엇에 대한 설명인가?

- 일정 기간 동안 무료로 사용하다가 마음에 들면 금액을 지불해야 정식으로 사용할 수 있는 제품으로, 일부 기능을 제한한 프로그램이다.
- 유료 판매를 목적으로 배포하는 소프트웨어이다.

① 셰어웨어
② 베타 버전
③ 상용 소프트웨어
④ 번들 프로그램

60 다음 중 개인정보에 대한 설명으로 옳은 것은?

① 개인정보는 성명, 주소 등과 같이 살아 있는 개인을 식별할 수 있는 정보이다.
② 개인에 대한 다른 사람의 평가, 견해 등과 같은 간접적인 정보는 개인정보에 포함되지 않는다.
③ 개인정보 자기결정권은 자신의 개인정보 보호를 위하여 정보주체가 지켜야 할 권리이다.
④ 프라이버시권은 국가나 기업이 고객 정보를 공개하지 않을 권리이다.

빠른 정답표 확인하기

① 모바일로 QR 코드를 스캔합니다.
② 해당 회차의 정답표를 확인합니다.
③ 빠르고 간편하게 채점해 보세요.

2025년 상시 기출문제 05회

SELF CHECK : 제한시간 60분 | 소요시간 분 | 전체 문항 수 60문항 | 맞힌 문항 수 문항

1과목 워드프로세싱 용어 및 기능

01 다음 중 워드프로세서의 주요 특징으로 옳지 않은 것은?

① 문서의 작성, 편집, 저장이 가능하다.
② 다양한 서식을 지원하여 텍스트의 모양을 자유롭게 조정할 수 있다.
③ 그래픽 작업과 같은 복잡한 이미지 편집 기능을 제공한다.
④ 자동 맞춤법 검사와 같은 기능을 통해 문서의 정확성을 높일 수 있다.

02 다음 중 문서의 분량이 감소할 가능성이 있는 교정부호로 올바르게 나열된 것은?

① ⌐, ⌣, ⌐
② ♂, ⊇, ∩
③ ∽, >, ☼
④ ⊏, ∨, ⊇

03 다음과 같이 문장이 수정되었을 때 사용된 교정부호의 순서를 올바르게 나열한 것은?

〈수정 전〉

인생이란 네가 다른 계획을 세우느라
바쁠 때 일어나는것이다.

〈수정 후〉

　인생이란 네가 다른 계획을 세우느라
바쁠 때 너에게 일어나는 것이다.

① ⌐, ∨, ♂
② ⊏, ⌣, ∨
③ ⌐, ∽, ♂
④ ⊏, ⊇, ♂

04 다음 중 유니코드(Unicode)에 대한 설명으로 옳은 것은?

① 유니코드는 전 세계 모든 언어의 문자를 표현하기 위해 1바이트 크기의 고정된 코드 값을 사용한다.
② 유니코드는 다양한 문자 체계와 기호를 통합하여 각각의 문자에 고유한 숫자 코드를 할당하는 국제 표준이다.
③ 유니코드는 ASCII 코드와 동일하며, 영어만을 지원하는 문자 인코딩 방식이다.
④ 유니코드는 문자 인코딩 방식 중 하나로, 특정 국가에서만 사용되는 코드이다.

05 다음 중 상용구를 사용하는 장점으로 옳은 것은?

① 텍스트가 항상 자동으로 맞춤법 검사되어 정확하게 작성된다.
② 반복적인 작업을 줄여 시간을 절약하고, 일관된 표현을 유지할 수 있다.
③ 모든 문서의 내용이 자동으로 요약되어 편리하다.
④ 문서 작성 중 서식이 자동으로 변경되어 내용이 효율적으로 수정된다.

06 다음 중 워드프로세서의 기능에 대한 설명으로 옳은 것은?

① 병합(Merge)은 인쇄를 하면서 동시에 다른 문서를 작성하거나 편집하는 기능이다.
② 매크로(Macro)는 사용자가 입력한 문장의 맞춤법 검사를 하는 기능이다.
③ 각주(Footnote)는 문서의 내용을 설명하거나 인용한 원문의 제목을 알려주는 보충 구절로 해당 페이지 하단에 표기하는 것이다.
④ 기본값(Default)은 네트워크를 통한 업무의 교환 시스템으로 문서의 표준화를 전제로 운영된다.

07 다음 중 맞춤법 검사에 대한 설명으로 옳은 것은?

① 맞춤법 검사는 단어와 문장 내의 오타만을 교정한다.
② 맞춤법 검사는 문장의 순서만 교정한다.
③ 맞춤법 검사는 문법적인 오류와 어휘를 모두 검사한다.
④ 맞춤법 검사는 단지 글자 크기를 조정하는 데 사용된다.

08 다음 중 행정업무의 효율적 운영 방법으로 옳지 않은 것은?

① 문서의 결재 시 결재권자의 서명란에는 서명 날짜를 함께 표시한다.
② 둘 이상의 행정기관장의 결재가 필요한 문서는 각각의 행정기관 모두가 기안하여야 한다.
③ 위임전결하는 경우에는 전결하는 사람의 서명란에 '전결' 표시를 한 후 서명하여야 한다.
④ 결재할 수 있는 사람이 휴가, 출장, 그 밖의 사유로 결재할 수 없을 때에는 그 직무를 대리하는 사람이 대결할 수 있다.

09 다음에 설명하는 워드프로세싱 용어는?

> 전반적인 규정이나 서식 설정, 메뉴 등 이미 갖고 있는 값으로 기본값 또는 표준값

① 옵션(Option)
② 디폴트(Default)
③ 색인(Index)
④ 마진(Margin)

10 다음 중 OLE(Object Linking and Embedding) 기능에 대한 설명으로 옳은 것은?

① OLE는 다양한 응용 프로그램에서 사용되는 개체를 연결하거나 포함하는 기술이다.
② OLE는 하나의 문서에만 적용되며, 다른 문서로 연결할 수 없다.
③ OLE는 디지털 서명을 추가하는 기능으로, 문서의 보안성을 높이는 데 사용된다.
④ OLE는 파일 포맷을 변환하는 기능으로, 다른 응용 프로그램에서 생성된 파일을 편집 가능하게 만든다.

11 다음 중 전자문서의 수신 시점에 대한 설명으로 옳은 것은?

① 전자문서는 송신자가 발송한 순간부터 효력이 발생한다.
② 수신자가 전자문서를 열람한 시점을 기준으로 효력이 발생한다.
③ 수신자가 전자문서를 수신할 컴퓨터를 지정한 경우, 해당 컴퓨터에 입력된 때를 수신 시점으로 본다.
④ 수신자가 컴퓨터를 지정하지 않은 경우에는 전자문서가 송신 서버에 저장된 순간 효력이 발생한다.

12 다음 중 워드프로세서에서 찾기 기능에 대한 설명으로 옳은 것은?

① 찾기 기능은 대문자와 소문자를 구분하여 내용을 찾을 수 없다.
② 찾기 기능을 이용하여 찾을 때 언제나 현재 커서의 아래쪽으로만 내용을 찾을 수 있다.
③ 찾기 기능에서 띄어쓰기를 무시하고 내용을 찾을 수는 없다.
④ 찾을 내용과 글꼴을 이용하여 찾기 기능을 수행할 수 있다.

13 다음 중 워드프로세서의 기능에 대한 설명으로 옳은 것은?

① 스풀링(Spooling)은 하나의 문서를 인쇄할 때 인쇄 속도를 훨씬 더 향상시키기 위해 사용하는 기능이다.
② 줄의 끝에 있는 영어 단어가 다음 줄까지 연결될 때 단어를 자르지 않고 단어를 다음 줄의 처음으로 옮겨주는 기능을 센터링(Centering)이라고 한다.
③ 정렬(Sort) 기능을 이용하여 '가, 나, 다, 라, …'순으로 정렬하는 것을 오름차순 정렬이라고 한다.
④ 네트워크를 이용하여 필요한 문서를 상대방에게 분배, 전송하는 기능을 문서 병합 기능이라고 한다.

14 다음 중 강제 개행에 관한 설명으로 옳지 않은 것은?

① 강제 개행은 문단이나 일정 위치에서 글을 끊어 새로운 줄로 넘어가게 한다.
② 강제 개행은 문서 편집 시 Enter를 사용하여 적용할 수 있다.
③ 강제 개행은 문단의 끝이 아닌 위치에서 줄 바꿈을 강제로 시키는 기능으로, 문서 작성 시 편리하게 사용된다.
④ 강제 개행은 글자와 글자 사이의 간격을 조정하여 새로운 줄로 넘어간다.

15 다음 중 워드프로세서에서 영역(Block) 지정에 관한 설명으로 옳지 않은 것은?

① 문서의 왼쪽 여백에서 마우스를 한 번 클릭하면 문서 전체를 블록 지정할 수 있다.
② 키보드의 Shift를 누른 상태로 방향키를 사용하여 문서의 일부 내용을 블록 지정할 수 있다.
③ 문서의 일부 내용을 마우스로 드래그하여 블록 지정할 수 있다.
④ 임의의 단어에서 마우스를 두 번 연속으로 클릭하면 해당 단어를 블록 지정할 수 있다.

16 다음 중 전자문서 관리 시스템을 사용하는 경우의 장점이 아닌 것은?

① 신속한 문서 조회 및 검색이 가능해서 생산성을 향상시킬 수 있다.
② 문서를 보관할 장소가 획기적으로 줄어들어서 사무 환경을 쾌적하게 조성할 수 있다.
③ 조건검색을 통해서 필요한 문서를 손쉽게 제공받을 수 있어서 노력을 줄일 수 있다.
④ 텍스트 문서를 이미지나 영상과는 별개로 관리하여 문서 고유의 특성에 맞춘 관리가 가능하다.

17 다음 중 공문서에 대한 용어의 설명이 옳지 않은 것은?

① 관인이란 행정기관이 발신하는 인증이 필요한 문서에 찍는 도장을 의미한다.
② 결재란 기관의 의사를 결정할 권한을 가진 자가 직접 그 의사를 결정하는 행위를 말한다.
③ 간인은 발송된 문서를 수신 기관의 처리과에서 받아 관련 부서로 보내기 위한 작업을 의미한다.
④ 발신이란 시행문을 시행 대상 기관에 보내는 작업을 의미한다.

18 다음 중 문서의 성립 및 효력 발생 시기에 관한 설명으로 옳지 않은 것은?

① 공고 문서인 경우에는 고시 또는 공고가 있은 후 5일이 경과한 날로부터 효력이 발생한다.
② 일반 문서인 경우에는 수신자에게 도달된 때 효력이 발생한다.
③ 전자문서인 경우에는 수신자의 컴퓨터에 파일로 기록된 때부터 효력이 발생한다.
④ 문서는 당해 문서에 대한 구두 결재가 있음으로써 성립한다.

19 다음 중 전자 통신 출판의 장점으로 볼 수 없는 것은?

① 출판물 제공자와 수용자 간의 상호 대화가 가능한 양방향 매체이다.
② 출판 내용에 대한 추가 및 수정이 신속하다.
③ 다수가 같은 내용을 이용할 때 반드시 접근 순서대로 이용 가능하다.
④ 출판물 내용에 대하여 이용자가 원하는 부분만을 선택하여 전송받을 수 있다.

20 다음 중 문서관리의 기본 원칙으로 옳지 않은 것은?

① 문서가 이동되고 경유되는 곳을 늘리고 지체 시간은 줄여야 한다.
② 문서 사무 처리의 절차나 방법 등을 간결하게 하여 시간 절약과 문서 업무 능률을 증진시킨다.
③ 문서 처리의 절차나 방법 중에서 중복되는 것이나 불필요한 것을 없애고, 동일 종류의 문서 사무 처리를 하나로 묶어서 통합하여 처리한다.
④ 문서 사무 처리에 적용할 수 있는 여러 가지의 수단이나 방법 중에서 가장 합리적인 것을 선정하여 적용한다.

2과목 PC 운영체제

21 다음 중 한글 Windows 10의 [작업 표시줄] 창에서 할 수 있는 작업으로 옳지 않은 것은?

① 작업 표시줄의 잠금과 해제가 가능하다.
② 작업 표시줄의 위치를 위쪽, 아래쪽, 왼쪽, 오른쪽으로 설정할 수 있다.
③ 작업 표시줄의 기본 모양이나 색상 변경 등을 설정할 수 있다.
④ 데스크탑 모드에서 작업 표시줄 자동 숨기기를 설정할 수 있다.

22 다음 중 한글 Windows 10의 바탕 화면에 있는 폴더 아이콘의 바로 가기 메뉴를 사용하여 할 수 있는 작업으로 옳지 않은 것은?

① 해당 폴더의 속성을 변경할 수 있다.
② 바로 이전에 삭제한 폴더를 복원할 수 있다.
③ 바탕 화면에 해당 폴더의 새로운 바로 가기 아이콘을 만들 수 있다.
④ 공유 대상 폴더를 설정할 수 있으며, 폴더 아이콘 모양을 변경할 수 있다.

23 다음 중 한글 Windows 10의 [디스크 정리]에 대한 설명으로 옳은 것은?

① 디스크 정리를 통해 휴지통, 오래된 압축 파일, 내용 색인 카탈로그 파일, 시스템 파일, 임시 파일 등을 제거할 수 있다.
② 최근에 복원한 내용을 포함한 모든 파일을 제거하여 디스크 공간을 늘릴 수 있다.
③ C드라이브에 있는 Windows 폴더를 제거하여 디스크 공간을 늘릴 수 있다.
④ 조각난 파일, 인접한 파일, 이동할 수 없는 파일 등을 삭제하여 디스크 공간을 늘릴 수 있다.

24 다음 중 한글 Windows 10에서 프로그램이 응답하지 않는 경우에 문제 해결 방법으로 가장 옳은 것은?

① 사용자의 컴퓨터를 보호하기 위해 Windows 방화벽을 설정한다.
② [장치 관리자] 창에서 중복 설치된 경우 해당 장치를 제거한다.
③ [작업 관리자] 대화상자의 [프로세스] 탭에서 응답하지 않는 앱 작업을 종료한다.
④ [시스템 파일 검사기]를 이용하여 손상된 파일을 찾아 복구한다.

25 다음 중 한글 Windows 10에서 휴지통에 관한 설명으로 옳지 않은 것은?

① 휴지통의 파일은 필요할 때 복원하여 사용할 수 있으며, 휴지통에서 파일을 실행할 수도 있다.
② 휴지통에 삭제한 파일이 들어가면 휴지통의 모양이 변경된다.
③ 휴지통이 가득 차면 가장 최근에 삭제된 파일이나 폴더가 들어갈 수 있는 공간을 확보하기 위해 휴지통을 자동으로 정리한다.
④ 휴지통의 크기는 드라이브마다 다르게 설정할 수 있다.

26 다음 중 한글 Windows 10에서 새로운 하드웨어 추가와 관련된 설명으로 옳지 않은 것은?

① 제어판의 [장치 및 프린터]를 사용하면 컴퓨터에 연결된 장치를 빠르게 확인할 수 있다.
② 최근에 설치한 장치 또는 기타 하드웨어에 문제가 있는 경우 [하드웨어 및 장치] 문제 해결사를 사용하여 문제를 해결할 수 있다.
③ 모든 하드웨어는 Windows 업데이트를 통해 자동으로 설치할 수 있다.
④ 컴퓨터에 연결하기만 하면 대부분의 하드웨어 또는 모바일 장치를 설치할 수 있다.

27 다음 중 한글 Windows 10에서 문서 인쇄에 대한 설명으로 옳지 않은 것은?

① 인쇄 관리자 창에서 필요에 따라 인쇄할 문서의 인쇄 순서를 변경할 수 있다.
② 대기 중인 문서에 대해 용지 방향, 용지 공급, 인쇄 매수와 같은 설정은 볼 수 있으나 문서 내용을 변경할 수는 없다.
③ 프린터 아이콘을 더블클릭하면 인쇄 중인 문서의 이름, 소유자는 표시되지만 포트, 페이지 수는 표시되지 않는다.
④ 문서 이름을 선택하여 바로 가기 메뉴에서 인쇄를 취소하거나 일시 중지, 다시 시작을 할 수 있다.

28 다음 중 한글 Windows 10의 [Windows Defender 방화벽] 창에서 할 수 있는 작업으로 옳지 않은 것은?

① 네트워크 위치를 선택하여 컴퓨터가 항상 적절한 보안 수준으로 설정되도록 할 수 있다.
② 프로그램이 Windows 방화벽을 통해 통신하도록 설정할 수 있다.
③ 전자 메일을 보내거나 받을 때 알림 표시를 하도록 설정할 수 있다.
④ 인바운드 규칙, 아웃바운드 규칙 등과 같은 고급 보안을 설정할 수 있다.

29 다음 중 한글 Windows 10 보조프로그램의 [캡처 도구]에 관한 설명으로 옳지 않은 것은?

① 캡처한 화면을 HTML, PNG, GIF, JPG 파일로 저장하거나, 캡처한 글자를 편집할 수 있다.
② 캡처한 화면을 클립보드에 복사하여 다른 문서에서 붙여넣기로 사용할 수 있다.
③ 캡처한 화면에서 형광펜이나 지우개 도구로 수정할 수 있다.
④ 화면 캡처 유형은 자유형, 사각형, 창, 전체 화면 캡처가 있다.

30 다음 중 한글 Windows 10에서 프린터 설치에 대한 설명으로 옳지 않은 것은?

① 10대 이상의 프린터도 설치할 수 있으며, 기본 프린터는 하나의 프린터에 대해서만 설정할 수 있다.
② 공유된 프린터는 기본 프린터로 설정할 수 없다.
③ LAN 카드가 설치되어 IP 주소가 부여된 프린터를 로컬 프린터로 설치할 수 있다.
④ 공유된 프린터를 네트워크 프린터로 설정하여 설치할 수 있다.

31 다음 중 한글 Windows 10의 [디스플레이 설정] 창에서 할 수 있는 작업으로 옳지 않은 것은?

① 바탕 화면의 배경을 사진이나 단색, 슬라이드 쇼로 설정한다.
② 디스플레이 해상도를 변경할 수 있다.
③ 디스플레이 방향을 가로 또는 세로로 설정할 수 있다.
④ 화면에 표시되는 텍스트, 앱 및 기타 항목의 크기를 100%, 125%, 150%, 175%로 변경할 수 있다.

32 다음 중 한글 Windows 10의 인터넷 프로토콜 버전 4 (TCP/IPv4) 속성 창에서 수동으로 설정하는 IP 주소에 관한 설명으로 옳지 않은 것은?

① 해당 IP 주소는 인터넷상에서 자신만의 고유한 숫자로 된 주소이다.
② 서브넷 마스크는 해당 컴퓨터가 속한 네트워크 세그먼트를 식별하는 데 사용한다.
③ 기본 게이트웨이는 서로 다른 LAN을 연결하는 라우터의 주소이다.
④ 기본 설정 DNS 서버는 동적인 IP 주소를 할당해 주는 서버의 주소이다.

33 다음 중 한글 Windows 10에서 하드웨어 추가 또는 제거에 관한 설명으로 옳지 않은 것은?

① 설치된 하드웨어는 [제어판]의 [장치 관리자]에서 확인할 수 있다.
② 설치된 하드웨어의 제거는 [프로그램 및 기능] 창에서 해당 하드웨어의 드라이버를 제거하면 된다.
③ 플러그 앤 플레이를 지원하지 않는 장치를 설치할 때는 [장치 관리자] 창의 [동작]-[레거시 하드웨어 추가] 메뉴를 선택하여 나타나는 [하드웨어 추가] 마법사를 사용한다.
④ 플러그 앤 플레이를 지원하는 장치를 설치하고 Windows 10을 재시작하면 자동으로 인식하여 설치된다.

34 다음 중 한글 Windows 10에서 [드라이브 조각 모음 및 최적화]와 관련된 내용으로 옳지 않은 것은?

① 디스크 조각 모음이 진행 중인 동안에도 컴퓨터를 사용할 수 있다.
② NTFS, FAT, FAT32 이외의 다른 파일 시스템으로 포맷된 경우와 네트워크 드라이브에 대해서는 디스크 조각 모음을 실행할 수 없다.
③ 디스크 조각 모음을 수행하면 디스크 공간의 최적화를 이루어 사용 가능 공간이 확장된다.
④ 디스크 조각 모음을 정해진 요일이나 시간에 자동으로 수행할 수 있도록 예약을 설정할 수 있다.

35 다음 중 한글 Windows 10 제어판의 [전원 옵션]에 대한 설명으로 옳지 않은 것은?

① 절전 모드로 최소한의 전력 사용을 설정한다.
② 특정 시간이 지나면 모니터 화면에 보호 프로그램이 실행되도록 설정한다.
③ 디스플레이 ss및 하드 디스크 끄는 시간을 설정한다.
④ 균형 조정은 에너지 소비와 성능 사이의 균형을 자동으로 설정하는 기능이다.

36 다음 중 메모리가 제대로 인식되지 않을 때 해결 방법으로 옳지 않은 것은?

① 캐시 항목이 Enable로 되어 있는지 확인한다.
② 메모리 슬롯이 제대로 장착되었는지 확인한다.
③ 메모리의 용량을 줄여서 테스트한다.
④ 메모리 모듈이 호환되지 않아도 상관없으므로 무시하고 사용한다.

37 다음 중 한글 Windows 10의 보조프로그램 중에서 [메모장]에 관한 설명으로 옳은 것은?

① 그림이나 차트 등의 OLE 개체를 삽입할 수 있다.
② 편집하는 문서의 특정 영역(블록)에 대한 글꼴의 종류나 속성, 크기를 변경할 수 있다.
③ 자동 맞춤법과 같은 고급 기능을 제공한다.
④ 서식이 없는 텍스트 형식의 문서만 열거나 저장할 수 있다.

38 다음 중 한글 Windows 10에서 라이브러리에 대한 설명으로 옳지 않은 것은?

① 자주 사용하는 폴더들을 하나씩 찾아다니지 않고 라이브러리에 등록하여 한 번에 관리할 수 있다.
② 라이브러리는 컴퓨터 여기 저기 흩어져 있는 자료를 한 곳에서 보고 정리할 수 있게 하는 가상의 폴더이다.
③ 기본적으로 문서, 음악, 사진, 비디오 라이브러리를 제공한다.
④ 라이브러리에 새로운 폴더를 추가하거나 제거할 수 없다.

39 다음 중 한글 Windows 10에서 디스크 포맷 기능에 관한 설명으로 옳지 않은 것은?

① 빠른 포맷은 디스크의 불량 섹터를 검색하지 않고 디스크에서 파일을 제거한다.
② Windows가 설치되어 사용 중인 C드라이브를 선택한 후 바로 가기 메뉴의 [포맷]을 선택하여 포맷한다.
③ 디스크 포맷 창에서 용량, 파일 시스템, 할당 단위 크기, 볼륨 레이블 등을 지정할 수 있다.
④ 할당 단위 크기는 4096바이트, 8192바이트, 16K, 32K, 2048K 등으로 변경할 수 있다.

40 다음 중 한글 Windows 10에서 폴더의 속성 창 중 [공유] 탭에서 할 수 있는 기능에 대한 설명으로 옳지 않은 것은?

① 공유 사용 권한에서 그룹 또는 사용자 이름을 추가할 수 있다.
② 네트워크상에서 공유할 폴더의 이름을 새로 지정할 수 있다.
③ 고급 공유 설정에서 다른 사용자들의 사용 권한을 개별적으로 설정할 수 있다.
④ 동시 사용자의 수를 제한할 수 있으며 최대 10명까지만 가능하다.

3과목 PC 기본상식

41 다음 보기 중 디지털 컴퓨터의 특징에 해당되는 것만을 올바르게 고른 것은?

> ⓐ 증폭 회로 사용
> ⓑ 수치, 문자 데이터 사용
> ⓒ 프로그램의 불필요
> ⓓ 특수 목적용
> ⓔ 기억이 용이함
> ⓕ 정밀도가 제한적임
> ⓖ 비연속적인 데이터 계산
> ⓗ 사칙(논리) 연산

① ⓐ, ⓒ, ⓓ, ⓕ
② ⓑ, ⓓ, ⓕ, ⓗ
③ ⓐ, ⓑ, ⓔ, ⓕ
④ ⓑ, ⓔ, ⓖ, ⓗ

42 다음 중 멀티미디어의 주요 특징에 대한 설명으로 옳지 않은 것은?

① 디지털화(Digitalization) : 그림, 소리, 비디오와 같은 아날로그 데이터를 디지털 방식으로 변환하여 표현한다.
② 쌍방향성(Interactive) : 사용자가 마우스로 어느 버튼을 누르는지에 따라 정보 제공자가 제공한 각기 다른 정보를 얻을 수 있다.
③ 통합성(Integration) : 그림, 소리, 비디오 등 여러 매체들이 통합되어 보다 생동감 있는 정보를 전달한다.
④ 비선형성(Non-Linear) : 정보의 흐름을 한 방향으로 흐르게 하여 항상 동일한 정보를 얻을 수 있다.

43 다음 중 네트워크 프로토콜과 관련하여 OSI 7계층의 설명으로 옳지 않은 것은?

① 물리 계층은 전송에 필요한 두 장치 간의 실제 접속과 절단 등 기계적, 기능적, 절차적 특성을 정의한다.
② 데이터 링크 계층은 사용자의 응용 프로그램이 OSI 환경에 접근할 수 있도록 서비스를 제공한다.
③ 전송 계층은 종단 시스템(End-to-End) 간에 신뢰성 있고 투명한 데이터 전송을 가능하게 한다.
④ 네트워크 계층은 개방 시스템들 간의 네트워크 연결을 관리하며 데이터를 교환하거나 중계한다.

44 다음 중 공개키 암호화 기법에 대한 설명으로 옳지 않은 것은?

① 송신자와 수신자가 같은 키를 공유한다.
② 공개키로 암호화한 것은 비밀키로, 비밀키로 암호화한 것은 공개키로 복호화한다.
③ 실행 속도가 대칭키 암호화 기법에 비해 느리다.
④ RSA가 대표적이며 전자 서명 등에 사용된다.

45 다음 중 가상 기억 장치(Virtual Memory)에 대한 설명으로 옳지 않은 것은?

① 저장된 내용을 찾을 때 주소를 사용하지 않고 기억된 데이터의 내용을 이용하여 원하는 정보에 접근한다.
② 보조 기억 장치의 일부를 주기억 장치처럼 이용하여 주기억 장치의 용량이 확대된 것처럼 사용한다.
③ 페이징(Paging) 기법이나 세그멘테이션(Segmentation) 기법을 이용한다.
④ 주프로그램은 보조 기억 장치에 저장시키고 CPU에 의해 실제로 사용할 부분만 주기억 장치에 적재시키는 방법을 이용한다.

46 다음 중 컴퓨터에서 정보 보안을 위하여 사용하는 방화벽에 관한 설명으로 옳지 않은 것은?

① 방화벽은 하드웨어가 아닌 소프트웨어적인 방법으로 외부의 침입을 막을 수 있다.
② 역추적 기능이 있어서 외부 침입자의 흔적을 찾을 수 있다.
③ 방화벽을 사용하더라도 내부의 불법적인 해킹은 막지 못한다.
④ 해킹에 의한 외부로의 정보 유출을 막기 위한 보안 시스템이다.

47 다음에서 설명하는 것은?

> - 컴퓨터 시스템을 감염시켜 접근을 제한시킨다.
> - 특정 파일을 암호화하여 파일을 사용 불가능 상태로 만들어서 복구를 위해 돈을 요구하는 악성 소프트웨어이다.

① 은닉 바이러스
② 논리 폭탄
③ 랜섬웨어
④ 스크립트 바이러스

48 다음 중 RFID 기술의 주요 장점으로 옳은 것은?

① RFID는 전자적 방법으로만 데이터를 전송할 수 있다.
② RFID는 물리적 접촉 없이도 데이터를 전송할 수 있어 비접촉식 식별이 가능하다.
③ RFID는 데이터를 처리하는 데 시간이 오래 걸린다.
④ RFID 태그는 무게가 무겁고 부피가 커서 휴대하기 불편하다.

49 다음 중 RISC 아키텍처에 대한 설명으로 옳은 것은?

① RISC는 복잡한 명령어 집합을 사용하여 한 번의 명령어로 여러 작업을 수행하며, 주로 서버나 워크스테이션에서 사용된다.
② RISC는 간단하고 일정한 명령어 세트를 기반으로 하여 대부분의 명령어가 한 사이클 내에 실행되며, 효율적인 파이프라인 처리를 통해 임베디드 시스템과 모바일 기기 등 저전력 환경에서 주로 사용된다.
③ RISC는 CISC와 유사하게 명령어의 길이가 가변적이며, 복잡한 연산을 위해 다단계 명령어 해석이 필요하다.
④ RISC는 명령어 집합이 매우 풍부하여 프로그래머가 직접 하드웨어 자원을 제어할 수 있는 장점을 가진다.

50 다음 중 바이오스(BIOS)에 대한 설명으로 옳지 않은 것은?

① 컴퓨터의 기본 입출력 장치나 메모리 등 하드웨어 작동에 필요한 명령들을 모아 놓은 프로그램이다.
② 바이오스는 하드 디스크에 저장되어 있는 운영체제의 일부이다.
③ 바이오스는 부팅할 때 POST를 통해 컴퓨터를 점검한 후에 사용 가능한 장치를 초기화한다.
④ 하드 디스크 타입이나 부팅 순서와 같이 바이오스에서 사용하는 일부 정보는 CMOS에서 설정이 가능하다.

51 다음의 보기에서 설명하고 있는 해킹의 종류는 무엇인가?

> - 여러 대의 컴퓨터를 일제히 동작하게 하여 특정 사이트를 공격하는 해킹 방식이다.
> - 서비스 거부 공격이라는 해킹 수법의 하나로 한 명 또는 그 이상의 사용자가 시스템의 리소스를 독점하거나 파괴함으로써 시스템이 더 이상 정상적인 서비스를 할 수 없도록 만드는 공격 방법이다.

① DDoS
② Back Door
③ Sniffing
④ Spoofing

52 다음 중 DRM(Digital Rights Management)에 대한 설명으로 옳은 것은?

① 디지털 콘텐츠를 누구나 자유롭게 사용할 수 있도록 허용하는 기술이다.
② 저작권이 없는 콘텐츠를 자동으로 인터넷에 배포하는 시스템이다.
③ 디지털 콘텐츠의 불법 복제와 유통을 방지하기 위한 저작권 보호 기술이다.
④ 컴퓨터 바이러스를 제거하는 디지털 보안 기술이다.

53 다음 중 멀티미디어 활용 분야에 대한 설명으로 옳지 않은 것은?

① VCS : 전화, TV를 컴퓨터와 연결해 각종 정보를 얻는 뉴 미디어
② Kiosk : 백화점, 서점 등에서 사용하는 무인 안내 시스템
③ VOD : 사용자가 원하는 영상 정보를 원하는 시간에 볼 수 있도록 전송
④ VR : 컴퓨터 그래픽과 시뮬레이션 기능을 이용해 가상 세계 체험

54 다음은 무엇에 대한 설명인가?

- 무형의 형태로 존재하는 하드웨어 · 소프트웨어 등의 컴퓨팅 자원을 자신이 필요한 만큼 빌려 쓰고 이에 대한 사용요금을 지급하는 방식의 컴퓨팅 서비스로, 서로 다른 물리적인 위치에 존재하는 컴퓨팅 자원을 가상화 기술로 통합해 제공하는 기술을 말한다.
- 인터넷상의 서버를 통하여 데이터 저장, 네트워크, 콘텐츠 사용 등 IT 관련 서비스를 한 번에 사용할 수 있는 컴퓨팅 환경이다.

① 고성능 컴퓨팅(High Performance Computing)
② 네트워크 컴퓨팅(Network Computing)
③ 클라우드 컴퓨팅(Cloud Computing)
④ 리모트 컴퓨팅(Remote Computing)

55 다음 중 운영체제에 대한 설명으로 옳지 않은 것은?

① 운영체제는 응용 소프트웨어이다.
② 운영체제의 기능은 사용자와 컴퓨터 간의 인터페이스를 담당한다.
③ 운영체제는 처리 프로그램과 제어 프로그램으로 나뉜다.
④ 처리 능력의 향상, 응답 시간의 단축, 사용 가능도의 향상, 신뢰도의 향상을 목적으로 한다.

56 다음 중 멀티미디어 관련 용어에 대한 설명으로 옳지 않은 것은?

① 모핑은 두 개의 서로 다른 이미지가 전혀 다른 이미지로 변화하는 기법이다.
② 메조틴트는 이미지에 무수히 많은 점은 찍은 듯한 효과로 부드러운 명암을 다양하게 표현하는 기법이다.
③ 디더링은 인접하는 색상이나 흑백의 점들을 혼합하여 중간 색조를 만들어 윤곽이 부드러운 이미지를 얻는 방법이다.
④ 인터레이싱은 사진의 현상 과정 중에 빛을 쪼여 주면 색채가 반전되는 효과이다.

57 다음 중 전자 메일(E-mail)의 기능 및 관련 기술에 대한 설명으로 옳은 것은?

① Cc(참조)는 메일을 숨겨서 보낼 때 사용하는 기능이다.
② Bcc(숨은 참조)는 받는 사람에게 다른 수신자의 주소가 보이지 않도록 한다.
③ SMTP 프로토콜은 메일을 받을 때 사용하는 프로토콜이다.
④ 첨부 파일이 있는 이메일은 반드시 암호화해야만 전송할 수 있다.

58 다음 중 8비트 컬러를 사용하며 최대 256색상까지 표현할 수 있고, 애니메이션 표현이 가능한 그래픽 데이터는?

① JPEG
② PNG
③ GIF
④ BMP

59 다음 중 정보 통신을 위하여 사용되는 광섬유 케이블에 관한 설명으로 옳지 않은 것은?

① 대역폭이 넓어 데이터의 전송률이 우수하다.
② 리피터의 설치 간격을 좁게 설계하여야 한다.
③ 도청하기 어려워서 보안성이 우수하다.
④ 다른 유선 전송 매체와 비교하여 정보 전달의 안전성이 우수하다.

60 다음 중 ICT 관련 최신 기술 용어에 대한 설명으로 옳지 않은 것은?

① 트랙백(Trackback) : 내 블로그에 해당 의견에 대한 댓글을 작성하면 그 글의 일부분이 다른 사람의 글에 댓글로 보이게 하는 기술이다.
② 와이브로(Wibro) : 이동하면서 초고속 무선 인터넷 서비스가 가능한 기술이다.
③ RFID(Radio Frequency IDentification) : 전자 태그가 부착된 IC칩과 무선 통신 기술을 이용하여 다양한 개체들의 정보를 관리할 수 있는 센서 기술이다.
④ NFC(Near Field Communication) : 한 번의 로그인으로 기업 내의 각종 업무 시스템이나 인터넷에 접속할 수 있도록 하는 기술이다.

빠른 정답표 확인하기

① 모바일로 QR 코드를 스캔합니다.
② 해당 회차의 정답표를 확인합니다.
③ 빠르고 간편하게 채점해 보세요.

정답 & 해설

빠른 정답 찾기

2025년 상시 기출문제 01회

01 ②	02 ②	03 ③	04 ①	05 ①
06 ③	07 ②	08 ③	09 ③	10 ③
11 ③	12 ③	13 ④	14 ④	15 ②
16 ④	17 ④	18 ②	19 ③	20 ②
21 ④	22 ②	23 ④	24 ③	25 ④
26 ②	27 ②	28 ②	29 ②	30 ③
31 ③	32 ④	33 ③	34 ③	35 ③
36 ③	37 ①	38 ③	39 ③	40 ②
41 ④	42 ④	43 ②	44 ③	45 ①
46 ①	47 ③	48 ③	49 ②	50 ③
51 ②	52 ①	53 ③	54 ③	55 ②
56 ③	57 ②	58 ①	59 ①	60 ③

2025년 상시 기출문제 04회

01 ④	02 ②	03 ②	04 ②	05 ②
06 ③	07 ④	08 ④	09 ①	10 ①
11 ②	12 ②	13 ②	14 ③	15 ①
16 ③	17 ②	18 ④	19 ②	20 ①
21 ④	22 ③	23 ②	24 ②	25 ④
26 ①	27 ②	28 ④	29 ③	30 ②
31 ③	32 ②	33 ③	34 ③	35 ③
36 ②	37 ②	38 ②	39 ②	40 ④
41 ②	42 ②	43 ①	44 ③	45 ②
46 ①	47 ②	48 ①	49 ①	50 ②
51 ①	52 ①	53 ②	54 ④	55 ②
56 ④	57 ③	58 ①	59 ①	60 ①

2025년 상시 기출문제 02회

01 ①	02 ③	03 ②	04 ③	05 ②
06 ④	07 ①	08 ①	09 ②	10 ①
11 ①	12 ④	13 ③	14 ③	15 ②
16 ③	17 ④	18 ①	19 ③	20 ④
21 ②	22 ②	23 ②	24 ①	25 ④
26 ①	27 ①	28 ②	29 ①	30 ①
31 ④	32 ②	33 ④	34 ②	35 ①
36 ③	37 ①	38 ②	39 ①	40 ③
41 ②	42 ②	43 ②	44 ①	45 ②
46 ①	47 ①	48 ④	49 ①	50 ①
51 ④	52 ②	53 ②	54 ④	55 ④
56 ①	57 ④	58 ③	59 ④	60 ②

2025년 상시 기출문제 05회

01 ③	02 ②	03 ②	04 ②	05 ②
06 ③	07 ③	08 ②	09 ②	10 ①
11 ③	12 ④	13 ③	14 ④	15 ①
16 ④	17 ④	18 ④	19 ③	20 ①
21 ③	22 ②	23 ①	24 ①	25 ①
26 ③	27 ③	28 ②	29 ①	30 ②
31 ①	32 ④	33 ②	34 ③	35 ②
36 ④	37 ②	38 ④	39 ②	40 ④
41 ②	42 ④	43 ②	44 ①	45 ①
46 ①	47 ②	48 ②	49 ②	50 ②
51 ①	52 ①	53 ①	54 ②	55 ①
56 ④	57 ②	58 ③	59 ②	60 ④

2025년 상시 기출문제 03회

01 ③	02 ②	03 ②	04 ①	05 ②
06 ③	07 ②	08 ②	09 ①	10 ③
11 ③	12 ①	13 ②	14 ①	15 ④
16 ②	17 ①	18 ①	19 ④	20 ④
21 ④	22 ①	23 ④	24 ①	25 ①
26 ①	27 ②	28 ④	29 ①	30 ①
31 ④	32 ①	33 ④	34 ②	35 ②
36 ①	37 ④	38 ③	39 ①	40 ①
41 ②	42 ③	43 ④	44 ③	45 ④
46 ③	47 ①	48 ④	49 ②	50 ②
51 ③	52 ①	53 ③	54 ③	55 ③
56 ①	57 ①	58 ②	59 ①	60 ④

정답 & 해설

2025년 상시 기출문제 01회
1-120p

01 ②	02 ②	03 ③	04 ①	05 ①
06 ③	07 ②	08 ③	09 ③	10 ③
11 ③	12 ③	13 ④	14 ④	15 ②
16 ④	17 ④	18 ②	19 ③	20 ②
21 ④	22 ②	23 ④	24 ③	25 ④
26 ②	27 ②	28 ③	29 ②	30 ③
31 ③	32 ④	33 ③	34 ③	35 ③
36 ②	37 ①	38 ③	39 ③	40 ②
41 ④	42 ④	43 ②	44 ③	45 ①
46 ①	47 ③	48 ③	49 ②	50 ③
51 ②	52 ①	53 ③	54 ③	55 ②
56 ③	57 ②	58 ①	59 ①	60 ③

1과목 워드프로세싱 용어 및 기능

01 ②
워드프로세서는 주로 문서 작성과 편집에 관련된 기능을 제공하며, 복잡한 수학적 계산은 주로 스프레드시트 프로그램에서 처리한다.

02 ②
문서의 내용을 찾기(Find)하고, 찾은 내용을 다른 문장으로 바꾸는 기능을 치환(Replace)이라고 한다.

03 ③
③은 보관문서에 대한 설명이다. 보존문서란 보관이 끝난 문서로 보존 기간은 1년, 3년, 5년, 10년, 30년, 준영구, 영구로 구분되고, 보존 기간 계산의 기산일은 기록물 생산연도 다음 해 1월 1일로 한다.

04 ①
시간과 공간의 최소성을 원칙으로 하며, 극대화(크게)되면 시간과 공간의 낭비가 발생한다.

05 ①
오답 피하기
- ② : 디더링(Dithering)에 대한 설명
- ③ : 리터칭(Retouching)에 대한 설명
- ④ : 오버프린트(Overprint)에 대한 설명

06 ③
서식의 중간에서 기재 사항이 끝난 경우에는 기재 사항의 마지막 자의 다음 칸에 '이하 빈칸'이라고 표시하고, '끝' 표시는 생략한다.

07 ②
문서과의 기안자가 아니라, 처리과의 기안자가 전자이미지관인을 찍어야 한다.

08 ③
유니코드에서는 영문, 한글 등 모든 문자를 2바이트로 표현한다.

09 ③
- 한자의 음을 모르는 경우 : 부수 입력, 외자 입력, 2Stroke 방법을 사용
- 한자의 음을 아는 경우 : 한글/한자 음절 단위 변환, 단어 단위 변환, 문장 자동 변환 방법을 사용

10 ③
③은 워드 랩(Word Wrap)에 대한 설명이다. 영문 균등(Justification)은 워드 랩으로 생긴 공백을 처리하기 위해 단어와 단어 사이의 간격을 균등하게 배분하여 전체 길이를 맞추고 균형을 유지하기 위한 기능이다.

11 ③
붙임(첨부)은 본문의 내용으로, 본문은 제목, 내용, 붙임(첨부)으로 구성된다.

12 ③
인쇄 미리 보기는 문서를 인쇄하기 전 미리 보는 기능으로 문서의 내용을 편집할 수는 없다.

13 ④
워드프로세서는 문서를 작성하고 편집, 저장, 인쇄 등의 처리를 할 수 있는 컴퓨터와 소프트웨어를 말한다.
- ⌐ : 줄 바꾸기
- ∨ : 사이 띄우기
- ⌒ : 수정

14 ④
④는 (수정), (들여쓰기) 교정부호이다.
오답 피하기
- ① : ⌐(끌어 내리기) ↔ ⌐(끌어 올리기)
- ② : ⌐(줄 바꾸기) ↔ ⌐(줄 잇기)
- ③ : ⌒(삽입) ↔ ⌒(삭제)

15 ②
업무 실명제는 업무를 처리한 작성자의 이름이 자동으로 삽입되어 기록하는 제도이다.

16 ④
문서는 보관 비용을 고려하여 필요한 문서만을 선별하여 보관하는 것이 원칙이다.

17 ④
트루타입 글꼴은 벡터 형식으로 저장되어 해상도가 변경되더라도 품질 저하가 발생하지 않는다.

18 ②
파일링 시스템(File System)이란 문서관리에 있어 원하는 문서를 언제든지 쉽게 찾아볼 수 있고 필요 없는 문서는 적시에 폐기할 수 있도록 문서를 유형별로 정리, 보관, 폐기하는 일련의 제도를 말한다.

19 ③
모아 찍기를 해서 하나의 용지에 여러 페이지를 인쇄할 수 있다.

20 ②
명칭별 분류법은 거래자나 거래 회사명에 따라 이름의 첫머리 글자를 기준으로 가나다순 또는 알파벳순으로 분류한다.

2과목 PC 운영체제

21 ④
선점형 멀티태스킹은 운영체제가 제어권을 갖는 방식으로 앱 실행 중 문제가 발생하면 해당 앱을 강제 종료시키고 모든 자원을 반환한다.

오답 피하기

비선점 멀티태스킹은 MS-DOS와 같은 운영체제에서 사용하는 방식으로 앱에 제어권이 있어 하나의 앱이 종료되지 않으면 다른 앱을 사용할 수 없다.

22 ②

레지스트리
- 레지스트리는 백업을 통해 복원 가능함
- [파일]-[내보내기]에서 내보내기할 파일 이름(파일 형식 *.reg)을 지정하여 백업함

23 ④
하드 디스크 공간이 부족할 경우에는 [디스크 정리]를 하여 디스크의 여유 공간을 확보해야 한다. [드라이브 조각 모음 및 최적화]는 분산되어 저장된 파일들을 연속된 공간으로 최적화시켜 디스크의 접근 속도를 향상하는 기능이다.

24 ③
아이콘 보기 형식에는 아주 큰 아이콘, 큰 아이콘, 보통 아이콘, 작은 아이콘, 목록, 자세히, 타일, 내용이 있다.

25 ④
[접근성 센터]는 컴퓨터 시스템 사용자의 시각이나 청각적인 설정을 위해 다양한 옵션을 제공하여 컴퓨터를 사용하기 쉽게 만드는 기능이다.

26 ②
[설정]-[계정]-[로그인 옵션]에서 장치에 로그인하는 방법에는 Windows Hello 얼굴, Windows Hello 지문, Windows Hello PIN(권장), 보안 키, 비밀번호, 사진 암호가 있다.

27 ②
[마우스 속성] 창에서 포인터의 모양을 변경할 수 있으나, 포인터의 생성 및 수정, 삭제는 불가능하다.

오답 피하기
- [포인터] 탭 : 마우스 포인터의 모양 지정(사용자 지정)
- [휠] 탭 : 휠을 한 번 돌릴 때 스크롤할 양 지정
- [단추] 탭 : 클릭 잠금 사용과 두 번 클릭의 속도 지정

28 ③

오답 피하기
- ① : TCP/IPv6는 새로운 디바이스에서 지원하는 최첨단 프로토콜임
- ② : TCP/IPv6는 이전 버전과 호환성을 고려하여 설계됨
- ④ : TCP/IPv4는 32비트 주소 체계를 사용함

29 ②

오답 피하기
- ① ⊞ + Tab : 모든 가상 데스크톱 보기
- ③ Ctrl + Alt + Delete : 작업 관리자 실행
- ④ ⊞ + Ctrl + F4 : 가상 데스크톱 지우기

30 ③
스티커 메모에서 이미지를 추가할 수 있다.

31 ③
- CMOS : BIOS의 각 사항을 설정해 주며 메인보드의 내장 기능 설정과 주변 장치에 대한 사항을 기록하는 곳으로, 부팅 순서 변경, 시스템의 날짜와 시간, 하드 디스크 타입, 순서, 칩셋, 시스템 암호, 전원 관리 등을 설정 가능
- POST : 하드웨어의 이상 여부를 체크
- 부팅 과정 : ROM BIOS에서 CMOS 점검 → POST 수행 → MBR 읽기 → 부트 섹터 실행

32 ④
[캡처 도구]-[모드]에는 자유형 캡처, 사각형 캡처, 창 캡처, 전체 화면 캡처가 있다.

33 ③
휴지통의 크기는 드라이브마다 MB 단위로 다르게 설정하여 사용 가능하다.

34 ③
같은 드라이브에서는 파일이나 폴더를 드래그 앤 드롭하면 이동이 되고, 다른 드라이브에서는 복사가 실행된다.

35 ③

날짜 계산 기능은 일정 관리가 아니라, 두 날짜 간의 차이를 계산하는 기능이다.

36 ②

방화벽은 해커나 악성 소프트웨어가 인터넷을 통해 들어오는 것을 차단하는 기능으로, 바이러스를 치료하지는 않는다.

37 ①

스풀링(Spooling, Simultaneous Peripheral Operations On-Line)은 입출력 속도가 느린 장치(예 프린터)의 성능 문제를 보완하기 위한 기법이다. 인쇄 데이터를 임시 저장 공간(디스크, 메모리 등)에 저장한 후, 프린터가 처리할 수 있는 속도로 순차적으로 출력하므로 인쇄 속도가 저하될 수 있다.

38 ③

한글 Windows 10 이상에서는 클립보드에 여러 개의 항목을 저장하고 사용할 수 있다.

39 ③

그림판 3D에는 Shift를 누르고 드래그하면 수직선이나 45도 대각선을 자동으로 맞추는 기능이 없다.

40 ②

서브넷 마스크(Subnet Mask)는 해당 컴퓨터가 속한 네트워크 세그먼트를 식별하는 데 사용되며, 일반적으로 '255.255.255.0'과 같은 형식으로 표현된다.

오답 피하기
- ③ : ARP에 대한 설명
- ④ : DNS에 대한 설명

3과목 PC 기본상식

41 ④
- 4세대 : 가상 기억 장치 도입, 개인용 컴퓨터 등장, 네트워크 발달
- 5세대 : 인공 지능, 전문가 시스템, 패턴 인식, 퍼지 이론 등장

42 ④

오답 피하기
- RAM은 휘발성 메모리, ROM은 비휘발성 메모리
- 주기억 장치가 보조 기억 장치보다 접근 속도가 빠름

43 ②

오답 피하기
- BCD 코드 : 6비트로 구성
- ASCII 코드 : 7비트로 구성
- EBCDIC 코드 : 8비트로 구성

44 ③

오답 피하기
- 다중 처리 시스템 : 하나의 컴퓨터에 두 개 이상의 CPU가 메모리와 입출력 장치를 공유하여 프로그램을 처리하는 방식
- 분산 처리 시스템 : 네트워크로 연결된 컴퓨터에 의해 작업과 자원을 분산하여 처리하는 방식
- 실시간 처리 시스템 : 자료가 들어오는 즉시 처리하는 방식

45 ①

오답 피하기
- 프라이버시권 : 개인이 타인의 간섭과 공적인 영역으로부터 고유의 정보를 노출시키지 않는 자유를 확보하는 권리
- 지적재산권 : 아이디어, 발명, 문학작품 등 창작물을 법적으로 보호해 주는 권리
- 초상권 : 자신의 얼굴이나 개인 모습(초상)을 함부로 사용하지 못하도록 보호받는 권리

46 ①

스니핑(Sniffing)은 네트워크 주변을 지나다니는 패킷(Packet)을 엿보면서 사용자 계정과 비밀번호 등을 가로채서 몰래 알아내는 해킹 수법이다.

47 ③

오답 피하기
- 스위치(Switch) : 같은 네트워크의 여러 기기들을 서로 연결하는 역할
- 허브(Hub) : 네트워크를 구성할 때 가까운 거리에서 여러 대의 컴퓨터를 연결하는 장치
- 모뎀(Modem) : 디지털 신호를 아날로그 신호로 바꾸고(변조), 아날로그 신호를 디지털 신호로 바꾸는 장치(복조)

48 ③

오답 피하기
- 클라우드 컴퓨팅(Cloud Computing) : 내 컴퓨터나 서버에 설치하지 않고 인터넷을 통해 필요한 컴퓨팅 자원을 빌려서 사용하는 기술
- 사물 인터넷(IoT) : 인터넷을 통해 사물(Things)이 서로 연결되어 데이터를 주고받고, 정보를 수집·분석하거나 자동으로 작동하도록 하는 기술
- 증강현실(AR) : 현실 세계에 가상의 정보(영상, 이미지, 텍스트 등)를 겹쳐 보여주는 기술

49 ②

오답 피하기
- 모핑(Morphing) : 사람 얼굴이나 사물의 형태가 점차적으로 다른 형태로 바뀌는 장면에 사용하는 기법
- 벡터 그래픽(Vector Graphics) : 점, 선, 곡선, 도형 등 수학적 수식을 기반으로 이미지를 표현하는 방식
- 레이 트레이싱(Ray Tracing) : 빛의 경로를 시뮬레이션하여 3D 그래픽에서 매우 사실적인 그림자를 만들고 반사, 굴절, 광원 효과를 재현하는 렌더링 기법

50 ③

오답 피하기

①, ②는 누산기에 대한 설명이다.

51 ②

디지털 컴퓨터의 특징으로는 이진수(0과 1)로 데이터 표현, 이산적인 데이터 처리, AND, OR, NOT 등의 논리 회로 사용 등이 있다.

52 ①

FTP는 파일 송수신 프로토콜이다.

오답 피하기

- IMAP(Internet Message Access Protocol) : 서버에 저장된 이메일을 원격으로 관리하며, 여러 장치에서 이메일을 동기화할 수 있도록 하는 프로토콜
- POP3(Post Office Protocol version 3) : 서버에서 이메일을 다운로드하여 로컬 컴퓨터에 저장하는 방식의 프로토콜
- SMTP(Simple Mail Transfer Protocol) : 이메일을 전송하기 위해 사용되는 프로토콜로, 발신 서버와 수신 서버 간의 이메일 전달을 담당

53 ③

RISC 방식은 회로가 간단하고 최소의 명령어를 사용하여 설계된다.

54 ③

- SRAM : 플립플롭(Flip-Flop) 회로를 사용하여 데이터를 저장하므로 접근 속도가 빠르며, 주기적인 재충전이 필요 없음
- DRAM : 축전기(Capacitor)를 사용하여 데이터를 저장하므로 SRAM보다 접근 속도가 느리고 비용이 저렴하며, 주기적인 재충전이 필요

55 ②

준비 상태(Ready State)는 프로세스가 필요한 모든 자원을 할당받고 프로세서를 할당받기 위해 기다리는 상태로, I/O 작업을 기다리지 않는다.

56 ③

컴퓨터의 기억 소자 발전 과정은 '진공관 → 트랜지스터 → 집적 회로(IC) → 고밀도 직접 회로(LSI) → 초고밀도 집적 회로(VLSI)'이다.

57 ②

일반적인 소프트웨어 개발 순서는 '요구 분석 → 설계 → 코딩 → 테스트 → 유지 보수'이다.

58 ①

오답 피하기

- 메인 프레임 컴퓨터 : 대형 컴퓨터로, 수백 명 이상의 사용자가 동시에 작업할 수 있는 능력을 가진 컴퓨터
- 슈퍼 컴퓨터 : 가장 고성능을 요구하는 작업을 수행하는 컴퓨터로, 날씨 예측, 과학적 계산, 시뮬레이션 등에 사용하며 높은 속도와 처리 능력을 가진 컴퓨터
- 미니 컴퓨터 : 슈퍼 컴퓨터보다는 작고 마이크로 컴퓨터보다는 큰 중형 컴퓨터로, 마이크로 컴퓨터보다 처리 용량과 속도가 우수하며 연구소나 학교의 서버용으로 사용

59 ①

오답 피하기

- ARP(Address Resolution Protocol) : 네트워크 상의 IP(Internet Protocol) 주소를 물리적인 MAC(Media Access Control)으로 변환하는 프로토콜
- SLIP(Serial Line Internet Protocol) : 전화선 등의 직렬 통신 회선을 저속회선으로 일시적으로 접속하기 위한 프로토콜
- SNMP(Simple Network Management Protocol) : 네트워크 장비의 관리 및 모니터링을 위한 프로토콜

60 ③

킬 스위치(Kill Switch)는 스마트폰, 자동차, 소프트웨어 등을 원격으로 정지할 수 있는 기능이다.

2025년 상시 기출문제 02회

1-129p

01 ①	02 ③	03 ②	04 ③	05 ②
06 ④	07 ①	08 ①	09 ②	10 ①
11 ①	12 ④	13 ③	14 ③	15 ②
16 ③	17 ④	18 ①	19 ③	20 ④
21 ②	22 ③	23 ②	24 ①	25 ④
26 ①	27 ①	28 ④	29 ①	30 ①
31 ④	32 ②	33 ④	34 ②	35 ①
36 ③	37 ①	38 ④	39 ①	40 ③
41 ②	42 ②	43 ④	44 ①	45 ②
46 ①	47 ①	48 ④	49 ①	50 ①
51 ④	52 ②	53 ③	54 ②	55 ④
56 ①	57 ④	58 ③	59 ④	60 ②

1과목 워드프로세싱 용어 및 기능

01 ①

오답 피하기
- ② : 문단을 너무 길게 하면 가독성이 떨어짐
- ③ : 다양한 글꼴 사용은 일관성이 낮아질 수 있음
- ④ : 띄어쓰기는 가독성에 큰 영향을 줌

02 ③

문서관리 절차
- 문서 분류 : 문서를 성격에 따라 체계적으로 나누는 과정
- 문서 편철 : 분류된 문서를 더욱 세분화하여 정리
- 문서 보관 : 필요할 때 쉽게 찾을 수 있도록 저장
- 문서 이관 : 장기 보관이 필요한 문서를 기록보존소나 다른 부서로 이동
- 문서 보존 : 보존 필요성이 있는 문서를 일정 기간 유지
- 문서 폐기 : 보존 기간이 만료된 문서를 규정에 따라 폐기

03 ②

- 한자의 음을 모르는 경우 : 부수/총 획수 입력, 외자 입력, 2Stroke 방법을 사용
- 한자의 음을 아는 경우 : 한글/한자 음절 단위 변환, 단어 변환, 문장 자동 변환을 사용

04 ③

- 디폴트(Default) : 전반적인 규정이나 서식의 설정 등 기본이 되는 표준값
- 소프트 카피(Soft Copy) : 화면을 통해 결과물을 표시하는 기능
- 하드 카피(Hard Copy) : 화면에 표시된 문서나 내용을 그대로 프린터에 인쇄하는 기능

05 ②

인쇄(Ctrl + P)를 눌러 나오는 인쇄 창에서 인쇄 범위를 지정하여 인쇄할 수 있다.

06 ④

⌐(들여쓰기), ‿(삽입), ໒(수정)으로 모두 문서의 분량이 증가할 가능성이 있는 교정부호이다.

오답 피하기
- ① : ⌐(내어쓰기), ໒(삭제), ⌐(줄 바꾸기)
- ② : ⌒(자리 바꾸기), ‿(삽입), ✡(원래대로 두기)
- ③ : ໒(삭제), ⌒(줄 잇기), ⌒(붙이기)

07 ①

글자를 교정할 때에는 원고의 색과 다르게 눈에 잘 띄는 색을 사용한다.

08 ①

오답 피하기
- ② : 기록 관리 비용이 절감됨
- ③ : 문서 검색 시간이 짧아짐
- ④ : 문서의 체계적인 관리가 이루어짐

09 ②

주제별 파일링은 문서 내용으로부터 주제를 정하여 이를 기준으로 대·중·소로 정리하는 방법이다.

오답 피하기
- ① : 명칭별(가나다순) 문서정리 방법
- ③ : 지역별 문서정리 방법
- ④ : 번호식 문서정리 방법

10 ①

오답 피하기
- ② : 대결이 가능함
- ③ : 전결 시 전결 표시와 서명이 필요함
- ④ : 전자결재시스템에서는 일정 조건하에 문서 수정이 가능함

11 ①

찾을 방향은 아래, 위, 문서 전체에 대해 검색이 가능하다.

12 ④

오답 피하기
- 포스트스크립트(Post Script) 방식 : 글자의 외곽선 정보를 그래픽 소프트웨어로 제공하며, 그래픽이나 텍스트를 종이, 필름, 모니터 등에 인쇄하기 위한 방식
- 비트맵(Bitmap) 방식 : 점으로 글꼴을 표현하는 방식으로 계단 현상이 나타남
- 트루타입(True Type) 방식 : 윈도우에서 기본적으로 제공하는 글꼴로 위지윅 기능을 제공

13 ③

금액을 표시할 때에는 아라비아 숫자로 쓰고, 숫자 다음에 괄호를 하고 한글로 기재한다.

14 ③

완성형 한글 코드는 정보 교환용(통신)으로 사용하고, 조합형 한글 코드는 정보 처리용으로 사용하며, 유니코드는 정보 교환용과 정보 처리용으로 모두 사용한다.

15 ②

직무 편람은 단위 업무에 대한 업무 계획, 업무 현황 및 그 밖의 참고자료 등을 체계적으로 정리한 업무 자료철 등을 말한다.

16 ③

명도는 낮을수록 어두워지고, 높을수록 밝아진다. RGB는 가산혼합이고, CMYK가 감산혼합이다.

17 ④

EDI의 3대 구성 요소는 EDI 표준(Standards), 사용자 시스템(User System), 통신 네트워크(VAN)이다.

18 ①

CPS(Characters Per Second)는 초당 인쇄되는 문자 수를 나타내는 단위로, 프린터기의 속도를 측정한다.

> 오답 피하기

- PPI(Pixels Per Inch) : 1인치당 인쇄되는 픽셀 수로 해상도의 밀도 단위
- DPI(Dots Per Inch) : 1인치당 인쇄되는 점의 수로 해상도 단위
- RPM(Revolutions Per Minute) : 분당 회전 수로 하드 디스크의 속도 단위로 사용

19 ③

공문서는 정부 기관, 공공기관, 기업 등에서 공식적인 목적으로 작성하는 문서이고, 사문서는 개인이 사적인 목적으로 작성하는 문서를 말한다.

20 ④

> 오답 피하기

- ① : 렌더링(Rendering)에 대한 설명
- ② : 하프톤(Halftone)에 대한 설명
- ③ : 오버프린트(Overprint)에 대한 설명

2과목 PC 운영체제

21 ②

선점형 멀티태스킹(Preemptive Multi-Tasking)은 운영체제가 제어권을 행사하여 특정 응용 프로그램이 제어권을 독점하는 것을 방지하는 안정적인 체제이다.

22 ③

[그림판]에서는 다중 레이어 작업을 할 수 없다.

23 ②

메모장 앱에서는 글자 색을 변경할 수 없다.

24 ①

스풀은 고속의 CPU와 저속의 프린터를 병행 사용할 때 속도를 조절하기 위한 기능으로, 인쇄가 되지 않는 경우와는 상관없다.

25 ④

> 오답 피하기

- ipconfig : IP 주소, 서브넷 마스크, 기본 게이트웨이 주소를 표시
- tracert : IP 패킷이 목적지 주소까지 이동하는 경로를 추적할 때 사용
- nbtstat : IP 주소로 TCP/IP 연결 상태를 검사하여 IP 충돌 여부를 확인할 때 사용

26 ①

디스크 검사는 물리적인 충격, 반복된 프로그램의 실행과 삭제 등으로 생긴 파일 시스템의 오류를 검사하여 수정하는 기능이고, 드라이브 조각 모음은 디스크 내에 흩어져 단편화되어 있는 파일이나 폴더의 조각들을 재배치하여 디스크의 처리 속도를 향상시키는 기능이다.

27 ①

- BIOS : 부팅 시 하드웨어 초기화 및 점검을 수행하며, 이후 운영체제를 로드하는 데 필요한 기본적인 설정을 제공
- POST : 하드웨어가 제대로 작동하는지 점검하는 과정을 담당

28 ④

[내 PC]에서 연결에 사용할 드라이브와 폴더를 선택한 후, [컴퓨터] 메뉴의 [네트워크 드라이브 연결]을 클릭하여 [네트워크 드라이브 연결]을 하거나 [네트워크 드라이브 연결 끊기]를 할 수 있다.

29 ①

[제어판]-[네트워크 및 공유센터]-[고급 공유 설정 변경]에서 [파일 및 프린터 공유 켜기]를 하면 네트워크의 다른 컴퓨터 사용자가 이 컴퓨터에서 사용자가 공유한 파일이나 프린터에 접근할 수 있다.

30 ①

> 오답 피하기

- ② : [Windows 탐색기] 프로그램은 [프로그램 및 기능]를 통해 삭제할 수 없음
- ③ : 제거된 응용 앱은 [휴지통]에 임시 저장되지 않고 바로 삭제됨
- ④ : 운영체제를 재설치할 때에는 Windows 원본 DVD나 USB를 넣고 설치함

31 ④

로컬 디스크(C:)의 속성 창에서 디스크 정리는 가능하지만, 윈도우가 설치된 디스크 포맷은 실행할 수 없다. 포맷은 디스크 드라이브의 바로 가기 메뉴에서 [포맷(A)]을 선택하여 실행할 수 있다.

32 ②

네트워크에 연결하려면 DHCP를 통해 자동으로 IP 주소를 할당받거나 수동으로 IP 주소를 설정할 수도 있다.

33 ④
바로 가기 아이콘은 원본 파일을 참조하는 링크이므로, 하나의 원본 파일에 대해 여러 개를 작성하여 사용할 수 있다.

34 ②
파일 탐색기에서 새 폴더를 생성하는 바로 가기 키는 Ctrl + Shift + N 이다.

35 ①
가상 데스크톱은 하나의 컴퓨터 시스템에서 여러 개의 가상 화면을 사용할 수 있는 기능이다. 하나의 가상 데스크톱에서 여러 개의 앱을 동시에 실행할 수 있으며, 작업을 전환할 수도 있다.

36 ③
오답 피하기
- ① : 시스템 아이콘은 작업 표시줄 오른쪽에 있음
- ② : [시작] 메뉴를 열면 모든 앱이 표시되며 최근에 실행한 앱도 표시됨
- ④ : [시작] 메뉴에서 앱을 실행하면 작업 표시줄에 바로 표시됨

37 ①
사용자 계정에 암호가 설정되어 있고 [다시 시작할 때 로그온 화면 표시]를 선택하면 화면 보호기의 암호를 사용할 수 있다.

38 ②
오답 피하기
- ① : Windows, macOS, Android, iOS에서 사용 가능
- ③ : Internet Explorer의 후속 브라우저로, 최신 웹 표준을 지원
- ④ : 모바일 환경에서도 사용 가능

39 ①
오답 피하기
- ② : Windows Defender 방화벽은 소프트웨어적인 보안 기능
- ③ : Windows Defender 방화벽은 허용되는 앱 목록에 있는 모든 들어오는 목록을 차단할 수 있음
- ④ : 방화벽이 있어도 인터넷은 사용 가능

40 ③
앱을 삭제해도 캐시 데이터, 레지스트리 정보, 임시 파일, 로그 정보 등이 남아있어서 항상 완전히 삭제되지는 않는다.

3과목 PC 기본상식

41 ②
단위의 크기
- 밀리(m) = 10^{-3}
- 마이크로(μ) = 10^{-6}
- 나노(n) = 10^{-9}
- 피코(p) = 10^{-12}

42 ②
엑셀과 워드 문서에 있는 매크로 바이러스는 매크로 기능을 사용하여 '파일'을 감염시킨다.

43 ②
크래킹(Cracking)은 합법적인 사용자의 권한을 획득하는 것이 아니라, 보안 시스템을 무너뜨려 불법적으로 시스템에 침투하는 행위이다.

44 ①
개인정보의 유형 및 종류
- 일반적 정보 : 이름, 주소, 주민등록번호, 출생지, 혈액형, 성별 등
- 신체적 정보 : 얼굴, 지문, 홍채, 음성, 건강상태, 진료기록, 장애등급 등
- 정신적 정보 : 종교, 노조가입 여부, 소비성향 등
- 사회적 정보 : 학력, 성적, 상벌기록, 생활기록부 등
- 재산 정보 : 소득내역, 신용카드 정보, 통장계좌번호 등

45 ②
광섬유(Optical Fiber Cable)
- 빛을 이용하여 데이터를 전송하는 방식으로, 구리선 등 금속선보다 더 빠르고 안정적인 데이터 전송이 가능
- 전자기 간섭에 강하고, 긴 거리에서도 신호 손실이 적어 장거리 전송에 매우 유리

46 ①
오답 피하기
- 가로채기(Interception) : 송신한 데이터를 수신자까지 가는 도중에 몰래 보거나 도청하는 행위로, 비밀성에 대한 위협
- 수정(Modification) : 메시지를 원래의 데이터가 아닌 다른 내용으로 바꾸는 것으로, 무결성에 대한 위협
- 위조(Fabrication) : 사용자 인증과 관계해서 마치 다른 송신자로부터 데이터가 온 것처럼 꾸미는 것으로, 무결성에 대한 위협

47 ①
텔레메틱스(Telematics)는 자동차에 탑재된 통신 시스템과 GPS 기술을 결합하여, 실시간으로 위치 추적, 차량 상태 모니터링, 운전 습관 분석 등의 서비스를 제공하는 기술이다.

48 ④
오답 피하기
- 연관 메모리 : 저장된 내용의 일부를 기반으로 데이터를 읽어오는 기억 장치로, 주소가 아닌 저장된 내용을 이용하여 원하는 정보에 접근하는 방식을 사용
- 가상 메모리 : 보조 기억 장치의 공간을 주기억 장치처럼 사용할 수 있는 메모리
- 캐시 메모리 : CPU와 주기억 장치 사이에 있으며, 컴퓨터의 처리 속도를 향상시켜 메모리 접근시간을 줄이는 데 목적

49 ①
- 가상 메모리(Virtual Memory) : 실제 물리적 메모리(RAM)의 한계를 보완하기 위해, 하드 디스크(또는 SSD)의 일부를 임시 저장 공간으로 사용하여, 프로그램이 더 큰 메모리 공간을 사용하는 것처럼 동작하게 하는 기술
- 캐시 메모리(Cache Memory) : CPU와 주기억 장치(RAM) 사이에 위치한 소용량의 초고속 메모리

50 ①
운영체제의 목적
- 처리 능력(Throughput)의 향상 : 일정한 시간 동안 시스템이 처리할 수 있는 일의 양을 향상
- 응답 시간(Turnaround Time)의 단축 : 사용자가 일을 컴퓨터에 지시하고 나서 그 결과를 얻을 때까지의 소요되는 시간으로 짧을수록 좋음
- 사용 가능도(Availability)의 향상 : 사용자가 컴퓨터를 사용하고자 할 때 신속하게 사용할 수 있는 정도를 향상
- 신뢰도(Reliability)의 향상 : 주어진 문제를 정확하게 해결하고 작동하는 정도를 향상

51 ④
Access-3(3초과) 코드는 비가중치 코드이다.

52 ②
오답 피하기
- 쿠키(Cookie) : 사용자가 어떤 사이트에 등록한 후 해당 사이트에 다시 접속하였다면 사용자에 대한 정보를 기억하기 위한 용도로 이용
- 스트리밍(Streaming) : 인터넷에서 음성이나 영상, 애니메이션 등을 실시간으로 재생하는 기법
- 로밍(Roaming) : 멀리 떨어져 있는 서로 다른 통신 사업자의 서비스 지역에서도 통신이 가능하게 연결해 주는 서비스

53 ③
플로팅 앱은 화면 위에 떠 있는 형태로 실행되는 애플리케이션을 의미한다.

54 ④
WAN은 LAN보다 지리적으로 넓은 범위를 커버하지만, 전송 거리와 인프라 특성으로 인해 일반적으로 LAN보다 데이터 전송 속도가 느리다.

55 ④
오답 피하기
- ① : RFID(Radio Frequency IDentification) 기술
- ② : 블루투스(Bluetooth)
- ③ : SSO(Single Sign On)

56 ①
MPEG는 손실 압축 방식을 사용한다.

57 ④
IPv6은 총 128비트로 16비트씩 8부분(콜론으로 구분)으로 구성되어 있다.

58 ③
프리웨어는 공개 소프트웨어로 누구나 무료로 사용하는 것이 허가된 프로그램이나 저작권이 있으므로 누구나 수정이 가능한 것은 아니다. 개발자가 소스를 공개한 소프트웨어로 누구나 수정 및 배포가 가능한 것은 오픈소스 소프트웨어이다.

59 ④
보수기(Complementary)는 뺄셈을 할 때 사용하는 논리 회로이다.

60 ②
오답 피하기
- iOS : 애플사의 운영체제로 보안성과 안정성이 뛰어남
- 하모니 OS : 화웨이가 자체 개발한 운영체제
- 심비안 OS : 노키아에서 개발한 초기 스마트폰 운영체제

2025년 상시 기출문제 03회

1-139p

01 ③	02 ②	03 ②	04 ①	05 ②
06 ③	07 ②	08 ②	09 ①	10 ③
11 ③	12 ①	13 ②	14 ①	15 ④
16 ②	17 ①	18 ①	19 ④	20 ④
21 ④	22 ①	23 ④	24 ①	25 ①
26 ①	27 ③	28 ②	29 ①	30 ②
31 ④	32 ①	33 ③	34 ②	35 ②
36 ①	37 ④	38 ①	39 ①	40 ④
41 ②	42 ③	43 ④	44 ③	45 ④
46 ③	47 ①	48 ④	49 ②	50 ④
51 ③	52 ①	53 ③	54 ③	55 ④
56 ①	57 ①	58 ②	59 ①	60 ④

1과목 워드프로세싱 용어 및 기능

01 ③
문서는 순차적 또는 비순차적으로 구성이 가능하고, 글자 색도 다양하게 변경이 가능하다.

02 ②
유니코드는 16비트로 구성되어 전 세계의 모든 문자를 표현할 수 있다.

03 ②
아무 것도 배우지 않고 있기보다는
쓸모없는것이라도
배우는 편이 낫다. – 세네카 –

04 ①
제목은 '본문'의 구성 요소이다.

05 ②
하프톤(Halftone)은 신문, 잡지 등에서 사용되는 점묘 기반의 인쇄 기법으로, 미세한 점(Dot)의 크기 및 간격을 조절하여 명암을 표현한다.

06 ③
- 벡터 그래픽은 수학적 계산을 통해 점과 선을 정의하므로 이미지 크기를 자유롭게 조정할 수 있음
- 비트맵 그래픽은 픽셀로 이미지를 정의하므로 해상도에 의존하며, 확대 시 품질 손실이 발생할 수 있음

07 ②
한자 입력은 대부분의 한글 입력기에서 제공하는 기능을 통해 가능하며, 한자 전용 입력기가 필수는 아니다.

08 ②
문서를 저장할 때 새 파일 이름을 지정할 수도 있지만, 기존 파일을 저장하는 경우 이름을 변경하지 않고 덮어쓸 수도 있다.

09 ①
소프트 카피는 화면을 통해 결과물을 표시하는 기능이고, 하드 카피는 화면에 표시된 문서나 내용을 그대로 프린터에 인쇄하는 기능이다.

10 ③
⌒는 지정된 부분을 위로 올리라는 부호이다.

11 ③
명칭별(거래처별) 분류법은 주로 거래처나 회사명을 기준으로 문서를 분류하는 방법이며, 주제별 분류와는 관련이 없다.

12 ①
- 전결 : 결재권자가 설정한 특정 범위 내에서 하위 직원이 결재를 할 수 있도록 위임하는 시스템
- 대결 : 결재권자가 휴가, 출장 등의 사유로 결재할 수 없을 때 그 직무를 대리하는 자가 행하는 결재

13 ②
제목은 본문에 포함되어야 하며, 본문 내용의 핵심을 간결하게 전달할 수 있어야 한다.

14 ①

오답 피하기
- 병합(Merge) : 정렬된 두 개 이상의 파일을 하나의 새로운 파일로 합치기
- 정렬(Align) : 왼쪽, 오른쪽, 가운데를 중심으로 정렬하는 기능
- 소트(Sort) : 작성된 문서의 내용을 일정한 기준으로 재분류하는 기능
- 디폴트(Default) : 전반적인 규정이나 서식 설정, 메뉴 등 이미 갖고 있는 값으로 기본값 또는 표준값
- EDI(Electronic Data Interchange) : 네트워크를 통한 업무의 교환 시스템으로 문서의 표준화를 전제로 운영

15 ④
미주는 문서의 마지막 부분에 위치하고, 각주는 페이지 하단에 위치한다.

16 ②
공고 문서는 고시 또는 공고가 있은 후 5일이 경과한 날부터 효력이 발생한다.

17 ①

오답 피하기
- ② : 모핑(Morphing)
- ③ : 워터마크(Watermark)
- ④ : 렌더링(Rendering)

18 ①
문서 편집 시 설정한 용지 크기는 인쇄할 때 크기를 변경하여 출력할 수 있다. 즉, A4로 작성한 후 B4로 변경하여 출력할 수 있다.

19 ④
오답 피하기
- ① : 금액은 숫자와 함께 한글 병기하여 입력
- ② : 날짜는 연도 4자리를 입력
- ③ : 시간은 12시간제가 아니라, 24시간제(14:30)로 표기

20 ④
전자출판은 대량 인쇄 시 시간을 단축하고 품질을 높일 수 있는 장점이 있다.

2과목 PC 운영체제

21 ④
[폴더 옵션] 창은 [일반], [보기], [검색] 탭으로 구성되었으며, ①·②는 [일반] 탭, ③은 [보기] 탭에서 설정할 수 있다.

22 ①
오답 피하기
- 미디어 재생기 소프트웨어 : 곰플레이어, VLC 미디어 플레이어, Windows Media Player
- 문서 작성 소프트웨어 : 한컴오피스 한글, Microsoft Word
- 문서 편집기 : Notepad++
- 사진 편집 소프트웨어 : Adobe Photoshop
- 오픈소스 에디터 : Visual Studio Code

23 ④
- 상태 표시줄 : 선택한 항목(개체) 수, 보기 정보를 표시
- 주소 표시줄 : 현재 사용하는 드라이브와 폴더의 위치가 표시되며, 폴더 이름을 선택하면 해당 폴더로 이동하는 공간

24 ①
장치 드라이버 연결이 안 될 때, 드라이버를 삭제하고 컴퓨터를 재부팅하면 Windows가 자동으로 드라이버를 다시 설치하여 문제를 해결할 수 있다.

25 ①
작업 표시줄을 마우스 오른쪽 버튼으로 눌러 표시되는 팝업 메뉴에서 '작업 관리자'를 선택하여 [작업 관리자] 창을 실행한다.

26 ①
[설정]-[장치]-[프린터 및 스캐너]에서 기본 프린터를 설정하여 사용한다.

27 ③
바로 가기 아이콘은 원본 파일을 가리키는 링크일 뿐이므로, 바로 가기를 삭제한다고 해서 원본 파일이 삭제되는 것은 아니다.

28 ④
오답 피하기
- ① : 표준에는 일반적인 사칙 연산이 가능하고 변환기를 사용하여 통화 환율, 길이, 부피 등의 계산 가능
- ② : 산술 시프트, 논리 시프트 계산은 프로그래머용 계산기에서 가능
- ③ : 날짜 계산은 두 날짜 간의 차이, 추가 또는 뺀 날을 계산 가능

29 ①
'#' 기호가 아닌 '$' 기호를 표시한다.

30 ③
[보안] 탭에서 해당 폴더에 대한 사용자별 사용 권한을 설정할 수 있다. [자세히] 탭은 폴더의 속성 창에는 없고, 파일의 속성 창에서 설정하며, 파일명, 유형, 경로, 크기, 만든 날짜, 수정한 날짜, 특성, 소유자를 표시한다.

31 ④
오답 피하기
- 허브(Hub) : 가까운 거리의 컴퓨터와 장비를 연결하는 장비
- 리피터(Repeater) : 디지털 신호의 장거리 전송을 위해서 수신한 신호를 재생하고 감쇄된 신호를 증폭하는 장비
- 게이트웨이(Gateway) : 다른 네트워크에 데이터를 보내거나 다른 네트워크로부터 데이터를 받아들이는 출입구 역할

32 ①
플러그 앤 플레이(Plug&Play) 기능을 활용하기 위해서는 하드웨어와 소프트웨어 둘 다 지원이 필요하다.

33 ③
프린터 포트는 USB나 네트워크 포트, LPT1(프린터 포트)을 사용한다. COM1, COM2는 마우스나 모뎀을 연결하는 직렬 포트이다.

34 ②
오답 피하기
- 에어로 스냅(Aero Snap) : 창을 화면의 가장자리로 이동하여 위치에 따라 자동으로 창의 크기가 변경되는 기능
- 에어로 피크(Aero Peek) : 바탕 화면 미리 보기, 열려진 창들의 축소판 미리 보기 가능

35 ②
오답 피하기
F2를 누르고, 새로운 이름을 입력한 후 Enter를 눌러도 이름 바꾸기를 할 수 있다.

36 ①
화상 키보드는 [제어판]의 [접근성 센터]에서 설정한다.

37 ④
[고급] 탭에서는 스풀링을 설정하고, [일반] 탭에서는 인쇄 해상도 설정, 테스트 페이지 인쇄 등을 지정할 수 있다.

38 ③
[폴더 옵션] 창의 [보기] 탭에서 숨김 파일 및 폴더를 설정한다.

39 ①
ipconfig 명령을 이용하면 네트워크 구성을 확인할 수 있지만, 변경할 수는 없다.

40 ③
어댑터는 컴퓨터를 네트워크에 물리적으로 연결하는 하드웨어 장치이다. 프로토콜은 컴퓨터가 네트워크에 있는 자원을 액세스할 수 있게 해주는 통신 규약이다.

3과목 PC 기본상식

41 ②
캐시 메모리는 CPU와 주기억 장치 사이에 있는 고속 메모리로, CPU가 자주 사용하는 명령어를 임시로 저장하여 처리 속도를 향상시키는 역할을 한다.

42 ③
EEPROM(Electrically Erasable Programmable Read-Only Memory)은 비휘발성 메모리로, 전원이 꺼져도 데이터를 유지한다. RAM(Random Access Memory)은 휘발성 메모리이므로 전원이 꺼지면 데이터가 사라진다.

43 ④
RFID(Radio Frequency IDentification)는 물체의 정보를 자동으로 인식하는 기술로, 대량의 데이터를 실시간으로 저장하고 처리하는 기능은 없다. 데이터는 RFID 태그나 리더를 통해 읽히며 데이터베이스와 연결될 수는 있으나, 대량 데이터의 실시간 저장 및 처리는 RFID의 주된 목적이 아니다.

44 ③
오답 피하기
- 스캐너 : 그림이나 사진과 같은 영상 정보를 입력하는 장치
- OMR : 광학 마크 판독기로, 특수한 연필이나 사인펜으로 마크한 카드를 판독하는 장치
- MICR : 자기 잉크 문자 판독기로, 자성을 가진 특수잉크로 기록된 문자를 판독하는 장치

45 ④
오답 피하기
- POP : 전자우편을 수신하기 위한 프로토콜로, 주로 POP3를 사용
- IMAP : POP와 달리 전자우편의 제목이나 보낸 사람만 보고 메일을 다운로드할 것인지 선택할 수 있는 프로토콜
- SMPT : 전자우편을 송신하기 위한 프로토콜

46 ③
데이터베이스 관리 시스템(DBMS)은 데이터의 독립성을 확보해야 한다.

47 ①
BMP 파일 형식은 Windows의 표준 비트맵 파일 형식으로, 압축을 지원하지 않아 입출력 속도는 빠르나 파일의 크기가 큰 편이다.

48 ④
C++ 언어는 C언어를 기반으로 확장하여 만들어진 객체 지향 프로그래밍 언어이고, C언어는 구조적인 개념을 도입한 절차 지향 프로그래밍 언어이다.

49 ②
- CAD/CAM(Computer Aided Design/Computer Aided Manufacturing) : 컴퓨터에 의한 제도 설계/컴퓨터의 지원에 의한 제품 제조
- CAI(Computer Assisted Instruction) : 컴퓨터를 이용한 교육용 콘텐츠 시스템

50 ②
정보 사회의 부작용으로 인간관계의 유대감이 약화되고 있다.

51 ③
- PING : 원격지에 있는 다른 컴퓨터를 현재 인터넷에 연결하여 데이터가 잘 도달되어 정상적으로 작동하고 있는지 확인하는 서비스
- 메일 보안 관련 프로토콜 : PEM, PGP, S/MIME

52 ①
오답 피하기
- WAVE : 아날로그 형태의 소리를 디지털 형태로 변형하는 샘플링 과정을 통하여 작성된 데이터로, 실제 소리의 원음이 저장되어 재생이 쉽지만 용량이 큼
- RA/RM(Real Audio/Real Media) : 인터넷 실시간 플러그인 프로그램 사운드 포맷으로 압축률이 뛰어남
- MP3 : 고음질의 오디오 압축 형식으로 음성이나 효과음 저장이 가능함

53 ③
오답 피하기
- 와이브로(WiBro) : 이동하면서도 초고속 인터넷을 이용할 수 있는 무선 휴대 인터넷
- 블루투스(Bluetooth) : 근거리 무선 통신 기술
- 아이핀(I-PIN) : 인터넷 개인 식별 번호로, 인터넷상에서 주민등록번호 도용 범죄를 방지하기 위해 만든 인터넷 신원확인번호

54 ③

인터럽트는 프로그램 실행 중 예기치 못한 일이 발생하는 경우로, 소프트웨어 인터럽트는 내부 인터럽트라고도 하며 대표적으로 트랩이 있다. 트랩(Trap)은 어떤 프로세스가 특정 시스템 기능을 사용하려고 할 때 그 기능을 운영체제에게 요청하는 방법(예 0으로 나누기)이다.

55 ③

- 스니핑(Sniffing) : 네트워크 주변을 지나다니는 패킷(Packet)을 엿보면서 사용자 계정과 비밀번호 등을 몰래 알아내는 해킹 수법
- 혹스(Hoax) : '남을 속이거나 장난을 친다'는 뜻을 가지며 실제로는 악성코드로 행동하지 않으면서 겉으로는 악성코드인 것처럼 가장하여 행동하는 프로그램

56 ①

- 증강현실(Augmented Reality) : 현실 세계의 배경에 3D의 가상 이미지를 중첩하여 영상으로 보여 주는 기술
- GPS : 위성에서 보내는 신호를 수신해 사용자의 현재 위치를 알아내는 시스템

57 ①

인트라넷(Intranet)은 기업, 기관 등의 내부 사용자만 접근할 수 있는 네트워크 시스템이다. 인터넷과 동일한 기술(TCP/IP, 웹 브라우저, HTTP 등)을 사용하지만, 외부에서는 접근할 수 없다.

58 ②

[오답 피하기]

- 기밀성 : 시스템 내의 정보와 자원은 인가된 사용자에게만 접근을 허용하여, 제3자가 읽지 못하도록 비밀성을 유지하는 것
- 부인 방지 : 데이터를 송수신한 자가 송수신한 사실을 부인할 수 없도록 증거를 제공함
- 가용성 : 인가된 사용자는 언제라도 사용 가능함

59 ①

부동 소수점 방식은 고정 소수점 방식에 비해 연산 속도가 느릴 수 있으며, 더 복잡한 계산에 사용한다. 고정 소수점 방식은 부동 소수점 방식에 비해 더 빠른 연산 속도를 제공한다.

60 ④

[오답 피하기]

- 그리드 컴퓨팅(Grid Computing) : 분산 병렬 컴퓨팅의 한 분야로, 원거리 통신망(WAN)으로 연결된 서로 다른 기종의 컴퓨터들을 하나로 묶어, 가상의 대용량 고성능 컴퓨터를 구성하여 고도의 연산 작업 혹은 대용량 처리를 수행하는 것
- 클라우드 컴퓨팅(Cloud Computing) : 하드웨어, 소프트웨어 등의 컴퓨팅 자원을 자신이 필요한 만큼 빌려쓰고 사용요금을 지불하는 방식의 컴퓨팅
- 웨어러블 컴퓨팅(Wearable Computing) : 유비쿼터스 컴퓨팅의 일종으로, 웨어러블 디바이스(Wearable Device)로 불리는 착용 컴퓨터를 의미함. 안경, 시계, 의복 등과 같이 착용할 수 있는 형태로 구성됨

2025년 상시 기출문제 04회

01 ④	02 ②	03 ②	04 ②	05 ②
06 ③	07 ④	08 ④	09 ①	10 ①
11 ②	12 ③	13 ②	14 ③	15 ①
16 ③	17 ②	18 ④	19 ③	20 ①
21 ②	22 ③	23 ③	24 ②	25 ④
26 ①	27 ③	28 ④	29 ③	30 ②
31 ③	32 ③	33 ②	34 ④	35 ①
36 ③	37 ②	38 ②	39 ②	40 ④
41 ②	42 ②	43 ①	44 ③	45 ②
46 ①	47 ②	48 ①	49 ③	50 ②
51 ①	52 ①	53 ③	54 ④	55 ③
56 ④	57 ③	58 ①	59 ①	60 ①

1과목 워드프로세싱 용어 및 기능

01 ④

워드프로세서는 문서의 내용뿐만 아니라 서식도 자유롭게 수정이 가능하다.

02 ②

보존 기간이 끝나도 검토 후 문서의 폐기 여부를 결정해야 한다.

03 ②

단념하지 말라.
당신의 첫 실패는
당신이 더 나아지게 만들 것이다.〈토마스에디슨〉

04 ②

스타일은 문서의 제목, 본문, 인용 등의 서식을 미리 정의해 두어, 빠르게 서식을 적용하고 문서의 일관된 형식을 유지할 수 있게 해주는 기능이다.

05 ②

매크로는 사용자가 입력하는 일련의 키보드와 마우스 조작 순서를 기억했다가 그대로 재생하는 기능이다.

06 ③

기안이란 기관의 의사결정을 위해 문서를 작성하는 것으로, 전자문서를 원칙으로 한다. 행정기관명에는 그 문서를 기안한 부서가 속하는 행정기관명을 표시하되, 다른 행정기관명과 동일한 경우에는 바로 위 상급 기관명을 함께 표시할 수 있다.

07 ④

프린터 드라이버(Printer Driver)는 워드프로세서에서 산출된 출력 값을 특정 프린터 모델이 요구하는 형태로 번역해 주는 소프트웨어이다.

08 ④

각주나 미주 등의 주석은 문서의 본문에 사용한다.

09 ①

메일 머지(Mail Merge)는 문서 템플릿을 사용하여, 개인화된 문서를 여러 사람에게 자동으로 보낼 수 있는 기능이다.

10 ①

명함은 일반적으로 사람의 이름, 회사명 등을 기준으로 하여 한글 또는 알파벳 순서대로 분류한다.

11 ②

오답 피하기
- 디폴트(Default) : 전반적인 규정이나 서식 설정, 메뉴 등 이미 가지고 있는 값
- 문단(Paragraph) : 문서 입력 중 Enter 로 구분되며, 한 페이지는 한 개 이상의 문단으로 구성
- 클립아트(Clip Art) : 문서를 만들 때 편리하게 사용할 수 있도록 미리 만들어 저장해 놓은 여러 가지 그림

12 ③

프린터 해상도를 높게 설정하면 더 선명한 인쇄가 가능하지만, 출력은 더 느려진다.

13 ②

맞춤법 검사(Spelling Check)에서 수식의 오류는 검사할 수 없다.

14 ③

치환(바꾸기) 기능에서 글꼴의 크기, 모양, 속성 모두 바꾸기를 할 수 있다.

15 ①

①은 (글자 바로 하기), (자리 바꾸기), (되살리기)로 모두 문서의 분량에 변동이 없는 교정부호이다.

오답 피하기
- ② : 삭제, 내어쓰기, 자리 바꾸기
- ③ : 붙이기, 줄 잇기, 되살리기
- ④ : 내어쓰기, 사이 띄우기, 줄 잇기

16 ③

??e**는 세번째 글자가 e로 이어지며 그 뒤로 다른 문자가 올 수 있는 단어를 찾을 때 사용한다.

17 ②

공문서는 결재권자가 해당 문서에 서명의 방식으로 결재함으로써 성립하고, 수신자에게 도달된 때 효력이 발생한다.

18 ④

전자문서 관리 시스템은 주로 문서의 보관, 검색, 수정 등을 관리하며, 자동 삭제 기능은 일반적으로 제공되지 않는다.

19 ③

중요한 문서 파일은 삭제하기보다는 정리하고 보관하는 것이 바람직하다.

20 ①

전자출판은 디지털 파일 형식으로 저장되므로 물리적 공간을 차지하지 않아 공간을 절약할 수 있다는 장점이 있다.

2과목 PC 운영체제

21 ②

오답 피하기
- ① : 바로 가기 아이콘을 삭제하여도 원본 폴더는 삭제되지 않음
- ③ : 바로 가기 아이콘은 바탕 화면, 폴더 등 여러 곳에 만들 수 있음
- ④ : 일반 아이콘과 구분하기 위하여 바로 가기 아이콘은 왼쪽 아래에 화살표가 표시됨

22 ③

Microsoft Edge는 웹 브라우저이고, Microsoft Access는 데이터베이스 프로그램이므로 서로 관련이 없으며 통합되어 있지 않다.

23 ③

한글 Windows 10에서 네트워크나 인터넷을 통해 불법적인 사용자가 컴퓨터에 접근하지 못하도록 설정할 수 있는 것은 방화벽이다.

24 ②

휴지통의 속성에서는 드라이브마다 휴지통의 크기 설정, 파일을 휴지통에 버리지 않고 삭제할 때 바로 제거, 삭제 확인 대화상자 표시를 설정할 수 있다.

25 ④

- ⊞ + R : [실행] 창 표시
- ⊞ + S : [검색] 창 표시

26 ①

오답 피하기
- ② : 작업 표시줄의 시스템 아이콘에는 날짜, 시계, 볼륨, 전원, 마이크 등의 정보가 표시됨
- ③ : 작업 표시줄에 있는 시작 버튼을 눌러 앱을 실행하면 다른 프로그램이 최소화되지 않음
- ④ : 작업 표시줄의 실행 목록은 제거할 수 있음

27 ③

하드웨어의 이름은 사용자가 임의로 바꿀 수 없다.

28 ④

프린터를 추가하더라도 기본 프린터로 무조건 자동 설정되는 것은 아니다. 단, 기본 프린터가 없는 경우에는 추가한 프린터를 기본 프린터로 설정할 수 있다.

29 ③

폴더를 선택한 후 숫자 키패드의 [+]를 누르면 선택된 폴더가 확장되고, [-]를 누르면 폴더가 축소되어 표시된다.

30 ②

압축된 폴더의 파일은 일반 파일과 같이 편집할 수 없고, 압축 해제하여 사용하거나 다른 이름으로 저장한 후 편집하여 사용할 수 있다.

31 ③

오답 피하기
- ① : 디스크 공간이 부족할 때는 디스크 정리를 실행
- ② : 디스크의 접근 속도가 느려질 경우에는 디스크 조각 모음 및 최적화를 실행하여 디스크 단편화를 제거
- ④ : 메인 메모리 용량이 적을 경우에는 휴지통을 비우거나 실행 중인 불필요한 앱을 종료

32 ③

오답 피하기
- 서비스 : 내 컴퓨터에 설치된 파일, 프린터 등의 자원을 다른 컴퓨터에서 공유할 수 있도록 하는 소프트웨어
- 프로토콜 : 사용자와 서로 다른 컴퓨터 간에 통신을 할 때 사용하는 통신 규약
- 어댑터 : 컴퓨터를 네트워크에 물리적으로 연결하는 하드웨어 장치

33 ②

편집 중인 이미지의 일부분을 선택한 후 삭제하면 삭제된 빈 공간은 '색 2'(배경색)로 채워진다.

34 ④

[디스크 관리]는 컴퓨터에 설치된 하드 디스크의 파티션 재설정이나 포맷 등의 디스크를 관리하는 기능이다.

35 ①

[모든 문서 취소]는 스풀러에 저장된 모든 문서의 인쇄를 취소한다.

36 ②

[Ctrl] + [Z]로 삭제한 파일을 복원할 수 있다.

오답 피하기
- ① : 임의의 폴더를 다른 드라이브로 이동시키려면 [Shift]를 누른 채 드래그 앤 드롭
- ③ : [Delete]를 눌러 하위 폴더도 함께 삭제 가능
- ④ : USB 메모리에 있는 파일을 [Shift]를 누른 상태로 하드 디스크 드라이브로 드래그 앤 드롭하면 복사가 아닌 이동이 실행

37 ②

파일이나 폴더를 선택한 후에 [홈] 메뉴의 [삭제]를 선택해야 한다.

38 ②

[개인 설정] 창에서 화면 보호기를 설정할 수 있으나, 화면의 해상도는 [시스템] 창의 [디스플레이]에서 변경할 수 있다.

39 ②

IPv6은 총 128비트 구성되며, 16비트씩 8부분으로 구분한다.

40 ④

레지스트리는 백업할 수 있으므로 복구가 가능하다.

3과목 PC 기본상식

41 ②

운영체제의 구성
- 제어 프로그램 : 감시 프로그램, 데이터 관리 프로그램, 작업 관리 프로그램
- 처리 프로그램 : 언어 번역 프로그램, 서비스 프로그램, 문제처리 프로그램

42 ②

멀티미디어는 텍스트, 이미지, 오디오, 비디오 등의 여러 매체를 결합하여 정보를 표현하고 전달하는 기술이다.

43 ①

증강현실은(AR) 실제 환경에 가상의 이미지를 추가하여 현실과 가상 세계를 결합한 경험을 제공하는 기술로, 비디오 게임 외에도 교육, 의료, 제조업 등 다양한 분야에서 활용된다.

오답 피하기
②, ③, ④는 모두 가상현실(VR)에 대한 설명이다.

44 ③

DVD는 MPEG-2 방식의 영상 압축 기술을 사용하며, MPEG-1은 CD-ROM 기반의 영상 저장에 사용된다.

45 ②

- 대칭키 암호화 기법(비밀키 암호화 기법) : 대표적인 알고리즘은 DES로, 키의 크기가 작고 알고리즘이 간단하여 경제적이며, 암호화와 복호화의 속도가 빠름
- 비대칭키 암호화 기법(공개키 암호화 기법) : 대표적인 알고리즘은 RSA로, 암호키와 복호키 값이 서로 다르며 속도가 느림

46 ①
스타형(Star)은 중앙 집중식으로 중앙에 서버 컴퓨터가 있고 나머지 컴퓨터들이 1:1로 중앙 컴퓨터와 연결되는 형태이다.

47 ②
RAID(Redundant Array of Independent Disks)는 여러 개의 디스크를 하나로 묶어, 하나의 대용량 논리 디스크처럼 작동하게 하는 기술이다.

[오답 피하기]
- DVD : CD-ROM(700MB)과 크기가 비슷하지만 대용량(4.7GB~17GB)의 고선명 광학 디스크 저장 장치
- HDD : 하드 디스크로 GB, TB 등의 대용량 보조 기억 장치
- Jaz Drive : PC 파일을 백업하고 보관하는 데 사용되며 속도가 빠른 디스크 드라이브(2GB)

48 ①
SSO(Single Sign On)는 여러 개의 사이트를 하나의 아이디로 이용할 수 있는 시스템이다.

[오답 피하기]
- OSS(Open Source Software) : 소스 코드가 무료인 소프트웨어
- CGI(Common Gateway Interface) : 클라이언트가 아닌 서버와 응용 프로그램 사이에 데이터를 주고받는 표준화된 방법
- Wibro(Wireless Broadband Internet) : 이동하면서 초고속 인터넷을 이용할 수 있는 무선 광대역 인터넷 서비스

49 ③
Hamming 코드는 자기 정정 기능이 있고, 패리티 검사 코드는 단순히 오류가 발생했는지를 검사하기 위한 코드이다.

[오답 피하기]
- Gray 코드 : 인접 비트 사이에 1비트만이 변화하여 연속된 아날로그 자료에서 오류 체크
- Excess-3 코드 : BCD 코드에 3을 더하여 보수를 간단히 구하는 코드
- 패리티 검사 코드 : 전송 도중에 발생할 수 있는 오류(외부 잡음, 전압의 불안정 등)를 탐지하기 위해 비트 하나를 추가하여 전송 오류를 탐지하는 코드

50 ②
광대역 종합 정보통신망(B-ISDN)은 광케이블을 사용하여 넓은 대역폭을 사용하는 통신망으로, 속도는 빠르나 사용료가 저렴하지는 않다.

[오답 피하기]
③은 LAN(근거리 통신망)에 대한 설명이다.

51 ①
- 디지털 컴퓨터 : 숫자, 문자, 부호 등의 이산적(불연속)인 데이터를 처리하며, 논리 회로로 구성
- 아날로그 컴퓨터 : 그래프, 곡선 등의 연속적인 데이터를 처리하며, 증폭 회로로 구성

52 ①
- 파밍(Pharming) : 피싱 기법의 일종으로 사용자가 자신의 웹 브라우저에 정확한 주소를 입력해도 가짜 웹 페이지로 이동하여 개인정보를 훔치는 행위
- 스파이웨어(Spyware) : 적절한 사용자의 동의 없이 사용자 정보를 수집하는 프로그램

53 ③
[오답 피하기]
- 단방향(Simplex) 통신 방식 : 한쪽 방향으로만 데이터의 전송이 가능한 방식
- 반이중(Half Duplex) 통신 방식 : 양쪽 모두 송신과 수신이 가능하지만 동시에는 전송할 수 없는 방식

54 ④
Windows 10과 같은 운영체제는 하드 디스크와 같은 보조 기억 장치에 저장되었다가 실행된다.

55 ③
[오답 피하기]
- 분산 시스템(Distributed System) : 지역적으로 분산된 여러 대의 컴퓨터를 연결하여 작업을 분산하는 방식
- 오프라인 시스템(Off-Line System) : 네트워크에 연결되지 않고 직접 처리하는 방식으로 주로 일괄 처리 방식에서 사용
- 일괄 처리 시스템(Batch Processing System) : 처리할 데이터를 일정량이나 일정 기간 동안 모았다가 한꺼번에 처리하는 방식

56 ④
유닉스는 커널(유닉스의 핵심), 쉘(명령어 해석기), 유틸리티(응용 프로그램을 처리)로 구성되어 있다.

[오답 피하기]
- IPC : 프로그램 간의 통신
- Process : 컴퓨터 내에서 현재 실행 중인 프로그램
- Shell : UNIX의 명령어 해석기

57 ③
TCP, UDP는 전송 계층에 해당한다.

58 ①
[오답 피하기]
- png : 비손실 그래픽 파일 형식
- bmp : Windows 표준 비트맵 파일 형식으로, 데이터의 압축이 지원되지 않아 그림의 입출력 속도가 빠르나 파일의 크기가 큼
- pcx : ZSoft사에 의해 개발된 그래픽 파일 형식

59 ①

오답 피하기

- 베타 버전 : 제품을 공식적으로 발표하기 전에 일부 관계자와 사용자에게 제공하여 성능을 테스트하는 것
- 상용 소프트웨어 : 정해진 금액을 지불하고 정식으로 사용하는 프로그램으로, 프로그램의 완전한 기능을 이용 가능
- 번들 프로그램 : 하드웨어나 소프트웨어를 구입할 때 끼워주는 프로그램

60 ①

오답 피하기

- ② : 개인에 대한 다른 사람의 평가나 견해 등의 간접적인 정보도 개인정보에 포함됨
- ③ : 개인정보 자기결정권은 자신에 관한 정보를 보호받기 위하여 자신에 관한 정보를 자율적으로 결정하고 관리할 수 있는 권리를 말함
- ④ : 프라이버시권은 개인이 타인의 간섭과 공적인 영역으로부터 고유의 정보를 노출시키지 않는 자유를 확보하는 권리를 말함

2025년 상시 기출문제 05회

01 ③	02 ②	03 ②	04 ②	05 ②
06 ③	07 ③	08 ②	09 ②	10 ①
11 ③	12 ④	13 ③	14 ④	15 ①
16 ④	17 ③	18 ④	19 ③	20 ①
21 ③	22 ②	23 ①	24 ③	25 ①
26 ③	27 ②	28 ③	29 ①	30 ②
31 ①	32 ④	33 ②	34 ③	35 ②
36 ④	37 ④	38 ④	39 ②	40 ④
41 ④	42 ④	43 ②	44 ①	45 ①
46 ①	47 ③	48 ②	49 ②	50 ②
51 ①	52 ③	53 ①	54 ③	55 ①
56 ④	57 ②	58 ③	59 ②	60 ④

1과목 워드프로세싱 용어 및 기능

01 ③

워드프로세서에는 그래픽 작업과 같은 복잡한 이미지 편집 기능이 없다.

02 ②

⚡(삭제), ⌒(줄 잇기), ⌒(붙이기)로 모두 문서의 분량이 감소할 수 있는 교정부호이다.

03 ②

인생이란 네가 다른 계획을 세우느라
바쁠 때 일어나는 것이다.

04 ②

유니코드(Unicode)는 전 세계의 문자와 기호를 통합하여 각 문자에 고유한 번호(코드 포인트)를 부여하는 국제 표준이다. 유니코드는 한글, 한자, 영문, 공백 등 모든 문자를 2바이트로 표현한다.

05 ②

상용구는 반복되는 텍스트나 문구를 미리 저장해 두고 삽입함으로써 문서 작성 시간을 절약하고, 표현의 일관성을 유지하는 데 도움을 준다.

06 ③

오답 피하기

- 병합(Merge) : 정렬된 두 개 이상의 파일을 하나의 새로운 파일로 합치는 기능
- 매크로(Macro) : 사용자가 입력하는 일련의 키보드의 조작 순서를 기억하여 재생하는 기능
- 기본값(Default) : 사용자가 변경하기 이전의 값으로 전반적인 규정이나 서식 설정 등에 대해 미리 가지고 있는 값

07 ③
맞춤법 검사는 문법적인 오류와 어휘의 올바른 사용을 검사하는 도구로, 문장의 순서나 글자 크기는 포함되지 않는다.

08 ②
둘 이상의 행정기관장의 결재가 필요한 문서는 각각의 행정기관 모두가 기안하는 것이 아니라, 문서 처리를 주관하는 곳에서만 기안하면 된다.

09 ②
오답 피하기
- 옵션(Option) : 메뉴나 기능을 수행할 때 제시되는 선택 항목
- 색인(Index) : 문서의 내용을 쉽게 찾을 수 있도록 중요한 용어를 쪽 번호와 함께 수록한 목록
- 마진(Margin) : 문서 작성 시 페이지의 상·하·좌·우에 두는 공백

10 ①
OLE(Object Linking and Embedding)는 다양한 응용 프로그램에서 생성된 개체를 문서에 연결하거나 포함하는 기술로, 다른 프로그램에서 작성된 개체를 편집 가능하게 만드는 기능이다.

11 ③
전자문서는 수신자가 수신할 컴퓨터를 지정한 경우, 해당 컴퓨터에 입력된 때 효력이 발생한다.

12 ④
찾을 내용과 글꼴, 문단 모양, 스타일을 이용하여 찾기를 수행할 수 있다.
오답 피하기
- ① : 대문자와 소문자를 구분하여 내용을 찾을 수 있음
- ② : 찾기 기능에서 찾을 방향은 아래로, 위로, 문서 전체 중에서 선택 가능
- ③ : 찾기 기능에서 띄어쓰기를 무시하고 내용을 찾을 수 있음

13 ③
오답 피하기
- ① : 스풀링(Spooling)은 프린터와 같은 저속의 입출력 장치를 상대적으로 빠른 중앙 처리 장치와 병행하여 작동시켜 컴퓨터 전체의 처리 효율을 높이는 기능을 말함
- ② : 줄의 끝에 있는 영어 단어가 다음 줄까지 연결될 때 단어를 자르지 않고 단어를 다음 줄의 처음으로 옮겨주는 기능을 워드 랩(Word Wrap)이라고 함
- ④ : 문서 병합은 두 개의 문서를 하나로 합치는 기능으로, 워드프로세서에서 메일 머지(Mail Merge)로 실행할 수 있음

14 ④
강제 개행은 줄 바꿈을 강제로 수행하는 기능으로, 텍스트의 위치를 강제로 바꾸지만 글자 간의 간격을 설정하는 것과는 관련이 없다.

15 ①
- 한 줄 블록 지정 : 문서의 왼쪽 여백을 한 번 클릭
- 문단 블록 지정 : 문서의 왼쪽 여백을 두 번 클릭
- 문서 전체 블록 지정 : 문서의 왼쪽 여백을 세 번 클릭

16 ④
전자문서 관리 시스템은 텍스트, 이미지, 영상을 통합하여 관리한다.

17 ③
간인은 2장 이상으로 이루어진 문서에서 그 용지가 서로 이어졌다는 것을 확인하기 위해 앞장의 뒷면과 뒷장의 앞면을 만나게 하여 각 장마다 도장을 찍거나 서명을 하는 것이다.

18 ④
문서는 당해 문서에 대한 문자서명이나 전자문자서명, 전자이미지서명에 의한 결재가 있음으로써 성립한다.

19 ③
다수의 사용자가 동시에 같은 내용에 접근할 수 있고, 접근 순서에 제한 없이 자유롭게 이용할 수 있다.

20 ①
문서가 이동되고 경유되는 곳을 줄여야 지체 시간이 줄어 신속하게 처리할 수 있다.

2과목 PC 운영체제

21 ③
작업 표시줄의 색상을 밝게, 어둡게로 변경할 수 있으나, 기본 모양은 변경할 수 없다.

22 ②
폴더의 복원은 휴지통에서 실행할 수 있다.

23 ①
오답 피하기
- ② : 불필요한 파일을 정리하여 디스크 공간을 늘릴 수 있음
- ③ : Windows 폴더를 제거하면 Windows를 사용할 수 없음
- ④ : 디스크 드라이브 조각 모음 및 최적화에 대한 설명

24 ③
[작업 관리자] 창의 바로 가기 키인 Ctrl+Alt+Delete 또는 Ctrl+Shift+Esc를 눌러 [작업 관리자]-[프로세스] 탭에서 응답하지 않는 앱을 선택한 후 [작업 끝내기]를 선택한다.

25 ①
휴지통에 있는 파일은 복원한 후 실행할 수 있다.

26 ③
[설정]-[업데이트 및 보안]-[Windows 업데이트]는 최신의 Windows를 업데이트하는 기능이고, 하드웨어의 업데이트는 [장치 관리자]에서 가능하다.

27 ③

프린터 아이콘을 더블클릭하면 문서의 이름, 소유자, 포트, 페이지 수 등이 표시된다.

28 ③

Windows Defender 방화벽은 해커나 악성 소프트웨어가 인터넷 또는 네트워크를 통해 액세스하는 것을 방지하는 기능으로, 전자 메일의 알림 표시를 설정할 수는 없다.

29 ①

캡처한 화면을 HTML, PNG, GIF, JPG 파일로 저장할 수는 있지만, 내용을 편집할 수는 없다.

30 ②

공유된 프린터도 기본 프린터로 설정할 수 있다.

31 ①

바탕 화면의 배경 설정은 [설정]-[개인 설정]-[배경]에서 선택한다.

32 ④

- DNS : 문자로 되어 있는 도메인 네임을 숫자로 구성된 IP 주소로 변경해 주는 시스템 또는 서버
- DHCP : 동적인 IP 주소를 할당해 주는 프로토콜

33 ②

설치된 하드웨어의 제거는 [제어판]-[장치 관리자]에서 실행한다.

34 ③

디스크 조각 모음 및 최적화를 통해 디스크의 접근 속도를 향상시킬 수 있으며, 디스크 정리를 통해 디스크의 공간을 확장할 수 있다.

35 ②

특정 시간이 지나면 모니터 화면에 자동으로 보호 프로그램이 실행되도록 설정하는 기능은 [개인 설정]-[잠금 화면]에서 할 수 있다.

36 ④

메모리 모듈이 호환되지 않으면 인식되지 않거나 시스템 오류를 일으킬 수 있다.

37 ④

메모장은 서식이 없는 텍스트 형식(*.txt, html 등)의 문서를 작성하거나 열기하는 텍스트 편집기로, 서식이 있는 문서나 OLE, 그래픽 기능은 지원되지 않는다.

38 ④

라이브러리에 필요에 따라 폴더를 추가하거나 제거할 수 있다.

39 ②

현재 사용 중인 C드라이브는 포맷할 수 없다.

40 ④

동시 사용자의 수를 최대 20명까지 제한할 수 있다.

3과목 PC 기본상식

41 ④

- 디지털 컴퓨터의 특징 : 논리 회로, 이산적인 데이터, 사칙 연산 형식, 프로그램 필요, 범용성, 정밀도는 필요한 한도까지
- 아날로그 컴퓨터의 특징 : 증폭 회로, 연속적인 데이터, 미적분 연산 형식, 프로그램 불필요, 특수 목적용, 정밀도가 제한적

42 ④

비선형성(Non-Linear)은 정보의 흐름이 여러 방향으로 처리되어 다양한 정보를 얻는 것을 말한다.

43 ②

②는 응용 계층에 대한 설명이다. 데이터 링크 계층은 두 개의 인접한 개방 시스템들 간에 신뢰성 있고 효율적인 정보 전송을 할 수 있도록 하는 계층으로, 링크의 확립, 유지, 전달의 기능을 제공한다.

44 ①

①은 비밀키(대칭키) 암호화 기법에 대한 설명이다.

45 ①

①은 연상(연관) 기억 장치에 관한 설명이다.

46 ①

방화벽은 하드웨어적인 방법과 소프트웨어적인 방법을 모두 사용한다.

47 ③

오답 피하기

- 은닉 바이러스 : 메모리에 상주하고 있으며 다른 파일을 변형한 사실을 숨기고 있어 운영체제로부터 피해 사실을 숨기는 바이러스
- 논리 폭탄 : 프로그램 속에 오류를 발생시키는 서브루틴이 들어 있어 특정한 날짜와 시간, 파일의 변경, 사용자나 프로그램의 특정한 행동 등 조건이 만족되면 실행되는 바이러스
- 스크립트 바이러스 : 스크립트로 작성되었고 파일 안에 작성되어 있는 스크립트를 감염시키는 바이러스

48 ②

RFID는 무선 주파수를 이용하여 데이터를 전송하기 때문에 물리적 접촉 없이 식별이 가능하다.

49 ②

- RISC(Reduced Instruction Set Computer) 아키텍처 : 단순하고 고정된 길이의 명령어를 사용하여 각 명령어를 한 사이클 내에 실행할 수 있도록 설계
- CISC(Complex Instruction Set Computer) 아키텍처 : 회로가 복잡하고 많은 명령어를 사용하며 다양한 길이의 명령어를 가짐

50 ②
바이오스(BIOS)는 하드웨어와 소프트웨어의 중간 형태로 펌웨어 ROM에 저장되어 있어 ROM-BIOS라고도 한다.

51 ①
오답 피하기
- Back Door(백도어) : 크래커가 시스템에 침입한 후 자신이 원할 때 침입한 시스템을 재침입하거나 권한을 획득하기 위해 만들어 놓은 일종의 비밀 통로
- Sniffing(스니핑) : 네트워크 주변을 지나다니는 패킷을 엿보면서 계정과 패스워드를 알아내기 위한 행위
- Spoofing(스푸핑) : 악의적인 목적으로 임의로 웹 사이트를 구축해 일반 사용자의 방문을 유도하여 사용자의 시스템 권한을 획득한 다음 정보를 빼가거나 사용자가 암호와 기타 정보를 입력하도록 속이는 행위

52 ③
DRM(Digital Rights Management)은 디지털 콘텐츠의 불법 복제와 유통을 방지하여 저작권 보유자의 이익과 권리를 보호해 주는 기술과 서비스를 말한다.

53 ①
VCS(Video Conference System)는 화상 회의 시스템으로, 원격지의 서로 다른 장소에서 화상으로 회의를 하는 커뮤니케이션 기술이다.

54 ③
클라우드 컴퓨팅(Cloud Computing)은 정보의 처리를 자신의 컴퓨터가 아닌 인터넷으로 연결된 다른 컴퓨터로 처리하는 컴퓨터 환경이다.

55 ①
한글 Windows와 같은 운영체제는 시스템 소프트웨어이다.

56 ④
- 인터레이싱 : 이미지가 처음에는 거친 모자이크 형식으로 나타나다가 서서히 선명해지는 기법
- 솔러리제이션 : 사진의 현상 과정 중에 빛을 쏘여 주면 색채가 반전되는 효과

57 ②
오답 피하기
- ① : Cc(참조)는 받는 사람 이외에 추가로 메일을 받을 사람을 지정하는 기능
- ③ : SMTP는 메일을 보낼 때 사용하는 프로토콜
- ④ : 첨부는 문서, 이미지, 동영상 등의 파일을 첨부하는 기능으로, 반드시 암호화할 필요는 없음

58 ③
오답 피하기
- JPEG : 용량이 작지만 화질이 떨어짐
- PNG : 화질이 좋고 JPEG나 GIF보다 용량이 큼
- BMP : 선명한 화질을 가지나 용량이 크며, 웹 브라우저마다 제한이 있음

59 ②
광섬유 케이블은 리피터의 설치 간격을 넓게 설계한다.

60 ④
④는 SSO(Single Sign On)에 대한 설명이다. NFC(Near Field Communication)는 약 10cm 이내의 근거리에서 무선으로 데이터를 교환할 수 있는 비접촉식 통신 기술로, 스마트폰 등에 내장되어 교통카드, 신용카드를 기기에 접촉하면 자동으로 결재되는 시스템 등으로 활용된다.

이기적과 함께 또, 기적
또, 합격

이기적 강의는
무조건 0원!

이기적 영진닷컴

공부하다가
궁금한 사항은?

이기적 스터디 카페

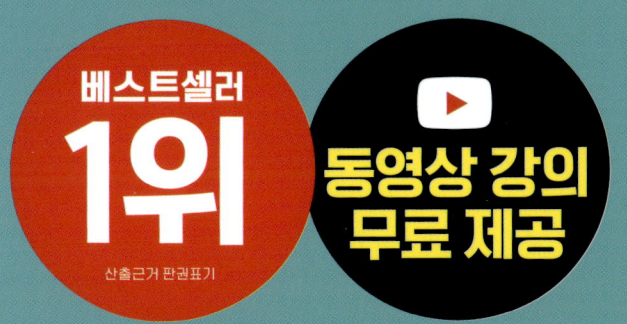

베스트셀러
1위
산출근거 판권표기

동영상 강의
무료 제공

이렇게
기막힌
적중률

필기 + 실기

올인원

All in one

워드프로세서

실기

26

·2026년 수험서·

수험서 30,000원

송재현 저

13000
9 788931 479621
ISBN 978-89-314-7962-1

100% 무료 강의
고퀄리티 저자 직강

자동 채점 서비스
웹으로 빠르게 채점

또기적 합격자료집
구매자 한정 특별 제공

YoungJin.com Y.
영진닷컴

이렇게 기막힌 적중률

워드프로세서
올인원 실기

"이" 한 권으로 합격의 "기적"을 경험하세요!

실기 차례

▶ 표시된 부분은 동영상 강의가 제공됩니다. 이기적 수험서 사이트(license.youngjin.com)에 접속하여 시청하세요.
▶ 본 도서에서 제공하는 동영상은 1판 1쇄 기준 2년간 유효합니다. 단, 출제기준안에 따라 동영상 내용은 변경될 수 있습니다.

실기 시험 출제 경향	2-4
실기 Q&A	2-10
실습 파일 사용 방법	2-15
자동 채점 서비스 사용 방법	2-17

대표 기출 따라하기

문제 확인	2-20
기본 작업	2-23
내용 입력	2-27
세부지시사항	2-33

가장 많이 틀리는 Best 10

글상자의 위치가 시험지와 달라요.	2-80
누름틀의 안내문은 어떻게 수정하나요.	2-83
삽입된 그림이 다르게 보여요.	2-86
지시사항의 색상을 찾지 못하겠어요.	2-89
블록 계산식의 자릿수가 달라요.	2-92
표 내부 정렬이 헷갈려요.	2-95
차트 제목의 글꼴 지시사항이 없어요.	2-98
차트의 위치가 이상해요.	2-101
스타일을 글자에만 지정하래요.	2-106
완성된 문서가 2쪽이 되었어요.	2-109

상시 공략문제

상시 공략문제 01회	2-117
상시 공략문제 02회	2-121
상시 공략문제 03회	2-125
상시 공략문제 04회	2-129
상시 공략문제 05회	2-133
상시 공략문제 06회	2-137
상시 공략문제 07회	2-141
상시 공략문제 08회	2-145
상시 공략문제 09회	2-149
상시 공략문제 10회	2-153
상시 공략문제 11회	2-157
상시 공략문제 12회	2-161
상시 공략문제 13회	2-165
상시 공략문제 14회	2-169
상시 공략문제 15회	2-173

또기적 합격자료집

실기 단기 합격 전략 TIP	PDF
실기 채점 기준 가이드	PDF
필수 단축키 모음	PDF
적중 모의고사 01~03회	PDF

참여 방법
'이기적 스터디 카페' 검색 → 이기적 스터디 카페(cafe.naver.com/yjbooks) 접속
→ '구매 인증 PDF 증정' 게시판 → 구매 인증 → 메일로 자료 받기

실기 시험 출제 경향

01 시험 유형 　2개의 시험 유형 중에 무작위로 출제됩니다.

워드프로세서 실기 시험은 **2개의 유형(B형/C형)**에서 무작위로 출제되고 있습니다. 기능이 다른 것은 아니지만 세부지시사항이 약간씩 다르므로, 문제지를 보고 어떤 순서로 어떻게 작업할지 빠르게 판단할 수 있어야 합니다. 대표적으로 차이가 나는 유형은 아래에서 확인하세요.

최근 기출에서는 **기존 유형에서 벗어난 신유형 기능**이 일부 추가로 출제되고 있습니다. 예를 들어, 누름틀 항목에 이메일 주소를 입력하거나, 원형 차트에서 특정 조각의 색을 변경하는 문제 등이 출제된 바 있습니다. 시행처인 대한상공회의소는 문제 및 해설을 공개하지 않기 때문에, 시험에서 어떤 새로운 기능이 출제될지는 예측하기 어렵습니다. 그러나 공식 출제 기준 내 기능을 충실히 익힌다면, 이전에 보지 못한 유형이 나오더라도 합격에 필요한 점수는 충분히 확보할 수 있습니다.

중요한 건 **정해진 시간 안에 익힌 기능을 빠짐없이 정확히 수행**하는 것이며, 반복해서 차근차근 연습하다보면 원하는 결과를 얻을 수 있습니다.

다단	문서의 본문은 2단으로 편집하되, 단 간격은 8mm, 구분선은 실선 0.12mm로 설정하시오.
	문서의 본문은 1단에서 2단으로 변하는 모양으로 편집하되, 단 간격은 8mm, 구분선은 실선 0.12mm로 설정하시오.

누름틀	입력할 내용의 안내문 : '0000. 0. 0.', 입력 데이터 : '2025. 12. 10.'
	입력할 내용의 안내문 : '이름 직위', 입력 데이터 : '박현진 선임연구원'

차트	• 차트의 모양 : 이중 축 혼합형(묶은 세로 막대형, 표식이 있는 꺾은선형) • 차트의 크기 : 너비 80mm, 높이 65mm, 크기 고정 • 위치 : 본문과의 배치-자리 차지, 가로-단의 가운데 0mm, 세로-문단의 위 0mm • 바깥 여백 : 위쪽 5mm, 아래쪽 7mm • 값 축, 항목 축, 보조 값 축, 범례의 글꼴 설정 : 9pt • 표의 아래 단락에 배치
	• 차트의 모양 : 2차원 원형, 차트 계열색 : **색상 조합 색4** • 데이터 레이블 : **백분율(%), 바깥쪽 끝에** • 차트의 크기 : 너비 80mm, 높이 70mm, 크기 고정 • 위치 : 본문과의 배치-자리 차지, 가로-단의 가운데 0mm, 세로-문단의 위 0mm • 바깥 여백 : 위쪽 5mm, 아래쪽 8mm • 제목의 글꼴 설정 : 맑은 고딕, 진하게 • 데이터 레이블, 범례의 글꼴 설정 : 9pt • 표의 아래 단락에 배치

02 시험지 형식
워드프로세서 실기 시험의 시험지는 PC 화면(듀얼 모니터)으로 제공됩니다.

지시사항

답안 작성 시 유의사항, 편집 용지, 다단 설정, 글자 모양과 문단 모양, 표의 내용 정렬 등에 대해 지시되어 있습니다. 여기에서는 **편집 용지**와 **다단 설정**을 잘 확인하세요.

과목	제한시간
문서편집기능	30분

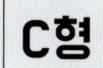

수험번호 :

성　명 :

······················ **다음 쪽의 문서를 아래 지시사항에 따라 작성하시오** ······················

- 작성된 답안의 파일은 지정된 경로 및 파일명을 변경하지 마시고 저장해야 합니다. 이를 준수하지 않으면 실격 처리됩니다.
- 편집 용지
   ○ 용지 종류는 A4 용지(210mm×297mm) 1매에 용지 방향을 세로로 설정하여 문서를 작성하시오.
   ○ 용지 여백은 왼쪽·오른쪽은 20mm, 위쪽·아래쪽은 10mm, 머리말·꼬리말은 10mm, 기타 여백은 0mm로 지정하시오.
- 문서의 본문은 1단에서 2단으로 변하는 모양으로 편집하되, 단 간격은 8mm, 구분선은 실선 0.12mm로 설정하시오.
- 글자 모양
   ○ 글꼴은 별도의 지시가 없는 한 한글 2022의 기본값으로 작성하시오.
   ○ 영문, 숫자, 기호 등은 별도의 지시가 없는 한 자판에 있는 문자를 사용하시오.
- 문단 모양
   ○ 정렬 방식, 여백 등은 문단 모양 기능을 이용하여 작성하시오.
   ○ 문단 모양은 별도의 지시가 없는 한 한글 2022의 기본값으로 작성하시오.
   ○ 사이 줄 띄우기는 각 1줄만, 사이 띄우기는 1칸만 띄우시오.
- 표에서 내용의 정렬 방법
   (제목 행과 '합계(평균)' 셀은 가운데 정렬, 나머지는 열 단위를 기준으로 아래와 같이 정렬)
   ○ 내용의 길이가 서로 다른 문자의 경우 왼쪽 정렬
   ○ 내용의 길이가 서로 다른 숫자의 경우 오른쪽 정렬
   ○ 내용의 길이가 서로 같을 경우 문자, 숫자 상관없이 가운데 정렬
- 색상은 '기본' 테마가 포함된 색상 팔레트를 사용하시오.
- 각 항목은 별도의 지시가 없는 한 주어진 문서에 기준하여 작성하시오.
- 각 항목은 별도의 지시가 없는 한 기본 설정값으로 처리하시오.
- 문제에 제시된 지시사항은 작성하지 않음.

대 한 상 공 회 의 소

세부지시사항

작성해야 할 문서에 지시된 부분을 세부지시사항을 보고 설정해야 합니다. 세부지시사항은 **매번 비슷하면서도 다르게** 출제되고 있습니다. 처음 보는 지시사항이라도 연습을 충분히 했으면 설정할 수 있습니다. 글꼴과 색 부분에서 시간을 너무 잡아먹지 않을 수 있도록 연습해야 합니다. 어떤 지시사항이 나오더라도 **당황하지 않는 것**이 중요합니다.

C형 다음 쪽의 문서를 아래의 〈세부지시사항〉에 따라 작성하시오.

항목	내용
1. 다단 설정	모양-둘, 구분선-구분선 넣기, 적용 범위-새 다단으로
2. 쪽 테두리	• 선의 종류 및 굵기 : 이중 실선 0.5mm, 모두 • 위치 : 쪽 기준, 왼쪽·오른쪽·위쪽·아래쪽 모두 5mm
3. 글상자	• 크기 : 너비 170mm, 높이 24mm, 크기 고정 • 위치 : 본문과의 배치-자리 차지, 가로-종이의 가운데 0mm, 세로-종이의 위 20mm • 바깥 여백 : 아래쪽 8mm • 선 속성 : 검정(RGB:0,0,0), 실선 0.2mm • 색 채우기 : 초록(RGB:40,155,110) 80% 밝게
4. 제목	• 제목(1) : 한컴산뜻돋움, 16pt, 장평(105%), 자간(-4%), 진하게, 하늘색(RGB:97,130,214) 50% 어둡게, 가운데 정렬 • 제목(2) : 여백-왼쪽(360pt)
5. 누름틀	입력할 내용의 안내문 : '0000. 0. 0.', 입력 데이터 : '2025. 5. 28.'
6. 그림	• 경로 : [26]이기적워드올인원₩그림₩핸드폰.TIF, 문서에 포함 • 크기 : 너비 28mm, 높이 18mm • 위치 : 본문과의 배치-글 앞으로, 가로-종이의 왼쪽 23mm, 세로-종이의 위 23mm • 회전 : 좌우 대칭
7. 스타일 (2개소 수정, 3개소 등록)	• 개요 1(수정) : 여백-왼쪽(0pt), 한컴 윤고딕 740, 11pt, 진하게 • 개요 2(수정) : 여백-왼쪽(15pt) • 표제목(등록) : 스타일 이름-표제목, 스타일 종류-문단, 가운데 정렬, 한컴돋움, 진하게 • 참고문헌 1(등록) : 스타일 이름-참고문헌 1, 스타일 종류-문단, 내어쓰기(20pt) • 참고문헌 2(등록) : 스타일 이름-참고문헌 2, 스타일 종류-글자, 그림자
8. 문단 첫 글자 장식	• 모양 : 3줄, 글꼴 : 한컴산뜻돋움, 면 색 : 노랑(RGB:255,215,0), 본문과의 간격 : 3mm • 글자 색 : 하늘색(RGB:97,130,214) 50% 어둡게
9. 각주	글자 모양 : 맑은 고딕, 번호 모양 : 아라비아 숫자 원문자
10. 하이퍼링크	• '십만 대, %'에 하이퍼링크 설정 • 연결 대상 : 웹 주소 - 'https://cafe.naver.com/yjbooks'
11. 표	• 크기 : 너비 78mm~80mm, 높이 33mm~34mm • 위치 : 글자처럼 취급 • 전체 행 : 셀 높이를 같게 • 모든 셀의 안 여백 : 왼쪽·오른쪽 2mm • 테두리 : 표 안쪽은 실선(0.12mm), 표 바깥의 위쪽과 아래쪽은 실선(0.4mm), 표 바깥의 왼쪽과 오른쪽은 없음, 합계 행 위쪽은 이중 실선(0.5mm) • 제목 행 : 셀 배경 색-보라(RGB:157,92,187) 25% 어둡게, 글자 모양-한컴 윤고딕 760, 하양(RGB:255,255,255) • 합계 행 : 셀 배경 색-하양(RGB:255,255,255) 15% 어둡게, 글자 모양-진하게 • 문단의 정렬 방식 : 가운데 정렬
12. 블록 계산식	표의 합계 행에 블록 계산식을 이용하여 블록 합계 산출
13. 캡션	표 아래에 삽입 후 오른쪽 정렬
14. 차트	• 차트의 모양 : 2차원 원형, 차트 계열색 : 색상 조합 색2 • 데이터 레이블 : 백분율(%), 바깥쪽 끝에 • 차트의 크기 : 너비 80mm, 높이 70mm, 크기 고정 • 위치 : 본문과의 배치-자리 차지, 가로-단의 가운데 0mm, 세로-문단의 위 0mm • 바깥 여백 : 위쪽 5mm, 아래쪽 7mm • 제목의 글꼴 설정 : 함초롬돋움, 진하게 • 데이터 레이블, 범례의 글꼴 설정 : 9pt • 표의 아래 단락에 배치
15. 쪽 번호	번호 위치 : 오른쪽 아래, 모양 : 아라비아 숫자, 줄표 넣기 선택, 시작 번호 지정
16. 머리말	한컴 윤고딕 740, 10pt, 진하게, 보라(RGB:157,92,187) 25% 어둡게, 오른쪽 정렬
17. 꼬리말	한컴산뜻돋움, 10pt, 진하게, 하늘색(RGB:97,130,214) 25% 어둡게, 가운데 정렬

문제지

워드프로세서 실기 시험은 빈 한글 문서에서 **직접 글을 작성하는 것부터 시작**입니다. 일단 처음부터 끝까지 문서를 작성한 후에, 문제에 표시된 번호가 있는 항목은 세부지시사항을 보고 설정하고, 전각기호 등 번호가 없는 지시는 **문서를 보고 편집**하세요. 글 작성에 15분 정도 사용하고 **편집 및 설정에 13분** 정도 사용한 후, 마지막으로 **반드시 검토**하는 것도 잊지 마세요.

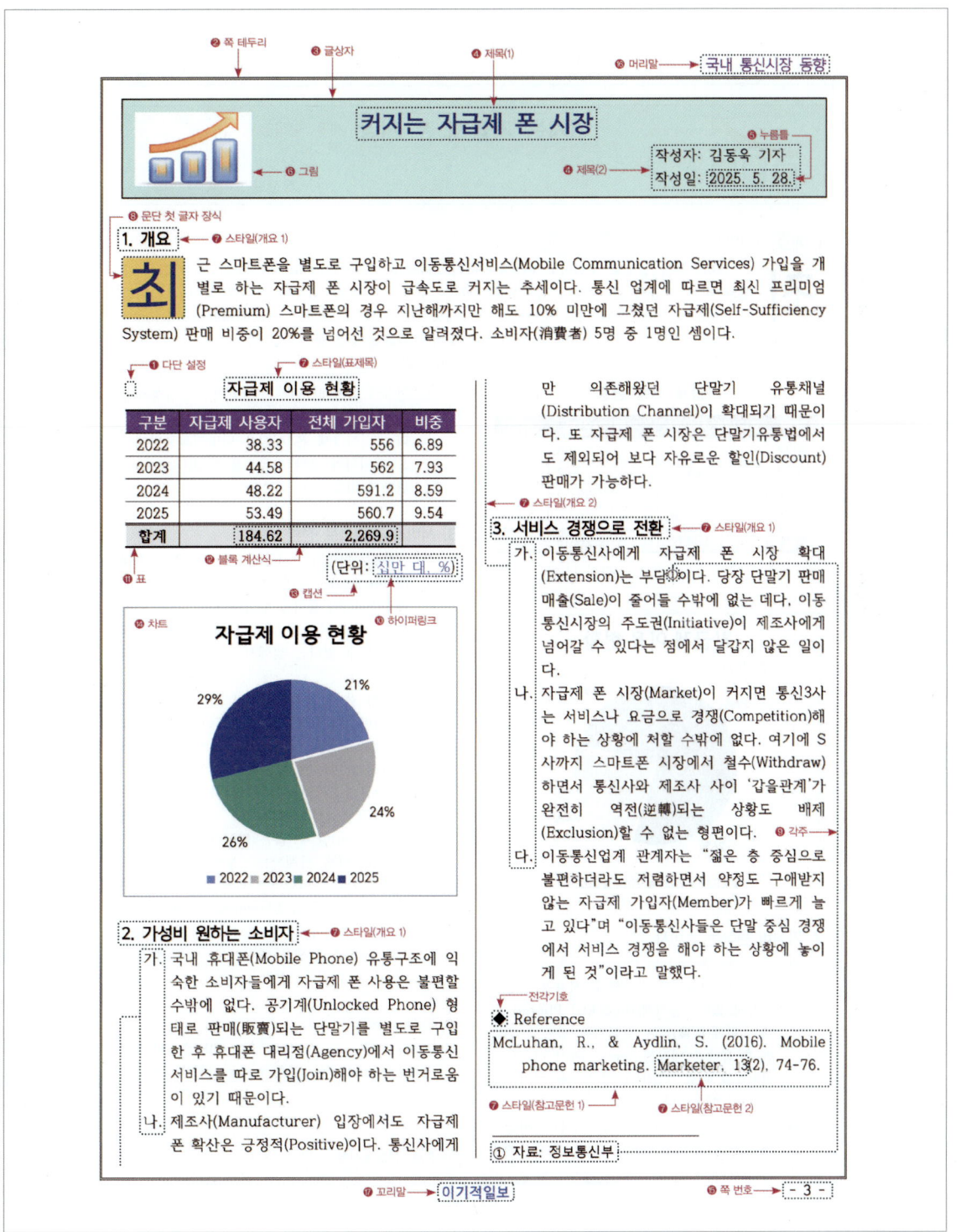

03 채점 기준 누적된 데이터를 참고하여 작성된 감점 사항입니다.

워드프로세서 실기 시험은 공식적으로 발표된 채점 기준이 존재하지 않습니다. 다만, 이기적에서는 수험생들의 합격 여부에 따른 데이터를 바탕으로 채점 기준표를 제공해 드립니다. 어떤 기능을 더 유의하여 작성해야 하는지 참고 자료로 사용해 주세요.

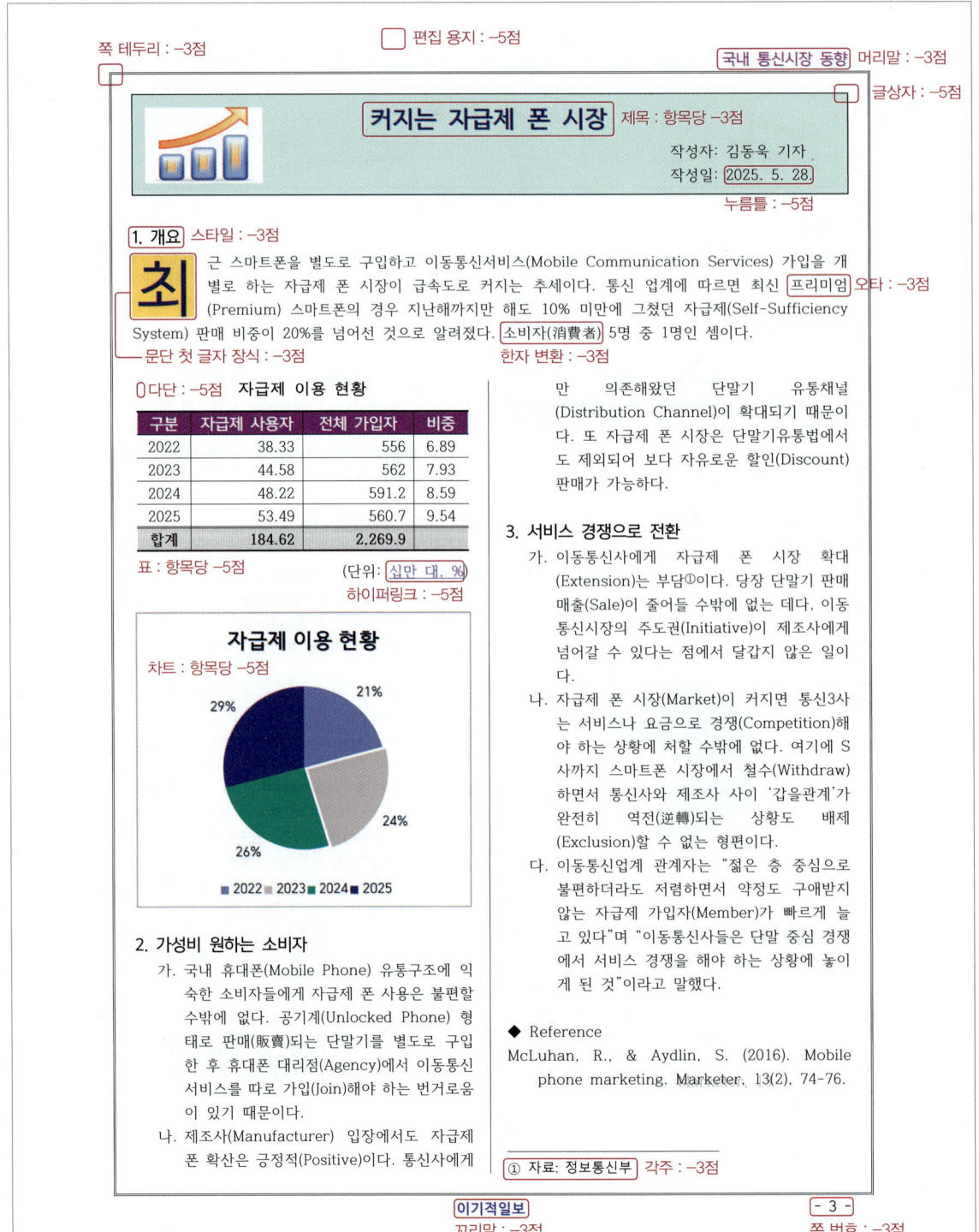

04 단축키 단축키를 사용하여 시간을 줄일 수 있습니다.

워드프로세서 실기 시험에서 단축키를 사용하면 작업 속도를 단축할 수 있지만, 복잡한 단축키의 경우 바로 가기 메뉴나 도구 상자에서 해당 기능을 찾아서 실행하는 것이 빠를 수도 있습니다. 작업을 어떻게 수행하는지는 제출 문서에서 확인할 수 없으므로 작업 결과만 문제지와 동일하면 됩니다. 각자 편한 방법으로 연습하세요.

기본 작업 및 내용 입력

작업	단축키
저장	Alt + S 또는 Ctrl + S
바탕글 수정	F6
편집 용지 설정	F7
다단 설정	Alt → W → U → E

작업	단축키
들여쓰기	Alt + T
한자 변환	F9 또는 한자
문자표	Ctrl + F10
글자 모양	Alt + L

세부지시사항

작업	단축키	작업	단축키
쪽 테두리	Alt → W → B	블록 합계	Ctrl + Shift + S
글상자	Ctrl + N, B	블록 평균	Ctrl + Shift + A
누름틀	Ctrl + K, E	가운데 정렬	Ctrl + Shift + C
문단 모양	Alt + T	오른쪽 정렬	Ctrl + Shift + R
스타일	F6	왼쪽 정렬	Ctrl + Shift + L
바탕글	Ctrl + 1	진하게	Ctrl + B
문단 첫 글자 장식	Alt → J → A → 3	기울임	Ctrl + I
각주	Ctrl + N, N	캡션	Ctrl + N, C
하이퍼링크	Ctrl + K, H	개체 속성	Ctrl + N, K
그림	Ctrl + N, I	쪽 번호	Ctrl + N, P
표	Ctrl + N, T	머리말/꼬리말	Ctrl + N, H
표 내부 셀 크기	Alt + ←, Alt + →	나가기	Shift + Esc

실기 Q&A

내용 입력 관련 문의

Q. 왜 편집 용지 설정을 가장 처음에 해야 하나요?

A. 편집 용지 설정은 언제 하든지 상관없습니다. 그러나 편집 용지 설정에 따라 이후의 쪽 테두리나 글상자의 위치가 다르게 보일 수 있습니다. 혼란을 줄이기 위해서라도 문제지의 편집 용지 설정을 확인한 후 가장 먼저 설정하는 것이 좋습니다.

Q. 전각문자로 표시되어 있지 않은 특수문자는 반드시 키보드에서 찾아 입력해야 하나요?

A. 네, 문제지에 전각문자로 입력하라는 지시사항이 없다면 키보드에서 입력해야 합니다. 워드프로세서 실기 시험에 자주 출제되는 특수문자로는 하이픈(-), 큰 따옴표(""), 작은 따옴표(''), 퍼센트(%), 앳(@) 등이 있습니다.

Q. 단어의 띄어쓰기를 잘 모르겠어요.

A. 한 행이 넘어가면서 단어가 시작될 경우에 앞의 단어와 뒤의 단어 사이에 띄어쓰기를 해야 하는지 애매할 때가 있습니다. 이럴 경우에는 다른 단어들을 참고해서 유추하는 수밖에 없습니다. 예를 들어 '금융기관'을 띄어써야 하는지 모르겠는데, 앞의 문장의 '교육기관'에서 띄어쓰지 않았다면 '금융기관'도 띄어쓰지 않았을 확률이 높습니다.

Q. 문제지에 오타가 있어요.

A. 그래도 오타 그대로 입력해야 합니다. 워드프로세서 실기 시험은 문제지와 똑같은 문서를 만드는 시험입니다. 예를 들어 문서에 '교육기관'이 '교육가관'으로 잘못 입력되어 있더라도 그대로 '교육가관'으로 작성해야 합니다. 임의로 변경하여 작성하면 감점 사항입니다. 만약 시험을 보다가 헷갈린다면 시험 감독관에게 문의하면 됩니다.

Q. 단어 사이의 간격이 한 칸보다 더 넓은 것 같아요.

A. 그래도 한 칸만 띄어야 합니다. 단어와 단어 사이의 간격이 넓어 보인다면 워드 랩과 영문 균등 때문이므로, 정상적으로 모든 편집을 완료한 후에 확인하면 문제지처럼 똑같이 간격이 벌어져 있는 것을 확인할 수 있습니다.

Q. 영문 대/소문자를 구분해야 하나요? 계속 대문자로 작성됩니다.

A. 영문 대문자와 소문자를 구분하여 작성하는 것도 채점 기준에 포함됩니다. 만약 계속 대문자로 작성된다면 키보드의 [Caps Lock]이 켜져 있는지 확인해 보세요. [Caps Lock]을 한 번 더 눌러 기능을 끄거나 [Shift]를 누른 채로 입력하면 소문자를 입력할 수 있습니다.

※ 더욱 자세한 사항은 대한상공회의소 자격평가사업단 홈페이지(license.korcham.net)를 참고하시기 바랍니다.

내용 편집 관련 문의

Q. 입력하지 않은 주황색 글씨가 나타나서 입력한 글씨들의 위치가 변경되었어요.

A. [보기] 메뉴의 '조판 부호'가 체크되어 있을 때 나타나는 현상입니다. 이 기능을 체크하고 제출한다고 해서 감점이 되는 것은 아니지만 검토를 할 때 오타 등을 확인하는 데 불편을 줄 수 있으니 작성 시에는 체크를 해제한 후 필요할 때만 잠깐씩 켜서 보는 것이 좋습니다.

Q. 문단을 시작할 때 자동으로 들여쓰기가 됩니다.

A. Ctrl + 1 을 눌러 바탕글로 설정해 주세요. 문제지에 들여쓰기가 설정되어 있지 않은 문단이나 개체가 들여쓰기 되는 경우 감점 사항입니다. 만약 문제지에 들여쓰기가 설정되어 있다면, 일단 '바탕글' 상태에서 모든 내용을 입력한 다음에 편집 시 들여쓰기를 설정해 주세요.

Q. 글꼴에 '궁서'로 되어 있는데 '궁서체'로 지정했어요.

A. '궁서'와 '궁서체'는 다른 글꼴입니다. 문제지의 글꼴을 잘 보고 선택해 주세요. 헷갈리는 글꼴로는 '돋움/돋움체', '바탕/바탕체', '한컴 윤고딕 ○○○' 등이 있습니다. 잘못 지정하면 감점 사항이니 주의해 주세요.

Q. 개요 스타일 부분에서 감점이 됩니다.

A. '개요 1'과 '개요 2' 스타일의 '1.'과 '가.'는 스타일을 적용하면 자동으로 입력됩니다. 만약 내용 입력 시 '1.'과 '가.'까지 입력했다면 '1. 1.'과 '가. 가.'로 입력되어 감점 사항입니다.

Q. 각주랑 머리말, 꼬리말을 지시사항 대로 수정했는데 감점이 됐어요.

A. 각주, 캡션, 머리말/꼬리말 등은 각각의 스타일이 적용된 상태로 생성됩니다. 예를 들어 머리말을 생성하고 내용을 입력한 다음에 지시사항대로 수정했는데 스타일이 '바탕글'로 되어 있다면 '머리말' 스타일로 변경한 다음에 다시 지시사항에 맞게 수정해 주어야 합니다.

Q. 이메일 주소를 입력하고 Enter 를 치니깐 하이퍼링크가 자동으로 만들어졌어요.

A. 문제지에 지시되지 않은 하이퍼링크가 만들어졌다면 삭제해 주어야 합니다. 하이퍼링크는 이메일 주소나 홈페이지 주소 등에 자동으로 입력될 수 있습니다. 이러한 경우에는 하이퍼링크가 지정된 곳에 마우스 커서를 올려두고 마우스 오른쪽 버튼을 눌러 바로 가기 메뉴에서 [하이퍼링크 지우기]를 클릭하면 삭제할 수 있습니다.

※ 더욱 자세한 사항은 대한상공회의소 자격평가사업단 홈페이지(license.korcham.net)를 참고하시기 바랍니다.

표 관련 문의

Q. 표 안에 내용을 입력했는데 2줄이 됐어요.

A. 표의 내용을 전부 입력하고 2줄이 되는 열을 블록 지정한 후에 [Shift] + [→] 또는 [Alt] + [→]로 셀 넓이를 조절해 주어야 합니다. 2줄인 상태로 문제지의 '셀 높이를 같게'를 설정하면 표 전체 높이가 문제지의 범위에서 벗어나게 되어 감점됩니다. 이때 [Shift]나 [Alt] 대신 [Ctrl]을 누르면 표 전체 너비가 수정되므로 주의하세요.

Q. 표 내용 정렬을 어떻게 해야 하는지 잘 모르겠어요.

A. 표 안의 데이터 정렬은 구분 행과 합계(평균) 셀을 제외하고 '열' 기준으로 하면 됩니다. 헷갈린다면 문제지의 정렬을 보고 참고해서 정렬하면 됩니다.

Q. 표 안의 내용을 문제지에 맞게 정렬했는데, 가운데 정렬 감점이 됐어요.

A. 지시사항에 표를 가운데 정렬하라는 내용이 있습니다. 수험생들이 자주 잊고 넘어가는 지시사항이라서 감점이 빈번하게 이루어집니다. 표를 글자처럼 취급으로 만든 후 바로 가운데 정렬을 하는 습관을 가질 수 있도록 충분히 연습하세요. 표의 너비 때문에 양쪽 정렬과 가운데 정렬이 육안으로는 구분되지 않으므로 잊지 않도록 주의해야 합니다.

Q. 표에서 여백을 수정했는데 감점이 됐어요.

A. 표의 여백에는 '바깥 여백'과 '모든 셀의 안 여백'이 있습니다. 표의 지시사항에서 제시한 모든 셀의 안 여백이 아닌 바깥 여백을 수정하면 감점 사항입니다. 문제지에서 어떤 여백을 수정해야 하는지 확인하고 수정해 주세요.

Q. 블록 계산식으로 계산했는데 감점이 되었어요.

A. 블록 계산식으로 계산한 숫자를 클릭하면 『』가 흐린 회색으로 보입니다. 이 괄호가 없으면 일반 숫자로 입력한 것으로 되어 감점됩니다. 블록 계산식으로 계산한 후 『』를 지우지 않도록 주의해 주세요.

Q. 블록 계산식으로 평균을 계산한 후에 문제에 맞게 소수점 자리를 수정했는데, 마지막 숫자가 달라요.

A. [계산식]에서는 소수점 아래의 필요 없는 자리의 숫자는 버려지거나 반올림됩니다. 예를 들어 54.75를 '소수점 이하 한 자리'로 수정해 '54.8'이 되어야 한다면 [계산식]에서 '소수점 이하 한 자리'로 형식을 수정하고, '54.7'이 되어야 한다면 [계산식]을 수정하지 말고 소수점 아래 숫자인 '5'를 지워 '54.7'로 만들면 됩니다. 이때도 마찬가지로 『』를 지우지 않도록 주의해 주세요.

※ 더욱 자세한 사항은 대한상공회의소 자격평가사업단 홈페이지(license.korcham.net)를 참고하시기 바랍니다.

차트 관련 문의

Q 차트를 만들 때 데이터를 잘못 가져왔어요.

A 차트를 클릭하고 바로 가기 메뉴에서 [데이터 편집]을 선택하면 차트의 데이터를 편집할 수 있습니다. 모든 설정을 완료한 후에는 이 방법으로 수정하는 것이 편하지만, 처음 만들었을 때 데이터가 잘못 되었다는 것을 알았다면 차트를 삭제하고 다시 표에서 데이터를 선택한 후에 제대로 된 차트를 만드는 것이 빠를 수도 있습니다. 각자 편한 방법으로 연습해 보세요. 중요한 것은 문제지의 차트를 보고 정확하게 데이터를 선택하는 것이 시간을 줄일 수 있는 가장 빠른 방법입니다.

Q 항목 축과 범례 사이에 가로 줄이 생겼어요.

A 한글 프로그램의 오류이거나 보조 축을 만들면서 생기는 오류입니다. 차트를 클릭하고 [차트 디자인]-[차트 구성 추가]에서 [축]-[보조 가로]를 체크했다가 다시 한 번 체크 해제해 주세요. 그러면 항목 축과 범례 사이에 가로 줄이 사라집니다.

Q 차트의 [개체 속성] 대화상자에서 위치를 지시사항 대로 수정했는데 문제지랑 다른 위치로 이동했어요.

A 차트가 만들어진 위치에 따라 다른 곳으로 이동할 수 있습니다. 이럴 경우에는 차트를 그냥 두면 안 되고 표 아래 단락에 위치하도록 해주어야 합니다. 차트를 선택한 후, Ctrl + X 를 눌러 오려 두기를 하고 표 아래 줄에 커서를 둔 뒤 Ctrl + V 를 눌러 붙이기를 해주세요. 차트의 위치를 정확하게 알기 위해서는 [보기] 도구 상자의 '문단 부호'와 '조판 부호'에 체크하면 됩니다.

Q 차트 아래에 빈 줄이 있는 것 같아요.

A 문제지에서 봤을 때에는 차트 위 아래로 빈 줄이 하나씩 있는 것 같아 보입니다. 하지만 차트 아래의 공간은 차트의 '바깥 여백'을 지정하면 자연스럽게 생기는 것입니다. 지시사항 대로 마지막까지 설정한 후에, 차트 아래 공간 및 왼쪽 단의 마지막 본문 내용이 문제지와 동일한지 확인해 주세요.

Q 차트에서 주 눈금을 '바깥쪽'으로 설정했는데, 눈금선이 문제지와 다르게 표시돼요.

A 한컴오피스 버전 차이 또는 패치파일 적용 여부에 따라 눈금선이 문제지와 다르게 표시될 수 있습니다. 이 경우에는 기능의 사용법과 설정 방법만 익히시고 넘어가시길 권장 드립니다. 실제 시험 환경에서는 프로그램 버전이 통일되어 있어 이러한 차이가 발생하지 않으므로 걱정하지 않으셔도 됩니다.

※ 더욱 자세한 사항은 대한상공회의소 자격평가사업단 홈페이지(license.korcham.net)를 참고하시기 바랍니다.

기타 문의

Q 도서를 구매했는데 동영상 강의를 들으면서 공부하고 싶어요.

A 이기적 수험서 사이트(https://license.youngjin.com)에서 회원가입을 하고 로그인 후, [무료동영상]-[워드프로세서] 메뉴에서 가지고 있는 책을 클릭해 주세요. 간단한 인증 과정을 거치면 동영상 시청이 가능합니다. 또한 이기적 유튜브 채널(www.youtube.com/@ydot0789)에서도 강의를 시청할 수 있으므로, 원하는 방법으로 학습하세요.

Q 공부하는 데 필요한 자료는 어디에서 다운로드 받아야 하나요?

A 이기적 수험서 사이트의 [자료실]-[워드프로세서] 메뉴에서 도서에 필요한 자료를 다운로드 받을 수 있습니다. 가지고 있는 책 표지를 확인하고 다운로드 받아야 정확한 자료로 공부할 수 있으니, 다시 한번 확인해 주세요.

Q 자동 채점 서비스를 이용하고 싶어요.

A 워드프로세서 실기 자동 채점 서비스는 웹 채점으로만 제공됩니다. 이기적 수험서 사이트의 배너 또는 자료실의 링크로 접속할 수 있으며, 직접 http://onlinegrade.co.kr을 입력하여 접속할 수도 있습니다.

Q 채점을 해보니 0점으로 나오는데 왜 그러는 걸까요?

A 채점 서비스는 중복 감점을 허용하고 있습니다. 예를 들어 '이기적 워드'라고 입력해야 하는데 '이가적 워드'라고 잘못 입력했다면 글자 부분과 단어 부분에서 중복으로 감점됩니다. 이처럼 감점 점수가 100점을 넘게 되면 0점으로 표시됩니다. 가장 많이 중복 감점되는 부분이 오타 부분인데, 이 부분은 시험에서는 절대 감점되어서는 안 되는 부분입니다. 워드프로세서 실제 시험에서도 채점 시 수기로도 채점하므로 자동 채점 서비스는 부수적으로만 이용해 주세요.

Q 자동 채점 서비스로 채점했는데 무엇을 틀렸는지 모르겠어요.

A 우선 다운로드 받은 정답 파일을 열고 문서를 비교해 보세요. 한글 프로그램의 [검토]-[문서 비교] 메뉴에서 정답 파일과 수험생이 작성한 파일을 비교해 볼 수 있습니다. 그래도 모르겠다면 이기적 스터디 카페(https://cafe.naver.com/yjbooks)의 [질문 답변] 게시판에 직접 작성한 파일과 함께 문의해 주세요.

Q 내용에 틀린 부분이 있는 것 같아요.

A 수험서로서 오타 및 오류가 없도록 더욱 노력하겠습니다. 만약 공부하다가 발견되는 오류는 book2@youngjin.com으로 보내주세요. 다음 도서 제작 시 수정하여 더욱 양질의 도서를 만들 수 있도록 하겠습니다. 이기적을 믿고 선택해 주신 수험생분들의 합격을 응원합니다.

※ 더욱 자세한 사항은 대한상공회의소 자격평가사업단 홈페이지(license.korcham.net)를 참고하시기 바랍니다.

실습 파일 사용 방법

01 파일 다운로드하기

1. 이기적 수험서 사이트(https://license.youngjin.com)의 [자료실]-[워드프로세서] 게시판에 접속하세요.

2. '[2026] 이기적 워드프로세서 필기+실기 올인원' 게시글을 클릭하여 첨부파일을 바탕 화면에 다운로드하세요.

3. 다운로드 받은 '[26]이기적워드올인원' 압축파일에서 마우스 오른쪽 버튼을 눌러 '"[26]이기적워드올인원"에 압축풀기'를 클릭하세요(압축을 정상적으로 풀어야 파일을 사용할 수 있습니다).

02 파일 사용하기

1. 압축이 풀린 '[26]이기적워드올인원' 폴더를 더블 클릭하여 열어주세요.

2. 폴더 안에 도서에 필요한 모든 자료가 들어 있습니다.

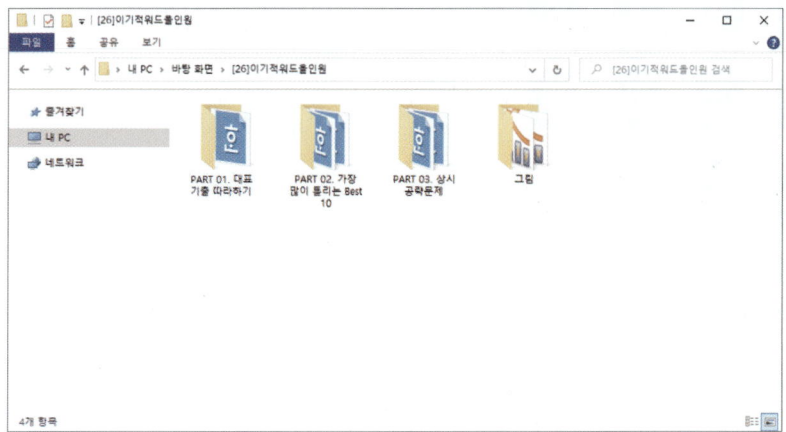

3. 실습 파일 폴더의 자료를 활용하여 효율적으로 공부하세요.
   ① 'PART 01. 대표 기출 따라하기'를 공부할 때 사용하는 파일과 정답이 들어있어요.

② 'PART 02. 가장 많이 틀리는 Best 10'의 '문제로 연습하기'에서 사용하는 파일과 정답이 들어있어요.

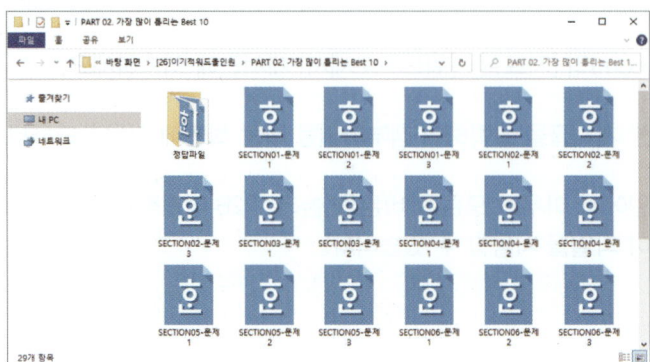

③ 'PART 03. 상시 공략문제'를 공부할 때 사용하는 파일과 정답이 들어있어요.

④ Part 01~03을 공부할 때 사용하는 그림 파일이 들어있어요.

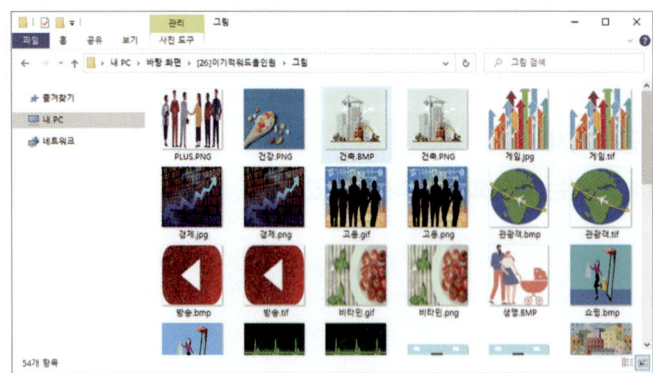

※ **실습 파일 사용 시 주의사항**
워드프로세서 실기 시험은 **빈 문서에 내용을 입력하는 것부터 시험 시작**입니다. 실습 파일 폴더에 들어있는 '대표 기출 따라하기.hwp', '상시 공략문제 01회.hwp~상시 공략문제 15회.hwp' 파일은 **편집 기능만 연습하기 위해 사용하는 파일**이므로 처음 실기 시험 공부를 할 때에는 **반드시 빈 문서에서 차근차근 연습**해 주세요.

자동 채점 서비스 사용 방법

01. 자동 채점 서비스 접속하기

1. 이기적 워드프로세서 **자동 채점 서비스 사이트(http://onlinegrade.co.kr)**에 접속하세요.

2. [온라인 채점] 메뉴를 클릭한 후, 채점하고 싶은 **교재를 선택**하세요.
   (교재를 잘못 선택하면 채점 결과가 정확하지 않습니다.)

02. 직접 작성한 파일 채점하기

1. [회차선택]에 채점하려는 회차를 선택하고 [파일선택]에는 수험생이 작성한 파일을 찾아서 선택한 후, [채점하기] 버튼을 누릅니다.

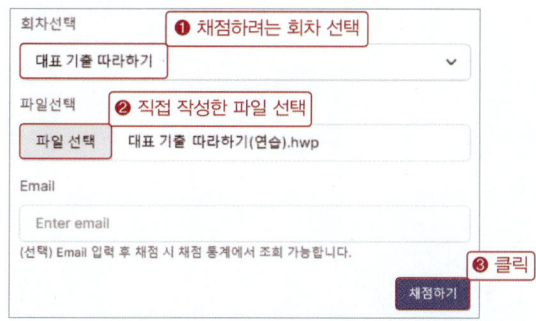

2. [감점내역]에서는 어떤 부분들이 틀렸는지 확인할 수 있습니다.

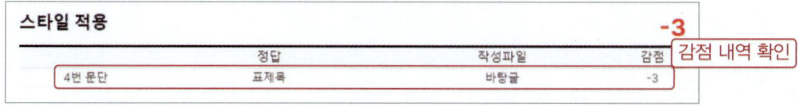

3. [채점결과]에서는 점수와 합격 여부, 다른 수험생들의 평균 점수 등을 확인할 수 있습니다.

대표 기출 따라하기

CONTENTS

- 문제 확인
- 기본 작업
- 내용 입력
- 세부지시사항

01 문제 확인

작업파일 : 시험 문제지의 구성을 알아두세요.

과목	제한시간
문서편집기능	30분

C형

수험번호 : _____

성   명 : _____

·············· **다음 쪽의 문서를 아래 지시사항에 따라 작성하시오** ··············

■ 작성된 답안의 파일은 지정된 경로 및 파일명을 변경하지 마시고 저장해야 합니다. 이를 준수하지 않으면 실격 처리됩니다.

■ 편집 용지
  ○ 용지 종류는 A4 용지(210mm×297mm) 1매에 용지 방향을 세로로 설정하여 문서를 작성하시오.
  ○ 용지 여백은 왼쪽·오른쪽은 20mm, 위쪽·아래쪽은 10mm, 머리말·꼬리말은 10mm, 기타 여백은 0mm로 지정하시오.

■ 문서의 본문은 1단에서 2단으로 변하는 모양으로 편집하되, 단 간격은 8mm, 구분선은 실선 0.12mm로 설정하시오.

■ 글자 모양
  ○ 글꼴은 별도의 지시가 없는 한 한글 2022의 기본값으로 작성하시오.
  ○ 영문, 숫자, 기호 등은 별도의 지시가 없는 한 자판에 있는 문자를 사용하시오.

■ 문단 모양
  ○ 정렬 방식, 여백 등은 문단 모양 기능을 이용하여 작성하시오.
  ○ 문단 모양은 별도의 지시가 없는 한 한글 2022의 기본값으로 작성하시오.
  ○ 사이 줄 띄우기는 각 1줄만, 사이 띄우기는 1칸만 띄우시오.

■ 표에서 내용의 정렬 방법
  (제목 행과 '합계(평균)' 셀은 가운데 정렬, 나머지는 열 단위를 기준으로 아래와 같이 정렬)
  ○ 내용의 길이가 서로 다른 문자의 경우 왼쪽 정렬
  ○ 내용의 길이가 서로 다른 숫자의 경우 오른쪽 정렬
  ○ 내용의 길이가 서로 같을 경우 문자, 숫자 상관없이 가운데 정렬

■ 색상은 '기본' 테마가 포함된 색상 팔레트를 사용하시오.

■ 각 항목은 별도의 지시가 없는 한 주어진 문서에 기준하여 작성하시오.

■ 각 항목은 별도의 지시가 없는 한 기본 설정값으로 처리하시오.

■ 문제에 제시된 지시사항은 작성하지 않음.

대 한 상 공 회 의 소

01 워드프로세서의 개요

1. 워드프로세서의 정의
- 문서를 작성하고 편집, 저장, 인쇄 등의 처리를 할 수 있는 소프트웨어와 하드웨어
- 워드프로세서를 작성하는 소프트웨어에는 한글, MS워드, 훈민정음 등이 있음

2. 워드프로세서의 특징 ★
- 신속성 : 다양한 문서를 빠르게 작성하여 시간과 노력 절약
- 정확성 : 맞춤법 검사 등으로 문서의 오류 감소
- 전송성 : 모바일, 팩시밀리 등으로 전송 및 공유 가능
- 저장성 : 보조 기억 장치에 반영구적으로 보관 가능
- 출력성 : 작업 문서를 프린터나 파일로 인쇄 가능
- 유지보수성 : 문서 작성 및 관리의 전산화로 유지 관리 용이
- 보안성 : 문서 수정이 쉬우므로 보안에 유의 필요

3. 워드프로세서를 위한 하드웨어 구성

입력 장치	• 문자, 기호, 그림 등의 데이터를 전기적 신호로 변환하여 컴퓨터의 기억 장치로 전달하는 기능 • 종류 : 키보드, 마우스, 스캐너, 디지털 카메라, OMR, OCR, MICR, 바코드 판독기, 디지타이저/태블릿, 터치 패드, 라이트 펜 등
표시 장치	• 입력된 내용이나 처리된 결과를 화면에 표시하여 편집할 수 있도록 해주는 기능 • 종류 : CRT, LCD, PDP, FED, LED, OLED 등
저장 장치	• 작업한 정보를 보조 기억 장치에 기억하는 기능 • 종류 : 하드 디스크, CD-ROM, DVD, USB 메모리 등
출력 장치	• 처리된 정보나 내용을 종이나 필름 등에 인쇄하는 기능 • 종류 : 프린터, 플로터, COM(마이크로필름장치) 등

02 워드프로세서의 기본 용어

- 강제 개행(Hardware Return) : 한 줄에 문자가 다 채워지지 않은 상태에서 Enter를 눌러 다음 줄로 이동하는 기능
- 자동 개행(Software Return) : 한 줄에 문자가 다 채워지면 자동으로 다음 줄로 이동하는 기능
- 다단 편집 : 하나의 화면을 2단 이상으로 나누어 편집하는 기능
- 디폴트(Default) : 전반적인 규정이나 서식 설정 등에 대해 미리 가지고 있는 값
- 래그드(Ragged) : 문서의 한쪽 끝이 정렬되어 있지 않은 상태
- 마진(Margin) : 문서 작성 시 페이지의 상, 하, 좌, 우에 두는 공백
- 보일러 플레이트(Boiler Plate) : 작성 중인 문서의 일부분에 주석, 메모 등을 적어 놓기 위해 따로 설정한 구역
- 색인(Index) : 본문 속의 중요한 용어들을 문서의 맨 뒤에 모아 그 용어들이 책의 몇 페이지에 있는지 알려주는 기능
- 센터링(Centering) : 문서가 가운데를 기준으로 좌우 균등하게 정렬되어 있는 상태(= 가운데 정렬)
- 소트(Sort) : 문서 내용을 오름차순이나 내림차순으로 재배열하는 기능
- 워드 랩(Word Wrap) : 줄 끝에 있는 영어 단어가 다음 줄까지 이어질 때 단어를 자르지 않고 다음 줄로 넘기는 기능
- 영문 균등(Justification) : 워드 랩 등으로 인한 공백을 처리하기 위해 단어와 단어 사이를 균등하게 배분함으로써 균형을 맞추는 기능

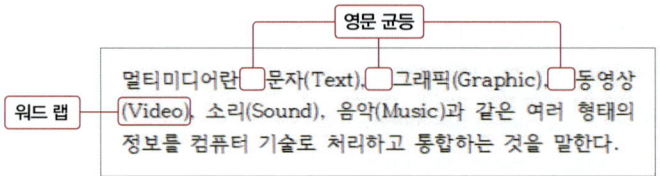

- 옵션(Option) : 메뉴나 기능을 수행할 때 제시되는 선택 항목
- 캡션(Caption) : 표나 그림에 붙이는 제목이나 간단한 설명
- 문자 피치(Character Pitch) : 1인치에 표시되는 문자 수로, 숫자가 클수록 글자 사이의 간격이 좁아짐
- 클립아트(Clip Art) : 잘라낸 그림이라는 의미로, 컴퓨터로 문서를 작성하거나 편집할 때 편리하게 사용할 수 있도록 만들어 놓은 그래픽 데이터 모음

03 입력 및 저장 기능

1. 저장하기 ✦*

- 주기억 장치(RAM)의 내용을 보조 기억 장치에 저장하는 기능
- 워드프로세서 간의 파일 저장 형태에 따라 다양한 형태로 저장 가능
- 저장 시 암호(Password)를 지정하여 문서의 보안 유지 가능
- 예기치 않은 사고에 대비하여 일정한 시간 간격으로 저장해 주는 자동 저장(ASV) 기능 제공
- 원본 파일이 삭제되거나 파괴되었을 경우 복구를 위해 백업(BAK) 파일을 만들어 주는 기능 제공

2. 파일 이름 및 확장자(Extension)

- 파일 이름은 문서의 성격 및 내용을 쉽게 알 수 있도록 짧게 지정
- 확장자는 파일의 특정 의미를 알려 주기 위해 파일명 뒤에 붙이는 이름이며 점(.)으로 구분
- 확장자는 문서 작성 프로그램에 따라 정해지지만 사용자가 다른 형식으로 확장자를 바꾸어 저장 가능

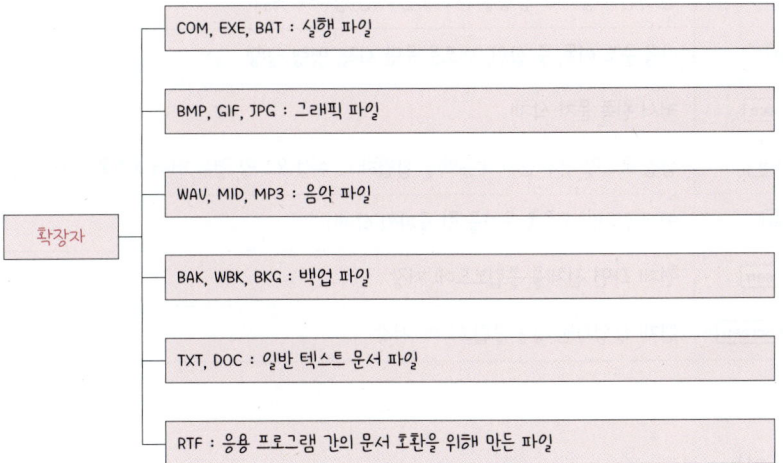

확장자
- COM, EXE, BAT : 실행 파일
- BMP, GIF, JPG : 그래픽 파일
- WAV, MID, MP3 : 음악 파일
- BAK, WBK, BKG : 백업 파일
- TXT, DOC : 일반 텍스트 문서 파일
- RTF : 응용 프로그램 간의 문서 호환을 위해 만든 파일

3. 키보드 기능 ✿*

기능키	• 하나의 키로 자주 사용되는 워드프로세서 기능들을 수행하는 키 • F1 ~ F12
토글키	• 하나의 키로 두 가지의 기능을 수행하는 키 • 한/영, Insert, Caps Lock, Num Lock, Scroll Lock 등
조합키	• 단독으로 사용하지 않고 다른 키와 함께 사용하여 특수한 기능을 수행하는 키 • Shift, Ctrl, Alt
바로 가기 키 (단축키)	• 자주 사용되는 기능을 빠르게 실행하기 위해 사용하는 키 • 복사하기 Ctrl + C, 오려두기 Ctrl + X, 붙이기 Ctrl + V, 되살리기 Ctrl + Z

4. 기타 키의 기능

Esc	선택된 기능이나 명령을 취소 또는 이전 상태로 복귀
Enter	다음 줄로 이동, 줄 삽입, 새로운 문단 시작, 명령 실행
Back Space	커서 왼쪽 문자 삭제
Space Bar	삽입 모드일 경우 문자의 공백을 삽입하고, 수정 모드일 경우 커서 오른쪽 문자 삭제
Delete	커서 위치의 오른쪽 문자를 한 글자씩 삭제
Print Screen	현재 화면 전체를 클립보드에 저장
Alt + Print Screen	현재 활성화된 창을 클립보드에 저장

> **TIP** 토글키의 기능
> - 한/영 : 한글/영문 입력 전환
> - Insert : 입력 모드의 삽입/수정 전환
> - Caps Lock : 영문 대/소문자 전환
> - Num Lock : 숫자/방향 전환
> - Scroll Lock : 스크롤 기능의 설정/해제 전환

5. 한글 코드

완성형 한글 (KS X 1001, 1987)	• 완성된 글자마다 코드값 부여 • 정보 교환용 코드로 사용 • 코드가 부여되지 않은 한글은 사용 불가 • 영문·숫자는 1바이트, 한글·한자·기타 특수문자는 2바이트로 표현
조합형 한글 (KS X 1001, 1992)	• 초성, 중성, 종성에 코드값을 부여하고 조합하여 문자 표현 • 정보 처리용 코드로 사용
유니코드 ✦* (KS X 1005-1)	• 완성형 코드에 조합형 코드를 반영 • 완성형 한글 11,172자와 조합형 한글 자모 240자 사용 • 국제 표준 코드로, 정보 처리용/정보 교환용 코드로 사용 • 한글, 한자, 영문, 공백 등 모든 문자를 2바이트로 표현 • 기억 공간을 많이 차지함

6. 한자 입력 ✦*

- 한자의 음을 아는 경우 : 한글/한자 음절 단위 변환, 단어 변환, 문장 자동 변환 등을 이용
- 한자의 음을 모르는 경우 : 부수 입력, 외자 입력, 2Stroke 입력 등을 이용

> 외자 입력: 코드 테이블을 이용하여 미리 약속된 코드값의 한자를 입력하는 방법

7. 금칙 처리 ✦*

문서에서 행의 처음이나 마지막에 올 수 없는 문자나 기호

행두 금칙 문자	• 행의 처음에 올 수 없는 문자 • . , ' " : ; ? !)] } 』 」 > ℃ °F
행말 금칙 문자	• 행의 마지막에 올 수 없는 문자 • ' " ([{ 『 「 < # $ № ☎

04 표시 기능

1. 한글 2022의 화면 구성 ✯

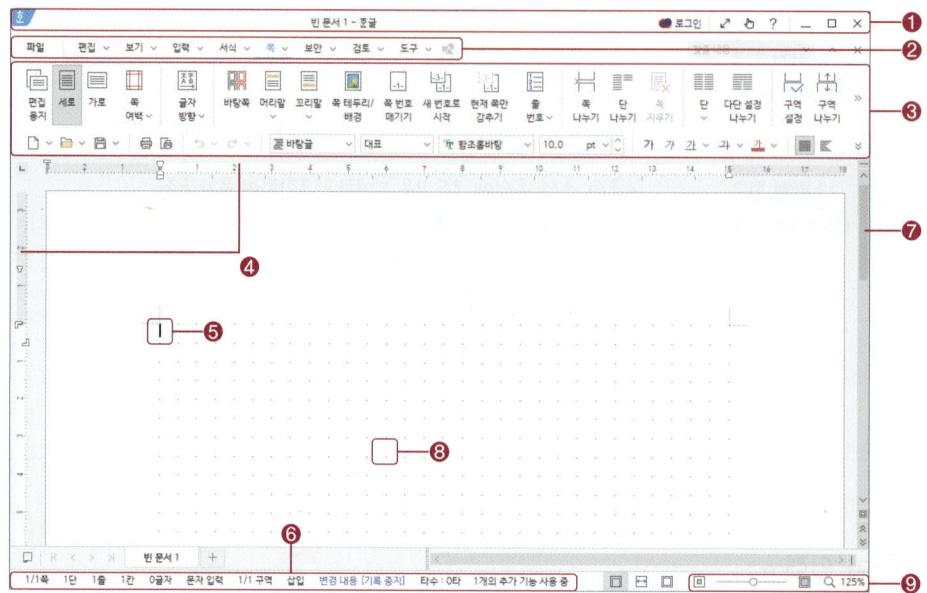

❶ **제목 표시줄** : 창의 위쪽에 위치하며, 파일명, 제어상자, 빠른 실행 도구 모음, 창 조절 단추를 표시

❷ **주 메뉴(Main Menu)** : 문서 편집 시 필요한 기능을 풀다운 메뉴 방식으로 불러와 사용하는 방식으로, 특정 키를 누르거나 마우스 포인터로 원하는 메뉴 위치에서 선택

❸ **도구 상자** : 쉽고 빠르게 작업할 수 있도록 자주 사용되는 기능을 아이콘화한 것

❹ **눈금자(Ruler)** : 왼쪽·오른쪽 여백, 들여쓰기와 내어쓰기의 위치, 탭의 위치 등을 표시

❺ **커서(Cursor)** : 작업 위치를 화면에 나타내는 것으로 밑줄(_), 사각형(■), 세로 직선(|) 등으로 표시

❻ **상태 표시줄(Status Line)** : 편집상의 여러 가지 정보를 표시하는 곳으로 자판 종류, 커서 위치, 입력 상태 등이 표시

❼ **스크롤 바(Scroll Bar)** : 마우스 포인터를 이용하여 화면을 상, 하, 좌, 우로 이동할 때 사용

❽ **격자(Grid)** : 그림을 그릴 때 정확한 간격을 맞추어 세밀한 편집을 할 수 있도록 편집 화면에 보이는 점 또는 선

❾ **화면 확대** : 문서의 실제 크기를 바꾸지 않고 화면에 보이는 크기만 확대하거나 축소하는 기능으로, 인쇄 결과에는 영향을 미치지 않음

2. 화면 표시 방식

구분	텍스트 모드	그래픽 모드
화면 구성	점(Dot)	픽셀(Pixel)
장점	• 처리 속도가 빠름 • 기억 공간을 적게 차지	• 위지윅(WYSIWYG) 방식 • 글자체가 다양하고 섬세함 • 그림 편집이 쉬움
단점	• 인쇄하기 전에는 인쇄 내용을 확인할 수 없음 • 글자체가 다양하지 못하며, 그림 편집이 어려움	• 처리 속도가 느림 • 기억 공간을 많이 차지

※ What You See Is What You Get, 화면에 표현된 그대로 출력 결과를 얻을 수 있다는 의미

3. 글꼴(Font) 구현 방식 ★

비트맵 (Bitmap)	글자를 점으로 구성하는 방식으로 확대하면 테두리 부분이 울퉁불퉁해지는 계단 현상이 발생함
트루타입 (True Type)	Windows에서 기본적으로 제공되는 글꼴로 위지윅 기능을 제공하며, 글꼴 크기와 관계없이 선명하고 읽기 쉽게 표시
벡터 (Vector)	글자를 점의 모임이 아닌 곡선이나 선분의 모임으로 그린 글꼴로 플로터에서 사용되며, 확대해도 계단 현상이 없음
포스트스크립트 (Postscript)	글자의 외곽선 정보를 그래픽 소프트웨어에 제공하여 위지윅을 구현함
오픈타입 (Open Type)	외곽선 정보를 사용하며 높은 압축률을 통해 파일의 용량을 줄인 글꼴로, 통신을 이용한 폰트의 송수신이 용이

▲ 비트맵 글꼴 확대 모습

▲ 벡터 글꼴 확대 모습

4. 스타일(Style)

- 자주 사용하는 글자 모양이나 문단 모양을 미리 스타일로 만들어 놓고 필요할 때 해당 문단의 글자 모양과 문단 모양을 한꺼번에 바꿀 수 있는 기능
- 긴 글에 대한 일관성 있는 문단 모양과 문서의 통일성 유지 가능

05 편집 기능

1. 수정/삽입/삭제
- **수정** : 새로운 내용을 입력하면 원래의 내용이 지워지며 다른 내용이 입력되는 상태로, 겹쳐쓰기라고 함
- **삽입** : 새로운 내용을 입력하면 원래의 내용이 뒤로 밀리면서 다른 내용이 추가됨
- **삭제** : 필요 없는 내용을 특정 키를 이용하여 지우는 기능으로 [Back Space], [Delete]를 사용하여 삭제하거나, 수정 상태에서 [Space Bar]를 사용하여 삭제함

2. 영역 지정
(블록(Block) 지정이라 하며 복사, 이동, 오려두기, 소트 등은 반드시 영역을 지정한 후 작업해야 함)

단어	해당 단어에서 마우스로 두 번 클릭
행(줄)	화면의 왼쪽 끝에서 마우스 포인터 모양이 바뀌면 한 번 클릭
문단	화면의 왼쪽 끝에서 마우스 포인터 모양이 바뀌면 두 번 클릭
문서 전체	화면의 왼쪽 끝에서 마우스 포인터 모양이 바뀌면 세 번 클릭

3. 검색(찾기) 및 치환(바꾸기) ✦

1) 검색(찾기)
- 문서에서 원하는 글자나 문자열을 찾아 커서를 옮겨주는 기능
- 글자 모양(서체, 속성), 문단 모양(정렬), 스타일(서식) 등을 지정하여 검색 가능
- 와일드 카드(*, ?)의 아무개 문자, 띄어쓰기 무시, 대소문자 구별, 찾을 방향(아래로, 위로, 문서 전체) 등을 지정하여 검색 가능
- 검색 작업 후 문서에는 아무런 변화가 없음

2) 치환(바꾸기)
- 문서에서 원하는 글자나 문자열을 찾아 다른 문자열로 바꿔주는 기능
- 문서 내에서 특정 문자를 찾아 크기, 서체, 속성 등을 바꿀 수 있으며, 그림이나 도형을 다른 그림이나 도형으로 치환할 수는 없음
- 사용자가 정의해 놓은 스타일을 적용하여 바꿀 수 있음
- 치환 작업 후 문서의 분량에 변화가 생길 수 있음

4. 조판 기능

1) 머리말(두문)과 꼬리말(미문)
   - 본문과 상관없이 각 페이지 위쪽에 고정적으로 들어가는 글을 머리말, 아래쪽에 고정적으로 들어가는 글을 꼬리말이라 함
   - 페이지 번호, 장 제목 등이 주로 들어감
   - 홀수쪽, 짝수쪽, 양쪽으로 들어갈 수 있음
   - 선, 그림, 클립아트도 삽입 가능
   - 머리말과 꼬리말의 인쇄될 영역 크기는 편집 용지 여백에서 설정

2) 각주(Footnote)와 미주(Endnote)
   - 문서의 내용을 설명하거나 인용한 원문의 제목을 알려주는 보충 구절
   - 해당 페이지 하단에 표기하는 것을 각주, 문서의 맨 마지막에 모아서 표기하는 것은 미주라 함
   - 각주의 길이는 본문의 크기에 영향을 줌

5. 맞춤법 검사

- 작성된 문서와 워드프로세서에 내장된 사전을 서로 비교하여 틀린 단어를 찾아 자동이나 수동으로 고쳐주는 기능
- 맞춤법, 표준말, 띄어쓰기, 대/소문자 검사, 기호나 숫자에 알맞은 토씨 등을 검사
- 사전에 없는 단어는 사용자가 직접 추가 가능
- 수식이나 화학식의 오류는 검사할 수 없음
- 자주 틀리는 단어는 자동으로 수정되도록 지정 가능
- 문서 전체나 특정 부분에 대해 검사하고 문법적인 오류도 고칠 수 있음

6. 매크로(Macro) ✨

- 반복되는 일을 빠르고 효율적으로 처리하기 위해 일련의 작업 순서를 기록해 두었다가 특정 키를 눌러 그대로 재생하는 기능
- 매크로에는 각각 이름을 붙일 수 있으며, 별도의 파일로 저장해 두거나 정의된 매크로를 편집할 수도 있음
- 키 매크로는 키보드 입력만을 기억하지만, 스크립트 매크로는 키보드뿐 아니라 마우스 동작을 포함한 사용자의 모든 동작을 특정 단축키에 기록할 수 있음

7. 메일 머지(Mail Merge)

- 몇 가지만 다르고 나머지는 내용이 같은 문서를 만들어 내는 기능
- 본문 파일(Form Letter File)과 데이터 파일(Data File)을 결합(Merging)시켜서 만듦
- 초청장, 안내장, 청첩장 등을 만들 경우 효과적
- 본문(내용문, 서식) 파일에 커서를 위치시킨 후 메일 머지 기능을 실행
- 사용하는 자료(데이터 파일) 종류에는 윈도우의 주소록, Outlook 주소록, 한글 파일, 한셀/엑셀 파일, DBF 파일 형식이 있음

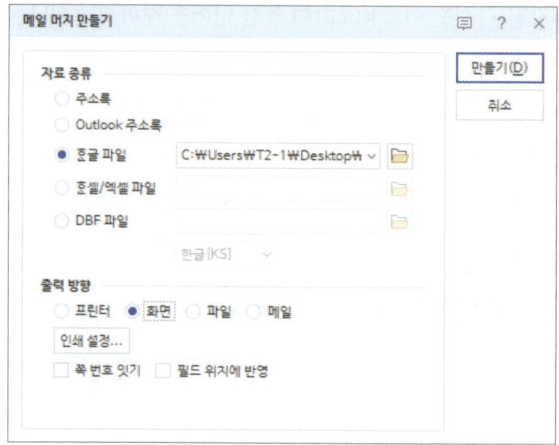

▲ 메일 머지 만들기

06 출력 기능

1. 인쇄 ⭐

- 작성된 문서의 전부 또는 블록 지정한 일부분을 프린터 등으로 인쇄
- 미리 보기는 편집한 내용의 전체 윤곽을 확인하는 기능으로 문서 내용은 편집할 수 없음
- 인쇄 범위, 인쇄 매수, 인쇄 방식(기본 인쇄, 나눠 찍기, 모아 찍기, 끊어 찍기, 역순 인쇄, 절약 인쇄)을 지정하여 인쇄
- '한 부씩 인쇄'를 선택하면 1-2-3순으로 인쇄되며, 여러 장 인쇄할 때에는 한 부씩 인쇄를 선택하지 않으면 인쇄 매수만큼 1페이지를 다 인쇄한 다음, 2, 3 순서대로 여러 장 인쇄됨
- 프린터의 해상도를 높게 설정하면 출력 시간은 길어지지만 대신 선명하게 인쇄 가능
- 팩스 인쇄를 통해 팩시밀리가 없어도 작업한 문서를 상대방의 팩스로 보낼 수 있으며, 전자메일로 보낼 수도 있음
- 파일로 인쇄를 하면 문서의 내용을 종이에 출력하지 않고 확장자가 PRN 형식의 파일로 저장됨

2. 인쇄 용지

낱장 용지	• 주로 레이저 프린터나 잉크젯 프린터에서 사용 • A판과 B판의 가로 : 세로의 비는 $1 : \sqrt{2}$ • A판과 B판에서 모두 번호가 작을수록 면적이 큼 • 같은 번호일 경우에는 B판이 더 큼 (예) B0 > A0 > B1 > A1 > B2 > A2 ··· • A판, B판 용지 뒤의 숫자가 1씩 커질수록 용지의 크기는 절반으로 작아짐
연속 용지	• 충격식 프린터인 도트 프린터와 라인 프린터에서 사용 • 한 줄에 출력되는 문자 수에 따라 80자와 132자 용지가 있음

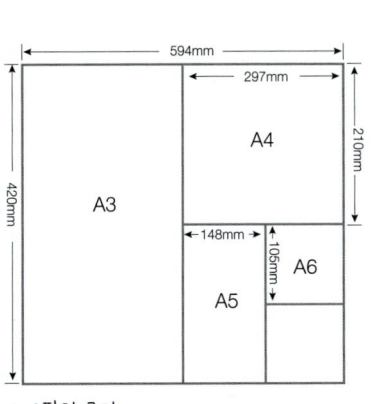

▲ A판의 크기

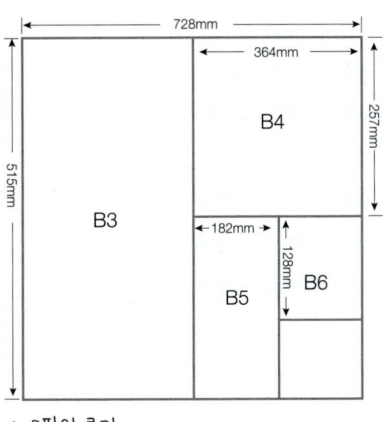

▲ B판의 크기

3. 기타 인쇄 기능 ✦

- 스풀링(Spooling) : 인쇄할 데이터를 보조 기억 장치(하드 디스크)에 저장했다가 프린터로 출력하는 기능으로, 인쇄하는 동안에 다른 작업을 할 수 있도록 지원해 줌
- 프린터 드라이버(Printer Driver) : 워드프로세서의 산출된 출력값을 특정 프린터 모델이 요구하는 형태로 번역해 주는 소프트웨어
- 프린터 버퍼(Printer Buffer) : 컴퓨터의 처리 결과를 프린터로 출력하기 전에 임시 보관하는 기억 장소로, 용량이 클수록 출력 속도를 향상시킬 수 있음
- 라인 피드(Line Feed) : 인쇄 용지를 줄 단위로 밀어 올리는 기능
- 폼 피드(Form Feed) : 인쇄 용지를 한 페이지 밀어 올려 다음 페이지의 처음에 위치시키는 기능
- 하드 카피(Hard Copy) : 화면에 보이는 내용을 그대로 프린터로 인쇄하는 기능
- 소프트 카피(Soft Copy) : 화면을 통해 결과물을 표시하는 기능

4. 인쇄 관련 단위

CPS(Characters Per Second)	1초에 인쇄할 수 있는 문자 수
LPM(Lines Per Minute)	1분에 인쇄할 수 있는 줄 수
PPM(Pages Per Minute)	1분에 인쇄할 수 있는 페이지 수
DPI(Dots Per Inch)	1인치에 인쇄되는 점의 수

TIP 낱장 용지 규격

- A4 : 210mm×297mm, 공문서 표준 규격
- A5 : 148mm×210mm, 교과서 규격
- A6 : 105mm×148mm, 엽서판 규격
- B4 : 257mm×364mm, 8절지
- B5 : 182mm×257mm, 16절지
- B6 : 128mm×182mm, 32절지

07 전자출판

1. 전자출판의 특징
- 출판 내용에 대한 추가 및 수정이 신속하고 용이
- 출판물 제공자와 수용자 간의 상호 대화가 가능한 양방향 매체
- 다수의 사용자가 동시에 같은 내용에 접근하여 이용 가능
- 출판과 보관 비용이 감소
- 전자출판 자료를 다른 개체와 연결 또는 포함하여 편집(OLE) 가능 〔Object Linking Embedding, 개체의 연결이나 포함으로 응용 프로그램 간의 자료 교환 방식〕
- 저장 매체의 일부가 손상되면 전체 자료를 보지 못함

2. 전자출판 관련 용어 ★
- 디더링(Dithering) : 제한된 색상을 조합 또는 비율을 변화하여 새로운 색을 만드는 작업
- 렌더링(Rendering) : 2차원의 이미지에 광원, 위치, 색상들을 첨가하여 사실감 있는 3차원 컴퓨터 그래픽으로 화상의 입체감과 사실감을 나타내는 기법
- 리딩(Leading) : 인쇄에서 한 행의 하단에서 다음 행 상단 사이의 간격으로 줄 간격과 같은 의미
- 리터칭(Retouching) : 기존의 이미지를 다른 형태로 새롭게 변형하거나 수정하는 작업
- 모핑(Morphing) : 두 개의 이미지를 부드럽게 연결하여 변환, 통합하는 것으로 컴퓨터 그래픽, 영화 등에서 응용되는 기법
- 오버프린트(Overprint) : 문자 위에 겹쳐서 문자를 중복 인쇄하는 작업
- 워터마크(Watermark) : 그림을 밝고 명암 대비가 작은 그림으로 바꾸는 것으로, 회사 로고 등을 작성하여 배경으로 엷게 나타낼 때 사용
- 초크(Choke) : 이미지 변형 작업, 입출력 파일 포맷, 채도, 조명도, 명암 등을 조절
- 커닝(Kerning) : 자간(글자와 글자)의 미세 조정으로 특정 문자들의 간격을 조정하는 기능
- 필터링(Filtering) : 작성된 이미지를 필터 기능을 이용하여 여러가지 형태의 새로운 이미지로 탈바꿈시켜 주는 기능
- 피치(Pitch) : 주로 프린터 출력물에서의 문자의 간격을 측정하는 단위

08 교정부호

1. 문서 분량 관련 교정부호 ★

문서 분량이 증가 가능한 교정부호	＞(줄 삽입), ∨ (사이 띄우기), ⌐ (줄 바꾸기), ⌐(들여쓰기), ⌣ (삽입), ♂((수정)
문서 분량이 감소 가능한 교정부호	⌀ (삭제), ⊋ (줄 잇기), ⌒ (붙이기), ⌐(내어쓰기), ⌀((수정)
문서 분량과 관계 없는 교정부호	⌒ (자리 바꾸기), ✹ (원래대로 두기, 되살리기)

2. 상반되는 의미의 교정부호 ★

- ∨ (사이 띄우기) ⟷ ⌒ (붙이기)
- ⌣ (삽입) ⟷ ⌀ (삭제)
- ⌐ (들여쓰기) ⟷ ⌐ (내어쓰기)
- ⌐ (끌어 올리기) ⟷ ⌐ (끌어 내리기)
- ⌐ (줄 바꾸기) ⟷ ⊋ (줄 잇기)

> **TIP 교정부호 사용법**
> - 정해진 부호를 정확하게 사용
> - 의미가 명확히 전달되도록 가지런히 표기
> - 표기하는 색깔은 원고의 색과 다르게 눈에 잘 띄는 색으로 사용
> - 교정부호나 글자는 명확하고 간략하게 표기
> - 수정하려는 글자를 명확하게 지적
> - 교정할 부호가 서로 겹치지 않도록 주의하며, 부득이 서로 겹칠 경우에는 겹치는 각도를 크게 하여 교정 내용을 알아볼 수 있게 함

09 문서의 종류 및 작성 원칙

1. 문서의 종류

2. 문서 작성 방법 ★

- 문서는 쉽고 간결하게 쓰고, 긴 문장은 적당히 끊어 작성
- 행정업무의 운영 및 혁신에 관한 규정에 따라 공문서는 한글 맞춤법에 맞게 가로로 작성
- 숫자는 아라비아 숫자로 가로로 표기
- 만 이상의 큰 숫자는 '억'과 '만'을 숫자와 같이 사용
- 시각은 24시간제에 따라 숫자로 표기하되 시, 분의 글자는 생략하고 콜론(:)으로 표시
- 한글 자모의 수는 24자이며, 외래어는 외래어 표기법에 맞추어 표기
- 작성자의 의사가 명확하게 표시되어야 하며, 이해하기 쉬운 용어를 사용
- 문서의 구성은 두문, 본문, 결문 등으로 구분
- 주어와 술어의 관계를 분명히 하며, 수식어를 정확히 사용하고 이해하기 쉬운 용어를 사용

10 사외문서의 서식 구성

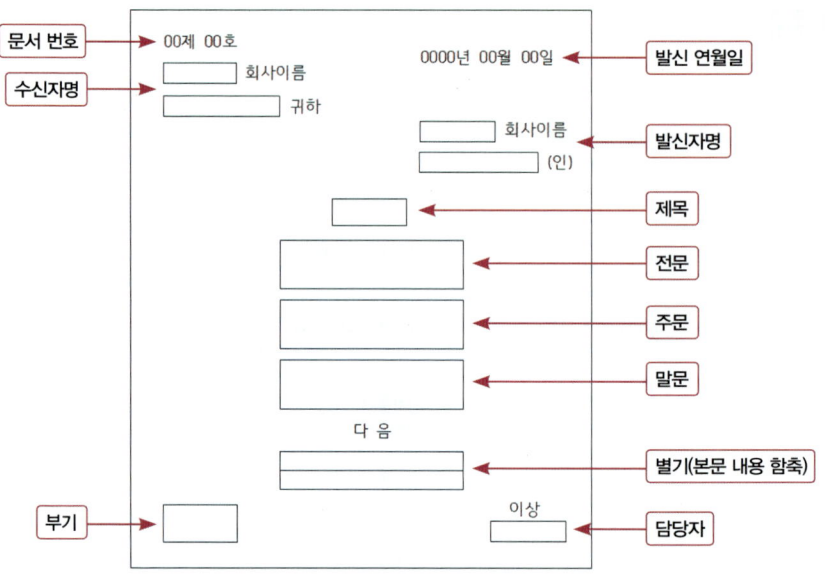

▲ 사외문서의 서식 예제

두문 (머리말)	• 문서 번호 : 생략하나 관공서로 보낼 경우에는 문서의 왼쪽 상단에 표시 • 발신 연월일 : 문서 상단 오른쪽에 쓰고 마지막 글자를 오른쪽에 맞추어 정렬(생략할 경우 마침표(.)를 찍어 대신함) • 수신인 : 주소를 써도 되고 생략해도 됨 • 발신인 : 그 문서에 책임을 지는 발신자의 주소, 회사명, 성명 기재
본문	• 제목 : 본문의 내용을 간략하게 추린 것으로 그 문서의 내용을 파악할 수 있도록 표시 • 전문 : 용건을 말하기 전 간단한 인사말 • 주문 : 문서의 핵심으로 전하고자 하는 내용을 간결, 명확하게 나타냄 • 말문 : 문장을 요약해서 마무리함
결문 (부기)	• 추신 : 본문에서 빠뜨린 것을 보충하거나 내용의 일부를 강조하기 위해 기록하는 부분 • 첨부물 : 동봉하여 보내는 문서가 있을 경우, 그 문서의 명칭과 수량을 표시 • 이상 : 본문과 추신이 끝난 다음 오른쪽 끝에 쓰며, 문서의 내용이 끝났음을 나타냄

11 문서관리 일반

1. 문서관리의 표준화
- **문서 양식의 표준화** : 용지 규격 통일, 장부와 전표의 표준화, 일반 문서 양식의 표준화
- **문서 처리의 표준화** : 일정 기준으로 분류하기 위한 문서 분류 방법과 분류 번호, 분류 체계, 관리 방법의 표준화
- **문서 취급의 표준화** : 문서의 발송, 접수의 수발 사무에 대한 방법과 절차에 관한 표준화
- **문서 보존 관리의 표준화** : 문서의 보존, 이관, 폐기 등에 관한 표준화

2. 문서관리의 기본 원칙

신속성 / 정확성 / 용이성 / 표준화 / 간소화
전문화 / 기계화 / 자동화 / 경제성 / 일일처리

3. 문서관리 절차 ✨

문서의 분류 → 문서의 편철 → 문서의 보관 → 문서의 이관 → 문서의 보존 → 문서의 인계 → 문서의 폐기

분류	일정한 기준에 따라 체계적으로 문서를 분류
편철	불필요한 문서를 제거한 후 보존, 활용할 문서를 묶어 편철
보관	문서 편철이 끝난 날이 속하는 연도의 말일까지 처리과에서 보관
이관	계속 보관이 필요한 문서를 보존 기간에 맞춰 보존하기 위해 해당 부서로 옮김
보존	보관이 끝난 문서를 폐기하기 전까지 처리과에서 보존(보존 기간 계산의 기산일은 기록물 생산년도 다음 해 1월 1일로 함)
인계	보존이 끝난 문서를 문서과에 인계
폐기	문서의 보존 기간이 만료된 문서는 즉시 폐기

12 문서 파일링 시스템

1. 문서 파일링(Filing)
- 필요한 문서는 언제든지 쉽게 찾고 필요 없는 문서는 적시에 폐기할 수 있도록 문서를 유형별로 정리, 보관, 폐기하는 일련의 제도를 파일링 시스템이라고 함
- 신속한 검색, 개방화, 원활한 정보 전달, 정확한 의사 결정, 시간과 공간의 절약, 사무환경의 정리와 기록물의 효과적인 활용을 목적으로 함

2. 파일링 시스템의 기본 원칙
- 개인별 점유·보관의 금지
- 문서의 소재 명시
- 문서검색의 용이화 및 신속성
- 문서의 적시 폐기
- 파일링 방법의 표준화

3. 문서 정리법(배열) ✰*

명칭별(거래처별) 분류법	• 거래자나 거래 회사명에 따라 이름의 첫머리 글자를 기준으로 가나다순 혹은 알파벳순으로 분류 • 동일한 개인 혹은 회사에 관한 문서가 한 곳에 집중 • 직접적인 정리와 참조가 가능하여 색인이 불필요
주제별 분류법	• 문서의 내용으로부터 주제를 결정하고 이 주제를 토대로 문서를 분류 • 주제를 대, 중, 소로 분류하는 경우 듀이의 10진 분류법을 이용하면 편리 • 같은 내용의 문서를 한 곳에 모아 관리 • 무한하게 확장 가능 • 분류하는 것이 어려우며 색인 카드가 필요
지역별 분류법	• 거래처의 지역이나 범위에 따라 가나다순으로 분류 • 여러 나라나 지역에 사업장을 갖춘 기업에 유용
번호별 분류법	• 번호순으로 분류되며, 번호로 참조되는 경우에 효과적 • 충분히 축적되기 전 상태의 문서는 한글순 혹은 알파벳순으로 잡(雜)폴더에 수용
혼합형 분류법	문서를 주제별, 명칭별, 형식별 등 다양한 방법으로 혼합하여 분류하는 방법

13 전자문서 관리

1. 전자문서
    전자적인 형태로 작성한 후 저장하고 송수신하는 문서

- 기안은 전자문서를 원칙으로 하고, 전자문서시스템상에서 언제든지 자동으로 표시하며 담당자는 메일로 공람 여부를 언제든지 확인할 수 있어야 함
- 전자문서는 결재권자가 전자문서의 서명란에 서명을 하여 결재를 받음으로 성립
- 전자문서의 효력은 수신자의 컴퓨터 파일에 기록되었을 때부터 발생
- 업무의 성질상 전자문서로 기안하기 곤란하거나 그 밖의 특별한 사정이 있지 않은 한 기안은 전자문서로 하는 것을 원칙으로 함

2. 전자문서 관리 시스템 ★

장점	• 표준화된 문서 양식의 사용 • 사무의 생산성 향상 • 쾌적한 사무환경 조성 • 문서수발의 시간, 인력, 비용 절감 • 불필요한 서류의 중복을 피함 • 문서 저장 공간의 낭비를 줄여 효율적 관리 • 신속하고 정확한 문서 검색
단점	• 전자문서 접근 권한에 관한 문제 • 보안 유지 문제 • 프로그램의 버전 관리 문제

3. EDI(Electronic Data Interchange)

- 조직 내에서 상호 교환되는 문서를 표준화된 양식과 코드 체계를 이용하여 전자적 신호로 바꿔 컴퓨터에 도입한 하드웨어와 소프트웨어 기술의 집합
- 문서 저장 공간의 낭비를 줄여 효율적인 관리를 할 수 있으나, 접근 권한과 보안 유지에 대한 문제가 있을 수 있음
- EDI의 3대 구성 요소 : EDI 표준, 사용자 시스템(H/W, S/W), 통신 네트워크(VAN)

4. 전자서명

「행정업무의 운영 및 혁신에 관한 규정」에 따른 용어의 정의

전자문자서명	기안자·검토자·협조자·결재권자 또는 발신명의인이 전자문서상에 자동 생성된 자기의 성명을 전자적인 문자 형태로 표시하는 것
전자이미지서명	기안자·검토자·협조자·결재권자 또는 발신명의인이 전자문서상에 전자적인 이미지 형태로 된 자기의 성명을 표시하는 것
행정전자서명	기안자·검토자·협조자·결재권자 또는 발신명의인의 신원과 전자문서의 변경 여부를 확인할 수 있도록 그 전자문서에 첨부되거나 결합된 전자적 형태의 정보로서 인증기관으로부터 인증을 받은 것
전자이미지관인	관인의 인영(印影 : 도장을 찍은 모양)을 컴퓨터 등 정보처리능력을 가진 장치에 전자적인 이미지 형태로 입력하여 사용하는 관인

전자이미지관인: 처리과의 기안자가 찍는 작업

5. 전자결재시스템의 특징

- 문서 양식의 단순화
- 문서 작성과 유통의 표준화로 일반 사용자가 간편하게 작성 가능
- 문서에 작성자의 이름이 자동 삽입되어 실명제 실현
- 실명제로 문서 유통의 투명성 향상
- 사무 처리의 신중성 제고
- 전자이미지서명 등록, 결재암호 등 보안 유지 기능
- 결재에 필요한 시간 감소, 문서정리 및 관리의 효율화
- 업무 흐름도에 따라 결재 파일을 결재경로에 따라 자동으로 넘겨주므로, 따로 출력하여 보관하지 않아도 됨
- 이미 작성된 문서를 수정하거나 재가공하여 사용 가능

14 공문서의 작성

1. 공문서의 성립 및 효력 발생 시기

> 문서의 내용이 실제적으로 영향을 미치는 시기로, 우리나라에서는 문서가 수신자에게 도달된 때 효력이 발생하는 도달주의를 채택

성립	당해 문서에 대한 서명(전자문자서명, 전자이미지서명 및 행정전자서명을 포함)에 의한 결재가 있음으로써 성립
효력 발생 시기 ★	• 일반 문서 : 수신자에게 도달(도달주의)된 때 • 전자문서 : 수신자의 컴퓨터 파일에 기록된 때 • 공고 문서 : 고시 또는 공고가 있은 후 5일이 경과한 날 • 법규 문서 : 공고 후 20일이 경과한 날

2. 공문서의 구성

두문	행정기관명, 수신란(경유)
본문	제목, 내용, 붙임
결문	발신명의, 기안자, 검토자, 결재권자의 직위와 직급 및 서명, 생산등록번호와 시행일자, 접수등록번호와 접수일자, 우편번호, 도로명 주소, 홈페이지 주소, 전자우편 주소, 전화번호, 팩스번호, 공개 구분 등

3. 공문서의 항목 구분 ★

첫째 항목	1., 2., 3., 4. …	다섯째 항목	(1), (2), (3), (4) …
둘째 항목	가., 나., 다., 라. …	여섯째 항목	(가), (나), (다), (라) …
셋째 항목	1), 2), 3), 4) …	일곱째 항목	①, ②, ③, ④ …
넷째 항목	가), 나), 다), 라) …	여덟째 항목	㉮, ㉯, ㉰, ㉱ …

> **TIP** 공문서의 수정
> • 문서의 일부분 삭제·수정 : 원안의 글자를 알 수 있도록 글자의 중앙에 가로로 두 선을 긋고, 삭제 또는 수정한 자가 그 곳에 서명 또는 날인
> • 문서의 중요한 내용 삭제·수정 : 문서의 여백에 삭제 또는 수정한 글자 수를 표시하고 서명 또는 날인
> • 시행문 수정 : 문서의 여백에 정정한 글자 수를 표시하고 관인으로 날인
> • 전자문서 수정 : 수정한 내용대로 재작성하여 시행하되, 수정 전의 문서는 기안자, 검토자, 결재권자가 보존할 필요가 있다고 인정하는 경우 이를 보존

4. 공문서의 표기 방법

글자 표기	어문 규범에 맞게 한글로 작성하되, 쉽고 간명하게 표현하고, 뜻을 정확하게 전달하기 위하여 필요한 경우에는 괄호 안에 한자 및 외국어 사용 가능, 특별한 사유가 있는 경우를 제외하고는 가로로 작성
숫자 표기	특별한 사유가 있는 경우를 제외하고는 아라비아 숫자로 작성
날짜 표기 ☆*	숫자로 표기하되, 연, 월, 일의 글자는 생략하고 그 자리에 마침표(.)를 찍어 표시 (예) 2026년 5월 28일(X) → 2026. 5. 28.(O)
시각 표기 ☆*	시·분은 24시각제에 따라 숫자로 표기하되, 시·분의 글자는 생략하고 그 사이에 쌍점(:)을 찍어 구분 (예) 오후 5시 27분(X) → 17:27(O)
금액 표기 ☆*	금액을 표시할 때에는 아라비아 숫자로 쓰되, 변조의 위험을 막기 위해 숫자 다음에 괄호를 하고 한글로 기재 (예) 금123,456원(금일십이만삼천사백오십육원)

5. 공문서의 '끝' 표시

- **첨부물 없이 본문이 끝났을 때** : 한 자(2타) 띄우고 '끝'

  ```
  ----------
  주시기 바랍니다.∨∨끝.
  ```

- **첨부물이 있을 때** : 붙임의 표시문 끝에서 한 자(2타) 띄우고 '끝'

  ```
  ----------
  붙임 1. 서식 승인 목록 1부.
       2. 승인 서식 2부.∨∨끝.
  ```

- **본문의 내용이나 붙임의 표시문이 오른쪽 한계선에 닿았을 때** : 다음 줄 왼쪽 기본선에서 한 자 (2타) 띄우고 '끝'

  ```
  ------------------------
  이상과 같이 시행하기 바랍니다.
  ∨∨끝.
  ```

- **표의 내용이 중간에서 끝났을 때** : 기재사항 마지막 자의 다음 칸에 '이하 빈칸'
- **표의 내용이 꽉 차서 끝났을 때** : 표 바깥줄 왼쪽 기본선에서 한 자(2타) 띄우고 '끝'

15 공문서의 처리

1. 공문서 처리의 원칙

즉시(일) 처리	효율적인 업무 수행을 위하여 당일 또는 즉시 처리
책임 처리	각자의 직무 범위 내에서 책임을 가지고 관계 규정에 따라 신속, 정확하게 처리
적법 처리	해당 법규에 따라 요건을 갖추고 권한 있는 자에 의해 처리
전자 처리	모든 처리 절차가 전자문서시스템 또는 업무관리시스템상에서 전자적으로 처리

2. 문서의 결재와 간인 및 관인

- 전결 : 행정기관의 장으로부터 결재권을 위임받은 자가 행하는 결재
- 대결 : 결재권자가 휴가, 출장 기타의 사유로 결재할 수 없을 때 직무를 대리하는 자가 행하는 결재
- 사후 보고 : 대결한 문서 중 내용이 중요한 문서에 대해서는 결재권자에게 사후에 보고하는 것
- 간인 : 두 장 이상으로 이루어지는 중요한 문서 앞장의 뒷면과 뒷장의 앞면에 걸쳐 찍는 도장 또는 그 행위
- 관인 : 행정기관의 명의로 발송 또는 교부하는 문서에 사용하는 도장으로, 가로로 작성하여 그 기관 또는 직위 명칭의 끝 자가 인영의 중앙에 오도록 찍고, 종류에는 청인과 직인, 전자이미지관인이 있음

3. 업무 편람 (보기에 편리하도록 간명하게 만든 책)

행정 편람	업무 처리 절차와 기준, 장비 운용 방법, 그 밖의 일상적 근무 규칙 등에 관하여 각 업무 담당자에게 필요한 지침, 기준 또는 지식을 제공하는 업무지도서 또는 업무 참고서
직무 편람	단위 업무에 대한 업무 계획, 업무 현황 및 그 밖의 참고자료 등을 체계적으로 정리한 업무 자료철 등

16 한글 Windows 10의 특징

선점형 멀티태스킹	한 대의 컴퓨터 시스템에서 둘 이상의 작업을 병행하여 처리하는 멀티태스킹 환경으로 특정 응용 프로그램이 제어권을 독점하는 것을 방지
그래픽 사용자 인터페이스	사용자에게 편리한 사용 환경으로 사용자가 그림으로 된 그래픽 아이콘을 마우스와 키보드를 통해 실행하여 정보를 교환하는 방식의 환경을 제공
자동 감지 기능 (Plug&Play)	컴퓨터에 설치된 새로운 하드웨어를 자동으로 감지하여 하드웨어를 구성하고 충돌을 방지하는 기능
64비트 운영체제	RAM 메모리가 4GB 이상이면 완벽한 64비트 CPU를 지원하여 처리 속도가 빠르고 NTFS 파일 시스템을 사용
빠른 검색	검색어를 입력하면 기본 라이브러리 폴더뿐만 아니라 다른 위치에 있는 관련 문서, 그림, 음악, 이메일 목록도 항목별로 검색
에어로 스냅★	창을 화면의 가장자리로 드래그하여 위치에 따라 자동으로 크기가 변경되는 기능
에어로 피크★	작업 표시줄 오른쪽 끝에 마우스 포인터를 위치하여 바탕 화면 미리 보기를 제공
에어로 쉐이크★	창의 제목 표시줄에서 마우스를 흔들면 현재 창을 제외한 모든 창을 최소화하고 다시 흔들면 원래대로 복원하는 기능
장치 스테이지	다양한 디지털 기기를 PC에서 간편하게 연결하여 사용할 수 있는 기능
OneDrive	마이크로소프트사에서 제공하는 클라우드 저장소로 파일 탐색기와 동기화하여 연동 가능
라이브러리	문서, 비디오, 사진, 음악 등의 파일을 쉽게 찾고 파일을 저장하는 안전한 위치의 관리 폴더
새 데스크톱 (가상 데스크톱)	개인용 작업과 업무용 작업을 분리하여 하나의 시스템에서 서로 다른 바탕화면으로 관리하는 기능
마이크로소프트 엣지	웹 내용 중 필요한 부분을 저장하고 메모하는 등의 기능이 추가되었으며, 스마트폰이나 태블릿 PC와 같은 모바일 기기와도 손쉽게 연동되는 웹 브라우저

17 한글 Windows 10의 바로 가기 키

키	기능
F1	Windows 도움말 브라우저 보기
F2	파일이나 폴더를 선택한 항목의 이름 바꾸기
F3	파일 탐색기에서 파일 또는 폴더 검색
F4	파일 탐색기에서 주소 표시줄 목록 표시
F5	활성 창의 새로 고침
F6	창이나 바탕 화면의 화면 요소를 순환하며 이동
F10	활성 앱의 메뉴 모음 활성화
F11	전체 화면 표시
Alt + F4	사용 중인 항목을 닫거나 활성 앱 끝내기
Alt + Esc	항목을 열린 순서대로 선택
Alt + Enter	선택한 항목의 속성 표시
Alt + Tab	열려 있는 앱 간 전환
Ctrl + A	문서나 창에서 있는 모든 항목 선택
Ctrl + C	선택한 항목 복사
Ctrl + V	선택한 항목 붙여넣기
Ctrl + X	선택한 항목 잘라내기
Ctrl + Z	작업 실행 취소
Ctrl + Shift + Esc	작업 관리자 창 바로 열기
Ctrl + 드래그 앤 드롭	선택한 파일이나 폴더를 같은 드라이브로 복사
Shift + 드래그 앤 드롭	선택한 파일이나 폴더를 다른 드라이브로 이동
Shift + Delete	선택한 항목을 휴지통으로 이동하지 않고 바로 삭제
⊞	시작 화면 열기 또는 닫기
⊞ + A	알림 센터 열기
⊞ + B	알림 영역에 초점 설정
⊞ + D	바탕 화면 표시 및 숨기기
⊞ + E	파일 탐색기 열기
⊞ + L	PC 잠금 또는 계정 전환
⊞ + M	모든 창의 최소화
⊞ + R	실행 대화상자 열기
⊞ + S	검색 창 열기
⊞ + U	접근성 열기
⊞ + Pause Break	시스템 속성 대화상자 표시

18 한글 Windows 10 창의 구성 요소

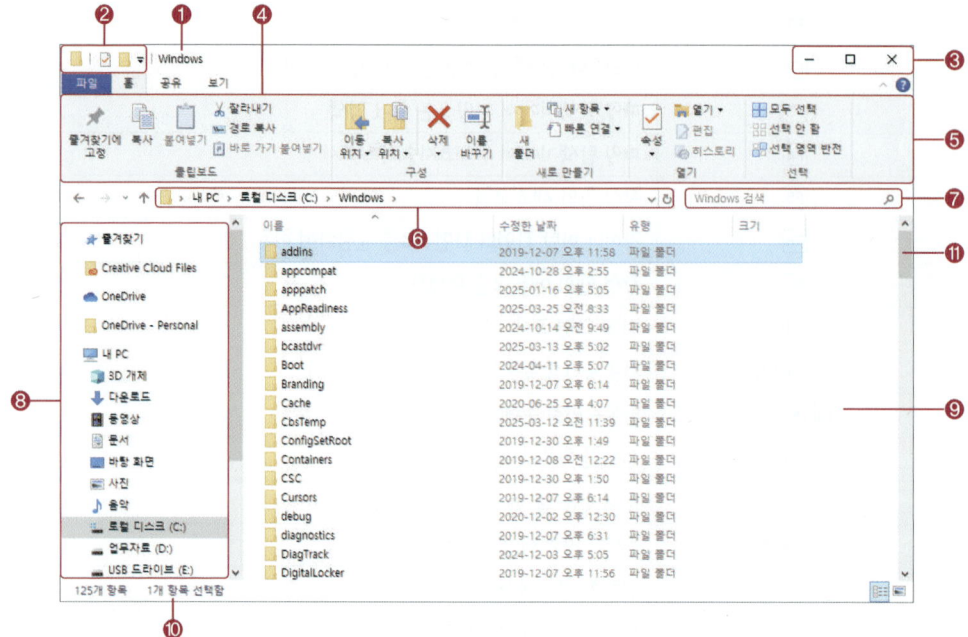

❶ 제목 표시줄 : 현재 선택된 폴더명을 표시

❷ 빠른 실행 도구 모음 : 실행 취소, 다시 실행, 삭제, 속성, 새 폴더, 이름 바꾸기, 리본 메뉴 아래에 표시, 리본 메뉴 최소화의 메뉴와 도구가 표시되고 사용자가 지정 가능

❸ 창 조절 단추 : 최소화, 최대화, 닫기 아이콘 표시

❹ 메뉴 표시줄 : 파일, 홈, 공유, 보기 등의 메뉴

❺ 리본 메뉴 : 메뉴를 눌렀을 때 표시되는 리본 메뉴

❻ 주소 표시줄 : 현재 사용하는 드라이브와 폴더의 위치가 표시되어 이동되는 곳

❼ 검색 상자 : 파일명이나 폴더명으로 원하는 항목 검색

❽ 탐색 창 : 바탕 화면, 라이브러리, 내 PC 등의 목록을 표시

❾ 내용 표시 창 : 선택한 폴더의 내용이 표시되며 기본적인 작업이 이루어지는 공간

❿ 상태 표시줄 : 전체 항목 수와 선택한 항목 수를 표시

⓫ 스크롤 바 : 한 화면에 내용을 모두 표시할 수 없을 때 화면을 이동하여 표시하기 위해 가로 또는 세로 스크롤 바가 표시

19 작업 관리자

1. 응답하지 않는 앱의 종료(작업 관리자)

- 사용 중 응답하지 않는 앱을 강제로 종료하거나 프로세스를 끝낼 때 Ctrl + Shift + Delete 를 누르거나 Ctrl + Alt + Delete 를 눌러 나오는 [작업 관리자] 창에서 해당 앱을 선택하여 [작업 끝내기] 실행
- [작업 관리자] 창은 Esc 나 창 조절 단추인 ⨯ 를 눌러 종료

2. 작업관리자 탭 ✨

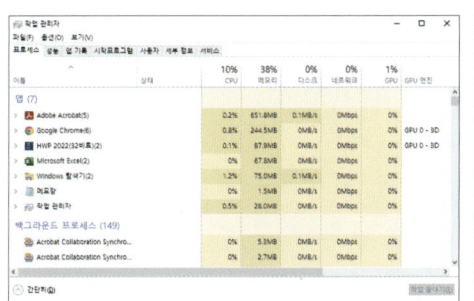
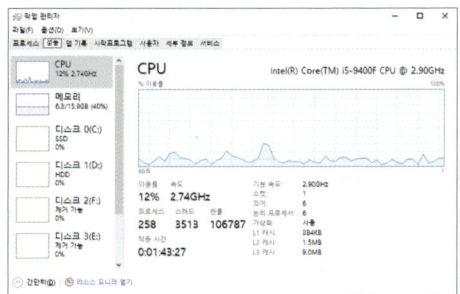

[프로세스] 탭	실행 중인 앱과 백그라운드 프로세스 목록이 표시되어 특정 앱에 대해 [작업 끝내기]를 할 수 있음
[성능] 탭	CPU 이용률과 속도, 작동 시간, 메모리, 디스크, Wi-Fi 속도, GPU 사용률 등을 표시
[앱 기록] 탭	사용 중인 앱의 CPU 시간, 네트워크, 데이터 통신 연결을 통한 네트워크 활동, 타일 업데이트를 표시
[시작프로그램] 탭	시작프로그램 이름, 게시자, 상태, 시작 시 영향을 표시
[사용자] 탭	현재 로그인 사용자 이름, 연결 끊기 등을 표시
[세부 정보] 탭	실행 중인 프로그램 이름, 사용자 이름, CPU 이용률, 실제 메모리 사용 등을 표시
[서비스] 탭	서비스의 이름, 서비스 프로세스 ID, 서비스에 대한 설명 등을 표시

20 바탕 화면의 활용

1. [시작] 메뉴
- 작업 표시줄 가장 왼쪽에 있는 시작(⊞) 단추를 눌러 한글 Windows 10의 여러 가지 기능을 실행하는 곳
- [시작] 메뉴의 앱 목록은 사용자가 원하는 대로 추가하거나 제거하여 사용 가능

2. [시작] 메뉴의 설정

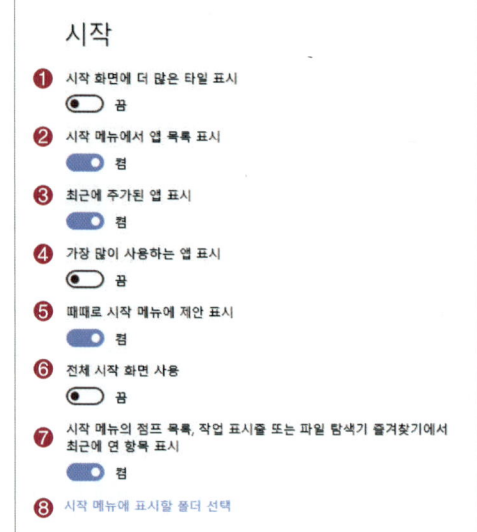

① 시작 화면에 더 많은 타일 표시 : '켬'이면 시작 화면에 더 많은 타일을 표시

② 시작 메뉴에서 앱 목록 표시 : '끔'이면 시작 화면에 앱 목록이 표시되지 않고 [고정된 타일(⊞)]과 [모든 앱(⊞)]에서 선택하여 표시

③ 최근에 추가된 앱 표시 : '끔'이면 최근에 추가된 앱이 표시되지 않음

④ 가장 많이 사용하는 앱 표시 : '켬'이면 자주 사용되는 앱이 우선 표시

⑤ 때때로 시작 메뉴에 제안 표시 : '끔'이면 제안 메뉴를 표시하지 않음

⑥ 전체 시작 화면 사용 : '켬'이면 모니터 화면 전체에 시작 메뉴 화면으로 표시

⑦ 시작 메뉴의 점프 목록, 작업 표시줄 또는 파일 탐색기 즐겨찾기에서 최근에 연 항목 표시 : '끔'이면 시작 메뉴의 점프 목록, 최근 연 항목이 표시되지 않음

⑧ 시작 메뉴에 표시할 폴더 선택 : 시작 메뉴에 표시할 파일 탐색기, 설정, 문서, 다운로드, 음악, 사진, 동영상, 네트워크, 개인 폴더를 '끔'과 '켬'으로 선택 가능

3. 바로 가기 아이콘(Shortcut Icon) ✿*

- 프로그램을 빠르게 실행하기 위해 만들어 사용하는 것으로, 모든 파일, 폴더, 프린터, 디스크 드라이브 등에 대해 바로 가기 아이콘을 만들 수 있음
- 원본 프로그램의 경로를 지정한 1KB 크기 정도의 작은 파일로, .LNK 확장자 사용
- 이름을 바꾸어 하나의 앱 아이콘에 대해 여러 개를 만들 수 있음
- 다른 폴더에 같은 이름의 바로 가기 아이콘을 여러 개 만들 수 있으나, 하나의 폴더에 같은 이름의 바로 가기를 만들 수 없음
- 바로 가기 아이콘에는 왼쪽 아래에 꺾인 화살표가 표시됨
- 바로 가기 아이콘을 삭제하더라도 연결된 원본 프로그램은 삭제되지 않지만, 원본 프로그램을 삭제하면 해당 파일의 바로 가기 아이콘은 실행되지 않음
- 바로 가기 아이콘을 만드는 방법은 다양하고 위치에 따라 다른 방법을 선택 가능

방법 1	파일이나 폴더를 선택한 후 바로 가기 메뉴에서 [바로 가기 만들기]를 클릭
방법 2	파일이나 폴더를 선택한 후 마우스 오른쪽 단추를 누른 상태로 끌어서 나오는 메뉴의 [여기에 바로 가기 만들기]를 클릭
방법 3	파일이나 폴더를 선택한 후 [홈] 메뉴의 [새로 만들기] 그룹의 [새 항목]-[바로 가기]를 클릭
방법 4	파일이나 폴더를 선택한 후 Ctrl + Shift 를 누른 채 드래그 앤 드롭하여 바로 가기 만들기
방법 5	항목을 복사한 후 바로 가기 메뉴에서 [바로 가기 붙여넣기]를 클릭

▲ 일반 아이콘   ▲ 바로 가기 아이콘

4. 작업 표시줄 ⭐*

- 현재 실행되고 있는 프로그램 단추와 프로그램을 빠르게 실행하기 위해 등록한 고정 프로그램 단추 등이 표시되는 곳
- 작업 표시줄에서 실행 중인 앱 목록을 클릭하여 화면 전환 가능
- 작업 표시줄의 위치는 상·하·좌·우로 드래그 앤 드롭하여 이동 가능하며 크기는 화면의 <mark>1/2 정도 (50%)</mark>까지 조정 가능
- 작업 표시줄은 [시작] 단추, [검색] 상자, 작업 보기, 빠른 실행 앱 목록, 알림 영역, 한/영 변환 입력 표시기, 날짜와 시계 등으로 구성

작업 표시줄 잠금	'켬'이면 작업 표시줄의 이동이나 크기 변경을 할 수 없도록 잠그는 기능
데스크톱 모드에서 작업 표시줄 자동 숨기기	'켬'이면 작업 표시줄이 숨기기되어 마우스를 작업 표시줄에 위치시키면 표시
태블릿 모드에서 작업 표시줄 자동으로 숨기기	'켬'이면 태블릿 모드에서 작업 표시줄이 숨기기되어 마우스를 위치시키면 표시되는 기능
작은 작업 표시줄 단추 사용	'켬'이면 작업 표시줄의 단추를 작게 표시하고, '끔'이면 단추를 크게 표시
바탕 화면 미리 보기 실행	작업 표시줄 끝에 있는 바탕 화면 보기 단추로 마우스를 이동할 때 미리 보기를 사용하여 바탕 화면 미리 보기
작업 표시줄 단추에 배지 표시	'켬'이면 특정 작업이 발생해야 함을 알려 주는 기능
화면에서의 작업 표시줄 위치	작업 표시줄의 위치를 '왼쪽', '위쪽', '오른쪽', '아래쪽' 중에서 설정
작업 표시줄 단추 하나로 표시	'항상, 레이블 숨기기', '작업 표시줄이 꽉 찼을 때', '안 함' 중에서 설정

21 내 PC와 파일 탐색기

1. 내 PC(내 컴퓨터)
- 사용자의 컴퓨터 정보를 보여주는 곳으로, 드라이브, 파일, 폴더 등에 대한 정보를 나타냄
- 내 PC(내 컴퓨터)의 [속성] 창은 [제어판]의 [시스템]과 같은 기능을 함
- 내 컴퓨터의 위치에서 로컬 디스크 열기, 포맷, 복사, 바로 가기 만들기, 이름 바꾸기, 속성 등 가능

2. 로컬 디스크 드라이브의 속성 ★

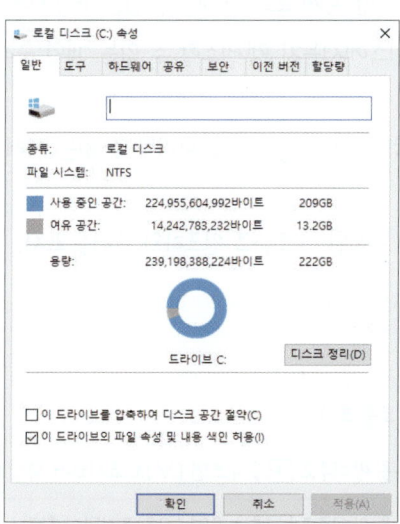

[일반] 탭	디스크의 종류, 파일 시스템 유형, 사용 중인 공간, 사용 가능한 공간을 확인하고 디스크 정리를 실행
[도구] 탭	오류 검사, 드라이브 최적화 및 조각 모음
[하드웨어] 탭	모든 디스크 드라이브 장치의 속성을 확인 및 장치 설정을 변경
[공유] 탭	네트워크 파일 및 폴더 공유와 고급 공유에서 사용자 수를 제한
[보안] 탭	개체 이름 확인과 그룹 또는 사용자 이름을 편집하고 사용 권한 설정
[이전 버전] 탭	파일 히스토리 또는 복원 지점에서 가져오기
[할당량] 탭	하드 디스크는 각 사용자에 대해 디스크 공간 제한을 지정하여 한 명의 사용자가 모든 공간을 사용하지 않도록 예방하기 위해 할당량 제한을 설정하고 변경

3. 파일 탐색기

- 디스크와 폴더의 구조를 표시하는 탐색 창이 있어 파일과 폴더의 구조를 확인하고 프로그램을 실행
- 탐색 창을 통해 간편하게 파일을 이동, 복사, 삭제할 수 있음
- 파일 영역(폴더 창)에서 영문자 키를 누르면 해당 영문자로 시작하는 폴더나 파일 중 첫 번째 개체가 선택됨
- '즐겨찾기에 고정'은 자주 사용하는 개체를 등록하여 해당 개체로 빠르게 이동하기 위하여 사용하는 기능
- '라이브러리'는 컴퓨터의 여러 장소에 저장된 자료를 한 곳에 보고 정리할 수 있는 가상폴더
- 'OneDrive'는 파일과 사진을 저장하고 어떤 디바이스에서든지 액세스할 수 있는 개인 클라우드 저장소
- '내 PC'는 컴퓨터에 설치된 모든 구성 요소를 표시하며, 각 구성 요소를 관리할 수 있는 여러 가지 기능을 제공
- '네트워크'는 개인 네트워크에서 폴더 및 프린터에 공유된 네트워크 인프라와 폴더를 표시

4. 숫자 키패드를 이용한 폴더 목록 보기 ★★

키	기능
[*]	현재 폴더 하위의 모든 폴더 구조를 표시
[+]	현재 폴더에 하위 폴더가 있음을 알려주고 [+]를 누르면 [∨]로 표시되어 확장
[-]	현재 폴더에 하위 폴더가 있음을 알려주고 [-]를 누르면 [>]로 표시되어 확장
[Back Space]	현재 폴더의 상위 폴더로 이동
키보드의 방향키 [←]	탐색기에서 선택한 폴더의 하위 폴더가 보이면 닫고, 하위 폴더가 닫힌 상태이면 상위 폴더를 선택
키보드의 방향키 [→]	탐색기에서 선택한 폴더의 하위 폴더를 열고, 하위 폴더가 열려있는 상태이면 하위 폴더를 선택

22. 파일과 폴더의 관리

1. 파일과 폴더 만들기

- 파일이란 서로 관련성 있는 정보의 집합으로 디스크에 저장되는 기본 단위
- 폴더란 서로 관련 있는 파일들을 체계적으로 관리할 수 있는 저장 장소로, DOS에서의 디렉터리와 같은 개념
- 파일 이름은 .(Dot)을 기준으로 왼쪽은 파일명, 오른쪽은 확장자(파일 형식)로 구성
- 같은 폴더에서 파일명과 확장자가 같은 이름이 두 개 이상 존재할 수 없음
- 바탕 화면, 파일 탐색기 창 등에서 [홈] 메뉴나 바로 가기 메뉴의 [새로 만들기]를 이용하여 파일이나 폴더를 만듦
- 한글 Windows 10에서는 약 260자 이내의 긴 파일명을 지원하며, 폴더나 파일명에 영문, 숫자, 한글, 공백, 특수문자 등을 사용할 수는 있지만 CON, PRV, AUX, NUL과 같은 예약어와 ₩ / : * ? " < > | 과 같은 9개 특수문자는 사용할 수 없음
- 파일이나 폴더를 선택한 후 바로 가기 메뉴의 [속성]에서 파일 형식, 연결 프로그램, 파일의 종류, 위치, 크기, 디스크 할당 크기, 내용, 만든 날짜, 수정한 날짜, 액세스한 날짜, 특성 등을 표시

2. 파일이나 폴더의 복사와 이동

같은 드라이브	복사	• Ctrl 을 누른 상태로 드래그 앤 드롭 • Ctrl + C 후 Ctrl + V
	이동	• 마우스로 드래그 앤 드롭 • Ctrl + X 후 Ctrl + V
다른 드라이브	복사	• 마우스로 드래그 앤 드롭 • Ctrl + C 후 Ctrl + V
	이동	• Shift 를 누른 상태로 드래그 앤 드롭 • Ctrl + X 후 Ctrl + V

3. 파일이나 폴더의 이름 바꾸기

- 이름을 변경할 파일이나 폴더를 선택한 후 ' \ / : * ? " < > | '의 9개 특수문자를 제외한 긴 파일명으로 변경 가능
- 이름을 바꾸는 도중에 [Esc]를 누르면 이름 바꾸기가 취소됨
- 항목을 선택한 후 [F2]를 눌러 새이름을 입력하거나, 항목을 선택한 후 바로 가기 메뉴에서 [이름 바꾸기]를 클릭하여 변경 가능
- [홈] 메뉴의 [구성]에서 [이름 바꾸기]를 선택하여 변경 가능

4. 파일이나 폴더의 삭제

- 휴지통으로 드래그하거나 키보드의 [Delete]로 삭제
- [홈] 메뉴의 [삭제]나 바로 가기 메뉴의 [삭제]를 이용
- 휴지통으로 들어가지 않고 완전히 삭제하려면 [Shift]+[Delete]로 삭제

5. 압축(ZIP) 폴더 ★*

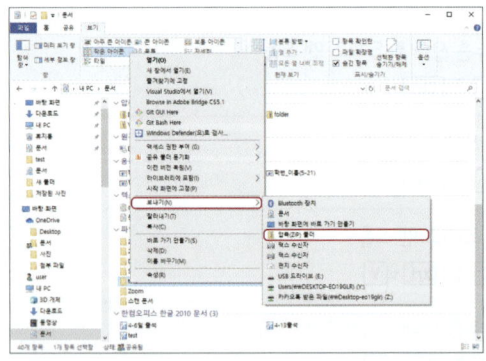

- 폴더를 압축하여 디스크 공간을 절약하고 다른 컴퓨터로 빠르게 전송 가능
- 압축 폴더나 프로그램 파일은 일반 폴더에서 사용하는 것과 똑같이 사용 가능
- 압축 해제를 하지 않고 파일을 선택하여 읽기 전용으로 열기 가능하나, 편집하여 같은 위치에 저장할 수는 없음
- 텍스트뿐만 아니라 음악, 사진, 동영상 파일 등도 압축 가능
- 압축할 때 암호를 지정하거나 분할 압축 가능
- 암호화된 압축 파일을 전송할 경우 시간 및 비용 감소

23 휴지통

1. 휴지통의 개요

- 한글 Windows에서 필요 없는 파일을 삭제하면 Windows의 휴지통에 우선 보관됨
- 휴지통에서는 파일을 실행할 수 없고, 그림이나 사진 파일의 미리 보기도 할 수 없음
- 휴지통의 파일은 필요할 때 삭제한 위치로 복원하여 사용 가능
- 휴지통이 가득 차면 공간을 확보하기 위해 휴지통을 자동으로 정리함

▲ 비워진 휴지통

▲ 채워진 휴지통

2. 휴지통의 속성

- 휴지통의 크기는 드라이브마다 동일하게 또는 다르게 설정할 수 있고, 휴지통의 속성에서 MB 단위로 크기 지정 가능
- [파일을 휴지통에 버리지 않고 삭제할 때 바로 제거]를 선택하면 휴지통으로 들어가지 않고 즉시 제거 가능
- 파일을 삭제할 때마다 삭제 확인 대화상자가 표시되도록 설정 가능

3. 휴지통에 들어가지 않는 경우

- [Shift]+[Delete]로 삭제한 경우
- USB 드라이브나 플로피 디스크 드라이브에서 삭제한 경우
- 네트워크 드라이브에서 삭제한 경우
- 명령 프롬프트 창에서 삭제한 경우
- 휴지통의 속성에서 [파일을 휴지통에 버리지 않고 삭제할 때 바로 제거]가 선택된 경우

24 Windows 보조프로그램

1. 메모장 ⭐

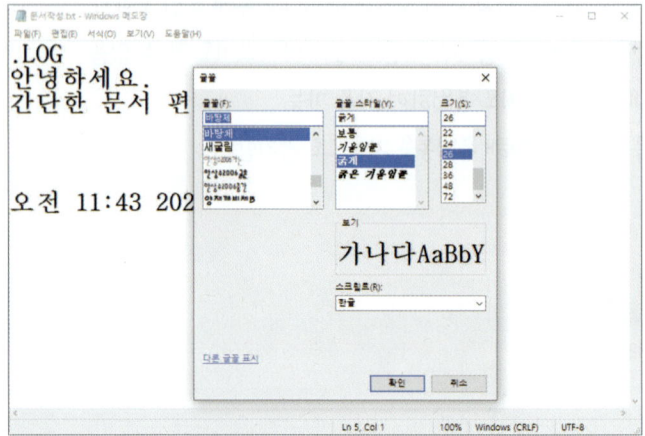

- 크기가 작은 간단한 문서를 만들 수 있는 기본적인 텍스트 편집기
- 별도로 지정하지 않으면 확장자는 '.TXT'로 저장됨
- 인코딩 방식에는 ANSI, UTF-16, UTF-8 방식 등이 있음
- 문서 전체에 대해 글꼴, 글꼴 스타일, 크기를 한꺼번에 변경할 수 있고 부분 변경은 불가
- 글꼴 색은 변경할 수 없으며, 단 나누기의 기능 없음
- 자동 맞춤법이나 특수한 서식, 다른 문서와의 개체 연결 및 포함(OLE) 기능, 그래픽 기능은 지원 안 함
- 문서의 첫 행 왼쪽에 대문자로 '.LOG'를 입력하면 문서를 열 때마다 현재의 시간과 날짜가 맨 마지막 줄에 자동으로 입력됨

2. 그림판 ⭐

- 간단한 그림에서 정교한 그림까지 그릴 수 있고, 저장된 그림을 불러와서 편집하는 데 사용
- 저장 파일 형식은 PNG, BMP, GIF, JPEG, TIFF, HEIC 등의 이미지 형식을 모두 지원
- 색 1(전경색)은 마우스 왼쪽 단추로 드래그 앤 드롭하면 표시, 선, 도형의 테두리 및 텍스트 윤곽선 색으로 사용
- 색 2(배경색)는 마우스 오른쪽 단추로 드래그 앤 드롭하면 표시, 도형의 내부를 채우는 색이나 지우개의 채우기 색으로 사용
- 개체 연결 및 포함(OLE) 기능으로 그림판의 그림을 다른 문서에 삽입 가능

25 유니버설 앱

1. 계산기

1) 계산기 모드

- **표준** : 더하기, 빼기, 곱하기, 나누기의 사칙 연산에 이용
- **공학용** : 삼각법, 함수, 지수, 로그 등의 복합적인 수식에 유효자리 32자리까지 정확히 계산
- **프로그래머** : 2, 8, 10, 16진수 계산법과, 연산자 우선순위에 따라 정수를 계산하며 유효자리 64자리까지 계산
- **날짜 계산** : 두 날짜 간 차이, 추가 또는 뺀 날 계산

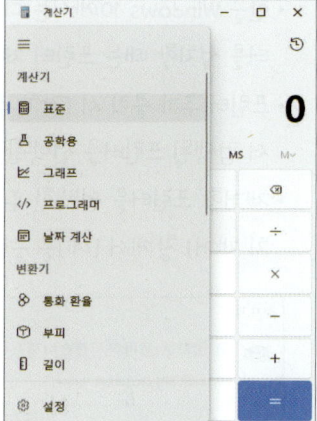

2) 계산기 메모리 기능 키

- MC : 메모리에 있는 값 지우기
- MR : 메모리에 있는 값 불러오기
- MS : 현재 입력된 값을 저장하기
- M+ : 현재 메모리에 있는 값에 더하기
- M- : 현재 메모리에 있는 값에 빼기

2. 스티커 메모

- 종이에 메모하듯이 일정이나 전화번호 등을 입력할 때 사용하는 앱
- [시작]-[스티커 메모]를 클릭하거나 [시작] 단추 오른쪽의 [검색] 상자에서 '스티커 메모'를 입력 후 Enter 를 눌러 실행
- 태블릿 펜 또는 표준 키보드로 작성 가능
- 굵은 텍스트, 기울임 꼴, 밑줄, 취소선, 글머리 기호, 이미지 추가 가능
- 새로운 노트를 추가, 삭제하거나 메모지 색 등을 변경 가능

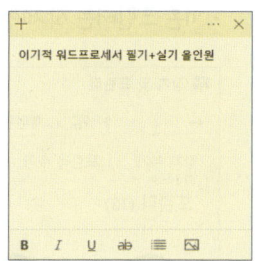

> **TIP 유틸리티 앱의 종류**
> - 이미지 뷰어 앱 : 사진, 포토뷰어, 알씨, ACDSee 등
> - 파일 압축 및 복원 관련 앱 : PKZIP, 알집, 반디집, 윈라(WinRAR), WinZip 등
> - 바이러스 체크 및 백신 관련 앱 : 알약, 바이로봇, V3 등
> - 파일 송수신 FTP 관련 앱 : 알FTP, CuteFTP, 파일질라 등

26 인쇄

1. 프린터 추가 및 제거

- 한글 Windows 10에서는 대부분의 프린터에 대한 드라이버를 제공하나 인식하지 못하는 프린터를 설치할 때는 프린터 제조업체에서 제공하는 드라이버를 추가하여 설치 필요
- 프린터 추가 클릭 시 [장치 추가] 창이 표시되면서 [이 PC에 추가할 장치 또는 프린터 선택]에서 검색된 프린터를 선택한 후 [다음] 클릭하고 프린터 드라이버 설치한 후 [닫기] 클릭
- 제거할 프린터를 선택한 후 [제어판]의 [장치 및 프린터] 창에서 [장치 제거]를 클릭하고 [장치 제거] 창에서 [예]를 클릭하면 프린터 장치가 제거됨

▲ 장치 제거

2. 기본 프린터 설정 ✯*

- 기본 프린터는 한글 Windows 10의 응용 프로그램에서 인쇄 명령을 내리면 기본적으로 인쇄되는 프린터로, 새로운 프린터를 추가할 때 지정할 수 있음
- 기본 프린터는 반드시 한 대만 지정할 수 있고, 아이콘 모양에 ✅ 표시가 되어 있음
- 설치된 프린터의 바로 가기 메뉴에서 기본 프린터를 변경할 수 있음
- 기본 프린터는 삭제한 후 다시 설치할 수 있음

▲ 기본 프린터 표시

3. 프린터의 속성

- 프린터 아이콘을 선택한 후 마우스 오른쪽 버튼을 눌러 나오는 바로 가기 메뉴의 [프린터 속성]을 선택하여 각종 정보를 확인하고 설정 가능
- 각 프린터마다 [속성] 탭이 다르게 표시되며 색 관리, 보안, 장치 설정, 하드웨어, 웹 서비스 탭 등이 있음

[일반] 탭	• 프린터 모델명과 위치, 설명 표시 • 기본 설정(해상도 옵션, 인쇄 급지, 형식, 크기, 방향 등)과 테스트 페이지 인쇄 가능
[공유] 탭	이 프린터를 네트워크의 다른 사용자와 공유하도록 설정, 추가 드라이버 설치
[포트] 탭	프린터 포트를 선택하고 새로운 포트를 추가하거나 제거
[고급] 탭	프린터 시간 제한 설정, 프린터 우선 순위, 드라이버 확인 및 새 드라이버, 문서의 스풀 설정

4. 스풀

- 프린터와 같은 저속의 입·출력 장치를 상대적으로 빠른 중앙 처리 장치와 병행하여 작동시켜 컴퓨터 전체의 처리 효율을 높이는 기능
- 프린터에서 인쇄하기 전에 인쇄 내용을 하드 디스크에 임시로 보관하고 출력할 파일을 백그라운드 작업의 프린터로 보내줌
- 스풀 기능을 사용하려면 스풀에 사용될 디스크의 추가 용량이 필요함
- 프린터 속성의 [고급] 탭에서 스풀 여부를 설정하면 인쇄를 하면서 다른 작업을 할 수 있으나 인쇄 처리 속도는 느려짐

> **TIP** 프린터의 추가 설치 순서
>
> [제어판]의 [장치 및 프린터] 창에서 [프린터 추가] 클릭 → 로컬 프린터인지, 네트워크 프린터인지를 선택 → 프린터에 사용할 포트를 결정 → 프린터 제조업체와 모델을 선택 → 프린터 이름 입력 → 공유 여부를 선택 → 기본 프린터 설정 여부와 테스트 페이지를 선택하고 완료

27 한글 윈도우의 환경 설정

1. 개인 설정

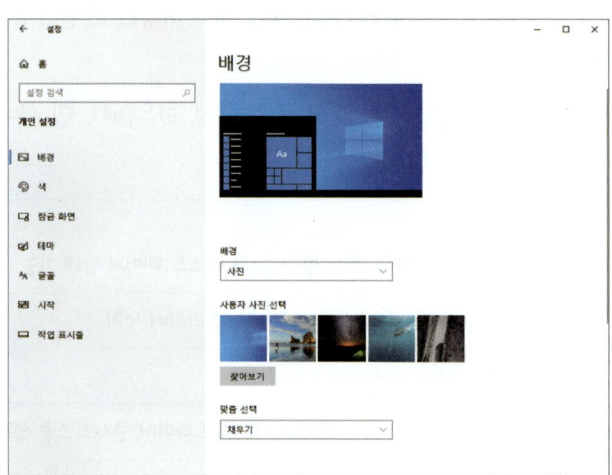

배경	Windows 바탕 화면으로 사용할 배경 사진 선택
색	기본 Windows 모드 선택, 기본 앱 모드 선택, 투명 효과 설정, 테마 컬러를 선택하여 색 지정 가능
잠금 화면 ★ (화면 보호기)	• Windows 추천, 사진, 슬라이드 쇼, 사용자 사진 선택으로 잠금 화면 설정 • [화면 시간 제한 설정]을 하여 화면이나 전원 사용 시 지정 시간이 경과하면 끄기와 절전 모드 시간을 설정 • 화면 보호기를 사용하다가 마우스나 키보드를 누르면 원래의 화면으로 되돌아옴 • 화면 보호기에 별도로 암호를 설정할 수 없고 [다시 시작할 때 로그온 화면 표시]를 선택하면 보호기가 해제될 때 로그온 창을 표시
테마	• 배경, 색, 소리, 마우스 커서를 저장하여 한꺼번에 변경시키는 기능 • 앱 스토어에서 많은 테마를 다운받아 사용 가능
글꼴 ★	• 시스템에 설치되어 있는 글꼴을 제거하거나 새로운 글꼴을 추가하는 기능 • 트루타입 : 선과 곡선으로 구성된 글꼴로, Windows에서 기본적으로 사용되며 글꼴 크기와 관계없이 선명하고 읽기 쉽게 표시 • 오픈타입 : 트루타입의 확장된 글꼴로, 작은 대문자 표시, 이전 스타일 숫자 형식을 지원하며 보다 세밀한 모양의 글꼴 • 벡터 : 점과 점 사이에서 이어지는 선의 집합으로 정의된 글꼴 • 래스터 : 점으로 만든 비트맵 글꼴 • 포스트스크립트 : 매끄럽고 정밀하고 고품질의 글꼴로, 전문가 수준의 인쇄 작업에 자주 사용됨

2. 접근성 설정 ☆*

> 컴퓨터 시스템 사용자의 시각이나 청각적인 설정을 위해
> 다양한 옵션을 제공하여 컴퓨터를 사용하기 쉽게 만듦

돋보기 시작	• 돋보기를 사용하여 화면 일부를 확대하여 표시 • Windows 로그온 시 자동으로 돋보기 기능을 시작할 수 있게 설정 가능
내레이터 시작	화면의 내용을 소리내어 읽기
화상 키보드 시작	화상 키보드를 표시하여 마우스나 다른 포인팅 장치로 키보드 이미지의 키를 입력하는 기능
고대비 설정	고유 색을 사용하여 텍스트와 앱을 보기 쉽게 설정
모든 설정 살펴보기	• 디스플레이가 없는 컴퓨터 사용 • 컴퓨터를 보기 쉽게 설정 • 마우스 또는 키보드가 없는 컴퓨터 사용 • 마우스를 사용하기 쉽게 설정 • 키보드를 사용하기 쉽게 설정 • 소리 대신 텍스트나 시각적 표시 방법 사용 • 보다 쉽게 작업에 집중할 수 있도록 설정 • 터치 및 태블릿을 사용하기 쉽게 설정

3. 사용자 계정 관리

- 한글 Windows 10에서는 사용자 계정을 통해 시스템의 사용 권한을 제한하고 설정함
- [PC 설정에서 내 계정 변경]은 내 마이크로소프트 계정 관리와 사용자 계정에 사용할 사진을 변경함
- [계정 이름 변경]은 계정에 사용할 이름을 변경하여 시작 화면에 표시함
- [계정 유형 변경]에는 표준 계정과 관리자 계정이 있음
- [다른 계정 관리]는 변경할 다른 계정을 선택 가능
- [사용자 계정 컨트롤 설정 변경]은 유해한 프로그램이 컴퓨터를 변경하는 것을 방지함

28 장치 관리

1. 장치 관리자 ✨

- 컴퓨터에 설치된 하드웨어 목록과 드라이버를 검색하여 설치
- [시작]-[Windows 시스템]-[제어판]-[장치 관리자]를 클릭하거나 내 PC(내 컴퓨터)의 바로 가기 메뉴의 [속성]-[장치 관리자]를 클릭
- 한글 Windows 10에서 대부분의 하드웨어는 PnP(자동 감지 기능)로 자동으로 인식하여 드라이버를 설치
- PnP(Plug and Play)를 지원하지 않는 장치를 설치할 때는 [장치 관리자] 창의 [동작]-[레거시 하드웨어 추가] 메뉴를 선택하여 나타나는 [하드웨어 추가 마법사]를 사용

2. 마우스 ✨

[단추] 탭	왼손잡이 사용자를 위해 오른손과 왼손 단추의 기능을 바꾸거나, 두 번 클릭 속도 조절, 클릭 잠금 사용의 설정
[포인터] 탭	마우스 포인터의 모양을 변경, 포인터 그림자 사용
[포인터 옵션] 탭	포인터의 동작 속도, 대화상자의 기본 단추로 포인터 자동 이동, 포인터 자국 표시의 유형을 설정
[휠] 탭	• 세로 스크롤에서 휠을 한 번 돌렸을 때 스크롤되는 양(1~100줄) 설정 • 가로 스크롤에서 휠을 상하로 이동할 때 스크롤할 문자의 수(1~100글자) 설정
[하드웨어] 탭	• 마우스 장치의 이름과 제조업체, 위치, 장치 상태와 속성을 설정 • 속성에서는 드라이버 정보와 드라이버 업데이트 등을 할 수 있음

29 앱 관리

1. 앱(프로그램) 및 기능

- **프로그램 제거 또는 변경** : 사용하지 않을 앱(프로그램)의 이름을 클릭하여 [제거]를 눌러 삭제 가능, [변경] 또는 [복구]는 앱(프로그램)의 오류 시 변경하거나 레지스트리의 복구를 수행
- **설치된 업데이트 보기** : 설치된 앱(프로그램)의 업데이트를 제거 또는 변경
- **Windows 기능 켜기/끄기** : 인터넷 익스플로러 등의 Windows 기능을 사용하려면 해당 확인란을 선택하고 사용하지 않으려면 확인란을 취소

2. 기본 앱 설정의 기본 프로그램

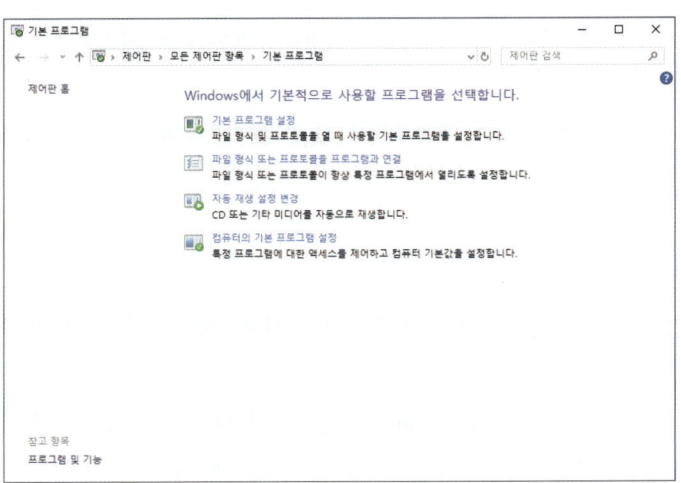

기본 프로그램 설정	파일 형식 및 프로토콜을 열 때 사용할 기본 프로그램을 설정
파일 형식 또는 프로토콜을 프로그램과 연결	파일 형식 또는 프로토콜이 항상 특정 프로그램에서 열리도록 설정
자동 재생 설정 변경	• CD 또는 기타 미디어를 자동으로 재생하도록 설정 • 즉, 오디오 CD를 넣으면 Windows Media Player가 자동으로 재생되도록 설정할 수 있음
컴퓨터의 기본 프로그램 설정	• 특정 프로그램에 대한 액세스를 제어하고 컴퓨터 기본값을 설정 • 웹 브라우저나 전자 메일 작업 등에 사용할 기본 프로그램을 선택

30 시스템 관리

1. 디스크 포맷 ⭐

> 컴퓨터 시스템 사용자의 시각이나 청각적인 설정을 위해 다양한 옵션을 제공하여 컴퓨터를 사용하기 쉽게 만듦

- [파일 탐색기] 창에서 <u>포맷하려는 드라이브</u>를 선택한 후 바로 가기 메뉴의 [포맷] 선택
- 사용 중인 디스크의 파일은 모두 종료한 후 포맷 시작

용량	포맷할 디스크의 용량을 선택
파일 시스템	디스크의 파일 시스템(NTFS, FAT, FAT32, exFAT) 종류를 선택
할당 단위 크기	섹터당 할당 크기 또는 클러스터의 크기를 기본 할당 크기, 바이트, KB 단위로 선택
장치 기본값 복원	장치가 가지고 있는 기본값으로 복원
볼륨 레이블	• 디스크를 구별할 수 있는 이름을 입력 • NTFS 파일 시스템에서는 최대 32자까지 입력(폴더와 파일을 압축할 수 있도록 포맷 가능)
빠른 포맷	이미 포맷한 디스크에 대해 불량 섹터를 검색하지 않고 빠르게 포맷하는 형식

2. 레지스트리

- Windows 사용자의 정보, 응용 프로그램의 정보, 설정 사항 등의 Windows 실행 설정에 대한 정보를 담고 있는 데이터베이스
- [시작]-[Windows 시스템]-[실행]을 누르고 'Regedit'을 입력하여 레지스트리 창을 실행
- 응용 프로그램 실행에 영향을 주는 각종 INI 파일(SYSTEM.INI, WIN.INI 등)에 대한 정보 관리
- 레지스트리가 손상되면 Windows에 치명적인 손상을 줄 수 있으므로 주의하여 사용
- 레지스트리를 편집하거나 수정하다가 실수할 경우 레지스트리가 손상될 수 있어, <mark>레지스트리 수정 전에 반드시 백업</mark>을 해 주어야 함

31 시스템 최적화

1. 디스크 정리

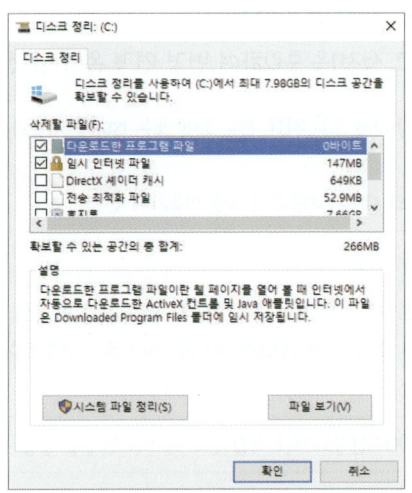
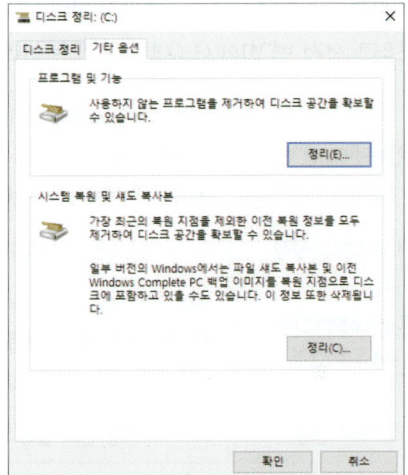

- 컴퓨터를 오래 사용하면 불필요한 파일 때문에 속도가 느려지므로 필요할 때마다 디스크를 정리 (삭제)하여 디스크의 공간 확보
- [디스크 정리] 탭과 [기타 옵션] 탭 항목으로 구분

2. 드라이브 조각 모음 및 최적화 ★

- 디스크 조각 모음은 디스크 내에 흩어져 단편화되어 있는 파일이나 폴더의 조각들을 합쳐서 디스크의 처리 속도를 향상시켜 주는 도구를 말함
- 디스크 조각 모음 및 최적화를 통해 디스크의 액세스 속도를 향상시킴
- [시작]-[Windows 관리 도구]-[드라이브 조각 모음 및 최적화]를 클릭하여 실행
- 매일, 매주, 매월 일정한 요일, 일정한 시간, 실행할 디스크를 선택하여 진행 가능
- 디스크 조각 모음을 실행할 수 있는 경우 : 하드 디스크, USB 플래시 드라이브
- 디스크 조각 모음을 실행할 수 없는 경우 : CD-ROM 드라이브, DVD 드라이브, 네트워크 드라이브, Windows가 지원하지 않는 프로그램으로 압축된 드라이브, NTFS, FAT, FAT32 이외의 다른 파일 시스템으로 포맷된 경우

32 네트워크 관리

1. 네트워크 연결 설정

- [제어판]의 [네트워크 및 공유 센터]에서 네트워크 설정 변경 가능
- [네트워크 설정 변경]에서 [새 연결 또는 네트워크 설정]을 클릭하여 변경 연결 옵션 선택

인터넷에 연결	• 인터넷을 사용하기 위해 광대역 또는 전화 접속 모뎀 또는 ISDN을 사용하여 연결을 설정 • 인터넷 서비스 공급자(ISP)의 사용자 이름과 암호를 이용하여 연결
새 네트워크 설정	새 라우터 또는 액세스 지점을 설정
무선 네트워크에 수동으로 연결	무선 단말기를 사용할 때 네트워크 이름, 보안 종류, 암호화 유형, 보안 키 등의 무선 네트워크 정보를 이용하여 숨겨진 네트워크에 연결하거나 무선 프로토콜을 새로 만들기하여 연결 설정
회사에 연결	회사에 대한 전화 접속 또는 VPN 연결하거나 직접 전화 걸기로 연결을 설정

2. 네트워크 어댑터

- 사용자의 컴퓨터를 물리적으로 네트워크에 연결하기 위한 하드웨어 장치
- 한글 Windows 10에서는 부팅하면서 자동으로 어댑터(LAN 카드)를 인식하여 적절한 드라이버 설치
- [제어판]의 [장치 관리자]-[네트워크 어댑터]의 항목에서 바로 가기 메뉴의 [속성]을 선택하면 설치된 장치 유형과 제조업체, 위치 등을 확인하고 드라이버 업데이트, 드라이버 제거 등이 가능
- 네트워크 어댑터를 설치하면 활성 네트워크 연결이 자동으로 이루어짐
- [제어판]의 [네트워크 및 공유 센터] 창의 [어댑터 설정 변경]에서 네트워크 장치 연결을 변경 가능

3. 소프트웨어적인 환경 ⭐

- [제어판]의 [네트워크 및 공유 센터]에서 인터넷 액세스 형식인 [이더넷] 연결을 클릭하면 현재 이더넷 상태를 확인
- IP 연결 상태와 미디어 상태, 시간, 속도 등을 확인 가능
- 무선 인터넷 접속이 가능한 상태라면 무선 네트워크 이름(SSID)을 선택하여 인터넷에 연결됨
- 무선 네트워크일 경우에는 Wi-Fi 상태로 IP 연결 상태, 미디어 상태, SSID, 시간, 속도 등을 확인 가능
- 이더넷 상태 창의 [속성]을 클릭하여 네트워킹을 위한 구성 항목을 확인하며, [설치]를 눌러 [네트워크 기능 유형 선택]에서 유형을 추가하여 설치 가능

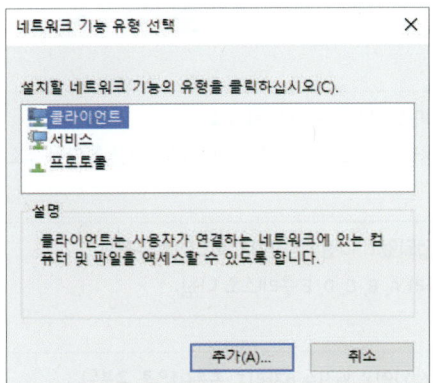

클라이언트 ⭐	• 사용자가 연결하려는 네트워크에 있는 컴퓨터 및 파일을 액세스하기 위해 설치하여 사용 • 클라이언트는 네트워크의 다른 컴퓨터나 서버에 연결하여 파일이나 프린터 등의 공유 자원을 사용할 수 있도록 한 소프트웨어
서비스 ⭐	• 네트워크상에 있는 파일 및 프린터 공유, 백업, 레지스트리 등의 추가 기능을 제공하기 위해 설치 • 서비스는 내 컴퓨터에 설치된 파일, 프린터 등의 자원을 다른 컴퓨터에서 공유할 수 있도록 하는 소프트웨어
프로토콜 ⭐	사용자 컴퓨터와 다른 컴퓨터 간에 통신을 할 때 사용하는 통신 규약으로, 네트워크상에서 통신할 때는 같은 프로토콜을 사용

33 인터넷 프로토콜 TCP/IP

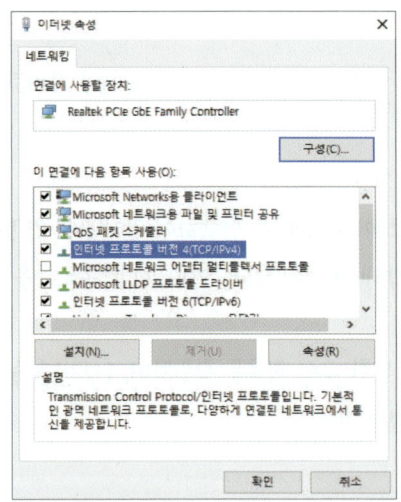

IP 주소 ☆*	IPv4	• 인터넷상에서 구별되는 자신만의 고유한 숫자로 된 주소 • 인터넷 서비스 업체(ISP)에서 자동으로 IP 주소를 부여받거나 직접 할당된 주소를 입력하여 설정
	IPv4	• IPv4는 32비트로 구성되었고 10진수 4자리로 도트(.)로 구분됨 • 네트워크 규모에 따라 A, B, C, D, E 클래스로 나뉨 • (예) 192.12.0.125
	IPv6	• IPv6는 128비트로 구성되었고 16진수 8자리로 콜론(:)으로 구분됨 • 기능으로는 IPv4와 호환성, 인증성, 기밀성, 데이터 무결성의 지원으로 보안 문제 해결, 빠른 속도, 실시간 흐름 제어를 지원 • (예) 12ef:78bc:ffff:ffff:ffff:ab47:0000:fe80
서브넷 마스크 ☆*		• 1개의 IP 네트워크 물리적 주소를 여러 개의 논리적 주소로 나누는 것 • 컴퓨터의 규모를 알리는 정보가 됨 • IP 주소와 결합하여 네트워크 주소와 호스트 주소를 구분하기 위하여 사용
기본 게이트웨이		• 게이트웨이란 네트워크로 들어가는 입구 역할로 두 개의 서로 다른 LAN을 연결하는 장치 • 일반적으로 라우터라는 연결 장치에서 지정된 게이트웨이의 주소를 입력

34 네트워크 관련 명령어

- 네트워크 명령어는 [시작]-[Windows 시스템]-[명령 프롬프트] 또는 [시작] 단추의 바로 가기 메뉴인 [실행]에서 'cmd'를 눌러 나오는 명령 프롬프트 창에서 실행
- (예) [명령 프롬프트] 창에서 'c:\>ipconfig'를 입력한 후 Enter 를 클릭

ipconfig	• c:\>ipconfig 입력 • 자신의 컴퓨터 어댑터의 상태, 할당된 IP 주소, 서브넷 마스크의 주소, 게이트웨이에 대한 정보를 확인
ping	• c:\>ping ip 주소 입력 • 입력한 IP 주소가 네트워크에 잘 연결되어 있는지 확인하는 명령어 • 패킷 보냄 수와 왕복 시간, TTL 등을 확인
tracert	• c:\>tracert 입력 • 연결하려는 IP 라우터들이 제대로 패킷을 전송하는지 확인하는 명령어 • 라우터의 경로와 경로에서의 지연시간을 추적할 때 사용
netstat	• c:\>netstat 입력 • TCP/UDP 프로토콜 네트워크 연결 상황을 표시하는 명령어 • 프로토콜, 로컬 영역 주소, 외부 주소와 포트, 연결 상태로 충돌 지점을 알아낼 때 사용
net	• c:\>net 입력 • 네트워크에 연결된 모든 시스템의 상태를 나타내는 명령어
finger	• c:\>finger 입력 • 현재 시스템의 사용자에 대한 정보를 표시
nslookup	• c:\>nslookup ip 주소 입력 • DNS에 접속하여 특정한 IP 주소를 가진 컴퓨터의 도메인을 찾거나 도메인 이름으로 IP 주소를 알아내는 명령어

35 네트워크 사용

1. 네트워크 드라이브 연결

- 특정한 폴더나 드라이브를 마치 내 컴퓨터의 디스크 드라이브처럼 사용하기 위해 네트워크 드라이브를 연결
- [파일 탐색기] 창의 [홈]-[새로 만들기] 그룹의 [빠른 연결]-[네트워크 드라이브 연결]에서 선택
- 내 PC(내 컴퓨터)의 위치일 때에는 [컴퓨터]-[네트워크] 그룹의 [네트워크 드라이브 연결] 선택
- [네트워크 드라이브 연결]은 연결할 공유 폴더의 드라이브와 경로를 지정하는 것으로, 네트워크 드라이브 연결에 사용할 드라이브 문자와 공유 네트워크 폴더를 선택한 후 [마침]을 클릭
- [로그인할 때 다시 연결]을 선택하면 로그인할 때마다 자동으로 연결된 드라이브에 다시 연결되어 사용
- [네트워크 드라이브 연결 끊기]는 네트워크 드라이브의 연결을 해제하여 연결된 드라이브를 끊고 새 드라이브 문자로 다시 지정하여 사용

2. 네트워크 프린터 설치와 프린터의 공유 ✯

- 프린터가 없는 컴퓨터에서 네트워크상의 다른 컴퓨터에 연결된 프린터를 공유하여 사용 가능
- 공유할 프린터 이름을 직접 입력할 때는 경로를 '₩₩컴퓨터 이름₩프린터 이름'으로 입력
- 공유는 [제어판]의 [장치 및 프린터]에서 설치된 프린터의 바로 가기 메뉴에서 [속성]-[공유] 탭에서 설정
- [이 프린터 공유]에 체크하고 [공유 이름] 입력
- 공유할 프린터의 이름은 한글, 영문, 숫자, 공백과 특수문자를 사용할 수 있으나, '/', '₩', ','와 같은 특수문자는 사용할 수 없음

3. 방화벽 및 네트워크 보호 ✨

방화벽	• 외부로부터 내부망을 보호하고 유해 정보의 유입을 차단하기 위한 정책과 이를 지원하는 하드웨어 및 소프트웨어를 총칭함 • 외부 네트워크와 사설 네트워크의 경계에 패킷 필터링 기능을 수행하는 라우터나 응용 게이트웨이를 두어 모든 정보의 흐름이 이들을 통해서만 이루어지도록 함 • 외부로부터의 공격을 막는 역할을 하지만 내부에서 일어나는 해킹은 막을 수 없다는 단점이 있음 • 방화벽은 바이러스 백신과 다름
Windows Defender 방화벽	• [제어판]의 [Windows Defender 방화벽]은 권한이 없는 사용자가 인터넷 또는 네트워크를 통해 컴퓨터에 접근하는 것이나 바이러스 침입을 막아주는 방어막 • 사용자 컴퓨터에서 다른 컴퓨터로 악성 소프트웨어를 보내지 못하도록 방지할 수 있음 • Windows Defender가 설정되면 스파이웨어 및 기타 사용자의 동의 없이 설치되는 소프트웨어가 컴퓨터에 자체적으로 설치 또는 실행될 때 알림이 표시됨 • 개인 네트워크 설정이나 공용 네트워크 중 유형 설정

▲ Windows Defender 방화벽

36 웹 브라우저 사용

1. 웹 브라우저

- HTTP 프로토콜을 기반으로 월드와이드웹(WWW)에서 하이퍼텍스트로 정보를 찾고 웹 문서를 교환하는 응용 소프트웨어
  - *하이퍼링크를 통해 하나의 문서에서 연관성 있는 다른 문서로의 이동*
- 플러그인 프로그램을 설치하여 동영상이나 소리 등의 다양한 멀티미디어 데이터를 처리 가능
- 접속된 웹 페이지를 사용자 컴퓨터에 저장하거나 인쇄 가능
- 웹 문서 열기, 웹 문서 즐겨찾기, 자주 방문하는 URL 등을 설정 가능
- 전자우편을 보내거나 웹 페이지인 HTML 문서를 보거나 편집 가능

2. 웹 브라우저 종류

마이크로소프트 엣지 (Microsoft Edge)	• 마이크로소프트사에서 최신 웹 환경을 반영한 브라우저 • 보안에도 우수한 성능을 가졌고, Windows, macOS, iOS, Android 등의 휴대폰 장치와 태블릿 PC 등과도 연동 가능
크롬 (Chrome)	• 구글에서 만든 그래픽 사용자 인터페이스 웹 브라우저 • 안정성과 보안, 속도면에서 효율적으로 널리 사용되고 있음
파이어폭스 (Firefox)	• 모질라 파이어폭스 웹 브라우저로 윈도우, 리눅스, 안드로이드 등에서 실행 가능 • 탭 브라우징, 맞춤법 검사, 통합 검색, 라이브 북마크 등의 기능이 있음

> **TIP 웹 관련 용어**
>
> - 데몬(Daemon) : 사용자가 직접적으로 제어하지 않고, 백그라운드에서 돌면서 주기적인 서비스 요청 등 여러 작업을 하는 프로그램
> - 미러 사이트(Mirror Site) : 사이트의 부하를 분산하기 위해 인기 있는 웹 사이트를 2개 이상의 파일 서버로 만들어 똑같은 내용을 분산시켜 보유하고 있는 사이트
> - 캐싱(Caching) : 자주 사용하는 사이트의 자료를 하드 디스크에 저장하고 있다가 사용자가 다시 그 자료에 접근하면 빠르게 보여주는 기능
> - 쿠키(Cookie) : 사용자의 방문 날짜와 그 사이트에서의 행동을 기록한 정보가 있는 파일

37 컴퓨터의 기본 개념

1. 컴퓨터의 구성

→ 하드웨어(Hardware), 소프트웨어(Software)로 구성

하드웨어	컴퓨터를 구성하는 물리적인 기계 장치
소프트웨어	컴퓨터와 관련된 장치들을 작동시키는 데 필요한 각종 프로그램
펌웨어 ★	• 하드웨어와 소프트웨어의 중간적 성격을 가진 장치 • 기존에는 소프트웨어나 하드웨어에서 그 내용을 쉽게 바꿀 수 없었으나 최근에는 플래시롬(Flash ROM)에 저장되어 내용을 간단하게 변경 가능

2. 데이터 표현 방식 ★

1) 숫자 표현

- <u>부동 소수점 표현</u> : 부호, 지수부, 가수(소수)부로 구성되며, 부호의 양수 값은 0, 음수 값은 1로 표현
- <u>고정 소수점 표현</u> : 정수 표현 형식으로 구조가 단순하고, 표현 범위가 적음

2) 문자 표현

코드	크기	표현 문자
BCD 코드 (2진화 10진 코드)	6비트	• 64(2^6) 문자 표현 • 8421 코드라고도 함
ASCII 코드 (국제 표준 코드)	7비트	• 128(2^7) 문자 표현 • 자료 처리나 통신 시스템에 사용
EBCDIC 코드 (확장된 2진화 10진 코드)	8비트	• 256(2^8) 문자 표현 • 입출력 장치와 범용 컴퓨터에서 주로 사용

3) 가중치 코드와 비가중치 코드

- <u>가중치 코드</u> : 각 자릿 수에 고유한 값을 부여한 코드로, 8421 코드(BCD), 2421 코드, 5421 코드, 7421 코드, 비퀴너리 코드(2-5진 코드) 등이 있음
- <u>비가중치 코드</u> : 각 자릿 수에 가중치가 부여되지 않은 코드로, 3초과 코드, 그레이(Gray) 코드, 2 Out-of 5 코드, Shift Counter 코드 등이 있음

38 데이터 구성 단위

1. 데이터 구성 단위(작음 → 큼 순서)

비트(Bit) < 니블(Nibble) < 바이트(Byte) < 워드(Word) < 필드(Field) < 레코드(Record) < 파일(File) < 데이터베이스(DataBase)

2. 데이터 구성 단위와 정의

비트 (Bit)	정보 표현의 최소 단위로 2진수인 0과 1로 표현
니블 (Nibble)	4개의 비트를 모은 단위
바이트 (Byte)	• 주소 표현의 최소 단위 • 영문자나 숫자는 1Byte, 한글과 한자는 2Byte로 표현
워드 (Word)	• 연산을 수행하거나 주기억 장치에 주소를 할당하는 기본 단위 • 반워드(2Byte), 전워드(4Byte), 더블워드(8Byte)
필드 (Field)	• 파일 구성의 최소 단위 • 데이터 레코드를 구성하는 항목
레코드 (Record)	• 여러 개의 필드가 모인 단위 • 논리 레코드, 물리 레코드
파일 (File)	관련된 여러 레코드가 모인 단위로 프로그램 구성의 기본 단위
데이터베이스 (DataBase)	상호 관련된 파일의 집합

39 컴퓨터의 역사

1. 컴퓨터의 발전 순서

MARK-I(최초의 전기 기계식 자동 계산기) → ENIAC(최초의 전자식 계산기) → EDSAC(최초의 프로그램 내장 방식 채택) → UNIVAC-I(최초의 상업용 계산기) → EDVAC(폰 노이만의 프로그램 내장 방식)

2. 컴퓨터의 세대별 분류

구분	주요 소자		속도 단위	특징
1세대	진공관	Tube	ms(10^{-3})	• 하드웨어 개발에 중점 • 부피와 전력 소모가 큼 • 속도가 느리고 신뢰도가 낮음
2세대	트랜지스터	TR	μs(10^{-6})	• 고급 언어와 운영체제 개발 • 온라인 실시간 처리 시스템 실용화 • 다중 프로그램 도입
3세대	집적 회로	IC	ns(10^{-9})	• 시분할 처리, 다중 처리 시스템 개발 • OMR, OCR, MICR 등의 입력 장치 개발 • 경영 정보 시스템 도입
4세대	고밀도 집적 회로	LSI	ps(10^{-12})	• 가상 기억 장치 도입, 개인용 컴퓨터 등장 • 최초의 슈퍼 컴퓨터 개발 • 네트워크가 크게 발달
5세대	초고밀도 집적 회로	VLSI	fs(10^{-15})	• 인공 지능, 전문가 시스템 도입 • 패턴 인식, 퍼지 이론 등장 • 신기술 개발 도입

40 컴퓨터의 분류

1. 데이터 형태에 의한 분류 ★★

- 컴퓨터는 데이터 형태에 따라 디지털 컴퓨터, 아날로그 컴퓨터, 하이브리드 컴퓨터로 분류
- 하이브리드 컴퓨터는 디지털 컴퓨터와 아날로그 컴퓨터의 장점만을 혼합한 특수 목적용 컴퓨터를 말함

구분	디지털 컴퓨터	아날로그 컴퓨터
구성 회로	논리 회로	증폭 회로
입력 형식	코드화된 숫자나 문자	전류, 전압, 온도, 길이 등 연속되는 물리량
출력 형식	• 이산적인 데이터 • 숫자, 문자, 부호 등으로 표시	• 연속적인 데이터 • 그래프, 곡선으로 표시
연산 형식	사칙 연산(+, -, ×, ÷)	미적분(병렬 연산)
연산 속도	느림	빠름
프로그래밍	필요	불필요
기억 능력	기억이 용이하고 반영구적	기억이 제한적
적용성	범용성	특수 목적용
정밀도	필요한 한도까지	정도가 제한됨(0.01%)

2. 처리 능력(규모)에 의한 분류 ★★

마이크로 컴퓨터 (개인용 컴퓨터)	• 개인적으로 사용하는 일반적인 컴퓨터 • 데스크톱, 랩톱, 노트북, 팜톱, PDA(Personal Digital Assistants)
워크스테이션	• 네트워크에 연결하여 서버로 사용 • RISC 마이크로프로세서를 이용한 컴퓨터
미니 컴퓨터	• 중형 컴퓨터 • 기업체나 학교, 연구소에서 사용
메인 프레임 컴퓨터	• 대형 컴퓨터 • 병원, 은행, 정부기관, 대기업 등에서 사용
슈퍼 컴퓨터	• 초고속 처리 가능 • 우주 및 항공, 기상 예보 등에서 사용

41 중앙 처리 장치

1. 제어 장치 ★*

프로그램 카운터 (PC : Program Counter)	다음에 수행할 명령어의 주소를 기억하는 레지스터
명령어 레지스터 (Instruction Register)	현재 수행 중인 명령의 내용을 기억하는 레지스터
명령 해독기 (Instruction Decoder)	현재 수행해야 할 명령을 해독한 후 수행 가능한 여러 가지 제어 신호를 발생시킴
번지 해독기 (Address Decoder)	명령어 레지스터가 보내온 주소를 해독한 후 저장되어 있던 데이터를 메모리로 보냄
부호기 (Encoder)	명령 해독기로 해독한 내용을 신호로 변환하여 각 장치에 전달
메모리 주소 레지스터 (MAR : Memory Address Register)	실행에 필요한 프로그램이나 데이터가 저장되어 있는 주기억 장치의 주소를 기억
메모리 버퍼 레지스터 (MBR : Memory Buffer Register)	메모리 주소 레지스터(MAR)의 내용을 기억

2. 연산 장치 ★*

누산기 (ACC : ACCumulator)	산술 연산 및 논리 연산의 결과를 일시적으로 기억하는 레지스터
가산기 (Adder)	2개 이상의 수를 입력하여 이들의 합을 출력하는 논리 회로 또는 장치
인덱스 레지스터 (Index Register)	색인 주소 지정에 사용되는 레지스터로, 주소를 변경하기 위해 유효 주소를 구하는 레지스터
데이터 레지스터 (Data Register)	연산에 사용할 데이터를 일시적으로 기억하는 레지스터
상태 레지스터 (Status Register)	연산 실행 결과의 양수와 음수, 자리 올림(Carry)과 오버플로(Overflow), 인터럽트 금지와 해제 상황 등의 상태를 기억하는 레지스터

42 기억 장치

1. 주기억 장치 ⭐*

ROM	전원 공급이 중단되어도 지워지지 않는 비휘발성 메모리	
	Mask ROM	내용을 고칠 수 없음
	PROM	사용자가 한 번만 기록할 수 있음
	EPROM	자외선(UV)을 이용하여 변경 가능
	EEPROM	전기적인 방법을 이용하여 여러 번 변경 가능하며, 플래시 메모리로 사용됨
RAM	전원 공급이 중단되면 내용이 지워지는 휘발성 메모리	
	SRAM	• 재충전 필요 없음 • 캐시 메모리에 이용
	DRAM	• 재충전 필요 • PC의 주기억 장치에 이용

> BIOS, MP3 플레이어, 휴대전화, 디지털 카메라 등에 사용

2. 보조 기억 장치

하드디스크	현재 가장 많이 사용되고 있는 보조 기억 장치로 컴퓨터 내에 고정됨
RAID	여러 대의 하드 디스크를 모아 하나의 디스크처럼 작동하게 만들어 주는 장비
광디스크	레이저 빔을 이용하여 데이터를 기록하고 읽어내는 장치

3. 고성능 기억 장치

캐시 메모리 (Cache Memory)	CPU와 주기억 장치 사이의 속도차를 극복하기 위하여 사용하는 고속 버퍼 메모리
가상 기억 장치 (Virtual Memory)	보조 기억 장치의 일부를 주기억 장치처럼 사용하여 주기억 장치의 용량을 확대해서 사용하는 메모리
연상 기억 장치 (Associative Memory)	기억 장치에 기억된 내용을 찾을 때 주소를 사용하지 않고 기억된 데이터의 내용을 이용하여 원하는 정보에 접근하는 방식의 메모리

43 운영체제

1. 운영체제의 목적

- 처리 능력(Throughput)의 향상 : 단위 시간 내에 처리하는 일의 양을 향상시킴
- 응답 시간(Turn Around Time)의 단축 : 사용자가 시스템에 일을 의뢰하고 그 결과를 얻을 때까지 걸리는 시간을 단축시킴
- 사용 가능도(Availability)의 향상 : 사용자가 컴퓨터를 사용하고자 할 때 가능한 정도를 향상시킴
- 신뢰도(Reliability)의 향상 : 주어진 일을 정확하게 해결하는 정도를 향상시킴

2. 운영체제의 분류 ★★

일괄 처리 시스템 (Batch Processing System)	처리할 데이터를 일정한 분량이 될 때까지 모아서 한꺼번에 처리하는 방식
실시간 처리 시스템 (Real Time Processing System)	자료가 들어오는 즉시 처리하는 방식
시분할 처리 시스템 (TSS : Time-Sharing System)	속도가 빠른 CPU의 처리 시간을 분할하여 여러 개의 작업을 연속적으로 처리하는 방식
다중 프로그래밍 시스템 (Multi-programming System)	하나의 프로세서(CPU)로 여러 개의 프로그램을 동시에 처리하는 방식
분산 처리 시스템 (Distributed Processing System)	네트워크로 연결된 컴퓨터에 의해 데이터를 처리하거나 다른 컴퓨터와 협동하여 데이터를 교환 처리하는 방식
다중 처리 시스템 (Multi-processing System)	하나의 컴퓨터에 두 개 이상의 CPU를 공유하여 프로그램을 처리하는 방식
병렬 처리 시스템 (Parallel Processing System)	서로 연결된 두 개 이상의 처리기에서 두 개 이상의 프로세스를 동시에 병렬 수행하여 연산 속도를 높이는 방식
듀플렉스 시스템	한 쪽의 CPU가 가동 중일 때 다른 CPU가 대기하며, 가동 중인 CPU가 고장나면 대기 중인 다른 CPU가 가동되는 시스템

44 소프트웨어 관련 용어

1. 사용권에 따른 소프트웨어의 분류

- 상용 소프트웨어(Commercial Software) : 정해진 금액을 지불하고 정식으로 사용하는 프로그램
- 프리웨어(Freeware) : 공개 소프트웨어로 누구나 무료로 사용하는 것이 허가된 프로그램
- 셰어웨어(Shareware) : 일정 기간 동안 무료로 사용하다가 마음에 들면 금액을 지불해야 정식으로 사용할 수 있는 제품
- 오픈소스(Open Source) : 개발자가 소스를 공개한 소프트웨어로 누구나 수정 및 배포 가능
- 미들웨어(Middleware) : 복잡한 여러 기종의 컴퓨팅 환경에서 응용 프로그램과 운영체제의 차이를 보완해 주고 서버와 클라이언트들을 중간에서 연결해 주는 소프트웨어
- 내그웨어(Nagware) : 무료로 사용할 수 있는 소프트웨어지만 사용자 등록을 하지 않으면 반복적으로 경고 메시지를 띄워 사용자 등록을 요구하는 소프트웨어
- 번들(Bundle) 프로그램 : 컴퓨터나 소프트웨어를 구입할 때 서비스로 제공하는 부수적인 프로그램
- 데모 버전(Demo Version) : 소프트웨어의 홍보를 위해 어떤 기능을 가졌는지 소개하는 프로그램

2. 소프트웨어 테스트

- 알파 버전(Alpha Version) : 베타테스트 하기 전에 새로운 제품을 개발했을 때 다른 부서의 직원이 사용하여 성능을 시험하는 검사
- 베타 버전(Beta Version) : 제품을 공식적으로 발표하기 전에 일부 관계자와 사용자에게 제공하여 성능을 테스트하는 것
- 벤치마크 테스트(Benchmark Test) : 하드웨어나 소프트웨어의 성능을 검사하기 위해 실제로 사용되는 조건에서 처리 능력을 테스트하는 것
- 버그 테스트(Bug Test) : 프로그램의 오류를 검증하고 버그 추적 프로그램을 통해 버그를 미리 찾아내는 테스트
- 메모리 테스트(Memory Test) : CMOS에서 Power on Self Test 항목을 통해 자체 메모리를 테스트하는 과정

45 멀티미디어 데이터

1. 그래픽 파일 형식

구분	비트맵 방식	벡터 방식
표현	픽셀의 단위	선이나 면 단위
기억 공간	많이 차지함	적게 차지함
손상 여부	확대하거나 축소하면 이미지 손상 ○	확대하거나 축소해도 이미지 손상 x
표시 속도	화면에 표시되는 속도 빠름	화면에 표시되는 속도 느림
계단 현상	○	x
파일 형식	BMP, GIF, JPG, PCX, TIFF, PNG	WMF, AI, CDR, DXF

└ Windows 표준 비트맵 파일 형식으로, 입·출력 속도가 빠르나 파일의 크기가 큼

2. 동영상 파일 형식

AVI	마이크로소프트사의 동영상 파일 형식
DVI	인텔사의 동영상 파일 형식
MPEG	국제 표준 규격의 동영상 재생 파일 형식
DivX	비표준 동영상 파일 형식
ASF	마이크로소프트사의 스트리밍 파일 형식
MOV	애플사의 동영상 파일 형식(Quick Time)

3. 사운드 파일 형식

WAVE	아날로그 형태의 소리를 디지털 형태로 변형하는 샘플링 과정을 통해 작성된 데이터
MIDI	음악에서 사용되는 음의 특색을 기호로 정의하여 코드로 나타내는 전자악기 간 디지털 신호 전달의 통신 인터페이스 규격
WMA	마이크로소프트사의 파일 포맷
MP3	고음질 오디오 압축의 표준 형식으로, MPEG에서 규정한 MPEG-1의 압축 기술을 이용한 방식
MP4	MPEG에서 규정한 MPEG-2의 압축 기술에서 파생됨

4. 멀티미디어 관련 용어 ✬

용어	설명
안티앨리어싱 (Antialiasing)	이미지 외곽의 경계를 부드럽게 처리하기 위해 픽셀의 위치나 명암을 조절하는 기법
인터레이싱 (Interacing)	이미지가 처음에는 거친 모자이크 형식처럼 대략적으로 나타나다가 점점 자세하게 보여지는 기법
메조틴트 (Mezzotint)	이미지에 무수히 많은 점을 찍은 듯한 효과로 부드러운 명암을 다양하게 표현하는 기법
솔러리제이션 (Solarization)	사진의 현상 과정 중에 빛을 쪼여 주면 색채가 반전되는 효과
디더링 (Dithering)	제한된 색상을 조합 또는 비율로 변화하여 새로운 색을 만드는 작업
모델링 (Modeling)	시각적인 3차원 물체를 만들어내는 작업
렌더링 (Rendering)	물체의 각 면에 색깔이나 음영 효과를 넣어 화상의 입체감과 사실감을 나타내는 기법
모핑 (Morphing)	어떤 이미지를 서서히 다른 모습으로 변화시키는 기법
와핑 (Warping)	어떤 이미지를 유사 형태로 변형하는 것으로 이미지 왜곡에 주로 사용하는 기법
필터링 (Filtering)	이미지에 필터 기능을 이용하여 새로운 이미지로 바꾸어 주는 기법
리터칭 (Retouching)	이미지에 다양한 특수 효과를 줄 수 있는 기법
포깅 (Fogging)	먼 거리를 어색하지 않게 안개 효과처럼 흐리게 처리하는 기법
로토스코핑 (Rotoscoping)	촬영한 영상을 애니메이션 키 프레임으로 바꿔 그 위에 덧붙여 그리는 기법
클레이메이션 (Claymation)	점토, 찰흙 등의 점성이 있는 소재를 이용하여 인형을 만들고, 소재의 점성을 이용하여 조금씩 변형된 형태를 만들어서 촬영하는 형식의 애니메이션 기법

46 정보 통신의 활용

1. 광(광섬유) 케이블(Optical Fiber Cable) ★*

- 신호로 만든 광선을 내부 반사로 전송하는데, 다른 유선 전송 매체에 비하여 대역폭이 넓어 데이터 전송률이 뛰어나므로 전송 손실이 적음
- 다른 전송 매체보다 크기가 작고 가벼우며, 빛의 형태로 전송하므로 충격성 잡음 등의 외부 간섭을 받지 않음
- 케이블 크기가 작고 가벼워 정보 전달의 안정성이 매우 높으나, 설치 비용이 많이 듦
- <u>리피터</u>의 설치 간격이 넓어 가입자 회선 및 근거리 통신망으로 이용
    └ 받은 신호를 증폭시켜 먼 거리까지 정확한 신호를 전달하는 장치

2. 데이터의 전송 방식

- <mark>단향 전송(Simplex)</mark> : 한쪽 방향으로만 데이터의 전송이 가능한 방식 예 라디오, TV 방송 등
- <mark>반이중 전송(Half Duplex)</mark> : 양쪽 모두 송신과 수신이 가능하지만 동시에는 할 수 없는 방식 예 무전기 등
- <mark>전이중 전송(Full Duplex)</mark> : 동시에 양쪽 모두 송수신이 가능한 방식 예 전화, 비디오텍스 등

3. 연결 방식

호스트-터미널 방식 (Host-Terminal)	전체를 제어하는 컴퓨터와 단순한 기능을 가지는 터미널로 연결되는 방식
클라이언트-서버 방식 (Client-Server)	자원을 제공하는 서버와 자원을 요구하여 이용하는 클라이언트가 결합하여 작업하는 네트워크 결합 방식
동배 간 처리 방식 (Peer-To-Peer : P2P)	네트워크를 관리하는 서버 없이 컴퓨터들이 동등하게 연결되는 방식

4. OSI 7계층 ✿*

— ISO에서 제정한 개방형 시스템의 상호 접속을 위한 참조 모델

1계층	물리 계층 (Physical Layer)	네트워크 미디어의 물리적 특징을 정의
2계층	데이터 링크 계층 (Data Link Layer)	물리 계층에서 사용되는 전송 매체를 이용하여 안정적인 데이터 전송을 제공
3계층	네트워크 계층 (Network Layer)	네트워크 접속에 필요한 데이터 교환 기능을 제공하고 관리
4계층	전송 계층 (Transport Layer)	네트워크 종단 사이에 신뢰성 있고 투명한 데이터 전송을 제공하고, 에러 점검과 흐름 제어를 담당
5계층	세션 계층 (Session Layer)	송·수신 프로세스 간에 대화를 설정하고 그 사이의 동기를 제공
6계층	표현 계층 (Presentation Layer)	데이터 표현 형식을 표준화하고 암호화와 데이터 압축 등을 수행
7계층	응용 계층 (Application Layer)	네트워크를 이용하는 응용 프로그램으로 구성

5. 인터네트워킹

— 여러 개의 네트워크를 하나의 네트워크로 상호 연결

허브 (Hub)	두 개의 서로 다른 컴퓨터를 연결하는 장치로, 각 회선을 통합적으로 관리하는 장치
리피터 (Repeater)	받은 신호를 증폭시켜 먼 거리까지 정확한 신호를 전달하는 장치
브리지 (Bridge)	데이터 링크 계층에서 두 개의 네트워크를 연결하며, 패킷을 적절히 중계하고 필터링하는 장치
라우터 (Router)	네트워크의 모든 컴퓨터 주소, 다른 브리지나 라우터에 대한 정보를 알고 있으면서 네트워크에 메시지를 보낼 때 최적의 경로를 결정
게이트웨이 (Gateway)	두 개의 서로 다른 네트워크를 상호 접속하는 장치로, 필요한 경우 프로토콜 변환을 수행

6. 정보 통신망의 종류 ✨

- **LAN(근거리 통신망)** : 회사, 학교, 연구소 등의 특정 구역 내에서 여러 대의 시스템을 연결하여 데이터를 전송할 수 있는 통신망으로, 스타(Star)형, 버스(Bus)형, 링(Ring)형, 망(Mesh)형, 트리(Tree)형 등의 연결 방식이 있음

스타(Star)형	중앙의 컴퓨터와 단말기를 1:1로 직접 연결한 형태
버스(Bus)형	모든 단말기를 일렬로 연결한 형태
링(Ring)형	중앙의 컴퓨터가 필요하지 않고 이웃한 컴퓨터를 링처럼 서로 연결한 형태
망(Mesh)형	모든 단말기를 그물처럼 서로 연결한 형태
트리(Tree)형	중앙의 컴퓨터와 단말기를 하나의 통신 회선으로 연결하는 방식으로, 분산 처리 시스템이 가능한 형태

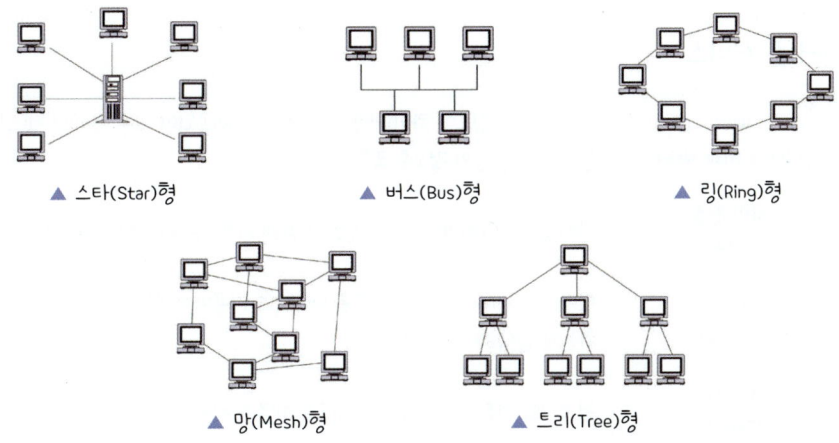

▲ 스타(Star)형   ▲ 버스(Bus)형   ▲ 링(Ring)형
▲ 망(Mesh)형   ▲ 트리(Tree)형

- **MAN(도시권 정보통신망)** : 도시와 위성 도시 간에 구축되는 통신망
- **WAN(광역 통신망)** : 국가나 전 세계에 걸쳐 형성되는 통신망
- **VAN(부가 가치 통신망)** : 공중 통신 사업자로부터 회선을 빌려 데이터 전송 이상의 부가 가치를 부여하여 판매하는 통신망 서비스
- **ISDN(종합 정보통신망)** : 하나의 통신 회선을 통하여 음성, 이미지, 동영상, 텍스트 등의 다양한 데이터 통신을 제공하는 디지털 통신망
- **B-ISDN(광대역 종합 정보통신망)** : 광케이블을 사용하여 고화질의 동영상까지 전송할 수 있는 통신망으로 핵심 기술은 비동기 전송 방식(ATM : 53바이트 셀)을 기반으로 구축되며, 넓은 대역폭을 사용

47 인터넷의 활용

1. TCP/IP 프로토콜 구조

TCP/IP 프로토콜 계층	OSI 7계층
응용 계층 (FTP, SMTP, TELNET, SNMP, HTTP)	응용 계층
	표현 계층
	세션 계층
전송 계층 (TCP, UDP)	전송 계층
네트워크 계층 (IP, ICMP)	네트워크 계층
데이터 링크 계층	데이터 링크 계층
	물리 계층

▲ TCP/IP 프로토콜 계층　　　▲ OSI 7계층

2. 인터넷 서비스

서비스	설명
WWW (World Wide Web)	웹 서비스는 정보가 하이퍼텍스트 형식으로, 제공되며 각종 형태의 텍스트, 그림, 동영상, 음성 등의 정보를 포함
파일 전송 (FTP)	인터넷을 통하여 파일을 송수신하기 위해 사용되는 서비스로 파일 공유
아키 (Archie)	익명(Anonymous) FTP 사이트를 대상으로 사용자가 원하는 파일이 어디에 위치하는지 검색해 주는 서비스
원격 접속 (Telnet)	원격지의 컴퓨터에 접속할 수 있도록 해주는 서비스
고퍼 (Gopher)	메뉴 형식의 정보 검색 시스템으로 WWW가 활성화되기 이전에 많이 사용되던 서비스

3. 전자상거래

- 사이버 공간에서 행하는 판매, 구매 등의 상거래 행위와 광고, 발주 등의 모든 활동을 포함하는 행위로, EDI, CALS, 사이버 비즈니스를 모두 포함
- 시간과 공간의 제약을 극복할 수 있고 일대일 마케팅으로 고객 관리가 용이

4. 인터넷 프로그래밍 언어 ★*

HTML	하이퍼텍스트 문서를 만드는 데 사용되는 언어 규약으로, 웹 문서의 표준으로 사용
UML	객체 지향 분석/설계용의 모델링 언어로 신뢰성이 높은 언어
DHTML	기존의 HTML에 디스플레이와 역동적인 개념을 추가
VRML	3차원 가상공간과 입체 이미지들을 묘사하기 위한 텍스트 파일 언어로 .wrl 확장명을 사용
SGML	복잡하고 대용량인 멀티미디어 문서를 서로 원활하게 교환할 수 있도록 ISO에서 제정한 데이터 객체 양식 표준 언어
XML	HTML을 획기적으로 개선한 차세대 인터넷 언어로, SGML의 복잡한 단점을 개선하였으며 사용자가 확장하여 사용
CGI	외부 데이터베이스에 접근하거나 인터넷 호스트 내에서 다른 프로그램들을 별도로 수행한 결과를 홈페이지에서 받아볼 때 사용
Java	WWW 환경에 가장 잘 맞는 프로그래밍 환경을 제공하는 객체 지향 프로그래밍 언어
ASP	기존의 CGI 기술이 서버에 무리를 주고 실행이 느리다는 단점을 극복하기 위한 기술
PHP	웹 서버에 내장되어 기존의 CGI 형식을 벗어나 별도의 프로세서를 만들지 않고 빠르게 움직이는 서버 측 스크립트 언어
JSP	자바로 만들어진 서버 스크립트로, 다양한 운영체제에서 이용 가능
Perl	1986년 UNIX 프로그래머인 Larry Wall에 의해 고안된 언어

> **TIP** 객체 지향 프로그래밍 언어와 절차 지향 프로그래밍 언어
> - 객체 지향 프로그래밍 언어 : C++, C#, JAVA
> - 절차 지향 프로그래밍 언어 : C, COBOL, FORTRAN

48. 정보사회와 보안

1. 악성 프로그램(Malicious Program)

바이러스 (Virus)	컴퓨터의 데이터를 파괴할 목적으로 작성되어 사용자 모르게 자신 또는 다른 프로그램을 감염시키고 복제되어 다른 파일(일반 문서, 실행 파일 등)까지 전염시키는 프로그램
트로이 목마 (Trojan Horse)	정상적인 프로그램으로 위장하고 있다가 실행하면 시스템에 손상을 주는 프로그램
랜섬웨어 (Ransom Ware)	인터넷 사용자의 컴퓨터에 잠입하여 내부 파일 등을 암호화하여 사용하지 못하게 만든 후 금품을 요구하는 악성 프로그램

2. 프로토콜의 취약점 공격

- 스니핑(Sniffing) : 네트워크 주변을 지나다니는 패킷을 엿보면서 계정과 패스워드를 알아내기 위한 행위
- 스푸핑(Spoofing) : 악의적인 목적으로 임의로 웹사이트를 구축해 일반 사용자의 방문을 유도한 다음, 사용자의 시스템 권한을 획득한 뒤 정보를 빼가거나 사용자가 암호와 기타 정보를 입력하도록 속이는 행위
- 서비스 거부(DoS) : 해당 시스템의 네트워크 트래픽 양을 증가시켜 시스템의 정상적인 동작을 방해하는 행위
- 분산 서비스 거부 공격(DDoS) : 많은 수의 호스트에 공격 도구를 설치해 놓고 대상 시스템을 공격하는 방법으로 데이터 패킷을 범람시켜 네트워크 성능 저하 및 시스템 마비를 일으키는 행위
- 피싱(Phishing) : '낚시하다'라는 뜻의 은어로 불특정 다수에게 메일을 발송해 위장된 홈페이지로 접속하도록 한 뒤 인터넷 이용자들의 금융정보 등을 빼내는 신종사기 수법
- 스미싱(Smishing) : 스마트폰 문자메시지를 통해 소액 결제를 유도하는 피싱 사기 수법
- 파밍(Pharming) : 피싱 기법의 일종으로 사용자가 자신의 웹 브라우저에서 정확한 주소를 입력해도 가짜 웹 페이지로 이동하게 하여 개인정보를 훔치는 행위
- 논리 폭탄(Logic Bomb) : 프로그램에 어떤 조건을 넣고 그 조건이 만족되면 자동으로 작동하여 불법 결과를 나타내게 하는 방법
- 스파이웨어(Spyware) : 다른 사람의 컴퓨터에 숨어 있다가 인터넷 이용 습관이나 사용 내용 및 정보를 수집하거나 중요한 개인정보를 빼가는 프로그램
- 혹스(Hoax) : 이메일이나 메시지 등에 거짓 정보를 실어 사용자를 속이는 가짜 바이러스

3. 정보 보안 서비스 ⭐

인증 (Authentication)	시스템에 접근하는 사용자의 신원을 확인하는 절차
접근 제어 (Access Control)	시스템의 자원 이용에 대한 불법적인 접근을 방지하는 과정
기밀성 (Confidentiality)	전달 데이터를 제3자가 읽지 못하도록 비밀성을 유지하는 기능
무결성 (Integrity)	권한이 없는 방식으로 변경되거나 파괴되지 않는 데이터의 특성을 말하며, 데이터를 보호하여 언제나 정상적인 데이터를 유지
부인 방지 (Non-repudiation)	송신자의 송신 여부와 수신자의 수신 여부를 확인하는 기능으로 송수신 측이 송수신 사실을 부인하는 것을 방지
가용성 (Availability)	인가된 사용자에게는 언제라도 사용 가능하게 함

4. 암호화 기법의 종류 ⭐

비밀키 암호화 기법 (DES 기법)	• 대칭키 또는 단일키 암호화 기법이라고 함 • 암호화를 위해 사용하는 키와 데이터를 원상으로 복구할 때 사용하는 키가 동일 • 암호화와 복호화의 속도가 빠름 • 키의 크기가 작고 알고리즘이 간단
공개키 암호화 기법 (RSA 기법)	• 비대칭키 또는 이중키 암호화 기법이라고 함 • 암호화할 때 사용하는 키와 데이터를 원상으로 복구할 때 사용하는 키가 서로 다름 • 자신의 개인키만 보관하면 되므로 키의 개수가 적음

> **TIP** 보안 위협의 형태
>
> - 가로막기(Interruption) : 데이터의 전달을 가로막아서 수신자 측으로 정보가 전달되는 것을 방해하는 것
> - 가로채기(Interception) : 송신한 데이터를 수신자까지 가는 도중에 몰래 보거나 도청하는 것
> - 수정(Modification) : 메시지를 원래의 데이터가 아닌 다른 내용으로 바꾸는 것
> - 위조(Fabrication) : 사용자 인증과 관계해서 마치 다른 송신자로부터 데이터가 온 것처럼 꾸미는 것

49 ICT 신기술 용어

1. 최신 ICT 용어

- WiFi : 고성능 무선 통신을 가능하게 하는 무선랜 기술로 유선을 사용하지 않고 전파나 빛 등을 이용하여 네트워크를 구축하는 방식
- WiBro(Wireless Boradband Internet) : 이동하면서 초고속 인터넷을 사용할 수 있는 무선 휴대 인터넷
- SSO(Single Sign On) : 하나의 아이디로 여러 사이트를 이용할 수 있는 시스템
- RFID(Radio-Frequency IDentification) : 전자태그 기술, 무선 주파수를 이용해 빛을 전파하여 먼 거리의 태그도 읽고 정보를 수신할 수 있음
- USN(Ubiquitous Sensor Network) : 필요한 모든 사물에 전자태그를 부착해(Ubiquitous) 사물과 환경을 인식하고(Sensor) 네트워크(Network)를 통해 실시간 정보를 구축하고 활용하도록 하는 통신망
- Tethering(테더링) : 휴대폰을 모뎀으로 활용할 수 있는 기능으로 노트북과 같은 IT 기기를 휴대폰에 연결하여 무선 인터넷을 사용
- I-PIN(아이핀) : 인터넷상에서 주민등록번호로 도용 범죄를 방지하기 위해 만든 인터넷 신원확인번호
- Virtual Reality(VR, 가상현실) : 어떤 특정한 환경이나 상황을 컴퓨터로 만들어서, 그것을 사용하는 사람이 마치 실제 주변 상황의 환경과 상호작용을 하고 있는 것처럼 만들어주는 시스템
- Kill Switch(킬 스위치) : 휴대폰의 도난이나 분실에 대비하여 정보기기를 원격으로 조작해 개인 데이터를 삭제하고 사용을 막는 기능
- IoT(Internet of Things) : 사물인터넷으로 사물에 센서를 부착하여 인터넷으로 연결되어 서로 정보를 주고받는 기술
- 블루투스(Bluetooth) : 근거리에서 데이터의 무선 통신을 가능하도록 해주는 기술
- 핫스팟(Hotspot) : 무선 네트워크에 접속하여 초고속 인터넷과 각종 콘텐츠를 이용할 수 있게 하는 서비스
- 증강현실(Augmented Reality) : 현실 세계의 배경에 3D의 가상 이미지를 중첩하여 영상으로 보여 주는 기술
- 스마트 그리드 : 전기의 생산부터 소비까지의 전 과정에 정보통신기술을 접목하여 에너지 효율성을 높이는 지능형 전력망 시스템

2. 최신 기술의 활용

- 클라우드(Cloud) 컴퓨터 : 소프트웨어와 데이터를 인터넷과 연결된 중앙 컴퓨터에 저장하여 두었다가 인터넷에 접속하면 언제 어디서든 데이터를 이용할 수 있는 서비스
- RSS(Rich Site Summary) : 포털사이트나 블로그와 같이 컨텐츠 업데이트가 자주 일어나는 웹사이트의 업데이트 된 정보를 자동적으로 쉽게 사용자들에게 제공하는 서비스
- DRM(Digital Rights Management) : 출판, 음반, 영화, 게임 등의 디지털 콘텐츠의 무단 사용을 막아 제공자의 권리와 이익을 보호해 주는 기술과 서비스로 디지털 저작권 관리
- 메시업(Meshup) : 웹상에서 제공되는 다양한 콘텐츠와 서비스를 혼합하여 새로운 서비스를 개발하는 기술
- 텔레메틱스(Telelmatics) : 텔레커뮤니케이션+인포메틱스의 합성어로 원격통신과 정보과학을 결합한 서비스

3. 모바일 기능

- NFC(Near Field Communication) : 무선태그 기술로 10cm 이내의 가까운 거리에서 기기 간의 설정 없이 다양한 무선 데이터를 주고받는 통신 기술
- DMB(Digital Multimedia Broadcasting) : 영상이나 음성을 디지털로 변환하는 기술을 이용하여 휴대용 IT기기에서 방송하는 서비스
- 플로팅 앱(Floating App) : 여러 개의 앱을 한꺼번에 사용할 수 있도록 하는 것으로, 스마트 기기의 멀티미디어 관련 어플리케이션 실행 시에 영상 화면을 오버레이의 팝업 창 형태로 분리하여 실행하는 기능
- 스마트 앱(Smart App) : 스마트폰 등의 모바일 기기에 설치하는 응용 프로그램으로 사용자의 목적과 용도에 따라 설치하여 활용하는 프로그램
- 앱 스토어(App Store) : 스마트폰에 탑재할 수 있는 다양한 애플리케이션을 판매하는 온라인상의 모바일 콘텐츠 장터
- 앱북(App Book) : 스마트폰, 태블릿 PC 등에서 실행되는 전자책

50 전자 메일 관리

1. 전자우편 프로토콜 ✿*

SMTP (Simple Mail Transfer Protocol)	사용자의 컴퓨터에서 작성한 메일을 다른 사람의 계정이 있는 곳으로 전송
POP3 (Post Office Protocol)	메일 서버에 도착한 이메일을 사용자의 컴퓨터로 가져오는 메일 서버
MIME (Multipurpose Internet Mail Extensions)	웹 브라우저가 지원하지 않는 각종 멀티미디어 파일의 내용을 확인하고 실행시켜주는 프로토콜
IMAP (Internet Message Access Protocol)	POP와 달리 전자우편의 제목이나 보낸 사람만 보고 메일을 다운로드할 것인지 선택할 수 있는 프로토콜

2. 전자우편의 주요 기능

회신 (Reply)	받은 메일에 대하여 답장을 작성하여 발송자에게 다시 전송하는 기능
전체회신 (Reply All)	받은 메일에 대하여 참조인 모두에게 답장을 전송하는 기능
전달 (Forward)	받은 메일을 다른 사람에게 알려주고 싶을 때 받은 메일을 그대로 다시 보내는 기능
첨부 (Attach)	문서, 이미지, 동영상 등의 파일을 메일에 첨부하는 기능
참조 (Cc)	받는 사람 이외에 추가로 메일을 받을 사람을 지정하는 기능
숨은 참조 (Bcc)	받는 사람에게 표시되지 않으나, 함께 메일을 받을 사람을 지정하는 기능
서명	메시지를 보낸 사람의 신원을 증명하기 위해 메시지 끝에 붙이는 표식으로 이름, 직위, 회사 이름, 주소 등을 표시
주소록	주소록 대화상자를 표시하여 주소록 등록 및 내용 등을 편집

1. 다단 설정	모양-둘, 구분선-구분선 넣기, 적용 범위-새 다단으로	
2. 쪽 테두리	• 선의 종류 및 굵기 : 이중 실선 0.5mm, 모두 • 위치 : 쪽 기준, 왼쪽·오른쪽·위쪽·아래쪽 모두 5mm	
3. 글상자	• 크기 : 너비 170mm, 높이 24mm, 크기 고정 • 위치 : 본문과의 배치-자리 차지, 가로-종이의 가운데 0mm, 세로-종이의 위 20mm • 바깥 여백 : 아래쪽 8mm • 선 속성 : 검정(RGB:0,0,0), 실선 0.2mm • 색 채우기 : 초록(RGB:40,155,110) 80% 밝게	
4. 제목	• 제목(1) : 한컴산뜻돋움, 16pt, 장평(105%), 자간(-4%), 진하게, 하늘색(RGB:97,130,214) 50% 어둡게, 가운데 정렬 • 제목(2) : 여백-왼쪽(360pt)	
5. 누름틀	입력할 내용의 안내문 : '0000. 0. 0.', 입력 데이터 : '2025. 5. 28.'	
6. 그림	• 경로 : [26]이기적워드올인원₩그림₩핸드폰.TIF, 문서에 포함 • 크기 : 너비 28mm, 높이 18mm • 위치 : 본문과의 배치-글 앞으로, 가로-종이의 왼쪽 23mm, 세로-종이의 위 23mm • 회전 : 좌우 대칭	
7. 스타일 (2개소 수정, 3개소 등록)	• 개요 1(수정) : 여백-왼쪽(0pt), 한컴 윤고딕 740, 11pt, 진하게 • 개요 2(수정) : 여백-왼쪽(15pt) • 표제목(등록) : 스타일 이름-표제목, 스타일 종류-문단, 가운데 정렬, 한컴돋움, 진하게 • 참고문헌 1(등록) : 스타일 이름-참고문헌 1, 스타일 종류-문단, 내어쓰기(20pt) • 참고문헌 2(등록) : 스타일 이름-참고문헌 2, 스타일 종류-글자, 그림자	
8. 문단 첫 글자 장식	• 모양 : 3줄, 글꼴 : 한컴산뜻돋움, 면 색 : 노랑(RGB:255,215,0), 본문과의 간격 : 3mm • 글자 색 : 하늘색(RGB:97,130,214) 50% 어둡게	
9. 각주	글자 모양 : 맑은 고딕, 번호 모양 : 아라비아 숫자 원문자	
10. 하이퍼링크	• '십만 대, %'에 하이퍼링크 설정 • 연결 대상 : 웹 주소-'https://cafe.naver.com/yjbooks'	
11. 표	• 크기 : 너비 78mm~80mm, 높이 33mm~34mm • 위치 : 글자처럼 취급 • 전체 행 : 셀 높이를 같게 • 모든 셀의 안 여백 : 왼쪽·오른쪽 2mm • 테두리 : 표 안쪽은 실선(0.12mm), 표 바깥의 위쪽과 아래쪽은 실선(0.4mm), 표 바깥의 왼쪽과 오른쪽은 없음, 합계 행 위쪽은 이중 실선(0.5mm) • 제목 행 : 셀 배경 색-보라(RGB:157,92,187) 25% 어둡게, 글자 모양-한컴 윤고딕 760, 하양(RGB:255,255,255) • 합계 행 : 셀 배경 색-하양(RGB:255,255,255) 15% 어둡게, 글자 모양-진하게 • 문단의 정렬 방식 : 가운데 정렬	
12. 블록 계산식	표의 합계 행에 블록 계산식을 이용하여 블록 합계 산출	
13. 캡션	표 아래에 삽입 후 오른쪽 정렬	
14. 차트	• 차트의 모양 : 2차원 원형, 차트 계열색 : 색상 조합 색2 • 데이터 레이블 : 백분율(%), 바깥쪽 끝에 • 차트의 크기 : 너비 80mm, 높이 70mm, 크기 고정 • 위치 : 본문과의 배치-자리 차지, 가로-단의 가운데 0mm, 세로-문단의 위 0mm • 바깥 여백 : 위쪽 5mm, 아래쪽 7mm • 제목의 글꼴 설정 : 함초롬돋움, 진하게 • 데이터 레이블, 범례의 글꼴 설정 : 9pt • 표의 아래 단락에 배치	
15. 쪽 번호	번호 위치 : 오른쪽 아래, 모양 : 아라비아 숫자, 줄표 넣기 선택, 시작 번호 지정	
16. 머리말	한컴 윤고딕 740, 10pt, 진하게, 보라(RGB:157,92,187) 25% 어둡게, 오른쪽 정렬	
17. 꼬리말	한컴산뜻돋움, 10pt, 진하게, 하늘색(RGB:97,130,214) 25% 어둡게, 가운데 정렬	

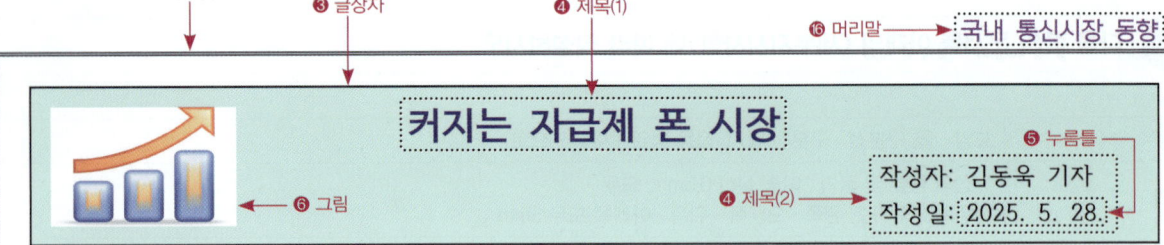

커지는 자급제 폰 시장

작성자: 김동욱 기자
작성일: 2025. 5. 28.

1. 개요

최근 스마트폰을 별도로 구입하고 이동통신서비스(Mobile Communication Services) 가입을 개별로 하는 자급제 폰 시장이 급속도로 커지는 추세이다. 통신 업계에 따르면 최신 프리미엄(Premium) 스마트폰의 경우 지난해까지만 해도 10% 미만에 그쳤던 자급제(Self-Sufficiency System) 판매 비중이 20%를 넘어선 것으로 알려졌다. 소비자(消費者) 5명 중 1명인 셈이다.

자급제 이용 현황

구분	자급제 사용자	전체 가입자	비중
2022	38.33	556	6.89
2023	44.58	562	7.93
2024	48.22	591.2	8.59
2025	53.49	560.7	9.54
합계	184.62	2,269.9	

(단위: 십만 대, %)

자급제 이용 현황

29% / 21% / 24% / 26%
■ 2022 ■ 2023 ■ 2024 ■ 2025

2. 가성비 원하는 소비자

가. 국내 휴대폰(Mobile Phone) 유통구조에 익숙한 소비자들에게 자급제 폰 사용은 불편할 수밖에 없다. 공기계(Unlocked Phone) 형태로 판매(販賣)되는 단말기를 별도로 구입한 후 휴대폰 대리점(Agency)에서 이동통신 서비스를 따로 가입(Join)해야 하는 번거로움이 있기 때문이다.

나. 제조사(Manufacturer) 입장에서도 자급제 폰 확산은 긍정적(Positive)이다. 통신사에게만 의존해왔던 단말기 유통채널(Distribution Channel)이 확대되기 때문이다. 또 자급제 폰 시장은 단말기유통법에서도 제외되어 보다 자유로운 할인(Discount) 판매가 가능하다.

3. 서비스 경쟁으로 전환

가. 이동통신사에게 자급제 폰 시장 확대(Extension)는 부담이다. 당장 단말기 판매 매출(Sale)이 줄어들 수밖에 없는 데다, 이동통신시장의 주도권(Initiative)이 제조사에게 넘어갈 수 있다는 점에서 달갑지 않은 일이다.

나. 자급제 폰 시장(Market)이 커지면 통신3사는 서비스나 요금으로 경쟁(Competition)해야 하는 상황에 처할 수밖에 없다. 여기에 S사까지 스마트폰 시장에서 철수(Withdraw)하면서 통신사와 제조사 사이 '갑을관계'가 완전히 역전(逆轉)되는 상황도 배제(Exclusion)할 수 없는 형편이다.

다. 이동통신업계 관계자는 "젊은 층 중심으로 불편하더라도 저렴하면서 약정도 구애받지 않는 자급제 가입자(Member)가 빠르게 늘고 있다"며 "이동통신사들은 단말 중심 경쟁에서 서비스 경쟁을 해야 하는 상황에 놓이게 된 것"이라고 말했다.

◆ Reference
McLuhan, R., & Aydlin, S. (2016). Mobile phone marketing. Marketer, 13(2), 74-76.

① 자료: 정보통신부

02 기본 작업

작업파일 : '한글 2022' 프로그램의 '새 문서'를 열어 작업하세요.

① 한글 2022 프로그램의 새 문서를 열고 [도구] 도구 상자의 환경 설정(⚙)을 클릭하세요.

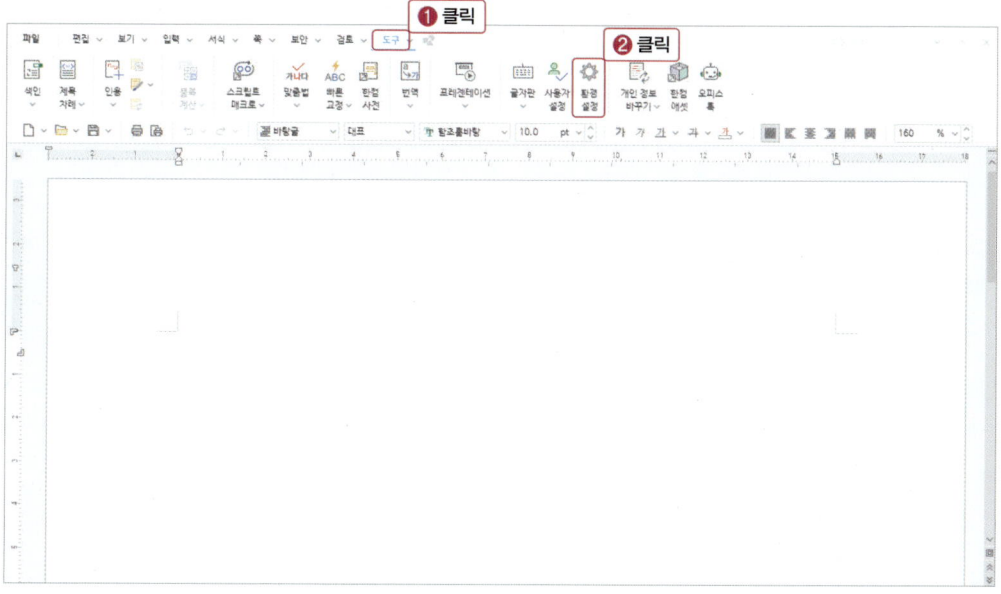

② [환경 설정] 대화상자의 [편집] 탭과 [파일] 탭에서 각자 편한 방법으로 설정하세요.

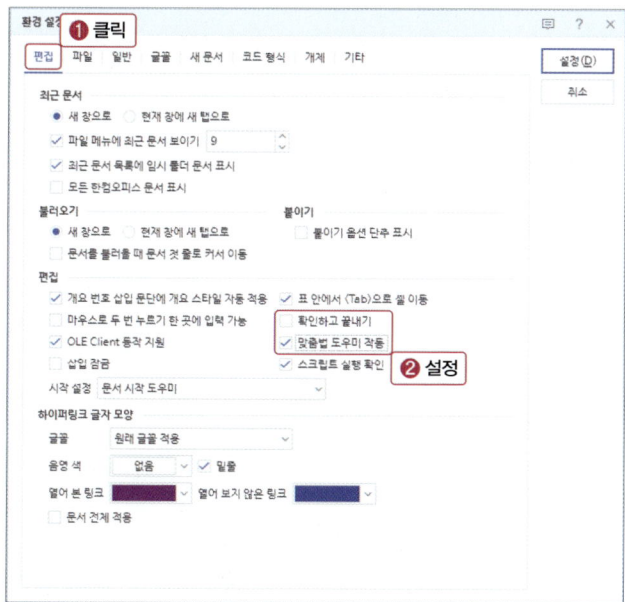
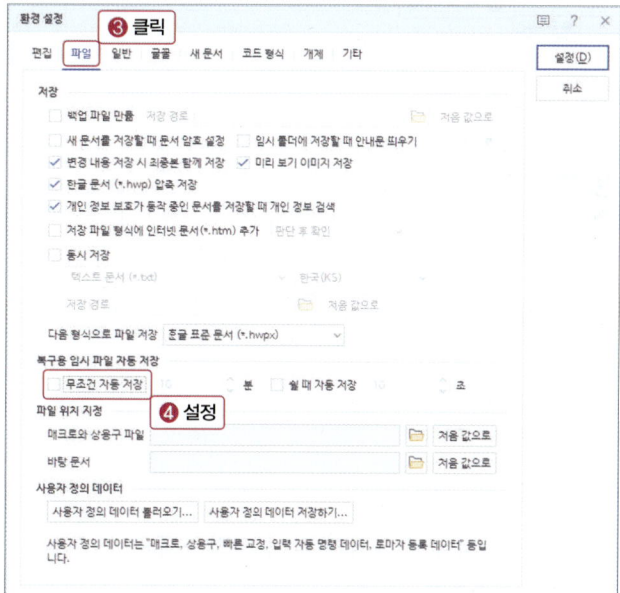

🅵 기적의 TIP

- [편집] 탭에서 편집의 확인하고 끝내기 : 체크 해제, 맞춤법 도우미 작동 : 체크
- [파일] 탭에서 복구용 임시 파일 자동 저장의 무조건 자동 저장 : 체크 해제

③ [기타] 탭의 실시간 검색을 클릭하고, 영한엣센스 : 체크 해제, 민중국어사전 : 체크 해제를 지정한 후 [실시간 검색 설정] 과 [환경 설정] 대화상자에서 [설정]을 클릭하세요.

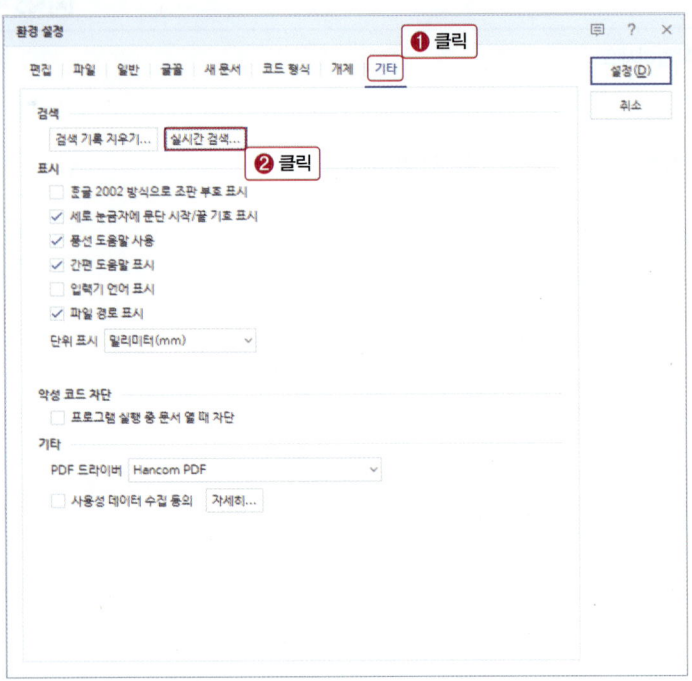

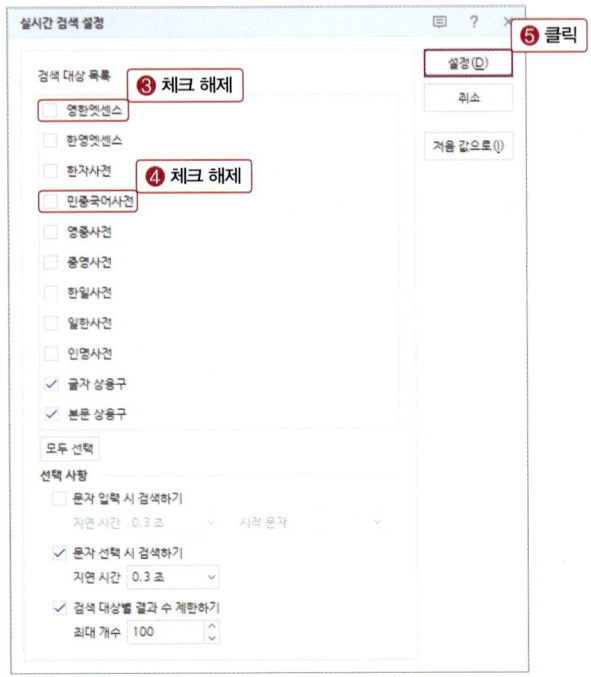

④ [보기] 도구 상자에서 그림과 같이 지정하세요.

⑤ [서식] 도구 상자에서 바탕글의 기본 설정을 확인하세요.

> 🏁 기적의 TIP
>
> '바탕글' 스타일은 함초롬바탕, 10pt, 줄 간격 160%로 되어 있습니다. 바탕글 스타일이 다르다면 F6을 눌러 수정해 주세요.

⑥ [쪽] 도구 상자의 편집 용지(📄)를 클릭한 후, [편집 용지] 대화상자의 [기본] 탭에서 용지 종류 : A4(국배판) [210mm× 297mm], 용지 방향 : 세로(📄)를 확인하고, 용지 여백에서 왼쪽·오른쪽 : 20mm, 위쪽·아래쪽·머리말·꼬리말 : 10mm, 제본 : 0mm 입력 후 [설정]을 클릭하세요.

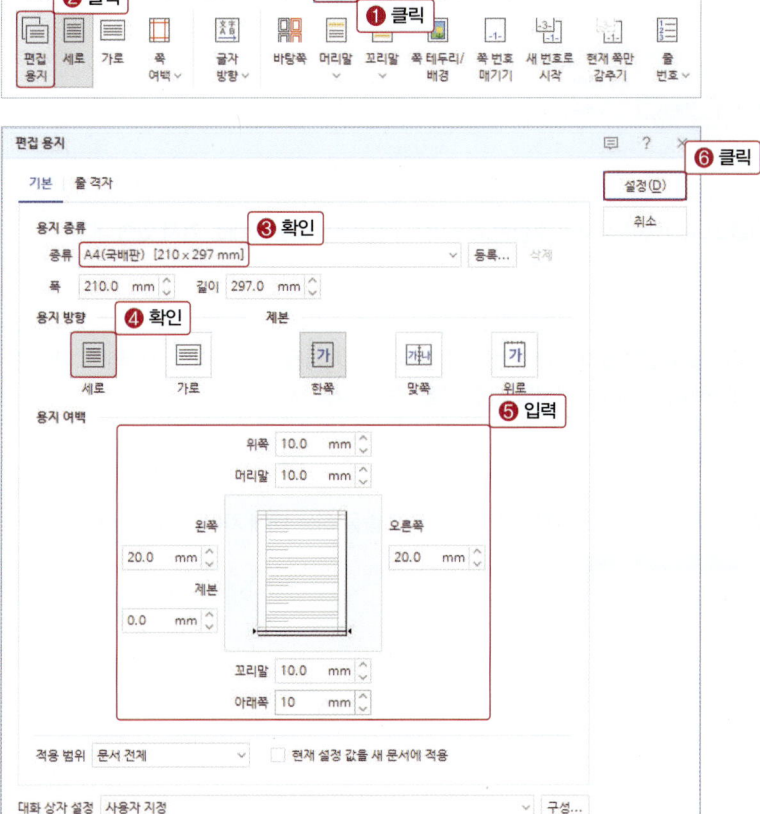

> 🏁 기적의 TIP
>
> [편집 용지] 단축키 : F7

> ➕ 더알기 TIP
>
> [보기]-[쪽 윤곽(📄)]이 선택되어 있다면 머리말, 꼬리말, 쪽 번호 등을 편집 화면에서 확인할 수 있습니다.

⑦ Alt + S 를 눌러 [다른 이름으로 저장하기] 대화상자에서 [내 PC₩바탕 화면] 폴더를 선택하고 파일 이름 : 대표 기출 따라하기, 파일 형식 : 한글 문서 (*.hwp)를 선택한 후 [저장]을 클릭하세요.

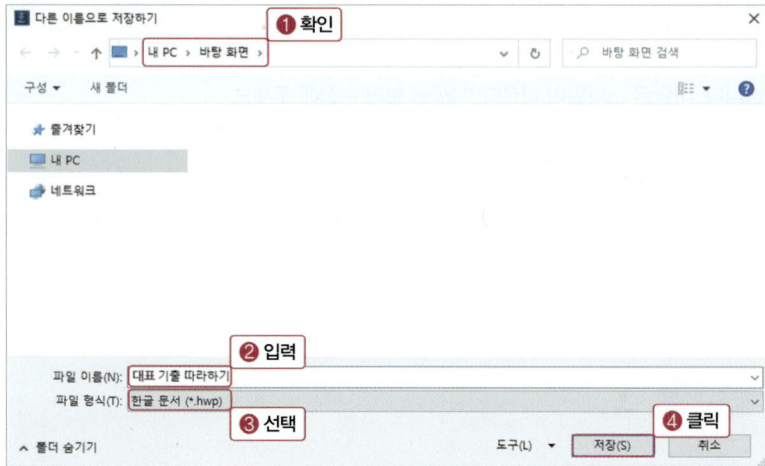

> **기적의 TIP**
> 시험에서는 [C:₩WP] 폴더에 저장됩니다. 시험장의 PC에는 한글 프로그램이 각자의 수험번호에 맞게 저장되어 있는 상태로 켜져 있습니다.

> **기적의 TIP**
> 시험장에서는 반드시 지정된 문서 이름으로 저장해야 합니다. 경로 및 파일명을 마음대로 변경할 경우 실격 처리될 수 있습니다. 시험장의 파일은 수험생 수험번호로 미리 저장되어 있으니 맞게 저장되어 있는지 확인하고, 작성하는 문서를 자주 저장하는 연습을 하세요.

> **더알기 TIP**
> 한글 2022 프로그램의 기본 확장자는 '.hwpx'입니다. 시험 문제의 확장자는 '.hwp'이지만 확장자별로 연습을 하는 데에 차이는 없습니다.
>
> 한글 표준 문서 (*.hwpx)
> 한글 표준 서식 (*.hwtx)
> 한글 문서 (*.hwp)
> 한글 서식 (*.hwt)
> 개방형 표준 문서 (*.owpml)
> HWPML 2.x 문서 (*.hml)
> 워드 문서 (*.docx)
> ODF 텍스트 문서 (*.odt)
> 서식 있는 인터넷 문서 (*.html)
> XML 문서 (*.xml)
> 서식있는 문서 (*.rtf)
> 텍스트 문서 (*.txt)
> CSV 문서 (*.csv)
> 한글 문서(97~3.0) (*.hwp)
> 2바이트 문서 (*.2b)
> PDF, PDF/A 문서 (*.pdf)
> 비트맵 이미지 (*.bmp)
> JPG 이미지 (*.jpg)
> GIF 이미지 (*.gif)
> PNG 이미지 (*.png)
> WMF 이미지 (*.wmf)
> EMF 이미지 (*.emf)

03 내용 입력

작업파일 : 앞에서 저장한 문서를 열고 내용을 입력하세요.

① 글상자, 표, 차트를 제외한 모든 내용을 먼저 입력해야 합니다. 우선 첫 번째 개요의 내용과 표 제목을 입력하세요.

> 개요①
> 최근 스마트폰을 별도로 구입하고 이동통신서비스(Mobile Communication Services)② 가입을 개별로 하는③ 자급제 폰 시장이 급속도로 커지는 추세이다. 통신 업계에 따르면 최신 프리미엄(Premium)④ 스마트폰의 경우 지난해까지만 해도 10%⑤ 미만에 그쳤던 자급제(Self-Sufficiency System)⑥ 판매 비중이 20%를⑦ 넘어선 것으로 알려졌다. 소비자(消費者)⑧ 5명 중 1명인 셈이다.⑨
> ⑩
> 자급제 이용 현황⑪
> ⑫
> ⑬

① 스타일(개요 1)의 번호는 입력하지 말고 제목만 입력한 후 Enter 를 누르세요.
② 한/영 키를 누르고 영문을 입력하세요. 영문 대문자는 Shift 를 함께 누르면 입력할 수 있습니다.
③ 줄이 바뀌어서 넘어가더라도 문단의 끝이 아니면 Enter 를 누르지 않습니다. 신경쓰지 말고 쭉 이어서 입력해 주세요.
④ 한/영 키를 누르고 영문을 입력하세요. Shift + P 를 눌러 대문자를 입력하세요.
⑤ %는 별도의 지시가 없으므로 키보드의 Shift + 5 를 눌러 입력하세요.
⑥ 한/영 키를 누르고 영문을 입력하세요. Shift + S 를 눌러 대문자를 입력하고, 하이픈은 키보드의 - 를 눌러 입력하세요.
⑦ %는 별도의 지시가 없으므로 키보드의 Shift + 5 를 눌러 입력하세요.
⑧ '소비자'를 블록 지정하고 한자 키를 눌러 한글과 한자를 함께 입력하세요.
⑨ 문단의 끝이므로 Enter 를 누르세요.
⑩ 위의 문단과 표 제목 사이에는 빈 줄이 있어야 하므로 Enter 를 누르세요.
⑪ 표 제목을 입력하고 Enter 를 누르세요.
⑫ 표를 만들 자리를 Enter 를 눌러 비워주세요.
⑬ 표와 아래 문단 사이에 빈 줄이 있어야 하므로 Enter 를 누르세요.

기적의 TIP

- 실습 파일 폴더에 있는 '대표 기출 따라하기.hwp' 파일은 내용 입력을 건너뛰고 세부지시사항을 연습할 수 있는 파일입니다.
- 처음 워드프로세서 실기 시험을 준비 중이라면 내용 입력 단계부터 차근차근 따라해 보세요.

더알기 TIP

한자 입력하기
한자로 변환할 '소비자'를 블록 지정하거나 '소비자' 뒤에 커서를 두고 [한자] 또는 [F9]를 누른 후, [한자로 바꾸기] 대화상자에서 문제와 동일한 한자를 선택하고 입력 형식 : 한글(漢字)를 선택하고 [바꾸기]를 클릭하세요.

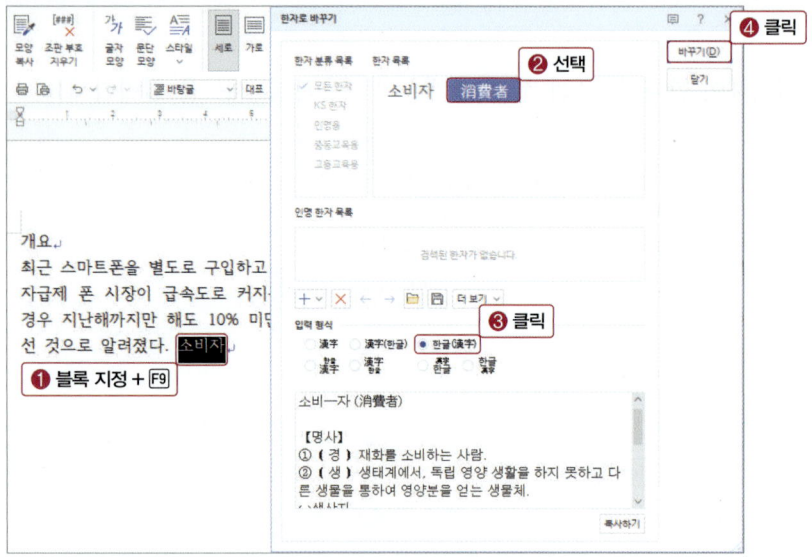

② 두 번째 개요의 내용을 입력하세요.

> 가성비 원하는 소비자.①
> 국내 휴대폰(Mobile Phone)②유통구조에 익숙한 소비자들에게 자급제 폰 사용은 불편할 수밖에 없다. 공기계(Unlocked Phone) 형태로 판매(販賣)④되는 단말기를 별도로 구입한 후 휴대폰 대리점(Agency)에서 이동통신서비스를 따로 가입(Join)해야 하는 번거로움이 있기 때문이다.⑤
> 제조사(Manufacturer) 입장에서도 자급제 폰 확산은 긍정적(Positive)이다. 통신사에게만 의존해왔던 단말기 유통채널(Distribution Channel)이 확대되기 때문이다. 또 자급제 폰 시장은 단말기유통법에서도 제외되어 보다 자유로운 할인(Discount) 판매가 가능하다.⑥
> ⑦

① 스타일(개요 1)의 번호는 입력하지 말고 제목만 입력한 후 [Enter]를 누르세요.
② [한/영] 키를 누르고 영문을 입력하세요.
③ 줄이 바뀌어서 넘어가더라도 문단의 끝이 아니면 [Enter]를 누르지 않습니다.
④ '판매'를 블록 지정하고 [한자] 키를 눌러 한글과 한자를 함께 입력하세요.
⑤ 문단의 끝이므로 [Enter]를 누르세요.
⑥ 문단의 끝이므로 [Enter]를 누르세요.
⑦ 위의 문단과 아래 문단 사이에는 빈 줄이 있어야 하므로 [Enter]를 누르세요.

기적의 TIP
영문 대문자는 [Shift]를 함께 누르면 입력할 수 있습니다.

기적의 TIP
[한자로 바꾸기] 단축키 : [F9]

③ 세 번째 개요의 내용을 입력하세요.

> 서비스 경쟁으로 전환①
> 이동통신사에게 자급제 폰 시장 확대(Extension)②는 부담이다. 당장 단말기 판매 매출(Sale)이 줄어들 수밖③에 없는 데다, 이동통신시장의 주도권(Initiative)이 제조사에게 넘어갈 수 있다는 점에서 달갑지 않은 일이다.④
> 자급제 폰 시장(Market)이 커지면 통신3사는 서비스나 요금으로 경쟁(Competition)해야 하는 상황에 처할 수밖에 없다. 여기에 S사까지 스마트폰 시장에서 철수(Withdraw)하면서 통신사와 제조사 사이 '갑을관계'⑤가 완전히 역전(逆轉)⑥되는 상황도 배제(Exclusion)할 수 없는 형편이다.⑦
> 이동통신업계 관계자는 "젊은 층 중심으로 불편하더라도 저렴하면서 약정도 구애받지 않는 자급제 가입자(Member)가 빠르게 늘고 있다"⑧며 "이동통신들은 단말 중심 경쟁에서 서비스 경쟁을 해야 하는 상황에 놓이게 된 것"이라고 말했다.⑨
> ⑩

① 스타일(개요 1)의 번호는 입력하지 말고 제목만 입력한 후 [Enter]를 누르세요.
② [한/영] 키를 누르고 영문을 입력하세요.
③ 줄이 바뀌어서 넘어가더라도 문단의 끝이 아니면 [Enter]를 누르지 않습니다.
④ 문단의 끝이므로 [Enter]를 누르세요.
⑤ ''는 별도의 지시가 없으므로 키보드의 [']눌러 입력하세요.
⑥ '역전'을 블록 지정하고 [한자] 키를 눌러 한글과 한자를 함께 입력하세요.
⑦ 문단의 끝이므로 [Enter]를 누르세요.
⑧ ""는 별도의 지시가 없으므로 키보드의 [Shift]+['] 눌러 입력하세요.
⑨ 문단의 끝이므로 [Enter]를 누르세요.
⑩ 위의 문단과 아래 문단 사이에는 빈 줄이 있어야 하므로 [Enter]를 누르세요.

④ 참고문헌의 내용을 입력하세요.

> ◆①Reference.②
> McLuhan,③ R., & Aydlin, S. (2016). Mobile phone marketing. Marketer, 13(2), 74-④76.⑤

① 'Reference' 앞에 커서를 두고 [문자표] 대화상자에서 ◆를 찾아 입력한 후, [Space Bar]를 눌러 띄어쓰기 한 칸을 입력하세요.
② [한/영] 키를 누르고 영문을 입력하세요.
③ 마침표(.)와 쉼표(,)를 잘 구분해서 내용을 입력하세요.
④ 하이픈은 키보드의 [-]를 눌러 입력하세요.
⑤ 마지막 문단에서는 [Enter]를 누르지 않습니다.

기적의 TIP

문제에 '전각기호'로 입력하라는 지시사항이 있는 문자는 키보드로 입력하면 안 됩니다.

기적의 TIP

[문자표] 단축키 : [Ctrl]+[F10]

더알기 TIP

전각기호 입력하기

전각기호를 입력할 곳에 커서를 두고 Ctrl+F10을 누른 후, [문자표] 대화상자에서 [훈글(HNC) 문자표] 탭의 문자 영역 : 전각 기호(일반), ◆를 선택하고 [넣기]를 클릭하세요.

⑤ 다단 설정을 해야 하는 표 제목 앞에 커서를 두고 [쪽] 도구 상자의 단(▦)을 클릭한 후, [단 설정] 대화상자에서 자주 쓰이는 모양 : 둘(▦), 구분선 넣기 : 체크, 종류 : 실선(────), 굵기 : 0.12mm, 간격 : 8mm, 적용 범위 : 새 다단으로를 지정하고 [설정]을 클릭하세요.

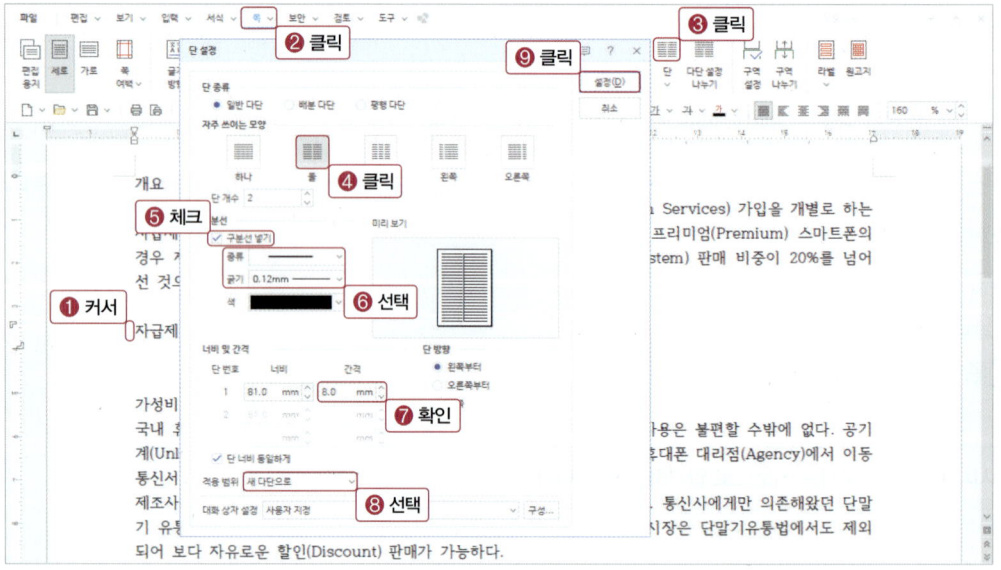

기적의 TIP

편집 용지를 올바르게 설정했다면 2단으로 다단 설정을 할 때 '너비 : 81.0mm, 간격 : 8.0mm'는 자동으로 지정됩니다.

⑥ 표를 입력하기 위해 표 제목 아래 줄에 커서를 놓고 [입력] 도구 상자의 표(▦)를 클릭한 후, [표 만들기] 대화상자에서 줄/칸의 줄 개수 : 6, 칸 개수 : 4, 글자처럼 취급 : 체크를 지정하고 [만들기]를 클릭하세요.

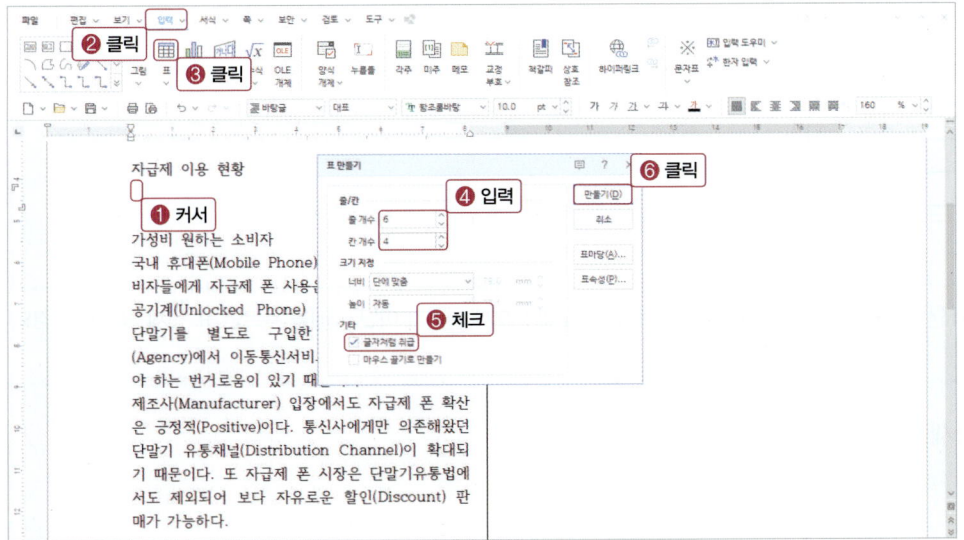

기적의 TIP

[표 만들기] 단축키 : Ctrl + N, T

기적의 TIP

[입력]의 ▦를 클릭한 후, 표의 줄 수와 칸 수를 드래그하여 만들 수도 있습니다.

더알기 TIP

다단 설정을 하기 전에 표부터 만들면 표가 1단 넓이로 만들어집니다. 2단 설정을 하기 전에 표를 만들고 싶다면 [표 만들기] 대화상자에서 크기 지정의 너비 : 임의 값, 79.0mm, 높이 : 임의 값, 33.5mm를 입력한 후 [만들기]를 클릭하세요. 표의 너비와 높이는 문제지의 범위 안에만 해당되면 됩니다.

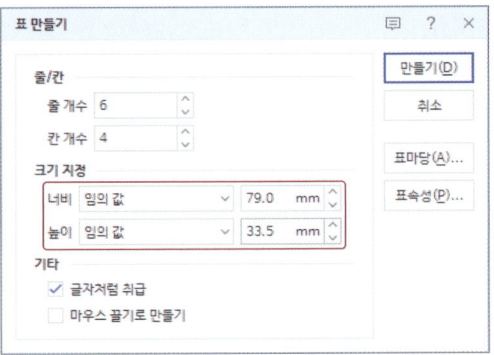

내용 입력 2-31

⑦ 표의 내용을 직접 입력하고, Ctrl+↓를 한 번 눌러 표 높이가 문제의 범위 안에 들어가도록 해주세요.

구분	자급제 사용자	전체 가입자	비중
2022	38.33	556	6.89
2023	44.58	562	7.93
2024	48.22	591.2	8.59
2025	53.49	560.7	9.54
합계			

확인

> **기적의 TIP**
>
> 내용이 2줄로 입력되는 것은 Alt+← 와 Alt+→ 로 각 셀의 넓이를 조정해 주면 됩니다. 이때 Alt 가 아닌 Ctrl 을 누르면 표 전체 크기가 변경되니 주의하세요.

⑧ Alt+S 를 눌러 문서를 저장하세요.

04 세부지시사항

작업파일 : 앞에서 저장한 문서를 열고 내용을 입력하세요.

 합격 강의

세부지시사항 01 　 쪽 테두리

- 선의 종류 및 굵기 : 이중 실선 0.5mm, 모두
- 위치 : 쪽 기준, 왼쪽·오른쪽·위쪽·아래쪽 모두 5mm

① [쪽] 도구 상자의 쪽 테두리/배경(　)을 클릭한 후, [쪽 테두리/배경] 대화상자의 [테두리] 탭에서 선 모양 바로 적용 : 체크 해제, 테두리 종류 : 이중 실선(━━), 굵기 : 0.5mm, 미리 보기 : 모두(□), 위치 : 쪽 기준, 왼쪽 · 오른쪽 · 위쪽 · 아래쪽 : 5.00mm를 지정하고 [설정]을 클릭하세요.

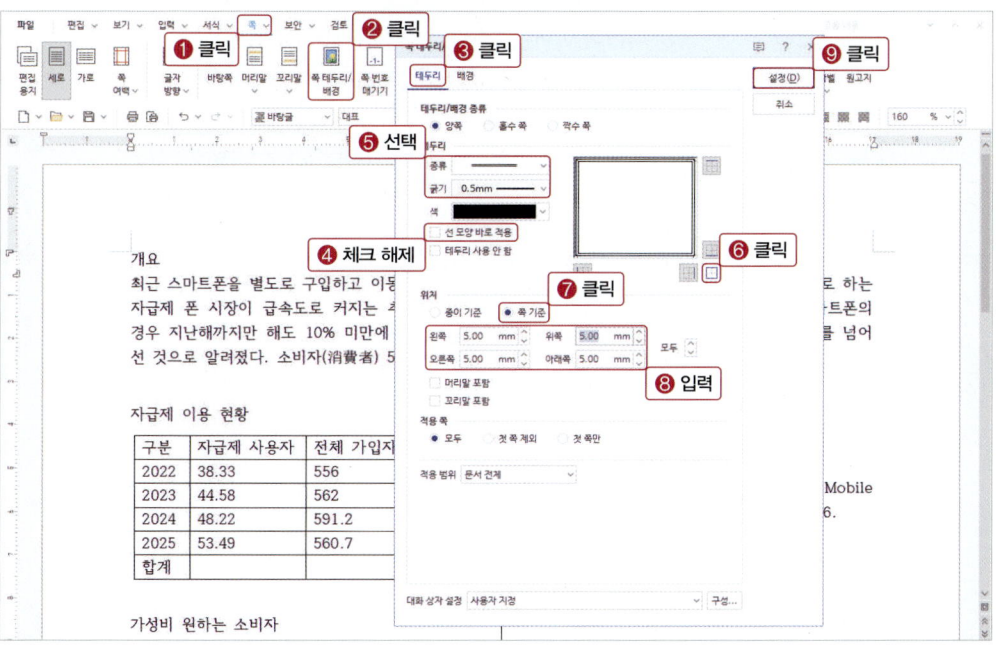

② Alt + S 를 눌러 문서를 저장하세요.

신유형 TIP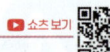

쪽 테두리 위·아래만 설정하기

쪽 테두리를 위·아래만 설정하는 문제가 출제되고 있습니다. [쪽 테두리/배경] 대화상자의 [테두리] 탭에서 지시사항에 따라 테두리의 종류 및 굵기, 위치를 선택한 후, 미리 보기 : 위쪽 테두리(▢), 아래쪽 테두리(▢)를 클릭하세요.

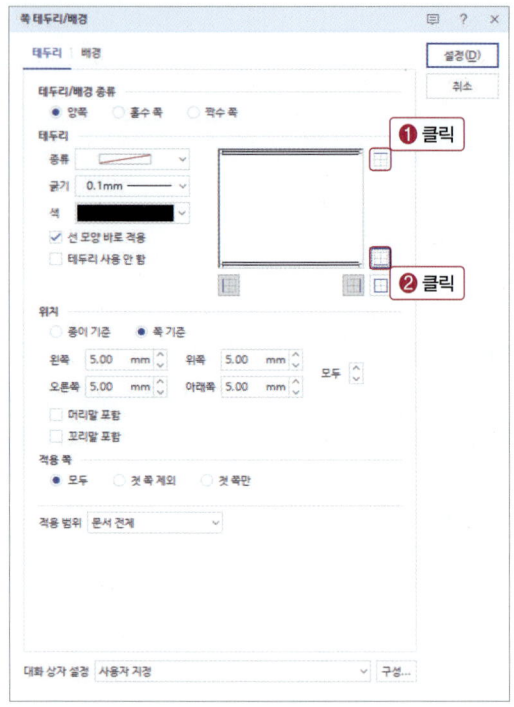

세부지시사항 02 — 글상자

- 크기 : 너비 170mm, 높이 24mm, 크기 고정
- 위치 : 본문과의 배치-자리 차지, 가로-종이의 가운데 0mm, 세로-종이의 위 20mm
- 바깥 여백 : 아래쪽 8mm
- 선 속성 : 검정(RGB:0,0,0), 실선 0.2mm
- 색 채우기 : 초록(RGB:40,155,110) 80% 밝게

① [입력] 도구 상자의 가로 글상자(≡)를 클릭한 후, 마우스 포인터가 십자(+) 모양으로 변하면 마우스를 드래그하거나 클릭하여 글상자를 만드세요.

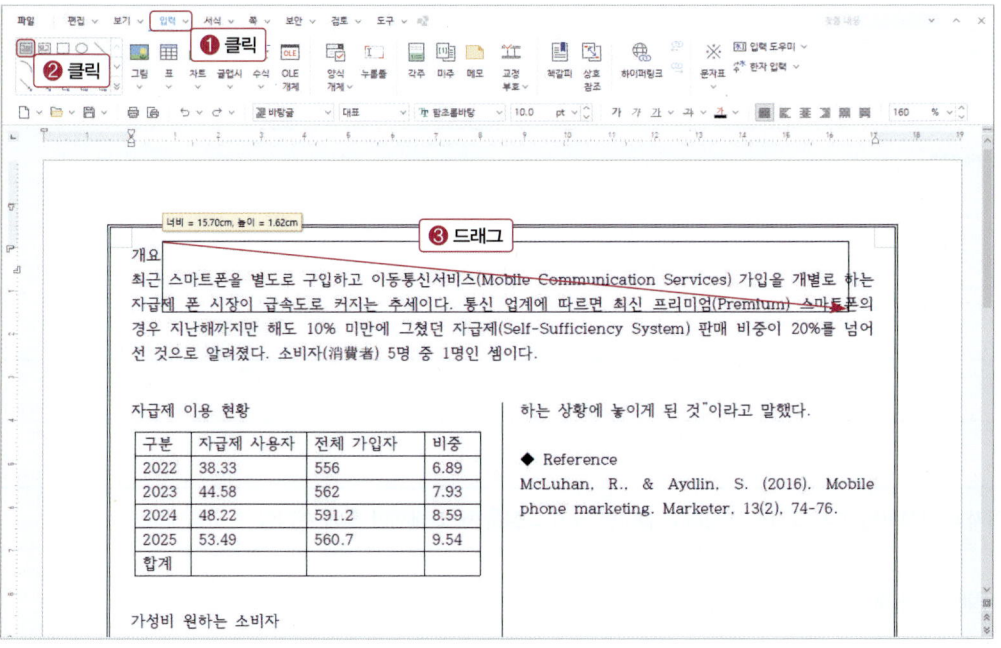

기적의 TIP

처음에 만들어지는 글상자의 크기와 위치는 책과 달라도 됩니다.

② 글상자를 더블 클릭한 후, [개체 속성] 대화상자의 [기본] 탭에서 너비 : 170mm, 높이 : 24mm, 크기 고정 : 체크, 본문과의 배치 : 자리 차지(■), 가로 : 종이의 가운데 기준 0mm, 세로 : 종이의 위 기준 20mm를 지정하세요.

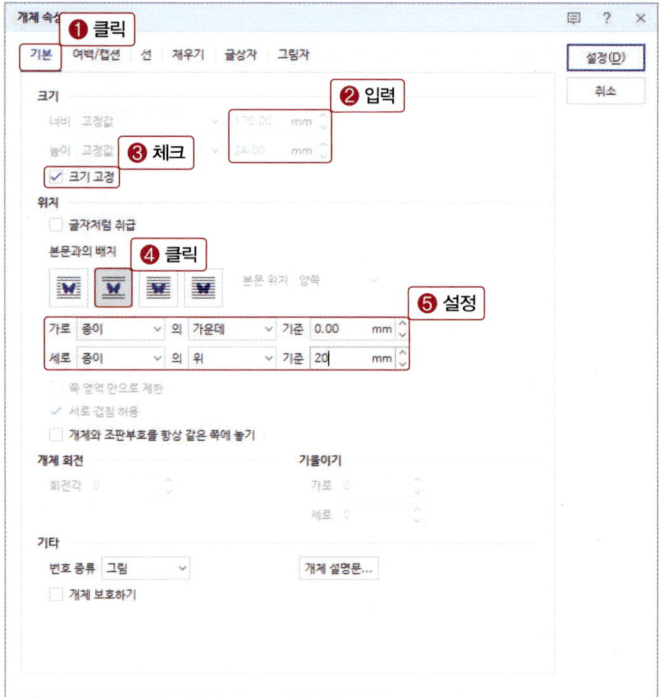

기적의 TIP

[개체 속성] 단축키 : Ctrl + N , K

기적의 TIP

'크기 고정'을 체크하면 너비와 높이가 비활성화됩니다. 크기를 변경하고 싶다면 크기 고정을 체크 해제한 후에 수정할 수 있습니다.

③ [여백/캡션] 탭에서 바깥 여백의 아래쪽 : 8mm를 입력하세요.

④ [선] 탭에서 색 : 검정(RGB:0,0,0), 종류 : 실선(━━), 굵기 : 0.2mm를 지정하세요.

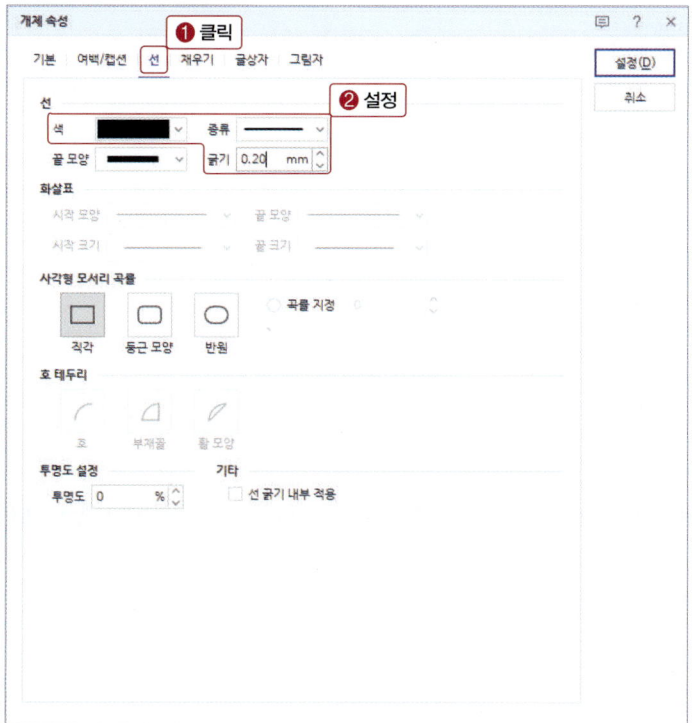

⑤ [채우기] 탭에서 '색'을 선택하고 면 색 : 초록(RGB:40,155,110) 80% 밝게를 지정한 후 [설정]을 클릭하세요.

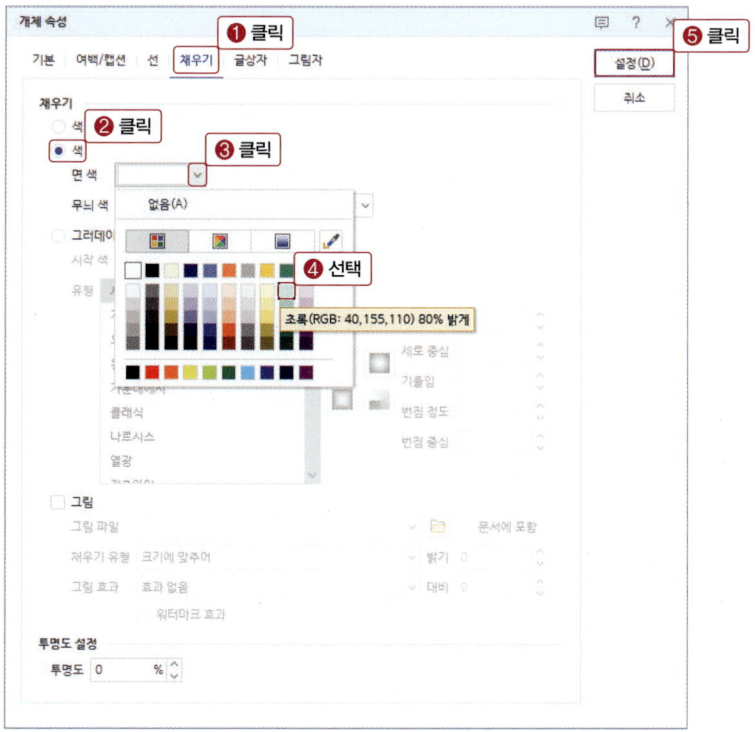

더알기 TIP

테마 색상표

- '초록(RGB:40,155,110) 80% 밝게'를 지정하기 위해서 테마 색상표(>)를 눌러 '기본' 테마로 변경하세요.

- 시험에는 '기본', 'NEO', '오피스' 테마가 자주 출제됩니다.
- 같은 '노랑' 색이라도 기본 테마의 '노랑(RGB:255,215,0)'과 오피스 테마의 '노랑(RGB:255,255,0)'은 다른 색입니다. 문제의 RGB를 잘 보고 선택해야 합니다.

⑥ Alt + S 를 눌러 문서를 저장하세요.

> **세부지시사항 03** 제목, 누름틀
>
> - 제목(1) : 한컴산뜻돋움, 16pt, 장평(105%), 자간(-4%), 진하게, 하늘색(RGB:97,130,214) 50% 어둡게, 가운데 정렬
> - 제목(2) : 여백-왼쪽(360pt)
> - 누름틀 : 입력할 내용의 안내문 : '0000. 0. 0.', 입력 데이터 : '2025. 5. 28.'

① 글상자 안에 커지는 자급제 폰 시장, 작성자: 김동욱 기자, 작성일: 을 입력하세요.

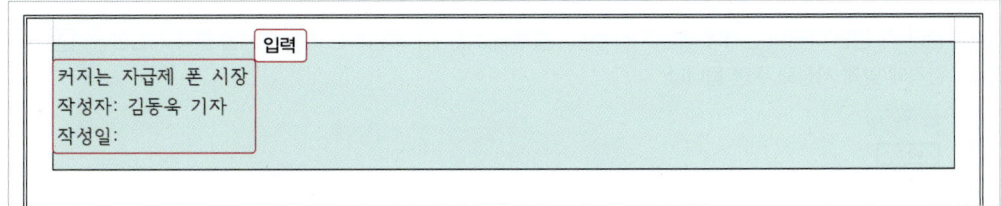

② '커지는 자급제 폰 시장'을 블록 지정하고 Alt + L을 눌러 [글자 모양] 대화상자에서 기준 크기 : 16pt, 글꼴 : 한컴산 뜻돋움, 장평 : 105%, 자간 : -4%, 속성 : 진하게(가), 글자 색 : 하늘색(RGB:97,130,214) 50% 어둡게를 지정하고 [설정]을 클릭한 후, [서식] 도구 상자에서 가운데 정렬(≡)을 선택하세요.

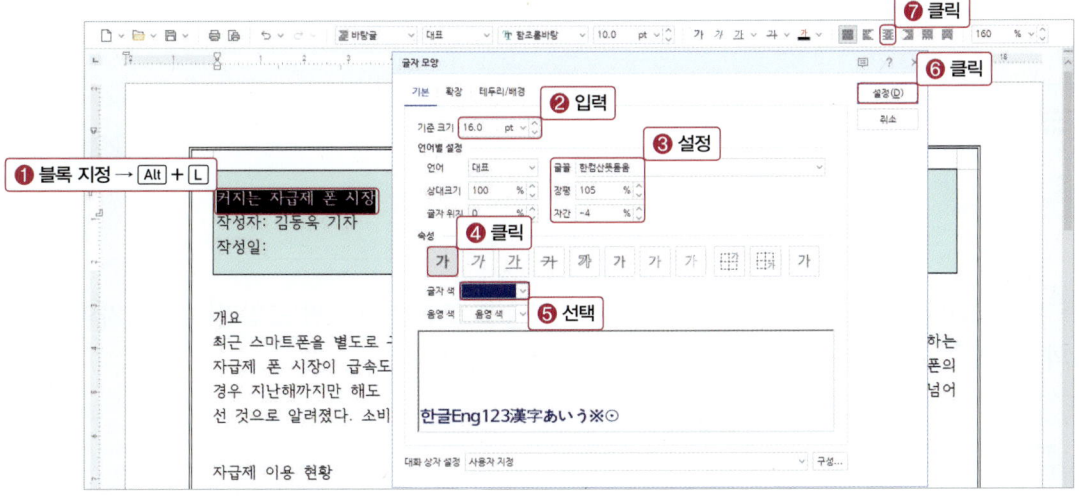

> **기적의 TIP**
>
> 장평, 자간, 속성 중 일부는 [서식] 도구 상자에서 설정할 수 없습니다.

신유형 TIP

제목(2) 3줄 입력하기

기존의 두 줄 형태였던 제목(2)가 최근 3줄 형태로 출제되었습니다. 주로 하단에 이메일을 추가로 입력하도록 제시하고 있습니다. 형태만 달라졌을 뿐 작업 방법은 기존과 동일하므로, 문제지와 세부지시사항을 잘 보고 입력하도록 합니다.

제목에서 간격 설정하기

제목(1), 제목(2)에서 기존에 없던 줄 간격과 문단 위, 문단 아래의 간격에 대한 지시사항이 출제되었습니다. 해당하는 제목 영역을 블록 지정한 후, Alt + T 를 눌러 [문단 모양] 대화상자에서 제시된 간격에 맞게 지정해 주면 됩니다.

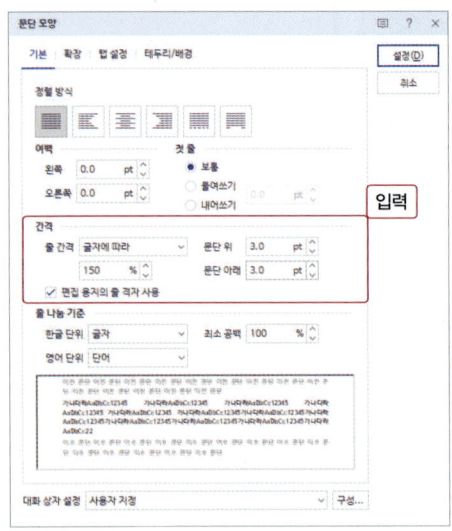

③ 작성일: 뒤에 커서를 두고 [입력]의 ⌄를 눌러 [개체]의 필드 입력(￼)을 클릭한 후, [필드 입력] 대화상자의 [누름틀] 탭에서 입력할 내용의 안내문 : 0000. 0. 0.을 입력하고 [넣기]를 클릭하세요.

> **기적의 TIP**
>
> [필드 입력] 단축키 : Ctrl + K , E

> **기적의 TIP**
>
> '입력할 내용의 안내문'과 '입력 데이터'를 작성할 때에는 문제의 띄어쓰기와 글자에 유의하여 작성해야 합니다.

> **더알기 TIP**
>
> [입력] 도구 상자의 누름틀(I)을 사용하여 만들면 바로 가기 메뉴의 '누름틀 고치기'에서 입력할 내용의 안내문을 수정해 주어야 합니다.

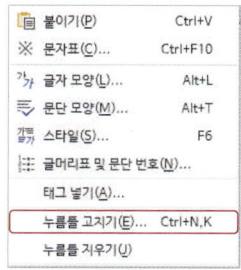

④ 안내문 '0000. 0. 0.'을 클릭하여 『』로 바뀌면 2025. 5. 28.을 입력하세요.

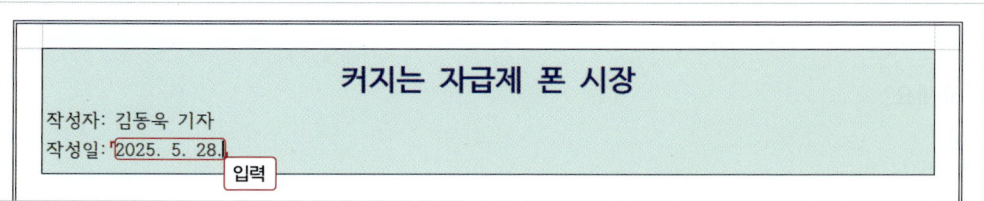

> **신유형 TIP**
>
> **누름틀에 이메일 입력하기**
>
> 누름틀의 '입력 데이터'로 이메일 주소를 작성하는 문제가 출제된 바 있습니다. 만약 문제에서 입력할 내용의 안내문 : '(이메일)', 입력 데이터 : '(word@youngjin.com)'이 제시되었다면, 앞서 학습한 방법대로 [필드 입력] 대화상자의 [누름틀] 탭에서 입력할 내용의 안내문 : (이메일)을 입력하여 누름틀을 작성하세요. 안내문 '(이메일)'을 클릭하여 『』로 표시되면, 입력 데이터 : (word@youngjin.com)을 입력합니다. 처음보는 지시사항이 나오더라도 당황하지 말고, 지금까지 학습한 내용을 바탕으로 차근히 적용하면 됩니다.

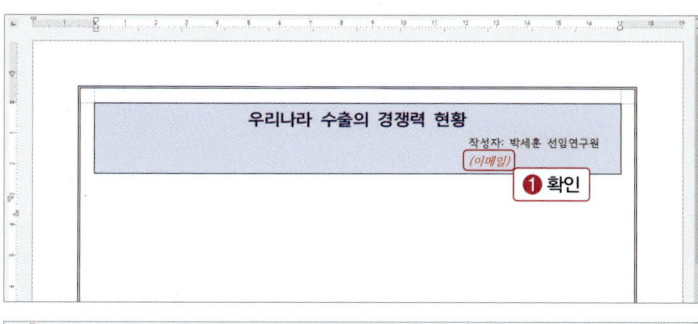

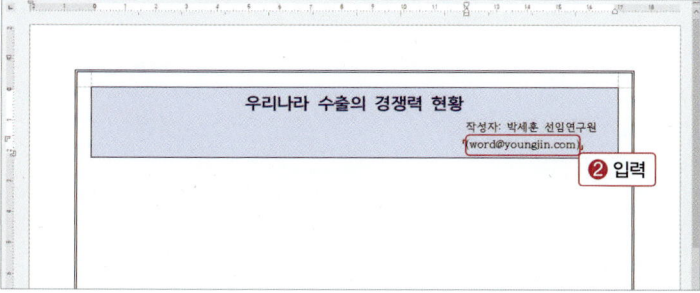

⑤ 제목(2)를 블록 지정하고 Alt+T를 눌러 [문단 모양] 대화상자에서 여백의 왼쪽 : 360pt를 입력하고 [설정]을 클릭하세요.

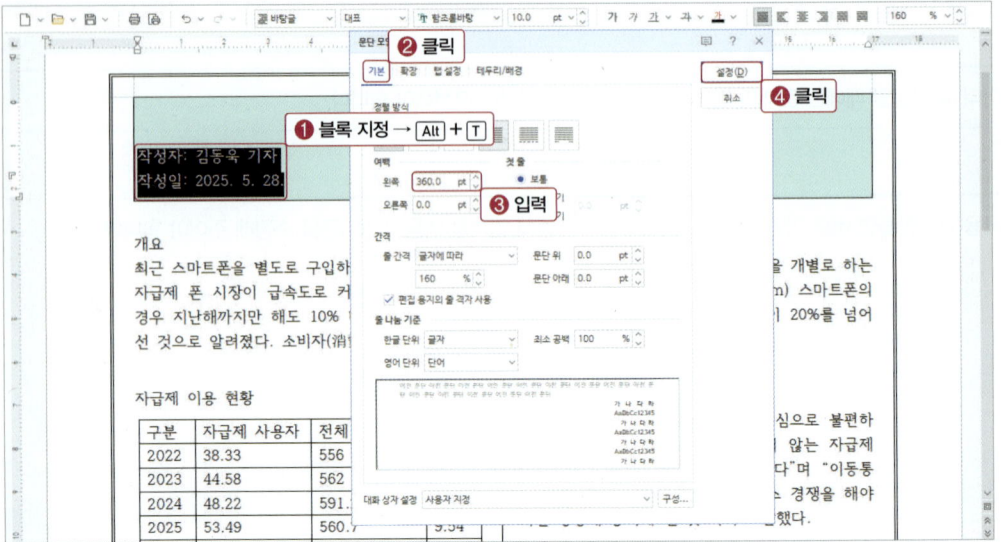

> 기적의 TIP

[문단 모양] 단축키 : Alt+T

⑥ Alt+S를 눌러 문서를 저장하세요.

세부지시사항 04   그림

- 경로 : [26]이기적워드올인원₩그림₩핸드폰.TIF, 문서에 포함
- 크기 : 너비 28mm, 높이 18mm
- 위치 : 본문과의 배치-글 앞으로, 가로-종이의 왼쪽 23mm, 세로-종이의 위 23mm
- 회전 : 좌우 대칭

① 제목 앞에 커서를 두고 [입력] 도구 상자의 그림(🖼)을 클릭한 후, [그림 넣기] 대화상자에서 '[26]이기적워드올인원₩그림' 폴더로 이동하세요. 파일 형식을 TIFF (*.tif)로 변경하고 핸드폰.TIF 그림을 클릭한 후, 아래에서 문서에 포함 : 체크하고 나머지는 체크 해제한 후 [열기]를 클릭하세요.

🏁 기적의 TIP

[그림 넣기] 단축키 : Ctrl + N, I

🏁 기적의 TIP

시험에서 그림의 경로는 C:₩WP 폴더입니다. 세부지시사항을 잘 보고 경로를 찾으면 됩니다.

➕ 더알기 TIP

그림 모양이 같거나 이름이 같은 파일도 형식이 다를 수 있습니다. 시험에서는 그림 형식까지 채점되므로 파일 형식을 변경하고 찾으면 더 정확합니다.

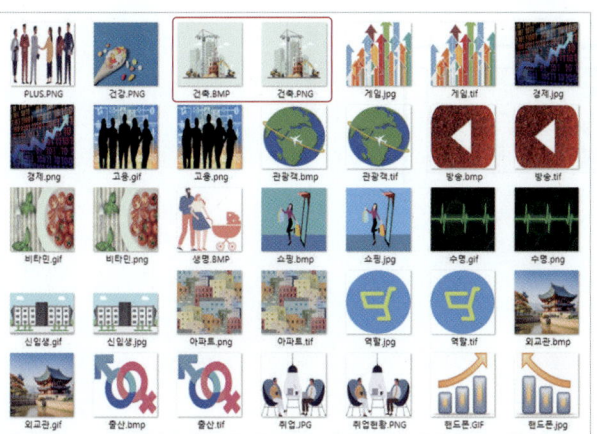

② 그림을 더블 클릭하여 [개체 속성] 대화상자의 [기본] 탭에서 너비 : 28mm, 높이 : 18mm, 본문과의 배치 : 글 앞으로 (圖), 가로 : 종이의 왼쪽 기준 23mm, 세로 : 종이의 위 기준 23mm를 지정하고 [설정]을 클릭하세요.

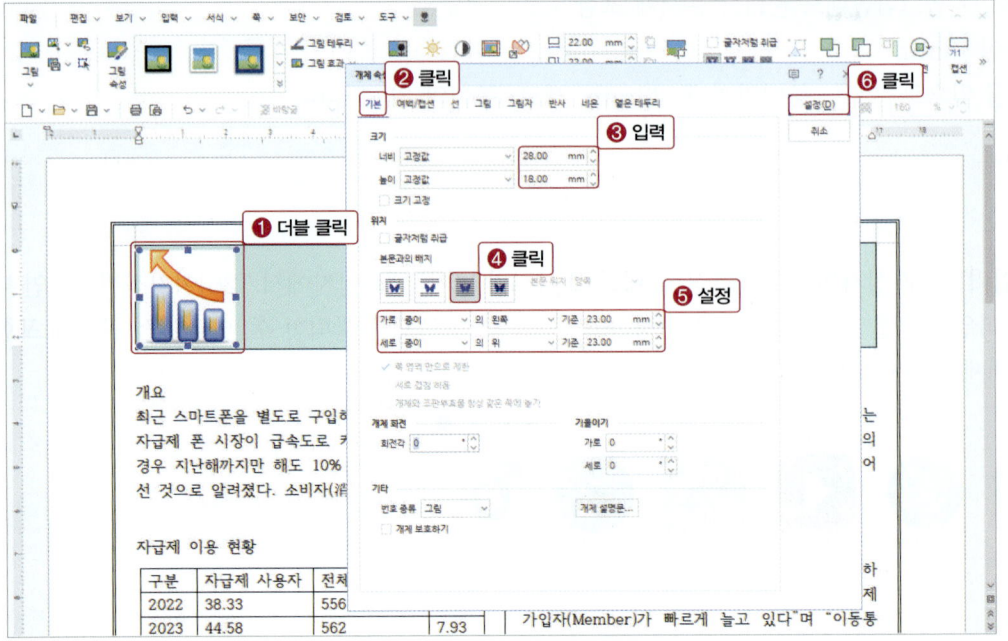

기적의 TIP

그림의 위치를 '종이'를 기준으로 지정할 때에는 그림을 삽입하는 커서의 위치는 중요하지 않습니다. 그러나 수정이나 삭제의 편의성을 위해 제목 앞에 커서를 두고 삽입하세요.

③ 그림을 클릭하고 그림(圖) 도구 상자의 회전(⊙)을 누른 후, 좌우 대칭(⋈)을 클릭하세요.

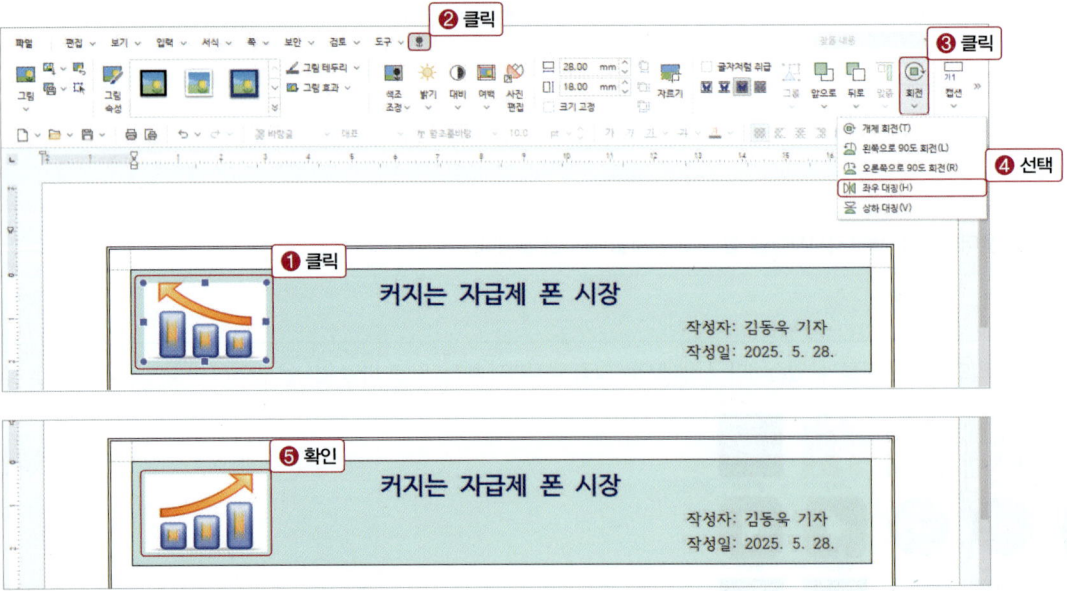

④ Alt + S 를 눌러 문서를 저장하세요.

세부지시사항 05 — 스타일(2개소 수정, 3개소 등록)

- 개요 1(수정) : 여백-왼쪽(0pt), 한컴 윤고딕 740, 11pt, 진하게
- 개요 2(수정) : 여백-왼쪽(15pt)
- 표제목(등록) : 스타일 이름-표제목, 스타일 종류-문단, 가운데 정렬, 한컴돋움, 진하게
- 참고문헌 1(등록) : 스타일 이름-참고문헌 1, 스타일 종류-문단, 내어쓰기(20pt)
- 참고문헌 2(등록) : 스타일 이름-참고문헌 2, 스타일 종류-글자, 그림자

① '개요' 앞에 커서를 두고 F6을 눌러 [스타일] 대화상자를 여세요.

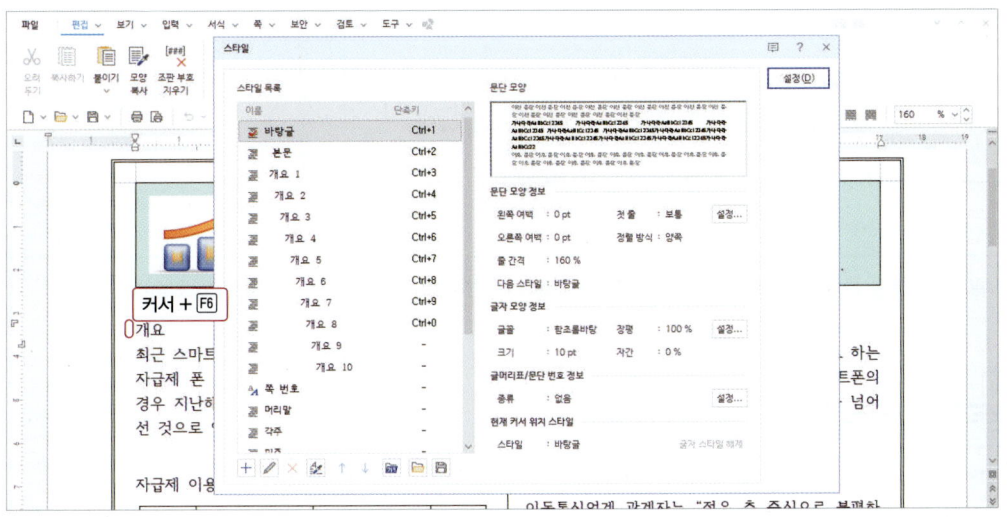

기적의 TIP

[스타일] 단축키 : F6

② [스타일] 대화상자에서 '개요 1'을 선택한 후, 스타일 편집하기(✎)를 클릭하세요. [스타일 편집하기] 대화상자에서 문단 모양을 클릭하고, [문단 모양] 대화상자의 [기본] 탭에서 여백의 왼쪽 : 0pt를 지정한 후 [설정]을 클릭하세요.

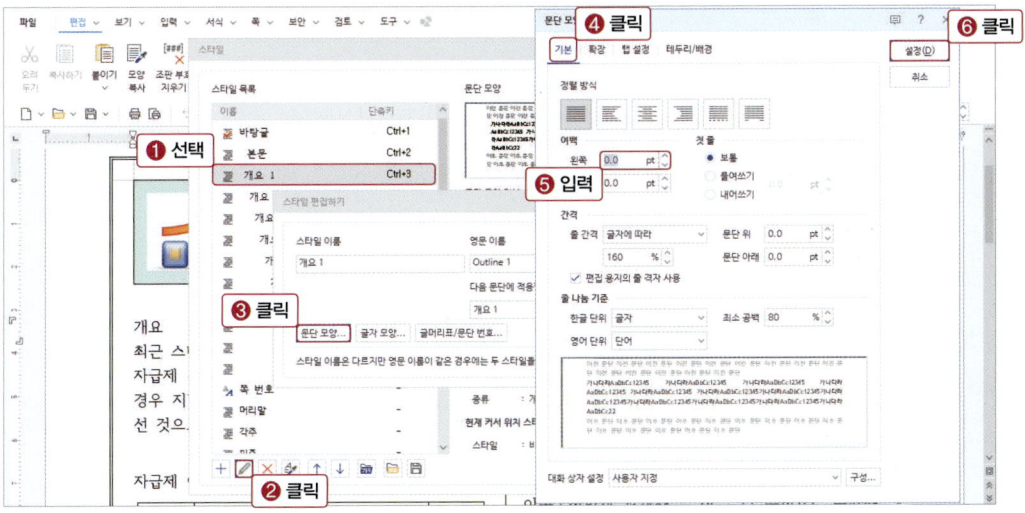

③ [스타일 편집하기] 대화상자에서 글자 모양을 클릭하고, [글자 모양] 대화상자의 [기본] 탭에서 기준 크기 : 11pt, 언어별 설정의 글꼴 : 한컴 윤고딕 740, 속성 : 진하게(가)를 지정한 후 [설정]을 클릭하세요. [스타일 편집하기] 대화상자에서 [설정]을 클릭하세요.

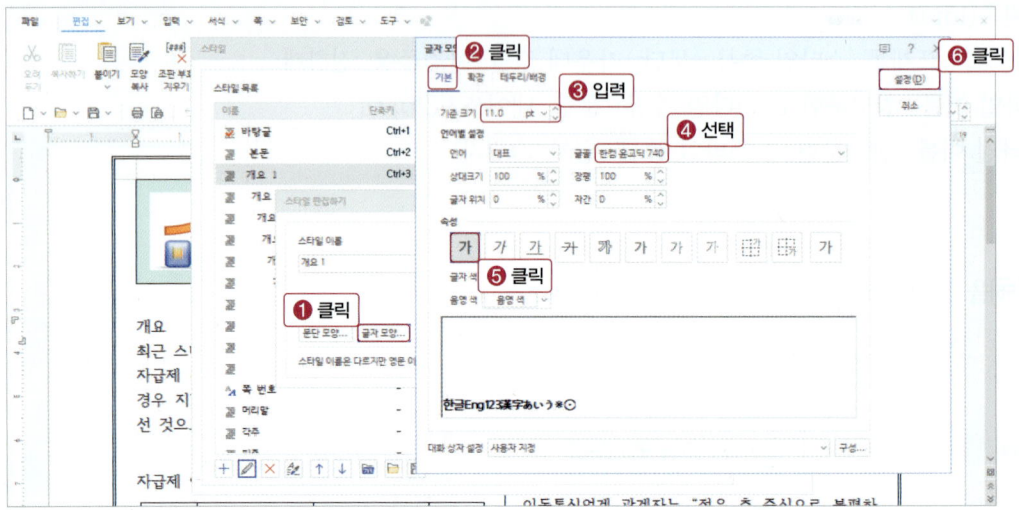

+ 더알기 TIP

문단 모양과 글자 모양은 스타일 목록에서 이름을 클릭하고 오른쪽 '문단 모양 정보', '글자 모양 정보'의 설정에서 수정할 수도 있습니다.

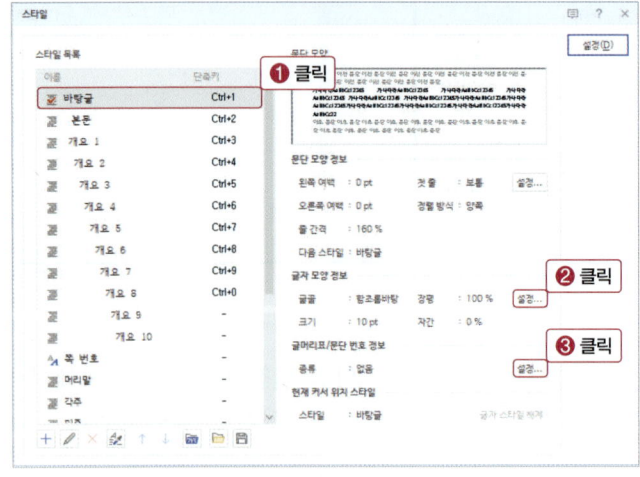

④ [스타일] 대화상자에서 '개요 2'를 선택한 후, 스타일 편집하기(✏️)를 클릭하세요. [스타일 편집하기] 대화상자에서 문단 모양을 클릭하고, [문단 모양] 대화상자의 [기본] 탭에서 여백의 왼쪽 : 15pt를 지정한 후 [설정]을 클릭하세요. [스타일 편집하기] 대화상자에서 [설정]을 클릭하세요.

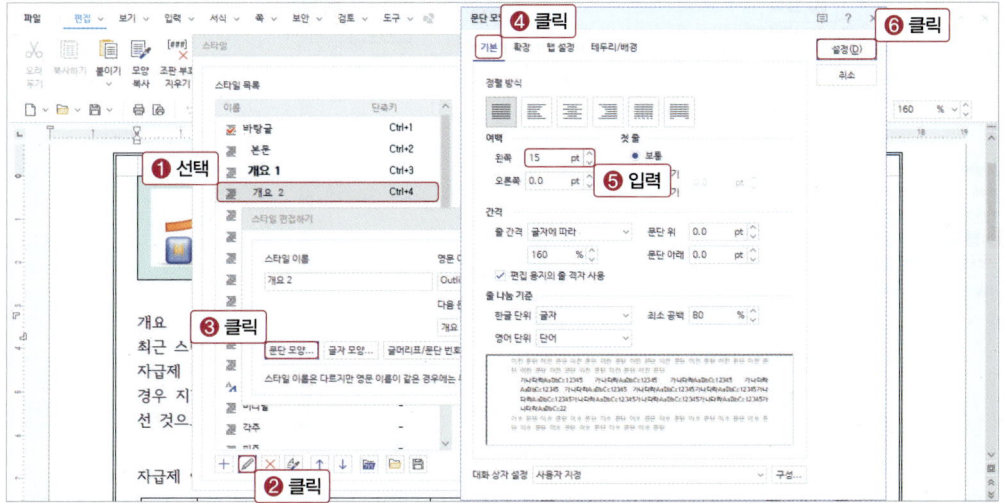

⑤ [스타일] 대화상자에서 스타일 추가하기(➕)를 클릭하세요. [스타일 추가하기] 대화상자에서 스타일 이름 : 표제목, 스타일 종류 : 문단을 지정하고, 문단 모양을 클릭하세요. [문단 모양] 대화상자의 [기본] 탭에서 정렬 방식 : 가운데 정렬(≡)을 선택한 후 [설정]을 클릭하세요.

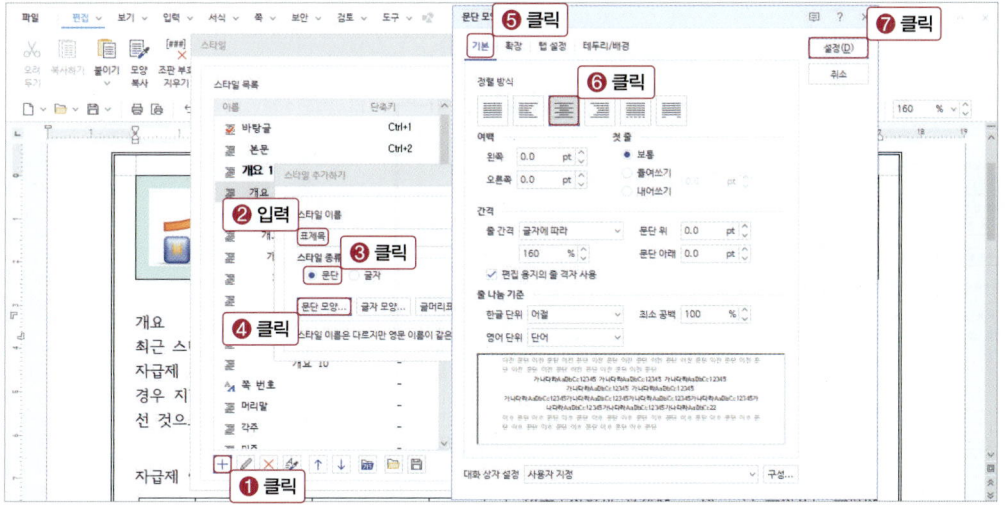

🏁 **기적의 TIP**

'표제목'의 가운데 정렬은 반드시 [문단 모양] 대화상자에서 지정해야 하며, [서식] 도구 상자에서 지정하면 감점되니 주의하세요.

⑥ [스타일 추가하기] 대화상자에서 글자 모양을 클릭하고, [글자 모양] 대화상자의 [기본] 탭에서 언어별 설정의 글꼴 : **한컴돋움**, 속성 : **진하게(가)** 를 지정한 후 [설정]을 클릭하세요. [스타일 추가하기] 대화상자에서 [추가]를 클릭하세요.

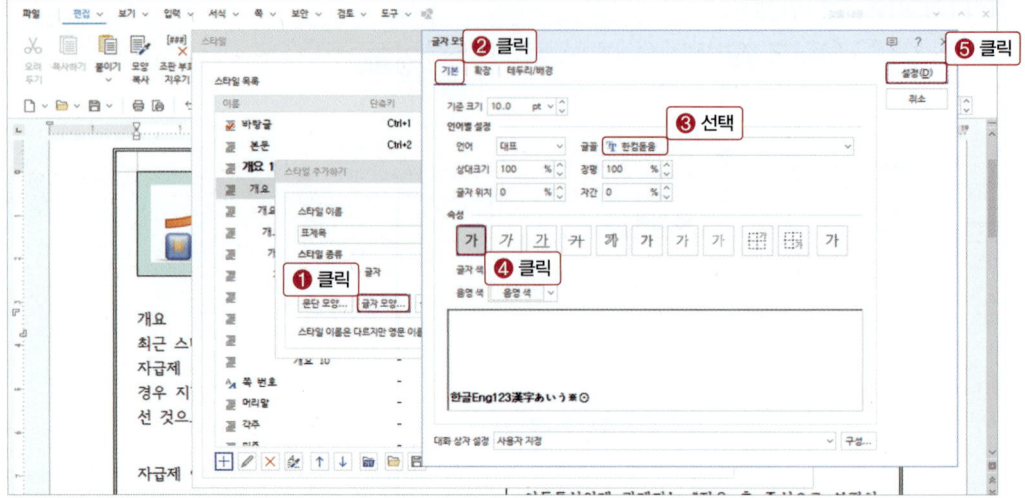

⑦ [스타일] 대화상자에서 스타일 추가하기(+)를 클릭하세요. [스타일 추가하기] 대화상자에서 스타일 이름 : **참고문헌 1**, 스타일 종류 : **문단**을 지정하고, 문단 모양을 클릭하세요. [문단 모양] 대화상자의 [기본] 탭에서 첫 줄의 내어쓰기 : **20pt**를 지정한 후 [설정]을 클릭하세요. [스타일 추가하기] 대화상자에서 [추가]를 클릭하세요.

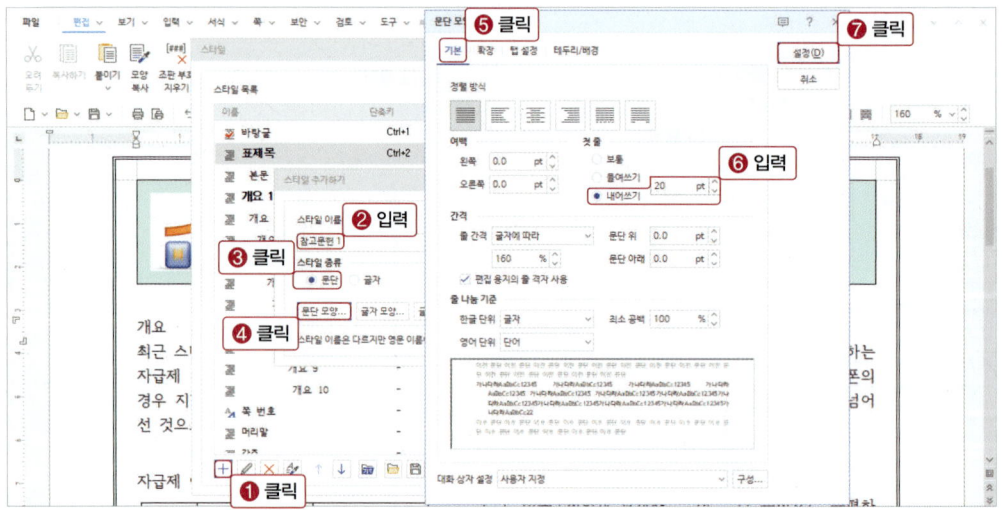

⑧ [스타일] 대화상자에서 스타일 추가하기(+)를 클릭하세요. [스타일 추가하기] 대화상자에서 스타일 이름 : 참고문헌 2, 스타일 종류 : 글자를 지정하고, 글자 모양을 클릭하세요. [글자 모양] 대화상자의 [기본] 탭에서 속성 : 그림자(가)를 선택한 후 [설정]을 클릭하세요. [스타일 추가하기] 대화상자에서 [추가]를 클릭하세요.

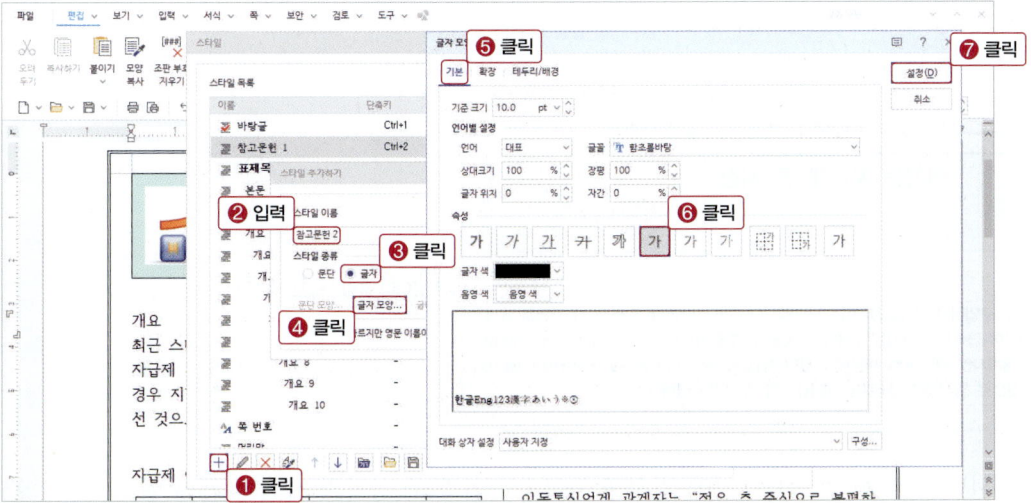

⑨ [스타일] 대화상자에서 '개요 1'을 선택한 후 [설정]을 클릭하세요. '개요' 글자 앞에 '1.'이 자동으로 생기면서 '개요 1' 스타일이 지정된 것을 확인하세요.

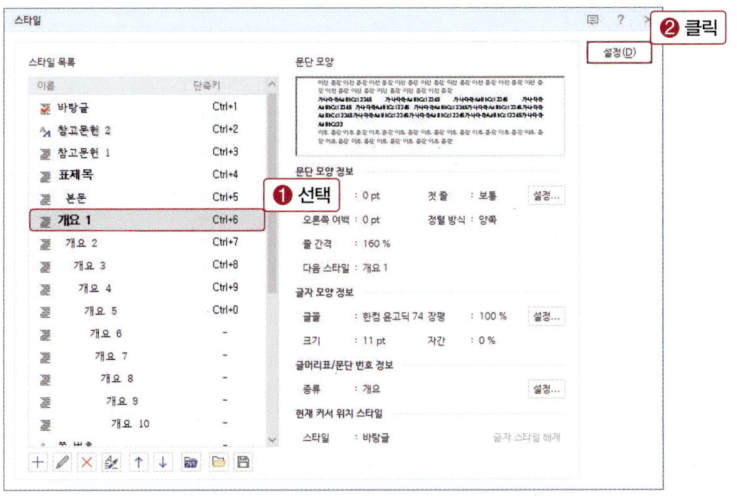

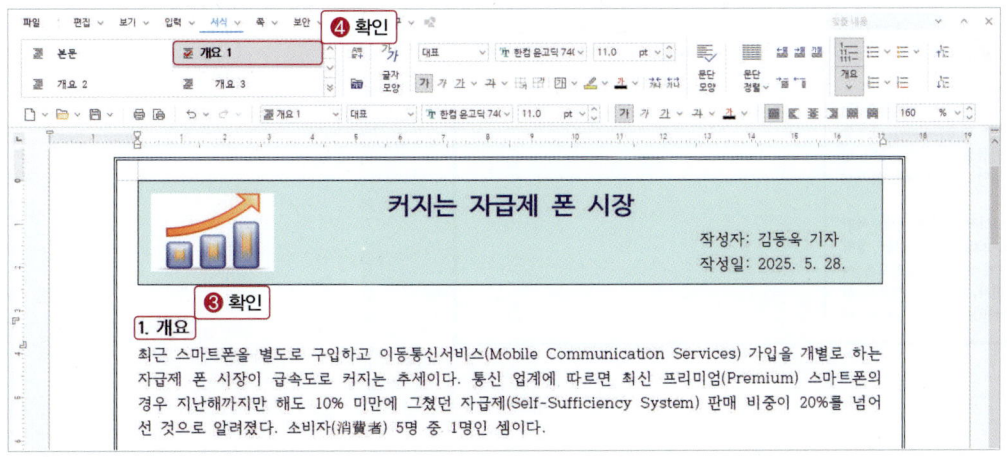

더알기 TIP

처음에 '개요' 앞에 커서를 두고 [스타일] 대화상자를 열었기 때문에 '개요' 글자에 '개요 1' 스타일을 바로 지정할 수 있습니다. 만약 다른 곳에 커서를 두고 스타일을 만들어서 스타일이 다른 글자에 잘못 지정되었다면, Ctrl+1을 눌러 '바탕글' 스타일로 변경한 후 다시 스타일을 지정할 수 있습니다.

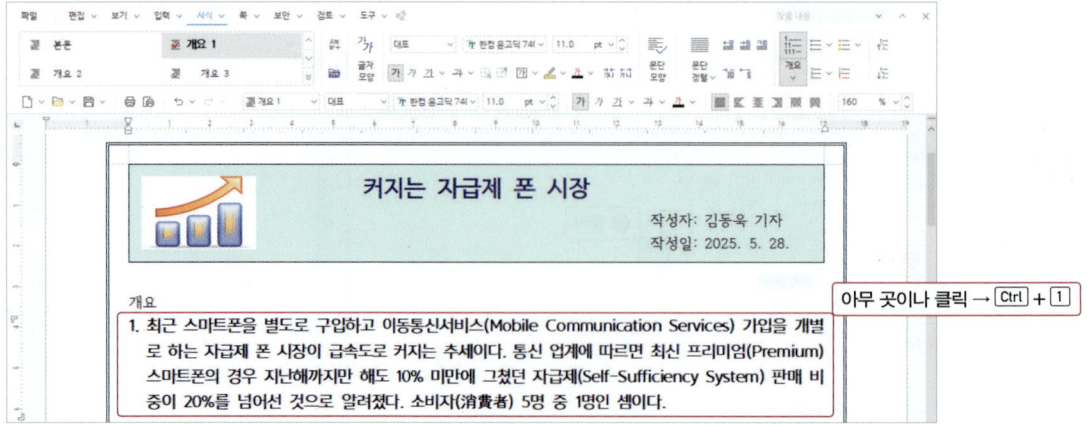

⑩ '가성비 원하는 소비자'와 '서비스 경쟁으로 전환' 앞에 커서를 두고 [서식] 도구 상자의 자세히(▼)를 눌러 개요 1을 선택하거나 Ctrl+6을 눌러 스타일을 지정하세요.

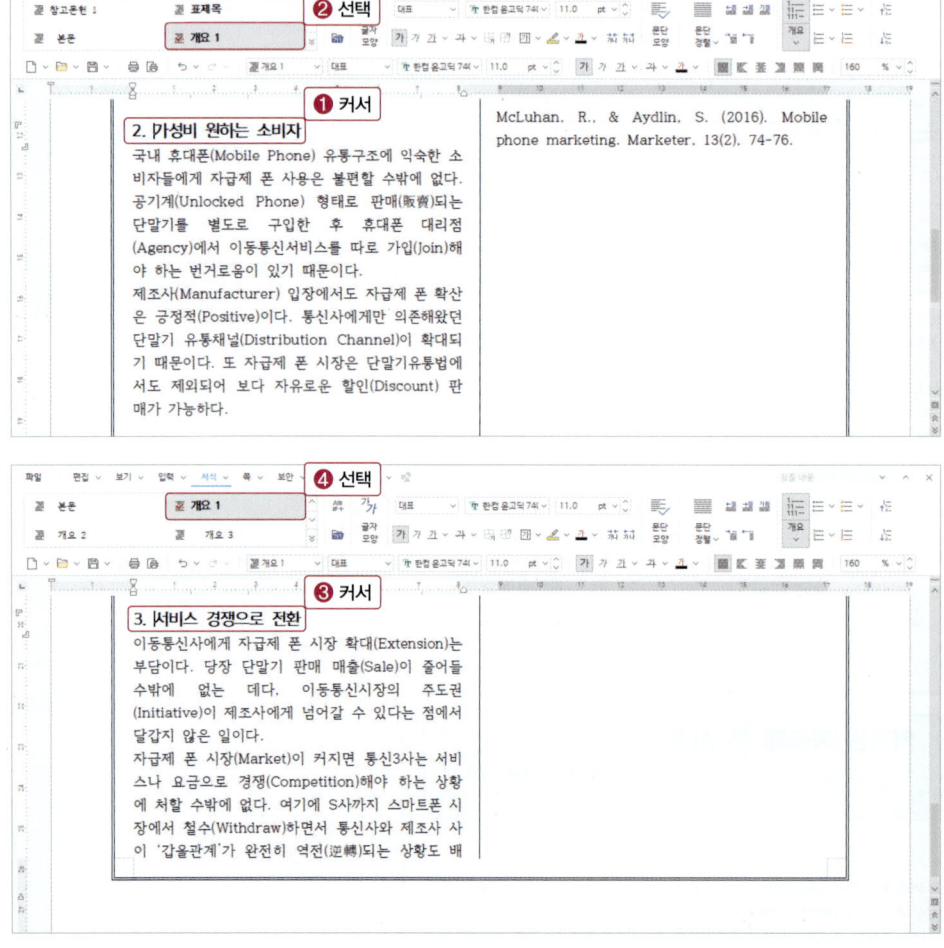

기적의 TIP

스타일을 문단에 적용하려면 해당 부분을 블록 지정해도 되고, 커서만 위치시킨 후 설정해도 됩니다.

➕ **더알기** TIP

각 스타일의 단축키는 [스타일] 대화상자의 스타일 목록에서 이름과 함께 확인할 수 있습니다.

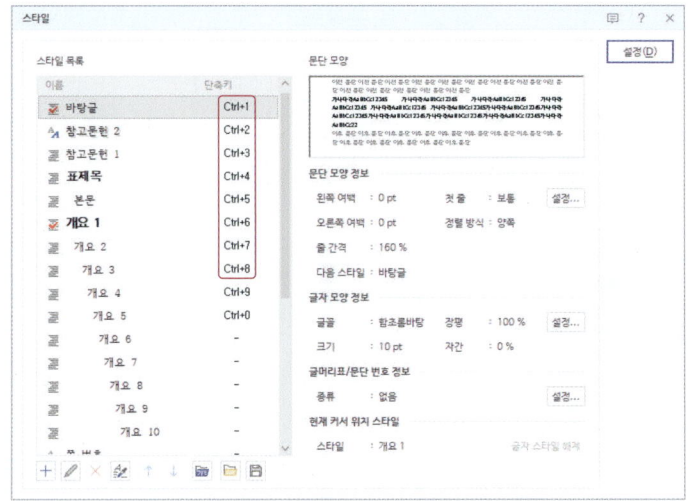

⑪ '개요 2' 스타일에 해당하는 문장들을 블록 지정하고 [서식] 도구 상자의 자세히(⌄)를 눌러 개요 2를 선택하거나 Ctrl + 7 을 눌러 스타일을 지정하세요.

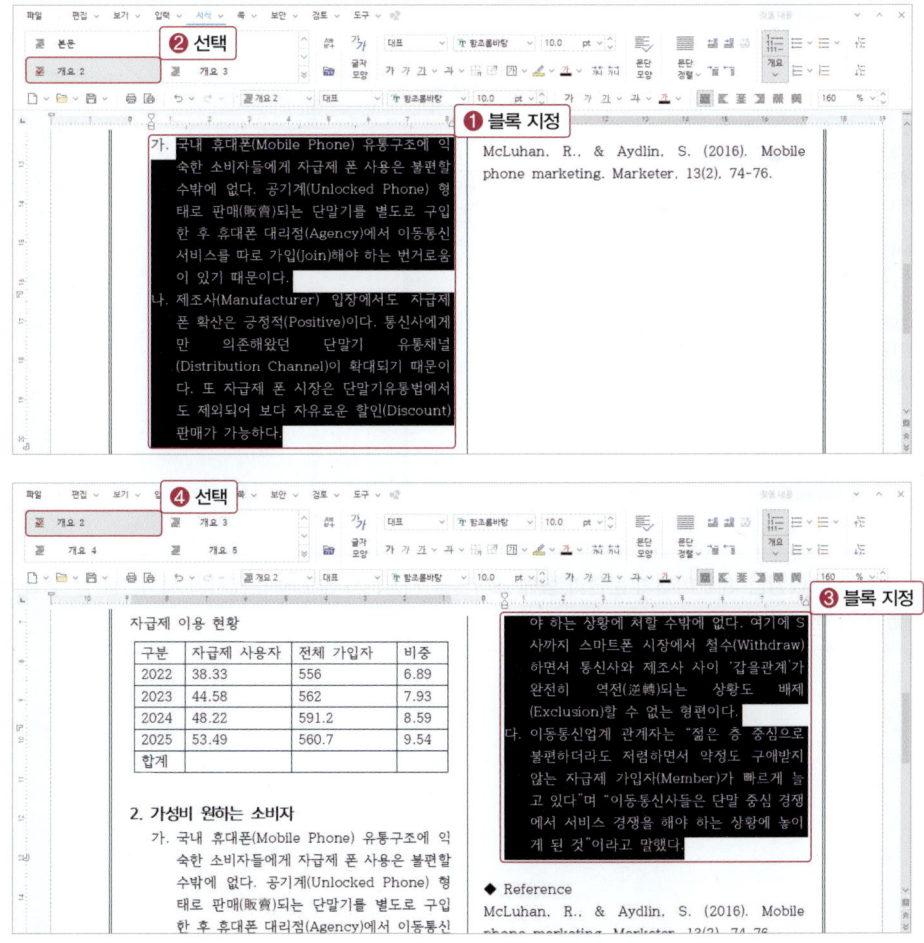

🅱 **기적의** TIP

문장들을 모두 블록 지정하는 것이 어렵다면 따로따로 나누어서 지정해도 됩니다.

⑫ '자급제 이용 현황' 앞에 커서를 두고 [서식] 도구 상자의 자세히(⌄)를 눌러 표제목을 선택하거나 Ctrl+4를 눌러 스타일을 지정하세요.

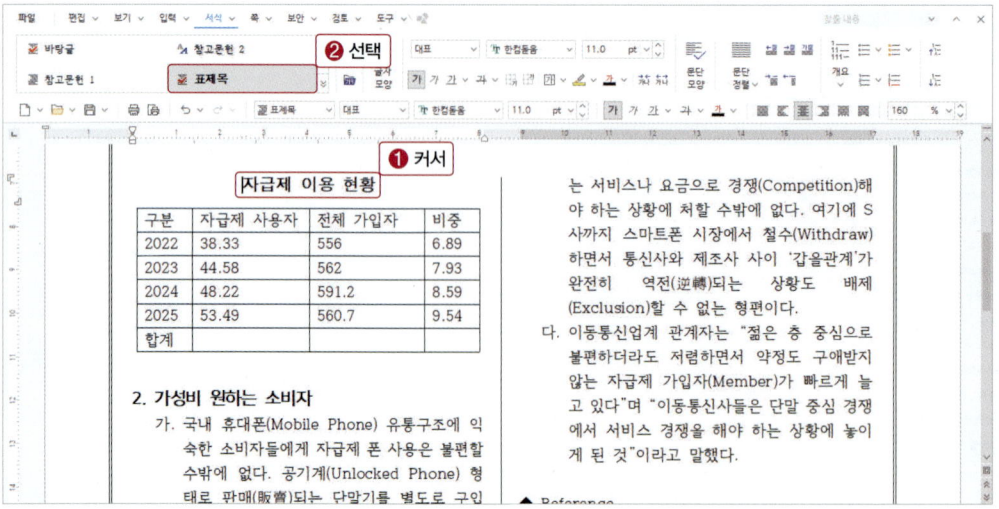

⑬ 'McLuhan,' 앞에 커서를 두고 [서식] 도구 상자의 자세히(⌄)를 눌러 참고문헌 1을 선택하거나 Ctrl+3을 눌러 스타일을 지정하세요.

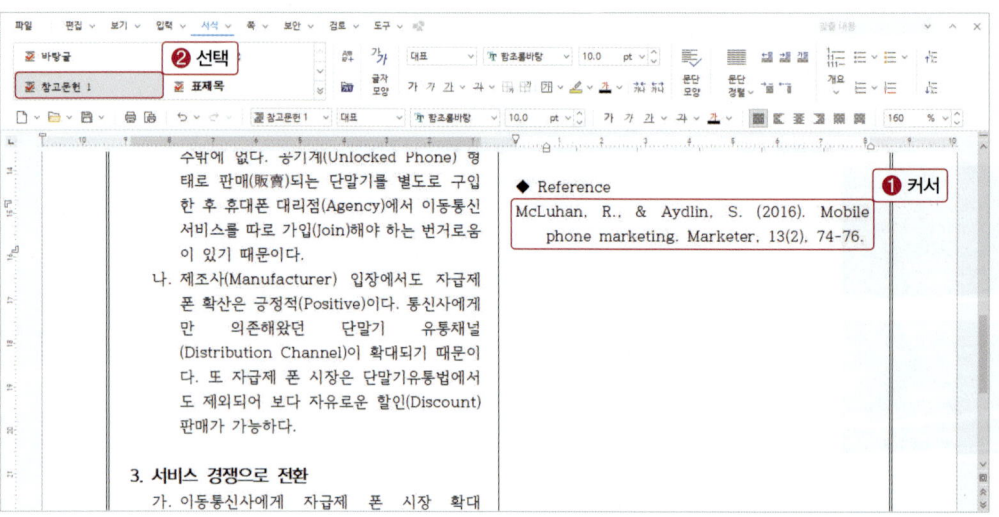

> 🚩 기적의 TIP
>
> '◆ Reference'는 '참고문헌 1' 스타일이 아닌 '바탕글' 스타일입니다. 아래의 문단과 함께 스타일을 지정하지 않도록 문제지의 지시선을 잘 보고 지정하세요. 스타일을 잘못 지정했다면 Ctrl+1을 눌러 '바탕글' 스타일로 변경하세요.

⑭ 'Marketer, 13'을 블록 지정하고 [서식] 도구 상자의 자세히( )를 눌러 참고문헌 2를 선택하거나 Ctrl + 2 를 눌러 스타일을 지정하세요.

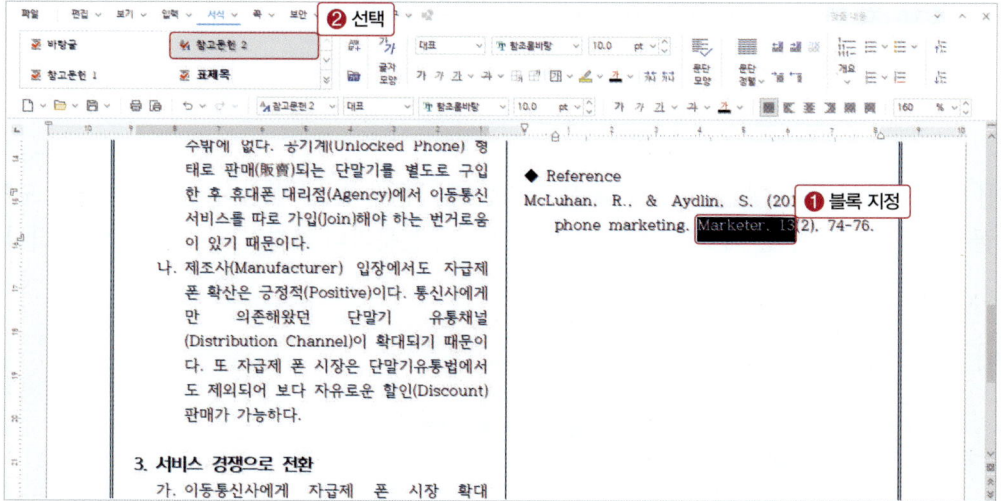

> 📌 기적의 TIP
>
> 스타일을 글자에 적용하려면 해당 부분을 반드시 블록 지정해야 합니다.

> ➕ 더알기 TIP
>
> • 글자에 적용된 스타일은 해당 문단에서 Ctrl + 1 을 아무리 눌러도 해제되지 않습니다. 스타일을 변경하고 싶은 부분을 블록 지정 후 F6 을 눌러 오른쪽 하단의 글자 스타일 해제를 선택하고 [설정]을 클릭하세요.
>
>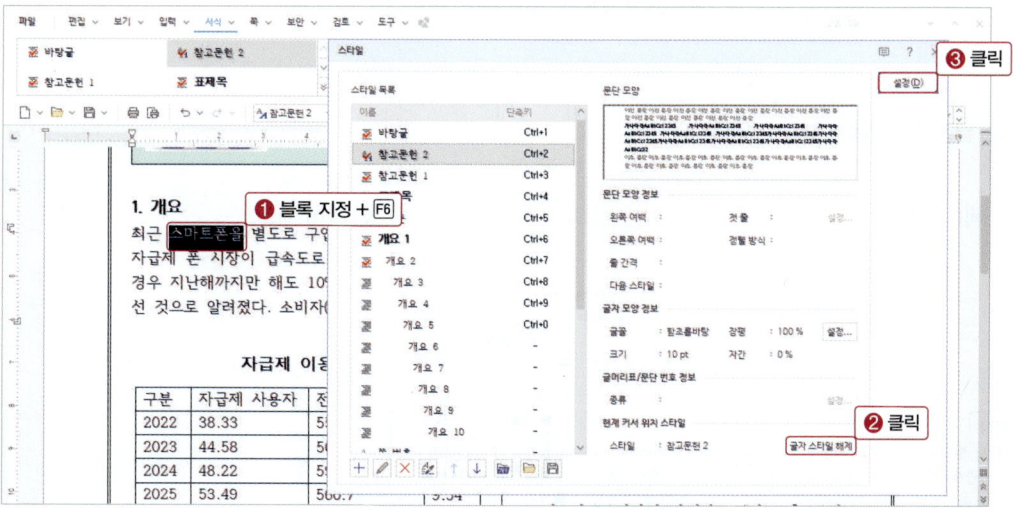
>
> • '글자 스타일 해제'를 하지 않고 바탕글처럼 '함초롬바탕, 10pt, 검정, 속성 없음'으로 변경한다고 해도 스타일은 없어지지 않으므로 꼭 글자 스타일 해제로 변경해야 합니다.

⑮ Alt + S 를 눌러 문서를 저장하세요.

세부지시사항 06   문단 첫 글자 장식

- 모양 : 3줄, 글꼴 : 한컴산뜻돋움, 면 색 : 노랑(RGB:255,215,0), 본문과의 간격 : 3mm
- 글자 색 : 하늘색(RGB:97,130,214) 50% 어둡게

① '최' 앞에 커서를 두고 [서식] 도구 상자의 문단 첫 글자 장식(갶)을 클릭한 후, [문단 첫 글자 장식] 대화상자에서 모양 : 3줄(갶), 글꼴/테두리의 글꼴 : 한컴산뜻돋움, 면 색 : 노랑(RGB:255,215,0), 본문과의 간격 : 3mm를 지정하고 [설정]을 클릭하세요.

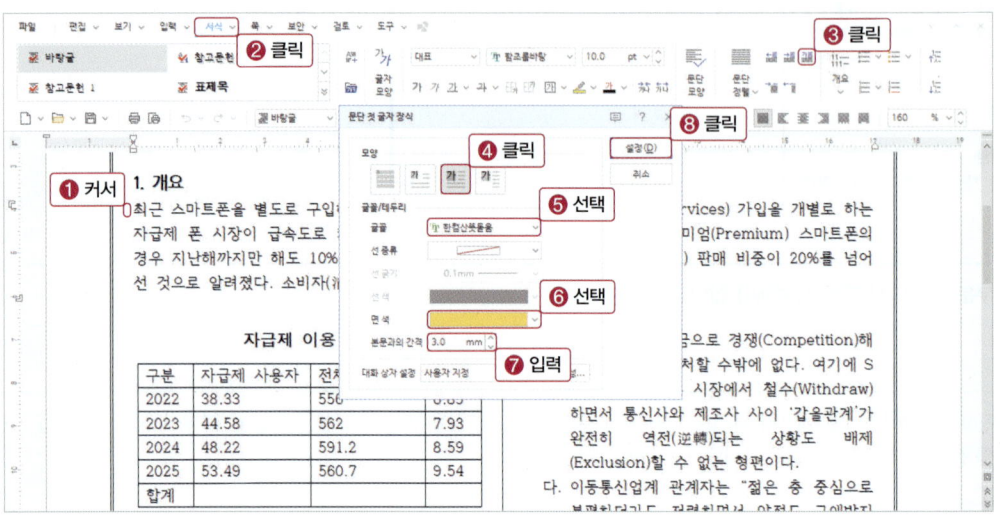

기적의 TIP

[문단 첫 글자 장식] 대화상자에서는 글꼴을 입력해서 찾을 수 없습니다.

② '최'를 블록 지정하고 글자 색(갶)에서 하늘색(RGB:97,130,214) 50% 어둡게를 선택하세요.

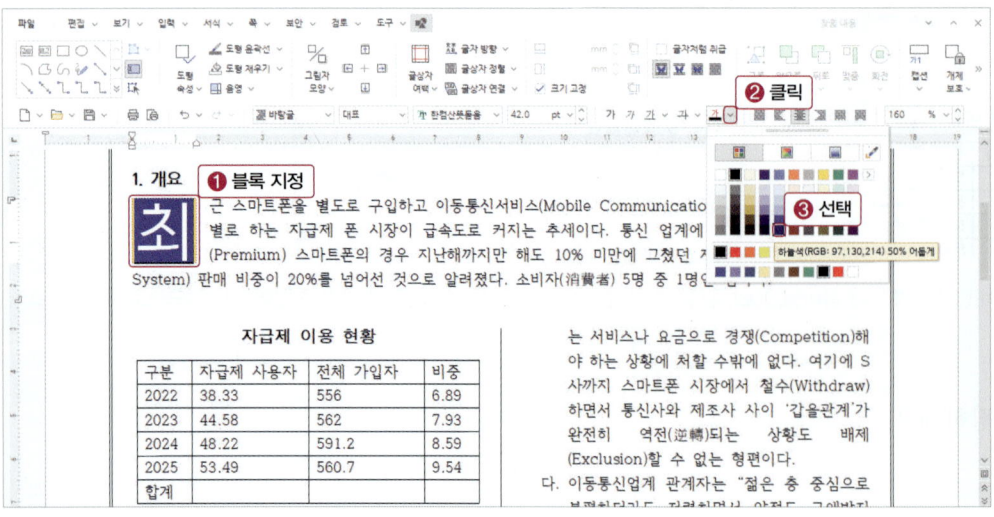

③ Alt + S 를 눌러 문서를 저장하세요.

세부지시사항 07 　각주

글자 모양 : 맑은 고딕, 번호 모양 : 아라비아 숫자 원문자

① 각주를 입력할 곳에 커서를 두고 [입력] 도구 상자의 각주()를 클릭하거나 Ctrl+N,N을 누른 후, '1) ' 뒤에 자료: 정보통신부를 입력하세요.

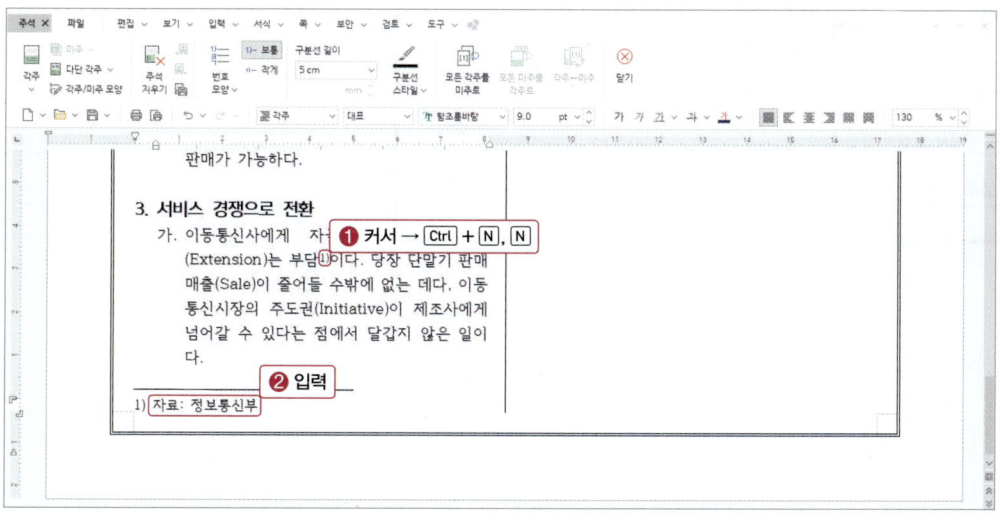

기적의 TIP

[각주] 단축키 : Ctrl+N,N

② [주석] 도구 상자의 각주/미주 모양()을 클릭한 후, 번호 모양 : ①,②,③을 선택하고 [설정]을 클릭하세요.

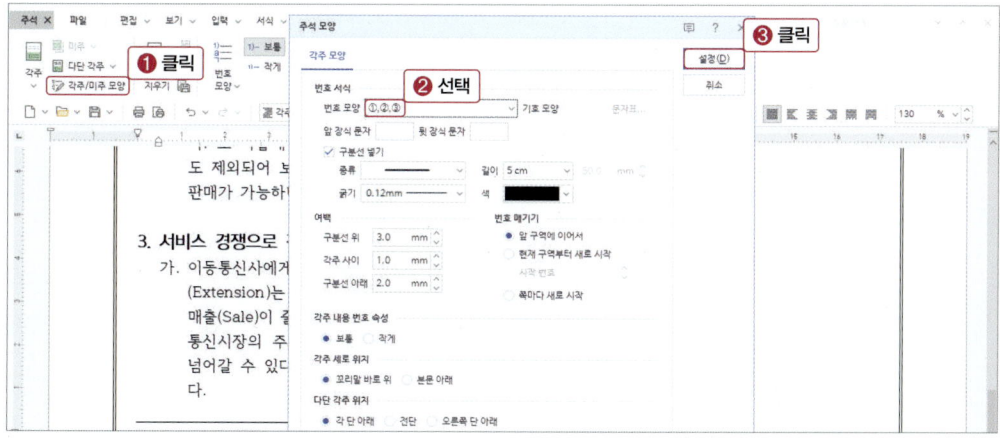

③ '① 자료: 정보통신부'를 블록 지정 후, [서식] 도구 상자에서 글꼴 : 맑은 고딕을 지정하고 [주석] 도구 상자에서 닫기(⊗)를 눌러 영역을 빠져나오세요.

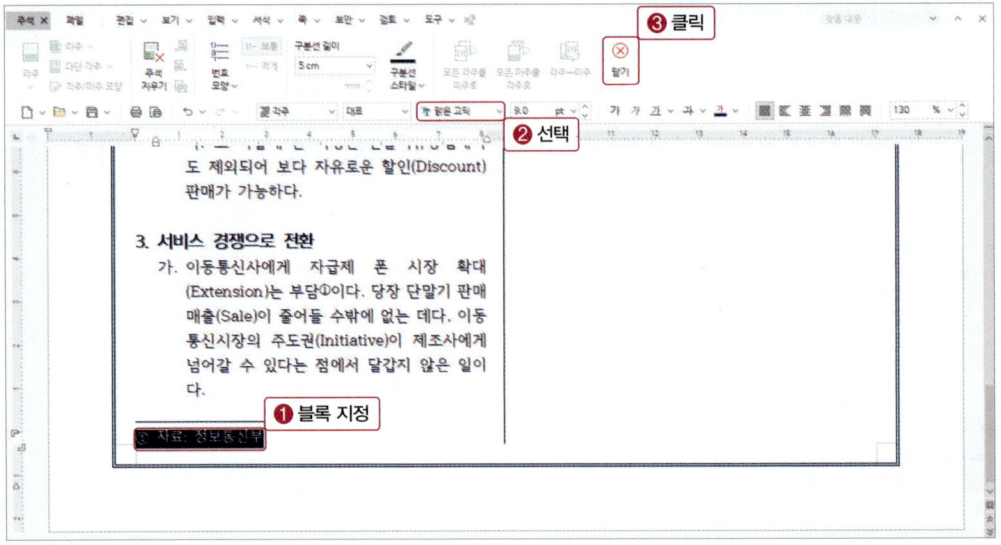

④ Alt+S를 눌러 문서를 저장하세요.

세부지시사항 08 — 표

- 크기 : 너비 78mm~80mm, 높이 33mm~34mm
- 위치 : 글자처럼 취급
- 전체 행 : 셀 높이를 같게
- 모든 셀의 안 여백 : 왼쪽·오른쪽 2mm
- 테두리 : 표 안쪽은 실선(0.12mm), 표 바깥의 위쪽과 아래쪽은 실선(0.4mm), 표 바깥의 왼쪽과 오른쪽은 없음, 합계 행 위쪽은 이중 실선(0.5mm)
- 제목 행 : 셀 배경 색 – 보라(RGB:157,92,187) 25% 어둡게, 글자 모양 – 한컴 윤고딕 760, 하양(RGB:255,255,255)
- 합계 행 : 셀 배경 색 – 하양(RGB:255,255,255) 15% 어둡게, 글자 모양 – 진하게
- 문단의 정렬 방식 : 가운데 정렬

① 표 안에서 F5를 3번 눌러 표 전체에 블록이 지정되어 있는 상태에서 P를 눌러 [표/셀 속성] 대화상자를 열고, [기본] 탭에서 너비 : 78mm~80mm, 높이 : 33mm~34mm, 글자처럼 취급 : 체크를 확인한 후, [표] 탭에서 모든 셀의 안 여백의 왼쪽 : 2mm, 오른쪽 : 2mm를 지정하고 [설정]을 클릭하세요.

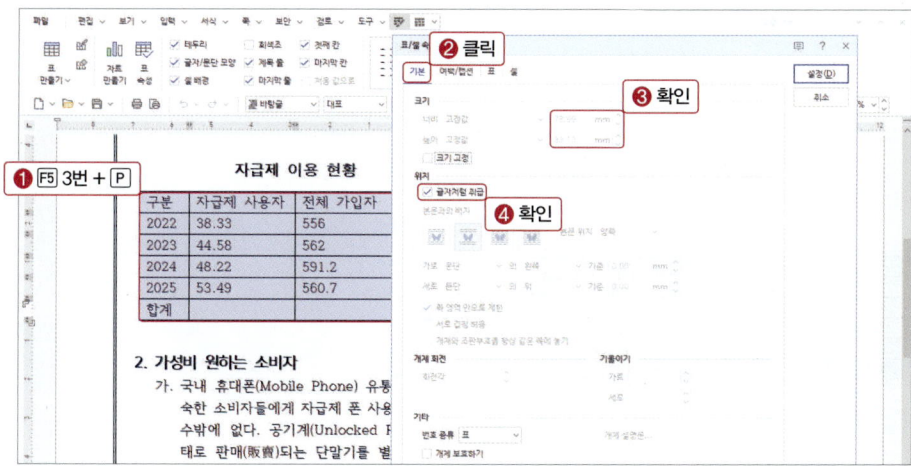

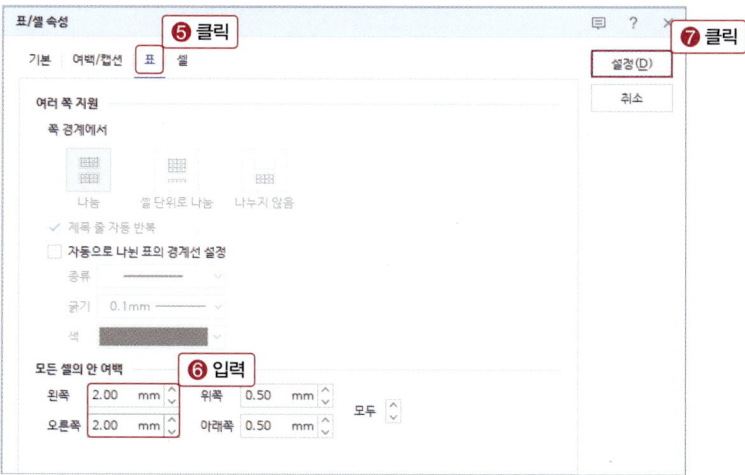

기적의 TIP

[여백/캡션] 탭의 바깥 여백은 수정하지 마세요.

② 블록이 지정되어 있는 상태에서 H를 눌러 셀 높이를 같게 설정하세요.

⭐ 신유형 TIP

표의 크기 지정하기

- 표의 크기를 범위 형태로 제시하지 않고, 너비와 높이 값을 수치로 직접 제시하는 문제가 출제된 바 있습니다. 이 경우 [표 만들기] 대화상자의 크기 지정 옵션에서 '임의 값'을 선택하고 수치를 입력하면 원하는 크기의 표를 만들 수 있지만, 시험 지시사항에 '너비 : 단에 맞춤, 높이 : 자동'이 명시된 경우에는 기능상 수치를 입력하여 표를 만들 수 없습니다. 시행처에서 문제와 정답을 공개하지 않기 때문에 정확한 풀이 방법을 확인하기는 어렵습니다.
- 하지만 실제 시험 후기를 분석해 보면, 제시된 높이의 수치는 대부분 본문에서 설명한 방법대로 표를 만든 후, 표의 최소 높이 상태에서 Ctrl+↓ 를 한 번 눌렀을 때와 일치했습니다. 자주 출제된 표 높이의 수치로 표 6줄일 때 33.13mm, 표 7줄일 때 38.65mm를 기억하세요. 따라서 새로운 방법을 무리하게 시도하기보다는, 연습한 방법대로 표를 만들고 주어진 시간 내에 익힌 기능을 빠짐없이 정확하게 수행하는 것이 합격을 위한 가장 전략적이고 안정적인 방법입니다.

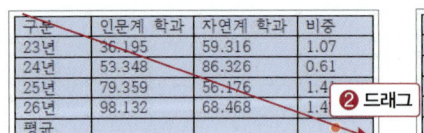
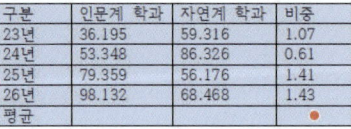
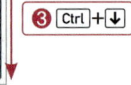
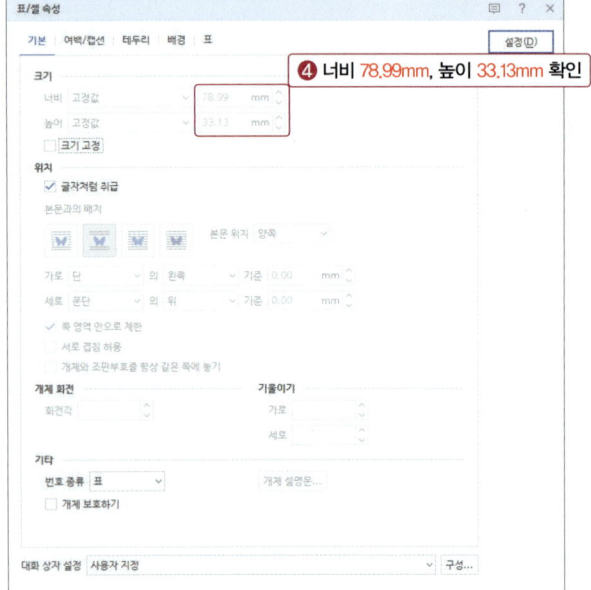

③ 블록이 지정되어 있는 상태에서 ㄴ을 눌러 [셀 테두리/배경] 대화상자를 여세요. [테두리] 탭에서 선 모양 바로 적용 : 체크 해제, 종류 : 실선(────), 굵기 : 0.4mm, 미리 보기 : 위쪽 테두리(▯), 아래쪽 테두리(▯)를 선택하세요.

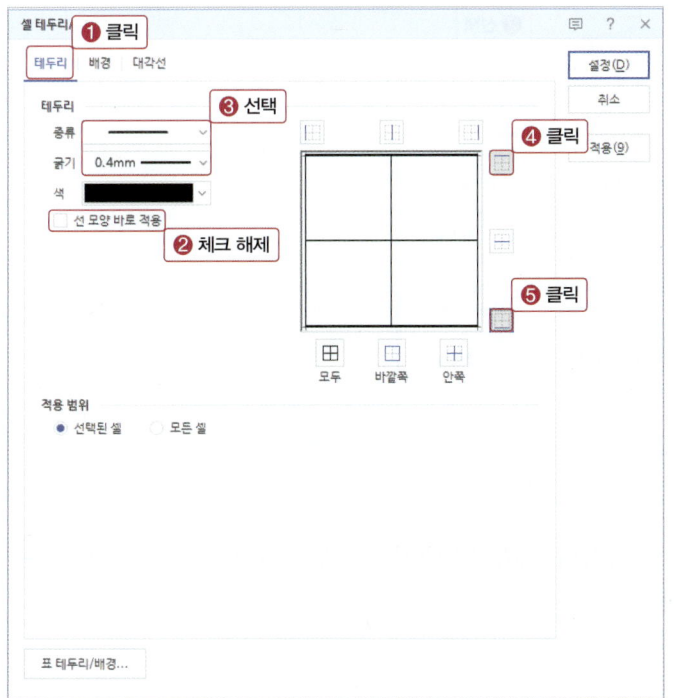

④ 나머지 테두리를 지정하기 위해 테두리의 종류 : 없음(────), 미리 보기 : 왼쪽 테두리(▯), 오른쪽 테두리(▯)를 선택하고 [설정]을 클릭하세요.

세부지시사항 2-59

⑤ 제목 행을 블록 지정하고 [표 디자인(🔻)]-[표 채우기(🎨)]에서 보라(RGB:157,92,187) 25% 어둡게를 선택하고, [서식] 도구 상자에서 글꼴 : 한컴 윤고딕 760, 글자 색 : 하양(RGB:255,255,255)을 지정하세요.

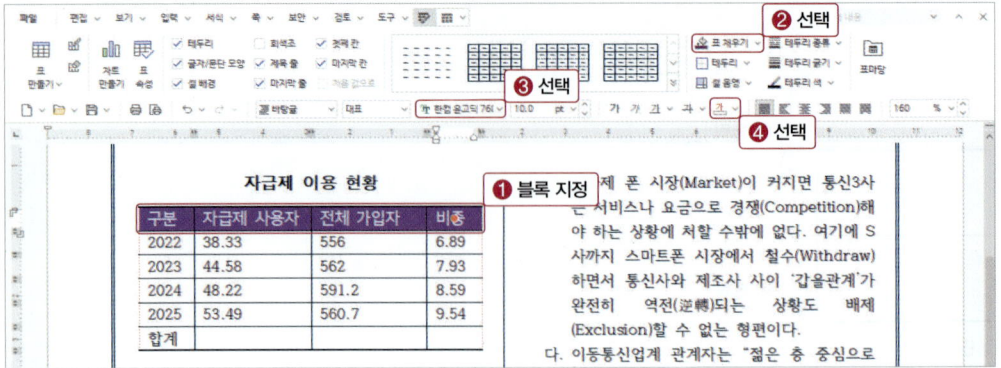

> 📌 **기적의 TIP**
>
> [배경] 단축키 : 블록 지정+C

⑥ 합계 행을 블록 지정하고 L을 눌러 [셀 테두리/배경] 대화상자의 [테두리] 탭에서 테두리의 종류 : 이중 실선(━━), 굵기 : 0.5mm, 미리 보기 : 위쪽 테두리(▣)를 선택하세요.

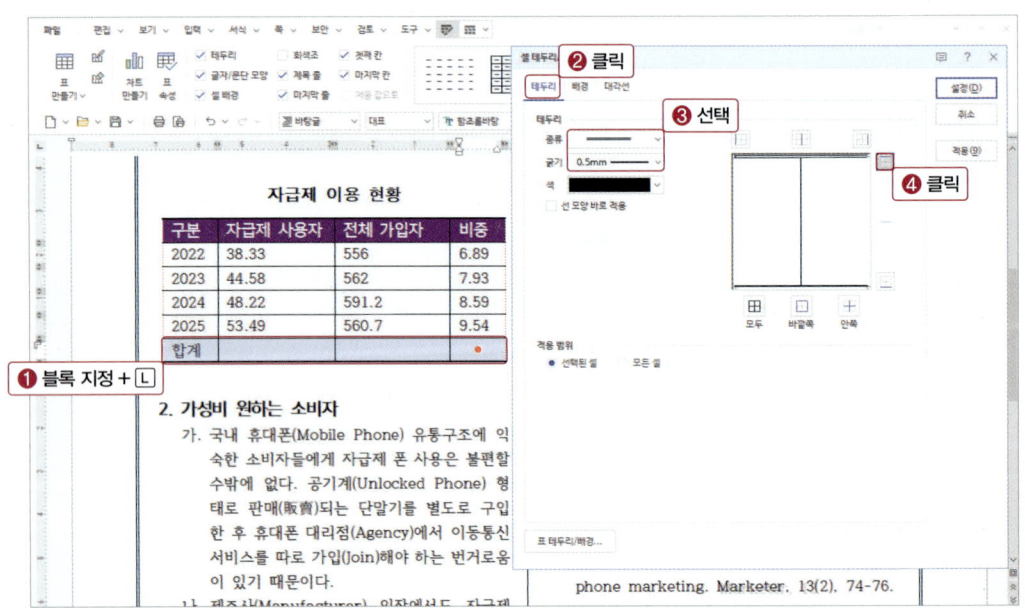

⑦ [배경] 탭에서 면 색 : 하양(RGB:255,255,255) 15% 어둡게를 지정하고 [설정]을 클릭한 후에 [서식] 도구 상자에서 진하게(가)를 지정하세요.

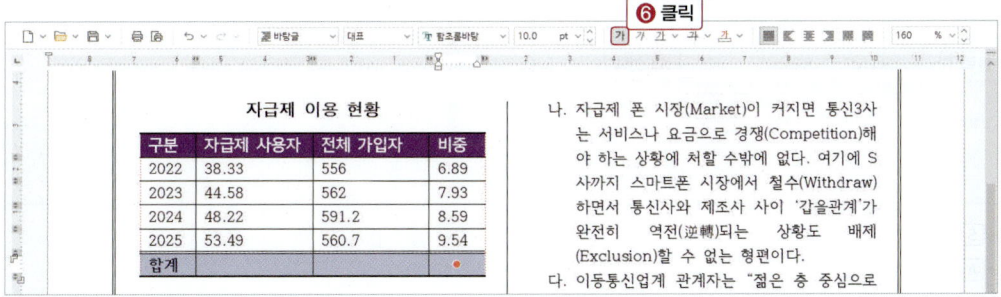

⑧ Esc를 눌러 전체 블록을 해제한 후, Shift + Esc를 누르거나 표 앞이나 뒤를 클릭하여 커서를 두고 [서식] 도구 상자의 가운데 정렬(☰)을 클릭하세요.

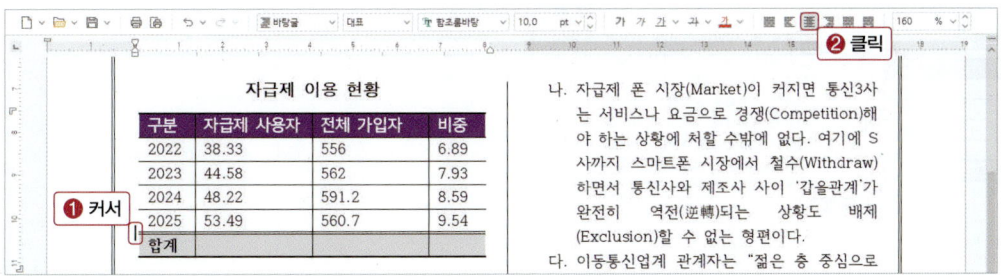

기적의 TIP

표를 가운데 정렬하는 것은 수험생들이 잘 잊어버리는 설정입니다. 꼭 마지막에 해야 하는 것은 아니므로 표를 만들고 나서 바로 설정해 주어도 됩니다.

⑨ Alt + S를 눌러 문서를 저장하세요.

세부지시사항 09 | 블록 계산식/정렬/캡션

- 블록 계산식 : 표의 합계 행에 블록 계산식을 이용하여 블록 합계 산출
- 표에서 내용의 정렬 방법
  (제목 행과 '합계(평균)' 셀은 가운데 정렬, 나머지는 열 단위를 기준으로 아래와 같이 정렬)
  - 내용의 길이가 서로 다른 문자의 경우 왼쪽 정렬
  - 내용의 길이가 서로 다른 숫자의 경우 오른쪽 정렬
  - 내용의 길이가 서로 같을 경우 문자, 숫자 상관없이 가운데 정렬
- 캡션 : 표 아래에 삽입 후 오른쪽 정렬

① 2열 2행부터 3열 6행까지 블록 지정 후, 바로 가기 메뉴에서 [블록 계산식] - [블록 합계]를 클릭하세요.

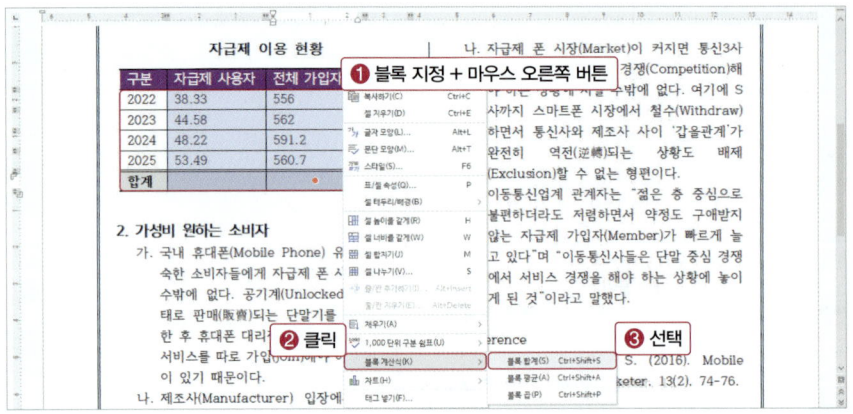

기적의 TIP

- [블록 합계] 단축키 : Ctrl + Shift + S
- [블록 평균] 단축키 : Ctrl + Shift + A

② 그림과 같이 블록 지정하고 [서식] 도구 상자에서 가운데 정렬(≡)을 선택하세요.

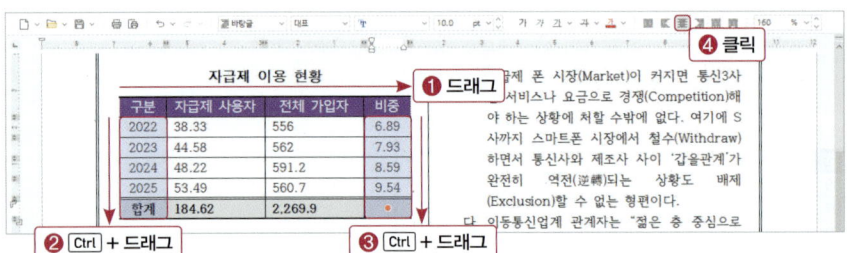

기적의 TIP

각 열의 정렬이 같으면 한꺼번에 블록 지정 후 정렬해도 됩니다. 같은 정렬인 열이 서로 떨어져 있으면 Ctrl을 누르면서 선택하여 정렬하면 빠르게 설정할 수 있습니다.

③ 2열의 2행부터 3열의 6행까지 블록 지정하고 [서식] 도구 상자에서 오른쪽 정렬(≡)을 선택하세요.

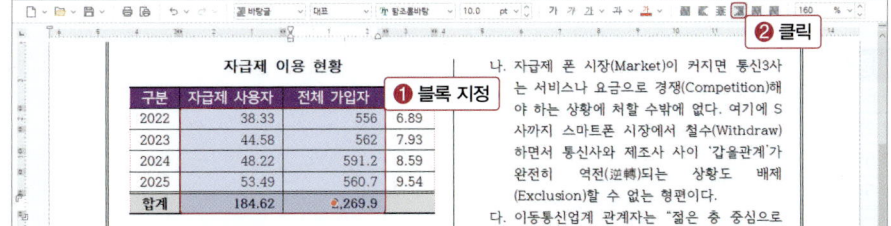

④ 캡션을 만들기 위해 표의 테두리를 클릭하고 [표 레이아웃(▦)]의 캡션(≣)을 클릭한 후 아래를 선택하세요.

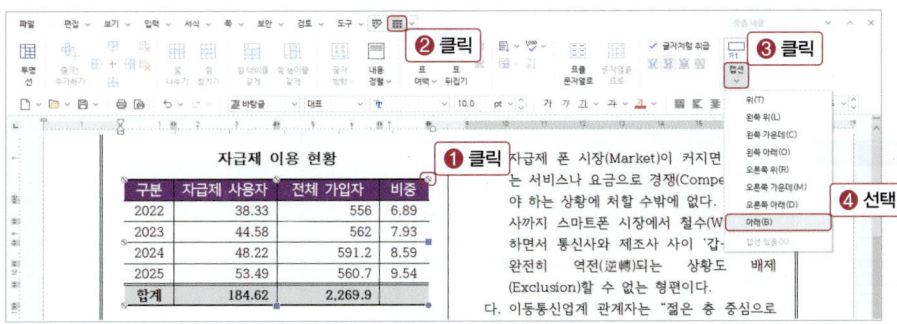

> **기적의 TIP**
>
> 캡션을 만들기 위해서 표 테두리를 클릭해도 되지만 표 안에 커서를 둔 상태에서도 만들 수 있습니다.

> **기적의 TIP**
>
> [캡션] 단축키 : Ctrl + N , C

> **더알기 TIP**
>
> 캡션의 위치가 '오른쪽 아래'인 것과 '표 아래 삽입 후 오른쪽 정렬'인 것은 다릅니다.
>
> • 오른쪽 아래
>
> | 구분 | 자급제 사용자 | 전체 가입자 | 비중 |
> |---|---|---|---|
> | 2022 | 38.33 | 556 | 6.89 |
> | 2023 | 44.58 | 562 | 7.93 |
> | 2024 | 48.22 | 591.2 | 8.59 |
> | 2025 | 53.49 | 560.7 | 9.54 |
> | 합계 | 184.62 | 2,269.9 | |
>
> 표 1
>
> • 표 아래 삽입 후 오른쪽 정렬
>
> | 구분 | 자급제 사용자 | 전체 가입자 | 비중 |
> |---|---|---|---|
> | 2022 | 38.33 | 556 | 6.89 |
> | 2023 | 44.58 | 562 | 7.93 |
> | 2024 | 48.22 | 591.2 | 8.59 |
> | 2025 | 53.49 | 560.7 | 9.54 |
> | 합계 | 184.62 | 2,269.9 | |
>
> 표 1

⑤ 자동 입력되어 있는 '표 1'을 블록 지정하고 (단위: 십만 대, %)를 입력한 후, [서식] 도구 상자에서 오른쪽 정렬(≡)을 선택하세요.

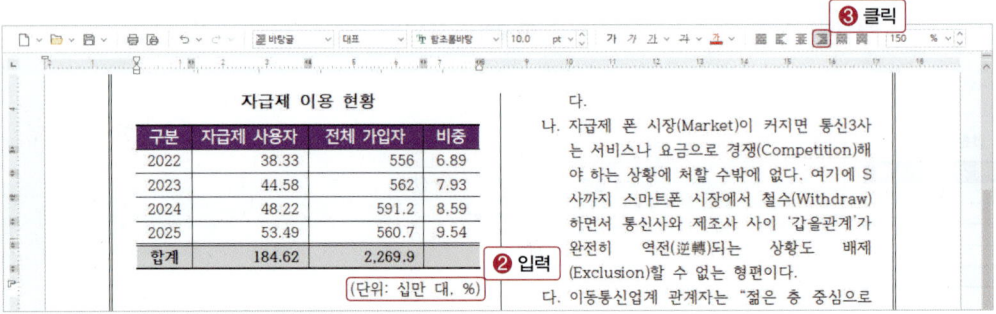

⑥ Alt + S 를 눌러 문서를 저장하세요.

신유형 TIP

1,000 단위 구분 쉼표 넣기

표 내용 중에 1,000 단위 구분 쉼표가 되어 있을 경우, 직접 키보드에서 쉼표(,)를 입력해도 되고 바로 가기 메뉴의 [1,000 단위 구분 쉼표]-[자릿점 넣기]를 선택해도 됩니다. 시험의 지시사항에서 표 작성 시 천 단위 숫자는 기능을 이용하라는 문제가 출제된 바 있습니다. 이런 경우에는 반드시 [1,000 단위 구분 쉼표]-[자릿점 넣기]를 선택해야 합니다.

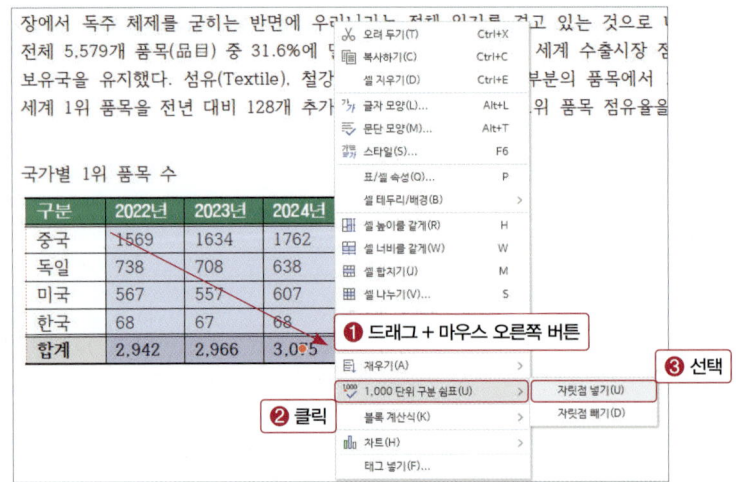

세부지시사항 10 　 차트

- 차트의 모양 : 2차원 원형, 차트 계열색 : 색상 조합 색2
- 데이터 레이블 : 백분율(%), 바깥쪽 끝에
- 차트의 크기 : 너비 80mm, 높이 70mm, 크기 고정
- 위치 : 본문과의 배치-자리 차지, 가로-단의 가운데 0mm, 세로-문단의 위 0mm
- 바깥 여백 : 위쪽 5mm, 아래쪽 7mm
- 제목의 글꼴 설정 : 함초롬돋움, 진하게
- 데이터 레이블, 범례의 글꼴 설정 : 9pt
- 표의 아래 단락에 배치

① 문제의 차트를 보고 차트에 사용될 데이터를 블록 지정하고 [입력] 도구 상자의 차트( )에서 원형 : 2차원 원형( )을 선택한 후, [차트 데이터 편집] 대화상자에서 데이터에 이상이 없으면 [닫기(×)]를 클릭하세요.

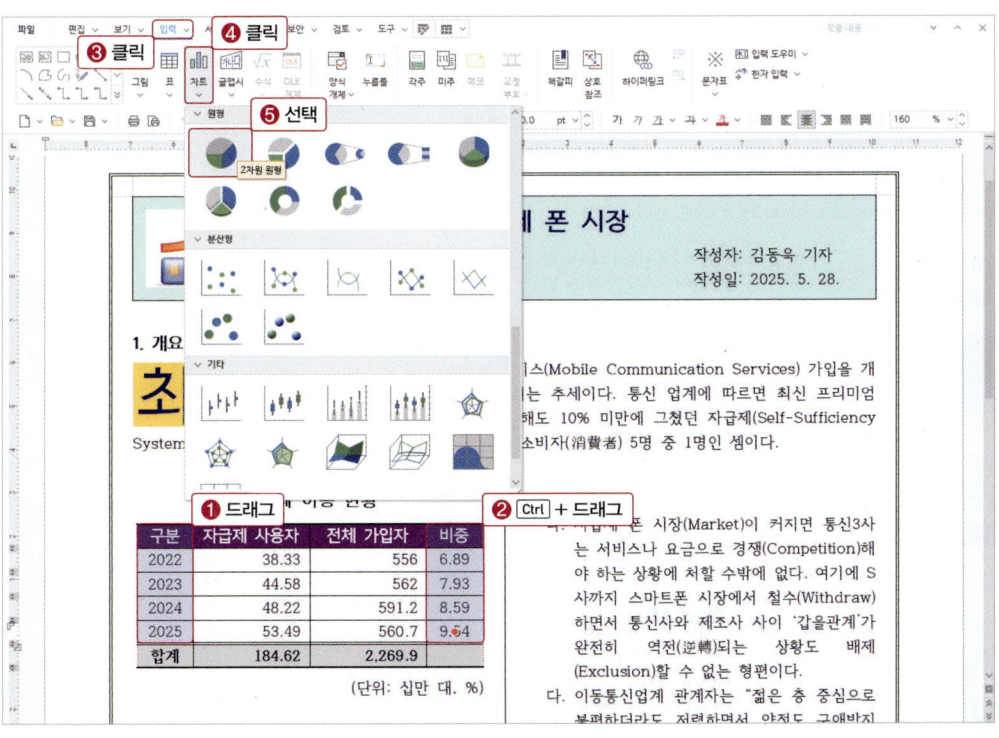

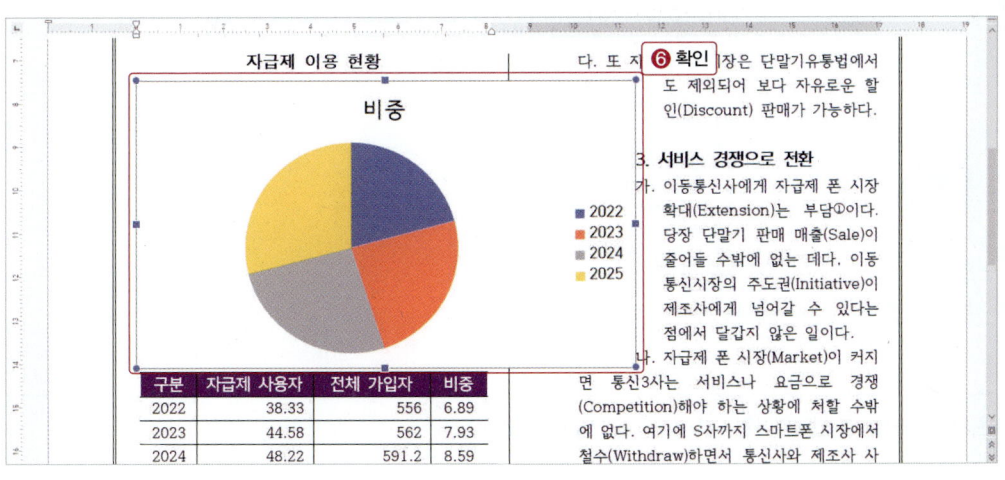

더알기 TIP

원형 차트에서 데이터가 백분율로 나오면 어떤 데이터로 차트를 만들었는지 판단하기가 어렵습니다. 그럴 때에는 데이터별로 차례대로 차트를 만든 후 [차트 디자인(📊)]-[차트 레이아웃(📊)]-[레이아웃3(📊)]을 눌러 문제의 데이터 레이블 숫자와 동일한 차트를 찾을 수 있어야 합니다.

• 자급제 사용자 데이터 사용

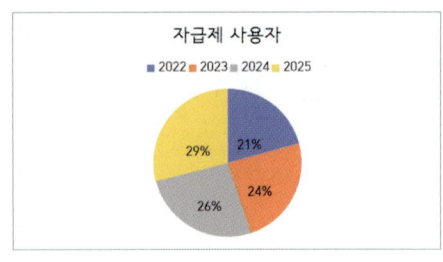

• 전체 가입자 데이터 사용

기적의 TIP

자급제 사용자 데이터와 비중 데이터는 백분율로 바꾸면 수치가 같습니다.

② [차트 디자인(📊)] 도구 상자에서 차트 레이아웃(📊) : 레이아웃3(📊), 차트 계열색 바꾸기(📊) : 색상 조합, 색2를 선택하세요.

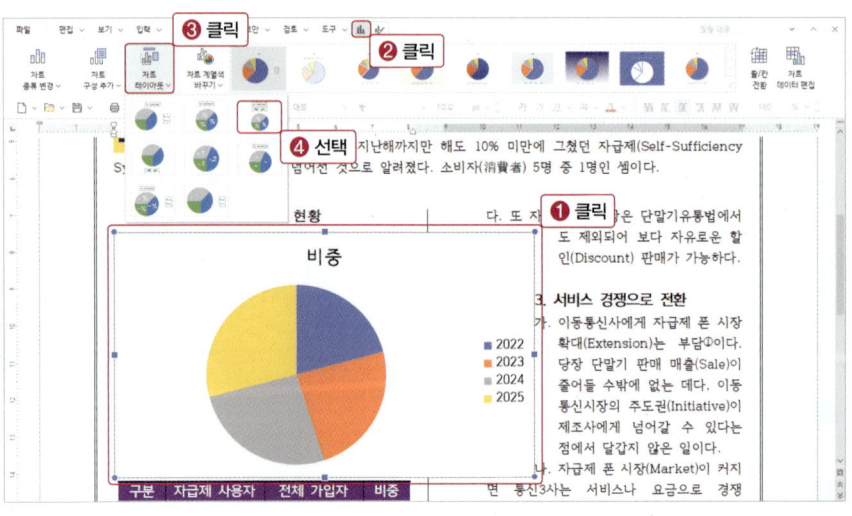

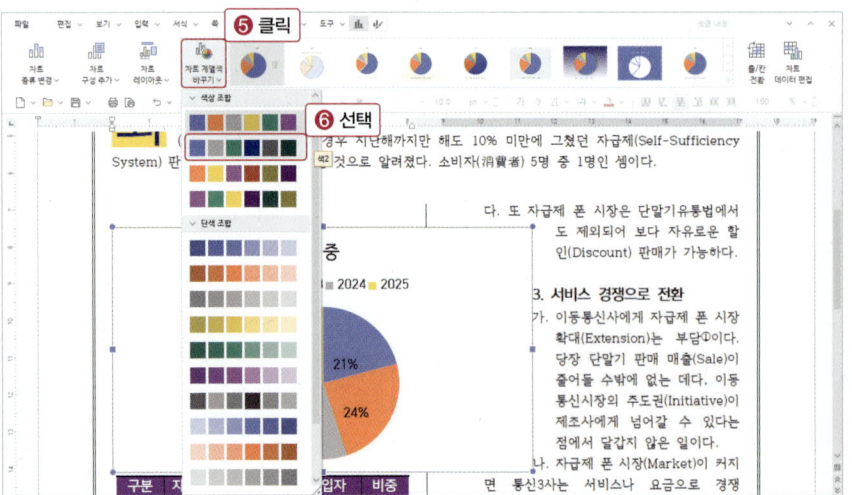

기적의 TIP

차트 레이아웃(📊)의 레이아웃3(📊)은 차트를 만들 때 선택했다면 다시 선택하지 않아도 됩니다.

③ 계열 "비중" 데이터 레이블을 더블 클릭하여 [개체 속성] 작업 창에서 데이터 레이블 속성의 레이블 내용 : 백분율, 레이블 위치 : 바깥쪽 끝에를 선택하세요.

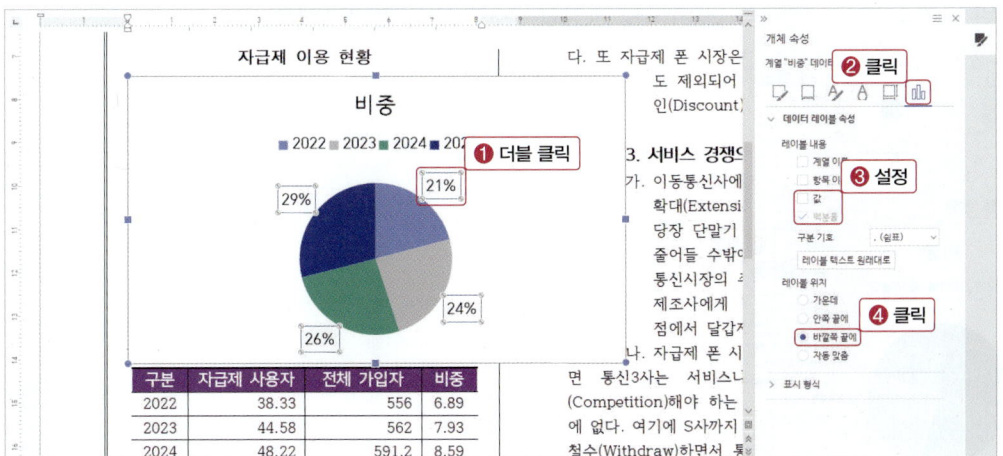

P 기적의 TIP

데이터 레이블을 클릭한 후 다시 더블 클릭하면 선택된 데이터 레이블만 변경되므로 주의하세요.

④ '2023'의 조각을 분리하기 위해 천천히 두 번 클릭 후 [개체 속성] 작업 창에서 쪼개진 원형 : 5%를 지정하고 [작업 창 닫기(☒)]를 클릭하세요.

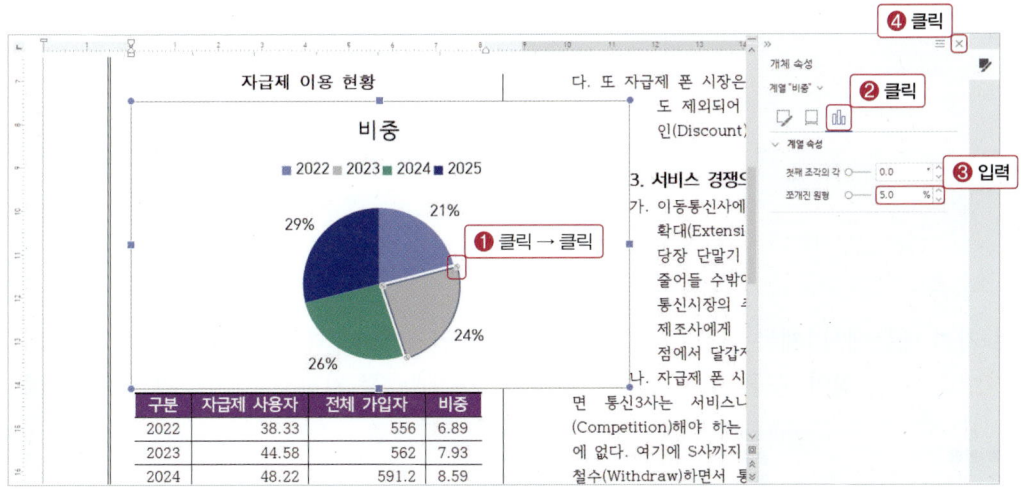

P 기적의 TIP

조각을 분리하는 문제는 아직 출제되지 않았지만 연습해 보세요.

세부지시사항 2-67

⑤ 차트를 선택하고 P를 눌러 [개체 속성] 대화상자의 [기본] 탭에서 너비 : 80mm, 높이 : 70mm, 크기 고정 : 체크, 위치에서 본문과의 배치 : 자리 차지(▼), 가로 : 단의 가운데 기준 0mm, 세로 : 문단의 위 기준 0mm를 지정하고, [여백/캡션] 탭에서 바깥 여백의 위쪽 : 5mm, 아래쪽 : 7mm를 지정한 후 [설정]을 클릭하세요.

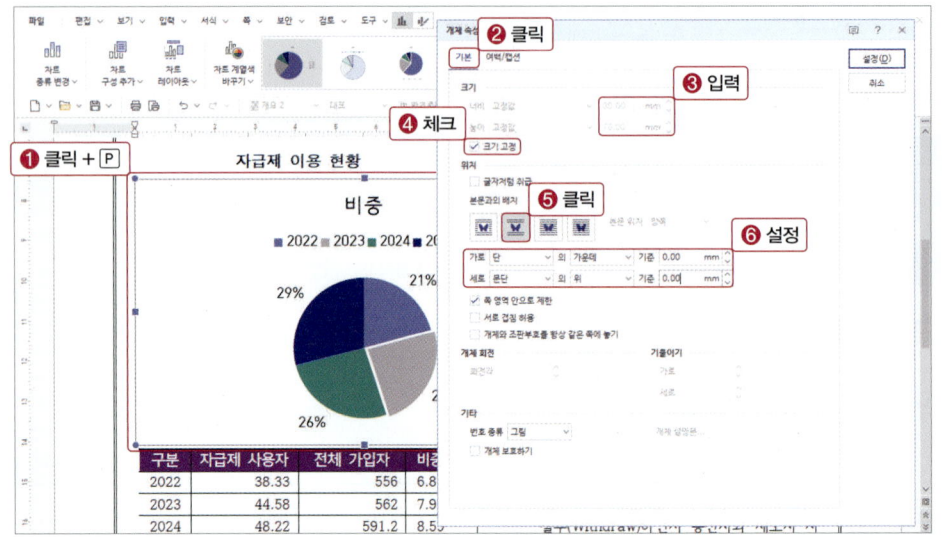

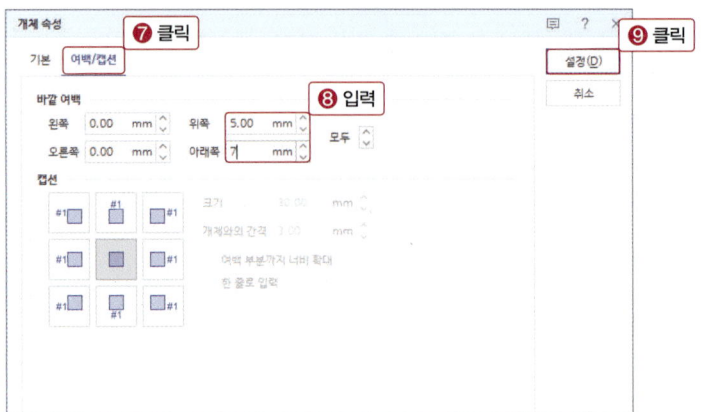

⑥ 차트 제목을 클릭하고 바로 가기 메뉴에서 [제목 편집]을 선택한 후, [차트 글자 모양] 대화상자에서 글자 내용 : 자급제 이용 현황, 한글 글꼴 : 함초롬돋움, 영어 글꼴 : 함초롬돋움, 속성 : 진하게(가)를 지정하고 [설정]을 클릭하세요.

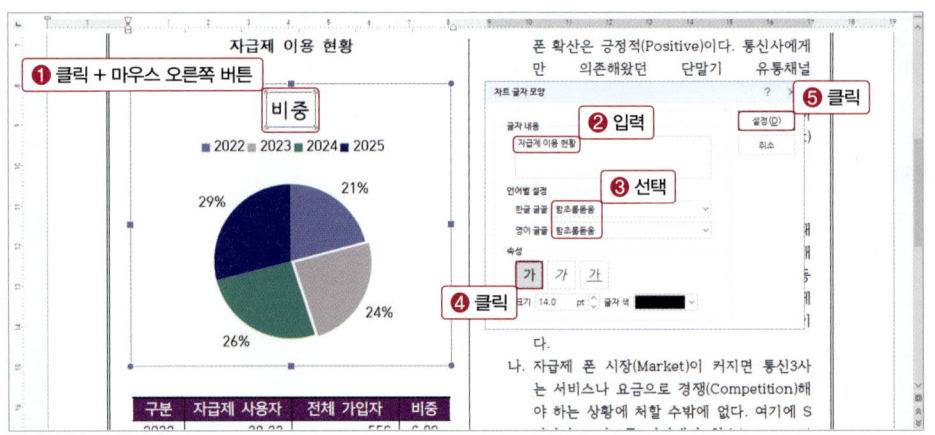

> **기적의 TIP**
>
> 차트의 제목이 표의 제목과 동일하다면 차트 제목을 클릭하기 전에 표의 제목을 복사(Ctrl+C)한 후, [차트 글자 모양] 대화상자의 글자 내용에 붙이기(Ctrl+V)하면 편리합니다.

⑦ 범례를 더블클릭한 후 [계열 속성] 작업 창에서 범례 속성()의 범례 위치 : 아래쪽을 선택하고 [작업 창 닫기(X)]를 클릭하세요.

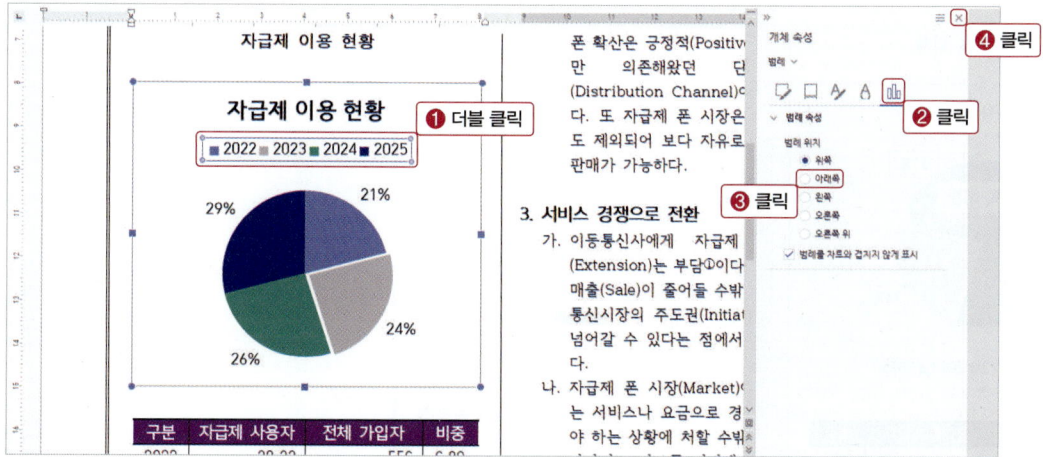

신유형 TIP

범례 삭제하기

차트에서 범례가 없는 문제가 출제되고 있습니다. 범례를 삭제하기 위해 차트를 클릭하고 [차트 디자인(📊)] 도구 상자의 [차트 구성 추가(📊)]에서 범례 : 없음을 선택하세요. 범례를 선택한 후 Delete 를 눌러 삭제할 수도 있습니다.

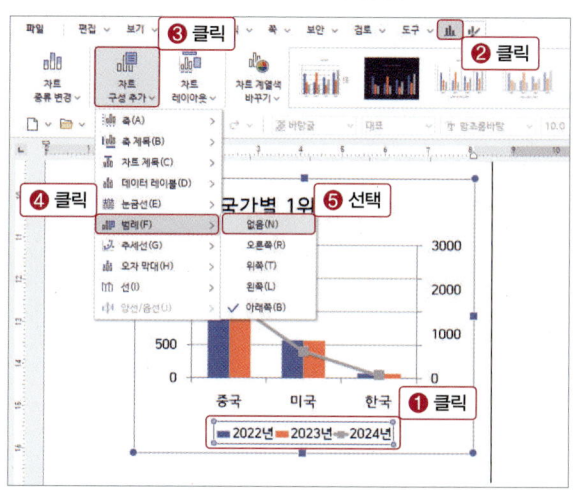

세부지시사항 2-69

⑧ 계열 "비중" 데이터 레이블의 바로 가기 메뉴에서 [글자 모양 편집]을 클릭하고 [차트 글자 모양] 대화상자에서 크기 : 9pt를 지정한 후, [설정]을 클릭하세요.

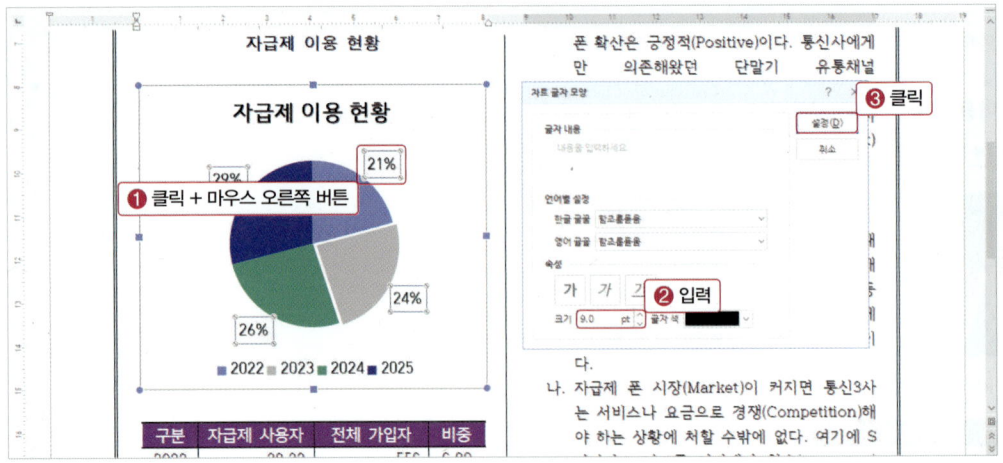

신유형 TIP

데이터 레이블 추가하기

차트에서 데이터 레이블을 추가하는 문제가 출제되고 있습니다. 우선, 데이터 레이블을 추가할 계열을 선택한 후, 바로 가기 메뉴에서 [데이터 레이블 추가]를 클릭하세요. 이후 생성된 데이터 레이블의 바로 가기 메뉴에서 [데이터 레이블 속성()]을 클릭한 후, 화면 오른쪽의 [개체 속성] 작업 창에서 레이블 내용, 레이블 위치, 표시 형식, 글자 채우기 등을 세부지시사항과 문제지에 맞게 설정하면 됩니다.

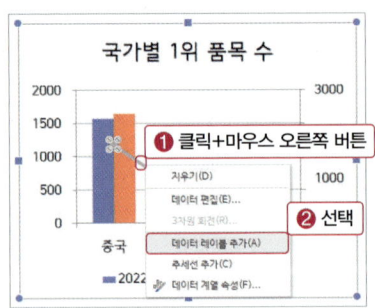

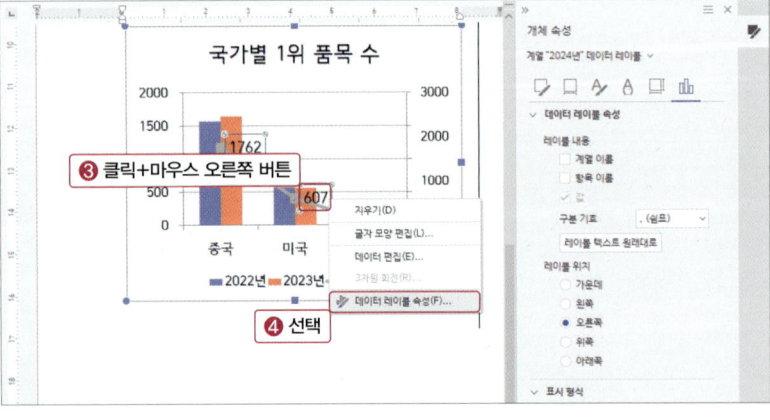

⑨ 범례의 바로 가기 메뉴에서 [글자 모양 편집]을 클릭하고 [차트 글자 모양] 대화상자에서 크기 : 9pt를 지정한 후, [설정]을 클릭하세요.

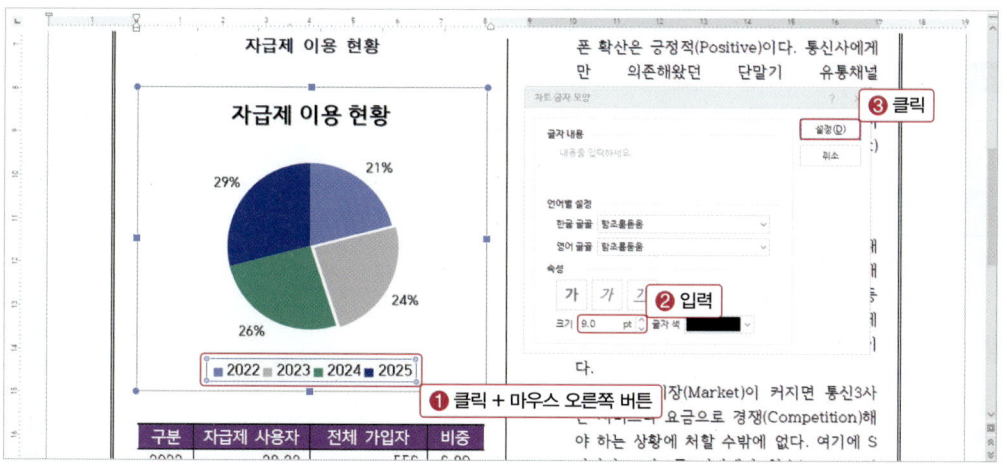

⑩ 차트의 위치를 이동시키기 위해 차트를 선택하고 Ctrl + X 를 눌러 오려 두기를 한 후에 표 아래 줄에 커서를 두고 Ctrl + V 로 붙여넣기를 하세요.

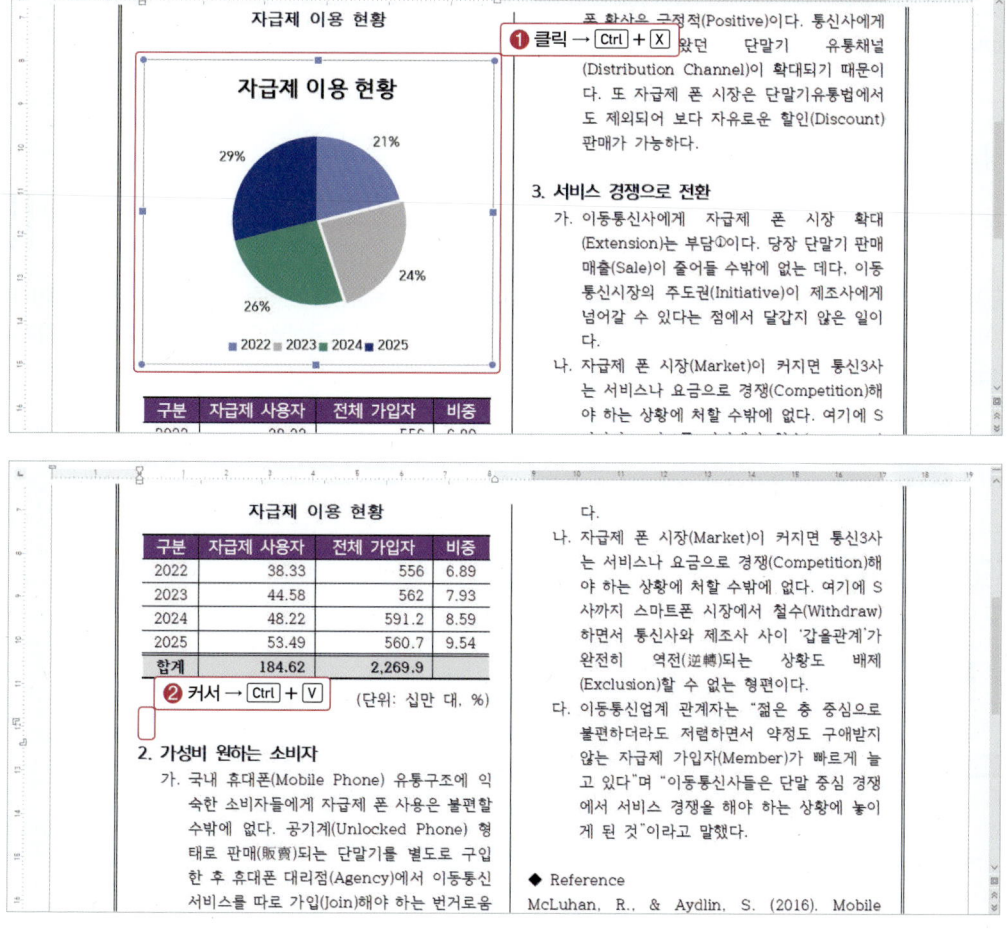

➕ **더알기 TIP**

차트의 위치를 정확하게 알기 위해서는 [보기] 도구 상자의 '문단 부호'와 '조판 부호'에 체크하면 됩니다.

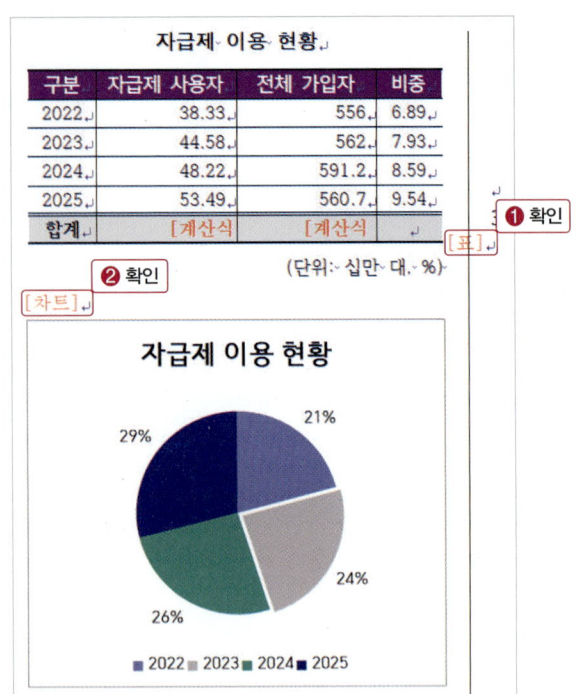

⑪ Alt + S 를 눌러 문서를 저장하세요.

⭐ **신유형 TIP**

눈금선 삭제하기

혼합형 차트에서 눈금선을 지우는 문제가 출제되고 있습니다. 문제지의 차트에 눈금선이 없다면, 삭제할 눈금선을 선택한 후 Delete 를 눌러 제거하도록 합니다. 지시사항 대로 설정한 후에는 눈금선이 문제지와 동일하게 지워졌는지 반드시 확인해 주세요. 만약 눈금선을 다시 생성하고 싶다면, [차트 디자인()]-[차트 구성 추가()]-[눈금선(▦)]을 클릭하여 해당하는 눈금선을 선택해 주면 됩니다.

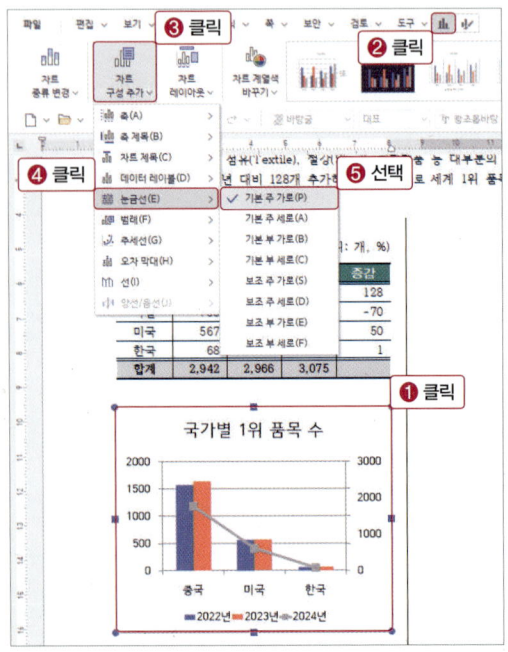

세부지시사항 11 — 하이퍼링크

- '십만 대, %'에 하이퍼링크 설정
- 연결 대상 : 웹 주소-'https://cafe.naver.com/yjbooks'

① '십만 대, %'를 블록 지정하고 [입력] 도구 상자의 하이퍼링크(🌐)를 클릭한 후, [하이퍼링크] 대화상자에서 표시할 문자열 : 십만 대, %를 확인하고, 연결 대상 : 웹 주소, 웹 주소 : https://cafe.naver.com/yjbooks를 입력한 후 [넣기]를 클릭하세요.

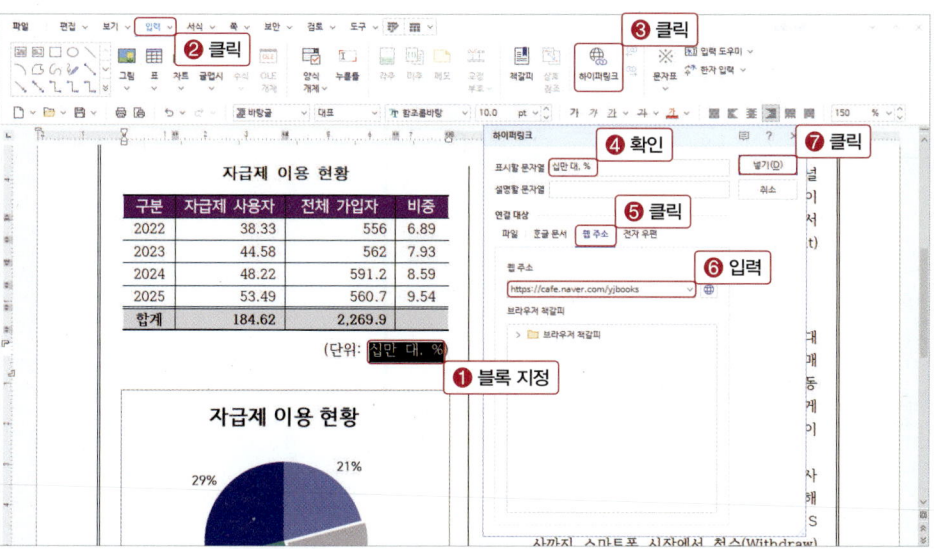

> **기적의 TIP**
>
> [하이퍼링크] 단축키 : Ctrl + K, H

> **기적의 TIP**
>
> 하이퍼링크가 지정된 글자는 자동으로 밑줄이 나타나고, 글자색이 파랑 또는 보라색으로 변경됩니다. 하이퍼링크가 지정된 글자에 마우스를 가져가면 마우스 포인터가 👆으로 변합니다.
>
>

> **더알기 TIP**
>
> 웹 주소나 이메일 주소 등에 자동으로 하이퍼링크가 지정될 수 있습니다. 문제에 없는 하이퍼링크는 바로 가기 메뉴의 [하이퍼링크 지우기]에서 지울 수 있습니다.

② Alt + S를 눌러 문서를 저장하세요.

세부지시사항 12 · 쪽 번호

번호 위치 : 오른쪽 아래, 모양 : 아라비아 숫자, 줄표 넣기 선택, 시작 번호 지정

① [쪽] 도구 상자의 쪽 번호 매기기(　)를 클릭한 후, [쪽 번호 매기기] 대화상자에서 번호 위치 : 오른쪽 아래, 번호 모양 : 1,2,3, 줄표 넣기 : 체크, 시작 번호 : 3을 지정하고 [넣기]를 클릭하세요.

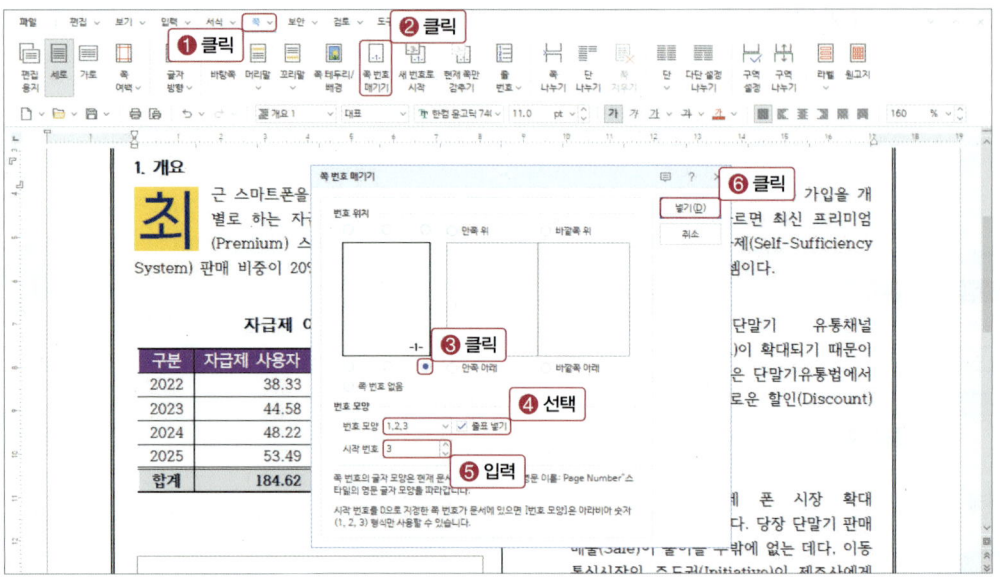

> 📌 **기적의 TIP**
>
> [쪽 번호] 단축키 : Ctrl + N , P

> ➕ **더알기 TIP**
>
> 쪽 번호 모양

1,2,3	①,②,③	I,II,III	i,ii,iii	A,B,C	가,나,다	一,二,三	갑,을,병	甲,乙,丙
아라비아 숫자	아라비아 숫자 원문자	로마자 대문자 숫자	로마자 소문자 숫자	영문 대문자	한글	한자 숫자	한글 갑을병	한자 갑을병

> ➕ **더알기 TIP**
>
> 만약 [쪽 번호 매기기] 대화상자에서 시작 번호를 지정하지 않았다면, 커서를 움직이지 않은 상태에서 [쪽]-[새 번호로 시작(　)]에서 수정할 수 있습니다.

② Alt + S 를 눌러 문서를 저장하세요.

세부지시사항 13 　 머리말/꼬리말

- 머리말 : 한컴 윤고딕 740, 10pt, 진하게, 보라(RGB:157,92,187) 25% 어둡게, 오른쪽 정렬
- 꼬리말 : 한컴산뜻돋움, 10pt, 진하게, 하늘색(RGB:97,130,214) 25% 어둡게, 가운데 정렬

① [쪽] 도구 상자의 머리말(≡)을 누르고 머리말/꼬리말(□)을 클릭한 후, [머리말/꼬리말] 대화상자에서 종류 : 머리말, 위치 : 양쪽을 확인하고 [만들기]를 클릭하세요.

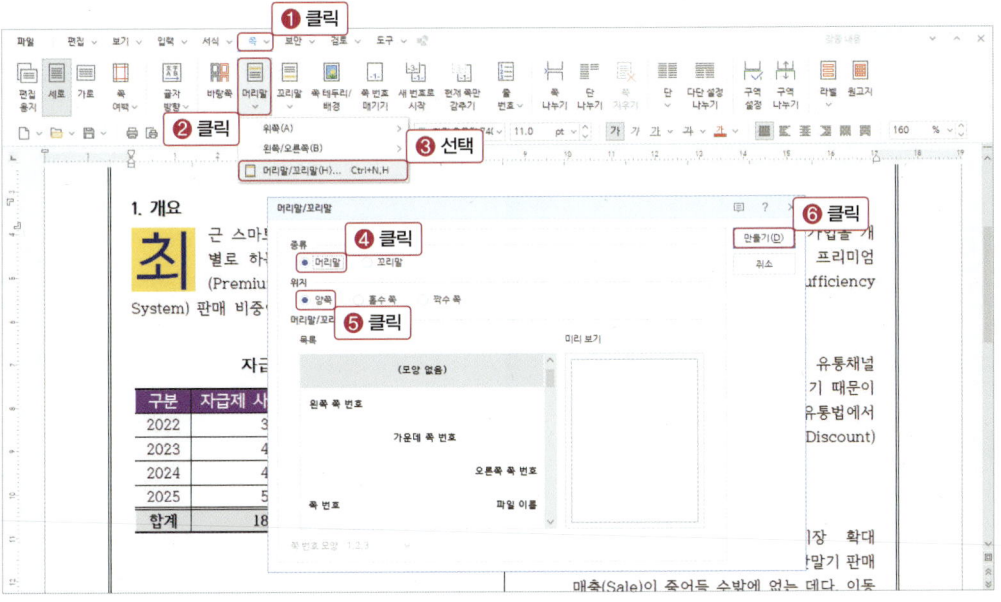

기적의 TIP

[머리말/꼬리말] 단축키 : Ctrl + N , H

② 머리말에 국내 통신시장 동향을 입력하고 블록 지정한 후, [서식] 도구 상자에서 크기 : 10pt, 글꼴 : 한컴 윤고딕 740, 속성 : 진하게(가), 글자 색 : 보라(RGB:157,92,187) 25% 어둡게, 오른쪽 정렬(≡)을 지정하고 [머리말/꼬리말] 도구 상자에서 닫기(⊗)를 눌러 영역을 빠져나오세요.

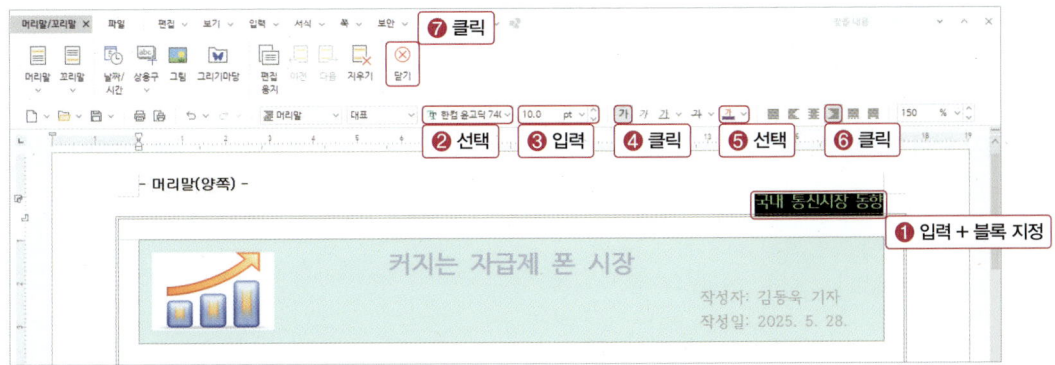

기적의 TIP

머리말과 꼬리말의 스타일은 '머리말'입니다. 지시사항 대로 글자 속성을 지정한 후 스타일이 '바탕글'로 되어 있다면 '머리말'로 바꾼 후 다시 글자 속성을 지정해 주세요.

> ★ **신유형 TIP**

머리말 2개 작성하기

기존 유형인 머리말 1개에서 '날짜'가 추가된 머리말 2개가 출제되었습니다. 탭 설정 기능을 사용하면 아래의 지시사항에 따라 머리말을 어렵지 않게 작성할 수 있습니다.

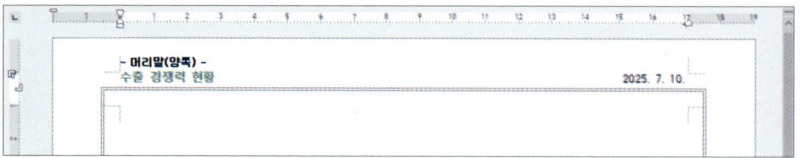

- 제목 : 맑은 고딕, 10pt, 진하게, 초록(RGB:40,155,110)
- 날짜 : 탭 설정, 종류 – 오른쪽, 탭 위치 – 16.9cm

• 본문에서 설명한 머리말 작성 과정에 따라, 제목 머리말인 수출 경쟁력 현황을 입력한 후, Alt+T를 눌러 [문단 모양] 대화상자의 [탭 설정] 탭을 클릭하세요. 탭 종류 : 오른쪽, 탭 위치 : 16.9cm를 지정하고 [추가]를 눌러 탭 목록을 생성한 후 [설정]을 클릭하세요.

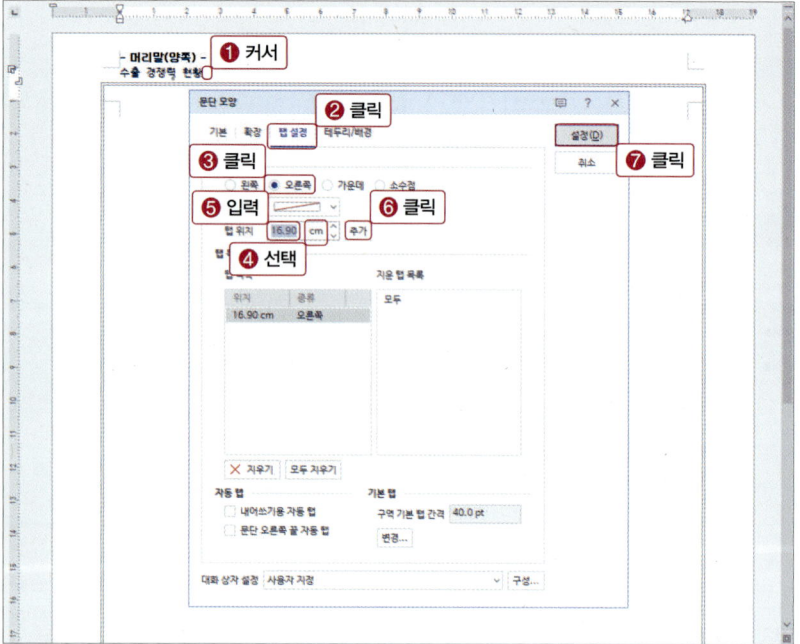

• 제목 머리말이 끝나는 곳에 커서를 두고 Tab을 누른 후, 날짜 머리말인 2025. 7. 10.을 입력합니다.

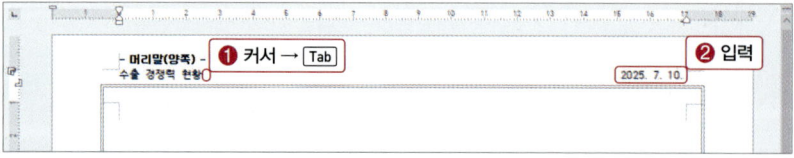

• 제목 머리말을 블록 지정한 후, [글자 모양] 대화상자를 열어 지시사항에서 제시된 맑은 고딕, 10pt, 진하게, 초록(RGB:40,155,110)을 지정하고 [설정]을 클릭하세요.

③ [쪽] 도구 상자의 꼬리말(≡)을 누른 후 (모양 없음)을 선택하세요.

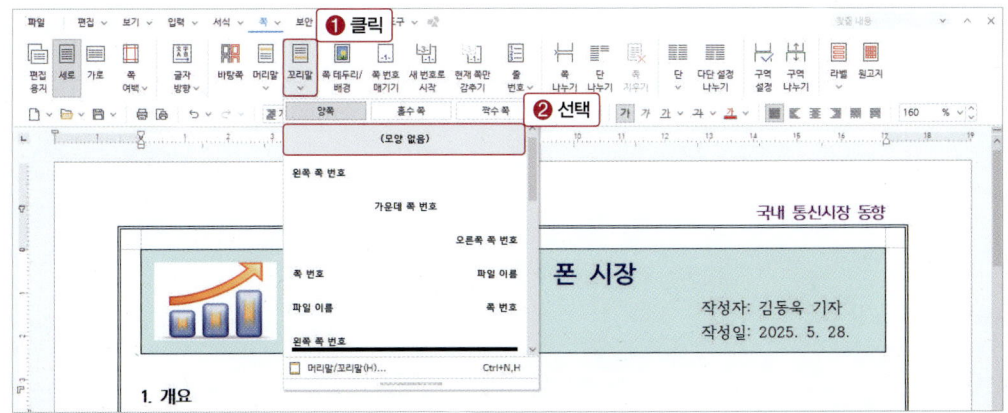

④ 꼬리말에 이기적일보를 입력하고 블록 지정한 후, [서식] 도구 상자에서 크기 : 10pt, 글꼴 : 한컴산뜻돋움, 속성 : 진하게(가), 글자 색 : 하늘색(RGB:97,130,214) 25% 어둡게, 가운데 정렬(≡)을 지정하고 [머리말/꼬리말] 도구 상자에서 닫기(⊗)를 눌러 영역을 빠져나오세요.

⑤ Alt+S를 눌러 문서를 저장하세요.

가장 많이 틀리는
Best 10

CONTENTS

- 글상자의 위치가 시험지와 달라요.
- 누름틀의 안내문은 어떻게 수정하나요.
- 삽입된 그림이 다르게 보여요.
- 지시사항의 색상을 찾지 못하겠어요.
- 블록 계산식의 자릿수가 달라요.
- 표 내부 정렬이 헷갈려요.
- 차트 제목의 글꼴 지시사항이 없어요.
- 차트의 위치가 이상해요.
- 스타일을 글자에만 지정하래요.
- 완성된 문서가 2쪽이 되었어요.

01 글상자의 위치가 시험지와 달라요.

왜 안 될까요?
① 편집 용지의 용지 여백이 잘못 설정되었어요.
② 글상자의 개체 속성이 잘못 설정되었어요.

해결 방법

① [편집 용지] 대화상자의 용지 종류, 용지 방향, 용지 여백을 지시사항에 맞게 설정했는지 확인하세요(F7).

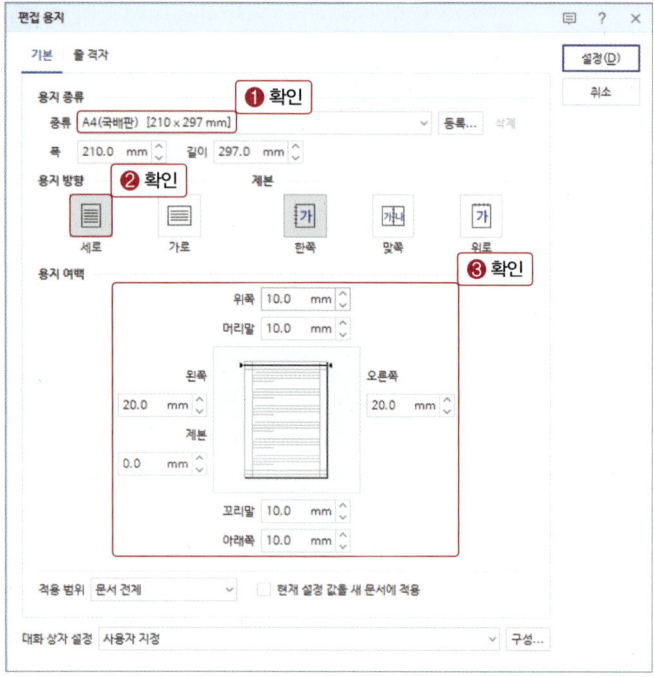

기적의 TIP
편집 용지 설정은 시험마다 다를 수 있으므로 유의사항을 잘 보고 설정해야 합니다.

② 글상자의 [개체 속성] 대화상자에서 크기와 위치를 지시사항에 맞게 설정했는지 확인하세요(Ctrl+N, K).

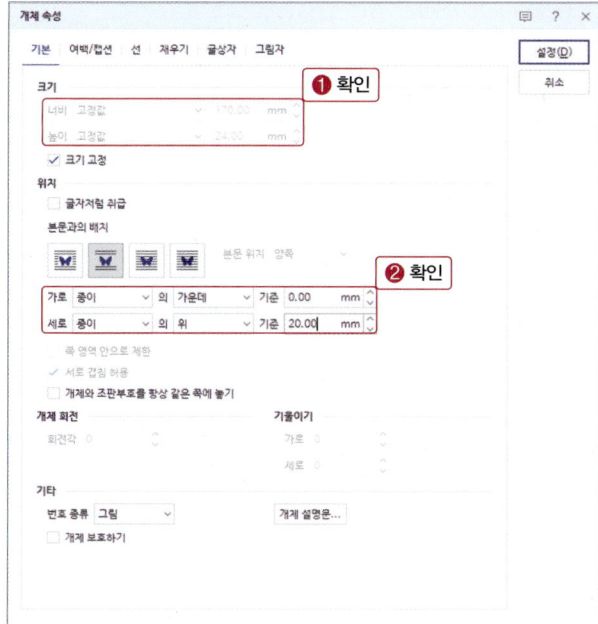

기적의 TIP

앞에서 편집 용지 설정이 잘못되어 있으면 글상자의 속성을 올바르게 설정했어도 문제지와 다르게 보일 수 있습니다.

더알기 TIP

'크기 고정'이 체크되어 있으면 글상자의 크기를 수정할 수 없습니다. 크기를 수정하려면 '크기 고정'을 체크 해제한 후에 너비와 높이 숫자를 수정한 뒤 다시 '크기 고정'을 체크해 주세요.

더알기 TIP

'글자처럼 취급'이 체크되어 있으면 글상자의 위치를 수정할 수 없습니다. '글자처럼 취급'을 체크 해제해 주세요.

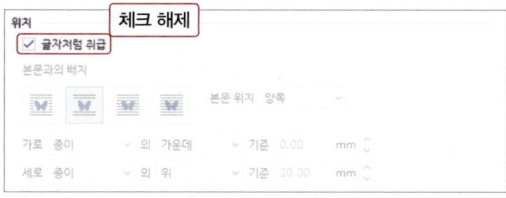

문제로 연습하기 해당 파일을 열어서 지시사항에 맞게 수정하세요.

연습 문제 1

● 편집 용지
- 용지 종류는 A4 용지(210mm×297mm) 1매에 용지 방향을 세로로 설정하여 문서를 작성하시오.
- 용지 여백은 왼쪽·오른쪽은 20mm, 위쪽·아래쪽은 10mm, 머리말·꼬리말은 10mm, 기타 여백은 0mm로 지정하시오.

● 글상자
- 크기 : 너비 170mm, 높이 23mm, 크기 고정
- 위치 : 본문과의 배치 - 자리 차지, 가로 - 종이의 가운데 0mm, 세로 - 종이의 위 20mm

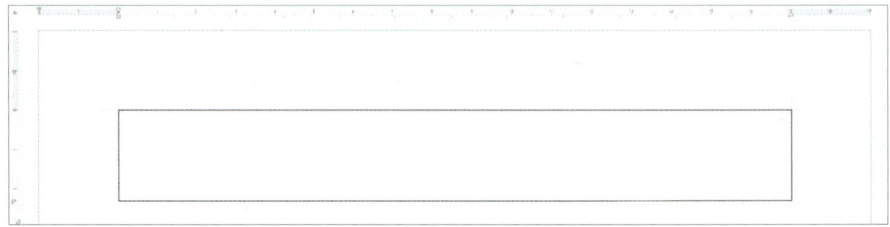

연습 문제 2

● 편집 용지
- 용지 종류는 A4 용지(210mm×297mm) 1매에 용지 방향을 세로로 설정하여 문서를 작성하시오.
- 용지 여백은 왼쪽·오른쪽·위쪽·아래쪽은 20mm, 머리말·꼬리말은 10mm, 기타 여백은 0mm로 지정하시오.

● 글상자
- 크기 : 너비 150mm, 높이 20mm
- 위치 : 본문과의 배치 - 자리 차지, 가로 - 종이의 가운데 0mm, 세로 - 종이의 위 30mm

연습 문제 3

● 편집 용지
- 용지 종류는 A4 용지(210mm×297mm) 1매에 용지 방향을 세로로 설정하여 문서를 작성하시오.
- 용지 여백은 왼쪽·오른쪽은 20mm, 위쪽·아래쪽은 10mm, 머리말·꼬리말은 10mm, 기타 여백은 0mm로 지정하시오.

● 글상자
- 크기 : 너비 170mm, 높이 20mm, 크기 고정
- 위치 : 본문과의 배치 - 자리 차지, 가로 - 종이의 가운데 0mm, 세로 - 종이의 위 20mm

02 누름틀의 안내문은 어떻게 수정하나요.

왜 안 될까요?

① 지시사항의 '입력할 내용의 안내문' 내용을 잘못 입력했어요.
② '입력할 내용의 안내문'과 '입력 데이터'를 반대로 입력했어요.

해결 방법

① 지시사항의 문구를 확인한 후 올바르게 수정하세요(Ctrl+N, K).

기적의 TIP

'입력할 내용의 안내문'을 입력할 때에는 띄어쓰기 및 오타 등에 유의하여야 합니다.

더알기 TIP

누름틀을 작성한 곳을 클릭하여 『』가 양옆에 나타난 상태에서 마우스 오른쪽 버튼을 눌러 바로가기 메뉴의 누름틀 고치기를 클릭하면 '입력할 내용의 안내문' 내용을 수정할 수 있습니다.

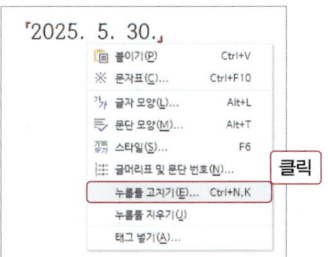

② '입력할 내용의 안내문'과 '입력 데이터'의 내용을 반대로 입력한 것은 아닌지 확인하세요.

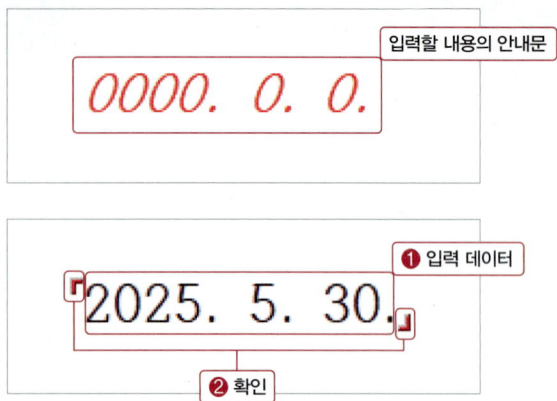

더알기 TIP

누름틀을 만든 후에 빨간색 기울임 글씨로 나타나는 내용이 '입력할 내용의 안내문'이며, 클릭하여 '입력 데이터'를 작성하면 글씨가 검정색으로 나타납니다. 다른 작업을 할 때는 일반 텍스트처럼 보이지만, 누름틀 부분을 마우스로 클릭하면 「」가 양옆에 생깁니다. 이때 「」를 지우면 누름틀도 지워지므로 주의하세요.

- 누름틀이 생성된 상태

「2025. 5. 30.」

- 누름틀이 삭제된 상태

2025. 5. 30.

문제로 연습하기   해당 파일을 열어서 지시사항에 맞게 수정하세요.

연습 문제 1   입력할 내용의 안내문 : '0000. 0. 0.', 입력 데이터 : '2025. 3. 1.'

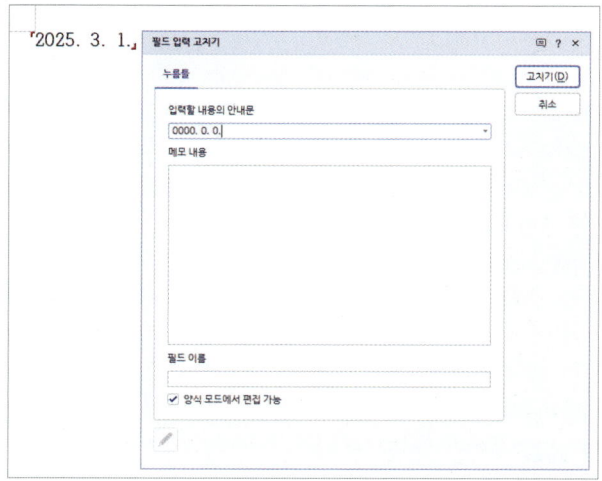

연습 문제 2   입력할 내용의 안내문 : '이름 직위', 입력 데이터 : '이기적 선임연구원'

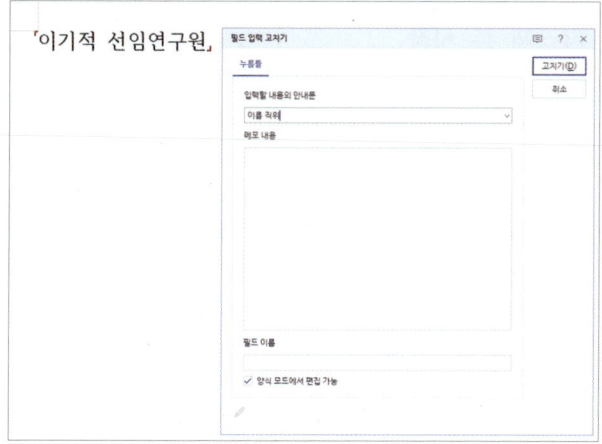

연습 문제 3   입력할 내용의 안내문 : '[이메일]', 입력 데이터 : '[youngjin@ygj.com]'

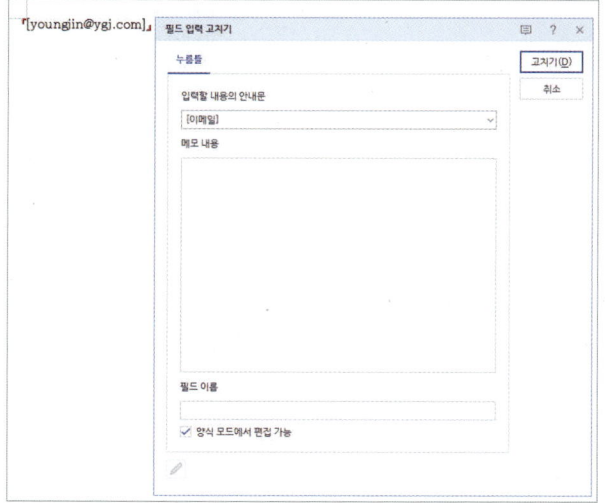

03 삽입된 그림이 다르게 보여요.

왜 안 될까요?

① 그림을 회전시키지 않았어요.

해결 방법

① 삽입된 그림을 클릭하세요.

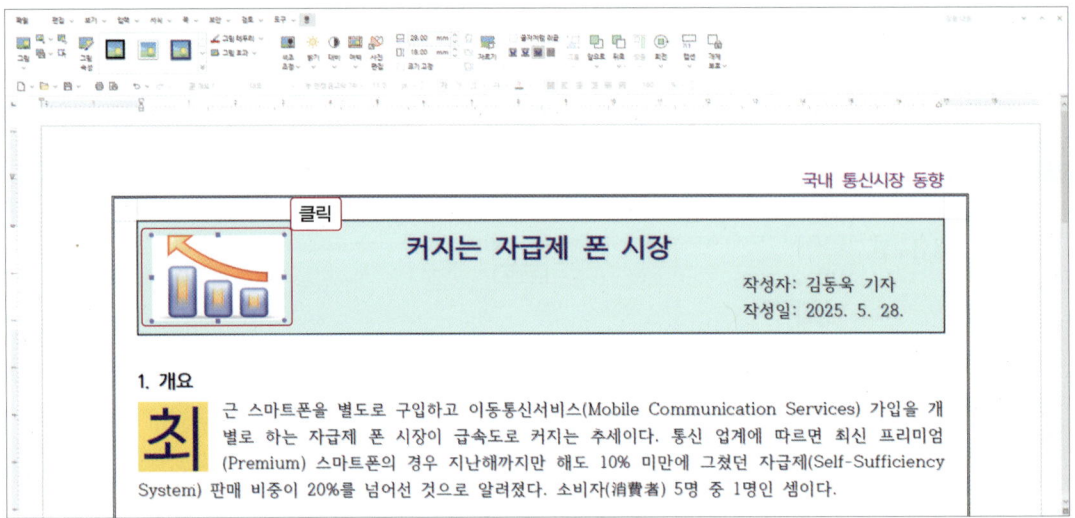

② [그림( )]-[회전( )]에서 지시사항대로 수정하세요.

더알기 TIP

각 회전에 따라 그림 모양이 어떻게 바뀌는지 알아보세요. 시험에는 '좌우 대칭'이 자주 출제됩니다.
- 개체 회전 : 그림의 모서리를 잡고 직접 개체를 회전할 수 있어요.

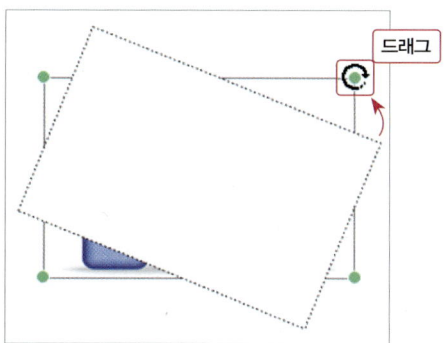

- 왼쪽으로 90도 회전

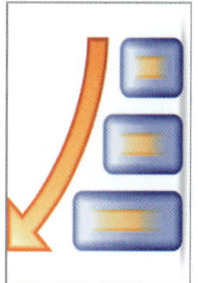

- 오른쪽으로 90도 회전

- 좌우 대칭

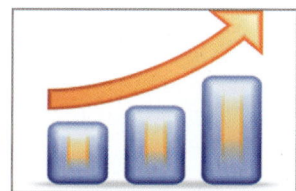

- 상하 대칭

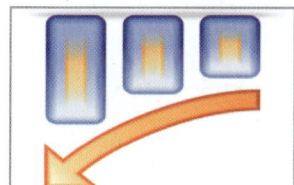

| 문제로 연습하기 | 해당 파일을 열어서 지시사항에 맞게 수정하세요. |

연습 문제 1   회전 : 좌우 대칭

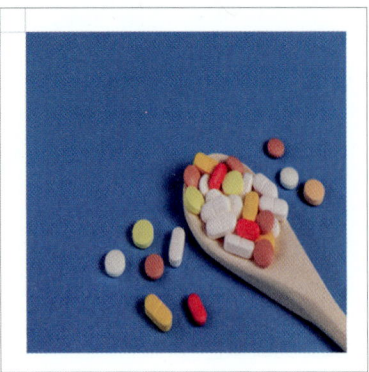

연습 문제 2   회전 : 상하 대칭

04 지시사항의 색상을 찾지 못하겠어요.

왜 안 될까요?

① 테마 색상표를 변경하지 않았어요.
② 'ㅇㅇ% 밝게/어둡게'를 잘못 선택했어요.

해결 방법

① 기본으로 지정되어 있는 '테마 색'의 테마 색상표(기본)를 지시사항의 색상이 있는 테마 색상표로 변경하세요.

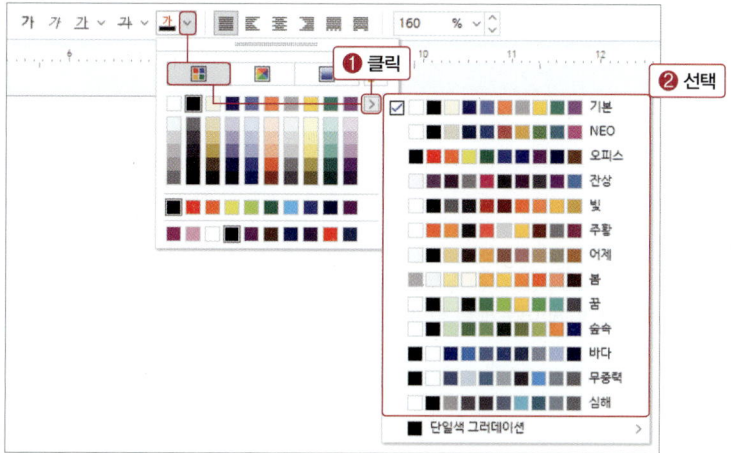

기적의 TIP

같은 노랑 색이여도 '기본' 테마의 노랑(RGB:255,215,0)과 '오피스' 테마의 노랑(RGB:255,255,0)은 RGB값이 다르므로 구분해서 적용해야 합니다.

더알기 TIP

RGB값을 직접 입력할 수 있는 색상이라면 '스펙트럼'에서 설정할 수 있습니다.

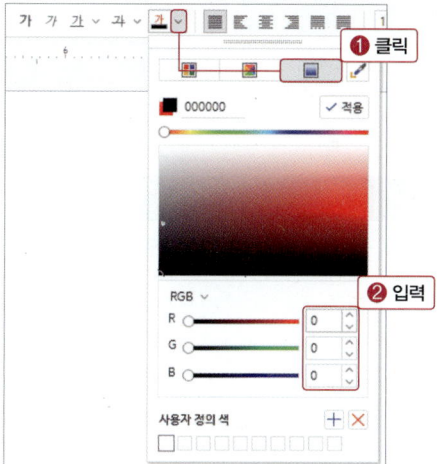

② 'ㅇㅇ% 밝게/어둡게'는 RGB로 입력할 수 없으므로 테마 색을 변경하여 찾아야 합니다.

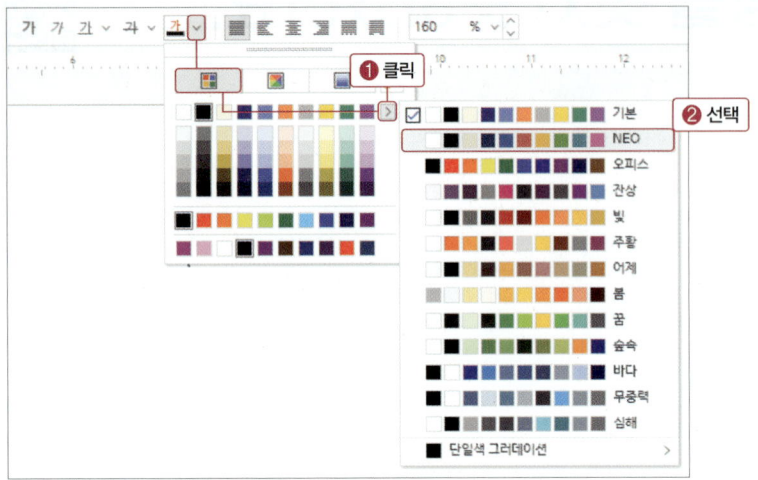

기적의 TIP

색상 위에 마우스를 가져다 놓고 잠시 기다리면 색상명이 나타납니다. 'ㅇㅇ%'와 '밝게/어둡게'를 잘 보고 선택하세요.

더알기 TIP

시험에는 '기본', 'NEO', '오피스' 테마가 자주 출제됩니다.

• 기본

• NEO

• 오피스

문제로 연습하기 해당 파일을 열어서 지시사항에 맞게 수정하세요.

연습 문제 1   글자 색 : 진달래색(RGB:202,86,167) 50% 어둡게

> 한 번에 합격, 자격증은 이기적!

연습 문제 2   글자 색 : 주황(RGB:255,102,0) 40% 밝게

> 한 번에 합격, 자격증은 이기적!

연습 문제 3   면 색 : 노랑(RGB:255,215,0) 80% 밝게

> 한 번에 합격, 자격증은 이기적!

05 블록 계산식의 자릿수가 달라요.

왜 안 될까요?
① 계산식의 형식이 문제지와 달라요.
② 평균 산출 시 소수점 아래 자리를 수정하지 않았어요.

해결 방법

① 문제지에 맞는 블록 계산식으로 제대로 계산되었는지 확인하세요.

구분	1분기 기준	2분기 기준	증감
1동	35.6	42.3	0.84
가동	55.8	45.9	1.21
나동	64.7	73.2	0.88
다동	12.5	9.1	1.37
합계	168.6	170.5	

→ 문제지와 비교하여 확인

구분	1분기 기준	2분기 기준	증감
1동	35.6	42.3	0.84
가동	55.8	45.9	1.21
나동	64.7	73.2	0.88
다동	12.5	9.1	1.37
평균	42.15	42.63	

→ 문제지와 비교하여 확인

➕ 더알기 TIP

'합계'와 '평균'을 혼동하여 잘못 계산했다면 블록 계산식 영역을 드래그하여 삭제한 후에 다시 계산해 주세요.

구분	1분기 기준	2분기 기준	증감
1동	35.6	42.3	0.84
가동	55.8	45.9	1.21
나동	64.7	73.2	0.88
다동	12.5	9.1	
평균	168.6	170.5	

드래그 + Delete

② 블록 계산식으로 평균 산출 시 소수점 아래 자릿수를 시험지와 비교하여 수정하세요.

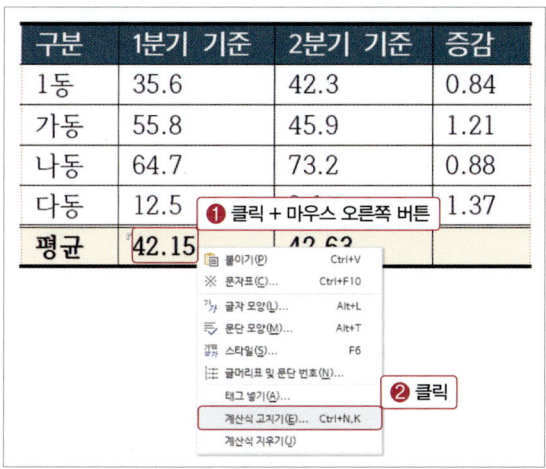 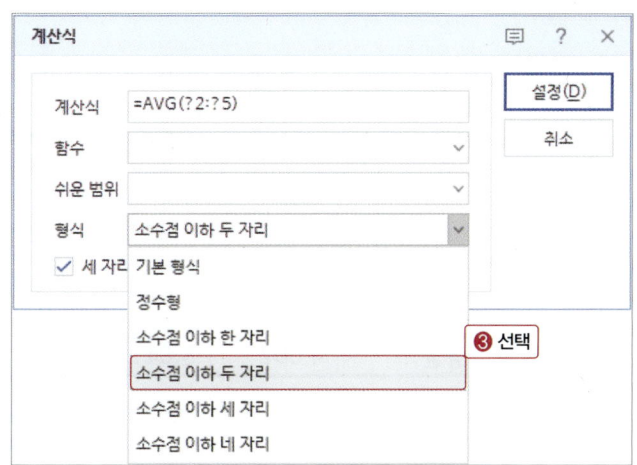

> **기적의 TIP**
>
> 블록 계산식의 형식을 수정하기 위해서는 각 셀마다 '계산식 고치기'를 해주어야 합니다.

> **더알기 TIP**
>
> 블록 계산식의 자리수를 바꿀 때 '0~4'는 버리고 '5~9'는 반올림을 하기 때문에 소수점 아래의 숫자가 시험지와 다를 수 있습니다. 문제지에서 반올림을 하지 않고 숫자가 버려진 것으로 출제된다면 형식을 고치지 말고 필요 없는 뒷자리 숫자만 지워주세요. 이때 양옆의 『』를 지우면 일반 숫자로 바뀌니 주의하세요.

• 블록 계산식 실행

구분	1분기 기준	2분기 기준	증감
1동	35.6	42.3	0.84
가동	55.8	45.9	1.21
나동	64.7	73.2	0.88
다동	12.5	9.1	1.37
평균	42.15	42.63	

• 소수점 이하 한 자리로 계산식 수정

구분	1분기 기준	2분기 기준	증감
1동	35.6	42.3	0.84
가동	55.8	45.9	1.21
나동	64.7	73.2	0.88
다동	12.5	9.1	1.37
평균	42.2	42.6	

• 계산식 수정 없이 뒷자리 숫자 삭제

구분	1분기 기준	2분기 기준	증감
1동	35.6	42.3	0.84
가동	55.8	45.9	1.21
나동	64.7	73.2	0.88
다동	12.5	9.1	1.37
평균	42.1	42.6	

문제로 연습하기　해당 파일을 열어서 지시사항에 맞게 수정하세요.

연습 문제 1　표의 평균 행에 블록 계산식을 이용하여 블록 평균 산출

구분	10년 전	현재	증감률
고의사고	4,042	4,931	8.1
허위사고	6,074	7,530	7.9
피해과장	2,978	6,805	4.3
사후가입	2,934	3,297	8.5
평균	4,007	5,641	

연습 문제 2　표의 평균 행에 블록 계산식을 이용하여 블록 평균 산출

구분	하위	상위	전체
서울 서초구	0.17	0.68	1.35
서울 강남구	0.13	0.59	1.12
서울 동대문구	0.10	0.42	0.32
기타	0.11	0.25	0.49
평균	0.1	0.5	

연습 문제 3　표의 평균 행에 블록 계산식을 이용하여 블록 평균 산출

구분	2월 15일	10월 15일	증감
설탕	100.00	118.00	6
대두	100.00	95.00	5
보리	100.00	112.00	17
기타	130.00	118.00	-12
평균	107.5	110.7	

06 표 내부 정렬이 헷갈려요.

> **왜 안 될까요?**
> ① 제외해야 하는 셀을 포함해서 정렬했어요.
> ② 마지막 합계(평균)값을 정렬하지 않았어요.
> ③ 글자 너비가 다른데 글자 수가 같아서 가운데 정렬했어요.

해결 방법

① 제목 행과 첫 번째 열의 마지막 행의 합계(평균) 셀은 별도의 지시사항이 없으므로 시험지와 동일하게 정렬하세요. 대부분 가운데 정렬입니다.

구분	1분기 기준	2분기 기준	증감
1동	35.6	42.3	0.84
가동	55.8	45.9	1.21
나동	64.7	73.2	0.88
다동		9.1	1.37
평균	42.2	42.6	

(가운데 정렬)

② 정렬해야 하는 셀을 확인하고 지시사항과 시험지를 보면서 열별로 정렬하세요. 이때 마지막 합계(평균) 셀까지 함께 정렬해야 합니다.

구분	1분기 기준	2분기 기준	증감
1동	35.6	42.3	0.84
가동	55.8	45.9	1.21
나동	64.7	73.2	0.88
다동	12.5	9.1	1.37
평균	42.2	42.6	

(각 열별로 정렬)

➕ 더알기 TIP

떨어져 있는 셀은 Ctrl을 누르면서 선택하면 한 번에 정렬할 수 있습니다.

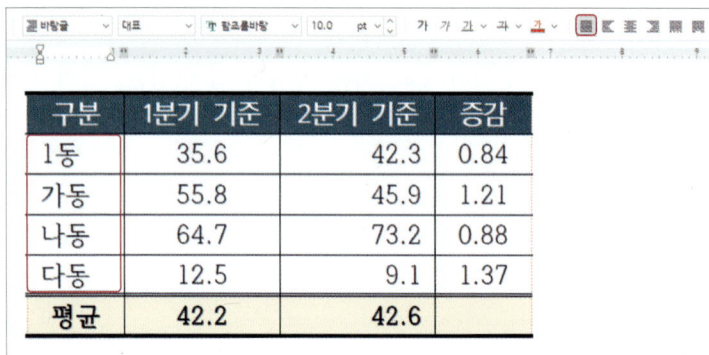

③ 글자 수가 같더라도 글자 너비가 다르다면 왼쪽 정렬입니다.

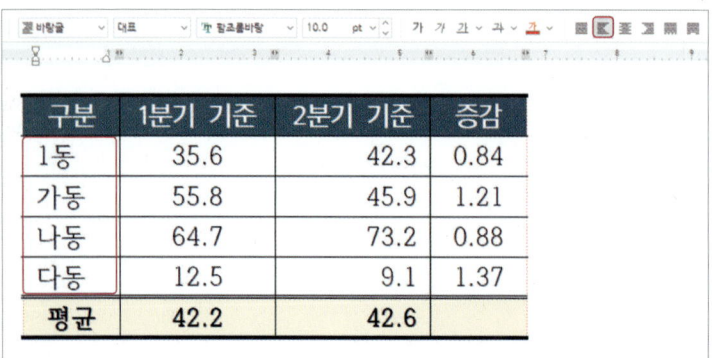

➕ 더알기 TIP

기본적으로 표 내부의 정렬은 '양쪽 정렬'로 입력됩니다. '양쪽 정렬'과 '왼쪽 정렬'은 눈으로 봤을 때 차이가 없기 때문에 정렬 후 반드시 다시 한 번 확인하세요.

- 양쪽 정렬

- 왼쪽 정렬

문제로 연습하기
해당 파일을 열어서 지시사항에 맞게 수정하세요.

연습 문제 1

(제목 행과 '합계(평균)' 셀은 가운데 정렬, 나머지는 열 단위를 기준으로 아래와 같이 정렬)
- 내용의 길이가 서로 다른 문자의 경우 왼쪽 정렬
- 내용의 길이가 서로 다른 숫자의 경우 오른쪽 정렬
- 내용의 길이가 서로 같을 경우 문자, 숫자 상관없이 가운데 정렬

구분	10년 전	현재	증감률
고의사고	4,042	4,931	8.1
허위사고	6,074	7,530	7.9
피해과장	2,978	6,805	4.3
사후가입	2,934	3,297	8.5
합계	16,028	22,563	

연습 문제 2

(제목 행과 '합계(평균)' 셀은 가운데 정렬, 나머지는 열 단위를 기준으로 아래와 같이 정렬)
- 내용의 길이가 서로 다른 문자의 경우 왼쪽 정렬
- 내용의 길이가 서로 다른 숫자의 경우 오른쪽 정렬
- 내용의 길이가 서로 같을 경우 문자, 숫자 상관없이 가운데 정렬

구분	하위	상위	전체
서울 서초구	0.17	0.68	1.35
서울 강남구	0.13	0.59	1.12
서울 동대문구	0.10	0.42	0.32
기타	0.11	0.25	0.49
합계	0.51	1.94	

연습 문제 3

(제목 행과 '합계(평균)' 셀은 가운데 정렬, 나머지는 열 단위를 기준으로 아래와 같이 정렬)
- 내용의 길이가 서로 다른 문자의 경우 왼쪽 정렬
- 내용의 길이가 서로 다른 숫자의 경우 오른쪽 정렬
- 내용의 길이가 서로 같을 경우 문자, 숫자 상관없이 가운데 정렬

구분	2월 15일	10월 15일	증감
설탕	100.00	118.00	6
대두	100.00	95.00	5
보리	100.00	112.00	17
기타	130.00	118.00	-12
합계	430.00	443.00	

07 차트 제목의 글꼴 지시사항이 없어요.

왜 안 될까요?

① 세부지시사항에 없는 항목을 다른 요소의 글꼴로 변경했어요.

해결 방법

① 글꼴 설정에 제목이 없다면, 차트를 만든 후 제목에는 글자 내용만 입력해 주세요.

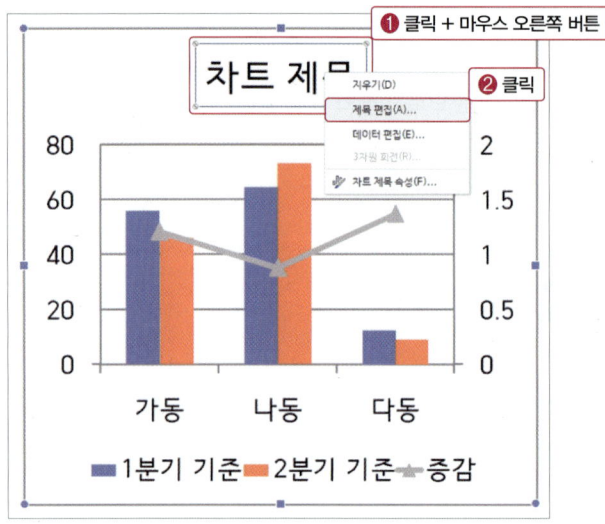

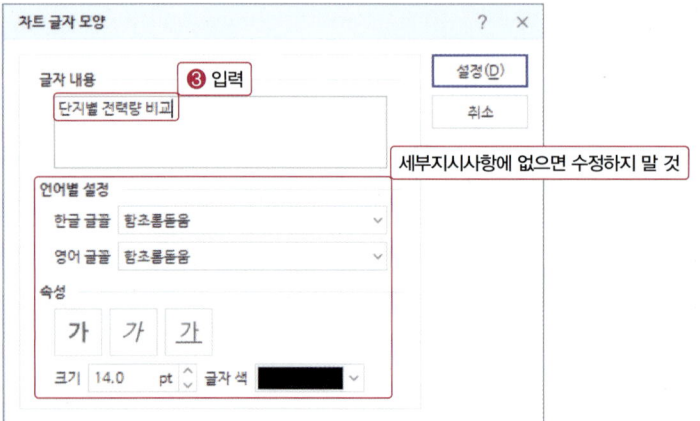

세부지시사항에 없으면 수정하지 말 것

기적의 TIP

세부지시사항에서 지정하지 않는 요소는 모두 기본값으로 그대로 두고 변경하지 않아야 합니다. 다른 요소의 세부지시사항을 무의식적으로 적용하다보면 잘못 지정할 수 있으니, 반드시 세부지시사항의 항목을 꼼꼼하게 확인하세요.

② 세부지시사항을 잘못 적용했다면 [차트 글자 모양] 대화상자에서 다시 기본값으로 변경해 주세요.

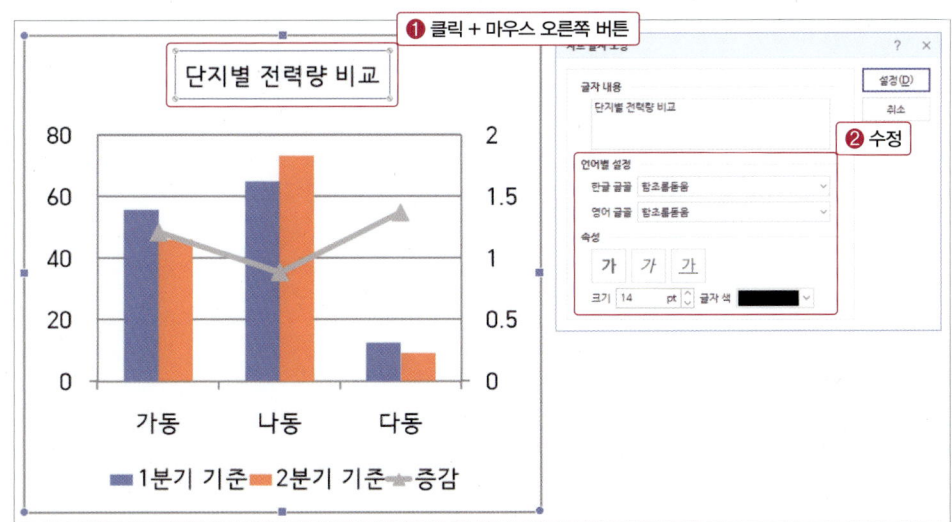

> 🚩 **기적의 TIP**
>
> 차트 제목의 기본 설정값은 '함초롬돋움, 14pt'입니다.

문제로 연습하기 해당 파일을 열어서 지시사항에 맞게 수정하세요.

연습 문제 1 제목, 값 축, 항목 축, 보조 값 축, 범례의 글꼴 설정 : 9pt

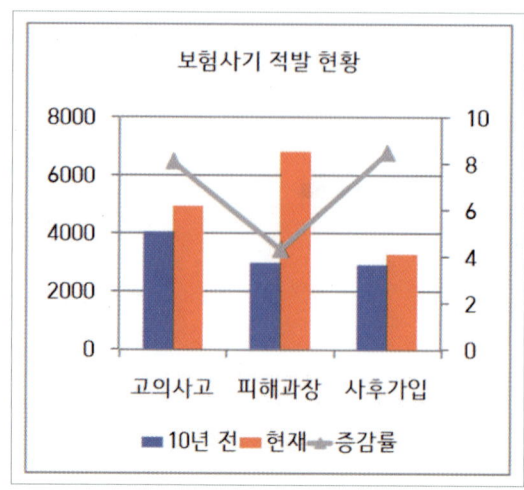

연습 문제 2 값 축, 항목 축, 보조 값 축, 범례의 글꼴 설정 : 굴림체, 9pt

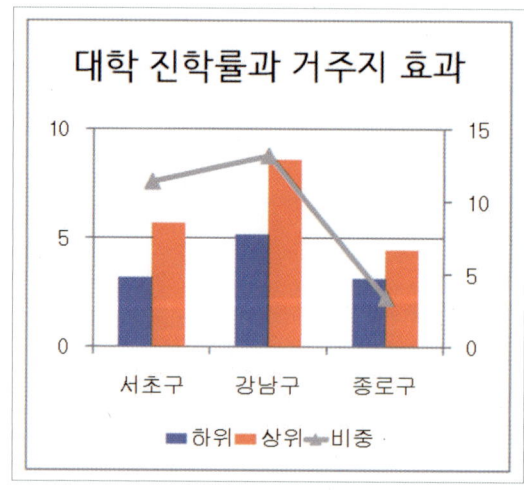

연습 문제 3 데이터 레이블, 범례의 글꼴 설정 : 9pt

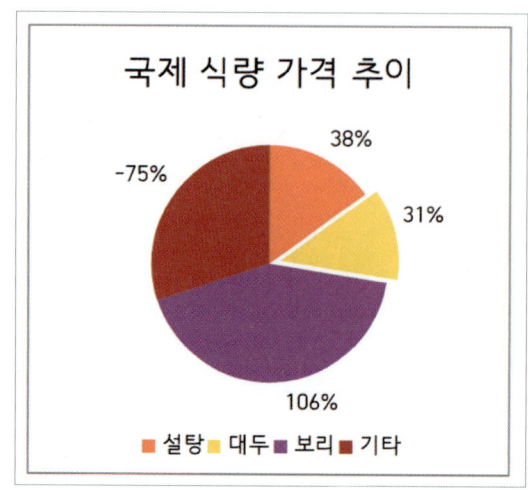

08 차트의 위치가 이상해요.

왜 안 될까요?

① 차트가 시험지와 다른 위치에 만들어졌어요.
② 차트를 드래그해서 옮겼어요.

해결 방법

① 시험지의 지시사항대로 차트의 크기와 위치를 확인하세요.

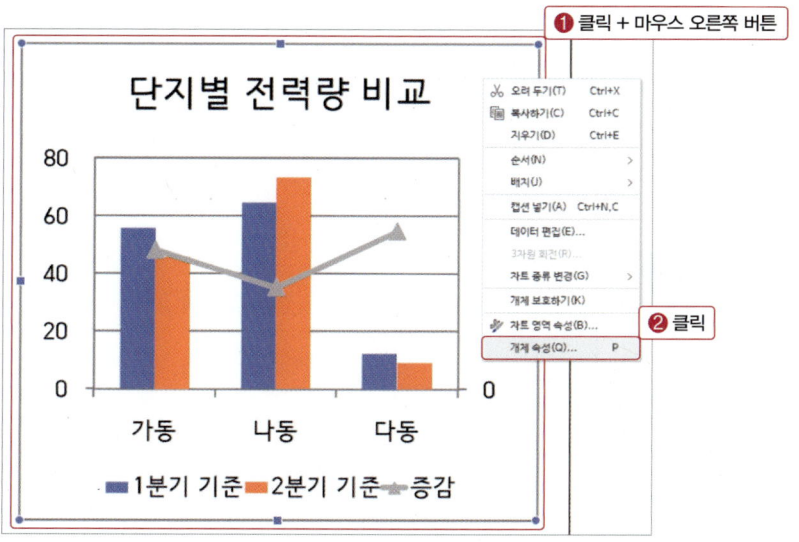

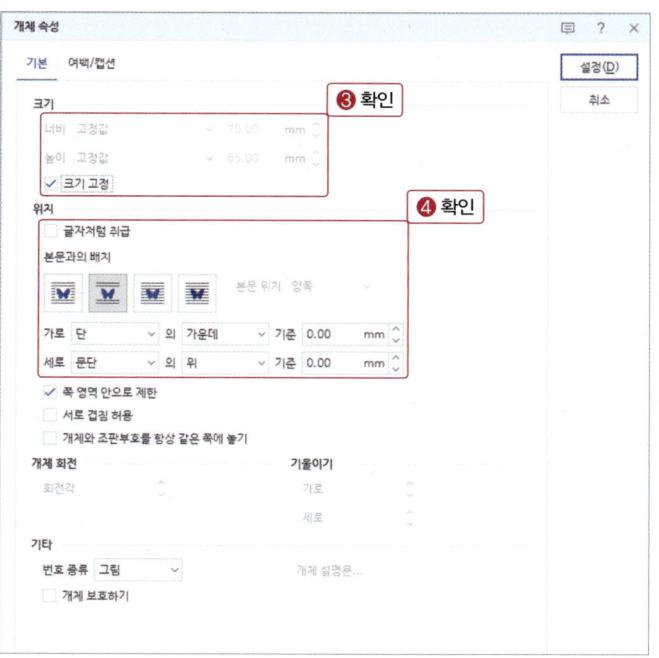

② 위치 설정을 올바르게 한 뒤에도 차트가 이상한 위치에 있다면 차트를 클릭한 후 잘라내기(Ctrl+X)하고 정확한 위치에 붙여넣기(Ctrl+V)하세요.

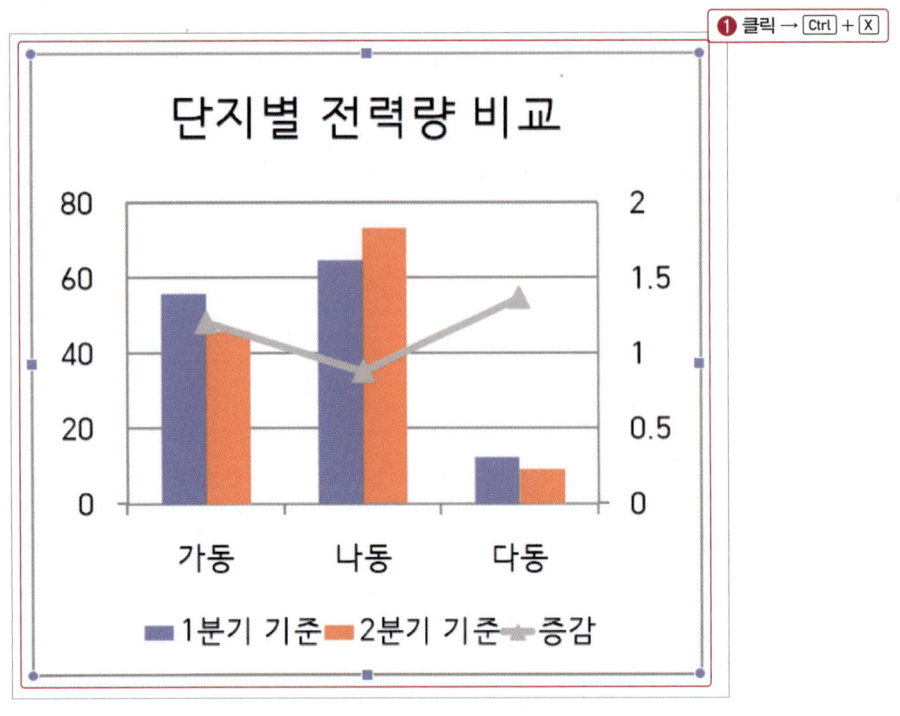

> **기적의 TIP**
>
> 차트의 위치를 이동시키기 위해 차트를 마우스로 드래그하면 설정한 위치값이 바뀌기 때문에 절대로 드래그해서 위치를 이동하면 안 됩니다.

더알기 TIP

표 아래로 차트를 이동시킬 때 문단 부호와 조판 부호를 선택하면 차트의 위치를 보다 정확하게 확인할 수 있습니다.

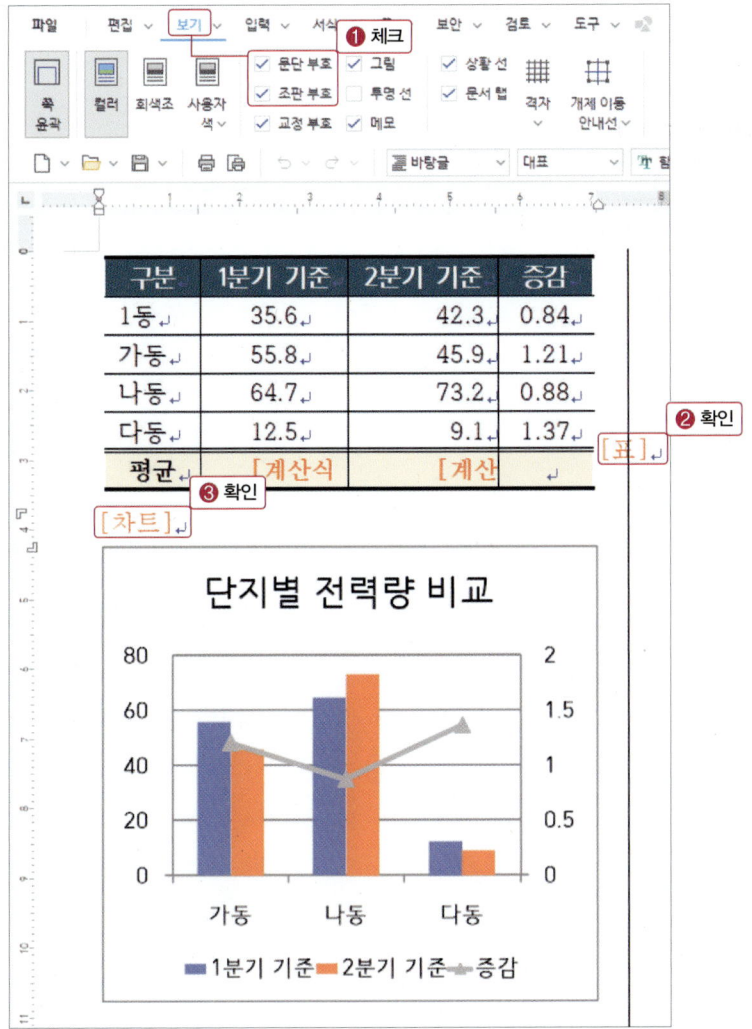

| 문제로 연습하기 | 해당 파일을 열어서 지시사항에 맞게 수정하세요. |

연습 문제 1

- 위치 : 본문과의 배치 – 자리 차지, 가로 – 단의 가운데 0mm, 세로 – 문단의 위 0mm
- 표의 아래 단락에 배치

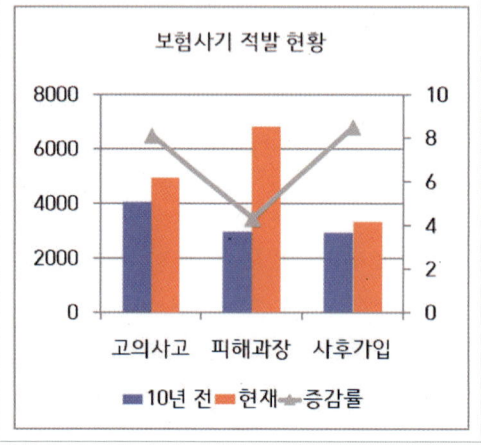

연습 문제 2

- 위치 : 본문과의 배치 – 자리 차지, 가로 – 단의 가운데 0mm, 세로 – 문단의 위 0mm
- 표의 아래 단락에 배치

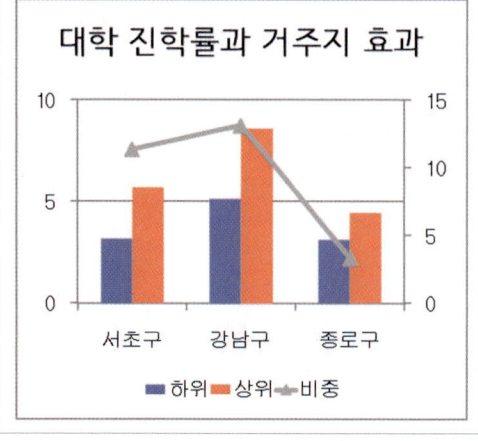

연습 문제 3

- 위치 : 본문과의 배치 – 자리 차지, 가로 – 단의 가운데 0mm, 세로 – 문단의 위 0mm
- 표의 아래 단락에 배치

구분	2월 15일	10월 15일	증감
설탕	100.00	118.00	6
대두	100.00	95.00	5
보리	100.00	112.00	17
기타	130.00	118.00	-12
합계	430.00	443.00	

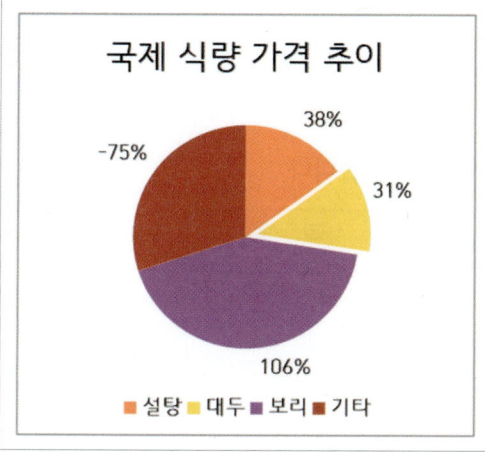

09 스타일을 글자에만 지정하래요.

왜 안 될까요?
① 스타일 종류를 문단으로 선택했어요.

해결 방법

① 스타일 종류는 [스타일 추가하기] 대화상자에서만 선택할 수 있습니다.

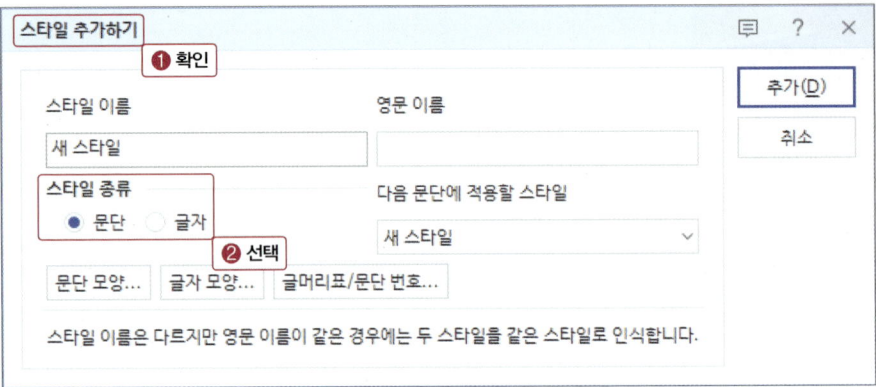

기적의 TIP
스타일 종류를 잘못 만들었다면 해당 스타일을 삭제하고 다시 만들어야 합니다. [스타일 편집하기] 대화상자에서는 스타일 종류를 선택할 수 없습니다.

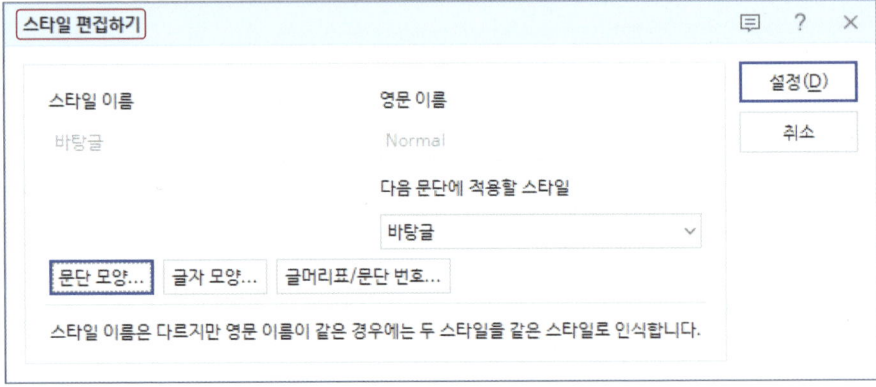

② 스타일의 이름을 입력하고 스타일 종류를 '글자'로 선택해야 글자에만 스타일을 설정할 수 있습니다.

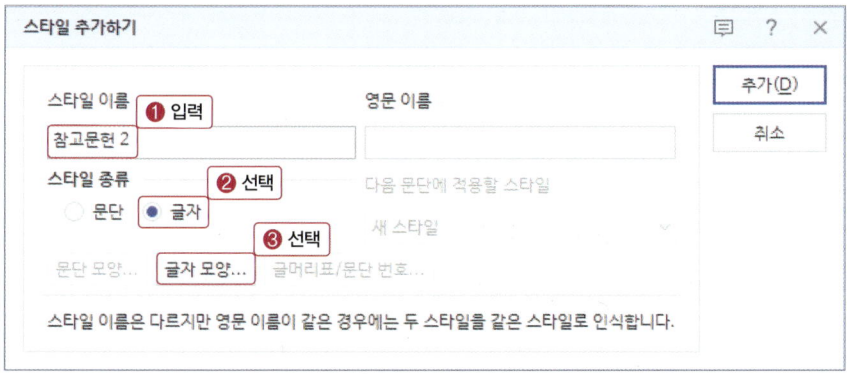

③ 해당하는 글자만 블록 설정하고 스타일을 지정하세요.

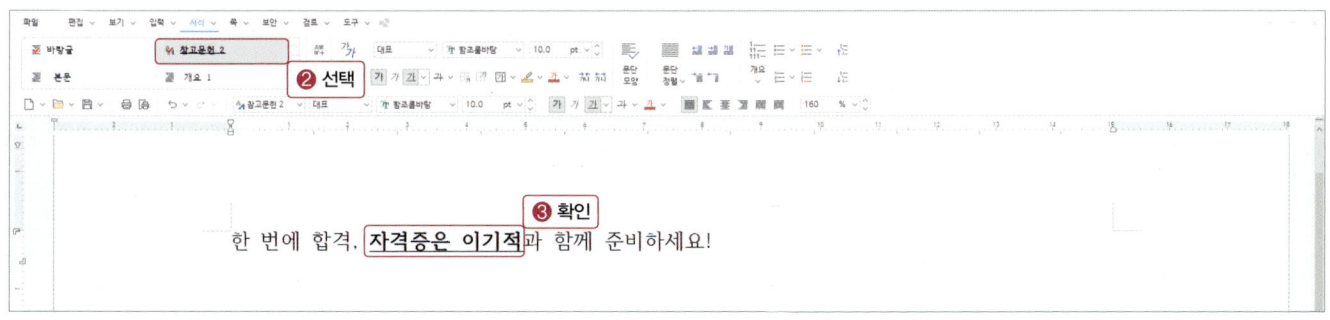

문제로 연습하기 해당 파일을 열어서 지시사항에 맞게 수정하세요.

연습 문제 1 참고문헌 2(등록) : 스타일 이름 – 참고문헌 2, 스타일 종류 – 글자, 진하게

● Reference
Endollfin, L. (2024). The Reactions and Strategies of **Markets. 25**(8). 79-80.

연습 문제 2 참고문헌 2(등록) : 스타일 이름 – 참고문헌 2, 스타일 종류 – 글자, 기울임, 그림자

◆ Reference
E. William,. (2022). Cultural Tourist Product. *Cultural Tourists. 12*(9). 32-35.

10 완성된 문서가 2쪽이 되었어요.

왜 안 될까요?

① 불필요한 빈 줄이 있어요.
② 차트 아래에 빈 줄이 있어요.

해결 방법

① '문단 부호'에 체크한 후, 글상자 아래와 문단 사이 등에 불필요한 빈 줄이 있다면 지워주세요.

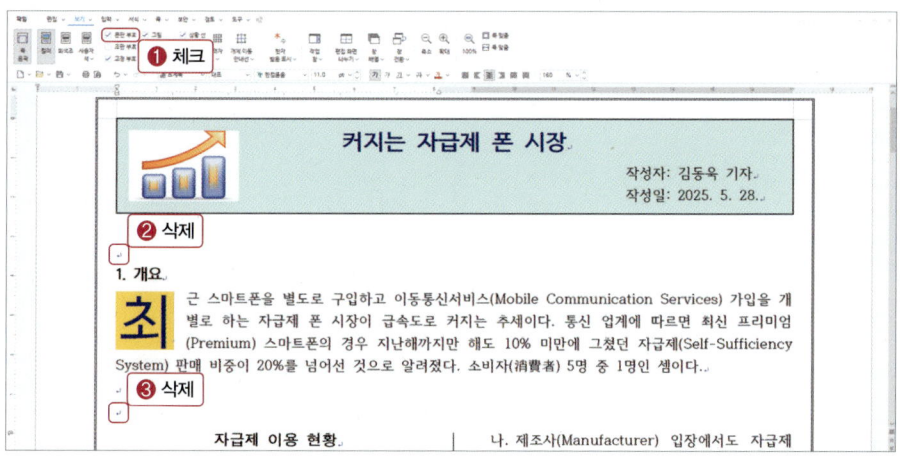

② 차트와 본문 내용 사이에 빈 줄이 있다면 지워주세요.

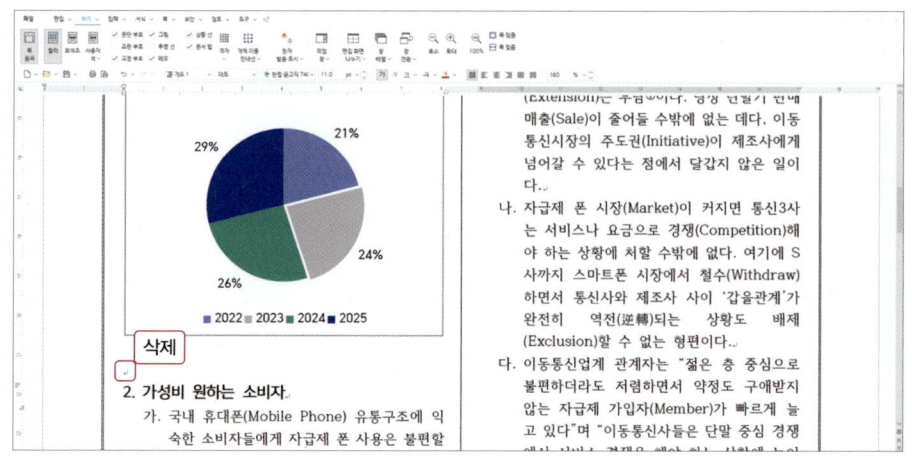

더알기 TIP

표와 차트 사이에 빈 줄 '1개', 차트와 본문 내용 사이에 빈 줄 '0개'를 기억하세요. 차트를 잘라내기(Ctrl+X)한 후에 표와 본문 내용 사이에 빈 줄을 1개 만들고 차트를 붙여넣기(Ctrl+V)하면 정확합니다.

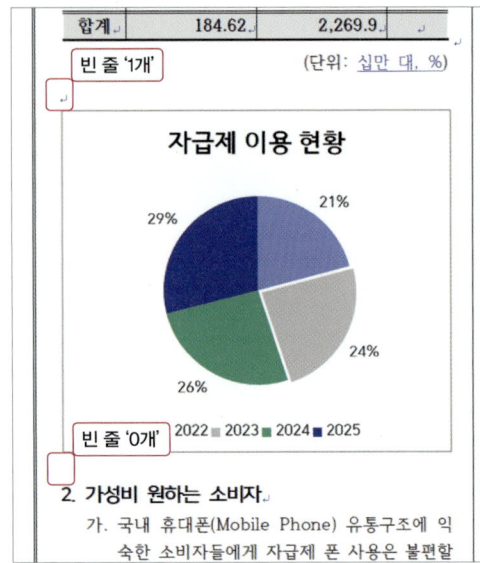

디스플레이의 현재와 미래

LED 모니터 해상도와 패널

발표일: 2025. 4. 23.
발표자: 최희준 선임연구원

1. 개요

광다이오드(Light Emitting Diode)를 광원으로 채택한 TV용 패널의 가격 프리미엄이 향후 1년간 최대 50%까지 떨어질 전망(Prospect)이다. LED 패널 가격(價格) 프리미엄은 같은 크기대 냉음극형광램프(Cold Cathode Fluorescent Lamp) 패널과의 가격 격차가 컸다. 가격 프리미엄이 떨어지면서 LCD TV(Liquid Crystal Display Television) 시장에서 LED 패널 비중도 급속히 확대될 전망이다.

LED TV용 가격 추이 및 전망[1]

구분	내수용	수출용	증감
65인치 TV	1,326	2,374	12.5
75인치 TV	3,295	5,316	32.7
85인치 TV	2,763	3,531	16.5
95인치 TV	1,297	2,672	25.5
합계	8,681	13,893	

(단위: 실제 판매량 기준, 달러)

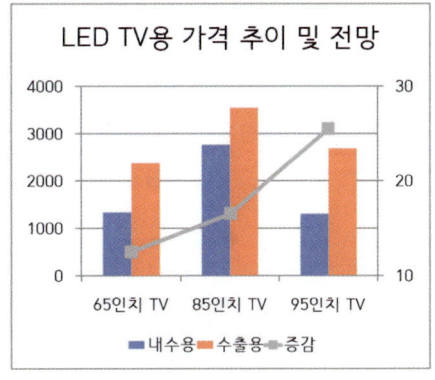

2. 패널 가격 프리미엄 급락

가. 시장조사기관 디스플레이 서치 분석(Analysis)에 따르면 LED TV용 패널 가격 프리미엄은 향후 1년간 지속적으로 하락(Fall)할 전망이다. 제품별로 살펴보면 65인치 LED TV용 패널의 가격 프리미엄은 전년도 8월 75달러에서 올해 8월에는 38달러(4만 원)로 50% 떨어질 전망이다.

나. 65인치 LED 패널의 경우, 작년 8월에는 CCFL 모델보다 75달러(8만 원)를 더 줘야 했지만 올해 8월에는 38달러만 더 주면 구매할 수 있다는 의미다. 75인치의 LED 패널의 가격 프리미엄도 같은 기간 160달러에서 83달러로 줄어들 것으로 예측(豫測)됐다.

3. 풀 HD 패널 가격 프리미엄 전망

가. 디스플레이서치 코리아 관계자는 "작년 2분기 이후 LED 패널 재고가 늘어난 것도 가격 프리미엄 하락에 영향을 끼친 요인"이라며 "올해에는 프리미엄 LED TV가 시장의 주력으로 자리 잡는 계기가 될 전망"이라고 밝혔다.

나. 실제 LCD TV 시장에서 LED 패널이 차지하는 비중은 내년 2분기에 처음으로 과반을 넘어설 전망이다. 올해 2분기 LCD TV 시장에서 LED 패널 비중은 18%에 불과했다. 하지만 올해 2분기에 전체 LCD TV용 패널 중 3,030만 대가 LED 패널로 53%를 차지할 전망이다.

다. 이와 같이 LED 패널 가격 프리미엄의 지속적인 하락은 패널 업체(業體)들의 지속적인 원가절감 노력과 LED 광효율 향상 등 기술(技術) 개선(Improvement)에 따른 것이다. 주요 LCD 업체들은 패널 테두리에 LED를 부착하는 에지형 패널의 1개 면에만 LED를 부착하는 등 구조 개선(改善)에 적극 나서고 있다.

▼ Reference
Content, Circulation. (2026). Transfer contents screen, *TV platform*. 29(2). 26-29.

---

[1] 고해상도 옥외형 LED 패널

디지털 사이니지 연구협회 (vol.132)

청소년 설문조사지 응답 결과 분석

청소년의 자기 만족도 및 발전 가능성

발표자: 전지연 상담사
발표일: 2025. 2. 28.

1. 청소년의 생활 실태

한국 청소년의 37%만이 현재의 자신에 만족(Self-Satisfaction)하는 것으로 나타났다. 하지만 청소년의 94%가 지금보다 발전(發展)할 것이라고 긍정적으로 대답함으로써, 스스로나 사회에 대한 만족도는 낮지만, 발전 가능성은 큰 것으로 나타났다. 미래의 나는 지금보다 발전할 것이라는데 동의한 비율은 한국 청소년이 94.5%로 높았고, 미국이 75.5%이었으며, 일본 청소년은 59.2%에 그쳤다.

청소년의 생활 만족도[1]

구분	11~15년 전	5~10년 전	향후
한국	37.2	84.5	91.0
미국	88.9	75.5	63.8
일본	23.1	59.2	42.1
프랑스	70.6	67.6	58.7
평균	55.0	71.7	

(단위: 청소년신문, %)

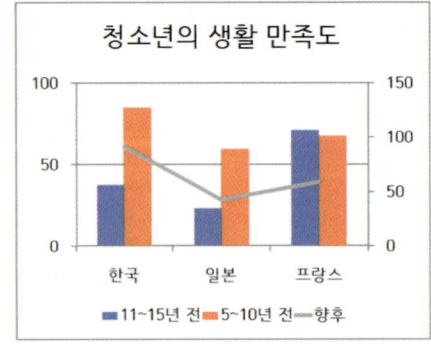

2. 조사 결과 분석

가. 세계청소년연구개발협의회(World Association Of Research And Development For Youth)는 지난달 10일 열린 국제 심포지엄(International Symposium)에서 한국, 미국, 일본, 프랑스의 청소년 각 1,000명씩을 대상으로 실시한 <새천년 생활 실태와 의식에 관한 국제 비교 조사>를 발표(發表)하였다.

나. 한국 청소년(Korea Youth)은 23.1%만이 자신에게 만족한다고 대답했다. 자기 만족도를 묻는 질문에 대해서 미국 청소년(American Youth)은 88.9%, 프랑스 청소년(France Youth)은 70.6%가 긍정적으로 응답(應答)했다.

3. 청소년의 미래상

가. 학교생활에 대한 청소년의 만족도는 미국, 프랑스, 한국, 일본 순이었다. 학교생활(School Life)에서 가장 중점을 두는 것으로 일본과 한국 청소년은 이성 친구 사귀기를, 미국(USA, United States Of America)과 프랑스(France) 청소년은 각각 수업과 입시 준비를 꼽았다.

나. 청소년들이 가장 선호하는 직업은 매체 종사자(Medium Engager), 창업가(Founder), 연예인(Entertainer) 등이 있다. 한국 청소년들은 의사(Doctor), 정치가(Politician) 등을 선호하는 미국 청소년들과 대조를 보였다.

다. 삭막한 입시환경 속에서 자라는 청소년들인 만큼 직업(職業)에 대한 올바른 가치관과 직업의식을 심어주는 것이 필요하다. 또한 학생들의 학교생활 만족도 제고를 위한 세심한 배려가 필요해 보인다.

◆ Reference
Subjects, W. (2024). Emotion Regulation Style and Parent, *Satisfaction*. 7(3). 25-40.
Johnson, M. (2024). Family Communication Patterns and Child Adjustment. 7(4). 55-72.

---
[1] 청소년의 만족도 분석

미래한국 (제210호 3권 발췌)

국내 정보보호의 실태와 미흡점

발표일: 2025-4-20
발표자: 김지태 선임연구원

1. 개요

과학기술정보통신부가 지난 2월 24일부터 3월 25일까지 인터넷서비스제공업체(ISP), 공공, 금융기관(Financial Institution), 전자상거래업체(Electronic Commerce), 학교 등 모두 3,563개 기관을 대상으로 정보보호 실태를 점검했다. 그 결과, 국내 전 부분의 정보보호 수준(水準)이 정보화(Informatization) 발전 속도에 비교해 크게 뒤떨어지는 것으로 나타났다.

IT 투자 대비 정보보호 투자율

(단위: 분야별 추정치, %)

구분	작년	올해	증감
ISP	23.7	45.8	5.1
공공기관	45.7	65.3	6.9
금융기관	32.1	28.9	-11.1
중고등학교	56.3	32.7	-17.2
평균	39.45	43.18	

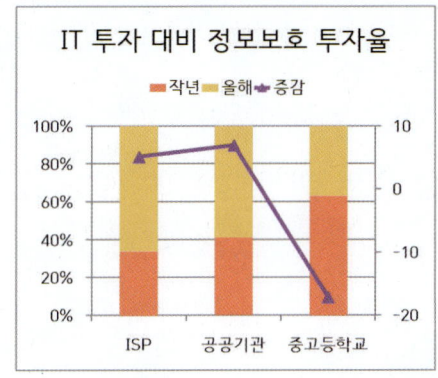

IT 투자 대비 정보보호 투자율

2. 기관별 정보보호

가. 이번 조사 결과, 조사 대상 65.8%의 기관이 5% 이하에 머물러 미국의 절반 정도에 그쳤다. 이 밖에 기관 내에 정보보호 전담 조직(組織)을 설치 운영한 곳은 15.7%, 정보보호 정책을 수립한 데는 29.7%, 정기적인 보안감사를 한 곳도 23.6%에 지나지 않았다.

나. ISP, 공공(Public Institution), 금융기관은 정보보호시스템(Information Shelter System)을 구축 운영(運營)하고 정보보호 정책을 마련하였다. ISP는 침해 사고를 막기 위한 주요 노드 간 트래픽(Node Traffic) 점검과 주요 설비에 대한 로그 분석, 사업자 간 협력(協力) 체계 등은 미흡했다.

3. 부족한 전문 인력

가. 중앙부처 지자체 등 공공기관도 극히 일부인 8.6%만이 전담부서에 비전문가인 행정 인력(Administrative Staff)을 배치하였다. 그러나 대부분 실무 인력의 전문성이 매우 떨어지는 것으로 조사됐다.

나. 은행, 증권사 등 금융기관(Financial Institution)은 3.3%만이 취약점 점검 도구를 갖추었다. 전담조직을 운영하는 곳은 25%에 머물렀으며, 정기적으로 보안취약점을 점검(點檢)하는 곳은 20.6%에 지나지 않았다.

다. 전자상거래업체와 중소기업의 경우, 기본적인 정보보호시스템을 갖춘 곳은 전자상거래업체 46.8%, 중소기업 27.4%에 불과[1]했다. 초중고교와 대학 등의 경우, 기초는 어느 정도 갖추었으나 체계적인 정보보호 활동이 부족했다.

▼ Reference
Privacy Officer. (2025). Journal of the Korea Institute, **Security**. 32(7). 95-102.

---

[1] KERIS 한국교육학술정보원

상시 공략문제

CONTENTS

- 상시 공략문제 01회
- 상시 공략문제 02회
- 상시 공략문제 03회
- 상시 공략문제 04회
- 상시 공략문제 05회
- 상시 공략문제 06회
- 상시 공략문제 07회
- 상시 공략문제 08회
- 상시 공략문제 09회
- 상시 공략문제 10회
- 상시 공략문제 11회
- 상시 공략문제 12회
- 상시 공략문제 13회
- 상시 공략문제 14회
- 상시 공략문제 15회

이기적과 함께 또, 기적
또, 합격

이기적 강의는
무조건 0원!

이기적 영진닷컴

공부하다가
궁금한 사항은?

이기적 스터디 카페

상시 공략문제 01회

연습파일 : [26]이기적워드올인원₩PART 03. 상시 공략문제 폴더의 '상시 공략문제 01회' 파일로 편집 기능만 빠르게 연습할 수 있습니다.

과목	제한시간
문서편집기능	30분

B형

수험번호 : _____

성   명 : _____

다음 쪽의 문서를 아래 지시사항에 따라 작성하시오

- 작성된 답안의 파일은 지정된 경로 및 파일명을 변경하지 마시고 저장해야 합니다. 이를 준수하지 않으면 실격 처리됩니다.
- 편집 용지
  ○ 용지 종류는 A4 용지(210mm×297mm) 1매에 용지 방향을 세로로 설정하여 문서를 작성하시오.
  ○ 용지 여백은 왼쪽·오른쪽은 20mm, 위쪽·아래쪽은 10mm, 머리말·꼬리말은 10mm, 기타 여백은 0mm로 지정하시오.
- 문서의 본문은 2단으로 편집하되, 단 간격은 8mm, 구분선은 이중 실선 0.4mm로 설정하시오.
- 글자 모양
  ○ 글꼴은 별도의 지시가 없는 한 한글 2022의 기본값으로 작성하시오.
  ○ 영문, 숫자, 기호 등은 별도의 지시가 없는 한 자판에 있는 문자를 사용하시오.
- 문단 모양
  ○ 정렬 방식, 여백 등은 문단 모양 기능을 이용하여 작성하시오.
  ○ 문단 모양은 별도의 지시가 없는 한 한글 2022의 기본값으로 작성하시오.
  ○ 사이 줄 띄우기는 각 1줄만, 사이 띄우기는 1칸만 띄우시오.
- 표에서 내용의 정렬 방법
  (제목 행과 '합계(평균)' 셀은 가운데 정렬, 나머지는 열 단위를 기준으로 아래와 같이 정렬)
  ○ 내용의 길이가 서로 다른 문자의 경우 왼쪽 정렬
  ○ 내용의 길이가 서로 다른 숫자의 경우 오른쪽 정렬
  ○ 내용의 길이가 서로 같을 경우 문자, 숫자 상관없이 가운데 정렬
- 색상은 '기본' 테마가 포함된 색상 팔레트를 사용하시오.
- 각 항목은 별도의 지시가 없는 한 주어진 문서에 기준하여 작성하시오.
- 각 항목은 별도의 지시가 없는 한 기본 설정값으로 처리하시오.
- 문제에 제시된 지시사항은 작성하지 않음.

대 한 상 공 회 의 소

B형 — 다음 쪽의 문서를 아래의 〈세부지시사항〉에 따라 작성하시오.

항목	세부지시사항
1. 쪽 테두리	• 선의 종류 및 굵기 : 이중 실선 0.4mm, 위·아래 • 위치 : 쪽 기준, 왼쪽·오른쪽·위쪽·아래쪽 모두 5mm
2. 글상자	• 크기 : 너비 170mm, 높이 23mm, 크기 고정 • 위치 : 본문과의 배치 – 자리 차지, 가로 – 종이의 가운데 0mm, 세로 – 종이의 위 20mm • 바깥 여백 : 아래쪽 8mm • 선 속성 : 검정(RGB:0,0,0), 실선 0.2mm • 색 채우기 : 시멘트색(RGB:178,178,178) 80% 밝게
3. 제목	• 제목(1) : HY나무M, 16pt, 장평(110%), 자간(5%), 진하게, 초록(RGB:40,155,110) 25% 어둡게, 가운데 정렬 • 제목(2) : 여백 – 왼쪽(340pt), 줄 간격(125%)
4. 누름틀	입력할 내용의 안내문 : '[이메일]', 입력 데이터 : '[sujin@krins.org]'
5. 그림	• 경로 : [26]이기적워드올인원₩그림₩회로.PNG, 문서에 포함 • 크기 : 너비 28mm, 높이 18mm • 위치 : 본문과의 배치 – 글 앞으로, 가로 – 종이의 왼쪽 23mm, 세로 – 종이의 위 23mm
6. 스타일 (2개소 수정, 3개소 등록)	• 개요 1(수정) : 여백 – 왼쪽(0pt), HY그래픽, 13pt, 진하게 • 개요 2(수정) : 여백 – 왼쪽(16pt) • 표제목(등록) : 스타일 이름 – 표제목, 스타일 종류 – 문단, 가운데 정렬, 한컴 윤고딕 240, 진하게 • 참고문헌 1(등록) : 스타일 이름 – 참고문헌 1, 스타일 종류 – 문단, 내어쓰기(20pt) • 참고문헌 2(등록) : 스타일 이름 – 참고문헌 2, 스타일 종류 – 글자, 밑줄
7. 문단 첫 글자 장식	• 모양 : 3줄, 글꼴 : 돋움체, 면 색 : 초록(RGB:40,155,110), 본문과의 간격 : 3mm • 글자 색 : 하양(RGB:255,255,255)
8. 각주	글자 모양 : 한컴돋움, 번호 모양 : 아라비아 숫자
9. 하이퍼링크	• '분기별, 십억 원'에 하이퍼링크 설정 • 연결 대상 : 웹 주소 – 'https://license.korcham.net'
10. 표	• 크기 : 너비 78mm~80mm, 높이 33mm~34mm • 위치 : 글자처럼 취급 • 전체 행 : 셀 높이를 같게 • 모든 셀의 안 여백 : 왼쪽·오른쪽 2mm • 테두리 : 표 안쪽은 실선(0.12mm), 표 바깥의 위쪽과 아래쪽은 실선(0.4mm), 표 바깥의 왼쪽과 오른쪽은 없음, 평균 행 위쪽은 이중 실선(0.5mm) • 제목 행 : 셀 배경 색 – 하늘색(RGB:97,130,214) 25% 어둡게, 글자 모양 – 함초롬돋움, 진하게, 하양(RGB:255,255,255) • 평균 행 : 셀 배경 색 – 남색(RGB:58,60,132) 80% 밝게, 글자 모양 – 진하게 • 문단의 정렬 방식 : 가운데 정렬
11. 블록 계산식	표의 평균 행에 블록 계산식을 이용하여 블록 평균 산출
12. 캡션	표 위에 삽입 후 오른쪽 정렬
13. 차트	• 차트의 모양 : 2차원 원형, 차트 계열색 : 색상 조합 색2 • 도형 채우기 : 강조 2 • 데이터 레이블 : 항목 이름, 백분율(%), 구분 기호(쉼표), 바깥쪽 끝에 • 차트의 크기 : 너비 80mm, 높이 80mm, 크기 고정 • 위치 : 본문과의 배치 – 자리 차지, 가로 – 단의 가운데 0mm, 세로 – 문단의 위 0mm • 바깥 여백 : 위쪽 5mm, 아래쪽 8mm • 제목의 글꼴 설정 : 한컴산뜻돋움, 진하게 • 데이터 레이블의 글꼴 설정 : 9pt • 표의 아래 단락에 배치
14. 쪽 번호	번호 위치 : 가운데 아래, 모양 : 로마자 대문자 숫자, 줄표 넣기 선택, 시작 번호 지정
15. 머리말	• 제목 : 맑은 고딕, 10pt, 진하게, 보라(RGB:157,92,187) • 날짜 : 탭 설정, 종류 – 오른쪽, 탭 위치 – 16.9cm
16. 꼬리말	한컴돋움, 10pt, 진하게, 남색(RGB:58,60,132) 25% 어둡게, 오른쪽 정렬

인쇄회로기판 산업 분석

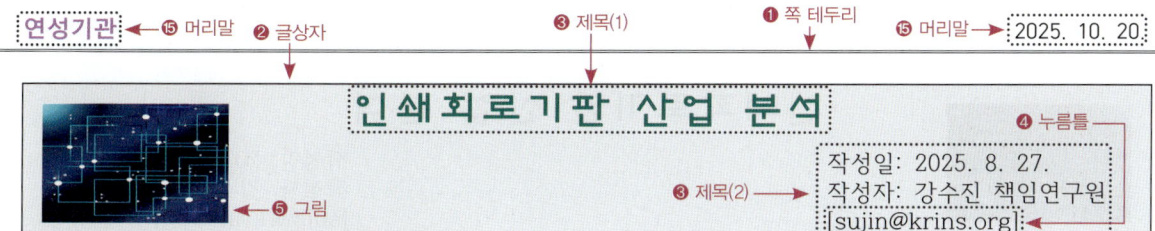

작성일: 2025. 8. 27.
작성자: 강수진 책임연구원
[sujin@krins.org]

1. 국내 반도체용 기판 성장

국내 인쇄회로기판(PCB) 업체들이 고부가가치 제품 중심으로 포트폴리오를 전환하면서 올해 상반기 관련 부문이 큰 폭으로 성장(成長)하고 있다. 특히 글로벌 고객사의 첨단 패키지 수요 확대에 맞춰 국내 PCB(Printed Circuit Board) 업계의 기술 투자와 설비 증설이 가속화되고 있다. 한국전자회로산업협회에 따르면 올해 국내 반도체용 기판(IC-Substrate) 시장규모(規模)는 전년 대비 21% 성장한 2조 9,700억 원에 달할 전망이며, 향후 수년간 지속적인 성장세를 이어갈 것으로 분석되고 있다.

상위 PCB 업체 매출 추이

(단위: 분기별, 십억 원)

구분	1분기	4분기	증감
S전기	362	351	46
L노텍	215	196	16
유성전자	154	148	10
기타	380	263	-129
평균	278	240	

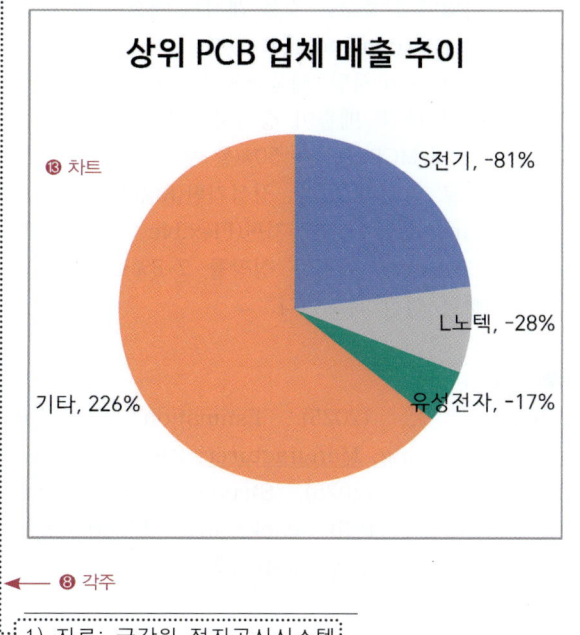

1) 자료: 금감원 전자공시시스템

2. 국내 PCB 성장 이유

가. 국내 반도체용 PCB 성장세를 이끈 '일등 공신'은 스마트폰(Smartphone), 태블릿(Tablet), 스마트TV 3총사다. 국내 PCB 업체들은 첨단 패키지 대응력 강화와 함께 적극적인 영업을 진행(進行)하고 있다.

나. 모바일 기기와 AI 기반 디바이스 시장의 확대를 기회로, 칩스케일패키지(Chip Scale Package, CSP), 플립칩(Flip Chip) 등 고기능 패키지 제품의 매출 비중이 상승하고 있다. FC-CSP는 일본 이비덴, 대만 킨서스 등 제한된 기업들만 생산할 수 있는 품목으로, 국내 기업들도 후공정 기술 고도화를 통해 이 분야에서의 경쟁력을 높이고 있다.

3. 반도체 부문 성장 예상

가. 특히 하이닉스에 공급하는 반도체용 PCB 물량이 크게 늘었다. 2분기에는 설비투자 확대에 따른 울트라신(UT)-CSP 매출 확대(擴大)로 반도체 부문이 12% 성장할 것으로 예상된다.

나. 심텍은 멀티칩패키지(Multi Chip Package) 사업에 진출하는 것을 계기로 매출이 빠르게 확대(Expansion)되고 있다.

다. MCP는 고사양 제품군으로, 심텍은 지난해부터 MCP 매출이 증가하면서 현재 하이닉스 내 MCP 점유율 50%를 차지하고 있는 것으로 알려져 있다. 경성기판(Rigid Printed Circuit)과 연성기판(Flexible Printed Circuit)이 연평균 성장률 7~8%로 상당히 빠른 성장 속도이다.

● Reference

Chemmy, I,. (2025). Estimation Criteria Considering. Manufacturer. 21(8), 54-55.
Miller, T. A. (2025). Structural Shifts in Advanced PCB Packaging, Electronics Industry Review. 18(4). 62-67.

연성기관   2025. 10. 20.

인쇄회로기판 산업 분석

작성일: 2025. 8. 27.
작성자: 강수진 책임연구원
[sujin@krins.org]

1. 국내 반도체용 기판 성장

국내 인쇄회로기판(PCB) 업체들이 고부가가치 제품 중심으로 포트폴리오를 전환하면서 올해 상반기 관련 부문이 큰 폭으로 성장(成長)[1]하고 있다. 특히 글로벌 고객사의 첨단 패키지 수요 확대에 맞춰 국내 PCB(Printed Circuit Board) 업계의 기술 투자와 설비 증설이 가속화되고 있다. 한국전자회로산업협회에 따르면 올해 국내 반도체용 기판(IC-Substrate) 시장규모(規模)는 전년 대비 21% 성장한 2조 9,700억 원에 달할 전망이며, 향후 수년간 지속적인 성장세를 이어갈 것으로 분석되고 있다.

상위 PCB 업체 매출 추이

(단위: 분기별, 십억 원)

구분	1분기	4분기	증감
S전기	362	351	46
L노텍	215	196	16
유성전자	154	148	10
기타	380	263	-129
평균	278	240	

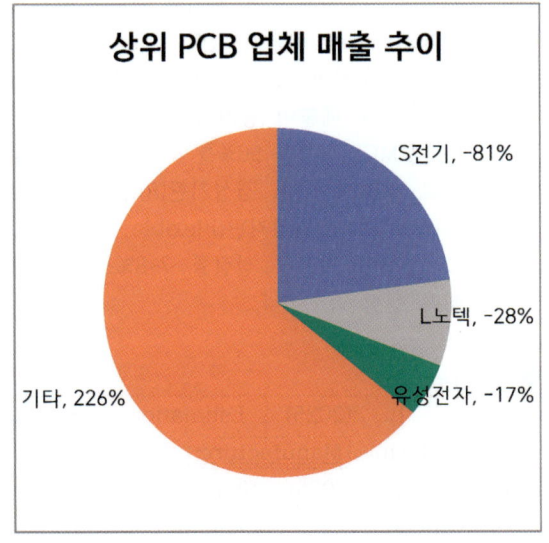

상위 PCB 업체 매출 추이
- S전기, -81%
- L노텍, -28%
- 유성전자, -17%
- 기타, 226%

---
1) 자료: 금감원 전자공시시스템

2. 국내 PCB 성장 이유

가. 국내 반도체용 PCB 성장세를 이끈 '일등 공신'은 스마트폰(Smartphone), 태블릿(Tablet), 스마트TV 3총사다. 국내 PCB 업체들은 첨단 패키지 대응력 강화와 함께 적극적인 영업을 진행(進行)하고 있다.

나. 모바일 기기와 AI 기반 디바이스 시장의 확대를 기회로, 칩스케일패키지(Chip Scale Package, CSP), 플립칩(Flip Chip) 등 고기능 패키지 제품의 매출 비중이 상승하고 있다. FC-CSP는 일본 이비덴, 대만 킨서스 등 제한된 기업들만 생산할 수 있는 품목으로, 국내 기업들도 후공정 기술 고도화를 통해 이 분야에서의 경쟁력을 높이고 있다.

3. 반도체 부문 성장 예상

가. 특히 하이닉스에 공급하는 반도체용 PCB 물량이 크게 늘었다. 2분기에는 설비투자 확대에 따른 울트라신(UT)-CSP 매출 확대(擴大)로 반도체 부문이 12% 성장할 것으로 예상된다.

나. 심텍은 멀티칩패키지(Multi Chip Package) 사업에 진출하는 것을 계기로 매출이 빠르게 확대(Expansion)되고 있다.

다. MCP는 고사양 제품군으로, 심텍은 지난해부터 MCP 매출이 증가하면서 현재 하이닉스 내 MCP 점유율 50%를 차지하고 있는 것으로 알려져 있다. 경성기판(Rigid Printed Circuit)과 연성기판(Flexible Printed Circuit)이 연평균 성장률 7~8%로 상당히 빠른 성장 속도이다.

● Reference
Chemmy, I,. (2025). Estimation Criteria Considering, Manufacturer. 21(8), 54-55.
Miller, T. A. (2025). Structural Shifts in Advanced PCB Packaging, Electronics Industry Review. 18(4). 62-67.

상시 공략문제 02회

연습파일 : [26]이기적워드올인원₩PART 03. 상시 공략문제 폴더의 '상시 공략문제 02회' 파일로 편집 기능만 빠르게 연습할 수 있습니다.

과목	제한시간
문서편집기능	30분

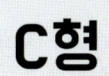

수험번호 : _____
성   명 : _____

다음 쪽의 문서를 아래 지시사항에 따라 작성하시오

- 작성된 답안의 파일은 지정된 경로 및 파일명을 변경하지 마시고 저장해야 합니다. 이를 준수하지 않으면 실격 처리됩니다.
- 편집 용지
  - 용지 종류는 A4 용지(210mm×297mm) 1매에 용지 방향을 세로로 설정하여 문서를 작성하시오.
  - 용지 여백은 왼쪽·오른쪽은 20mm, 위쪽·아래쪽은 10mm, 머리말·꼬리말은 10mm, 기타 여백은 0mm로 지정하시오.
- 문서의 본문은 1단에서 2단으로 변하는 모양으로 편집하되, 단 간격은 8mm로 설정하시오.
- 글자 모양
  - 글꼴은 별도의 지시가 없는 한 한글 2022의 기본값으로 작성하시오.
  - 영문, 숫자, 기호 등은 별도의 지시가 없는 한 자판에 있는 문자를 사용하시오.
- 문단 모양
  - 정렬 방식, 여백 등은 문단 모양 기능을 이용하여 작성하시오.
  - 문단 모양은 별도의 지시가 없는 한 한글 2022의 기본값으로 작성하시오.
  - 사이 줄 띄우기는 각 1줄만, 사이 띄우기는 1칸만 띄우시오.
- 표 작성 시 천 단위 구분 쉼표는 기능을 이용하여 작성하시오.
- 표에서 내용의 정렬 방법
  (제목 행과 '합계(평균)' 셀은 가운데 정렬, 나머지는 열 단위를 기준으로 아래와 같이 정렬)
  - 내용의 길이가 서로 다른 문자의 경우 왼쪽 정렬
  - 내용의 길이가 서로 다른 숫자의 경우 오른쪽 정렬
  - 내용의 길이가 서로 같을 경우 문자, 숫자 상관없이 가운데 정렬
- 색상은 '기본' 테마가 포함된 색상 팔레트를 사용하시오.
- 각 항목은 별도의 지시가 없는 한 주어진 문서에 기준하여 작성하시오.
- 각 항목은 별도의 지시가 없는 한 기본 설정값으로 처리하시오.
- 문제에 제시된 지시사항은 작성하지 않음.

대 한 상 공 회 의 소

C형	다음 쪽의 문서를 아래의 〈세부지시사항〉에 따라 작성하시오.

1. 다단 설정	모양 – 둘, 적용 범위 – 새 다단으로
2. 쪽 테두리	• 선의 종류 및 굵기 : 얇고 굵은 이중선 0.7mm, 위·아래 • 위치 : 쪽 기준, 왼쪽·오른쪽·위쪽·아래쪽 모두 5mm
3. 글상자	• 크기 : 너비 170mm, 높이 27mm, 크기 고정 • 위치 : 본문과의 배치 – 자리 차지, 가로 – 종이의 가운데 0mm, 세로 – 종이의 위 20mm • 바깥 여백 : 아래쪽 7mm • 선 속성 : 검정(RGB:0,0,0), 이중 실선 0.4mm, 사각형 모서리 곡률 – 둥근 모양 • 색 채우기 : 주황(RGB:255,132,58) 80% 밝게
4. 제목	• 제목(1) : 한컴산뜻돋움, 17pt, 장평(105%), 자간(-5%), 진하게, 보라(RGB:157,92,187) 25% 어둡게, 가운데 정렬, 문단 위(3pt) • 제목(2) : 여백 – 왼쪽(320pt), 줄 간격(140%)
5. 누름틀	입력할 내용의 안내문 : '(이메일)', 입력 데이터 : '(rebuild@go.kr)'
6. 그림	• 경로 : [26]이기적워드올인원₩그림₩아파트.PNG, 문서에 포함 • 크기 : 너비 30mm, 높이 20mm • 위치 : 본문과의 배치 – 글 앞으로, 가로 – 종이의 왼쪽 23mm, 세로 – 종이의 위 24mm
7. 스타일 (2개소 수정, 3개소 등록)	• 개요 1(수정) : 여백 – 왼쪽(0pt), 함초롬돋움, 13pt, 진하게 • 개요 2(수정) : 여백 – 왼쪽(10pt) • 표제목(등록) : 스타일 이름 – 표제목, 스타일 종류 – 문단, 가운데 정렬, 한컴 윤체 L, 11pt, 진하게 • 참고문헌 1(등록) : 스타일 이름 – 참고문헌 1, 스타일 종류 – 문단, 들여쓰기(20pt) • 참고문헌 2(등록) : 스타일 이름 – 참고문헌 2, 스타일 종류 – 글자, 그림자
8. 문단 첫 글자 장식	• 모양 : 2줄, 글꼴 : 한컴 윤고딕 760, 면 색 : 시멘트색(RGB:178,178,178) 80% 밝게, 본문과의 간격 : 3mm • 글자 색 : 노랑(RGB:255,215,0) 50% 어둡게
9. 각주	글자 모양 : HY나무M, 번호 모양 : 아라비아 숫자 원문자
10. 하이퍼링크	• '이기적 부동산 매물, 개'에 하이퍼링크 설정 • 연결 대상 – 웹 주소 – 'https://license.youngjin.com'
11. 표	• 크기 : 너비 78mm~80mm, 높이 33mm~34mm • 위치 : 글자처럼 취급 • 전체 행 : 셀 높이를 같게 • 모든 셀의 안 여백 : 왼쪽·오른쪽 2mm • 테두리 : 표 안쪽은 실선(0.12mm), 표 바깥의 위쪽과 아래쪽은 실선(0.5mm), 표 바깥의 왼쪽과 오른쪽은 없음, 합계 행 위쪽은 이중 실선(0.5mm) • 제목 행 : 셀 배경 색 – 노랑(RGB:255,215,0) 25% 어둡게, 　　　　　글자 모양 – 한컴 윤고딕 740, 진하게, 하양(RGB:255,255,255) • 합계 행 : 셀 배경 색 – 하늘색(RGB:97,130,214) 80% 밝게, 글자 모양 – 진하게 • 문단의 정렬 방식 : 가운데 정렬
12. 블록 계산식	표의 합계 행에 블록 계산식을 이용하여 블록 합계 산출
13. 캡션	표 위에 삽입 후 오른쪽 정렬
14. 차트	• 차트의 모양 : 이중 축 혼합형(묶은 세로 막대형, 표식이 있는 꺾은선형) • 차트의 크기 : 너비 80mm, 높이 70mm, 크기 고정 • 위치 : 본문과의 배치 – 자리 차지, 가로 – 단의 가운데 0mm, 세로 – 문단의 위 0mm • 바깥 여백 : 위쪽 5mm, 아래쪽 8mm • 표의 아래 단락에 배치 ※ 혼합형 차트는 차트 종류와 속성을 이용하여 구성하시오.
15. 쪽 번호	번호 위치 : 가운데 아래, 모양 : 아라비아 숫자, 줄표 넣기 선택, 시작 번호 지정
16. 머리말	• 제목 : 한컴산뜻돋움, 진하게, 주황(RGB:255,132,58) 25% 어둡게 • 날짜 : 탭 설정, 종류 – 오른쪽, 탭 위치 – 16.9cm
17. 꼬리말	한컴산뜻돋움, 진하게, 초록(RGB:40,155,110) 50% 어둡게, 오른쪽 정렬

부동산 경기 하락세

게시자: 재건축조정위원회 대표
게시일: 2025. 1. 31.
rebuild@go.kr

1. 당분간 부동산 경기 침체 지속

국토교통부의 발표에 의하면 최근 2~3년간 아파트값의 상승과 하락을 이끌어온 강남의 재건축 아파트(Reconstruction Apartment)가 안전진단 강화, 조합 승인 지연 등 잇따른 악재로 휘청거리고 있다. 일부 단지를 제외하고 사업(事業)의 전면 중단 가능성도 거론된다. 아파트 가격의 선행 지표 역할을 했던 재건축 아파트 가격의 하락(Depreciation)이 시장에 미칠 영향은 어떤 것일까?

전국 아파트 매물 수
(단위: 이기적 부동산 매물, 개)

구분	3월 말 기준	9월 말 기준	현재
서울	28,724	22,624	19,319
경기	44,587	45,932	36,134
충청	20,579	15,678	18,675
제주	18,321	20,345	15,375
합계	112,211	104,579	

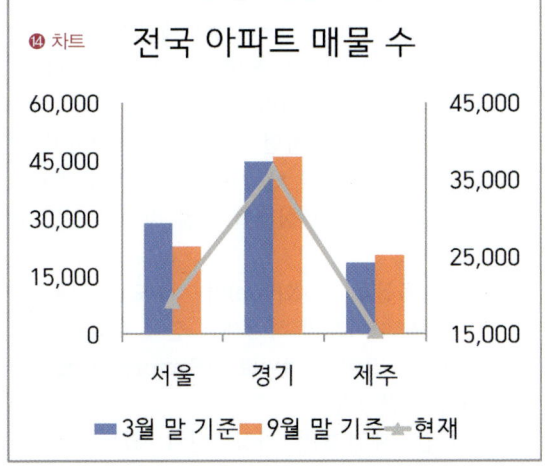

2. 끝없이 하락하는 부동산 시장

가. 전문가들 사이에서는 "대책이 나오지 않는 한 당분간 부동산 경기 침체(Downward Trend)가 이어질 것"이란 전망(Forecasts)이 많았다. 특히 거래 절벽과 미분양 적체가 겹치며 강남 재건축 아파트는 추락(Crash)을 거듭하고 있어 강남구 대치동 은마아파트 23평형은 최근 15억 원 선까지 하락했다.

나. 잠실 재건축(Reconstruction) 단지도 사정은 비슷하다. 잠실 주공 5단지 34평형은 25억 원에서 21억 원 선까지 떨어졌다. 잠실의 한 부동산 중개업자(Real Estate Agent)는 "이번 달 들어 16개 중개업소 중 계약서(Agreements)를 써 본 업소가 단 한 곳도 없는 실정"이라며 울상을 지었다.

3. 각 기업의 부동산 전망

가. 강남 저밀도(Low Density) 재건축 아파트의 가격 하락은 시장이 전반적인 조정 국면에 들어갔다는 신호탄이라고 볼 수 있다. 시장(Market)을 선도하던 블루칩(Blue Chip)들의 하락은 투자 심리 냉각과 투자 수요(需要) 감소로 이어지면서 침체를 이끌 것이란 전망(展望)이다.

나. 스카이&블루(Sky&Blue)의 유도현 대표는 "재건축 아파트의 하락세는 전체 시장의 가격(價格)을 끌어내리는 요인(Factors)이 될 것"이라고 말했다.

다. 하지만 재건축은 가장 인기 있는 주거지(Residential Area)인 서울 강남권에서 거의 유일(唯一)한 새 아파트 공급처이기 때문에 가격이 장기적으로 무너지긴 어려울 것이라는 게 전문가들의 지적이다.

■ Reference

Danahany, E. et al. (2023). Characteristics and the Relation, Return. 11(9). 24-32.

---

① 한국토지주택공사

국내 부동산 시장 동향　　　　　　　　　　　　　　　　　　　　　　　　　2025. 10. 13.

부동산 경기 하락세

게시자: 재건축조정위원회 대표
게시일: 2025. 1. 31.
(rebuild@go.kr)

1. 당분간 부동산 경기 침체 지속

국 토교통부의 발표에 의하면 최근 2~3년간 아파트값의 상승과 하락을 이끌어온 강남의 재건축 아파트(Reconstruction Apartment)가 안전진단 강화, 조합 승인 지연 등 잇따른 악재로 휘청거리고 있다. 일부 단지를 제외하고 사업(事業)의 전면 중단 가능성도 거론된다. 아파트 가격의 선행 지표 역할을 했던 재건축 아파트 가격의 하락(Depreciation)이 시장에 미칠 영향은 어떤 것일까?

전국 아파트 매물 수

(단위: 이기적 부동산 매물, 개)

구분	3월 말 기준	9월 말 기준	현재
서울	28,724	22,624	19,319
경기	44,587	45,932	36,134
충청	20,579	15,678	18,675
제주	18,321	20,345	15,375
합계	112,211	104,579	

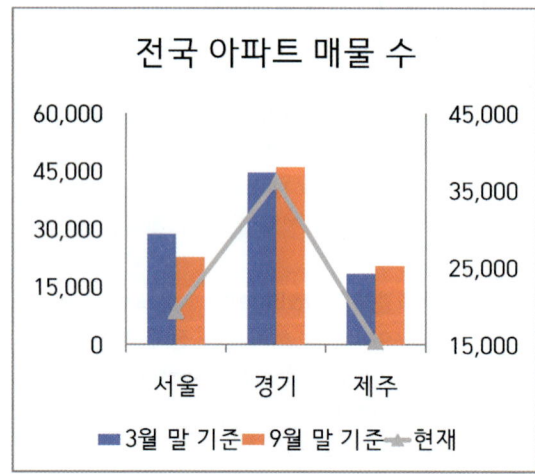

2. 끝없이 하락하는 부동산 시장

가. 전문가들 사이에서는 "대책이 나오지 않는 한 당분간 부동산 경기 침체(Downward Trend)가 이어질 것"이란 전망(Forecasts)[1]이 많았다. 특히 거래 절벽과 미분양 적체가 겹치며 강남 재건축 아파트는 추락(Crash)을 거듭하고 있어 강남구 대치동 은마아파트 23평형은 최근 15억 원 선까지 하락했다.

나. 잠실 재건축(Reconstruction) 단지도 사정은 비슷하다. 잠실 주공 5단지 34평형은 25억 원에서 21억 원 선까지 떨어졌다. 잠실의 한 부동산 중개업자(Real Estate Agent)는 "이번 달 들어 16개 중개소소 중 계약서(Agreements)를 써 본 업소가 단 한 곳도 없는 실정"이라며 울상을 지었다.

3. 각 기업의 부동산 전망

가. 강남 저밀도(Low Density) 재건축 아파트의 가격 하락은 시장이 전반적인 조정 국면에 들어갔다는 신호탄이라고 볼 수 있다. 시장(Market)을 선도하던 블루칩(Blue Chip)들의 하락은 투자 심리 냉각과 투자 수요(需要) 감소로 이어지면서 침체를 이끌 것이란 전망(展望)이다.

나. 스카이&블루(Sky&Blue)의 유도현 대표는 "재건축 아파트의 하락세는 전체 시장의 가격(價格)을 끌어내리는 요인(Factors)이 될 것"이라고 말했다.

다. 하지만 재건축은 가장 인기 있는 주거지(Residential Area)인 서울 강남권에서 거의 유일(唯一)한 새 아파트 공급처이기 때문에 가격이 장기적으로 무너지긴 어려울 것이라는 게 전문가들의 지적이다.

■ Reference
Danahany, E. et al. (2023). Characteristics and the Relation, Return. 11(9). 24-32.

---

[1] 한국토지주택공사

상시 공략문제 03회

연습파일 : [26]이기적워드올인원₩PART 03. 상시 공략문제 폴더의 '상시 공략문제 03회' 파일로 편집 기능만 빠르게 연습할 수 있습니다.

과목	제한시간
문서편집기능	30분

수험번호 :

성   명 :

·············· **다음 쪽의 문서를 아래 지시사항에 따라 작성하시오** ··············

- 작성된 답안의 파일은 지정된 경로 및 파일명을 변경하지 마시고 저장해야 합니다. 이를 준수하지 않으면 실격 처리됩니다.
- 편집 용지
  - 용지 종류는 A4 용지(210mm×297mm) 1매에 용지 방향을 세로로 설정하여 문서를 작성하시오.
  - 용지 여백은 왼쪽·오른쪽은 20mm, 위쪽·아래쪽은 10mm, 머리말·꼬리말은 10mm, 기타 여백은 0mm로 지정하시오.
- 문서의 본문은 2단으로 편집하되, 단 간격은 8mm로 설정하시오.
- 글자 모양
  - 글꼴은 별도의 지시가 없는 한 한글 2022의 기본값으로 작성하시오.
  - 영문, 숫자, 기호 등은 별도의 지시가 없는 한 자판에 있는 문자를 사용하시오.
- 문단 모양
  - 정렬 방식, 여백 등은 문단 모양 기능을 이용하여 작성하시오.
  - 문단 모양은 별도의 지시가 없는 한 한글 2022의 기본값으로 작성하시오.
  - 사이 줄 띄우기는 각 1줄만, 사이 띄우기는 1칸만 띄우시오.
- 표에서 내용의 정렬 방법
  (제목 행과 '합계(평균)' 셀은 가운데 정렬, 나머지는 열 단위를 기준으로 아래와 같이 정렬)
  - 내용의 길이가 서로 다른 문자의 경우 왼쪽 정렬
  - 내용의 길이가 서로 다른 숫자의 경우 오른쪽 정렬
  - 내용의 길이가 서로 같을 경우 문자, 숫자 상관없이 가운데 정렬
- 색상은 '기본' 테마가 포함된 색상 팔레트를 사용하시오.
- 각 항목은 별도의 지시가 없는 한 주어진 문서에 기준하여 작성하시오.
- 각 항목은 별도의 지시가 없는 한 기본 설정값으로 처리하시오.
- 문제에 제시된 지시사항은 작성하지 않음.

대 한 상 공 회 의 소

1. 쪽 테두리	• 선의 종류 및 굵기 : 이중 실선 0.5mm, 위·아래 • 위치 : 쪽 기준, 왼쪽·오른쪽·위쪽·아래쪽 모두 5mm
2. 글상자	• 크기 : 너비 170mm, 높이 25mm, 크기 고정 • 위치 : 본문과의 배치 – 자리 차지, 가로 – 종이의 가운데 0mm, 세로 – 종이의 위 20mm • 바깥 여백 : 아래쪽 8mm • 선 속성 : 검정(RGB:0,0,0), 실선 0.4mm • 색 채우기 : 연한 노랑(RGB:250,243,219)
3. 제목	• 제목(1) : HY그래픽, 18pt, 장평(105%), 자간(–5%), 진하게, 남색(RGB:58,60,132) 25% 어둡게, 가운데 정렬, 문단 위(1pt) • 제목(2) : 여백 – 왼쪽(330pt), 줄 간격(130%)
4. 누름틀	입력할 내용의 안내문 : '0000. 0. 0.', 입력 데이터 : '2025. 12. 1.'
5. 그림	• 경로 : [26]이기적워드올인원₩그림₩신입생.JPG, 문서에 포함 • 크기 : 너비 30mm, 높이 20mm • 위치 : 본문과의 배치 – 글 앞으로, 가로 – 종이의 왼쪽 23mm, 세로 – 종이의 위 23mm • 회전 : 좌우 대칭
6. 스타일 (2개소 수정, 3개소 등록)	• 개요 1(수정) : 여백 – 왼쪽(0pt), 한컴 윤고딕 740, 13pt, 진하게 • 개요 2(수정) : 여백 – 왼쪽(15pt) • 표제목(등록) : 스타일 이름 – 표제목, 스타일 종류 – 문단, 가운데 정렬, 한컴 윤고딕 760, 진하게 • 참고문헌 1(등록) : 스타일 이름 – 참고문헌 1, 스타일 종류 – 문단, 내어쓰기(20pt) • 참고문헌 2(등록) : 스타일 이름 – 참고문헌 2, 스타일 종류 – 글자, 기울임
7. 문단 첫 글자 장식	• 모양 : 3줄, 글꼴 : 함초롬돋움, 면 색 : 검정(RGB:0,0,0) 35% 밝게, 본문과의 간격 : 3mm • 글자 색 : 시멘트색(RGB:178,178,178) 80% 밝게
8. 각주	글자 모양 : 돋움체, 번호 모양 : 아라비아 숫자
9. 하이퍼링크	• '실제 등록 학생 수, 명'에 하이퍼링크 설정 • 연결 대상 : 웹 주소 – 'https://license.youngjin.com'
10. 표	• 크기 : 너비 (단에 맞춤) 79mm, 높이 (자동) 38.65mm • 위치 : 글자처럼 취급 • 전체 행 : 셀 높이를 같게 • 모든 셀의 안 여백 : 왼쪽·오른쪽 2mm • 테두리 : 표 안쪽은 실선(0.12mm), 표 바깥의 위쪽과 아래쪽은 실선(0.5mm), 표 바깥의 왼쪽과 오른쪽은 없음, 합계 행 위쪽은 얇고 굵은 이중선(0.5mm) • 제목 행 : 셀 배경 색 – 보라(RGB:157,92,187) 40% 밝게, 글자 모양 – HY강M, 진하게, 하양(RGB:255,255,255) • 합계 행 : 셀 배경 색 – 초록(RGB:0,128,0) 80% 밝게, 글자 모양 – 진하게 • 문단의 정렬 방식 : 가운데 정렬
11. 블록 계산식	표의 합계 행에 블록 계산식을 이용하여 블록 합계 산출
12. 캡션	표 아래에 삽입 후 오른쪽 정렬
13. 차트	• 차트의 모양 : 2차원 원형 • 데이터 레이블 : 백분율(%), 바깥쪽 끝에 • 차트의 크기 : 너비 80mm, 높이 65mm, 크기 고정 • 위치 : 본문과의 배치 – 자리 차지, 가로 – 단의 가운데 0mm, 세로 – 문단의 위 0mm • 바깥 여백 : 위쪽 5mm, 아래쪽 5mm • 제목의 글꼴 설정 : 한컴산뜻돋움, 진하게 • 데이터 레이블, 범례의 글꼴 설정 : 9pt • 표의 아래 단락에 배치
14. 쪽 번호	번호 위치 : 가운데 아래, 모양 : 로마자 대문자 숫자, 줄표 넣기 선택, 시작 번호 지정
15. 머리말	• 제목 : 맑은 고딕, 10pt, 진하게, 남색(RGB:51,51,153) 25% 어둡게 • 날짜 : 탭 설정, 종류 – 오른쪽, 탭 위치 – 16.9cm
16. 꼬리말	한컴돋움, 10pt, 진하게, 보라(RGB:128,0,128) 5% 밝게, 왼쪽 정렬

한국대학교 소식지 제29호　　　　　　　　　　　　　　　　2026. 2. 5.

입학 전형 안내

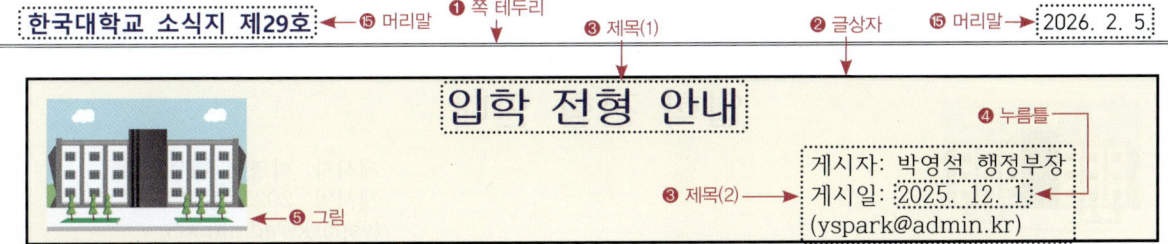

게시자: 박영석 행정부장
게시일: 2025. 12. 1.
(yspark@admin.kr)

1. 본원 소개

본원은 변화하는 산업(産業) 환경에 능동적으로 대처함과 아울러 교육(Education)의 근본이념에 입각하여 인재 양성(Training)을 목적으로 설립(Foundation)되었습니다. 전자공학(Electronic Engineering), 사무자동화(Office Automation), 컴퓨터 그래픽(Computer Graphic), CAD(Computer Aided Design) 등 첨단 산업(High Tech Industry)에 필요한 실무 중심 교육과정을 운영하고 있습니다. 최근에는 AI 기반 산업 설계 및 디지털 콘텐츠 제작 수요 증가에 따라 전공별 실습 교육을 강화(强化)하고 있습니다. 본원에서는 1월 2일 신입생 및 학부모 대상 설명회와 취업 상담(Employment Consultation)을 개최하오니 많은 참여 바랍니다.

신입생 모집 수 추이

구분	2023년	2024년	2025년	증감
EDPS	980	1,000	1,150	150
EE	1,200	1,300	1,320	20
OA	1,300	1,500	1,560	60
CG	450	500	630	130
CAD	600	510	340	-170
합계	4,530	4,810	5,000	

(단위: 실제 등록 학생 수, 명)

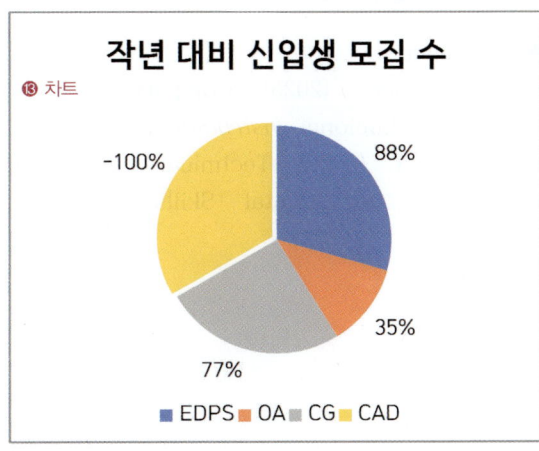

작년 대비 신입생 모집 수

2. 전형 방법

가. 학생 모집(Recruitment) 전형 방법 중 특차 전형은 수학능력 성적 100%를 기준으로 학교장(Headmaster)의 추천(推薦)을 받은 학생을 우선 선발합니다. 성적 반영은 수학 성적 80%, 학생부 성적 20%를 합산합니다.

나. 일반 전형은 학생부 성적 50%, 서류(Document) 평가 30%, 면접(Interview) 20%를 반영하여 종합 선발합니다. 고등학교 생활기록부 또는 내신 등급 명부와 함께 대학 수학능력시험 성적 통지서 원본을 제출(提出)해야 합니다.

3. 합격자 발표

가. 합격자 발표(Announcement)는 2월 6일 오전 10시에 진행됩니다.

나. 최종 합격자 명단은 수험생들의 편의(Convenience)를 고려하여 본원 홈페이지 게시판(Bulletin Board)에 게시[1]될 예정입니다. 본원 홈페이지는 PC 및 모바일 기기에서 모두 접속이 가능하며, 게시판 공지 외에도 개별 문자 알림(SMS)을 통해 결과가 안내될 수 있습니다.

다. 또한 인터넷 접속이 어려운 수험생은 ARS (자동 응답 시스템)를 통해 결과를 확인할 수 있으며, 전화(774-0123) 문의도 가능합니다.

♠ Reference

Jung, L. Taco,. (2025). Comparison Study between Lifelong, *Instructor*, 89-90.

Smith, K. R. (2025). Technical Curriculum Analysis for Digital Skills, *Educator*, 76-78.

---

[1] 한국대학교 공식 발표 자료에 따름

발표일은 12월 2일임

한국대학교 소식지 제29호　　　　　　　　　　　　　　　　　　　　　　　　　　　　2026. 2. 5.

입학 전형 안내

게시자: 박영석 행정부장
게시일: 2025. 12. 1.
(yspark@admin.kr)

1. 본원 소개

원은 변화하는 산업(産業) 환경에 능동적으로 대처함과 아울러 교육(Education)의 근본이념에 입각하여 인재 양성(Training)을 목적으로 설립(Foundation)되었습니다. 전자공학(Electronic Engineering), 사무자동화(Office Automation), 컴퓨터 그래픽(Computer Graphic), CAD(Computer Aided Design) 등 첨단 산업(High Tech Industry)에 필요한 실무 중심 교육과정을 운영하고 있습니다. 최근에는 AI 기반 산업 설계 및 디지털 콘텐츠 제작 수요 증가에 따라 전공별 실습 교육을 강화(强化)하고 있습니다. 본원에서는 1월 2일 신입생 및 학부모 대상 설명회와 취업 상담(Employment Consultation)을 개최하오니 많은 참여 바랍니다.

신입생 모집 수 추이

구분	2023년	2024년	2025년	증감
EDPS	980	1,000	1,150	150
EE	1,200	1,300	1,320	20
OA	1,300	1,500	1,560	60
CG	450	500	630	130
CAD	600	510	340	-170
합계	4,530	4,810	5,000	

(단위: 실제 등록 학생 수, 명)

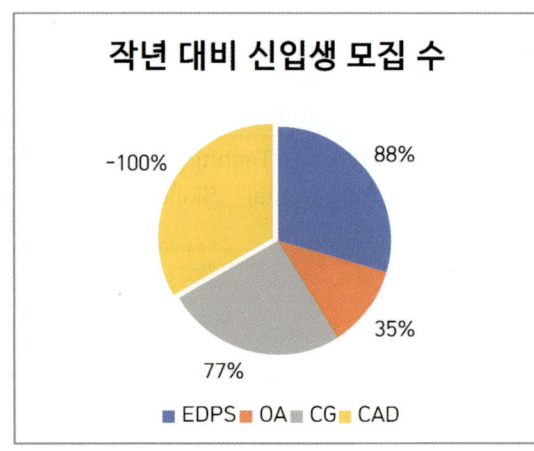

2. 전형 방법

가. 학생 모집(Recruitment) 전형 방법 중 특차 전형은 수학능력 성적 100%를 기준으로 학교장(Headmaster)의 추천(推薦)을 받은 학생을 우선 선발합니다. 성적 반영은 수학 성적 80%, 학생부 성적 20%를 합산합니다.

나. 일반 전형은 학생부 성적 50%, 서류(Document) 평가 30%, 면접(Interview) 20%를 반영하여 종합 선발합니다. 고등학교 생활기록부 또는 내신 등급 명부와 함께 대학 수학능력시험 성적 통지서 원본을 제출(提出)해야 합니다.

3. 합격자 발표

가. 합격자 발표(Announcement)는 2월 6일 오전 10시에 진행됩니다.

나. 최종 합격자 명단은 수험생들의 편의(Convenience)를 고려하여 본원 홈페이지 게시판(Bulletin Board)에 게시[1]될 예정입니다. 본원 홈페이지는 PC 및 모바일 기기에서 모두 접속이 가능하며, 게시판 공지 외에도 개별 문자 알림(SMS)을 통해 결과가 안내될 수 있습니다.

다. 또한 인터넷 접속이 어려운 수험생은 ARS(자동 응답 시스템)를 통해 결과를 확인할 수 있으며, 전화(774-0123) 문의도 가능합니다.

♠ Reference

Jung, L. Taco,. (2025). Comparison Study between Lifelong, *Instructor*. 89-90.

Smith, K. R. (2025). Technical Curriculum Analysis for Digital Skills, *Educator*. 76-78.

---

[1] 한국대학교 공식 발표 자료에 따름

발표일은 12월 2일임

상시 공략문제 04회

연습파일 : [26]이기적워드올인원₩PART 03. 상시 공략문제 폴더의 '상시 공략문제 04회' 파일로 편집 기능만 빠르게 연습할 수 있습니다.

과목	제한시간
문서편집기능	30분

C형

수험번호 :

성　　명 :

········· **다음 쪽의 문서를 아래 지시사항에 따라 작성하시오** ·········

- 작성된 답안의 파일은 지정된 경로 및 파일명을 변경하지 마시고 저장해야 합니다. 이를 준수하지 않으면 실격 처리됩니다.
- 편집 용지
  - 용지 종류는 A4 용지(210mm×297mm) 1매에 용지 방향을 세로로 설정하여 문서를 작성하시오.
  - 용지 여백은 왼쪽·오른쪽은 20mm, 위쪽·아래쪽은 10mm, 머리말·꼬리말은 10mm, 기타 여백은 0mm로 지정하시오.
- 문서의 본문은 1단에서 2단으로 변하는 모양으로 편집하되, 단 간격은 8mm, 구분선은 파선 0.12mm로 설정하시오.
- 글자 모양
  - 글꼴은 별도의 지시가 없는 한 한글 2022의 기본값으로 작성하시오.
  - 영문, 숫자, 기호 등은 별도의 지시가 없는 한 자판에 있는 문자를 사용하시오.
- 문단 모양
  - 정렬 방식, 여백 등은 문단 모양 기능을 이용하여 작성하시오.
  - 문단 모양은 별도의 지시가 없는 한 한글 2022의 기본값으로 작성하시오.
  - 사이 줄 띄우기는 각 1줄만, 사이 띄우기는 1칸만 띄우시오.
- 표에서 내용의 정렬 방법
  (제목 행과 '합계(평균)' 셀은 가운데 정렬, 나머지는 열 단위를 기준으로 아래와 같이 정렬)
  - 내용의 길이가 서로 다른 문자의 경우 왼쪽 정렬
  - 내용의 길이가 서로 다른 숫자의 경우 오른쪽 정렬
  - 내용의 길이가 서로 같을 경우 문자, 숫자 상관없이 가운데 정렬
- 색상은 '기본' 테마가 포함된 색상 팔레트를 사용하시오.
- 각 항목은 별도의 지시가 없는 한 주어진 문서에 기준하여 작성하시오.
- 각 항목은 별도의 지시가 없는 한 기본 설정값으로 처리하시오.
- 문제에 제시된 지시사항은 작성하지 않음.

대 한 상 공 회 의 소

1. 다단 설정	모양 – 둘, 구분선 – 구분선 넣기, 적용 범위 – 새 다단으로
2. 쪽 테두리	• 선의 종류 및 굵기 : 이중 실선 0.5mm, 위 · 아래 • 위치 : 쪽 기준, 왼쪽 · 오른쪽 · 위쪽 · 아래쪽 모두 5mm
3. 글상자	• 크기 : 너비 170mm, 높이 25mm, 크기 고정 • 위치 : 본문과의 배치 – 자리 차지, 가로 – 종이의 가운데 0mm, 세로 – 종이의 위 20mm • 바깥 여백 : 아래쪽 5mm • 선 속성 : 검정(RGB:0,0,0), 실선 0.3mm • 색 채우기 : 하늘색(RGB:97,130,214) 80% 밝게
4. 제목	• 제목(1) : HY나무M, 15pt, 장평(95%), 자간(5%), 진하게, 초록(RGB:40,155,110) 50% 어둡게, 가운데 정렬 • 제목(2) : 여백 – 왼쪽(330pt), 줄 간격(130%), 문단 위(1pt)
5. 누름틀	입력할 내용의 안내문 : '이름 직위', 입력 데이터 : '고아람 경제분석실장'
6. 그림	• 경로 : [26]이기적워드올인원₩그림₩경제.JPG, 문서에 포함 • 크기 : 너비 30mm, 높이 20mm • 위치 : 본문과의 배치 – 글 앞으로, 가로 – 종이의 왼쪽 25mm, 세로 – 종이의 위 23mm
7. 스타일 (2개소 수정, 3개소 등록)	• 개요 1(수정) : 여백 – 왼쪽(0pt), 한컴 윤고딕 740, 12pt, 진하게 • 개요 2(수정) : 여백 – 왼쪽(15pt) • 표제목(등록) : 스타일 이름 – 표제목, 스타일 종류 – 문단, 가운데 정렬, 양재인장체M, 진하게 • 참고문헌 1(등록) : 스타일 이름 – 참고문헌 1, 스타일 종류 – 문단, 들여쓰기(15pt) • 참고문헌 2(등록) : 스타일 이름 – 참고문헌 2, 스타일 종류 – 글자, 그림자
8. 문단 첫 글자 장식	• 모양 : 2줄, 글꼴 : 맑은 고딕, 면 색 : 빨강(RGB:255,0,0) 50% 어둡게, 본문과의 간격 : 3mm • 글자 색 : 연한 노랑(RGB:250,243,219)
9. 각주	글자 모양 : 함초롬돋움, 번호 모양 : 아라비아 숫자, 뒷 장식 문자 : :
10. 하이퍼링크	• 'e – 나라지표, %'에 하이퍼링크 설정 • 연결 대상 : 웹 주소 – 'https://index.go.kr'
11. 표	• 크기 : 너비 78mm~80mm, 높이 33mm~34mm • 위치 : 글자처럼 취급 • 전체 행 : 셀 높이를 같게 • 모든 셀의 안 여백 : 왼쪽 · 오른쪽 2mm • 테두리 : 표 안쪽은 실선(0.12mm), 표 바깥의 위쪽과 아래쪽은 실선(0.4mm), 표 바깥의 왼쪽과 오른쪽은 없음, 평균 행 위쪽은 굵고 얇은 이중선(0.5mm) • 제목 행 : 셀 배경 색 – 빨강(RGB:255,0,0) 40% 밝게, 글자 모양 – 한컴 윤고딕 720, 진하게, 하양(RGB:255,255,255) • 평균 행 : 셀 배경 색 – 탁한 황갈(RGB:131,77,0) 80% 밝게, 글자 모양 – 진하게 • 문단의 정렬 방식 : 가운데 정렬
12. 블록 계산식	표의 평균 행에 블록 계산식을 이용하여 블록 평균 산출
13. 캡션	표 위에 삽입
14. 차트	• 차트의 모양 : 이중 축 혼합형(누적 세로 막대형, 꺾은선형), 차트 계열색 : 색상 조합 색2 • 차트의 크기 : 너비 80mm, 높이 70mm, 크기 고정 • 위치 : 본문과의 배치 – 자리 차지, 가로 – 단의 가운데 0mm, 세로 – 문단의 위 0mm • 바깥 여백 : 위쪽 5mm, 아래쪽 8mm • 값 축, 항목 축, 보조 값 축, 범례의 글꼴 설정 : 9pt • 표의 아래 단락에 배치 ※ 혼합형 차트는 차트 종류와 속성을 이용하여 구성하시오.
15. 쪽 번호	번호 위치 : 가운데 아래, 모양 : 한자 숫자, 줄표 넣기 선택, 시작 번호 지정
16. 머리말	• 제목 : 한컴산뜻돋움, 진하게, 하늘색(RGB:97,130,214) 50% 어둡게 • 날짜 : 탭 설정, 종류 – 오른쪽, 탭 위치 – 16.9cm
17. 꼬리말	한컴 윤고딕 740, 진하게, 보라(RGB:157,92,187) 50% 어둡게, 왼쪽 정렬

경제 흐름과 반등 국면

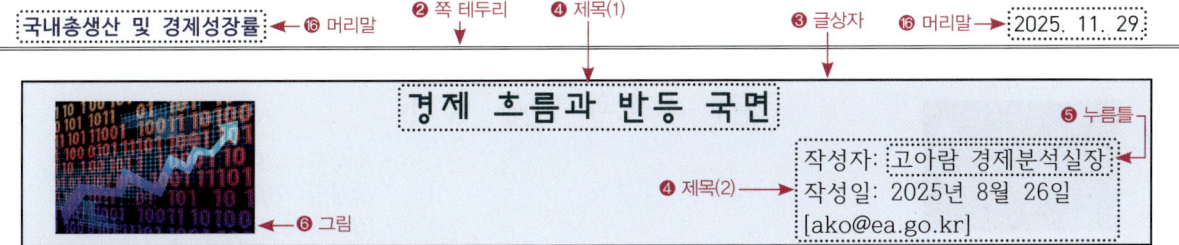

작성자: 고아람 경제분석실장
작성일: 2025년 8월 26일
[ako@ea.go.kr]

1. U자형, W자형 전망

V자형이냐, L자형이냐로 엇갈리던 경기전망(Business Forecast)이 'U자형이냐, W자형이냐'로 바뀌고 있다. 올해 경제성장 전망(展望)이 5~6%에서 4%대로 하향 조정되면서 상반기 회복을 전제로 했던 급속한 경기 회복을 의미하는 V자형의 낙관론(Optimistic View)은 이미 힘을 잃었다. 그렇다고 침체 터널(Stagnation Tunnel)이 하염없이 계속되는 일본식 장기불황, 즉 L자형(반등이 없는 불황 지속)도 현실화할 가능성은 크지 않다.

산업활동동향 증가율
(단위: e-나라지표, %)

구분	작년 1분기	올해 4분기	비중
투자	-2.2	8.7	23.4
생산	4.7	6.3	12.6
판매	2.3	2.9	18.8
기타	5.1	9.1	8.7
평균	2.5	6.8	

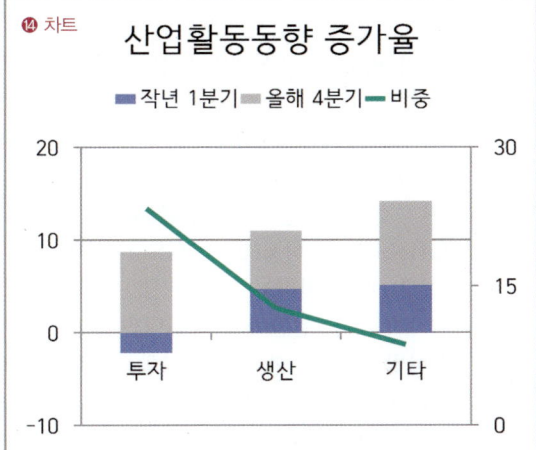

2. 통계상의 분석과 반응

가. 관심은 U자형과 W자형이다. U자형은 바닥에서 서서히 되살아나는 'Slow Type' 경기, W자형은 일시적으로 회복 조짐을 보이다가 다시 급하게 떨어지는 'Bungy-Jump Type' 경기를 의미(意味)한다.

나. 통계청이 최근 발표(發表)한 '산업활동동향'에 따르면 경기선행종합지수는 전달보다 0.1% 포인트 상승, 16개월 만에 플러스(Plus)로 반전돼 경기전망을 밝게 했다.

3. 경기 회복의 변수

가. 산업생산 증가율은 전년 동기 대비 8.6% 증가하여, 제로성장에 머물렀던 전월(0.1%)보다 크게 높아졌고 출하증가율(Shipments Growth)도 4.4% 증가했다. 소비/투자(Consumption/Investment) 부문의 냉기는 여전하다. 지난달 설비투자 증가율은 마이너스 5.3%로 여전히 부진했다. 기획재정부 당국자는 "회복 조짐은 있지만 낙관할 단계는 아니다"라고 조심스러운 반응(反應)을 보였다.

나. 결국 회복징후는 분명히 존재하지만, 장래(Future)는 불투명하며 속도도 아주 더딜 것이란 것이 일반적 관측(觀測)이다. 변수(Variables)는 미국(United States)의 정착륙이고, 다른 하나는 국내의 HD건설이다.

다. 두 가지 모두 원만하게 풀린다면 국내 경기는 하반기 이후 본격적인 성장국면(Growth Phase)에 접어드는 U자형으로 갈 것이다. 만약 하나라도 꼬인다면 지금의 회복 조짐은 일시적 반등에 그쳐 다시 고꾸라지는 W자형이 불가피할 전망(Forecasts)이다.

★ Reference

Nunny, Y. et al. (2026). Impact of Economic Outlook. Decision. 12(9). 76-83.

Kang, S. (2026). Signs of Economic Recovery. Decision. 12(10). 84-89.

1: 국가지표체계

국내총생산 및 경제성장률   2025. 11. 29.

경제 흐름과 반등 국면

작성자: 고아람 경제분석실장
작성일: 2025년 8월 26일
[ako@ea.go.kr]

1. U자형, W자형 전망

V 자형이냐, L자형이냐로 엇갈리던 경기전망(Business Forecast)이 'U자형이냐, W자형이냐'로 바뀌고 있다. 올해 경제성장 전망(展望)이 5~6%에서 4%대로 하향 조정되면서 상반기 회복을 전제로 했던 급속한 경기 회복을 의미하는 V자형의 낙관론(Optimistic View)은 이미 힘을 잃었다. 그렇다고 침체 터널(Stagnation Tunnel)이 하염없이 계속되는 일본식 장기불황, 즉 L자형(반등이 없는 불황 지속)도 현실화할 가능성은 크지 않다.

산업활동동향 증가율

(단위: e-나라지표, %)

구분	작년 1분기	올해 4분기	비중
투자	-2.2	8.7	23.4
생산	4.7	6.3	12.6
판매	2.3	2.9	18.8
기타	5.1	9.1	8.7
평균	2.5	6.8	

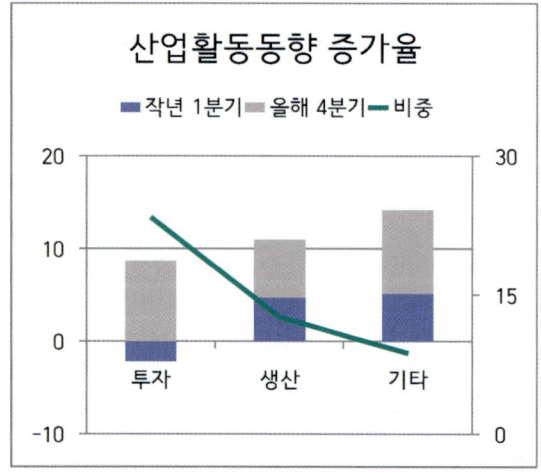

2. 통계상의 분석과 반응

가. 관심은 U자형과 W자형이다. U자형은 바닥에서 서서히 되살아나는 'Slow Type' 경기, W자형은 일시적으로 회복 조짐을 보이다가 다시 급하게 떨어지는 'Bungy-Jump Type' 경기를 의미(意味)한다.

나. 통계청이 최근 발표(發表)한 '산업활동동향'에 따르면 경기선행종합지수는 전달보다 0.1% 포인트 상승, 16개월 만에 플러스(Plus)로 반전돼 경기전망을 밝게 했다.

3. 경기 회복의 변수

가. 산업생산 증가율은 전년 동기 대비 8.6% 증가하여, 제로성장에 머물렀던 전월(0.1%)보다 크게 높아졌고 출하증가율(Shipments Growth)도 4.4% 증가했다. 소비/투자(Consumption/Investment) 부문의 냉기는 여전하다. 지난달 설비투자 증가율은 마이너스 5.3%로 여전히 부진했다. 기획재정부 당국자는 "회복 조짐은 있지만 낙관할 단계는 아니다"라고 조심스러운 반응(反應)을 보였다.

나. 결국 회복징후는 분명히 존재하지만, 장래(Future)는 불투명하며 속도도 아주 더딜 것이란 것이 일반적 관측(觀測)이다. 변수(Variables)는 미국(United States)의 정착륙이고, 다른 하나는 국내의 HD건설이다.

다. 두 가지 모두 원만하게 풀린다면 국내 경기는 하반기 이후 본격적인 성장국면(Growth Phase)에 접어드는 U자형으로 갈 것[1]이다. 만약 하나라도 꼬인다면 지금의 회복 조짐은 일시적 반등에 그쳐 다시 고꾸라지는 W자형이 불가피할 전망(Forecasts)이다.

★ Reference
Nunny, Y. et al. (2026). Impact of Economic Outlook, Decision. 12(9). 76-83.
Kang, S. (2026). Signs of Economic Recovery. Decision. 12(10). 84-89.

---
[1]: 국가지표체계

상시 공략문제 05회

연습파일: [26]이기적워드올인원₩PART 03. 상시 공략문제 폴더의 '상시 공략문제 05회' 파일로 편집 기능만 빠르게 연습할 수 있습니다.

과목	제한시간
문서편집기능	30분

수험번호: _____

성   명: _____

다음 쪽의 문서를 아래 지시사항에 따라 작성하시오

- 작성된 답안의 파일은 지정된 경로 및 파일명을 변경하지 마시고 저장해야 합니다. 이를 준수하지 않으면 실격 처리됩니다.
- 편집 용지
  - 용지 종류는 A4 용지(210mm×297mm) 1매에 용지 방향을 세로로 설정하여 문서를 작성하시오.
  - 용지 여백은 왼쪽·오른쪽은 20mm, 위쪽·아래쪽은 10mm, 머리말·꼬리말은 10mm, 기타 여백은 0mm로 지정하시오.
- 문서의 본문은 2단으로 편집하되, 단 간격은 8mm, 구분선은 실선 0.2mm로 설정하시오.
- 글자 모양
  - 글꼴은 별도의 지시가 없는 한 한글 2022의 기본값으로 작성하시오.
  - 영문, 숫자, 기호 등은 별도의 지시가 없는 한 자판에 있는 문자를 사용하시오.
- 문단 모양
  - 정렬 방식, 여백 등은 문단 모양 기능을 이용하여 작성하시오.
  - 문단 모양은 별도의 지시가 없는 한 한글 2022의 기본값으로 작성하시오.
  - 사이 줄 띄우기는 각 1줄만, 사이 띄우기는 1칸만 띄우시오.
- 표에서 내용의 정렬 방법
  (제목 행과 '합계(평균)' 셀은 가운데 정렬, 나머지는 열 단위를 기준으로 아래와 같이 정렬)
  - 내용의 길이가 서로 다른 문자의 경우 왼쪽 정렬
  - 내용의 길이가 서로 다른 숫자의 경우 오른쪽 정렬
  - 내용의 길이가 서로 같을 경우 문자, 숫자 상관없이 가운데 정렬
- 색상은 '기본' 테마가 포함된 색상 팔레트를 사용하시오.
- 각 항목은 별도의 지시가 없는 한 주어진 문서에 기준하여 작성하시오.
- 각 항목은 별도의 지시가 없는 한 기본 설정값으로 처리하시오.
- 문제에 제시된 지시사항은 작성하지 않음.

대 한 상 공 회 의 소

B형 다음 쪽의 문서를 아래의 〈세부지시사항〉에 따라 작성하시오.

항목	내용
1. 쪽 테두리	• 선의 종류 및 굵기 : 실선 0.5mm, 모두 • 위치 : 쪽 기준, 왼쪽·오른쪽·위쪽·아래쪽 모두 5mm
2. 글상자	• 크기 : 너비 165mm, 높이 26mm, 크기 고정 • 위치 : 본문과의 배치 – 자리 차지, 가로 – 종이의 가운데 0mm, 세로 – 종이의 위 20mm • 바깥 여백 : 아래쪽 5mm • 선 속성 : 검정(RGB:0,0,0), 이중 실선 0.4mm • 색 채우기 : 보라(RGB:157,92,187) 80% 밝게
3. 제목	• 제목(1) : 한컴 소망 M, 15pt, 장평(105%), 자간(10%), 진하게, 남색(RGB:58,60,132) 25% 어둡게, 가운데 정렬 • 제목(2) : 여백 – 왼쪽(330pt), 줄 간격(120%), 문단 위(2pt), 문단 아래(2pt)
4. 누름틀	입력할 내용의 안내문 : '년-월-일', 입력 데이터 : '2025-7-23'
5. 그림	• 경로 : [26]이기적워드올인원₩그림₩역할.TIF, 문서에 포함 • 크기 : 너비 25mm, 높이 20mm • 위치 : 본문과의 배치 – 글 앞으로, 가로 – 종이의 왼쪽 25mm, 세로 – 종이의 위 22mm
6. 스타일 (2개소 수정, 3개소 등록)	• 개요 1(수정) : 여백 – 왼쪽(0pt), HY강B, 12pt, 진하게 • 개요 2(수정) : 여백 – 왼쪽(15pt) • 표제목(등록) : 스타일 이름 – 표제목, 스타일 종류 – 문단, 가운데 정렬, HY견고딕, 12pt, 진하게 • 참고문헌 1(등록) : 스타일 이름 – 참고문헌 1, 스타일 종류 – 문단, 내어쓰기(15pt) • 참고문헌 2(등록) : 스타일 이름 – 참고문헌 2, 스타일 종류 – 글자, 기울임
7. 문단 첫 글자 장식	• 모양 : 3줄, 글꼴 : 맑은 고딕, 면 색 : 검은 군청(RGB:27,23,96) 25% 밝게, 본문과의 간격 : 4mm • 글자 색 : 연한 노랑(RGB:250,243,219) 10% 어둡게
8. 각주	글자 모양 : 굴림체, 번호 모양 : 아라비아 숫자
9. 하이퍼링크	• '국가별, %'에 하이퍼링크 설정 • 연결 대상 : 웹 주소 – 'http://www.humanrights.go.kr'
10. 표	• 크기 : 너비 78mm~80mm, 높이 33mm~34mm • 위치 : 글자처럼 취급 • 전체 행 : 셀 높이를 같게 • 모든 셀의 안 여백 : 왼쪽·오른쪽 2mm • 테두리 : 표 안쪽은 실선(0.12mm), 표 바깥의 위쪽과 아래쪽은 이중 실선(0.5mm), 표 바깥의 왼쪽과 오른쪽은 없음, 평균 행 위쪽은 실선(0.4mm) • 제목 행 : 셀 배경 색 – 초록(RGB:40,155,110) 25% 어둡게, 글자 모양 – 한컴 윤고딕 720, 진하게, 하양(RGB:255,255,255) • 평균 행 : 셀 배경 색 – 남색(RGB:51,51,153) 80% 밝게, 글자 모양 – 진하게 • 문단의 정렬 방식 : 가운데 정렬
11. 블록 계산식	표의 평균 행에 블록 계산식을 이용하여 블록 평균 산출
12. 캡션	표 아래에 삽입 후 오른쪽 정렬
13. 차트	• 차트의 모양 : 이중 축 혼합형(묶은 세로 막대형, 표식이 있는 꺾은선형) • 차트의 크기 : 너비 80mm, 높이 70mm, 크기 고정 • 위치 : 본문과의 배치 – 자리 차지, 가로 – 단의 가운데 0mm, 세로 – 문단의 위 0mm • 바깥 여백 : 위쪽 5mm, 아래쪽 7mm • 값 축, 항목 축, 보조 값 축, 범례의 글꼴 설정 : 9pt • 표의 아래 단락에 배치 ※ 혼합형 차트는 차트 종류와 속성을 이용하여 구성하시오.
14. 쪽 번호	번호 위치 : 오른쪽 아래, 모양 : 아라비아 숫자 원문자, 줄표 넣기 해제, 시작 번호 지정
15. 머리말	• 제목 : 한컴돋움, 10pt, 진하게, 초록(RGB:40,155,110) 25% 어둡게 • 날짜 : 탭 설정, 종류 – 오른쪽, 탭 위치 – 16.9cm
16. 꼬리말	한컴 윤고딕 250, 10pt, 밑줄, 에메랄드 블루(RGB:53,135,145) 25% 어둡게, 가운데 정렬

생활 속 장보기와 성역할

조사자: 사회부 김준용
조사일: 2025-7-23
(jykim@aij.kr)

1. 개요

10년 전 광고에서 '남자는 슈퍼마켓(Supermarket)으로, 여자는 회사로'라는 문구(Catchphrase)가 등장해 파격적이라는 평가를 받았다. 최근에는 보수적 문화가 강한 아시아 국가들에서도 가사와 소비 활동에 적극적으로 참여하는 남성이 늘고 있다. 실제로 '남성의 장보기 증가' 현상은 홍콩 리서치 회사(Hongkong Research Company)인 아시아마켓인텔리전스(Intelligence)가 10개국 남녀 1,000명을 대상으로 한 설문조사에서도 확인되었다.

장보는 남성 비율

구분	14년 12월	24년 12월	20년 증가율
일본	5.7	12.3	15.3
태국	36.9	50.9	23.6
중국	10.3	20.8	13.3
한국	26.2	38.1	12.7
평균	19.8	30.5	

(단위: 국가별, %)

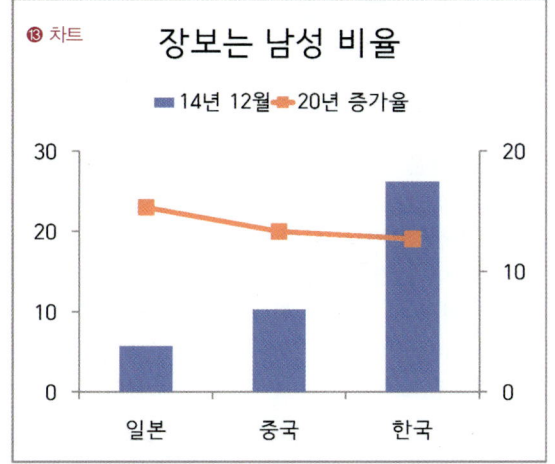

2. 국가별 특성

가. 남성이 식품 및 생필품 구매에 가장 적극적인 나라는 태국(The Kingdom Of Thailand)으로, 48%가 "직접 가족의 먹을거리를 고른다"고 답했다. 중국(China)과 대만(Taiwan)에서도 장보는 남성 비율이 45%와 43%나 됐다.

나. 특히 한국에서는 1년 사이 20%에서 30% 이상으로 껑충 뛰었다. 최근 '비마트 트레이더스(Bmart Traders)' 같은 대형 창고형 매장에서는 부부가 함께 장을 보는 모습이 흔해졌고, 온라인(Online)으로 식품을 장보는 남성 비율도 증가하는 추세(趨勢)다. 다만 여전히 많은 중년 남성들은 혼자 슈퍼마켓에 가는 데 익숙하지 않거나 부담을 느끼는 경향도 나타난다.

다. 이에 따라 세계 각국의 슈퍼마켓 판매 전략(Sales Strategy)도 소비자 특성에 맞춰 세분화되고 있다. 일본(Japan)의 '이토요카도(Ito Yokado)' 마케팅 책임자 다나카 히로시(Tanaka Hiroshi)는 "매장 곳곳에 프리미엄 맥주(Beer), 감자칩(Potato Chip), 육포(Jerky)처럼 남성 소비자가 충동구매하기 쉬운 제품들을 배치하겠다"고 말했다.

3. 여성의 사회 진출

가. 정부는 맞벌이 부부(Working Couple)와 저소득층 여성을 위한 근본적인 발전방안을 마련할 계획(計劃)이어서 앞으로 여성의 사회 진출은 더욱 확산될 것으로 전망(展望)된다.

나. 여성단체 한 관계자는 "여성들이 여전히 유리천장(Glass Ceiling)에 부딪혀 고위직 진출이나 경력 지속에 어려움을 겪고 있다"며, "여성 고용 확대 기업에 인센티브(Incentives)를 제공하는 등 정책적 지원이 병행(竝行)되어야 한다"고 강조했다.

★ Reference

Study on Women,. (2025). *Social Participation* in Korea. 19(2). 45-49.

Smith, L. M. (2025). Policy Response to Women Workforce Participation, Gender Policy Review. 19(2). 50-55.

---

1) 출처: 국가통계포털

아시아정보소식지 2026. 2. 14.

생활 속 장보기와 성역할

조사자: 사회부 김준용
조사일: 2025-7-23
(jykim@aij.kr)

1. 개요

 10년 전 광고에서 '남자는 슈퍼마켓(Supermarket)으로, 여자는 회사로'라는 문구(Catchphrase)[1]가 등장해 파격적이라는 평가를 받았다. 최근에는 보수적 문화가 강한 아시아 국가들에서도 가사와 소비 활동에 적극적으로 참여하는 남성이 늘고 있다. 실제로 '남성의 장보기 증가' 현상은 홍콩 리서치 회사(Hongkong Research Company)인 아시아마켓인텔리전스(Intelligence)가 10개국 남녀 1,000명을 대상으로 한 설문조사에서도 확인되었다.

장보는 남성 비율

구분	14년 12월	24년 12월	20년 증가율
일본	5.7	12.3	15.3
태국	36.9	50.9	23.6
중국	10.3	20.8	13.3
한국	26.2	38.1	12.7
평균	19.8	30.5	

(단위: 국가별, %)

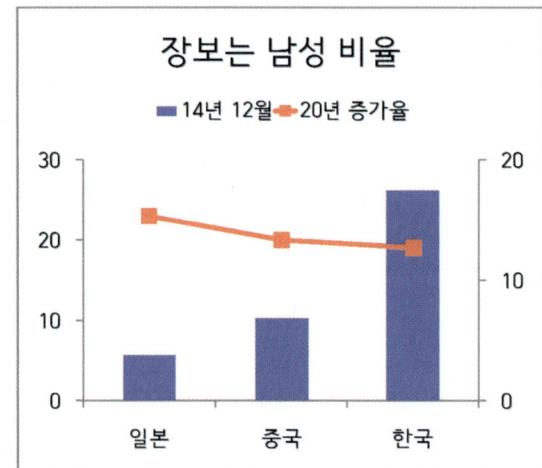

2. 국가별 특성

가. 남성이 식품 및 생필품 구매에 가장 적극적인 나라는 태국(The Kingdom Of Thailand)으로, 48%가 "직접 가족의 먹을거리를 고른다"고 답했다. 중국(China)과 대만(Taiwan)에서도 장보는 남성 비율이 45%와 43%나 됐다.

나. 특히 한국에서는 1년 사이 20%에서 30% 이상으로 껑충 뛰었다. 최근 '비마트 트레이더스(Bmart Traders)' 같은 대형 창고형 매장에서는 부부가 함께 장을 보는 모습이 흔해졌고, 온라인(Online)으로 식품을 장보는 남성 비율도 증가하는 추세(趨勢)다. 다만 여전히 많은 중년 남성들은 혼자 슈퍼마켓에 가는 데 익숙하지 않거나 부담을 느끼는 경향도 나타난다.

다. 이에 따라 세계 각국의 슈퍼마켓 판매 전략(Sales Strategy)도 소비자 특성에 맞춰 세분화되고 있다. 일본(Japan)의 '이토요카도(Ito Yokado)' 마케팅 책임자 다나카 히로시(Tanaka Hiroshi)는 "매장 곳곳에 프리미엄 맥주(Beer), 감자칩(Potato Chip), 육포(Jerky)처럼 남성 소비자가 충동구매하기 쉬운 제품들을 배치하겠다"고 말했다.

3. 여성의 사회 진출

가. 정부는 맞벌이 부부(Working Couple)와 저소득층 여성을 위한 근본적인 발전방안을 마련할 계획(計劃)이어서 앞으로 여성의 사회 진출은 더욱 확산될 것으로 전망(展望)된다.

나. 여성단체 한 관계자는 "여성들이 여전히 유리천장(Glass Ceiling)에 부딪혀 고위직 진출이나 경력 지속에 어려움을 겪고 있다"며, "여성 고용 확대 기업에 인센티브(Incentives)를 제공하는 등 정책적 지원이 병행(竝行)되어야 한다"고 강조했다.

★ Reference
Study on Women,. (2025). *Social Participation in Korea*. 19(2). 45-49.
Smith, L. M. (2025). Policy Response to Women Workforce Participation, *Gender Policy Review*. 19(2). 50-55.

---
1) 출처: 국가통계포털

상시 공략문제 06회

연습파일 : [26]이기적워드올인원₩PART 03. 상시 공략문제 폴더의 '상시 공략문제 06회' 파일로 편집 기능만 빠르게 연습할 수 있습니다.

과목	제한시간
문서편집기능	30분

수험번호 :

성   명 :

·········· **다음 쪽의 문서를 아래 지시사항에 따라 작성하시오** ··········

- 작성된 답안의 파일은 지정된 경로 및 파일명을 변경하지 마시고 저장해야 합니다. 이를 준수하지 않으면 실격 처리됩니다.
- 편집 용지
  ○ 용지 종류는 A4 용지(210mm×297mm) 1매에 용지 방향을 세로로 설정하여 문서를 작성하시오.
  ○ 용지 여백은 왼쪽·오른쪽은 20mm, 위쪽·아래쪽은 10mm, 머리말·꼬리말은 10mm, 기타 여백은 0mm로 지정하시오.
- 문서의 본문은 2단으로 편집하되, 단 간격은 8mm로 설정하시오.
- 글자 모양
  ○ 글꼴은 별도의 지시가 없는 한 한글 2022의 기본값으로 작성하시오.
  ○ 영문, 숫자, 기호 등은 별도의 지시가 없는 한 자판에 있는 문자를 사용하시오.
- 문단 모양
  ○ 정렬 방식, 여백 등은 문단 모양 기능을 이용하여 작성하시오.
  ○ 문단 모양은 별도의 지시가 없는 한 한글 2022의 기본값으로 작성하시오.
  ○ 사이 줄 띄우기는 각 1줄만, 사이 띄우기는 1칸만 띄우시오.
- 표에서 내용의 정렬 방법
  (제목 행과 '합계(평균)' 셀은 가운데 정렬, 나머지는 열 단위를 기준으로 아래와 같이 정렬)
  ○ 내용의 길이가 서로 다른 문자의 경우 왼쪽 정렬
  ○ 내용의 길이가 서로 다른 숫자의 경우 오른쪽 정렬
  ○ 내용의 길이가 서로 같을 경우 문자, 숫자 상관없이 가운데 정렬
- 색상은 '기본' 테마가 포함된 색상 팔레트를 사용하시오.
- 각 항목은 별도의 지시가 없는 한 주어진 문서에 기준하여 작성하시오.
- 각 항목은 별도의 지시가 없는 한 기본 설정값으로 처리하시오.
- 문제에 제시된 지시사항은 작성하지 않음.

대 한 상 공 회 의 소

B형 다음 쪽의 문서를 아래의 〈세부지시사항〉에 따라 작성하시오.

1. 쪽 테두리	• 선의 종류 및 굵기 : 이중 실선 0.5mm, 위·아래 • 위치 : 쪽 기준, 왼쪽·오른쪽·위쪽·아래쪽 모두 5mm
2. 글상자	• 크기 : 너비 170mm, 높이 27mm, 크기 고정 • 위치 : 본문과의 배치 – 자리 차지, 가로 – 종이의 가운데 0mm, 세로 – 종이의 위 20mm • 바깥 여백 : 아래쪽 8mm • 선 속성 : 검정(RGB:0,0,0), 실선 0.4mm • 색 채우기 : 탁한 황갈(RGB:131,77,0) 80% 밝게
3. 제목	• 제목(1) : 한컴산뜻돋움, 15pt, 장평(105%), 자간(-5%), 진하게, 루비색(RGB:199,82,82) 25% 어둡게, 가운데 정렬 • 제목(2) : 여백 – 왼쪽(330pt), 줄 간격(130%), 문단 위(1pt), 문단 아래(1pt)
4. 누름틀	입력할 내용의 안내문 : '0000. 0. 0.', 입력 데이터 : '2025. 4. 1.'
5. 그림	• 경로 : [26]이기적워드올인원₩그림₩고용.PNG, 문서에 포함 • 크기 : 너비 30mm, 높이 18mm • 위치 : 본문과의 배치 – 글 앞으로, 가로 – 종이의 왼쪽 23mm, 세로 – 종이의 위 23mm • 회전 : 좌우 대칭
6. 스타일 (2개소 수정, 3개소 등록)	• 개요 1(수정) : 여백 – 왼쪽(0pt), 한컴 윤고딕 740, 13pt, 진하게 • 개요 2(수정) : 여백 – 왼쪽(15pt) • 표제목(등록) : 스타일 이름 – 표제목, 스타일 종류 – 문단, 가운데 정렬, 한컴 윤고딕 760, 진하게 • 참고문헌 1(등록) : 스타일 이름 – 참고문헌 1, 스타일 종류 – 문단, 들여쓰기(5pt) • 참고문헌 2(등록) : 스타일 이름 – 참고문헌 2, 스타일 종류 – 글자, 기울임
7. 문단 첫 글자 장식	• 모양 : 3줄, 글꼴 : 함초롬돋움, 면 색 : 밝은 연두색(RGB:186,255,26), 본문과의 간격 : 3mm • 글자 색 : 검정(RGB:0,0,0) 35% 밝게
8. 각주	글자 모양 : 돋움체, 번호 모양 : 알파벳 소문자
9. 하이퍼링크	• '교육부 통계 참고 및 변형'에 하이퍼링크 설정 • 연결 대상 : 웹 주소 – 'https://www.index.go.kr'
10. 표	• 크기 : 너비 78mm~80mm, 높이 33mm~34mm • 위치 : 글자처럼 취급 • 전체 행 : 셀 높이를 같게 • 모든 셀의 안 여백 : 왼쪽·오른쪽 2mm • 테두리 : 표 안쪽은 실선(0.12mm), 표 바깥의 위쪽과 아래쪽은 실선(0.5mm), 표 바깥의 왼쪽과 오른쪽은 없음, 합계 행 위쪽은 얇고 굵은 이중선(0.5mm) • 제목 행 : 셀 배경 색 – 시멘트색(RGB:178,178,178) 25% 어둡게, 글자 모양 – HY강M, 진하게, 하양(RGB:255,255,255) • 합계 행 : 셀 배경 색 – 빨강(RGB:255,0,0) 80% 밝게, 글자 모양 – 진하게 • 문단의 정렬 방식 : 가운데 정렬
11. 블록 계산식	표의 합계 행에 블록 계산식을 이용하여 블록 합계 산출
12. 캡션	표 아래에 삽입 후 오른쪽 정렬
13. 차트	• 차트의 모양 : 2차원 원형, 차트 계열색 : 단색 조합 색5 • 도형 채우기 : 보라(RGB:157,92,187) • 데이터 레이블 : 백분율(%), 안쪽 끝에, 글자 채우기 : 밝은 색 • 차트의 크기 : 너비 80mm, 높이 80mm, 크기 고정 • 위치 : 본문과의 배치 – 자리 차지, 가로 – 단의 가운데 0mm, 세로 – 문단의 위 0mm • 바깥 여백 : 위쪽 5mm, 아래쪽 8mm • 제목의 글꼴 설정 : 한컴산뜻돋움, 진하게 • 데이터 레이블, 범례의 글꼴 설정 : 9pt • 표의 아래 단락에 배치
14. 쪽 번호	번호 위치 : 가운데 아래, 모양 : 로마자 대문자 숫자, 줄표 넣기 선택, 시작 번호 지정
15. 머리말	• 제목 : 맑은 고딕, 10pt, 진하게, 남색(RGB:51,51,153) 25% 어둡게, 줄 간격 120% • 날짜 : 탭 설정, 종류 – 오른쪽, 탭 위치 – 16.9cm
16. 꼬리말	한컴돋움, 10pt, 진하게, 보라(RGB:128,0,128) 5% 밝게, 오른쪽 정렬

졸업자 고용 통계 조사 결과 발표　　　　　　2025. 11. 3

취업 시장과 청년 고용

분석일: 2025. 4. 1.
분석자: 이연희 취업담당자
[yeonhee@sku.ac.kr]

1. 개요

고등학교, 전문대, 4년제 대학을 졸업한 청년층의 고용(雇用) 실태를 분석한 결과, 여전히 취업(就業)을 희망하면서도 일자리를 확보하지 못한 미취업자(Unemployed)가 15만 명을 초과한 것으로 나타났다. 특히 고졸 및 전문대 졸업자의 고용률은 하락세(Downward Trend)를 보이며, 일부 특정 전공자 및 계약직 중심의 단기 고용만 증가한 것으로 나타났다.

졸업생 고용률 추이

구분	고졸	2년제대졸	4년제대졸
대기업	32	56	3,651
중소기업	95	150	1,530
계약직	256	394	232
취업준비생	861	231	156
합계	1,244	831	5,569

(단위: 대학졸업자 고용률, 명)

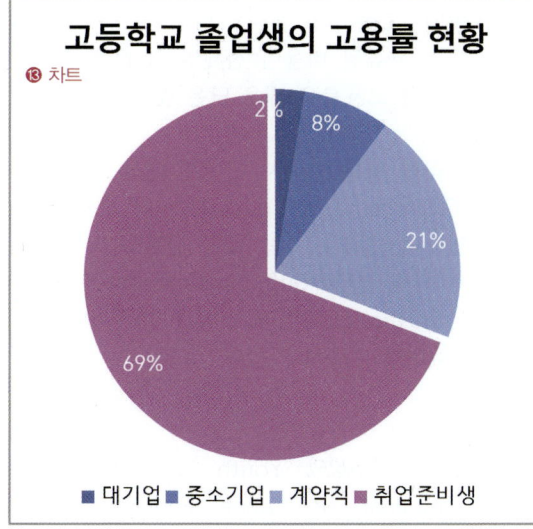

고등학교 졸업생의 고용률 현황

2. 고용률 분석 결과 보고

가. 청년 고용 현황(Employment Status)은 학력에 따라 뚜렷한 차이를 보인다. 고졸자는 중소기업 및 계약직 채용 비율이 높고, 대기업 취업률은 낮은 수준이다. 반면 4년제 대학 졸업자의 경우 대기업 취업 비중이 상대적으로 높지만, 전체 졸업자 중 취업준비생 비율도 상당히 높은 편이다.

나. 또한 계약직 고용 비율이 여전히 전체 고용의 약 20%를 차지하며 고용 안정성(Job Security)에 대한 우려가 지속되고 있다. 전문대 졸업자의 경우 중소기업 고용 의존도(Dependency)가 높아 경력 개발 및 근속 유지에 한계가 있다는 분석(分析)도 있다.

3. 고용률 추이

가. 최근 4년제 대학 및 전문대 졸업자 총 39만 5,000여 명 중 약 23만 3,000여 명만이 일자리를 확보(確保)하였으며, 이 중 약 5만 명 이상이 계약직 형태로 취업한 것으로 나타났다. 평균적으로는 전문대 졸업생이 가장 높은 고용률을 기록한 것으로 조사되었다.

나. 반면, 고졸자의 경우 계약직 및 취업준비생으로 분류된 비율이 전체의 약 60%에 달해 실질적 고용률은 매우 낮은 것으로 조사되었다.

다. 이러한 상황 속에서 청년층 대상 일자리 부족(Shortage of Youth Jobs)이 장기화되고 있으며, 정부는 청년 고용 안정을 위한 맞춤형 지원 대책(Youth Employment Support Program)을 마련하고 유관 기관과의 협의(協議)를 지속하고 있다.

♣ Reference

Kim, J. W. (2025). Youth labor trends in Korea. Journal of Labor Economics and Policy, 17(2). 45-58.

Park, M. H. (2026). Policies for youth employment, Korean Journal of Employment Studies. 14(4). 31-42.

a 교육부 통계 참고 및 변형

대학 알리미 통계 깊게 보기

졸업자 고용 통계 조사 결과 발표   2025. 11. 3.

취업 시장과 청년 고용

분석일: 2025. 4. 1.
분석자: 이연희 취업담당자
[yeonhee@sku.ac.kr]

1. 개요

고등학교, 전문대, 4년제 대학을 졸업한 청년층의 고용(雇用) 실태를 분석한 결과, 여전히 취업(就業)을 희망하면서도 일자리를 확보하지 못한 미취업자(Unemployed)가 15만 명을 초과한 것으로 나타났다. 특히 고졸 및 전문대 졸업자의 고용률은 하락세(Downward Trend)를 보이며, 일부 특정 전공자 및 계약직 중심의 단기 고용만 증가한 것으로 나타났다.

졸업생 고용률 추이[a]

구분	고졸	2년제대졸	4년제대졸
대기업	32	56	3,651
중소기업	95	150	1,530
계약직	256	394	232
취업준비생	861	231	156
합계	1,244	831	5,569

(단위: 대학졸업자 고용률, 명)

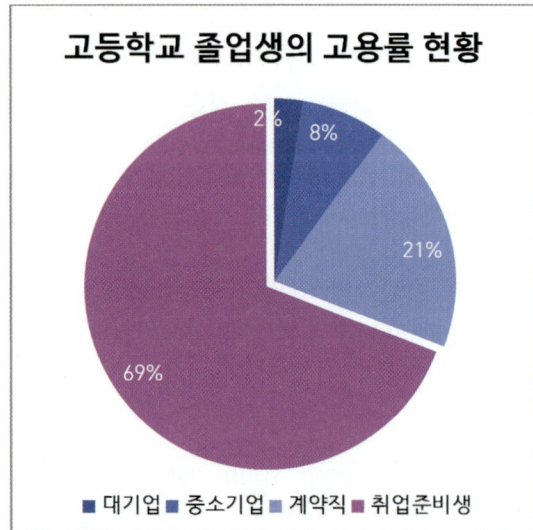

2. 고용률 분석 결과 보고

가. 청년 고용 현황(Employment Status)은 학력에 따라 뚜렷한 차이를 보인다. 고졸자는 중소기업 및 계약직 채용 비율이 높고, 대기업 취업률은 낮은 수준이다. 반면 4년제 대학 졸업자의 경우 대기업 취업 비중이 상대적으로 높지만, 전체 졸업자 중 취업준비생 비율도 상당히 높은 편이다.

나. 또한 계약직 고용 비율이 여전히 전체 고용의 약 20%를 차지하며 고용 안정성(Job Security)에 대한 우려가 지속되고 있다. 전문대 졸업자의 경우 중소기업 고용 의존도(Dependency)가 높아 경력 개발 및 근속 유지에 한계가 있다는 분석(分析)도 있다.

3. 고용률 추이

가. 최근 4년제 대학 및 전문대 졸업자 총 39만 5,000여 명 중 약 23만 3,000여 명만이 일자리를 확보(確保)하였으며, 이 중 약 5만 명 이상이 계약직 형태로 취업한 것으로 나타났다. 평균적으로는 전문대 졸업생이 가장 높은 고용률을 기록한 것으로 조사되었다.

나. 반면, 고졸자의 경우 계약직 및 취업준비생으로 분류된 비율이 전체의 약 60%에 달해 실질적 고용률은 매우 낮은 것으로 조사되었다.

다. 이러한 상황 속에서 청년층 대상 일자리 부족(Shortage of Youth Jobs)이 장기화되고 있으며, 정부는 청년 고용 안정을 위한 맞춤형 지원 대책(Youth Employment Support Program)을 마련하고 유관 기관과의 협의(協議)를 지속하고 있다.

♣ Reference

Kim, J. W. (2025). Youth labor trends in Korea. Journal of Labor Economics and Policy, 17(2). 45-58.

Park, M. H. (2026). Policies for youth employment, Korean Journal of Employment Studies. 14(4). 31-42.

---
[a] 교육부 통계 참고 및 변형

상시 공략문제 07회

연습파일 : [26]이기적워드올인원₩PART 03. 상시 공략문제 폴더의 '상시 공략문제 07회' 파일로 편집 기능만 빠르게 연습할 수 있습니다.

과목	제한시간
문서편집기능	30분

C형

수험번호 :

성　　명 :

······················ **다음 쪽의 문서를 아래 지시사항에 따라 작성하시오** ······················

- 작성된 답안의 파일은 지정된 경로 및 파일명을 변경하지 마시고 저장해야 합니다. 이를 준수하지 않으면 실격 처리됩니다.
- 편집 용지
  ○ 용지 종류는 A4 용지(210mm×297mm) 1매에 용지 방향을 세로로 설정하여 문서를 작성하시오.
  ○ 용지 여백은 왼쪽·오른쪽은 20mm, 위쪽·아래쪽은 10mm, 머리말·꼬리말은 10mm, 기타 여백은 0mm로 지정하시오.
- 문서의 본문은 1단에서 2단으로 변하는 모양으로 편집하되, 단 간격은 8mm, 구분선은 이중 실선 0.4mm로 설정하시오.
- 글자 모양
  ○ 글꼴은 별도의 지시가 없는 한 한글 2022의 기본값으로 작성하시오.
  ○ 영문, 숫자, 기호 등은 별도의 지시가 없는 한 자판에 있는 문자를 사용하시오.
- 문단 모양
  ○ 정렬 방식, 여백 등은 문단 모양 기능을 이용하여 작성하시오.
  ○ 문단 모양은 별도의 지시가 없는 한 한글 2022의 기본값으로 작성하시오.
  ○ 사이 줄 띄우기는 각 1줄만, 사이 띄우기는 1칸만 띄우시오.
- 표에서 내용의 정렬 방법
  (제목 행과 '합계(평균)' 셀은 가운데 정렬, 나머지는 열 단위를 기준으로 아래와 같이 정렬)
  ○ 내용의 길이가 서로 다른 문자의 경우 왼쪽 정렬
  ○ 내용의 길이가 서로 다른 숫자의 경우 오른쪽 정렬
  ○ 내용의 길이가 서로 같을 경우 문자, 숫자 상관없이 가운데 정렬
- 색상은 '기본' 테마가 포함된 색상 팔레트를 사용하시오.
- 각 항목은 별도의 지시가 없는 한 주어진 문서에 기준하여 작성하시오.
- 각 항목은 별도의 지시가 없는 한 기본 설정값으로 처리하시오.
- 문제에 제시된 지시사항은 작성하지 않음.

대 한 상 공 회 의 소

C형 — 다음 쪽의 문서를 아래의 〈세부지시사항〉에 따라 작성하시오.

1. 다단 설정	모양 – 둘, 구분선 – 구분선 넣기, 적용 범위 – 새 다단으로
2. 쪽 테두리	• 선의 종류 및 굵기 : 이점쇄선 0.12mm, 위·아래 • 위치 : 쪽 기준, 왼쪽·오른쪽·위쪽·아래쪽 모두 5mm
3. 글상자	• 크기 : 너비 170mm, 높이 25mm, 크기 고정 • 위치 : 본문과의 배치 – 자리 차지, 가로 – 종이의 가운데 0mm, 세로 – 종이의 위 20mm • 바깥 여백 : 아래쪽 8mm • 선 속성 : 검정(RGB:0,0,0), 실선 0.5mm • 색 채우기 : 주황(RGB:255,102,0) 80% 밝게
4. 제목	• 제목(1) : 한컴 윤고딕 230, 13pt, 장평(110%), 자간(-10%), 진하게, 하늘색(RGB:97,130,214) 25% 어둡게, 가운데 정렬, 문단 위(3pt) • 제목(2) : 여백 – 왼쪽(330pt), 줄 간격(130%), 문단 아래(1pt)
5. 누름틀	입력할 내용의 안내문 : '[이메일]', 입력 데이터 : '[이기적@word.com]'
6. 그림	• 경로 : [26]이기적워드올인원\그림\비타민.PNG, 문서에 포함 • 크기 : 너비 30mm, 높이 20mm • 위치 : 본문과의 배치 – 글 앞으로, 가로 – 종이의 왼쪽 25mm, 세로 – 종이의 위 23mm • 회전 : 상하 대칭
7. 스타일 (2개소 수정, 3개소 등록)	• 개요 1(수정) : 여백 – 왼쪽(0pt), 한컴돋움, 12pt, 진하게 • 개요 2(수정) : 여백 – 왼쪽(15pt) • 표제목(등록) : 스타일 이름 – 표제목, 스타일 종류 – 문단, 가운데 정렬, 함초롬돋움, 12pt, 진하게 • 참고문헌 1(등록) : 스타일 이름 – 참고문헌 1, 스타일 종류 – 문단, 들여쓰기(15pt) • 참고문헌 2(등록) : 스타일 이름 – 참고문헌 2, 스타일 종류 – 글자, 진하게
8. 문단 첫 글자 장식	• 모양 : 2줄, 글꼴 : 한컴 윤고딕 740, 면 색 : 남색(RGB:58,60,132), 본문과의 간격 : 3mm • 글자 색 : 하양(RGB:255,255,255)
9. 각주	글자 모양 : HY수평선M, 번호 모양 : 아라비아 숫자
10. 하이퍼링크	• '필요량과 섭취량, %'에 하이퍼링크 설정 • 연결 대상 : 웹 주소 – 'https://www.mohw.go.kr'
11. 표	• 크기 : 너비 78mm~80mm, 높이 33mm~34mm • 위치 : 글자처럼 취급 • 전체 행 : 셀 높이를 같게 • 모든 셀의 안 여백 : 왼쪽·오른쪽 2mm • 테두리 : 표 안쪽은 실선(0.12mm), 표 바깥의 위쪽과 아래쪽은 이중 실선(0.5mm), 표 바깥의 왼쪽과 오른쪽은 없음, 합계 행 위쪽은 실선(0.4mm) • 제목 행 : 셀 배경 색 – 주황(RGB:255,132,58) 25% 어둡게, 　　　　　글자 모양 – 함초롬돋움, 진하게, 하양(RGB:255,255,255) • 합계 행 : 셀 배경 색 – 초록(RGB:40,155,110) 80% 밝게, 글자 모양 – 진하게 • 문단의 정렬 방식 : 가운데 정렬
12. 블록 계산식	표의 합계 행에 블록 계산식을 이용하여 블록 합계 산출
13. 캡션	표 위에 삽입 후 오른쪽 정렬
14. 차트	• 차트의 모양 : 3차원 원형 • 데이터 레이블 : 값, 안쪽 끝에 • 차트의 크기 : 너비 80mm, 높이 65mm, 크기 고정 • 위치 : 본문과의 배치 – 자리 차지, 가로 – 단의 가운데 0mm, 세로 – 문단의 위 0mm • 바깥 여백 : 위쪽 5mm, 아래쪽 8mm • 제목의 글꼴 설정 : 돋움체, 진하게 • 데이터 레이블의 글꼴 설정 : 9pt • 표의 아래 단락에 배치
15. 쪽 번호	번호 위치 : 오른쪽 아래, 모양 : 로마자 대문자 숫자, 줄표 넣기 선택, 시작 번호 지정
16. 머리말	• 제목 : 한컴산뜻돋움, 진하게, 주황(RGB:255,132,58) 25% 어둡게 • 날짜 : 탭 설정, 종류 – 오른쪽, 탭 위치 – 16.9cm
17. 꼬리말	한컴산뜻돋움, 밑줄, 주황(RGB:255,132,58) 50% 어둡게, 왼쪽 정렬

적정 영양 섭취의 중요성

작성자: 황영진 의학박사
소속: 영진대학교 의과대학
[이기적@word.com]

1. 개요

국식품규격청(FSA)은 비타민(Vitamin)과 미네랄(Mineral)을 과량 섭취하면 오히려 인체에 유해(Harmfulness)할 수 있다는 내용을 발표하였으며 그 주요 내용(內容)은 다음과 같다. 대부분의 비타민과 미네랄의 섭취 수준은 해롭지 않지만, 일부 보충제의 함량 수준은 심각하다. 특히, 비타민과 무기질 보충제를 적정량을 초과하여 복용하는 추세여서 영양 과잉으로 인한 독성(Virulence) 문제가 우려된다.

1일 에너지 섭취량
(단위: 필요량과 섭취량, %)

구분	평균 필요량	평균 섭취량	비고
탄수화물	100	130	115
단백질	50	65	57
비타민A	570	800	685
나트륨	1,500	1,900	1,700
합계	2,220	2,895	

2. 적당한 영양 권장량 섭취

가. 식품의약품안전처에서는 일부 비타민의 과잉 섭취(Excessive Intake)에 의한 부작용을 우려하고 있다.

나. 특히, 크롬(Chromium) 보충 목적으로 사용되는 피콜린산 크롬(Chromium Picolinate)은 발암(The Production Of Cancer) 가능성이 있으므로 가급적 섭취(Intake)하지 말 것을 권고하고 있다.

3. 향후 조치 및 계획

가. 특수한 경우를 제외하고는 영양 권장량 수준으로 영양소(Nutritive Substance)를 섭취하는 것이 바람직하다. 제조업체(Manufacturer)는 이를 위해서 영양소 명칭, 함량 및 기준치에 대한 비율(%, 영양소 기준치) 등을 표시해야 한다.

나. 의약품과의 중복 관리로 인한 혼동을 방지하기 위하여 올해부터 영양 보충용 제품(Supplemental Nutrition Products)의 상한선을 고시할 계획(計劃)이다. 영양소 기준치를 보고 영양소가 하루에 섭취해야 할 분량에 비해 얼마나 들어있는지를 소비자(Consumer)가 쉽게 알 수 있다.

다. 짜고 기름진 맛에 대한 선호도는 나트륨과 지방의 섭취와 연관이 있을 수 있음을 시사했고, 또한 비만 및 대사증후군과의 상관관계가 있음을 보여주었다. 가장 중요한 것은 다양한 식품(食品)을 적당한 양으로 섭취함으로써 영양의 균형(Balance Of Nutrition)이 맞는 건강한 식생활을 누릴 수 있다.

◉ Reference

Marina, L. (2021). The Different of Body Composition, Vitamin, Fitness 35(2). 72-86.

Choi, H. J. (2024). Vitamin Intake and Physical Health, Health Nutrition. 36(1). 45-50.

---
1) 한국인 영양소 섭취 기준(KDRIs)

적정 영양 섭취의 중요성

작성자: 황영진 의학박사
소속: 영진대학교 의과대학
[이기적@word.com]

1. 개요

영 국식품규격청(FSA)은 비타민(Vitamin)과 미네랄(Mineral)을 과량 섭취하면 오히려 인체에 유해(Harmfulness)할 수 있다는 내용을 발표하였으며 그 주요 내용(內容)은 다음과 같다. 대부분의 비타민과 미네랄의 섭취 수준은 해롭지 않지만, 일부 보충제의 함량 수준은 심각하다. 특히, 비타민과 무기질 보충제를 적정량을 초과하여 복용하는 추세여서 영양 과잉으로 인한 독성(Virulence) 문제가 우려된다.

1일 에너지 섭취량

(단위: <u>필요량과 섭취량, %</u>)

구분	평균 필요량	평균 섭취량	비고
탄수화물	100	130	115
단백질	50	65	57
비타민A	570	800	685
나트륨	1,500	1,900	1,700
합계	2,220	2,895	

2. 적당한 영양 권장량 섭취

가. 식품의약품안전처에서는 일부 비타민의 과잉 섭취(Excessive Intake)에 의한 부작용을 우려하고 있다.

나. 특히, 크롬(Chromium) 보충 목적으로 사용되는 피콜린산 크롬(Chromium Picolinate)은 발암(The Production Of Cancer) 가능성이 있으므로 가급적 섭취(Intake)하지 말 것을 권고하고 있다.

3. 향후 조치 및 계획

가. 특수한 경우를 제외하고는 영양 권장량 수준으로 영양소(Nutritive Substance)를 섭취하는 것이 바람직하다. 제조업체(Manufacturer)는 이를 위해서 영양소 명칭, 함량 및 기준치에 대한 비율(%, 영양소 기준치) 등을 표시해야 한다.

나. 의약품과의 중복 관리로 인한 혼동을 방지하기 위하여 올해부터 영양 보충용 제품(Supplemental Nutrition Products)의 상한선을 고시할 계획(計劃)[1]이다. 영양소 기준치를 보고 영양소가 하루에 섭취해야 할 분량에 비해 얼마나 들어있는지를 소비자(Consumer)가 쉽게 알 수 있다.

다. 짜고 기름진 맛에 대한 선호도는 나트륨과 지방의 섭취와 연관이 있을 수 있음을 시사했고, 또한 비만 및 대사증후군과의 상관관계가 있음을 보여주었다. 가장 중요한 것은 다양한 식품(食品)을 적당한 양으로 섭취함으로써 영양의 균형(Balance Of Nutrition)이 맞는 건강한 식생활을 누릴 수 있다.

◉ Reference

Marina, L. (2021). The Different of Body **Composition, Vitamin, Fitness**. 35(2). 72-86.

Choi, H. J. (2024). Vitamin Intake and Physical Health, Health Nutrition. 36(1). 45-50.

---

[1] 한국인 영양소 섭취 기준(KDRIs)

상시 공략문제 08회

연습파일 : [26]이기적워드올인원₩PART 03. 상시 공략문제 폴더의 '상시 공략문제 08회' 파일로 편집 기능만 빠르게 연습할 수 있습니다.

과목	제한시간
문서편집기능	30분

 B형

수험번호 :

성   명 :

········· **다음 쪽의 문서를 아래 지시사항에 따라 작성하시오** ·········

- 작성된 답안의 파일은 지정된 경로 및 파일명을 변경하지 마시고 저장해야 합니다. 이를 준수하지 않으면 실격 처리됩니다.
- 편집 용지
  ○ 용지 종류는 A4 용지(210mm×297mm) 1매에 용지 방향을 세로로 설정하여 문서를 작성하시오.
  ○ 용지 여백은 왼쪽·오른쪽은 20mm, 위쪽·아래쪽은 10mm, 머리말·꼬리말은 10mm, 기타 여백은 0mm로 지정하시오.
- 문서의 본문은 2단으로 편집하되, 단 간격은 8mm, 구분선은 실선 0.12mm로 설정하시오.
- 글자 모양
  ○ 글꼴은 별도의 지시가 없는 한 한글 2022의 기본값으로 작성하시오.
  ○ 영문, 숫자, 기호 등은 별도의 지시가 없는 한 자판에 있는 문자를 사용하시오.
- 문단 모양
  ○ 정렬 방식, 여백 등은 문단 모양 기능을 이용하여 작성하시오.
  ○ 문단 모양은 별도의 지시가 없는 한 한글 2022의 기본값으로 작성하시오.
  ○ 사이 줄 띄우기는 각 1줄만, 사이 띄우기는 1칸만 띄우시오.
- 표에서 내용의 정렬 방법
  (제목 행과 '합계(평균)' 셀은 가운데 정렬, 나머지는 열 단위를 기준으로 아래와 같이 정렬)
  ○ 내용의 길이가 서로 다른 문자의 경우 왼쪽 정렬
  ○ 내용의 길이가 서로 다른 숫자의 경우 오른쪽 정렬
  ○ 내용의 길이가 서로 같을 경우 문자, 숫자 상관없이 가운데 정렬
- 색상은 '기본' 테마가 포함된 색상 팔레트를 사용하시오.
- 각 항목은 별도의 지시가 없는 한 주어진 문서에 기준하여 작성하시오.
- 각 항목은 별도의 지시가 없는 한 기본 설정값으로 처리하시오.
- 문제에 제시된 지시사항은 작성하지 않음.

대 한 상 공 회 의 소

B형 다음 쪽의 문서를 아래의 〈세부지시사항〉에 따라 작성하시오.

1. 쪽 테두리	• 선의 종류 및 굵기 : 점선 0.4mm, 위·아래 • 위치 : 쪽 기준, 왼쪽·오른쪽·위쪽·아래쪽 모두 5mm
2. 글상자	• 크기 : 너비 170mm, 높이 25mm, 크기 고정 • 위치 : 본문과의 배치 – 자리 차지, 가로 – 종이의 가운데 0mm, 세로 – 종이의 위 20mm • 바깥 여백 : 아래쪽 8mm • 선 속성 : 검정(RGB:0,0,0), 이중 실선 0.4mm • 색 채우기 : 노랑(RGB:255,215,0) 80% 밝게
3. 제목	• 제목(1) : 한컴 윤고딕 760, 18pt, 장평(95%), 자간(5%), 진하게, 보라(RGB:157,92,187) 50% 어둡게, 가운데 정렬, 문단 위(1pt), 문단 아래(1pt) • 제목(2) : 여백 – 왼쪽(340pt), 줄 간격(130%)
4. 누름틀	입력할 내용의 안내문 : '0000. 0. 0.', 입력 데이터 : '2026. 10. 29.'
5. 그림	• 경로 : [26]이기적워드올인원₩그림₩관광객.BMP, 문서에 포함 • 크기 : 너비 28mm, 높이 18mm • 위치 : 본문과의 배치 – 글 앞으로, 가로 – 종이의 왼쪽 23mm, 세로 – 종이의 위 24mm • 회전 : 좌우 대칭
6. 스타일 (2개소 수정, 3개소 등록)	• 개요 1(수정) : 여백 – 왼쪽(0pt), 휴먼고딕, 11pt, 진하게 • 개요 2(수정) : 여백 – 왼쪽(15pt) • 표제목(등록) : 스타일 이름 – 표제목, 스타일 종류 – 문단, 가운데 정렬, 한컴 윤고딕 740, 진하게 • 참고문헌 1(등록) : 스타일 이름 – 참고문헌 1, 스타일 종류 – 문단, 내어쓰기(15pt) • 참고문헌 2(등록) : 스타일 이름 – 참고문헌 2, 스타일 종류 – 글자, 기울임
7. 문단 첫 글자 장식	• 모양 : 3줄, 글꼴 : 맑은 고딕, 면 색 : 보라(RGB:157,92,187), 본문과의 간격 : 3mm • 글자 색 : 남색(RGB:58,60,132) 80% 밝게
8. 각주	글자 모양 : 함초롬돋움, 번호 모양 : 아라비아 숫자 원문자
9. 하이퍼링크	• '한국관광공사'에 하이퍼링크 설정 • 연결 대상 : 웹 주소 – 'https://kto.visitkorea.or.kr'
10. 표	• 크기 : 너비 78mm~80mm, 높이 33mm~34mm • 위치 : 글자처럼 취급 • 전체 행 : 셀 높이를 같게 • 모든 셀의 안 여백 : 왼쪽·오른쪽 2mm • 테두리 : 표 안쪽은 실선(0.12mm), 표 바깥의 위쪽과 아래쪽은 실선(0.4mm), 표 바깥의 왼쪽과 오른쪽은 없음, 구분 행 아래쪽과 합계 행 위쪽은 이중 실선(0.5mm) • 제목 행 : 셀 배경 색 – 남색(RGB:58,60,132) 40% 밝게, 글자 모양 – HY강M, 진하게, 하양(RGB:255,255,255) • 합계 행 : 셀 배경 색 – 하늘색(RGB:97,130,214) 80% 밝게, 글자 모양 – 진하게 • 문단의 정렬 방식 : 가운데 정렬
11. 블록 계산식	표의 합계 행에 블록 계산식을 이용하여 블록 합계 산출
12. 캡션	표 아래에 삽입 후 오른쪽 정렬
13. 차트	• 차트의 모양 : 이중 축 혼합형(묶은 세로 막대형, 누적 꺾은선형) • 차트의 크기 : 너비 80mm, 높이 65mm, 크기 고정 • 위치 : 본문과의 배치 – 자리 차지, 가로 – 단의 가운데 0mm, 세로 – 문단의 위 0mm • 바깥 여백 : 위쪽 5mm, 아래쪽 8mm • 값 축, 항목 축, 보조 값 축, 범례의 글꼴 설정 : 9pt • 표의 아래 단락에 배치 ※ 혼합형 차트는 차트 종류와 속성을 이용하여 구성하시오.
14. 쪽 번호	번호 위치 : 왼쪽 아래, 모양 : 아라비아 숫자 원문자, 줄표 넣기 해제, 시작 번호 지정
15. 머리말	• 제목 : HY견고딕, 10pt, 노랑(RGB:255,215,0) 50% 어둡게 • 날짜 : 탭 설정, 종류 – 오른쪽, 탭 위치 – 16.9cm
16. 꼬리말	한컴산뜻돋움, 10pt, 진하게, 초록(RGB:40,155,110) 25% 어둡게, 가운데 정렬

방한 관광객 동향

발표자: 강수민 수석연구원
발표일: 2026. 10. 29.
[sumin.k@tinfo.kr]

1. 관광 업계 환호성

외국 관광객(Foreign Tourist)들의 관련 업계에 따르면 지난달 한 달간 한국 관광(觀光)을 위해 입국한 일본인은 다음 [표]에서 나타난 바와 같이 모두 31만 1천여 명으로 무려 28.1%가 증가했다. 이 같은 증가율(Rate Of Increase)은 지난 1월의 0.6%, 2월의 13.0%에 이어 계속하여 증가세가 지속될 것으로 보인다.

국가별 관광객 수

구분	10년 전 기준	현재	증감
일본	1,840	3,110	1,270
미국	5,200	5,600	400
대만	3,200	3,400	200
중국	4,200	4,700	500
합계	14,440	16,810	

(단위: 한국관광공사, 천 명)

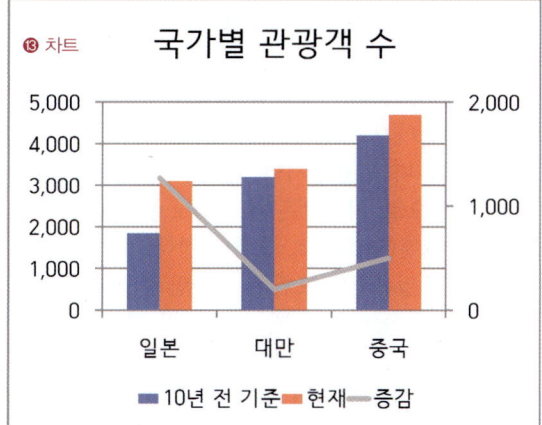

국가별 관광객 수

2. 일본인 관광객의 증가 원인

가. 특히 일본(Japan)의 황금연휴(Consecutive Holidays)인 다음 달 5일까지 작년 같은 기간보다 23.8% 늘어난 모두 5만 2천여 명의 일본인 관광객이 일본 내 여행사(Tourist Agency)를 통해 한국 관광을 예약(豫約)해 놓은 것으로 알려져 일본인들의 방한 러시가 절정을 이룰 전망이다. 외국 관광객의 증가는 연말까지 지속될 것으로 예상된다.

나. 이처럼 일본인 관광객들이 대거 한국으로 몰리고 있는 것은 여러 가지 이유가 있다. 일본 내 금융 시장(Financial Market) 불안과 불투명한 경기전망이나 홍콩(Hong Kong) 여행 기피 현상으로 인한 반사 이익 때문으로 분석된다.

다. 일본인들의 단거리 여행지로 각광받던 홍콩은 최근 정치적 불안정성(Political Instability)과 고물가(High Prices) 요인으로 인해 외면받고 있다. 이에 따라 홍콩을 찾는 일본인 관광객 수는 수년간 감소세를 보여왔으며, 올해에도 매월 30%가량의 감소세를 보이고 있다.

3. 관광 상품 개발

가. 최근 들어 재래시장에서 김치(Kimchi)나 김(Seaweed), 의류(Clothes)의 구입이 늘고 있다. 특히 쇼핑(Shopping)과 체험 중심 관광을 즐기기 위해 개별 여행객(Individual Tourists)과 소규모 단체 여행(Small Group Tour) 형태로 한국을 찾는 일본인들이 많아지고 있다.

나. 이에 따라 관광지의 과도한 상업화와 가격 인상으로 외면받은 홍콩(Hong Kong) 사례를 교훈(敎訓)으로 삼아야 한다. 단기적 이익보다 일본인을 포함한 외국인 관광객의 재방문율을 높이기 위해, 다각적인 관광 상품 개발(Development)과 친절(Kindness)한 서비스 제공에 힘써야 할 것이다.

◎ Reference

Tanaka, S. (2026). Tourist Behavior and Local Response, Travel Insight. 26(2). 74-76.

Kangho, L. (2026). Perception the Service, *Facilities in Korea*. 26(3). 102-110.

① 일본 출국 관광객 기준

2025년 관광 업계 동향　　　　　　　　　　　　　　　　　　　　　2026. 11. 1.

방한 관광객 동향

발표자: 강수민 수석연구원
발표일: 2026. 10. 29.
[sumin.k@tinfo.kr]

1. 관광 업계 환호성

외국 관광객(Foreign Tourist)들의 관련 업계에 따르면 지난달 한 달간 한국 관광(觀光)을 위해 입국한 일본인은 다음 [표]에서 나타난 바와 같이 모두 31만 1천여 명으로 무려 28.1%가 증가했다. 이 같은 증가율(Rate Of Increase)은 지난 1월의 0.6%, 2월의 13.0%에 이어 계속하여 증가세가 지속될 것으로 보인다.

국가별 관광객 수

구분	10년 전 기준	현재	증감
일본	1,840	3,110	1,270
미국	5,200	5,600	400
대만	3,200	3,400	200
중국	4,200	4,700	500
합계	14,440	16,810	

(단위: 한국관광공사, 천 명)

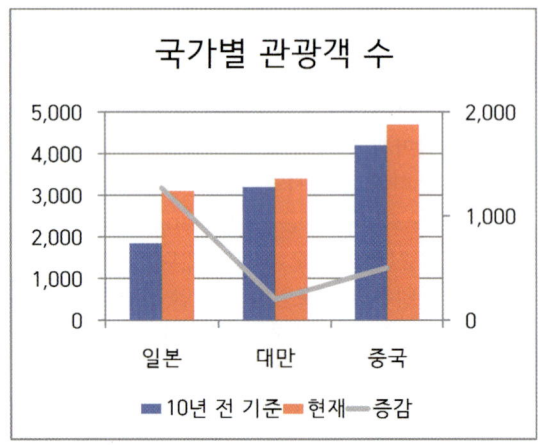

2. 일본인 관광객의 증가 원인

가. 특히 일본(Japan)의 황금연휴(Consecutive Holidays)인 다음 달 5일까지 작년 같은 기간보다 23.8% 늘어난 모두 5만 2천여 명의 일본인 관광객이 일본 내 여행사(Tourist Agency)를 통해 한국 관광을 예약(豫約)해 놓은 것으로 알려져 일본인들의 방한 러시가 절정을 이룰 전망이다. 외국 관광객의 증가는 연말까지 지속될 것으로 예상①된다.

나. 이처럼 일본인 관광객들이 대거 한국으로 몰리고 있는 것은 여러 가지 이유가 있다. 일본 내 금융 시장(Financial Market) 불안과 불투명한 경기전망이나 홍콩(Hong Kong) 여행 기피 현상으로 인한 반사 이익 때문으로 분석된다.

다. 일본인들의 단거리 여행지로 각광받던 홍콩은 최근 정치적 불안정성(Political Instability)과 고물가(High Prices) 요인으로 인해 외면받고 있다. 이에 따라 홍콩을 찾는 일본인 관광객 수는 수년간 감소세를 보여왔으며, 올해에도 매월 30%가량의 감소세를 보이고 있다.

3. 관광 상품 개발

가. 최근 들어 재래시장에서 김치(Kimchi)나 김(Seaweed), 의류(Clothes)의 구입이 늘고 있다. 특히 쇼핑(Shopping)과 체험 중심 관광을 즐기기 위해 개별 여행객(Individual Tourists)과 소규모 단체 여행(Small Group Tour) 형태로 한국을 찾는 일본인들이 많아지고 있다.

나. 이에 따라 관광지의 과도한 상업화와 가격 인상으로 외면받은 홍콩(Hong Kong) 사례를 교훈(敎訓)으로 삼아야 한다. 단기적 이익보다 일본인을 포함한 외국인 관광객의 재방문율을 높이기 위해, 다각적인 관광 상품 개발(Development)과 친절(Kindness)한 서비스 제공에 힘써야 할 것이다.

◎ Reference

Tanaka, S. (2026). Tourist Behavior and Local Response, Travel Insight. 26(2). 74-76.

Kangho, L. (2026). Perception the Service, Facilities in Korea. 26(3). 102-110.

① 일본 출국 관광객 기준

관광 소식 제290호 (2027년 1월 5일 발간)

상시 공략문제 09회

연습파일 : [26]이기적워드올인원₩PART 03. 상시 공략문제 폴더의 '상시 공략문제 09회' 파일로 편집 기능만 빠르게 연습할 수 있습니다.

과목	제한시간
문서편집기능	30분

수험번호 :

성　　명 :

······· **다음 쪽의 문서를 아래 지시사항에 따라 작성하시오** ·······

- 작성된 답안의 파일은 지정된 경로 및 파일명을 변경하지 마시고 저장해야 합니다. 이를 준수하지 않으면 실격 처리됩니다.
- 편집 용지
  ○ 용지 종류는 A4 용지(210mm×297mm) 1매에 용지 방향을 세로로 설정하여 문서를 작성하시오.
  ○ 용지 여백은 왼쪽·오른쪽은 20mm, 위쪽·아래쪽은 10mm, 머리말·꼬리말은 10mm, 기타 여백은 0mm로 지정하시오.
- 문서의 본문은 2단으로 편집하되, 단 간격은 8mm, 구분선은 실선 0.12mm로 설정하시오.
- 글자 모양
  ○ 글꼴은 별도의 지시가 없는 한 한글 2022의 기본값으로 작성하시오.
  ○ 영문, 숫자, 기호 등은 별도의 지시가 없는 한 자판에 있는 문자를 사용하시오.
- 문단 모양
  ○ 정렬 방식, 여백 등은 문단 모양 기능을 이용하여 작성하시오.
  ○ 문단 모양은 별도의 지시가 없는 한 한글 2022의 기본값으로 작성하시오.
  ○ 사이 줄 띄우기는 각 1줄만, 사이 띄우기는 1칸만 띄우시오.
- 표에서 내용의 정렬 방법
  (제목 행과 '합계(평균)' 셀은 가운데 정렬, 나머지는 열 단위를 기준으로 아래와 같이 정렬)
  ○ 내용의 길이가 서로 다른 문자의 경우 왼쪽 정렬
  ○ 내용의 길이가 서로 다른 숫자의 경우 오른쪽 정렬
  ○ 내용의 길이가 서로 같을 경우 문자, 숫자 상관없이 가운데 정렬
- 색상은 '기본' 테마가 포함된 색상 팔레트를 사용하시오.
- 각 항목은 별도의 지시가 없는 한 주어진 문서에 기준하여 작성하시오.
- 각 항목은 별도의 지시가 없는 한 기본 설정값으로 처리하시오.
- 문제에 제시된 지시사항은 작성하지 않음.

대 한 상 공 회 의 소

B형	다음 쪽의 문서를 아래의 〈세부지시사항〉에 따라 작성하시오.

1. 쪽 테두리	• 선의 종류 및 굵기 : 이중 실선 0.5mm, 위·아래 • 위치 : 쪽 기준, 왼쪽·오른쪽·위쪽·아래쪽 모두 5mm
2. 글상자	• 크기 : 너비 170mm, 높이 27mm, 크기 고정 • 위치 : 본문과의 배치 – 자리 차지, 가로 – 종이의 가운데 0mm, 세로 – 종이의 위 20mm • 바깥 여백 : 아래쪽 7mm • 선 속성 : 검정(RGB:0,0,0), 이점쇄선 0.2mm • 색 채우기 : 초록(RGB:0,128,0) 80% 밝게
3. 제목	• 제목(1) : 한컴 윤고딕 740, 17pt, 장평(105%), 자간(10%), 진하게, 남색(RGB:58,60,132) 50% 어둡게, 가운데 정렬, 문단 위(2pt), 문단 아래(3pt) • 제목(2) : 여백 – 왼쪽(330pt), 줄 간격(130%)
4. 누름틀	입력할 내용의 안내문 : '이름 직위', 입력 데이터 : '박현진 기획재정부장'
5. 그림	• 경로 : [26]이기적워드올인원₩그림₩수영.PNG, 문서에 포함 • 크기 : 너비 25mm, 높이 20mm • 위치 : 본문과의 배치 – 글 앞으로, 가로 – 종이의 왼쪽 23mm, 세로 – 종이의 위 23mm • 회전 : 좌우 대칭
6. 스타일 (2개소 수정, 3개소 등록)	• 개요 1(수정) : 여백 – 왼쪽(0pt), HY나무M, 12pt, 진하게 • 개요 2(수정) : 여백 – 왼쪽(15pt) • 표제목(등록) : 스타일 이름 – 표제목, 스타일 종류 – 문단, 가운데 정렬, HY울릉도B, 12pt • 참고문헌 1(등록) : 스타일 이름 – 참고문헌 1, 스타일 종류 – 문단, 내어쓰기(15pt) • 참고문헌 2(등록) : 스타일 이름 – 참고문헌 2, 스타일 종류 – 글자, 밑줄
7. 문단 첫 글자 장식	• 모양 : 3줄, 글꼴 : 한컴 윤체 M, 면 색 : 주황(RGB:255,132,58) 50% 어둡게, 본문과의 간격 : 5mm • 글자 색 : 하양(RGB:255,255,255)
8. 각주	글자 모양 : HY산B, 번호 모양 : 아라비아 숫자 원문자
9. 하이퍼링크	• '통계청과 국가기록원, 세'에 하이퍼링크 설정 • 연결 대상 : 웹 주소 – 'https://kostat.go.kr'
10. 표	• 크기 : 너비 78mm~80mm, 높이 33mm~34mm • 위치 : 글자처럼 취급 • 전체 행 : 셀 높이를 같게 • 모든 셀의 안 여백 : 왼쪽·오른쪽 2mm • 테두리 : 표 안쪽은 실선(0.12mm), 표 바깥의 위쪽과 아래쪽은 실선(0.4mm), 표 바깥의 왼쪽과 오른쪽은 없음, 평균 행 위쪽은 파선(0.4mm) • 제목 행 : 셀 배경 색 – 노랑(RGB:255,255,0) 50% 어둡게, 글자 모양 – 한컴 윤체 L, 진하게, 하양(RGB:255,255,255) • 평균 행 : 셀 배경 색 – 주황(RGB:255,132,58) 80% 밝게, 글자 모양 – 진하게 • 문단의 정렬 방식 : 가운데 정렬
11. 블록 계산식	표의 평균 행에 블록 계산식을 이용하여 블록 평균 산출
12. 캡션	표 아래에 삽입 후 오른쪽 정렬
13. 차트	• 차트의 모양 : 3차원 묶은 세로 막대형, 차트 계열색 : 색상 조합 색3 • 차트의 크기 : 너비 80mm, 높이 85mm, 크기 고정 • 위치 : 본문과의 배치 – 자리 차지, 가로 – 단의 가운데 0mm, 세로 – 문단의 위 0mm • 바깥 여백 : 위쪽 5mm, 아래쪽 10mm • 범례의 글꼴 설정 : 9pt • 표의 아래 단락에 배치 ※ 혼합형 차트는 차트 종류와 속성을 이용하여 구성하시오.
14. 쪽 번호	번호 위치 : 오른쪽 아래, 모양 : 아라비아 숫자, 줄표 넣기 선택, 시작 번호 지정
15. 머리말	• 제목 : HY강B, 10pt, 초록(RGB:40,155,110) 25% 어둡게 • 날짜 : 탭 설정, 종류 – 오른쪽, 탭 위치 – 16.9cm
16. 꼬리말	HY강M, 10pt, 진하게, 주황(RGB:255,102,0), 왼쪽 정렬

평균 수명이란 무엇인가요?　　　　　　　　　　　　　　　　　　　　2025. 12. 3.

평균 수명 통계 분석

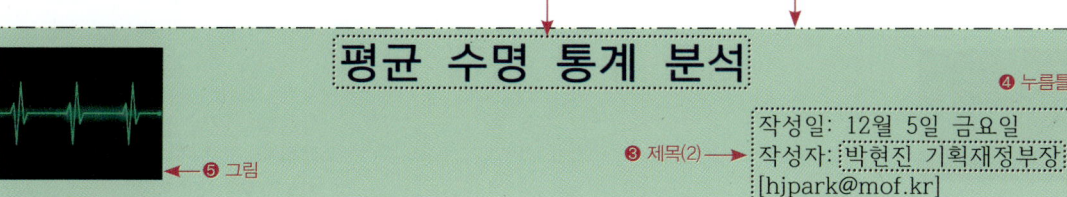

작성일: 12월 5일 금요일
작성자: 박현진 기획재정부장
[hjpark@mof.kr]

1. 평균 수명 꾸준히 증가

통계청(Korea National Statistical Office)은 국가 보건 수준(Health Level)을 나타내는 주요 지표인 생명표(Life Table)를 작성하여 발표하였다. 생명표는 국가별 보건 수준 비교 및 국가경쟁력(International Competitiveness) 평가(評價)를 제고하기 위해 만들어지는 것이다. 주요 연령별 기대 수명을 보면 지난 10년 동안 모든 연령층에서 지속적으로 증가하였다.

주요 연도별 평균 수명 ①

구분	평균 수명	실제 수명	차이
2010년	77	68	-9
2015년	75	78	3
2020년	78	80	2
2025년	79	92	13
평균	77	80	

(단위: 통계청과 국가기록원, 세)

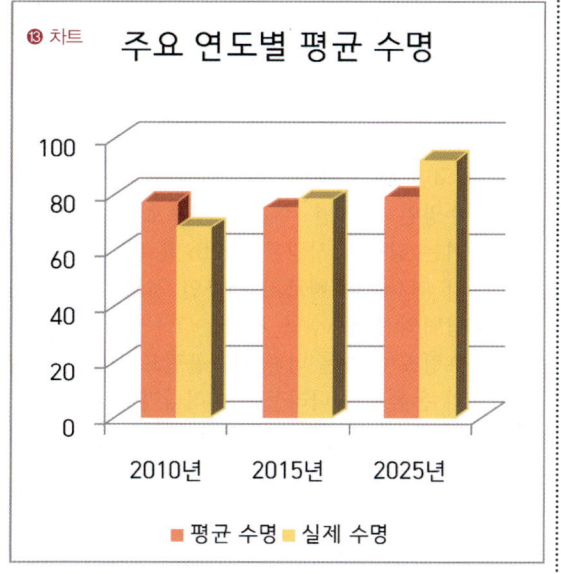

① 인간의 수명은 얼마나 될까?

2. 성별 및 연령별 수명 차이

가. 통계청이 발표한 "생명표"에서 현재 평균 수명(Average Life)은 전체 77.0세, 남자 73.4세, 여자 80.4세로 여자가 남자보다 7.1년 더 오래 사는 것으로 나타났다. 이는 보건의료(Health Medical) 수준이 향상되고, 국민(國民)의 영양 상태(Nutritive Conditions)가 높아진 것에 기인한 것이라 볼 수 있다.

나. 올해의 기대 수명은 남자가 77.1년으로 5년 전에 비해 0.1년 감소하고, 3년 전에 비해 1.1년 감소(減少)했으며, 20년 전의 78.4년 이후 계속 줄어들고 있다고 나타났다. 연령별(Age Bracket) 기대 여명 수치(Numerical Value)는 연령이 높을수록 남녀 모두 기대 여명 증가 속도(速度)가 높은 것으로 나타났다.

3. OECD 국가 중 남자 평균 수명 낮아

가. 평균 수명의 국제 비교는 나라마다 작성 기간이 모두 달라 엄밀한 비교가 곤란하기는 하다. 경제 협력 개발 기구인 OECD(Organization For Economic Cooperation And Development)의 회원국 30개국과 평균 수명을 비교해야 한다.

나. 올해 남자는 30개국 평균 수명인 74.7년보다 1.3년 낮은 수준이며, 여자는 30개국 평균 수명인 80.6년 수준인 것으로 조사되었다. 이는 남자의 사망률(Death Rate) 감소 속도가 여자보다 빠르기 때문인 것으로 보인다.

다. 남녀의 평균 수명 차이는 7.1년으로 일본과 프랑스 등과는 비슷하고 폴란드와 헝가리 등의 동유럽의 나라들은 우리나라보다 높은 수준(水準)인 것으로 나타났다.

♥ Reference
August, S. (2025). Processes of Vertebrate Evolution, Cambridge. 27(3). 32-35.
Rayner, D. (2025). Aging Trends, Oxford. 28(1). 21-24.

평균 수명을 이용한 사망률 예측 모형 비교 연구

평균 수명 통계 분석

작성일: 12월 5일 금요일
작성자: 박현진 기획재정부장
[hjpark@mof.kr]

1. 평균 수명 꾸준히 증가

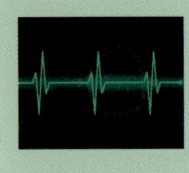
통계청(Korea National Statistical Office)은 국가 보건 수준(Health Level)을 나타내는 주요 지표인 생명표(Life Table)를 작성하여 발표하였다. 생명표는 국가별 보건 수준 비교 및 국가경쟁력(International Competitiveness) 평가(評價)를 제고하기 위해 만들어지는 것이다. 주요 연령별 기대 수명을 보면 지난 10년 동안 모든 연령층에서 지속적으로 증가하였다.

주요 연도별 평균 수명①

구분	평균 수명	실제 수명	차이
2010년	77	68	-9
2015년	75	78	3
2020년	78	80	2
2025년	79	92	13
평균	77	80	

(단위: 통계청과 국가기록원, 세)

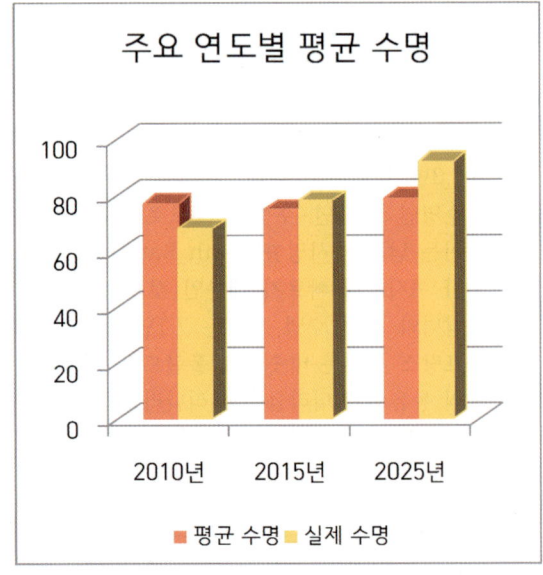

① 인간의 수명은 얼마나 될까?

2. 성별 및 연령별 수명 차이

가. 통계청이 발표한 "생명표"에서 현재 평균 수명(Average Life)은 전체 77.0세, 남자 73.4세, 여자 80.4세로 여자가 남자보다 7.1년 더 오래 사는 것으로 나타났다. 이는 보건의료(Health Medical) 수준이 향상되고, 국민(國民)의 영양 상태(Nutritive Conditions)가 높아진 것에 기인한 것이라 볼 수 있다.

나. 올해의 기대 수명은 남자가 77.1년으로 5년 전에 비해 0.1년 감소하고, 3년 전에 비해 1.1년 감소(減少)했으며, 20년 전의 78.4년 이후 계속 줄어들고 있다고 나타났다. 연령별(Age Bracket) 기대 여명 수치(Numerical Value)는 연령이 높을수록 남녀 모두 기대 여명 증가 속도(速度)가 높은 것으로 나타났다.

3. OECD 국가 중 남자 평균 수명 낮아

가. 평균 수명의 국제 비교는 나라마다 작성 기간이 모두 달라 엄밀한 비교가 곤란하기는 하다. 경제 협력 개발 기구인 OECD(Organization For Economic Cooperation And Development)의 회원국 30개국과 평균 수명을 비교해야 한다.

나. 올해 남자는 30개국 평균 수명인 74.7년보다 1.3년 낮은 수준이며, 여자는 30개국 평균 수명인 80.6년 수준인 것으로 조사되었다. 이는 남자의 사망률(Death Rate) 감소 속도가 여자보다 빠르기 때문인 것으로 보인다.

다. 남녀의 평균 수명 차이는 7.1년으로 일본과 프랑스 등과는 비슷하고 폴란드와 헝가리 등의 동유럽의 나라들은 우리나라보다 높은 수준(水準)인 것으로 나타났다.

♥ Reference
August, S. (2025). Processes of Vertebrate Evolution, Cambridge. 27(3). 32-35.
Rayner, D. (2025). Aging Trends, Oxford. 28(1). 21-24.

상시 공략문제 10회

연습파일 : [26]이기적워드올인원₩PART 03. 상시 공략문제 폴더의 '상시 공략문제 10회' 파일로 편집 기능만 빠르게 연습할 수 있습니다.

과목	제한시간
문서편집기능	30분

 B형

수험번호 :

성   명 :

···················· **다음 쪽의 문서를 아래 지시사항에 따라 작성하시오** ····················

- 작성된 답안의 파일은 지정된 경로 및 파일명을 변경하지 마시고 저장해야 합니다. 이를 준수하지 않으면 실격 처리됩니다.
- 편집 용지
  ○ 용지 종류는 A4 용지(210mm×297mm) 1매에 용지 방향을 세로로 설정하여 문서를 작성하시오.
  ○ 용지 여백은 왼쪽·오른쪽은 20mm, 위쪽·아래쪽은 10mm, 머리말·꼬리말은 10mm, 기타 여백은 0mm 로 지정하시오.
- 문서의 본문은 2단으로 편집하되, 단 간격은 8mm, 구분선은 긴 파선 0.12mm로 설정하시오.
- 글자 모양
  ○ 글꼴은 별도의 지시가 없는 한 한글 2022의 기본값으로 작성하시오.
  ○ 영문, 숫자, 기호 등은 별도의 지시가 없는 한 자판에 있는 문자를 사용하시오.
- 문단 모양
  ○ 정렬 방식, 여백 등은 문단 모양 기능을 이용하여 작성하시오.
  ○ 문단 모양은 별도의 지시가 없는 한 한글 2022의 기본값으로 작성하시오.
  ○ 사이 줄 띄우기는 각 1줄만, 사이 띄우기는 1칸만 띄우시오.
- 표에서 내용의 정렬 방법
  (제목 행과 '합계(평균)' 셀은 가운데 정렬, 나머지는 열 단위를 기준으로 아래와 같이 정렬)
  ○ 내용의 길이가 서로 다른 문자의 경우 왼쪽 정렬
  ○ 내용의 길이가 서로 다른 숫자의 경우 오른쪽 정렬
  ○ 내용의 길이가 서로 같을 경우 문자, 숫자 상관없이 가운데 정렬
- 색상은 '기본' 테마가 포함된 색상 팔레트를 사용하시오.
- 각 항목은 별도의 지시가 없는 한 주어진 문서에 기준하여 작성하시오.
- 각 항목은 별도의 지시가 없는 한 기본 설정값으로 처리하시오.
- 문제에 제시된 지시사항은 작성하지 않음.

대 한 상 공 회 의 소

B형 다음 쪽의 문서를 아래의 〈세부지시사항〉에 따라 작성하시오.

1. 쪽 테두리	• 선의 종류 및 굵기 : 실선 0.5mm, 위·아래 • 위치 : 쪽 기준, 왼쪽·오른쪽·위쪽·아래쪽 모두 5mm
2. 글상자	• 크기 : 너비 170mm, 높이 25mm, 크기 고정 • 위치 : 본문과의 배치 – 자리 차지, 가로 – 종이의 가운데 0mm, 세로 – 종이의 위 20mm • 바깥 여백 : 아래쪽 8mm • 선 속성 : 검정(RGB:0,0,0), 이중 실선 0.4mm • 색 채우기 : 빨강(RGB:255,0,0) 80% 밝게
3. 제목	• 제목(1) : 한컴 윤고딕 760, 13pt, 장평(95%), 자간(10%), 진하게, 검은 군청(RGB:27,23,96) 15% 밝게, 가운데 정렬, 문단 위(2pt) • 제목(2) : 여백 – 왼쪽(340pt), 줄 간격(130%), 문단 아래(2pt)
4. 누름틀	입력할 내용의 안내문 : '소속 이름', 입력 데이터 : '홍보팀장 서인혜'
5. 그림	• 경로 : [26]이기적워드올인원₩그림₩출산.BMP, 문서에 포함 • 크기 : 너비 30mm, 높이 21mm • 위치 : 본문과의 배치 – 글 앞으로, 가로 – 종이의 왼쪽 23mm, 세로 – 종이의 위 22mm • 회전 : 좌우 대칭
6. 스타일 (2개소 수정, 3개소 등록)	• 개요 1(수정) : 여백 – 왼쪽(0pt), HY그래픽, 13pt, 진하게 • 개요 2(수정) : 여백 – 왼쪽(15pt) • 표제목(등록) : 스타일 이름 – 표제목, 스타일 종류 – 문단, 가운데 정렬, 한컴 윤고딕 240 • 참고문헌 1(등록) : 스타일 이름 – 참고문헌 1, 스타일 종류 – 문단, 내어쓰기(15pt) • 참고문헌 2(등록) : 스타일 이름 – 참고문헌 2, 스타일 종류 – 글자, 진하게
7. 문단 첫 글자 장식	• 모양 : 3줄, 글꼴 : 함초롬돋움, 면 색 : 파랑(RGB:0,0,255) 25% 밝게, 본문과의 간격 : 5mm • 글자 색 : 하양(RGB:255,255,255)
8. 각주	글자 모양 : 한컴 윤고딕 720, 번호 모양 : 아라비아 숫자
9. 하이퍼링크	• '국가통계 기준, 명'에 하이퍼링크 설정 • 연결 대상 : 웹 주소 – 'https://kosis.kr'
10. 표	• 크기 : 너비 (단에 맞춤) 79mm, 높이 (자동) 33.13mm • 위치 : 글자처럼 취급 • 전체 행 : 셀 높이를 같게 • 모든 셀의 안 여백 : 왼쪽·오른쪽 2mm • 테두리 : 표 안쪽은 실선(0.12mm), 표 바깥의 위쪽과 아래쪽은 실선(0.4mm), 표 바깥의 왼쪽과 오른쪽은 없음, 구분 행 아래쪽은 파선(0.12mm), 합계 행 위쪽은 이중 실선(0.5mm) • 제목 행 : 셀 배경 색 – 노랑(RGB:255,255,0) 50% 어둡게, 글자 모양 – 맑은 고딕, 진하게, 하양(RGB:255,255,255) • 합계 행 : 셀 배경 색 – 연한 올리브색(RGB:227,220,193) 80% 밝게, 글자 모양 – 진하게 • 문단의 정렬 방식 : 가운데 정렬
11. 블록 계산식	표의 합계 행에 블록 계산식을 이용하여 블록 합계 산출
12. 캡션	표 아래에 삽입 후 오른쪽 정렬
13. 차트	• 차트의 모양 : 도넛형, 차트 계열색 : 색상 조합 색3 • 데이터 레이블 : 값 • 차트의 크기 : 너비 80mm, 높이 65mm, 크기 고정 • 위치 : 본문과의 배치 – 자리 차지, 가로 – 단의 가운데 0mm, 세로 – 문단의 위 0mm • 바깥 여백 : 위쪽 5mm, 아래쪽 10mm • 제목의 글꼴 설정 : 한컴산뜻돋움, 진하게 • 데이터 레이블, 범례의 글꼴 설정 : 9pt • 표의 아래 단락에 배치
14. 쪽 번호	번호 위치 : 오른쪽 아래, 모양 : 아라비아 숫자, 줄표 넣기 선택, 시작 번호 지정
15. 머리말	• 제목 : 한컴 윤고딕 760, 10pt, 남색(RGB:58,60,132) 50% 어둡게 • 날짜 : 탭 설정, 종류 – 오른쪽, 탭 위치 – 16.9cm
16. 꼬리말	한컴 윤고딕 740, 10pt, 진하게, 노랑(RGB:255,255,0) 50% 어둡게, 왼쪽 정렬

저출산과 성비 안정화

발표자: 홍보팀장 서인혜
발표일: 12월 31일 목요일
[inhye@kosis.kr]

1. 개요

선사시대(The Prehistoric Age)의 수수께끼 중 하나는 낮은 인구성장률이다. 대부분의 인류학자(Anthropologist)들은 질병(Disease), 기근(Famine), 짐승의 습격(Surprise Attack) 등의 요인 때문이라고 하지만, 유아살해(Infanticide)를 낮은 인구성장률의 요인으로 지목하는 학자들도 적지 않다. 먹을거리가 부족한 수렵 채집사회에서는 유아살해로 가족계획을 했다는 설명(說明)이 학자들의 견해이다.

지역별 출산 통계

구분	남자	여자	비중	비고
수도권	26,811	25,342	17.7	
충청도	66,737	65,132	27.4	
제주도	5,735	5,312	5.6	
기타	9,834	10,325	6.1	
합계	109,117	106,111		

(단위: 국가통계 기준, 명)

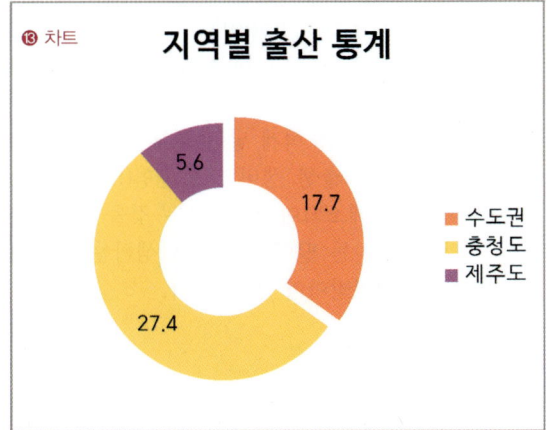

2. 과거 남녀성비 실태

가. 20세기에 들어서는 의학의 발달(發達)이 유아 대신 태아의 생명을 위협했다. 1996년 이후 우리나라에서 불법이 되었지만, 이전에는 양수(Amniotic Fluid)를 뽑아내 태아의 성별을 알아내는 방법이 그것이다.

나. 태아의 성감별은 남아선호사상이 강한 우리나라에서 극심한 성비 불균형을 가져왔다. 그 결과 첫째 아이의 남녀성비가 107.2%라는 불균형을 초래했으며, 이후 여자아이 100명당 남자아이는 111명으로 불균형은 더욱 심화되었다.

3. 성비 변화와 안정화

가. 불균형의 심화(深化)는 과거에는 첫째 아이보다 둘째, 셋째 아이에서 성비 불균형(Imbalance)이 더욱 두드러지게 나타났으나, 현재는 출생 성비가 정상 범위인 약 1.05대 1 수준으로 안정화되고 있다. 실제로 지역별 출산 통계에서도 남녀 간 격차는 여전히 존재하지만, 전반적으로 성비 불균형은 점차 완화(緩和)되고 있는 추세다.

나. 한때는 대구 시내 한 초등학교에서 여학생 100명당 남학생이 126명에 달하는 등 남아 수가 월등히 많았으나, 현재는 대부분 초등학교에서 성비가 균형을 되찾고 있다. 출생 성비(Birth Sex Ratio)는 정상 범위 수준으로 점차 안정화(Stabilization)될 것으로 예측(豫測)된다.

다. 요즘은 아이를 적게 낳는 부부들이 늘어나면서 오히려 출생 성비의 불균형(Imbalance)이 점차 해소되어 가고 있는 것을 볼 수 있다. 아들이든 딸이든 새로 탄생하는 생명(生命)은 환영받아야 할 것이다.

▶ Reference

Janival, K. (2022). Significance Prevention and Relief, Women-policy. 53(2). 71-86.

Lee, M. (2024). Gender Imbalance, Family Studies. 41(3). 58-72.

---

1) 총조사인구

국가통계포털 하반기 조사   2026. 1. 8.

저출산과 성비 안정화

발표자: 홍보팀장 서인혜
발표일: 12월 31일 목요일
[inhye@kosis.kr]

1. 개요

사시대(The Prehistoric Age)의 수수께끼 중 하나는 낮은 인구성장률이다. 대부분의 인류학자(Anthropologist)들은 질병(Disease), 기근(Famine), 짐승의 습격(Surprise Attack) 등의 요인 때문이라고 하지만, 유아살해(Infanticide)를 낮은 인구성장률의 요인으로 지목하는 학자들도 적지 않다. 먹을거리가 부족한 수렵 채집사회에서는 유아살해로 가족계획을 했다는 설명(說明)이 학자들의 견해이다.

지역별 출산 통계

구분	남자	여자	비중	비고
수도권	26,811	25,342	17.7	
충청도	66,737	65,132	27.4	
제주도	5,735	5,312	5.6	
기타	9,834	10,325	6.1	
합계	109,117	106,111		

(단위: 국가통계 기준, 명)

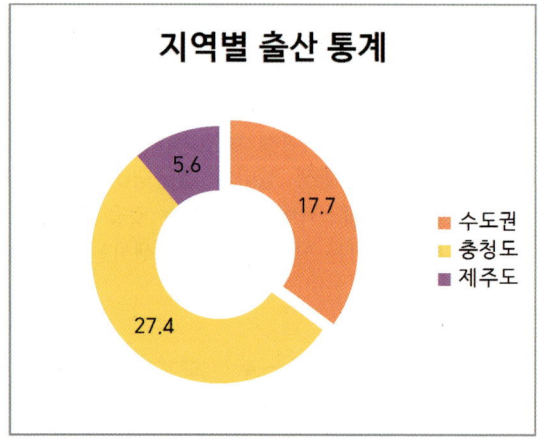

2. 과거 남녀성비 실태

가. 20세기에 들어서는 의학의 발달(發達)이 유아 대신 태아의 생명을 위협했다. 1996년 이후 우리나라에서 불법이 되었지만, 이전에는 양수(Amniotic Fluid)를 뽑아내 태아의 성별을 알아내는 방법이 그것이다.

나. 태아의 성감별은 남아선호사상이 강한 우리나라에서 극심한 성비 불균형을 가져왔다. 그 결과 첫째 아이의 남녀성비가 107.2%라는 불균형을 초래했으며, 이후 여자아이 100명당 남자아이는 111명으로 불균형은 더욱 심화되었다.

3. 성비 변화와 안정화

가. 불균형의 심화(深化)는 과거에는 첫째 아이보다 둘째, 셋째 아이에서 성비 불균형(Imbalance)이 더욱 두드러지게 나타났으나, 현재는 출생 성비가 정상 범위인 약 1.05대 1 수준으로 안정화되고 있다. 실제로 지역별 출산 통계에서도 남녀 간 격차는 여전히 존재하지만, 전반적으로 성비 불균형은 점차 완화(緩和)되고 있는 추세다.

나. 한때는 대구 시내 한 초등학교에서 여학생 100명당 남학생이 126명에 달하는 등 남아 수가 월등히 많았으나, 현재는 대부분 초등학교에서 성비가 균형[1]을 되찾고 있다. 출생 성비(Birth Sex Ratio)는 정상 범위 수준으로 점차 안정화(Stabilization)될 것으로 예측(豫測)된다.

다. 요즘은 아이를 적게 낳는 부부들이 늘어나면서 오히려 출생 성비의 불균형(Imbalance)이 점차 해소되어 가고 있는 것을 볼 수 있다. 아들이든 딸이든 새로 탄생하는 생명(生命)은 환영받아야 할 것이다.

▶ Reference

Janival, K. (2022). Significance Prevention and Relief, **Women-policy**. 53(2). 71-86.

Lee, M. (2024). Gender Imbalance, Family Studies. 41(3). 58-72.

---

1) 총조사인구

서울시 지역별 성비 (추계인구) 통계

상시 공략문제 11회

연습파일 : [26]이기적워드올인원₩PART 03. 상시 공략문제 폴더의 '상시 공략문제 11회' 파일로 편집 기능만 빠르게 연습할 수 있습니다.

과목	제한시간
문서편집기능	30분

수험번호 :

성　　명 :

다음 쪽의 문서를 아래 지시사항에 따라 작성하시오

- 작성된 답안의 파일은 지정된 경로 및 파일명을 변경하지 마시고 저장해야 합니다. 이를 준수하지 않으면 실격 처리됩니다.
- 편집 용지
  - 용지 종류는 A4 용지(210mm×297mm) 1매에 용지 방향을 세로로 설정하여 문서를 작성하시오.
  - 용지 여백은 왼쪽·오른쪽은 20mm, 위쪽·아래쪽은 10mm, 머리말·꼬리말은 10mm, 기타 여백은 0mm로 지정하시오.
- 문서의 본문은 2단으로 편집하되, 단 간격은 8mm, 구분선은 긴 파선 0.12mm로 설정하시오.
- 글자 모양
  - 글꼴은 별도의 지시가 없는 한 한글 2022의 기본값으로 작성하시오.
  - 영문, 숫자, 기호 등은 별도의 지시가 없는 한 자판에 있는 문자를 사용하시오.
- 문단 모양
  - 정렬 방식, 여백 등은 문단 모양 기능을 이용하여 작성하시오.
  - 문단 모양은 별도의 지시가 없는 한 한글 2022의 기본값으로 작성하시오.
  - 사이 줄 띄우기는 각 1줄만, 사이 띄우기는 1칸만 띄우시오.
- 표 작성 시 천 단위 구분 쉼표는 기능을 이용하여 작성하시오.
- 표에서 내용의 정렬 방법
  (제목 행과 '합계(평균)' 셀은 가운데 정렬, 나머지는 열 단위를 기준으로 아래와 같이 정렬)
  - 내용의 길이가 서로 다른 문자의 경우 왼쪽 정렬
  - 내용의 길이가 서로 다른 숫자의 경우 오른쪽 정렬
  - 내용의 길이가 서로 같을 경우 문자, 숫자 상관없이 가운데 정렬
- 색상은 '기본' 테마가 포함된 색상 팔레트를 사용하시오.
- 각 항목은 별도의 지시가 없는 한 주어진 문서에 기준하여 작성하시오.
- 각 항목은 별도의 지시가 없는 한 기본 설정값으로 처리하시오.
- 문제에 제시된 지시사항은 작성하지 않음.

대 한 상 공 회 의 소

B형 다음 쪽의 문서를 아래의 〈세부지시사항〉에 따라 작성하시오.

1. 쪽 테두리	• 선의 종류 및 굵기 : 실선 0.5mm, 모두 • 위치 : 쪽 기준, 왼쪽·오른쪽·위쪽·아래쪽 모두 5mm
2. 글상자	• 크기 : 너비 170mm, 높이 27mm, 크기 고정 • 위치 : 본문과의 배치 – 자리 차지, 가로 – 종이의 가운데 0mm, 세로 – 종이의 위 20mm • 바깥 여백 : 아래쪽 8mm • 선 속성 : 검정(RGB:0,0,0), 이중 실선 0.4mm • 색 채우기 : 노랑(RGB:255,215,0) 60% 밝게
3. 제목	• 제목(1) : 한컴 윤고딕 760, 20pt, 장평(95%), 자간(10%), 진하게, 연한 노랑(RGB:250,243,219) 75% 어둡게, 가운데 정렬, 문단 위(2pt), 문단 아래(1pt) • 제목(2) : 여백 – 왼쪽(340pt), 줄 간격(130%)
4. 누름틀	입력할 내용의 안내문 : '소속 이름', 입력 데이터 : '정책홍보실 황지연'
5. 그림	• 경로 : [26]이기적워드올인원\그림\홍보.JPG, 문서에 포함 • 크기 : 너비 30mm, 높이 21mm • 위치 : 본문과의 배치 – 글 앞으로, 가로 – 종이의 왼쪽 23mm, 세로 – 종이의 위 22mm
6. 스타일 (2개소 수정, 3개소 등록)	• 개요 1(수정) : 여백 – 왼쪽(0pt), HY그래픽, 13pt, 진하게 • 개요 2(수정) : 여백 – 왼쪽(15pt) • 표제목(등록) : 스타일 이름 – 표제목, 스타일 종류 – 문단, 가운데 정렬, 한컴 윤고딕 240, 13pt, 진하게 • 참고문헌 1(등록) : 스타일 이름 – 참고문헌 1, 스타일 종류 – 문단, 내어쓰기(15pt) • 참고문헌 2(등록) : 스타일 이름 – 참고문헌 2, 스타일 종류 – 글자, 진하게
7. 문단 첫 글자 장식	• 모양 : 3줄, 글꼴 : 함초롬돋움, 면 색 : 보라(RGB:157,92,187) 25% 어둡게, 본문과의 간격 : 5mm • 글자 색 : 하양(RGB:255,255,255)
8. 각주	글자 모양 : 한컴 윤고딕 720, 번호 모양 : 아라비아 숫자
9. 하이퍼링크	• '소장 자료 기준, 권'에 하이퍼링크 설정 • 연결 대상 : 웹 주소 – 'https://museum.go.kr'
10. 표	• 크기 : 너비 78mm~80mm, 높이 33mm~34mm • 위치 : 글자처럼 취급 • 전체 행 : 셀 높이를 같게 • 모든 셀의 안 여백 : 왼쪽·오른쪽 2mm • 테두리 : 표 안쪽은 실선(0.12mm), 표 바깥의 위쪽과 아래쪽은 실선(0.4mm), 표 바깥의 왼쪽과 오른쪽은 없음, 합계 행 위쪽은 이중 실선(0.5mm) • 제목 행 : 셀 배경 색 – 주황(RGB:255,132,58), 　　글자 모양 – 맑은 고딕, 진하게, 하양(RGB:255,255,255) • 합계 행 : 셀 배경 색 – 시멘트색(RGB:178,178,178) 60% 밝게, 글자 모양 – 진하게 • 문단의 정렬 방식 : 가운데 정렬
11. 블록 계산식	표의 합계 행에 블록 계산식을 이용하여 블록 합계 산출
12. 캡션	표 아래에 삽입 후 오른쪽 정렬
13. 차트	• 차트의 모양 : 도넛형, 차트 계열색 : 색상 조합 색3 • 데이터 레이블 : 백분율(%), 글자 채우기 : 밝은 색, 글자 윤곽선 : 밝은 색 • 차트의 크기 : 너비 80mm, 높이 75mm, 크기 고정 • 위치 : 본문과의 배치 – 자리 차지, 가로 – 단의 가운데 0mm, 세로 – 문단의 위 0mm • 바깥 여백 : 위쪽 5mm, 아래쪽 8mm • 제목의 글꼴 설정 : 한컴산뜻돋움, 진하게 • 데이터 레이블, 범례의 글꼴 설정 : 9pt • 표의 아래 단락에 배치
14. 쪽 번호	번호 위치 : 오른쪽 아래, 모양 : 아라비아 숫자, 줄표 넣기 선택, 시작 번호 지정
15. 머리말	한컴 윤고딕 760, 10pt, 진하게, 남색(RGB:58,60,132) 50% 어둡게, 오른쪽 정렬
16. 꼬리말	한컴 윤고딕 740, 10pt, 진하게, 노랑(RGB:255,215,0) 50% 어둡게, 왼쪽 정렬

국립중앙박물관의 발자취

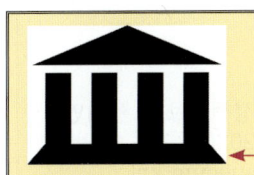

발표자: 정책홍보실 황지연
발표일: 2026년 7월 29일
[hjy@nmuseum.kr]

1. 연구 성과

국립중앙박물관은 1946년 우리나라 최초(最初)의 문화재 발굴사업이었던 경주(Gyeongju)의 호우총 발굴조사를 시작으로 구석기시대에서부터 청동기시대(Bronze Age), 철기시대(Iron Age) 등의 문화유적지를 발굴 조사하여 왔으며, 1994년 천안(Cheonan) 창당동 유적(Relic) 발굴에 이르기까지 총 130여 회의 발굴조사를 실시하였다. 최근에는 동아시아(East Asia) 지역을 포함한 국내외 유적지에서의 공동 발굴 및 조사 성과가 축적(蓄積)되고 있으며, 주요 발굴 결과는 디지털 보고서, 학술지, 전시 콘텐츠(Content) 등으로 다양하게 공개되고 있다.

도서 보유 현황

구분	상반기 기준	하반기 기준	증감
동양서	17,347	19,869	2,432
서양서	2,633	2,842	209
논문	2,118	2,208	90
기타	1,247	2,912	1,665
합계	23,345	27,831	

(단위: 소장 자료 기준, 권)

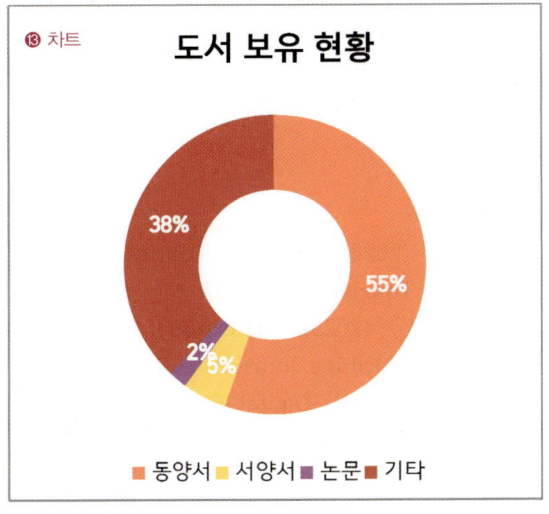

도서 보유 현황

2. 출판물 발간

가. 1946년 최초의 발굴조사로 성과(成果)를 올렸던 경주의 호우총 발굴조사 보고서(Report)를 시작으로 발굴조사 보고서 시리즈(Series)가 발행되었다. <박물관신문>[1]은 전국 박물관(Museum)과 행정기관(Administrative Organ) 등을 비롯하여 타국 박물관에까지 배포되고 있다.

나. 국립중앙박물관은 우리의 전통문화에 대한 다양한 장르의 영상 자료(Image Data)와 전문(專門)도서를 보유하고 있다. 영상 자료는 총 145종이며, 각종 전통문화에 대한 전문도서(Academic or Special Publications) 26,000여 권을 소장하고 있다.

3. 외국박물관 내 한국실 설치 현황

가. 국립중앙박물관은 한국실 설치를 지원(支援)하여 우리의 유물을 상설 전시하고 있다.

나. 미국의 L.A Country 박물관, 샌프란시스코(San Francisco) 동양미술관, Smithsonian Freer Galley, 보스턴(Boston)박물관, 시애틀(Seattle)박물관, 프랑스의 기메미술관(Guimet Galley), 일본의 도쿄박물관, 오사카 동양도자기미술관, 영국의 Victoria Albert 박물관 등 총 4개국 9개 박물관에 한국실이 설치되어 있다. 더 많은 한국실 설치를 위해 국립중앙박물관은 계속 노력 중이다.

◐ Reference

E, William. (2022). Cultural Tourist Product. Cultural Tourists. 12(9). 32-35.

Lin, H. Y. (2023). Museum Interaction Strategy. Heritage Journal. 17(5). 48-52.

Choi, M. R. (2024). Digital Documentation of Excavated Sites, Archaeology Insight. 20(2). 61-66.

---

[1] 2025년 12월 발표 기준

국립중앙박물관의 발자취

발표자: 정책홍보실 황지연
발표일: 2026년 7월 29일
[hjy@nmuseum.kr]

1. 연구 성과

립중앙박물관은 1946년 우리나라 최초(最初)의 문화재 발굴사업이었던 경주(Gyeongju)의 호우총 발굴조사를 시작으로 구석기시대에서부터 청동기시대(Bronze Age), 철기시대(Iron Age) 등의 문화유적지를 발굴 조사하여 왔으며, 1994년 천안(Cheonan) 창당동 유적(Relic) 발굴에 이르기까지 총 130여 회의 발굴조사를 실시하였다. 최근에는 동아시아(East Asia) 지역을 포함한 국내외 유적지에서의 공동 발굴 및 조사 성과가 축적(蓄積)되고 있으며, 주요 발굴 결과는 디지털 보고서, 학술지, 전시 콘텐츠(Content) 등으로 다양하게 공개되고 있다.

도서 보유 현황

구분	상반기 기준	하반기 기준	증감
동양서	17,347	19,869	2,432
서양서	2,633	2,842	209
논문	2,118	2,208	90
기타	1,247	2,912	1,665
합계	23,345	27,831	

(단위: 소장 자료 기준, 권)

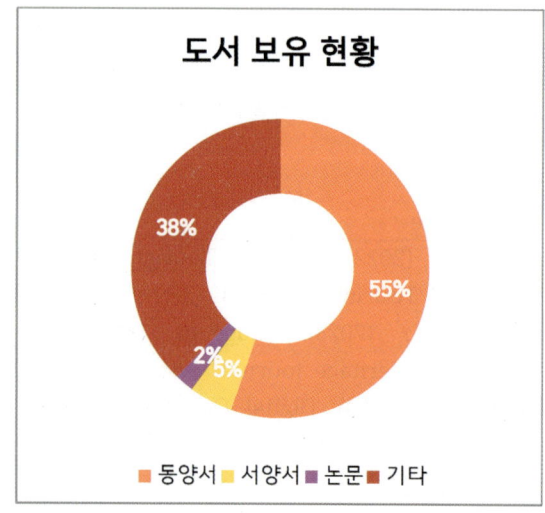

2. 출판물 발간

가. 1946년 최초의 발굴조사로 성과(成果)를 올렸던 경주의 호우총 발굴조사 보고서(Report)를 시작으로 발굴조사 보고서 시리즈(Series)가 발행되었다. <박물관신문>[1]은 전국 박물관(Museum)과 행정기관(Administrative Organ) 등을 비롯하여 타 국 박물관에까지 배포되고 있다.

나. 국립중앙박물관은 우리의 전통문화에 대한 다양한 장르의 영상 자료(Image Data)와 전문(專門)도서를 보유하고 있다. 영상 자료는 총 145종이며, 각종 전통문화에 대한 전문도서(Academic or Special Publications) 26,000여 권을 소장하고 있다.

3. 외국박물관 내 한국실 설치 현황

가. 국립중앙박물관은 한국실 설치를 지원(支援)하여 우리의 유물을 상설 전시하고 있다.

나. 미국의 L.A Country 박물관, 샌프란시스코(San Francisco) 동양미술관, Smithsonian Freer Galley, 보스턴(Boston)박물관, 시애틀(Seattle)박물관, 프랑스의 기메미술관(Guimet Galley), 일본의 도쿄박물관, 오사카 동양도자기미술관, 영국의 Victoria Albert 박물관 등 총 4개국 9개 박물관에 한국실이 설치되어 있다. 더 많은 한국실 설치를 위해 국립중앙박물관은 계속 노력 중이다.

◐ Reference

E, William. (2022). **Cultural Tourist Product**, Cultural Tourists. 12(9). 32-35.

Lin, H. Y. (2023). **Museum Interaction Strategy**, Heritage Journal. 17(5). 48-52.

Choi, M. R. (2024). Digital Documentation of Excavated Sites, Archaeology Insight. 20(2). 61-66.

---

[1] 2025년 12월 발표 기준

상시 공략문제 12회

연습파일 : [26]이기적워드올인원\PART 03. 상시 공략문제 폴더의 '상시 공략문제 12회' 파일로 편집 기능만 빠르게 연습할 수 있습니다.

과목	제한시간
문서편집기능	30분

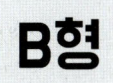

수험번호 :

성　　명 :

······················· **다음 쪽의 문서를 아래 지시사항에 따라 작성하시오** ·······················

- 작성된 답안의 파일은 지정된 경로 및 파일명을 변경하지 마시고 저장해야 합니다. 이를 준수하지 않으면 실격 처리됩니다.
- 편집 용지
  ○ 용지 종류는 A4 용지(210mm×297mm) 1매에 용지 방향을 세로로 설정하여 문서를 작성하시오.
  ○ 용지 여백은 왼쪽·오른쪽은 20mm, 위쪽·아래쪽은 10mm, 머리말·꼬리말은 10mm, 기타 여백은 0mm로 지정하시오.
- 문서의 본문은 2단으로 편집하되, 단 간격은 8mm, 구분선은 이중 실선 0.4mm로 설정하시오.
- 글자 모양
  ○ 글꼴은 별도의 지시가 없는 한 한글 2022의 기본값으로 작성하시오.
  ○ 영문, 숫자, 기호 등은 별도의 지시가 없는 한 자판에 있는 문자를 사용하시오.
- 문단 모양
  ○ 정렬 방식, 여백 등은 문단 모양 기능을 이용하여 작성하시오.
  ○ 문단 모양은 별도의 지시가 없는 한 한글 2022의 기본값으로 작성하시오.
  ○ 사이 줄 띄우기는 각 1줄만, 사이 띄우기는 1칸만 띄우시오.
- 표에서 내용의 정렬 방법
  (제목 행과 '합계(평균)' 셀은 가운데 정렬, 나머지는 열 단위를 기준으로 아래와 같이 정렬)
  ○ 내용의 길이가 서로 다른 문자의 경우 왼쪽 정렬
  ○ 내용의 길이가 서로 다른 숫자의 경우 오른쪽 정렬
  ○ 내용의 길이가 서로 같을 경우 문자, 숫자 상관없이 가운데 정렬
- 색상은 '기본' 테마가 포함된 색상 팔레트를 사용하시오.
- 각 항목은 별도의 지시가 없는 한 주어진 문서에 기준하여 작성하시오.
- 각 항목은 별도의 지시가 없는 한 기본 설정값으로 처리하시오.
- 문제에 제시된 지시사항은 작성하지 않음.

대 한 상 공 회 의 소

B형 — 다음 쪽의 문서를 아래의 〈세부지시사항〉에 따라 작성하시오.

1. 쪽 테두리	• 선의 종류 및 굵기 : 이중 실선 0.4mm, 위·아래 • 위치 : 쪽 기준, 왼쪽·오른쪽·위쪽·아래쪽 모두 5mm
2. 글상자	• 크기 : 너비 170mm, 높이 26mm, 크기 고정 • 위치 : 본문과의 배치 – 자리 차지, 가로 – 종이의 가운데 0mm, 세로 – 종이의 위 20mm • 바깥 여백 : 아래쪽 8mm • 선 속성 : 검정(RGB:0,0,0), 점선 0.4mm • 색 채우기 : 탁한 황갈(RGB:131,77,0) 60% 밝게
3. 제목	• 제목(1) : 휴먼고딕, 15pt, 장평(110%), 자간(5%), 진하게, 주황(RGB:255,102,0) 25% 어둡게, 가운데 정렬 • 제목(2) : 여백 – 왼쪽(340pt), 줄 간격(130%), 문단 아래(1pt)
4. 누름틀	입력할 내용의 안내문 : '(이메일)', 입력 데이터 : '(ad@yjshop.kr)'
5. 그림	• 경로 : [26]이기적워드올인원₩그림₩쇼핑.JPG, 문서에 포함 • 크기 : 너비 28mm, 높이 18mm • 위치 : 본문과의 배치 – 글 앞으로, 가로 – 종이의 왼쪽 23mm, 세로 – 종이의 위 23mm • 회전 : 좌우 대칭
6. 스타일 (2개소 수정, 3개소 등록)	• 개요 1(수정) : 여백 – 왼쪽(0pt), 한컴 윤고딕 740, 11pt, 진하게 • 개요 2(수정) : 여백 – 왼쪽(18pt) • 표제목(등록) : 스타일 이름 – 표제목, 스타일 종류 – 문단, 가운데 정렬, 함초롬돋움, 진하게 • 참고문헌 1(등록) : 스타일 이름 – 참고문헌 1, 스타일 종류 – 문단, 내어쓰기(20pt) • 참고문헌 2(등록) : 스타일 이름 – 참고문헌 2, 스타일 종류 – 글자, 밑줄
7. 문단 첫 글자 장식	• 모양 : 3줄, 글꼴 : 돋움체, 면 색 : 주황(RGB:255,132,58) 25% 어둡게, 본문과의 간격 : 3mm • 글자 색 : 하양(RGB:255,255,255)
8. 각주	글자 모양 : 한컴돋움, 번호 모양 : 아라비아 숫자
9. 하이퍼링크	• '각 플랫폼 취합, 백억 원'에 하이퍼링크 설정 • 연결 대상 : 웹 주소 – 'http://www.keri.org'
10. 표	• 크기 : 너비 78mm~80mm, 높이 33mm~34mm • 위치 : 글자처럼 취급 • 전체 행 : 셀 높이를 같게 • 모든 셀의 안 여백 : 왼쪽·오른쪽 2mm • 테두리 : 표 안쪽은 실선(0.12mm), 표 바깥의 위쪽과 아래쪽은 실선(0.4mm), 표 바깥의 왼쪽과 오른쪽은 없음, 합계 행 위쪽은 이중 실선(0.5mm) • 제목 행 : 셀 배경 색 – 연한 노랑(RGB:250,243,219) 75% 어둡게, 글자 모양 – 함초롬돋움, 진하게, 하양(RGB:255,255,255) • 합계 행 : 셀 배경 색 – 노랑(RGB:255,215,0) 80% 밝게, 글자 모양 – 진하게 • 문단의 정렬 방식 : 가운데 정렬
11. 블록 계산식	표의 합계 행에 블록 계산식을 이용하여 블록 합계 산출
12. 캡션	표 위에 삽입 후 오른쪽 정렬
13. 차트	• 차트의 모양 : 2차원 원형, 차트 계열색 : 색상 조합 색4 • 도형 채우기 : 밝은 연두색(RGB:186,255,26) • 데이터 레이블 : 항목 이름, 백분율(%), 구분 기호(줄 바꿈), 바깥쪽 끝에 • 차트의 크기 : 너비 80mm, 높이 70mm, 크기 고정 • 위치 : 본문과의 배치 – 자리 차지, 가로 – 단의 가운데 0mm, 세로 – 문단의 위 0mm • 바깥 여백 : 위쪽 5mm, 아래쪽 8mm • 제목의 글꼴 설정 : 맑은 고딕, 진하게 • 데이터 레이블의 글꼴 설정 : 9pt • 표의 아래 단락에 배치
14. 쪽 번호	번호 위치 : 가운데 아래, 모양 : 로마자 대문자 숫자, 줄표 넣기 선택, 시작 번호 지정
15. 머리말	• 제목 : 한컴산뜻돋움, 10pt, 진하게, 노랑(RGB:255,215,0) 50% 어둡게 • 날짜 : 탭 설정, 종류 – 오른쪽, 탭 위치 – 16.9cm
16. 꼬리말	HY견고딕, 10pt, 하늘색(RGB:97,130,214) 50% 어둡게, 오른쪽 정렬

뜨거운 라이브 커머스 열풍

발표일: 2026. 6. 12.
발표자: 영진쇼핑몰 홍보팀 (ad@yjshop.kr)

1. 쇼핑 생태계의 세대교체

카카오 쇼핑, 네이버 쇼핑, 쿠팡 라이브, 유튜브 쇼핑 등 주요 라이브 커머스 4개사는 진입 5년 만에 점유율 30%를 넘기며 홈쇼핑(Home Shopping) 시장을 빠르게 잠식(蠶食) 중이다. MZ세대, 모바일 중심의 쌍방향 소통과 인플루언서(Influencer) 기반 판매가 TV홈쇼핑과의 주요 차별점이다.

플랫폼별 취급고 추이
(단위: 각 플랫폼 취합, 백억 원)

구분	지난 10년	향후 10년	증감
카카오 쇼핑	126	342	134
쿠팡 라이브	238	516	277
유튜브 쇼핑	95	271	133
네이버 쇼핑	509	624	316
합계	968	1,753	

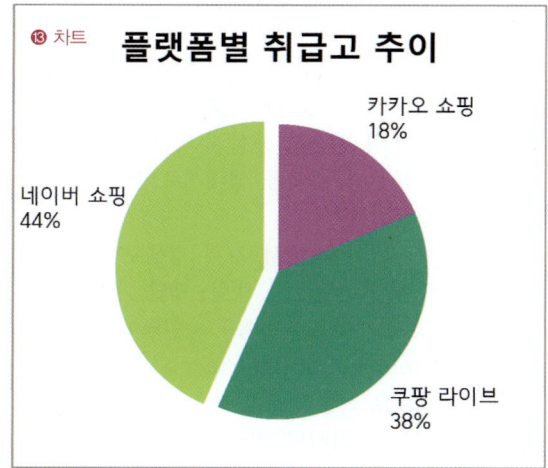

2. 라이브 커머스의 강점

가. 라이브 커머스(Live Commerce)는 지난해 1분기에 이어 2분기에도 성수기, 비수기와 관계없이 매출이 상승세(上昇勢)를 보였다. 이는 실시간 방송을 통한 즉시 반응 유도와 소비자 참여율 증가 덕분으로, 기온이나 계절에 따른 매출 변동성이 TV홈쇼핑 대비 상대적으로 낮았다.

나. 여름철에도 가정용 미용기기, 건강기능식품, 간편식 등 고관여 제품의 구매 전환율이 높았다. 이는 TV홈쇼핑의 한계였던 몰입도 저하와 시청 시간 부족이 모바일 기반 라이브 방송(Live Streaming)으로 해소된 결과로 분석된다.

3. 플랫폼 중심 쇼핑 구조 전환

가. 주요 라이브 커머스 플랫폼들은 라이브 방송과 단독 기획 콘텐츠를 접목해 브랜드 충성도(Brand Loyalty)가 높은 팬덤 기반 쇼핑 생태계를 구축하고 있다. 이제 소비자는 기존 TV홈쇼핑처럼 단순히 정보를 수동적으로 기다리는 수용형 소비자가 아니라, 직접 물어보고, 반응하고, 비교하며 소비하는 능동형 소비자로 변화(變化)하고 있다.

나. 대형 플랫폼들은 SNS(Social Network Service), 메신저(Messenger), 쇼츠(Short-form Video) 등 다양한 디지털 채널을 연동하여 중소기업, 콘텐츠 창작자, 인플루언서와의 협업을 강화하고 있다. 그 결과, 기존의 방송사 중심 수직적 유통 구조는 점차 분산형 플랫폼 생태계로 전환(轉換)되고 있다.

다. 이러한 변화 속에서 가격 경쟁보다 소비자 경험 중심 콘텐츠와 채팅, 댓글, 쿠폰, 투표 등 실시간 소통 인터페이스(Live Communication Interface)의 제공이 차별화 요소로 작용하고 있다. 이처럼 국내 홈쇼핑 산업은 디지털 커머스 중심으로 급속히 재편(再編)될 것으로 전망된다.

♠ Reference

Kim, J. (2025). Live Commerce Trends. Retail Review. 3(18). 34-35.
Lee, S. (2026). Mobile Shopping Behavior. Digital Market. 3(18). 36-37.

---

1) 한국유통산업진흥원 발표 자료 기준

유통산업 동향 보고서　　　　　　　　　　　　　　　　　2026. 8. 10.

뜨거운 라이브 커머스 열풍

발표일: 2026. 6. 12.
발표자: 영진쇼핑몰 홍보팀
(ad@yjshop.kr)

1. 쇼핑 생태계의 세대교체

카카오 쇼핑, 네이버 쇼핑, 쿠팡 라이브, 유튜브 쇼핑 등 주요 라이브 커머스 4개사는 진입 5년 만에 점유율 30%를 넘기며 홈쇼핑(Home Shopping) 시장을 빠르게 잠식(蠶食) 중이다. MZ세대, 모바일 중심의 쌍방향 소통과 인플루언서(Influencer) 기반 판매가 TV홈쇼핑과의 주요 차별점이다.

플랫폼별 취급고 추이

(단위: 각 플랫폼 취합, 백억 원)

구분	지난 10년	향후 10년	증감
카카오 쇼핑	126	342	134
쿠팡 라이브	238	516	277
유튜브 쇼핑	95	271	133
네이버 쇼핑	509	624	316
합계	968	1,753	

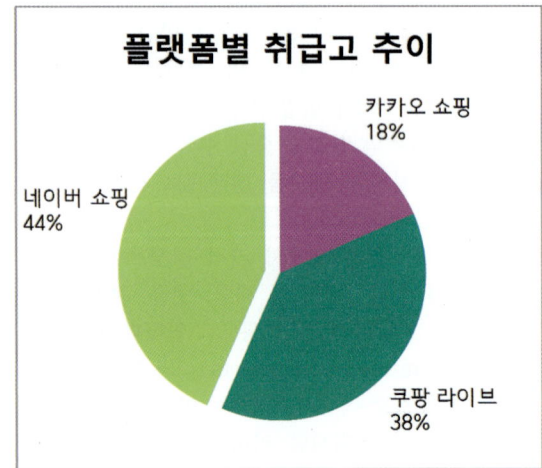

2. 라이브 커머스의 강점

가. 라이브 커머스(Live Commerce)는 지난해 1분기에 이어 2분기에도 성수기, 비수기와 관계없이 매출이 상승세(上昇勢)를 보였다. 이는 실시간 방송을 통한 즉시 반응 유도와 소비자 참여율 증가 덕분으로, 기온이나 계절에 따른 매출 변동성이 TV홈쇼핑 대비 상대적으로 낮았다.

나. 여름철에도 가정용 미용기기, 건강기능식품, 간편식 등 고관여 제품의 구매 전환율이 높았다. 이는 TV홈쇼핑의 한계였던 몰입도 저하와 시청 시간 부족이 모바일 기반 라이브 방송(Live Streaming)으로 해소된 결과로 분석된다.

3. 플랫폼 중심 쇼핑 구조 전환

가. 주요 라이브 커머스 플랫폼들은 라이브 방송과 단독 기획 콘텐츠를 접목해 브랜드 충성도(Brand Loyalty)가 높은 팬덤 기반 쇼핑 생태계를 구축하고 있다. 이제 소비자는 기존 TV홈쇼핑처럼 단순히 정보를 수동적으로 기다리는 수용형 소비자가 아니라, 직접 물어보고, 반응하고, 비교하며 소비하는 능동형 소비자로 변화(變化)[1]하고 있다.

나. 대형 플랫폼들은 SNS(Social Network Service), 메신저(Messenger), 쇼츠(Short-form Video) 등 다양한 디지털 채널을 연동하여 중소기업, 콘텐츠 창작자, 인플루언서와의 협업을 강화하고 있다. 그 결과, 기존의 방송사 중심 수직적 유통 구조는 점차 분산형 플랫폼 생태계로 전환(轉換)되고 있다.

다. 이러한 변화 속에서 가격 경쟁보다 소비자 경험 중심 콘텐츠와 채팅, 댓글, 쿠폰, 투표 등 실시간 소통 인터페이스(Live Communication Interface)의 제공이 차별화 요소로 작용하고 있다. 이처럼 국내 홈쇼핑 산업은 디지털 커머스 중심으로 급속히 재편(再編)될 것으로 전망된다.

♠ Reference

Kim, J. (2025). <u>Live Commerce Trends</u>, Retail Review. 3(18). 34-35.

Lee, S. (2026). <u>Mobile Shopping Behavior</u>, Digital Market. 3(18). 36-37.

---

[1] 한국유통산업진흥원 발표 자료 기준

상시 공략문제 13회

연습파일 : [26]이기적워드올인원₩PART 03. 상시 공략문제 폴더의 '상시 공략문제 13회' 파일로 편집 기능만 빠르게 연습할 수 있습니다.

과목	제한시간
문서편집기능	30분

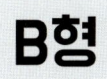

수험번호 :

성   명 :

·········· **다음 쪽의 문서를 아래 지시사항에 따라 작성하시오** ··········

■ 작성된 답안의 파일은 지정된 경로 및 파일명을 변경하지 마시고 저장해야 합니다. 이를 준수하지 않으면 실격 처리됩니다.

■ 편집 용지
  ○ 용지 종류는 A4 용지(210mm×297mm) 1매에 용지 방향을 세로로 설정하여 문서를 작성하시오.
  ○ 용지 여백은 왼쪽·오른쪽은 20mm, 위쪽·아래쪽은 10mm, 머리말·꼬리말은 10mm, 기타 여백은 0mm로 지정하시오.

■ 문서의 본문은 2단으로 편집하되, 단 간격은 8mm, 구분선은 파선 0.12mm로 설정하시오.

■ 글자 모양
  ○ 글꼴은 별도의 지시가 없는 한 한글 2022의 기본값으로 작성하시오.
  ○ 영문, 숫자, 기호 등은 별도의 지시가 없는 한 자판에 있는 문자를 사용하시오.

■ 문단 모양
  ○ 정렬 방식, 여백 등은 문단 모양 기능을 이용하여 작성하시오.
  ○ 문단 모양은 별도의 지시가 없는 한 한글 2022의 기본값으로 작성하시오.
  ○ 사이 줄 띄우기는 각 1줄, 사이 띄우기는 1칸만 띄우시오.

■ 표에서 내용의 정렬 방법
  (제목 행과 '합계(평균)' 셀은 가운데 정렬, 나머지는 열 단위를 기준으로 아래와 같이 정렬)
  ○ 내용의 길이가 서로 다른 문자의 경우 왼쪽 정렬
  ○ 내용의 길이가 서로 다른 숫자의 경우 오른쪽 정렬
  ○ 내용의 길이가 서로 같을 경우 문자, 숫자 상관없이 가운데 정렬

■ 색상은 '기본' 테마가 포함된 색상 팔레트를 사용하시오.

■ 각 항목은 별도의 지시가 없는 한 주어진 문서에 기준하여 작성하시오.

■ 각 항목은 별도의 지시가 없는 한 기본 설정값으로 처리하시오.

■ 문제에 제시된 지시사항은 작성하지 않음.

대 한 상 공 회 의 소

B형 다음 쪽의 문서를 아래의 〈세부지시사항〉에 따라 작성하시오.

1. 쪽 테두리	• 선의 종류 및 굵기 : 이중 실선 0.4mm, 모두 • 위치 : 쪽 기준, 왼쪽 · 오른쪽 · 위쪽 · 아래쪽 모두 5mm
2. 글상자	• 크기 : 너비 170mm, 높이 25mm, 크기 고정 • 위치 : 본문과의 배치 – 자리 차지, 가로 – 종이의 가운데 0mm, 세로 – 종이의 위 20mm • 바깥 여백 : 아래쪽 5mm • 선 속성 : 검정(RGB:0,0,0), 원형 점선 0.4mm • 색 채우기 : 보라(RGB:157,92,187) 80% 밝게
3. 제목	• 제목(1) : 한컴 윤고딕 230, 15pt, 장평(105%), 자간(-5%), 진하게, 남색(RGB:58,60,132), 가운데 정렬 • 제목(2) : 여백 – 왼쪽(340pt), 줄 간격(140%)
4. 누름틀	입력할 내용의 안내문 : '발행기관명', 입력 데이터 : '이기적 게임연구소'
5. 그림	• 경로 : [26]이기적워드올인원₩그림₩게임.JPG, 문서에 포함 • 크기 : 너비 30mm, 높이 20mm • 위치 : 본문과의 배치 – 글 앞으로, 가로 – 종이의 왼쪽 23mm, 세로 – 종이의 위 23mm
6. 스타일 (2개소 수정, 3개소 등록)	• 개요 1(수정) : 여백 – 왼쪽(0pt), 한컴 윤고딕 740, 12pt, 진하게 • 개요 2(수정) : 여백 – 왼쪽(15pt) • 표제목(등록) : 스타일 이름 – 표제목, 스타일 종류 – 문단, 가운데 정렬, 한컴 윤고딕 240, 진하게 • 참고문헌 1(등록) : 스타일 이름 – 참고문헌 1, 스타일 종류 – 문단, 내어쓰기(15pt) • 참고문헌 2(등록) : 스타일 이름 – 참고문헌 2, 스타일 종류 – 글자, 기울임
7. 문단 첫 글자 장식	• 모양 : 3줄, 글꼴 : 맑은 고딕, 면 색 : 하늘색(RGB:97,130,214) 50% 어둡게, 본문과의 간격 : 5mm • 글자 색 : 하양(RGB:255,255,255)
8. 각주	글자 모양 : HY궁서, 번호 모양 : 아라비아 숫자
9. 하이퍼링크	• '게임업체별, 억 원'에 하이퍼링크 설정 • 연결 대상 : 웹 주소 – 'https://mcst.go.kr'
10. 표	• 크기 : 너비 78mm~80mm, 높이 33mm~34mm • 위치 : 글자처럼 취급 • 전체 행 : 셀 높이를 같게 • 모든 셀의 안 여백 : 왼쪽 · 오른쪽 2mm • 테두리 : 표 안쪽은 실선(0.2mm), 표 바깥의 위쪽과 아래쪽은 실선(0.4mm), 표 바깥의 왼쪽과 오른쪽은 이중 실선(0.4mm), 구분 행 아래쪽과 평균 행 위쪽은 파선(0.4mm) • 제목 행 : 셀 배경 색 – 노랑(RGB:255,215,0) 25% 어둡게, 글자 모양 – HY나무M, 진하게, 하양(RGB:255,255,255) • 평균 행 : 셀 배경 색 – 주황(RGB:255,132,58) 80% 밝게, 글자 모양 – 진하게 • 문단의 정렬 방식 : 가운데 정렬
11. 블록 계산식	표의 평균 행에 블록 계산식을 이용하여 블록 평균 산출
12. 캡션	표 아래에 삽입 후 오른쪽 정렬
13. 차트	• 차트의 모양 : 이중 축 혼합형(누적 세로 막대형, 표식이 있는 꺾은선형) • 데이터 레이블 : 값, 위쪽 • 차트의 크기 : 너비 80mm, 높이 65mm, 크기 고정 • 위치 : 본문과의 배치 – 자리 차지, 가로 – 단의 가운데 0mm, 세로 – 문단의 위 0mm • 바깥 여백 : 위쪽 5mm, 아래쪽 7mm • 값 축, 항목 축, 보조 값 축, 데이터 레이블, 범례의 글꼴 설정 : 9pt • 표의 아래 단락에 배치 ※ 혼합형 차트는 차트 종류와 속성을 이용하여 구성하시오.
14. 쪽 번호	번호 위치 : 왼쪽 아래, 모양 : 아라비아 숫자 원문자, 줄표 넣기 선택, 시작 번호 지정
15. 머리말	• 제목 : 돋움체, 10pt, 진하게, 주황(RGB:255,132,58) 25% 어둡게 • 날짜 : 탭 설정, 종류 – 오른쪽, 탭 위치 – 15.5cm
16. 꼬리말	함초롬돋움, 10pt, 진하게, 초록(RGB:40,155,110) 50% 어둡게, 오른쪽 정렬

국내 게임 글로벌 성장 보고

발행일: 2026년 4월 29일
발행처: 이기적 게임연구소
<egigame.co.kr>

1. 개요

국내 온라인 게임업체들이 글로벌 시장에서 성과를 확대하며 긍정적인 실적 흐름을 이어가고 있다. 프라시아 전기(Fracia Electric), T의 거짓(Lies of T) 등 최근 흥행작들의 매출이 본격 반영되면서, 관련 기업들의 실적 개선(改善)에 대한 기대감이 커지고 있다. 게임업계와 증권업계에 따르면 넥서스(Nexus), 엔비(Envy), 네오(Neo), 위즈(Wiz) 등 국내 주요 온라인 게임업체들의 매출(Sales)은 적게는 20%, 많게는 70% 이상 늘어날 것으로 전망되고 있다.

주요 게임업체 매출 추이

구분	작년 4분기	올해 4분기	증감
넥서스	900	1100	3.5
엔비	744	812	2.3
네오	254	369	1.8
위즈	211	289	0.9
평균	527	643	

(단위: 게임업체별, 억 원)

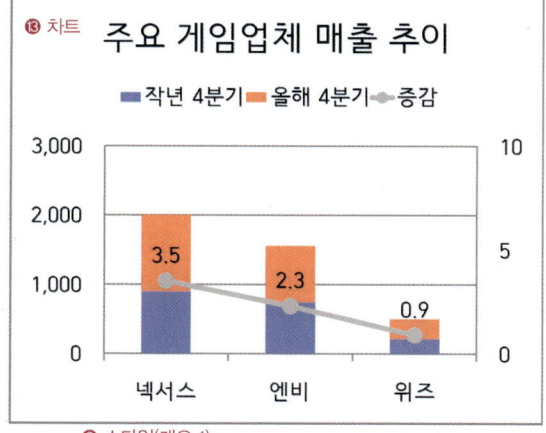

2. 중국, 일본 등 해외서 폭발적 인기

가. 지난해 1,100억 원대의 매출을 올린 넥서스는 올해 약 1,300억~1,500억 원의 매출을 기대하고 있다. 넥서스 관계자는 "중국(China)에서 프라시아 전기가 최고 동시접속자 수 190만을 기록했고, 일본(Japan)에서 마비노기 모바일(Mabinogi Mobile), 아틀란티카 리마스터(Atlantica Remastered) 등이 큰 인기(人氣)를 끌면서 실적 호조가 예상된다"고 밝혔다.

나. 엔비 역시 중국에서 흥행 중인 T의 거짓 해외 로열티(Royalty) 증대로 올해 큰 폭의 매출 상승이 전망된다. 최선호 대한투자증권(Korea Investment & Securities) 선임연구원은 "이는 올해부터 중국의 T의 거짓 로열티 매출액이 본격적으로 반영되기 때문"이라고 분석했다.

3. 실적 개선에 대한 기대감

가. 네오의 회사 관계자는 "북미(North America), 유럽(Europe) 등 글로벌 시장에서 진행 중인 e스포츠(e-Sports) 대회와 피파 온라인(FIFA Online), 슬러거(Slugger) 등 스포츠 게임(Sports Game)의 선전(善戰)으로 올해 실적은 괜찮을 것 같다"라고 말했다.

나. 하반기 전망도 긍정적이다. 업체별로 신작 콘솔 및 멀티플랫폼 대작 게임 출시가 예고되어 있고, 흥행(興行)에 성공한 게임의 북미, 대만(Taiwan) 등 글로벌 시장 확장도 가속화되고 있기 때문이다.

다. 업계 관계자는 "K-게임의 IP 경쟁력이 강화되며, 업계 전반이 실적에 대한 기대감이 커지고 있으며 하반기는 상반기보다 좋은 성과가 나타날 것"이라고 내다봤다.

▶ Reference

Its. *Attributions*. (2025). A Study on the Game Definition. 26(3). 77-78.

Harven, L. (2025). Exploring Global Game Market Trends, Game Industry Review. 26(4). 81-83.

---

1) 출처: 문화체육관광부

게임뉴스 (2026년 5월 1일)

국내 게임 글로벌 성장 보고

발행일: 2026년 4월 29일
발행처: 이기적 게임연구소
<egigame.co.kr>

1. 개요

국내 온라인 게임업체들이 글로벌 시장에서 성과를 확대하며 긍정적인 실적 흐름을 이어가고 있다. 프라시아 전기(Fracia Electric), T의 거짓(Lies of T) 등 최근 흥행작들의 매출이 본격 반영되면서, 관련 기업들의 실적 개선(改善)[1]에 대한 기대감이 커지고 있다. 게임업계와 증권업계에 따르면 넥서스(Nexus), 엔비(Envy), 네오(Neo), 위즈(Wiz) 등 국내 주요 온라인 게임업체들의 매출(Sales)은 적게는 20%, 많게는 70% 이상 늘어날 것으로 전망되고 있다.

주요 게임업체 매출 추이

구분	작년 4분기	올해 4분기	증감
넥서스	900	1100	3.5
엔비	744	812	2.3
네오	254	369	1.8
위즈	211	289	0.9
평균	527	643	

(단위: 게임업체별, 억 원)

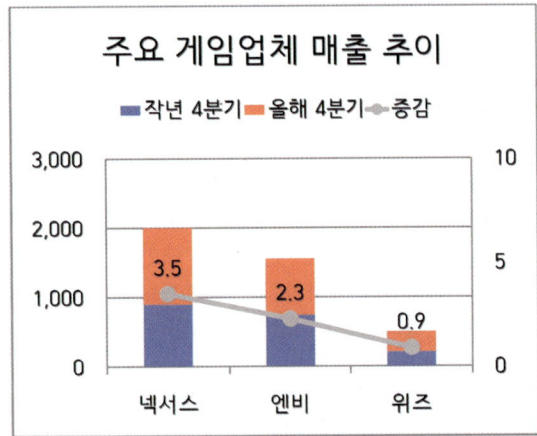

2. 중국, 일본 등 해외서 폭발적 인기

가. 지난해 1,100억 원대의 매출을 올린 넥서스는 올해 약 1,300억~1,500억 원의 매출을 기대하고 있다. 넥서스 관계자는 "중국(China)에서 프라시아 전기가 최고 동시접속자 수 190만을 기록했고, 일본(Japan)에서 마비노기 모바일(Mabinogi Mobile), 아틀란티카 리마스터(Atlantica Remastered) 등이 큰 인기(人氣)를 끌면서 실적 호조가 예상된다"고 밝혔다.

나. 엔비 역시 중국에서 흥행 중인 T의 거짓 해외 로열티(Royalty) 증대로 올해 큰 폭의 매출 상승이 전망된다. 최선호 대한투자증권(Korea Investment & Securities) 선임연구원은 "이는 올해부터 중국의 T의 거짓 로열티 매출액이 본격적으로 반영되기 때문"이라고 분석했다.

3. 실적 개선에 대한 기대감

가. 네오의 회사 관계자는 "북미(North America), 유럽(Europe) 등 글로벌 시장에서 진행 중인 e스포츠(e-Sports) 대회와 피파 온라인(FIFA Online), 슬러거(Slugger) 등 스포츠 게임(Sports Game)의 선전(善戰)으로 올해 실적은 괜찮을 것 같다"라고 말했다.

나. 하반기 전망도 긍정적이다. 업체별로 신작 콘솔 및 멀티플랫폼 대작 게임 출시가 예고되어 있고, 흥행(興行)에 성공한 게임의 북미, 대만(Taiwan) 등 글로벌 시장 확장도 가속화되고 있기 때문이다.

다. 업계 관계자는 "K-게임의 IP 경쟁력이 강화되며, 업계 전반이 실적에 대한 기대감이 커지고 있으며 하반기는 상반기보다 좋은 성과가 나타날 것"이라고 내다봤다.

▶ Reference

Its. *Attributions*,. (2025). A Study on the Game Definition. 26(3). 77-78.

Harven, L. (2025). Exploring Global Game Market Trends, Game Industry Review. 26(4). 81-83.

---

1) 출처: 문화체육관광부

상시 공략문제 14회

연습파일 : [26]이기적워드올인원₩PART 03. 상시 공략문제 폴더의 '상시 공략문제 14회' 파일로 편집 기능만 빠르게 연습할 수 있습니다.

과목	제한시간
문서편집기능	30분

C형

수험번호 :

성 명 :

·············· **다음 쪽의 문서를 아래 지시사항에 따라 작성하시오** ··············

- 작성된 답안의 파일은 지정된 경로 및 파일명을 변경하지 마시고 저장해야 합니다. 이를 준수하지 않으면 실격 처리됩니다.
- 편집 용지
  ○ 용지 종류는 A4 용지(210mm×297mm) 1매에 용지 방향을 세로로 설정하여 문서를 작성하시오.
  ○ 용지 여백은 왼쪽·오른쪽은 20mm, 위쪽·아래쪽은 10mm, 머리말·꼬리말은 10mm, 기타 여백은 0mm 로 지정하시오.
- 문서의 본문은 1단에서 2단으로 변하는 모양으로 편집하되, 단 간격은 8mm, 구분선은 점선 0.12mm로 설정하시오.
- 글자 모양
  ○ 글꼴은 별도의 지시가 없는 한 한글 2022의 기본값으로 작성하시오.
  ○ 영문, 숫자, 기호 등은 별도의 지시가 없는 한 자판에 있는 문자를 사용하시오.
- 문단 모양
  ○ 정렬 방식, 여백 등은 문단 모양 기능을 이용하여 작성하시오.
  ○ 문단 모양은 별도의 지시가 없는 한 한글 2022의 기본값으로 작성하시오.
  ○ 사이 줄 띄우기는 각 1줄만, 사이 띄우기는 1칸만 띄우시오.
- 표에서 내용의 정렬 방법
  (제목 행과 '합계(평균)' 셀은 가운데 정렬, 나머지는 열 단위를 기준으로 아래와 같이 정렬)
  ○ 내용의 길이가 서로 다른 문자의 경우 왼쪽 정렬
  ○ 내용의 길이가 서로 다른 숫자의 경우 오른쪽 정렬
  ○ 내용의 길이가 서로 같을 경우 문자, 숫자 상관없이 가운데 정렬
- 색상은 '기본' 테마가 포함된 색상 팔레트를 사용하시오.
- 각 항목은 별도의 지시가 없는 한 주어진 문서에 기준하여 작성하시오.
- 각 항목은 별도의 지시가 없는 한 기본 설정값으로 처리하시오.
- 문제에 제시된 지시사항은 작성하지 않음.

대 한 상 공 회 의 소

C형 다음 쪽의 문서를 아래의 〈세부지시사항〉에 따라 작성하시오.

1. 다단 설정	모양 – 둘, 구분선 – 구분선 넣기, 적용 범위 – 새 다단으로
2. 쪽 테두리	• 선의 종류 및 굵기 : 얇고 굵은 이중선 0.5mm, 위·아래 • 위치 : 쪽 기준, 왼쪽·오른쪽·위쪽·아래쪽 모두 5mm
3. 글상자	• 크기 : 너비 170mm, 높이 25mm, 크기 고정 • 위치 : 본문과의 배치 – 자리 차지, 가로 – 종이의 가운데 0mm, 세로 – 종이의 위 20mm • 바깥 여백 : 아래쪽 5mm • 선 속성 : 검정(RGB:0,0,0), 실선 0.12mm • 색 채우기 : 연한 노랑(RGB:250,243,219) 10% 어둡게
4. 제목	• 제목(1) : HY강M, 16pt, 장평(95%), 자간(5%), 진하게, 보라(RGB:157,92,187) 50% 어둡게, 가운데 정렬, 문단 위(3pt), 문단 아래(3pt) • 제목(2) : 여백 – 왼쪽(340pt), 줄 간격(140%)
5. 누름틀	입력할 내용의 안내문 : '이름 직위', 입력 데이터 : '한나라 문화부기자'
6. 그림	• 경로 : [26]이기적워드올인원₩그림₩외교관.BMP, 문서에 포함 • 크기 : 너비 30mm, 높이 20mm • 위치 : 본문과의 배치 – 글 앞으로, 가로 – 종이의 왼쪽 23mm, 세로 – 종이의 위 23mm • 회전 : 좌우 대칭
7. 스타일 (2개소 수정, 3개소 등록)	• 개요 1(수정) : 여백 – 왼쪽(0pt), 함초롬돋움, 12pt, 진하게 • 개요 2(수정) : 여백 – 왼쪽(15pt) • 표제목(등록) : 스타일 이름 – 표제목, 스타일 종류 – 문단, 가운데 정렬, 한컴 윤고딕 760, 12pt, 진하게 • 참고문헌 1(등록) : 스타일 이름 – 참고문헌 1, 스타일 종류 – 문단, 내어쓰기(20pt) • 참고문헌 2(등록) : 스타일 이름 – 참고문헌 2, 스타일 종류 – 글자, 진하게
8. 문단 첫 글자 장식	• 모양 : 2줄, 글꼴 : 맑은 고딕, 면 색 : 하늘색(RGB:97,130,214) 25% 어둡게, 본문과의 간격 : 3mm • 글자 색 : 하양(RGB:255,255,255)
9. 각주	글자 모양 : 한컴 윤고딕 230, 번호 모양 : 아라비아 숫자 원문자
10. 하이퍼링크	• '한국관광공사 발표'에 하이퍼링크 설정 • 연결 대상 : 웹 주소 – 'https://knto.or.kr'
11. 표	• 크기 : 너비 78mm~80mm, 높이 33mm~34mm • 위치 : 글자처럼 취급 • 전체 행 : 셀 높이를 같게 • 모든 셀의 안 여백 : 왼쪽·오른쪽 2mm • 테두리 : 표 안쪽은 실선(0.12mm), 표 바깥의 위쪽과 아래쪽은 실선(0.4mm), 표 바깥의 왼쪽과 오른쪽은 없음, 구분 행 아래와 합계 행 위쪽은 이중 실선(0.5mm) • 제목 행 : 셀 배경 색 – 남색(RGB:58,60,132) 25% 어둡게, 　　　　　　글자 모양 – HY강M, 진하게, 하양(RGB:255,255,255) • 합계 행 : 셀 배경 색 – 보라(RGB:157,92,187) 80% 밝게, 글자 모양 – 진하게 • 문단의 정렬 방식 : 가운데 정렬
12. 블록 계산식	표의 합계 행에 블록 계산식을 이용하여 블록 합계 산출
13. 캡션	표 위에 삽입 후 오른쪽 정렬
14. 차트	• 차트의 모양 : 2차원 원형 • 도형 채우기 : 시안(RGB:66,199,241) • 데이터 레이블 : 항목 이름, 백분율(%), 구분 기호(공백), 안쪽 끝에 • 차트의 크기 : 너비 80mm, 높이 75mm, 크기 고정 • 위치 : 본문과의 배치 – 자리 차지, 가로 – 단의 가운데 0mm, 세로 – 문단의 위 0mm • 바깥 여백 : 위쪽 5mm, 아래쪽 7mm • 제목의 글꼴 설정 : 맑은 고딕, 12pt, 진하게 • 데이터 레이블의 글꼴 설정 : 9pt • 표의 아래 단락에 배치
15. 쪽 번호	번호 위치 : 왼쪽 아래, 모양 : 아라비아 숫자, 줄표 넣기 선택, 시작 번호 지정
16. 머리말	• 제목 : 한컴산뜻돋움, 진하게, 노랑(RGB:255,215,0) 50% 어둡게 • 날짜 : 탭 설정, 종류 – 오른쪽, 탭 위치 – 16.9cm
17. 꼬리말	한컴산뜻돋움, 10pt, 진하게, 하늘색(RGB:97,130,214) 25% 어둡게, 오른쪽 정렬

디지털 민간 외교와 문화 확산

작성자: 한나라 문화부기자 (hnr@news.kr)

1. 개요

한민국의 사이버 민간 외교관(Cyber Non-Governmental Diplomat)들이 외국의 네티즌(Netizen)들에게 대대적인 대한민국 홍보(弘報)를 하고 있다. 과거 전자우편(E-mail)을 활용한 홍보에서 출발했으나, 최근에는 SNS와 영상 플랫폼을 통해 한국 문화와 콘텐츠를 알리는 활동으로 확대되고 있다. 이 운동(運動)은 한 웹사이트(Web Site)에서 시작돼 지금은 다양한 플랫폼과 연계되며 큰 호응을 얻고 있다.

외국인에게 보여주고 싶은 문화

(단위: 한국관광공사 발표 개)

구분	수도권 기준	지방 기준	기타
문화유적	328	697	26
전통공연	217	346	12
자연환경	159	279	34
생활모습	189	386	19
합계	893	1,708	

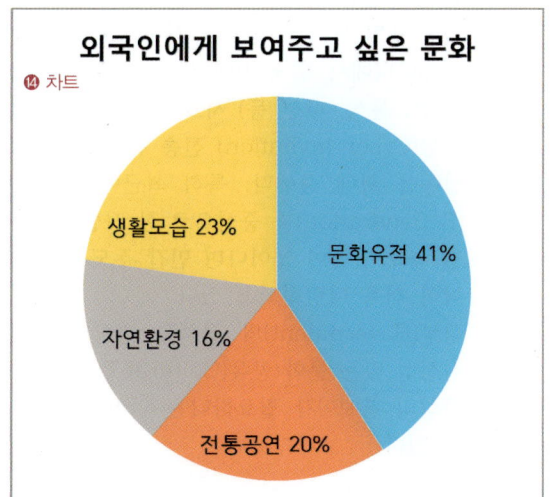

외국인에게 보여주고 싶은 문화
- 문화유적 41%
- 전통공연 20%
- 자연환경 16%
- 생활모습 23%

2. 한국의 인기 관광지

가. 외국인에게 보여주고 싶은 한국의 문화로 서울은 유적지(遺蹟地)가 가장 높았다. 활발한 전통공연이 이루어지는 인천은 전통공연이 다른 지역에 비해 높게 나타났다.

나. 4계절이 뚜렷한 자연환경을 가장 보여주고 싶다고 했으며, 생활 모습을 있는 그대로 보여주고 싶다는 시민들의 의견도 많았다.

3. 한국 홍보의 미래

가. 현재 반크(Voluntary Agency Network Of Korea) 사이트는 문화체육관광부(Ministry of Culture, Sports and Tourism)와 연계해 한국을 홍보하고, 한국 오류 시정 운동과 청결, 위생, 종사자의 서비스, 교통 편리성 등을 관리한다. 최근에는 소셜미디어(SNS)를 통한 디지털 캠페인을 강화하고 있으며, 1인당 5명 이상 외국인에게 한국을 소개하는 콘텐츠 공유 운동을 독려하고 있다.

나. 외국 포털 사이트 내 오류 시정 요청, 온라인 커뮤니티에서 한국 알리기, K-문화 콘텐츠(공연, 음식, 패션 등) 자료 배포, 사이버 초청장(Cyber Invitation) 전송 등을 중심으로 활동을 확대 중이다. 특히 최근에는 Z세대(Z-Generation)를 중심으로 한 자발적 디지털 외교 활동이 늘어나며 민간 주도 홍보 전략이 더욱 다양화되고 있다.

다. 정부(Government)의 정책적 지원과 함께, 진정성 있는 문화 공유(Cultural Exchange) 중심의 홍보가 필요하다는 인식도 확산되고 있다.

♠ Reference

Park, S. (2025). K-Culture Diplomacy, Korean Media Review, 19(3). 44-55.

Choi, H. (2026). Cyber Diplomacy, Asia Communication, 17(2). 28-41.

Rechel, U. L. (2026). Development of Korean Measurement Scale. 13(2). 36-83.

① 대한민국 구석구석

| 대한민국 관광 | 2025. 10. 28. |

디지털 민간 외교와 문화 확산

작성자: 한나라 문화부기자
(hnr@news.kr)

1. 개요

대한민국의 사이버 민간 외교관(Cyber Non-Governmental Diplomat)들이 외국의 네티즌(Netizen)들에게 대대적인 대한민국 홍보(弘報)를 하고 있다. 과거 전자우편(E-mail)을 활용한 홍보에서 출발했으나, 최근에는 SNS와 영상 플랫폼을 통해 한국 문화와 콘텐츠를 알리는 활동으로 확대되고 있다. 이 운동(運動)은 한 웹사이트(Web Site)에서 시작돼 지금은 다양한 플랫폼과 연계되며 큰 호응을 얻고 있다.

외국인에게 보여주고 싶은 문화

(단위: 한국관광공사 발표, 개)

구분	수도권 기준	지방 기준	기타
문화유적	328	697	26
전통공연	217	346	12
자연환경	159	279	34
생활모습	189	386	19
합계	893	1,708	

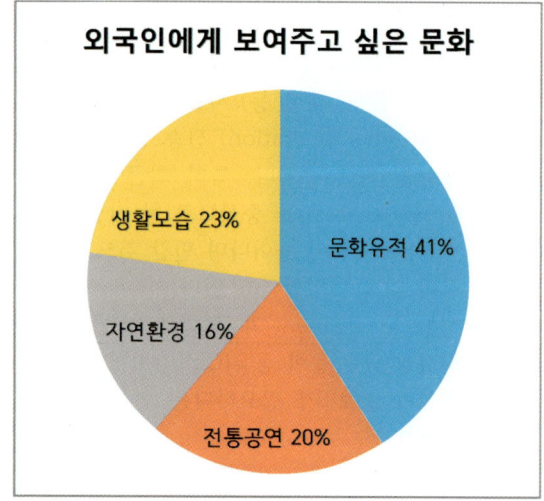

외국인에게 보여주고 싶은 문화
- 문화유적 41%
- 생활모습 23%
- 전통공연 20%
- 자연환경 16%

2. 한국의 인기 관광지

가. 외국인에게 보여주고 싶은 한국의 문화로 서울은 유적지(遺蹟地)가 가장 높았다. 활발한 전통공연이 이루어지는 인천은 전통공연이 다른 지역에 비해 높게 나타났다.

나. 4계절이 뚜렷한 자연환경을 가장 보여주고 싶다고 했으며, 생활 모습을 있는 그대로 보여주고 싶다는 시민들의 의견도 많았다.

3. 한국 홍보의 미래

가. 현재 반크(Voluntary Agency Network Of Korea) 사이트는 문화체육관광부(Ministry of Culture, Sports and Tourism)와 연계해 한국을 홍보하고, 한국 오류 시정 운동과 청결, 위생, 종사자의 서비스, 교통 편리성 등을 관리한다. 최근에는 소셜미디어(SNS)를 통한 디지털 캠페인을 강화하고 있으며, 1인당 5명 이상 외국인에게 한국을 소개하는 콘텐츠 공유 운동을 독려하고 있다.

나. 외국 포털 사이트 내 오류 시정 요청, 온라인 커뮤니티에서 한국 알리기, K-문화 콘텐츠(공연, 음식, 패션 등) 자료 배포, 사이버 초청장(Cyber Invitation) 전송 등을 중심으로 활동을 확대 중이다. 특히 최근에는 Z세대(Z-Generation)를 중심으로 한 자발적 디지털 외교 활동이 늘어나며 민간 주도 홍보 전략이 더욱 다양화되고 있다.

다. 정부(Government)의 정책적 지원과 함께, 진정성 있는 문화 공유(Cultural Exchange) 중심의 홍보[1]가 필요하다는 인식도 확산되고 있다.

♠ Reference

Park, S. (2025). K-Culture Diplomacy, Korean Media Review, 19(3). 44-55.

Choi, H. (2026). Cyber Diplomacy, Asia Communication, 17(2). 28-41.

Rechel, U. L. (2026). **Development of Korean**, Measurement Scale. 13(2). 36-83.

---

[1] 대한민국 구석구석

한국인/외국인 모두 꼭 가봐야 할 '한국 관광지 100선'

상시 공략문제 15회

연습파일 : [26]이기적워드올인원₩PART 03. 상시 공략문제 폴더의 '상시 공략문제 15회' 파일로 편집 기능만 빠르게 연습할 수 있습니다.

과목	제한시간
문서편집기능	30분

수험번호 :

성   명 :

········· **다음 쪽의 문서를 아래 지시사항에 따라 작성하시오** ·········

- 작성된 답안의 파일은 지정된 경로 및 파일명을 변경하지 마시고 저장해야 합니다. 이를 준수하지 않으면 실격 처리됩니다.
- 편집 용지
    ○ 용지 종류는 A4 용지(210mm×297mm) 1매에 용지 방향을 세로로 설정하여 문서를 작성하시오.
    ○ 용지 여백은 왼쪽·오른쪽은 20mm, 위쪽·아래쪽은 10mm, 머리말·꼬리말은 10mm, 기타 여백은 0mm로 지정하시오.
- 문서의 본문은 2단으로 편집하되, 단 간격은 8mm, 구분선은 실선 0.12mm로 설정하시오.
- 글자 모양
    ○ 글꼴은 별도의 지시가 없는 한 한글 2022의 기본값으로 작성하시오.
    ○ 영문, 숫자, 기호 등은 별도의 지시가 없는 한 자판에 있는 문자를 사용하시오.
- 문단 모양
    ○ 정렬 방식, 여백 등은 문단 모양 기능을 이용하여 작성하시오.
    ○ 문단 모양은 별도의 지시가 없는 한 한글 2022의 기본값으로 작성하시오.
    ○ 사이 줄 띄우기는 각 1줄만, 사이 띄우기는 1칸만 띄우시오.
- 표에서 내용의 정렬 방법
    (제목 행과 '합계(평균)' 셀은 가운데 정렬, 나머지는 열 단위를 기준으로 아래와 같이 정렬)
    ○ 내용의 길이가 서로 다른 문자의 경우 왼쪽 정렬
    ○ 내용의 길이가 서로 다른 숫자의 경우 오른쪽 정렬
    ○ 내용의 길이가 서로 같을 경우 문자, 숫자 상관없이 가운데 정렬
- 색상은 '기본' 테마가 포함된 색상 팔레트를 사용하시오.
- 각 항목은 별도의 지시가 없는 한 주어진 문서에 기준하여 작성하시오.
- 각 항목은 별도의 지시가 없는 한 기본 설정값으로 처리하시오.
- 문제에 제시된 지시사항은 작성하지 않음.

대 한 상 공 회 의 소

B형 — 다음 쪽의 문서를 아래의 〈세부지시사항〉에 따라 작성하시오.

항목	세부지시사항
1. 쪽 테두리	• 선의 종류 및 굵기 : 이중 실선 0.5mm, 위·아래 • 위치 : 쪽 기준, 왼쪽·오른쪽·위쪽·아래쪽 모두 5mm
2. 글상자	• 크기 : 너비 170mm, 높이 25mm, 크기 고정 • 위치 : 본문과의 배치 – 자리 차지, 가로 – 종이의 가운데 0mm, 세로 – 종이의 위 20mm • 바깥 여백 : 아래쪽 7mm • 선 속성 : 검정(RGB:0,0,0), 이점쇄선 0.2mm • 색 채우기 : 노랑(RGB:255,255,0) 10% 어둡게
3. 제목	• 제목(1) : 한컴 윤고딕 740, 17pt, 장평(105%), 자간(10%), 진하게, 남색(RGB:58,60,132) 50% 어둡게, 가운데 정렬, 문단 위(2pt) • 제목(2) : 여백 – 왼쪽(340pt), 줄 간격(130%)
4. 누름틀	입력할 내용의 안내문 : '이름 직위', 입력 데이터 : '김주현 선임연구원'
5. 그림	• 경로 : [26]이기적워드올인원₩그림₩방송.TIF, 문서에 포함 • 크기 : 너비 30mm, 높이 20mm • 위치 : 본문과의 배치 – 글 앞으로, 가로 – 종이의 왼쪽 23mm, 세로 – 종이의 위 23mm • 회전 : 좌우 대칭
6. 스타일 (2개소 수정, 3개소 등록)	• 개요 1(수정) : 여백 – 왼쪽(0pt), HY나무M, 12pt, 진하게 • 개요 2(수정) : 여백 – 왼쪽(15pt) • 표제목(등록) : 스타일 이름 – 표제목, 스타일 종류 – 문단, 가운데 정렬, HY울릉도B, 12pt • 참고문헌 1(등록) : 스타일 이름 – 참고문헌 1, 스타일 종류 – 문단, 내어쓰기(15pt) • 참고문헌 2(등록) : 스타일 이름 – 참고문헌 2, 스타일 종류 – 글자, 진하게, 밑줄
7. 문단 첫 글자 장식	• 모양 : 3줄, 글꼴 : 한컴 윤체 M, 면 색 : 하늘색(RGB:97,130,214) 50% 어둡게, 본문과의 간격 : 5mm • 글자 색 : 하양(RGB:255,255,255)
8. 각주	글자 모양 : HY산B, 번호 모양 : 아라비아 숫자 원문자
9. 하이퍼링크	• '방송사 종류, %'에 하이퍼링크 설정 • 연결 대상 : 웹 주소 – 'http://kba.or.kr'
10. 표	• 크기 : 너비 78mm~80mm, 높이 33mm~34mm • 위치 : 글자처럼 취급 • 전체 행 : 셀 높이를 같게 • 모든 셀의 안 여백 : 왼쪽·오른쪽 2mm • 테두리 : 표 안쪽은 실선(0.12mm), 표 바깥의 위쪽과 아래쪽은 이중 실선(0.4mm), 표 바깥의 왼쪽과 오른쪽은 없음, 합계 행 위쪽은 파선(0.4mm) • 제목 행 : 셀 배경 색 – 주황(RGB:255,132,58) 25% 어둡게, 글자 모양 – 한컴 윤체 L, 진하게, 하양(RGB:255,255,255) • 합계 행 : 셀 배경 색 – 연한 노랑(RGB:250,243,219), 글자 모양 – 진하게 • 문단의 정렬 방식 : 가운데 정렬
11. 블록 계산식	표의 합계 행에 블록 계산식을 이용하여 블록 합계 산출
12. 캡션	표 아래에 삽입 후 오른쪽 정렬
13. 차트	• 차트의 모양 : 3차원 묶은 세로 막대형 • 차트의 크기 : 너비 80mm, 높이 65mm, 크기 고정 • 위치 : 본문과의 배치 – 자리 차지, 가로 – 단의 가운데 0mm, 세로 – 문단의 위 0mm • 바깥 여백 : 위쪽 5mm, 아래쪽 8mm • 값 축, 항목 축, 범례의 글꼴 설정 : 9pt • 표의 아래 단락에 배치 ※ 혼합형 차트는 차트 종류와 속성을 이용하여 구성하시오.
14. 쪽 번호	번호 위치 : 왼쪽 아래, 모양 : 아라비아 숫자, 줄표 넣기 선택, 시작 번호 지정
15. 머리말	• 제목 : HY강B, 10pt, 초록(RGB:40,155,110) 25% 어둡게 • 날짜 : 탭 설정, 종류 – 오른쪽, 탭 위치 – 16.9cm
16. 꼬리말	HY강M, 10pt, 진하게, 보라(RGB:157,92,187), 가운데 정렬

OTT 시대의 미디어 전환

작성일: 8월 25일 금요일
작성자: 김주현 선임연구원
[jhkim@lab.kr]

1. 미디어 경쟁 환경의 변화

합편성 채널의 선정과 스마트TV, N스크린 서비스의 확산은 미디어 경쟁 환경을 빠르게 다변화시키는 요인으로 작용하고 있다. 여러 사건을 통해 예고됐던 미디어 빅뱅(Media Big Bang)은 이제 단순한 조짐(兆朕)을 넘어 현실적 구조 변화로 이어지고 있다. 특히 OTT 서비스의 급속한 성장은 미디어 시장(Media Market)의 중심축을 OTT로 이동시키는 핵심 요인으로 부상하고 있다.

방송광고 점유율 추이

구분	3년 전 기준	현재 기준	증감
지상파	63	21	-3.0
인터넷	51	67	0.8
OTT	17	106	16.1
기타	23	32	0.7
합계	154	226	

(단위: 방송사 종류, %)

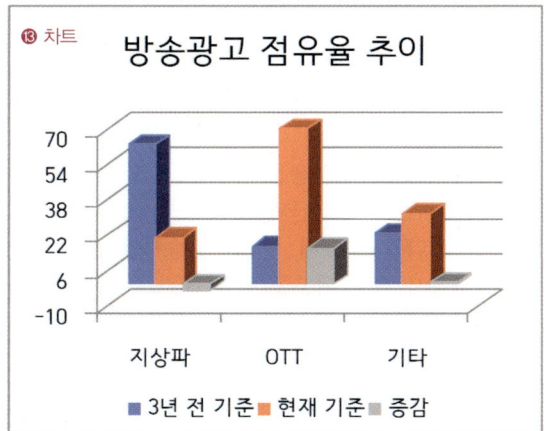

2. 미디어 경쟁 구도의 전환

가. 종합편성 채널 4개가 등장하면서 미디어 시장의 위기감은 더욱 확대(擴大)되었다. 선정된 종합편성 채널(Channel)이 단기적인 목표로 세운 것은 지상파 방송사와 어깨를 견줄만한 수준의 경쟁력(Competitiveness)을 확보하는 것이다. 여기에 더해, OTT 플랫폼의 빠른 확산과 콘텐츠 투자 확대는 지상파와 종편 모두에게 새로운 경쟁 압력으로 작용하고 있다. 특히 콘텐츠 선택권과 시청자 맞춤형 서비스 제공 역량에서 OTT는 기존 방송보다 우위(優位)를 점하고 있다.

나. 대한방송협회에 따르면 지상파 방송의 매출액, 광고 점유율, 영업 이익률, TV 시청시간, 점유율 등이 모두 하락하는 추세이다. 지상파 방송의 광고 점유율은 87%에서 3년 사이에 46%로 급격히 하락(下落)했다. 또한 국내 지상파 3사 영업 이익률은 16%까지 감소(Decrease)했으며, 하루 평균 TV 시청시간도 이미 OTT 플랫폼이 지상파 방송을 앞서고 있다.

3. 방송 전략 전환

가. 방송시간에 대한 직접적인 규제(規制)는 대부분 사라졌으며, 종편은 24시간 방송을 안정적으로 운영①하고 있다.

나. 한편, 시청자 주목도를 높이기 위한 AI 기반 추천 알고리즘, 인터랙티브 콘텐츠, 구독형 서비스 모델 등 기술(Technology)과 서비스(Service) 경쟁이 플랫폼 전반에서 심화되고 있다.

다. 특히 OTT 플랫폼은 실시간 편성 없이도 24시간 콘텐츠 접근과 맞춤형 시청 환경이 가능하다는 점에서, 기존 방송사들은 유사한 사용자 경험 제공을 위해 UI/UX 개선, 다채널 연동형 서비스 강화 등 전략 전환에 나서고 있다.

● Reference
Enjung. L. et al. (2025). Function as Intended, Considerations. 27(9). 32-43.
Smith, A. (2025). Evolving Broadcast Strategies in the OTT Era, Journal of Media Studies. 22(6). 74-85.

① 한국방송협회 기준

공공 미디어 정책 발표자료 2025. 11. 8.

OTT 시대의 미디어 전환

작성일: 8월 25일 금요일
작성자: 김주현 선임연구원
[jhkim@lab.kr]

1. 미디어 경쟁 환경의 변화

합편성 채널의 선정과 스마트TV, N스크린 서비스의 확산은 미디어 경쟁 환경을 빠르게 다변화시키는 요인으로 작용하고 있다. 여러 사건을 통해 예고됐던 미디어 빅뱅(Media Big Bang)은 이제 단순한 조짐(兆朕)을 넘어 현실적 구조 변화로 이어지고 있다. 특히 OTT 서비스의 급속한 성장은 미디어 시장(Media Market)의 중심축을 OTT로 이동시키는 핵심 요인으로 부상하고 있다.

방송광고 점유율 추이

구분	3년 전 기준	현재 기준	증감
지상파	63	21	-3.0
인터넷	51	67	0.8
OTT	17	106	16.1
기타	23	32	0.7
합계	154	226	

(단위: 방송사 종류, %)

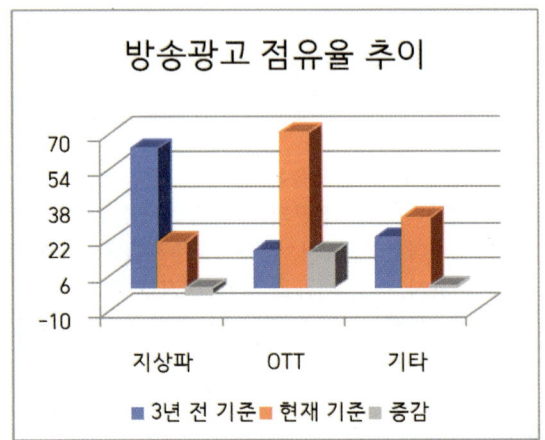

2. 미디어 경쟁 구도의 전환

가. 종합편성 채널 4개가 등장하면서 미디어 시장의 위기감은 더욱 확대(擴大)되었다. 선정된 종합편성 채널(Channel)이 단기적인 목표로 세운 것은 지상파 방송사와 어깨를 견줄만한 수준의 경쟁력(Competitiveness)을 확보하는 것이다. 여기에 더해, OTT 플랫폼의 빠른 확산과 콘텐츠 투자 확대는 지상파와 종편 모두에게 새로운 경쟁 압력으로 작용하고 있다. 특히 콘텐츠 선택권과 시청자 맞춤형 서비스 제공 역량에서 OTT는 기존 방송보다 우위(優位)를 점하고 있다.

나. 대한방송협회에 따르면 지상파 방송의 매출액, 광고 점유율, 영업 이익률, TV 시청시간, 점유율 등이 모두 하락하는 추세이다. 지상파 방송의 광고 점유율은 87%에서 3년 사이에 46%로 급격히 하락(下落)했다. 또한 국내 지상파 3사 영업 이익률은 16%까지 감소(Decrease)했으며, 하루 평균 TV 시청시간도 이미 OTT 플랫폼이 지상파 방송을 앞서고 있다.

3. 방송 전략 전환

가. 방송시간에 대한 직접적인 규제(規制)는 대부분 사라졌으며, 종편은 24시간 방송을 안정적으로 운영①하고 있다.

나. 한편, 시청자 주목도를 높이기 위한 AI 기반 추천 알고리즘, 인터랙티브 콘텐츠, 구독형 서비스 모델 등 기술(Technology)과 서비스(Service) 경쟁이 플랫폼 전반에서 심화되고 있다.

다. 특히 OTT 플랫폼은 실시간 편성 없이도 24시간 콘텐츠 접근과 맞춤형 시청 환경이 가능하다는 점에서, 기존 방송사들은 유사한 사용자 경험 제공을 위해 UI/UX 개선, 다채널 연동형 서비스 강화 등 전략 전환에 나서고 있다.

● Reference
Enjung. L. et al. (2025). Function as Intended, <u>Considerations</u>. 27(9). 32-43.
Smith, A. (2025). Evolving Broadcast Strategies in the OTT Era, Journal of Media Studies. 22(6). 74-85.

① 한국방송협회 기준